ELKE DAG EEN SCHONE LEI

D1666133

Ten geleide

Heer, mijn hart is niet hovaardig,
    mijn ogen zijn niet trots;
ik wandel niet in grootse dingen,
    noch in dingen die te wonderbaar voor mij zijn.
Immers heb ik mijn ziel tot rust en stilte gebracht
    als een gespeend kind bij zijn moeder;
als een gespeend kind is mijn ziel in mij.

Psalm 131 : 1 en 2

Zondag
1ste week

Het is haast niet te geloven
dat jij en ik elke dag met een
schone lei mogen beginnen.
Toch is het zo.

ELKE DAG.

Exodus 16 : 4a.
Toen zeide de Here tot Mozes: Zie, Ik zal voor u brood uit de hemel laten regenen; dan zal het volk uitgaan en verzamelen zoveel als voor ELKE DAG nodig is.

Numerie 28 : 6.
Het is het DAGELIJKS brandoffer, dat op de berg Sinaï ingesteld is, tot een lieflijke reuk, een vuuroffer voor de Here.

Psalm 88 : 16.
Mijn oog kwijnt van ellende; DAGELIJKS roep ik U aan, o Here, ik breid mijn handen naar U uit.

Mattheüs 6 : 11.
Geef ons heden ons DAGELIJKS brood.

Lukas 19 : 47a.
En Hij leerde DAGELIJKS in de tempel.

Lukas 9 : 23.
Hij zeide tot allen: indien iemand achter Mij wil komen, die verloochene zichzelf en neme DAGELIJKS zijn kruis op en volge Mij.

GEBED.
Vader, ik dank U dat ik elke dag Uw nabijheid mag ervaren.
En dat ik dit wetende het nieuwe jaar in mag gaan. Wilt U mij helpen elke morgen te bidden en uit Uw Woord te lezen. Laat tot mij doordringen dat U elke dag klaar staat om mij te voeden met het geestelijk voedsel dat U voor mij bereid hebt.
Vader, ik dank U ook, dat U mij het afgelopen jaar bewaard hebt, ja, door moeilijke momenten heen, ook door mijn ziekzijn heen was U er elke dag. Te midden van het verdriet toen U vader bij U thuis haalde, was U aanwezig met Uw liefde en troost, zodat wij als gezinsleden samen ontdekten, hoe groot U bent. Troost in het bijzonder moeder, help haar steeds alles van U te verwachten. Dit geldt voor ons allemaal.
Geef ons de moed voor u uit te komen, op alle terreinen, bijv. abortus, en nu met dat nieuwe voorontwerp van wet van gelijke behandeling. Vader, maak ons wakker uit onze gezapigheid, uit onze sloomheid. Open onze ogen voor dat wat er gaande is in Nederland en laat de gemeente worden zoals U het hebt bedoeld.
Vader, vergeef al onze tekortkomingen, reinig ons door het dierbare bloed van Uw zoon, ik vraag het U in Zijn Naam. Amen.

7

Exodus 16 : 4a   Maandag 1ste week

Toen zeide de Here tot Mozes: 'Zie, Ik zal voor u brood uit de hemel laten regenen; dan zal het volk uitgaan en verzamelen zoveel als voor ELKE DAG nodig
is'.

GENOEG VOOR ELKE DAG.

Brood hebben we elke dag nodig. Dat is voor ons de gewoonste zaak van de
wereld. We eten om ons lichaam in stand te houden. Het lichaam kan alleen iets
presteren als het gevoed wordt. Eten en daarna werken is een logische volgorde.
God voorzag lang geleden in eten voor de Israëlieten. Hij zorgde dat het hemelse
manna elke morgen vers voor het oprapen lag. Nooit een voorraad voor twee of
meer dagen, (met uitzondering dan van de Sabbath) neen, voor élke dag genoeg.
Wanneer we dit in geestelijke zin beschouwen dan zie ik het zo: ook geestelijk
hebben we elke dag voedsel nodig. We kunnen niet leven van het voedsel van
gisteren, ook niet van wat we morgen zullen krijgen, neen, de Heer staat elke
morgen klaar om ons te vervullen met Zijn Geest. Hij wil ons elke dag inspireren
bij ons werk in onze dienst aan de naaste opdat wij tot zegen kunnen zijn.
Daarom is het voor ons allemaal zo belangrijk dat we elke morgen het geestelijk
voedsel tot ons nemen. De dagelijkse omgang met de Heer is de krachtbron
waaruit je mag leven. Je 'stille tijd' is broodnodig wil je geestelijk gesterkt door
Hem de dag beginnen en je taak die je van Hem ontving, volbrengen.
Ik ken een bejaarde moeder die vergeetachtig begint te worden. Ze is daar erg
verdrietig over. Het allerergste vindt ze dat ze zich 's maandags niets meer van
de preek van 's zondags kan herinneren, en dinsdags niets meer van het door haar
zelf gelezen Bijbelgedeelte van maandag. Gelukkig ontdekten we samen deze
tekst: 'Manna voor elke dag'. De Heer geeft haar elke dag het geestelijk voedsel
dat ze voor die ene dag nodig heeft. Niet meer en niet minder. Ik geloof dat we
veel meer bij de dag moeten leven en veel dankbaarder moeten zijn dat God elke
dag opnieuw voor ons zorgt met evenveel toewijding als toen Hij manna liet
regenen voor de Israëlieten in de woestijn. Ook ons geestelijk voedsel ligt klaar
voor elke dag. Niet te veel zodat we het niet kunnen verwerken, niet te weinig
zodat we honger lijden.
Neen, de Heer geeft ons allen voldoende voor elke dag. We hoeven het alleen
maar te nemen, het ligt voor het oprapen.
Heb jij voor vandaag al opgehaald? Het ligt klaar, ook voor jou.

GEBED.

Vader, leer mij nooit te vergeten dat ik Uw kracht elke morgen nodig heb. Want
pas als ik mij laat voeden en versterken kan ik leven zoals U het van me verwacht. Dank U Vader, dat U me voor elke dag voldoende geeft. Niet te weinig
zodat ik gebrek moet lijden en niet te veel waardoor ik zou worden overvoed. U
laat me geleidelijk aan geestelijk groeien zodat ik volwassen word. Dank U dat U
het wilt doen. Amen.

LEZEN.

Ex. 16 : 1-5, 35;   1 Kor. 10 : 1-4;   Joh. 6 : 22-59;   Op. 2 : 17.

8

Het is een DAGELIJKS Brandoffer, dat op de berg Sinaï ingesteld is, tot een lieflijke reuk, een vuuroffer voor de Here.

WAT IS MIJN DAGELIJKS OFFER!

Wanneer je de betekenis van het brandoffer niet weet, besef je ook niet waarom de Here er zo'n waarde aan hechtte en waarom het elke dag gebracht moest worden. Het brandoffer was een vrijwillig offer, een welriekend offer, het was een lieflijke reuk voor de Here. In dit welriekende brandoffer ligt de waarde opgesloten die Christus voor God heeft. Vandaar welriekend, vandaar dat het dagelijks gebracht werd. Het maakte Hem blij. Dit offer was verzoenend van karakter. Het was een heenwijzing naar wat eenmaal het offer van Christus voor God en mens zou gaan betekenen. Het offer was een voorteken van Christus die Zichzelf zou offeren voor de zonden van de mensen, om hen weer te verzoenen met God de Vader. Wanneer het volk Israël een brandoffer bracht, stonden ze voor God in de waarde van Christus' werk dat nog volbracht zou worden. Het offer schonk vergeving. Hadden de Israëlieten niet elke dag vergeving nodig? Deden ze niet elke dag weer opnieuw zonde? Overtraden ze niet elke dag opnieuw de wet en de geboden? Ik denk van wel. Maar God had de mens niet verworpen na de zondeval in het Paradijs. Zo is God gelukkig niet. Vanuit Zijn grote genegenheid voor de mens stelde Hij de offers in, waardoor ze telkens weer vergeving konden ontvangen voor hun zonden. Als je de waarde weet die God hechtte aan de offers, dan begrijp je hierdoor ook hoeveel waarde Hij hecht aan gemeenschap met ons. Wij leven ná Pasen en Pinksteren. Wij hoeven geen dieren meer te offeren. Dat is verleden tijd. Wat heden als een lieflijke reuk bij de Heer aankomt, is dat we Zijn Zoon aannemen als Verlosser en dat wij door gebed weer gemeenschap zoeken met Hem. Dat is als een lieflijke reuk die Zijn Hemelse troon omgeeft. Maar wat brengen wij van het bidden tot God terecht? Zoeken wij de stilte met Hem? Want dat is óns dagelijks brandoffer. Hij nodigt ons elke dag ons leven in Zijn handen te leggen en Hem te danken, te loven te prijzen en te aanbidden. De Here is er zo blij mee en niet alleen Hij, ook Jezus Zijn Zoon, en niet te vergeten Zijn Heilige Geest. Tenslotte brengt het óns ook een ongekende blijdschap. Het is een vreugde gemeenschap met Hem te ervaren. Het is een lieflijke reuk die ook óns leven doortrekt. Ben jij ook zo blij met dit dagelijks brandoffer?

GEBED.

Heer, ik dank U, dat ik elke dag voor Uw troon mag staan en alle moeilijkheden aan U mag voorleggen, dat U er zelfs blij mee bent dat ik U vraag om inzicht in dat probleem waar ik niet uit kan komen. Dat dit mijn dagelijks brandoffer is dat ik U breng, heb ik nooit bij stilgestaan. Dank U dat ik zo veel vreugde mag ervaren in de omgang met U. Ik bid U of dit mag groeien, in Jezus' Naam. Amen.

LEZEN.

Num. 28:1-6; Ps. 51:19, 50 : 14; Ez. 46:12-14; Hebr. 4:16, 13:15; Rom. 12:1, 2.

Psalm 88 : 10.
Mijn oog kwijnt van ellende, DAGELIJKS roep ik U aan, o Here, ik breid mijn handen naar U uit.

HEM ONTMOETEN.

De dichter van de psalm bidt en smeekt om genezing. Naast deze mens kunnen duizenden anderen neerknielen en met hem meeroepen en bidden om genezing. Misschien gaan verreweg de meeste gebeden wel over ziekte en lijden. Velen zullen met mij mee kunnen bidden om herstel voor zichzelf of voor hem of haar die we liefhebben. Dit vragen aan de Heer komt uit ons diepste innerlijk, uit ons vaak radeloze hart, want we weten geen raad met deze ellende. En als je dan in het Nieuwe Testament van de genezende hand van de Here Jezus leest, dan komt de gedachte in je op van 'God is toch niet veranderd? Want het lijkt soms wel of Hij geen wonderen meer doet. Gelukkig staan de doktoren altijd klaar om te helpen, maar als medicijnen niet meer baten, bestralen geen uitkomst meer geeft, dan... dan ga je er over nadenken om eens naar een discipel van Jezus te gaan. Je gaat de Bijbelse weg van bijvoorbeeld handoplegging zoeken, of van het zalven met olie.

Maar wanneer je daar ook geen genezing ontvangt, begrijp je des te beter de uitspraak van onze tekst. 'Ja, ik breid mijn handen naar U uit in mijn ellende'. Het gebeurt nu ook nog dat Jezus geneest. Het vindt plaats op velerlei manieren, bijvoorbeeld door medicijnen, operatie of therapie.

Het gebeurt nóg dat Jezus Zijn handen op ons legt tijdens gebed en ons geneest. Het gebeurt ook nog dat Jezus Zijn kracht openbaart door middel van één van Zijn discipelen.

Wat Jezus van ons verlangt is dat wij HEM blijven volgen en dat we leren om ook in ons ziek zijn ons helemaal over te geven aan Hem. Hij vindt het belangrijk dat we ondanks ons zieke lichaam getuige van Hem zijn en dat wij vanuit elke omstandigheid waarin wij verkeren, hoe die ook moge zijn, Hem de lof en de eer brengen die Hem toekomt. Je bent toch met je zieke lichaam bij de beste Arts die er is?. Hij weet immers wat het beste voor ons is? Hij wil ons, gezonden en zieken, gebruiken in Zijn dienst. Waarom genezen sommige zieken niet? Het is de wijsheid Gods die voor ons verborgen is. Dit te aanvaarden is ook een dagelijks brandoffer. Je hebt geleerd te bidden:
'Vader, niet mijn wil maar Uw wil geschiede'.

GEBED.

Vader, als er ergens verwarring over is onder Uw kinderen dan is het wel over de genezing van ons lichaam en over de vraag waarom U niet iedereen geneest. De één weet nog een betere uitleg dan de ander, en we doen elkaar zo zeer met onze opvattingen en lopen de kans de zieken nog meer te verwonden. Daarom is 'U volgen' het aller belangrijkste en het eerst nodige voor iedereen. Geef ons inzicht daar, waar wij verkeerd denken, verkeerd handelen en verkeerd spreken over genezing. Om Jezus' wil vraag ik het U. Amen.

LEZEN.
2 Kon. 20:1-11; Mat. 4:23-25; Luk. 10:1-9; 1 Kor. 12:24b-31; Luk. 13:10-13.

Geef ons heden ons DAGELIJKS brood.

HET LEVENDE BROOD.

Als de discipelen niet weten hoe ze moeten bidden, vragen ze het aan Jezus. 'Heer, leer ons bidden'. Blijkbaar was bidden toen al even moeilijk als nu. Jezus had gezegd: 'bid tot je Vader in het verborgene'. 'Je Vader weet wat je van node hebt eer je Hem vraagt'. Dat was een heel ander gezichtspunt dan wat ze uit de praktijk gewend waren te zien bij de Farizeeën. Die baden immers met veel vertoon. Daarom vragen ze heel concreet: 'Heer, leer ons bidden'. Jezus zegt dan: 'Bid aldus: Onze Vader die in de hemelen zijt... Geef ons heden ons dagelijks brood'. Heel gewoon vraagt Jezus brood voor elke dag. Zoals het hemelse manna brood was voor de Israëlieten, zo staat hier HET Hemelse Brood, Jezus Christus, het Brood des Levens voor ons. Hij leert Zijn kinderen elke dag te vragen om brood. Zou Hij die Het Brood des Levens Zelf is, niet bedoelen, zowel brood voor het lichaam als brood voor de ziel? Hijzelf is het Geestelijke Brood dat wij elke dag nodig hebben naast het brood voor ons lichaam. Het is de eerste bede in het 'Onze Vader' die vraagt naar de eerste levensbehoefte. En wie of wat zouden we elke dag opnieuw het eerste nodig hebben? Jezus weet dat we geen dag zonder geestelijk voedsel kunnen om in deze wereld stand te kunnen houden tegenover onze vijand. Waarom Jezus dit zo goed weet? Omdat Hij Zelf ondervonden heeft hoe satan je probeert te verleiden. Elke dag had Jezus opnieuw de kracht nodig van Zijn Vader om Zijn wil te volbrengen, om stand te houden. En als de Heer die kracht nodig had, zouden wij er dan buiten kunnen? Bid elke dag God de Vader om dat Levende Brood dat Jezus is. Het is van levensbelang elke dag gevoed te worden. Zowel met voedsel voor de geest, als met voedsel voor ons lichaam. Ken jij Jezus als het Levende Brood? Vraag jij er dagelijks om?

GEBED.

Here Jezus, ik ben blij nu ik lees dat de discipelen het ook moeilijk hadden om gewoon in eigen woorden te bidden en om gewoon te praten met U zoals ik ook met mijn vrienden doe.
Dank U dat U ons ook het volmaakte gebed hebt geleerd en dat wij daaruit veel kunnen leren. U geeft ons de opdracht om elke dag opnieuw naar U te vragen. U laat ons zien dat we zonder U niet kunnen leven in deze wereld, want U kent satan het allerbeste. Daarom mogen we bij U wijsheid en kracht halen voor elke dag. Geef het mij vanavond ook op de groep waar ik over U mag spreken, geef mij de wijsheid om met mensen om te gaan zoals U dat zou doen, schenk mij Uw liefde voor hen, Heer. En dan over het voedsel voor ons lichaam. Wij hebben overvloed, maar o, Heer, ik denk aan hen die hongerlijden, sterven van honger, en hier hebben wij ook schuld aan. Vader, vergeef, vergeef, en laat ons zien hóe we kunnen helpen. Ik vraag U dit om Jezus' wil. Amen.

LEZEN.
Mat. 6 : 5-15, 4 : 1-11,. 14 : 13-21;   Joh. 16 : 23b, 24;   Mat. 6 : 31-34.

Lukas 19 : 47a.   Vrijdag 1ste week
En Hij leerde DAGELIJKS in de tempel.

ELKE DAG DE DEUREN OPEN.

Jezus in de tempel. Is dat zo vreemd? Wij gaan toch zondags ook naar de kerk? Maar het bijzondere, het boeiende is hier, dat er staat 'dagelijks'. Hij leerde dagelijks in de tempel... want al het volk hing aan Zijn lippen. Jezus leerde dagelijks, en er waren mensen die het er voor over hadden naar de tempel te komen om dagelijks onderwezen te worden. Zit daar misschien een boodschap voor ons in? Wij hebben de zondagse erediensten en dat is genoeg of dat is normaal, zeggen wij. Maar ik vraag me af waarom Jezus wel elke dag ging en wij niet. Hij is ons ten voorbeeld geweest en wat doen wij ermee? Volgen wij Zijn voorbeeld wel radicaal genoeg? Nee, wij volgen Zijn voorbeeld als het ons te pas komt! Elke dag naar de kerk gaan? Zeg ben je...
Bij de Rooms-Katholieken zie je de kerkdeuren wel elke morgen open staan. Je kunt daar in elk geval terecht om te bidden. Bij de protestanten ligt dat anders. Gelukkig is er in Amsterdam de 'Alledagkerk' op het Begijnenhof. En in Utrecht op 'Hoog Catharijne' is een stilte centrum gebouwd waar de hele dag iemand aanwezig is voor geval dat je behoefte hebt om te praten, maar waar je ook stil kunt bidden en mediteren. Elke dag is daar een korte dienst. Maar dat is nog veel te weinig.
We lezen dat de apostelen ook dagelijks in de tempel bij elkaar kwamen. Zou het niet geweldig zijn als wij de gelegenheid eveneens hadden om er eens even tussenuit te wippen om geestelijke gemeenschap te zoeken met elkaar? Mensen, wat zouden dan de gemeenteleden elkaar leren kennen. Wat zouden er dan een vruchtbare gedachten uitgewisseld kunnen worden. Wat zou er een band van eenheid groeien onder ons. (Vlugger, dan de één of twee wijkavonden die wij per jaar met elkaar hebben). Misschien zou dan de gemeente functioneren zoals God het bedoeld heeft.
Hoe zou jij het vinden als elke morgen de deuren van onze kerk open stonden? Zou jij er heen gaan? Zou jij er geestelijk voedsel halen of brengen zoals Jezus deed? Elke dag de kerkdeuren open om te leren of om onderwezen te worden. Wat zou dat heerlijk zijn. Want wat goed was voor hen zou ook wel eens heel goed kunnen zijn voor ons.

GEBED.
Heer, mag ik nadenken over die open kerkdeuren? Soms zijn we zover van U afgeweken dat we niet eens meer de goede wegen bewandelen. Ik verlang naast m'n gesprek in de stille tijd met U ook zo naar onderlinge gemeenschap met mijn medechristenen. We kennen elkaar haast niet, het wordt zo massaal, terwijl we allemaal kinderen van U zijn en elkaar zo nodig hebben.
U ging elke dag naar de tempel om Uw discipelen te leren en er waren elke dag velen die met grote aandacht naar U luisterden, wilt U, Heer, kerkdeuren openen en harten ontsluiten. Vergeef ons ons falen hierin. Ik vraag het om Jezus' wil alleen. Amen.

LEZEN.
Luk. 2 : 25-52, 19 : 45-20 : 3; Hand. 2 : 46. 3 : 1, 11. 5 : 12, 42. 21 : 27-30.

Hij zeide tot hen allen: Indien iemand achter Mij wil komen, die verloochene zichzelf en neme DAGELIJKS zijn kruis op en volge Mij.

BEN IK HET ZELF?

Dagelijks bidden om hulp kunnen we nog wel, want hulp vragen is iets waar we niet buiten kunnen. Dagelijks manna oprapen wil ook nog wel. Maar... dagelijks ons kruis opnemen en Jezus volgen, nou... dat wordt moeilijker. Dat hebben we niet een twee drie voor elkaar.

Vooral jezelf verloochenen, dat is wel het moeilijkste wat er is. Als we eerlijk zijn tegenover onszelf zullen we moeten toegeven dat we Jezus liever verloochenen dan onszelf. Maar als we echt een nieuw leven willen beginnen dan zullen we een nieuw mens moeten worden door onze oude mens te verloochenen bij Zijn kruis.

Gelukkig hebben we dat al één keer gedaan toen we Jezus aannamen, toen werden we opnieuw geboren. Maar juist daarná begon het dagelijks verloochenen, ik moest in praktijk brengen wat ik in theorie had aanvaard. Ik heb met hart en mond het oude leven afgelegd en nu moet de ander bij mij ontdekken dat ik het ook na kom. Nu moet ik bewijzen dat er een andere Geest in mij woont. Deze nieuwe Geest groeit naarmate ik mezelf wegcijfer. Hoe meer ik mezelf verloochen des te minder verloochen ik Hem.

Jezus zegt ook: 'Neem dagelijks je kruis op en volg Mij'.

Wat is er al veel over dat kruisdragen gepraat en geschreven. Wat is dat eigenlijk voor een kruis dat ik elke dag op moet nemen en dragen om Jezus te volgen? Zou mijn 'eigen ik' niet het grootste kruis zijn dat ik te dragen heb? Dat eigenzinnige ik dat telkens de kop weer opsteekt? Ik geloof het zeer zeker. 'Als je Mij volgen wilt' zegt Jezus, 'neem dan elke dag dat kruis weer op maar kom er mee naar Mij toe, Ik help je dragen. Ik help jou door Mijn Geest er telkens een stukje van af te leggen'.

Jezus bemoedigt ons elke keer weer en laat ons nooit alleen dragen. Van Hem is gezegd: 'Zie, het Lam Gods dat de zonde der wereld wegneemt'. Hij draagt ook die van jou en mij weg. Ook de last van het kruisdragen maakt Hij licht.

GEBED.

Here Jezus, U wilt dat ik elke dag weer opnieuw de strijd tegen de zonde aanbind. Toen ik pas Uw kind was geworden dacht ik dat het heel gemakkelijk zou gaan. Maar nu ondervind ik dat satan me elke dag opnieuw probeert terug te winnen. Dank U Heer, dat U mij laat zien dat ik in Uw Naam satan kan weerstaan en verslaan. Als ik maar in U ben Heer, dan is ook mijn kruis niet te zwaar, want U hebt het eenmaal gedragen. Maar ik ben niet altijd in U. Dat is de moeilijkheid en dan is dat kruis wél zwaar. Vergeef het mij Vader en reinig mij opnieuw door het bloed van Uw Zoon, en geef mij de wijsheid en kracht om meer en meer 'in U' te blijven.Ik vraag het U in Jezus' Naam. Amen.

LEZEN.
Luk. 9 : 18-27; Mat. 11 : 28-30, 10 : 32, 33; Op. 2 : 13, 17. 3 : 8, 11, 12; Mat. 10 : 1, 7, 8.

Zondag 2e week   Gebruik je stille tijd eens om erover na te denken wat Jezus Christus voor je betekent.

IK BEN.

Johannes 1 : 1. 1 : 29.
IK BEN het Woord.
IK BEN het Lam.

Johannes 10 : 36. Lukas 19 : 10.
IK BEN de Zoon van God.
IK BEN de Zoon des mensen en de Redder der wereld.

Johannes 6 : 35. 8 : 12.
IK BEN het brood des levens.
IK BEN het licht der wereld.

Johannes 10 : 11. 10 : 9.
IK BEN de goede herder.
IK BEN de deur.

Johannes 14 : 6. 15 : 1.
IK BEN de weg.
IK BEN de ware wijnstok.

Johannes 11 : 25. 19 : 19 en 21.
IK BEN de opstanding en het leven.
IK BEN de Koning.

GEBED.

Vader, wie ben ik dat ik Uw kind mag zijn; maar door het Bloed van Uw Zoon mág ik het zijn.
Hij Redde mij van de zonde.
Hij wilde het Lam zijn.
Hij is voor mij het Licht der wereld.
Hij is Uw Zoon en tegelijk de Zoon des mensen.
Hij is het Woord.
Hij is het Brood des Levens en de Deur naar U toe.
Hij is de goede Herder en de ware Wijnstok.
Hij is de Opstanding en het Leven.
Hij is de Koning van mijn hart.
Duizend maal dank voor dit grote geschenk in mijn leven. Maar Vader, ik ben er lang niet altijd dankbaar genoeg voor, ik besef lang niet voldoende wat Hij ten diepste voor mij betekent. Vergeef mij dat en laat dit grote Geluk diep in mijn hart doordringen. Ik vraag het U in Zijn Naam. Amen.

Johannes 1 : 1, 4, 5 en 29.
In den beginne was het WOORD en het WOORD was bij God en het WOORD was God. In het WOORD was leven en het leven was het licht der mensen; en het licht schijnt in de duisternis en de duisternis heeft het niet begrepen. De volgende dag zag hij Jezus tot zich komen en hij zeide: Zie, het LAM GODS dat de zonde der wereld wegneemt.

HET WOORD IS HET LAM.

Het is niet eenvoudig te beschrijven wie Jezus Christus is. Wat Hij betekent in ons leven en wat het inhoudt dat Hij het Lam voor ons geworden is.

Dat Hij ook het Woord is waar we alle kracht uit mogen putten die we nodig hebben om in de wereld staande te kunnen blijven in de strijd tegen de zonde. Hij was het Woord in de beginne. Hij is het Woord nu en tot in alle eeuwigheid. Door als een Lam te worden geofferd, heeft Hij de weg vrijgemaakt naar God toe. Omdat onze zonden daardoor verzoend zijn, mogen wij weer opnieuw voor de troon van Zijn Vader, die ook onze Vader geworden is, staan.

Misschien is het nooit tot je doorgedrongen dat Jezus het antwoord is op al je levensvragen. Als niemand je kan helpen dan is Hij er; als niemand je wijsheid kan geven in moeilijke situaties is Hij er. Wanneer je biddend tot Hem gaat, en alles met Hem doorpraat, ontdek je dat Hij je Levensgids is. Je ontdekt door het Bijbellezen heen wie Hij voor je is.

Toen Jezus Johannes de Doper tegen kwam, riep Johannes met diepe verwondering uit: 'Zie, het Lam Gods dat de zonde der wereld wegneemt'. Eindelijk was Gods belofte vervuld. Vele profeten hadden steeds maar weer aan het Joodse volk verteld dat de Messias zou komen, die een keer in het lot van Israël zou teweeg brengen. Jezus Christus zou het Lam worden dat in de plaats zou komen voor al de offers die ingesteld waren. Dieren offeren zou verleden tijd worden. Ze zouden Hét Lam zien. Hij zou de zonden van de mensheid op Zich nemen. Wat een blijdschap, wat een vrede zou dan aanbreken.

Wij hebben ook deel aan deze blijdschap en vrede, wij mogen dagelijks ondervinden wat het betekent dat Jezus het Lam wilde zijn, maar ook ondervinden dat Hij het Woord is waar wij elke dag alles uit kunnen halen wat nodig is.

Daarom is stille tijd zo belangrijk, daarom is het onderzoeken van Gods Woord onontbeerlijk. Daarom is biddend bezig zijn een eerste vereiste. Je mag elke dag uit de rijke levenslessen die in de Bijbel staan opgeschreven voor jou en mij lering trekken. We kunnen niet leven en werken zonder dat Woord. Het is een geschenk van God de Vader gegeven aan heel de mensheid. Hij is het geschenk Zelf. Gebruik het Woord daarom als richtlijn op je levensweg.

GEBED.
Vader, wat ben ik blij dat U ons nooit in de kou laat staan als wij in de moeilijkheden zitten, maar dat U ons Uw Woord hebt gegeven waar we elke dag uit mogen putten. Wat ben ik blij dat Jezus Uw Zoon, het Lam, wilde zijn voor mij en voor ieder die Hem aanneemt. Wat hebt U ons lief, ook mij, Amen.

LEZEN:
Johannes 1 : 1-12 en 29-34; Hebreeën 10.

...omdat Ik heb gezegd: IK BEN GODS ZOON? Want de ZOON DES MEN-
SEN is gekomen om het verlorene te zoeken en te REDDEN.

IK BEN DE ZOON VAN GOD, DE ZOON DES MENSEN,
EN DE REDDER DER WERELD.

Wat is dat met ons menselijk verstand moeilijk te begrijpen dat de Heilige,
Eeuwige God mens geworden is. Bij dit mysterie staat je verstand stil.
God werd mens in Zijn Zoon Jezus Christus. Hij werd geboren uit de moederschoot net als
wij. Hij groeide op net als wij. Alleen Hij deed geen zonde zoals wij. Daarom
juist kon Hij de Redder der wereld worden. God verzoende Zich met ons omdat
Zijn Zoon de straf die wij verdienden op Zich nam en wegdroeg. Niet te vatten
hè?
Wil je weten wie God is? Kijk naar Zijn Zoon. Wil je weten hoe God over jou
denkt en wat Hij van jou verlangt? Vraag het aan Zijn Zoon.
Waarom en waarvan moesten wij gered worden? Jezus is mens geworden om het
verlorene te redden. En als iemand gered moet worden dan is hij verloren, dan is
hij ten dode opgeschreven. En dat waren wij dan ook, wij waren gevangenen van
satan; wij stonden onder zijn beheer en konden zelf niets doen om daar onder
vandaan te komen. Dáárom kwam Jezus. Hij overwon de macht van satan en
bevrijdde ons. Hij redde ons uit die klauwen.
Maar dat is niet de enige redding. Hij bevrijdde ons ook van de toorn van God
die wij verdienden doordat wij Hém niet gehoorzaamden, doordat wij Hem de
rug toekeerden. Jezus maakte de weg tot God weer vrij. Een niet te beschrijven
vreugde komt in je leven als dit alles tot je doordringt. Als je ontdekt dat je een
liefdevolle Vader hebt die dag en nacht voor je klaar staat, die jou vergeeft als je
weer verkeerd doet, weer onoprecht bent of liefdeloos.
In ieders leven moet echter eerst doordringen dat we een Redder nodig hebben.
We moeten toegeven dat we verloren zijn en onze redding niet kunnen bewerken.
Soms moet het water wel heel na aan de lippen komen, eer je toegeeft dat je
hoogmoedig bent, en denkt jezelf wel te kunnen redden. Maar gééf je toe, geef je
je over aan Hem, aanvaard je dat alleen Hij jou kan redden, dán ervaar je dat
Jezus Christus Gods Zoon ook voor jou Mens is geworden en ook jouw zonden
wil werpen in de diepte der zee. Dan volgt het geweldige, dan heerst satan niet
meer over jou maar heers jij over satan door de macht van Jezus Christus. Dan
word je niet gestraft door de Rechtvaardige God, maar opgevangen in Zijn liefdevolle armen. Dat betekent REDDING voor eeuwig.

GEBED.

Vader, het is hoogmoedig van ons als we niet willen erkennen dat we een Redder
nodig hebben. Leer ons inzien waar wij onszelf handhaven. Help hen die zich
nog niet aan U hebben overgegeven. Verlos hen van de gedachte dat zij zichzelf
wel kunnen redden. Trek hen naar U toe. Om Jezus' wil. Amen.

LEZEN:
Joh. 10 : 31-39;   Luk. 18 : 9-14, 15 : 11-32;   Joh. 9 : 35-41;   Luk. 23 : 33-35.

Jezus zeide tot hen: IK BEN HET BROOD DES LEVENS, die tot Mij komt zal nimmermeer hongeren en wie in Mij gelooft zal nimmermeer dorsten.

IK BEN HET LICHT DER WERELD, wie Mij volgt zal nimmermeer in de duisternis wandelen, maar het licht des levens hebben.

BROOD, WATER EN LICHT.
Er komt maar geen eind aan het omschrijven van wat Jezus Christus voor ons betekent. Hij vergelijkt Zich met brood. Zoals we dagelijks brood nodig hebben om ons lichaam in stand te houden, zo hebben we ook elke dag het hemelse brood nodig om ons geestelijk te sterken.

De uitspraak van Jezus: 'Ik ben het brood des levens', heeft een diepere betekenis dan zo op het eerste gezicht lijkt. Dit Levende Brood moest eerst gebroken worden eer het uitgedeeld kon worden, eer het beantwoordde aan het doel waarvoor Jezus gekomen was. Eerst moest het verbroken worden, daarna bracht het een geestelijke verandering voor de mens tot stand. Dit levende Brood was van eeuwigheidswaarde voor lichaam en ziel.

Wanneer wij de Heer volgen, moeten ook wij eerst gebroken worden, wil de Heer ons kunnen gebruiken in Zijn Koninkrijk. Willen wij deel hebben aan Zijn opstanding dan moeten we eerst Zijn kruisdood ondergaan. Ons oude leven moet gekruisigd worden, het moet verbroken worden, dan pas wordt ons leven bruikbaar voor Hem.

Wie zich laat voeden met dit Levende Brood dat gebroken is voor ons zal een ongelooflijke rijkdom ervaren die naar menselijke maatstaf onmogelijk is. Dit alles bedoelde Jezus ook toen Hij sprak over het 'Levende water'; allen die hiervan zouden drinken zouden in eeuwigheid niet meer dorsten.

Jezus zegt ook: 'Ik ben het licht der wereld'. Hij probeert opnieuw de mensen uit te leggen wie Hij is en wat Zijn werk is. Licht hebben we nodig, vooral als het donker is. Maar buiten het geestelijk Licht kunnen we dag noch nacht. Wat een verademing als Zijn Licht ons omringt in moeilijke situaties.

Toch moeten we een ander facet niet over het hoofd zien. Dit Licht ontmaskert ook en wel de werken der duisternis. Wat worden er in het verborgen veel dingen gedaan die het Licht niet kunnen verdragen. Degenen die zulke dingen doen weten van binnenuit dat ze bij Jezus' Licht ontmaskerd worden, en dat willen ze nou net niet.

Kinderen van de Heer daarentegen zijn juist zo blij met dit Licht. Zij willen juist wel dat hun werken openbaar worden. Zij willen leven in het volle Licht van het Evangelie van Jezus Christus. Zij willen de zonde verlaten en zich keren naar dat Licht. Hoor jij daar ook bij?

GEBED.
Heer, ik wil mij graag voeden met Uw Brood en verlicht worden door Uw Licht. Ik wil graag drinken uit de Bron des Levens. Dank U, dat ik dat mag. Amen.

LEZEN:
Joh. 6 : 22-59, 6 : 1-15. 8 : 12-20, 9 : 3;   Luk. 2 : 35;   2 Cor. 4 : 10b.

IK BEN DE GOEDE HERDER. DE GOEDE HERDER zet Zijn leven in voor Zijn schapen. IK BEN DE DEUR, als iemand door Mij binnenkomt zal hij behouden worden.

DE GOEDE HERDER EN DE DEUR.

Dat voorbeeld van de goede herder kunnen we begrijpen. Een herder leeft helemaal voor zijn schapen; zijn kudde gaat hem aan het hart. Hij verzorgt ze, brengt hen naar grazige weiden om ze onder zijn wakend oog te laten grazen. Jezus vergelijkt Zich met een goede herder, want Hij weet dat Hij Zijn leven in zal zetten voor de mensen. Niet voor enkele mensen maar voor alle.
Tijdens Zijn leven op aarde zagen we al dat Hij bewogen was over hen. Hij at met tollenaars en zondaars. Hij vergaf de overspelige vrouw die door de Farizeeën bij Hem gebracht werd om beoordeeld te worden. Jezus sprak haar vrij en zei: 'Zondig niet weer'. Hij sprak met de Samaritaanse vrouw, maakte Zich aan haar bekend. De Heer is bewogen met elk mensenkind. Hij is de Goede Herder die Zijn leven voor ons gaf, geheel belangeloos, uit louter liefde. Wil je een schaap van die Goede Herder zijn? Wil je deel hebben aan Zijn verlossing, deel hebben aan Zijn genade? Dan wordt er van jou en mij gevraagd 'de Deur binnen te gaan'. Jezus vergelijkt het ontvangen van die genade met de Deur waardoor je naar binnen moet gaan. Hij is de Deur, Hij is de enige Deur, als je door Hem naar binnengaat word je behouden, heb je deel aan de redding. Je gaat over van de duisternis naar het Licht.
Het betekent: Ja zeggen tegen Jezus. Het betekent: Jezus binnen laten in je hart en leven. Het betekent: het nieuwe leven ontvangen.
Het houdt in: dat je behouden bent.
Je kunt wel wéten dat Hij voor je gestorven is. Je kunt gelóven dat dit waar gebeurd is. Je kunt het zelfs doorvertellen aan anderen terwijl je er zelf toch geen deel aan hebt, omdat je De Deur niet binnen ging.
Net zo, als je bijvoorbeeld naar Amsterdam wilt met de trein. Je koopt een kaartje. Je loopt het perron op. De trein staat klaar... en vertrekt, maar zonder jou, want jij bleef staan! Kom je zo in Amsterdam? Welnee. Je had de deur van de trein binnen moeten stappen dan was het goed gegaan.
'Ik ben de Deur, als iemand door Mij binnenkomt zal hij behouden worden', zegt Jezus. Ga op die uitnodiging van Hem in, je zult versteld staan wat je daarna zult zien en ervaren.

GEBED.

Vader, ik dank U dat dé Deur naar U toe nog altijd open is. Dat wij in de genadetijd leven, dat Jezus Christus de Goede Herder voor ons is en het voor iedereen wil zijn. Leer ons de tijd uit te kopen, nu het nog kan. Help ons het Evangelie door te vertellen aan hen die het nog niet gehoord hebben of het niet willen horen. Help ons allen het licht der wereld te zijn omdat dit Uw opdracht is. Om Jezus' wil. Amen.

LEZEN:
Joh. 10 : 1-21; Ps. 23;   Jes. 45 : 1-4;   Mat. 25 : 1-13.

IK BEN DE WAARHEID EN HET LEVEN, niemand komt tot de Vader dan door mij. IK BEN DE WARE WIJNSTOK en Mijn Vader is de landman... blijft in Mij.

DE ENIGE JUISTE WEG... EN BLIJF OP DIE WEG.
Jezus vertelt ons dat wij geen toegang hebben tot zijns Vaders troon dan door Zijn bemiddeling. Je moet de juiste weg kiezen, wil je bij de Vader komen. Er is maar één weg. 'Ik ben de weg', zegt Jezus. 'Het is werkelijk waar, want Ik spreek de waarheid. Ik bén de waarheid'. Jezus is het tegengestelde van de duivel, die niet de waarheid is, hij is de leugen zelve. De moordenaar van den beginne, noemt Jezus hem, ja, de vader der leugen.
Jezus daarentegen is in al Zijn facetten 'waar'. Daarom verlangt Hij ook van ons dat we 'waar' zijn. 'Waar' op alle terreinen van ons leven. We kunnen onszelf voor de gek houden door te denken dat bijvoorbeeld een klein leugentje niet zo erg is. We kunnen ook een leugen zijn in ons doen en laten. Je kunt een leugen zijn in de kerkgang of in het belijdenis doen, een leugen zijn in je verkering of in je huwelijk. Maar als je op de enige juiste levensweg wandelt, sta je in het volle licht, dan wordt de leugen ontmaskerd. Hij zal je de waarheid laten zien omdat Hij de waarheid Zelf is.
Als je Hem binnen hebt gelaten in je leven bén je op de weg die je naar de volle waarheid leidt. Je ervaart het LEVEN, je ontdekt de wezenlijke betekenis ervan. Ik geloof dat we een leven lang nodig hebben om te vatten hóe rijk wij zijn 'in Hem'.

Als we op die levensweg lopen, leert Jezus ons door Zijn Woord en Geest hoe we er op kunnen blijven, opdat we geen zijwegen inslaan en opdat we niet zullen verongelukken. Hij zegt: 'Blijft in Mij'. Hij vergelijkt deze opdracht met een voorbeeld uit de omgeving, de wijndruiventeelt. Je zag in Israël al die druiven groeien op de hellingen van de bergen. Kijk, zegt Jezus: 'Ik ben de Wijnstok, en jullie de ranken. En waar halen de ranken hun sappen vandaan, willen ze groeien en bloeien en vrucht dragen? Uit de Wijnstok.
En hoe krijgen zij die sappen? Door aan die wijnstok te blijven. Zo ook met jullie, als je 'in Mij' blijft, groei je geestelijk, je haalt de levenssappen bij Mij vandaan en je gaat groeien en bloeien en er komen geestelijke vruchten uit je voort'. 'In Hem blijven' houdt in: luisteren naar Zijn stem.
Bidden, volharden in het gebed, Bijbel lezen, Zijn Geest in ons laten stromen, ons laten veranderen in ons denken, spreken en handelen. We hoeven ons niet druk maken hóe we groeien moeten, daar zorgt Jezus wel voor. Onze taak is, te zorgen dat we verbonden blijven met de ware Wijnstok.

GEBED.
Heer, U staat elke dag klaar om me alles te geven wat ik nodig heb en om mij te leren 'waar' te zijn. Vergeef mij mijn onwaarheden. Help mij om 'In U' te blijven. Heer ik vraag het U in de Naam van Jezus Uw Zoon. Amen.

LEZEN:
Joh. 14 : 1-14, 15 : 1-8;   Gal. 5 : 22-26;   Mat. 25 : 14-30;   Hebr. 13.

IK BEN DE OPSTANDING EN HET LEVEN. En Pilatus liet ook een opschrift schrijven en op het kruis plaatsen; er was geschreven: Jezus de Nazareeër, de KONING der Joden. De overpriesters der Joden dan zeiden tot Pilatus: schrijf niet: DE KONING der Joden, maar dat Hij gezegd heeft: IK BEN DE KONING DER JODEN.

DE KONING DIE DE OPSTANDING EN HET LEVEN IS.
'Ik ben de opstanding en het leven', zei Jezus tegen Martha en Maria, toen ze bij het graf van Lazarus stonden. Hij liet de uitspraak gepaard gaan met de daad. Hij sprak: 'Lazarus, kom naar buiten'. En Lazarus kwám naar buiten. Het was een voorproefje van wat komen zou. De discipelen begrepen het niet eens; ze hadden helemaal niet door wat Hij bedoelde als Hij sprak over Zijn eigen dood en Zijn eigen opstanding. Geen van Zijn volgelingen hield er rekening mee dat die voorspelling zo spoedig harde werkelijkheid zou worden. Zoals Jezus stierf voor ons, moeten wij sterven aan onze oude mens, aan 'ons eigen ik'. Maar wij zijn niet alléén in 'ons sterven'. Jezus is er bij, altijd.

Jezus is tegelijk Koning. Hij is de Vorst in het Koninkrijk der hemelen. Hij is Overwinnaar over satan. En die weet dat hij nog maar weinig tijd heeft, want Jezus eist straks de hele aarde op. Hij zal als Koning heersen op deze aarde. We kunnen het ons haast niet voorstellen, toch zal Hij terugkomen en vanuit Jeruzalem regeren.
Wat een toekomst gaan wij tegemoet. De Bijbel vertelt het ons en wat de Bijbel zegt is waar want het is Gods Woord. We zouden boeken tekort hebben om te beschrijven wie Jezus is, welke schatten en welke rijkdommen er in Hem verborgen liggen. Een rijkdom voor al Zijn kinderen.
Deze week hebben wij nog maar een deel van Zijn volheid ontdekt. Hij is nog veel en veel groter dan wij vermoeden of beseffen. Hij vraagt van ons of we in willen gaan op Zijn uitnodiging Hem aan te nemen met heel ons hart. Hij wil dat wij deel hebben aan Zijn volheid, dat wij het rijke leven met Hem ervaren.
Je ervaart dan dat Hij je gered hééft, dat Hij in je leven jouw Herder is. Je ervaart dat Hij je Koning is geworden en dat het Woord tot leven is gekomen. Je ervaart wat het betekent dat de Zoon van God mens geworden is, ja, het Lam dat geslacht is ook voor jou. Je ontdekt dat Hij het Brood des Levens is waardoor je dagelijks gevoed wordt en dat je in Zijn Licht wandelt. Want je bent de Enige Deur doorgegaan die toegang geeft tot Vaders troon.
Je weet wat het betekent dat Hij de Weg, de Waarheid en het Leven is.
En je zorgt dat je altijd verbonden blijft met de ware Wijnstok.
Dat is pas leven: onder Zijne heerschappij zijn wij zalig, zijn wij vrij.

GEBED.
Dat dit allemaal voor mij is Vader, het overweldigt mij. Ik dank U met heel mijn hart. Amen.

LEZEN:
Joh. 19 : 17-22, 12 : 20-36, 11 : 43, 44;   Luk. 24; Col. 3 : 1-17;
Mat. 21 : 33-46, 22 : 1-14.

Zondag
3de week

De allerbelangrijkste stap die
je in je leven nemen kunt, is:
'JEZUS BINNENLATEN
in je hart'.

WEDERGEBOORTE (OPNIEUW GEBOREN)

Johannes 3 : 3.
Jezus antwoordde en zeide tot hem: Voorwaar, voorwaar, Ik zeg u, tenzij iemand
WEDEROM GEBOREN wordt, kan hij het Koninkrijk Gods niet zien.

Openbaring 3 : 20.
Zie, Ik sta aan de deur en Ik klop. Indien iemand naar MIJN STEM HOORT en
de deur OPENT, Ik zal bij hem binnenkomen en maaltijd met hem houden en hij
met Mij.

Mattheüs 16 : 25.
Want ieder, die zijn leven zal willen behouden, die zal het verliezen, maar ieder,
die ZIJN LEVEN VERLOREN HEEFT om Mijnentwil, die zal het vinden.

Johannes 5 : 24.
Voorwaar, voorwaar, Ik zeg u, wie MIJN WOORD HOORT EN HEM
GELOOFT, die Mij gezonden heeft, heeft eeuwig leven en komt niet in het oor-
deel, want HIJ IS OVERGEGAAN UIT DE DOOD IN HET LEVEN.

2 Korinthe 5 : 17.
Zo is dan wie in Christus is een NIEUWE SCHEPPING: het oude is voorbijgegaan, zie, het nieuwe is gekomen.

1 Johannes 4 : 6.
Wij zijn UIT GOD. Wie GOD KENT, hoort naar ons; wie uit God niet is, hoort
naar ons niet. Hieraan onderkennen wij de Geest der waarheid en de geest der
dwaling.

GEBED.

Vader, ik vraag U, of U mij deze week helpen wilt het allervoornaamste in een
mensenleven zó uit te leggen dat iedereen begrijpt wat U bedoelt met: opnieuw
geboren zijn. Laat ons zien dat wij opnieuw geboren kunnen worden en dat dit
noodzakelijk is om weer voor Uw troon te kunnen staan, weer opnieuw omgang
met U te hebben zoals U het hebt bedoeld bij de schepping. Help hen die nog
nooit 'ja' tegen U gezegd hebben, het nu te doen, zodra ze weten wat U met
wedergeboorte bedoelt.
Dank U, dat ik vanuit deze nieuwe geboorte mag leven. Dank U, dat ik groeien
mag tot een geestelijk volwassen gelovige. Dank U, voor alles wat U gedaan
hebt en nog elke dag doet. Amen.

Deze week een korte samenvatting van het boekje 'Ja, kom binnen Heer!'.

Jezus antwoordde en zeide tot hem: Voorwaar, voorwaar, Ik zeg u, tenzij iemand WEDEROM GEBOREN wordt, kan hij het Koninkrijk Gods niet zien.

OPNIEUW GEBOREN.
Jezus en Nikodémus zijn in gesprek over Gods Koninkrijk. Jezus vertelt hem op welke voorwaarde men dat Koninkrijk Gods binnen mag gaan. Die voorwaarde is: Wedergeboorte. Begrijp je wat dat woord betekent en wat het inhoudt? Nikodémus begreep er niets van. En wij?
Wedergeboorte betekent: opnieuw geboren worden. Weder, betekent 'opnieuw', 'nog een keer'. Het betekent ook 'terug'. Maar als je nog een keer geboren moet worden, houdt dat in, dat het de eerste keer niet goed, niet volledig gebeurd is, zodat het noodzakelijk is dat het nóg een keer gebeurt.
Als weder ook terug betekent, dan moeten we terug denken aan het Paradijs. Daar is alles begonnen. Adam en Eva waren door hun Geest verbonden met de Here God. Toen verbrak de zondeval deze Geestelijke eenheid met de Here God. En vanaf die tijd werden alle mensen in zonde geboren.
Jezus werd naar de aarde gezonden om deze gebroken eenheid tussen God en mens weer te herstellen. De zonde die scheiding had gebracht, zou worden weggenomen door het sterven van Jezus, Gods Zoon. Dat was het begin van Gods Koninkrijk. En als je daar wilt binnen komen, er deel aan wilt hebben, moet je opnieuw geboren worden.
Het verschil tussen de eerste en de wedergeboorte (de tweede geboorte) is dit: De eerste geboorte is de gewone lichamelijke geboorte. Jezus noemt het de vleselijke of natuurlijke geboorte van beneden af. De tweede geboorte is een Geestelijke geboorte van bóven af; het is de Geestelijke geboorte vanuit God. Door die nieuwe geestelijke geboorte is het weer mogelijk dat kontakt met God te hebben zoals voor de zondeval. De verbroken verbinding is nu weer hersteld. Ik ben opnieuw geboren en leef nu in het nieuwe Koninkrijk. Zijn Geest is weer opnieuw verbonden met mijn geest.
Er heeft dan wel een hele verandering in je leven plaats gehad, er is een totale ommekeer waar te nemen in jezelf. Vóór de nieuwe geboorte stond het 'eigen ik' in het middelpunt. Na de nieuwe geboorte staat God in het middelpunt. Anders gezegd: bij de eerste natuurlijke geboorte zat 'ik' op de troon van mijn leven. Bij de tweede Geestelijke geboorte zit 'God' op de troon van mijn leven. En dát maakt alles anders.
Elk mens moet opnieuw geboren worden, anders kan hij het Koninkrijk Gods niet binnen gaan. Jezus zegt het tegen ons állemaal:... je moet opnieuw geboren worden, wil je leven in Zijn nieuwe rijk.

GEBED.
Vader, dit is wel de belangrijkste beslissing die ik nemen kan in mijn leven, wil ik leven vanuit Uw nieuwe Koninkrijk. Vader, hoe moeten we opnieuw geboren worden? Hoe gebeurt dat? Kunnen we daar zelf ook wat aan doen? Wilt U me dat duidelijk maken? Want ik wil er graag uit leven. Amen.

LEZEN:
Mat. 7:13, 16:25;   Joh. 1:12. 3:16, 33, 5:24. 6:40, 51, 54, 10:9, 27;   2 Cor. 5:17.

Zie, Ik sta aan de deur en Ik klop. Indien iemand Mijn stem hoort en DE DEUR OPENT, Ik zal bij hem binnenkomen en maaltijd met hem houden en hij met Mij.

JA, KOM BINNEN HEER.

Hoe word ik nou opnieuw geboren? Hoe gebeurt dat precies? En kan ik daar zelf wat aan doen? Als we dit niet weten dan kunnen we nog niet op die eis van Jezus dat we opnieuw geboren moeten worden, in gaan. En Hij vindt het zo belangrijk dat we erop ingaan, want Hij sprak er vaak over, al gebruikte Hij er telkens andere uitdrukkingen voor. Als je de teksten onderaan de vorige bladzij gelezen hebt, weet je welke woorden het zijn.

Deze: 'ingaan, zijn leven verliezen, Hem aannemen, in Hem geloven, Zijn getuigenis aanvaarden, overgaan uit de dood in het leven, aanschouwen en geloven, dit brood eten, Mijn vlees eten en Mijn bloed drinken, de deur binnen gaan, horen naar Mijn stem, een nieuwe schepping worden'.

Er zijn nog wel meer uitdrukkingen die allen hetzelfde betekenen als 'opnieuw geboren worden'. We kunnen al deze uitdrukkingen samenvatten. We nemen er één voor in de plaats, één, die al de anderen omvat, nl. deze: 'Jezus binnen laten in je hart'.

Als we ons hart gaan vergelijken met het huis waarin we wonen, dan wordt het je nog duidelijker. Dan wordt het: 'Jezus binnen laten in je huis en leven'. En dan zijn we bij de vraag terecht gekomen: Hoé word ik opnieuw geboren? Wat gebeurt er dan precies? Kan ik er zelf wat aan doen? Hoe laat ik Jezus binnen? Het is eenvoudiger dan je denkt.

Kniel neer en zeg: 'Ja, kom binnen Heer! Binnen in mijn hart en leven. 'En op dat moment word je opnieuw geboren. Moet je daar dan een bepaalde leeftijd voor hebben? Nee, leeftijd speelt geen rol, hoe jonger je de Heer binnen laat des te langer kun je Hem dienen.

Nu is tegelijk de vraag: 'kan ik er zelf wat aan doen' beantwoord. De Heer heeft alles gedaan van Zijn kant. Hij nodigt je uit Hem binnen te laten. Wat kan ik zelf doen? Op die uitnodiging ingaan, ja, zeggen tegen Hem. Ik kan Hem binnenlaten, maar Hem ook buiten laten staan, de deur van mijn hart niet voor Hem openen, maar gesloten houden.

Dat ligt aan mezelf, (aan jezelf). Hij zou zo graag willen dát je Hem binnen liet, dan heeft Hij je terug gebracht bij God, je leeft dan in Zijn nieuwe Koninkrijk. Jezus zou blij zijn als jij zegt: 'JA, KOM BINNEN HEER!'.

GEBED.

Vader, ik ben werkelijk blij dat ik gezegd heb: 'Ja, kom binnen Heer'. Ik ervaar dat die verbroken verbinding met U weer is hersteld, dát ik leef vanuit Uw Koninkrijk. Ik vraag U, wilt U ons allen helpen ook 'ja' te zeggen tegen U? Want dat verwacht U van ons en U wacht elke dag op ons, zoals U zolang op mij gewacht hebt. Ik vraag het U in de Naam van Jezus Christus. Amen.

LEZEN:
Luk. 14 : 15-24; Joh. 10 : 1-21; Rom. 5 : 18-21; Luk. 22 : 14-23; 1 Cor. 11: 20.

Want ieder, die zijn leven zal willen behouden, die zal het verliezen, maar ieder, die ZIJN LEVEN VERLOREN HEEFT om Mijnentwil, die zal het vinden.

DE HEER KOMT BINNEN.

Hoe dat in zijn werk is gegaan en wat er nu precies verandert in mijn leven, wat het inhoudt dat ik gezegd heb: 'Ja, kom binnen Heer' wil ik met een voorbeeld duidelijk maken.

Er wordt gebeld.
Als ik de deur open doe, raad je niet wie daar op de stoep staat. Het is de Here Jezus en Hij vraagt: 'Mag ik binnen komen?' Wat doe ik? De deur weer dicht... of laat ik Hem binnen? Ik neem een besluit en zeg: 'Ja, kom binnen Heer'.
Hij komt binnen. Op dát moment wordt ik opnieuw geboren. Hem binnen laten houdt in, dat ik mijn hele huis voor Hem open zet. Wat dat allemaal inhoudt besef ik op dat moment in de verste verte nog niet. Ik heb geen idee wat er hierna nog volgt, maar... ik heb Hem in mijn huis binnen gelaten.
Hij, de Heer, is binnen gekomen; de tweede geboorte heeft plaats gehad. Nu moet je niet denken dat het hierbij blijft. Het is geen eindpunt, maar een beginpunt, een begin van een ander 'nieuw' leven, een leven in Zijn nieuwe Koninkrijk. Je bent net een pasgeboren baby. Je moet nog heel wat groeien want de Heer wil dat je 'geestelijk' volwassen wordt.
Ja, daar sta je dan verlegen en onwennig. Je weet je eigenlijk helemaal geen houding te geven, maar de binnengelaten Heer stelt je onmiddelijk op je gemak. Hij doet Zijn jas gewoon uit, want Hij wil blijven, niet voor even, maar voor altijd.
Dan pak je Zijn jas aan en hangt hem op de hanger en op dát moment ontmoet je Zijn blik. (Vrede en vriendelijkheid straalt af van Zijn gezicht).
Dan ga ik Hem voor naar de kamer. De kamer is het centrum van ons huis waar het dagelijks leven zich afspeelt. Onder het drinken van een kopje koffie heb ik Hem, voor ik er erg in heb van alles verteld. Alles wat me dwars zit en dingen die ik niet begrijp. Ja, zonder erg heb ik m'n hele hart en ziel voor Hem open gelegd en ik vraag mij af hoe het komt dat alle remmingen bij mij opeens verdwenen zijn, zodat ik Hém dingen toevertrouw die ik een ander niet zou vertellen. Dan merk ik ook, dat de Heer iets heeft wat anderen veelal niet hebben. De Heer heeft échte belangstelling voor mij. Hij luistert echt naar me. Wat ben ik blij dat ik Hem in mijn huis heb binnen gelaten.

GEBED.

Ja, Heer, het is zo, U luistert met echte belangstelling naar me. U wilt mij helpen uit liefde. U wilt mij leren hoe ik om moet gaan met de medemens. Ik dank U ervoor, dat U in mijn huis wilt wonen en de leiding wilt nemen. Amen.

LEZEN:

Ez. 11 : 19;   Rom. 7 : 6;   2 Cor. 3 : 6;   Ef. 4 : 15;   1 Thes. 5 : 23;
1 Cor. 6 : 11;   1 Pet. 3 : 15.

Johannes 5 : 24   Donderdag 3de week

Voorwaar, voorwaar, Ik zeg u, wie MIJN WOORD HOORT EN HEM
GELOOFT, die Mij gezonden heeft, heeft eeuwig leven en komt niet in het oordeel, want hij IS OVERGEGAAN UIT DE DOOD IN HET LEVEN.

IN DE KEUKEN.
Wat is dat een lang koffieuurtje geworden. Ik schrik ervan en roep: 'Oh, Heer
m'n middageten, ik moet nodig naar de keuken anders krijg ik het eten niet op
tijd klaar'. Eenmaal in de keuken ben ik blij dat de Heer in de kamer is gebleven.
De keuken heb ik nog niet eens opgeruimd. Maar dan... staat de Heer opeens
naast me en zegt verontschuldigend: 'Ik wil zo graag zien wat jij daar in de keuken doet, wat je klaar maakt, wat je je gezin voorschotelt'. Hij bedoelt dat
natuurlijk niet letterlijk, maar figuurlijk. Hij wil mij in geestelijk opzicht de ogen
openen.
Ik vraag: 'Wat heeft eten koken nu met het geestelijke te maken Heer?'. Hij antwoordt: 'Daar begrijp je niet zoveel van hè? Ik zal het je uitleggen. Ik vraag Mij
af: welk geestelijk voedsel zet jij je man en kinderen voor? Wat zet jij je vrienden voor als zij op bezoek komen? Weet je dat jij daar verantwoordelijk voor
bent? Kijk, en dan vraag Ik Me af of je wel zeker weet of dit geestelijk voedsel
wel goed bereid is, of het niet te zout of te zuur is, te koud of te heet. Vroeger
heb Ik gezegd, dat jij het zout der aarde moet zijn. Ik bedoelde ermee te zeggen:
zorg eerst dat je zelf voldoende zout in je hebt anders kun je het niet uitdelen aan
anderen. Dan leef Ik niet genoeg door jou heen, dan straalt Mijn liefde te weinig
uit jou. Liefde moet door jou heenstromen naar de ander. Dán ben je het zout der
aarde.
Zout maakt het eten smakelijk. Maar té veel zout bederft de smaak. Zout werkt
ook bederfwerend. Als je vlees van de slager haalt en je zout het niet, dan merk
je gauw genoeg wat er gebeurt'.
Dat van dat vlees begreep ik maar al te goed en meteen vroeg ik: 'U zei net dat ik
ook té veel zout kon gebruiken, maar ik kan toch niet té veel van U in mij hebben? Té veel liefde, té veel geduld, té veel wijsheid, je kunt...' ik struikelde bijna
over m'n woorden en in een flits schoot het door me heen: nu heb ik Hem vast-
gepraat. Ik dacht weer, maar Hij dacht anders.
'Je hebt gelijk', sprak Hij, 'dat jij nooit téveel van Mij in je kunt hebben. Maar jij
kunt wel té veel van Mij ineens aan een ander door willen geven. Denk je er wel
eens over na als je over de Heer praat of de ander dat verdragen kan? Verwerken
kan?' (Ria, schoot het door me heen, haar had ik overladen met geestelijke
gesprekken). En zo praatten we nog een hele tijd door. Ik had niet gedacht dat het
gesprek in de keuken me zo'n heldere kijk zou geven op het geestelijk voedsel
dat ik anderen bereid.

GEBED.
Dank U Heer, dat U mij wilt leren dat ik verantwoording draag voor het geestelijk voedsel dat ik aan anderen doorgeef. Wilt U me wijsheid geven? Amen.

LEZEN:
1 Cor. 3 : 2;   Hebr. 5 : 11-14;   Luk. 15 : 2.   Joh. 6.

2 Corinthe 5 : 17   Vrijdag 3de week

Zo is dan wie in Christus is een NIEUWE SCHEPPING: het oude is voorbijgegaan, zie het nieuwe is gekomen.

OOK HIER, HEER.

Een 'nieuwe schepping' betekent opnieuw geboren zijn. We worden vernieuwd
in ons denken, van daaruit volgt een vernieuwd spreken en handelen;

Toen ik die avond in bed lag, (de Heer had ik de logeerkamer aangeboden) en
over alles nadacht, werd ik toch zo blij dat ik Hem binnengelaten had. M'n
gedachten vermenigvuldigden zich. Wat een waagstuk eigenlijk, maar ook wat
een vanzelfsprekendheid om het toch te doen. Liefde kan immers niet van één
kant komen? Langzaam gaat de slaapkamerdeur open. Hij komt binnen. En zegt:
'Mag ik even op de rand van je bed komen zitten, dan praten we nog wat verder'.
(sjonge dacht ik, wat valt hier nog te praten, eerlijk gezegd gaat me dit toch een
beetje té ver, de slaapkamer is toch strikt privé?). Maar Hij legt het me al uit: 'Ik
moet hier zijn omdat zich daar de twee voornaamste, de twee belangrijkste inti-
miteiten in het huwelijksleven afspelen. Het eerste is wel het gebedsleven van
jou en je man samen, want het gebed is juist de basis voor een gelukkig huwelijksleven'. (De Heer kende blijkbaar mijn grote schroom tegenover mijn man
door en door). Daarom leerde de Heer mij hoe ik moest bidden, ook samen met
mijn man, samen met mijn kinderen. Hij leerde mij hoe noodzakelijk dit gebedsleven is voor heel ons gezinsleven. Maar de Heer ging nog een stap verder:
'Weet je wat het tweede belangrijkste punt is met betrekking tot de slaapkamer?'
(Ik durfde niet te zeggen wat ik dacht).
'Hoe zit het eigenlijk met het sexuele leven tussen jullie?'
Het was of er een bom ontplofte in mij. 'Heer', riep ik uit: 'Overal in mijn huis
mag U komen, maar sexualiteit is privé terrein daar kunnen we het samen wel af,
daar hebben we beslist niémand bij nodig'. (Wat was ik begonnen om Hem binnen te laten). De Heer zweeg en wat zou ik er aan toe kunnen voegen? Toen rol-
den mijn gedachten als een film terug. Terug naar onze huwelijksnacht. Ik dacht
terug aan andere momenten op dit gebied en aan de vele gesprekken met onze
vrienden. Aan Daan die helemaal niets van dit 'spel' moest hebben, aan Jolanda
die...
Wat was er veel afgepraat tussen ons, en... we kwamen er nooit uit. Ik wist dat
we deze dingen niet alleen afkonden, ook ik niet. Maar dát kon ik de Heer toch
niet vertellen? Toen legde de Heer me liefdevol uit waar de fout bij mij zat: dat
ik Hém er niet in betrokken had. Zo praatten we samen nog een tijdje door, en...
wat was ik blij dat ik Hem tóch had binnengelaten en dat ik niets voor Hem
behoefde te verbergen.

GEBED.

Vader, ik dank U dat U in heel ons levenshuis wilt binnentreden om ons te leiden
naar Uw raad. Amen.

LEZEN:
Ps. 51 : 12;   Luk. 17 : 33;   2 Cor. 4 : 1-6;   Col. 3 : 1-10;   Luk. 4 : 31-36;
Hebr. 9 : 11-14.

26

Wij zijn UIT GOD; Wie GOD KENT, hoort naar ons; wie uit God niet is, hoort naar ons niet. Hieraan onderkennen wij de Geest der waarheid en de geest der dwaling.

EINDELIJK IN HEEL MIJN HUIS.

Wat een heerlijkheid de Here God, onze Vader te kennen. We leren Hem kennen door Zijn Zoon, doordat jij en ik Jezus binnengelaten hebben in ons leven. En dat houdt in dat we ons hele huis voor Hem open gezet hebben. Het blijft niet bij de kamer, de keuken en de slaapkamer. Nee, de Heer wandelt verder en als ik bezig ben de grote was te doen staat Hij opnieuw naast me. Hij legt mij alles uit over de zonde en Hij vergelijkt de vuile was met het dagelijks leven. Zo gaan we samen door het hele huis. Zelfs de kastdeuren blijven voor Hem niet gesloten. Hij legt me liefdevol uit hoe de inhoud van een kast moet worden zodat die past bij een opnieuw geboren kind van God. Wanneer ik de buitenboel ga doen, stelt de Heer een aantal vragen, o.a. waarom ik de ramen zeem. En wat Hij me dáárover uitlegt had ik niet voor mogelijk gehouden. Als ik daarna m'n bloementuintje verzorg, legt de Heer met veel geduld uit wat onkruid in geestelijke zin heeft te betekenen en dat is niet gering. Daarna staan we samen bij een pas ingezaaid bed van de groentetuin. Daar ontdekt Hij iets… Hij laat me een blik werpen in dat oude leven van me, in de tijd zoals ik placht te leven toen. Het is niet veel goeds en ik dacht nog wel… Maar door Zijn komst in mijn levenshuis wordt alles anders. Hij helpt me met dit nieuwe leven. Hij doet dit met zoveel liefde en geduld, dat je er versteld van staat. Dan vraagt de Heer of er ook nog een zolder is. En wat daar allemaal opgeborgen is, ver weg, voor alle mensen verborgen behalve voor Hem, is onvoorstelbaar. Daarna helpt Hij mij in alle liefde grote opruiming te houden en als de zolder leeg is, legt Hij er een spiksplinter nieuwe wapenuitrusting neer. Begrijpen doe ik het nog niet, maar de Heer zegt, Ik zal het je wel uitleggen en ik zal je helpen al die wapens naar beneden te brengen zodat je ze gebruiken kunt in het leven van alle dag.

Als laatste gang door het huis daalden we samen af naar de kelder. In geestelijk opzicht betekende dat afdalen naar het diepst verborgen plekje in m'n herinneringsleven. Ook daar wilde de Heer orde op zaken stellen.

Hij zag hoeveel wonden er waren achter gebleven in m'n binnenste. De Heer deed er wat aan, want toen we samen afdaalden in de kelder van het denken, genas Hij die wonden die vroeger waren aangebracht. Ik leerde daar van Hem wat vergeven is, en ik vergaf hén die verwond hadden. De kelder van mijn denken werd gereinigd, daarna werd ik vervuld met een ongekende blijdschap. Eindelijk was de Heer in mijn hele huis.

GEBED.

Vader, wilt U hen die nog aarzelen, helpen om te zeggen: Ja, kom binnen Heer?

LEZEN:

Ex. 33 : 13;   Deut. 34 : 10;   Jer. 1 : 5;   Joh. 8 : 19, 14 : 17;
2 Kor. 5 : 11-21;   1 Joh. 4 : 1-21.

* Zie het boekje: 'Ja, kom binnen Heer'.

Zondag
4de week

Wat denken we vaak dat we
de ander kennen, wat komen
we vaak bedrogen uit, ook in
het onszelf kennen.

KENNEN.

Deuteronomium 34 : 10a.
Zoals Mozes die de Here GEKEND heeft
van aangezicht tot aangezicht.

Psalm 139 : 1.
Here, Gij DOORGRONDT en KENT mij.

Jeremia 1 : 5a.
Eer Ik u vormde in de moederschoot heb Ik u GEKEND…

Johannes 10 : 4, 5 en 16.
Wanneer hij zijn eigen schapen allen naar buiten gebracht heeft, gaat hij voor ze uit en de schapen volgen hem, omdat zij zijn stem KENNEN. Maar een vreemde zullen zij voorzeker niet volgen, doch zij zullen van hem weglopen, omdat zij de stem der vreemde niet KENNEN.
Nog andere schapen heb Ik, die niet van deze stal zijn; ook die moet Ik leiden en zij zullen naar mijn stem horen en het zal worden één kudde, één herder.

Galaten 4 : 8a en 9.
Maar in de tijd dat gij God niet KENDE, hebt gij goden gediend…
Nu gij echter God hebt leren KENNEN, ja, meer nog, door God GEKEND zijt, hoe kunt gij thans terugkeren tot de zwakke en armelijke wereldgeesten waaraan gij u weer van meet aan dienstbaar wilt maken?

1 Johannes 2 : 3-6.
En hieraan ONDERKENNEN wij, dat wij Hem KENNEN: indien wij Zijn geboden bewaren. Wie zegt: Ik ken Hem, en Zijn geboden niet bewaart, is een leugenaar en in dien is de waarheid niet. Maar wie Zijn woord bewaart, in dien is waarlijk de liefde Gods volmaakt. Hieraan ONDERKENNEN wij, dat wij in Hem zijn. Wie zegt, dat hij in Hem blijft, behoort ook zelf zó te wandelen, als Hij gewandeld heeft.

GEBED.

Heer wij danken U dat U ons allen kent. U kent onze zwakheid. Maar U geeft ons kracht door Uw woord en Geest. Help ons Uw woord te bewaren opdat Uw liefde in ons volmaakt moge zijn, Om Jezus' wil. Amen.

Deuteronomium 34 : 10a   Maandag 4de week

Zoals Mozes, die de Here GEKEND heeft, van aangezicht tot aangezicht.

KENNEN.

We willen allemaal graag onze medemens goed leren kennen. Maar wat houdt dat kennen eigenlijk in? Iemand leren kennen betekent dat we meer en meer inzicht krijgen in de persoonlijkheid van de ander, dat we zijn karakter leren doorgronden en de goede of minder goede eigenschappen die hij bezit. Om het zo ver te krijgen moeten we vooral veel omgaan met die ander en onze oren open hebben en onze ogen goed de kost geven. Alleen op die manier kan er een persoonlijk kennen van de ander tot stand komen. Maar... kunnen we op dezelfde manier ook de Here God leren kennen? Want Hem te kennen is voor ons christenen wel het allervoornaamste in het leven van alle dag. Neen, we kunnen dat niet uit onszelf. Het is de Heilige Geest die ons Hem leert kennen. Die ons Zijn werken en wegen en Zijn hoedanigheid leert doorzien. Kijk maar eens naar Mozes die het volk van God uit Egypte, dwars door de woestijn naar het land Kanaän bracht. God maakte Mozes Zijn wegen bekend, de kinderen Israëls Zijn daden. Mozes kende God, zij kenden elkaar, want dat is nodig. Het kennen moet wederzijds zijn. Mozes oefende zich als het ware in het leren kennen van God. Hij nam de tijd voor 'stille tijd', en daarmee bouwde Mozes een persoonlijke relatie op met God. Menselijke relaties worden ook opgebouwd. Hoe meer jonge mensen in hun verlovingstijd met elkaar omgaan hoe beter ze elkaar leren kennen. Als je getrouwd bent dan kijk je weer dieper in het hart van de ander en des te meer leg je, als het goed is, je hart open voor de ander. Je geeft je aan elkaar, daardoor wordt het 'kennen van elkaar' verdiept. Weet je, dat de Heer ook graag wil dat jij Hem leert kennen en dat je persoonlijke omgang met Hem verdiept zal worden en dat je Hem zult kennen in 'Zijn Wezen', Hij wil dat je Zijn wegen en daden leert kennen, Zijn bedoeling met je leven. Dat is zo allesomvattend, daar hebben we echt wel heel ons leven voor nodig. Begin er maar mee, en als je al begonnen bent, nodigt de Heer je uit om verder op die weg te gaan.

GEBED.

Heer, leer mij U kennen in al Uw goedheid, in al Uw liefde en in alles waarmee U mij wilt omringen. Leer mij U kennen ook als het leven hard en moeilijk lijkt. Leer me U juist dan, zo te kennen dat ik niet twijfel aan Uw goedheid. Heer, U te kennen is werkelijk het allerbelangrijkste in ons dagelijks leven. Laat ook in onze kerken en daarbuiten het zoeken oprecht zijn om U te leren kennen. Amen.

LEZEN:

Ex. 33 : 11-17;   Gal. 4 : 9;   2 Tim. 2 : 19;   1 Joh. 4 : 1-8.

Here, Gij DOORGRONDT en KENT mij.

DOORGRONDEN.

Doorgronden is een ander woord voor kennen. Doorgronden gaat dieper, reikt verder. Wie zou mij helemaal doorgronden? Wie alleen zou het diepste innerlijk kennen van m'n hart? Dat is de Here God. David ervoer het in zijn leven; het is voor hem een troost dat God ook zijn zondige hart kent dat God zijn verkeerde daden ziet en weet. David heeft zich helemaal met hart en ziel overgegeven aan Hem. David kende God persoonlijk. David kende de verborgen omgang met de Heer. David is niet bang voor God, integendeel. Iemand die God liefheeft, behoeft niet bang voor Hem te zijn. Of ben jij wel bang, vind jij het niet fijn dat de Here God jou doorgrondt? Toch mag je je met vertrouwen overgeven aan Hem, hoe je ook bent. We maken zo vaak de fout in ons leven dat we te veel naar ons zelf kijken, naar het verkeerde in ons dagelijks leven. En hoe meer we naar onszelf kijken, des te verdrietiger worden we over onszelf. Jezus zegt tegen ons: Kijk naar Mij, richt je op Mij want Mijn Vader heeft Mij voor jouw zonden naar de aarde gestuurd; dat deed Hij uit liefde voor jou. Ik doorgrond jou, laat dat een troost voor je zijn, elke dag. En het is een troost te weten dat Jezus alles van ons weet, het is een bemoediging voor ons net zoals het vroeger voor David was. Daarom zei David:

Here, gij doorgrondt en kent mij, Gij kent mijn zitten en mijn opstaan...
Gij verstaat van verre mijn gedachten; Gij onderzoekt mijn gaan en mijn liggen, met al mijn wegen zijt Gij vertrouwd.
Want er is geen Woord op mijn tong, of zie, Here, Gij kent het volkomen, Gij omgeeft mij van achteren en van voren, en Gij legt Uw hand op mij.
Het begrijpen is mij te wonderbaar, te verheven, ik kan er niet bij.

GEBED.

Heer, dat U mij doorgrondt, dat U de enige bent die alles van mij weet, ik dank U daarvoor; het is voor mij zo'n heerlijk veilig gevoel te weten dat U mij ziet, kent en leidt. Dat U moeite voor mij doet, voor mij, Heer; wie ben ik van mezelf? Geef Uw kinderen open ogen en open harten om deze rijkdom te zien en te doorgronden; ik vraag het U in de naam van Jezus. Amen.

LEZEN:
1 Kron. 28 : 9;   Ps. 33 : 15;   Ps. 139 : 1-6, 139 : 23.

Eer Ik u vormde in de moederschoot heb Ik u GEKEND.

AL VOOR DE GEBOORTE.

Gods kennen gaat heel diep. De Heer kent jou en mij, de Heer doorgrondt jou en mij, de Heer heeft ons in de moederschoot geweven zegt David tegen ons. En in onze tekst zegt God tegen Jeremia: Eer Ik u vormde in de moederschoot heb Ik u gekend. Dit gaat diep, het gaat ons verstand te boven. Nog voor de geboorte, nog voor hij ontkiemde heeft God hem gekend en hem al een taak toebedacht. En Jeremia kréég een zware taak uit te voeren. Hij leefde vlak vóór de ballingschap, vlak voordat het volk werd weggevoerd. Jeremia moest hun dat aanzeggen en hun vertellen dat God hen verworpen had en dat Hij hun land daarna aan de heidenen zou geven. De grens van Gods lankmoedigheid was overschreden. Als je die geschiedenis leest zal het je echt niet verbazen dat God zijn volk niet langer kon verdragen. Hij had hen bij monde van de profeet Jesaja gewaarschuwd, alles gezegd wat maar mogelijk was om hen voor de ondergang te bewaren. Jesaja hád gewaarschuwd, herhaaldelijk. Toen zweeg God, en wachte zestig jaar vol geduld of Zijn volk zich zou bekeren. Helaas, het tegendeel bleek. Altaren van afgoden werden in de voorhof van de tempel geplaatst. Er kwam zelfs een afgodsbeeld in de tempel te staan. Zo stapelden de vreselijkste beledigingen zich op tegen de Here God. Daarop moest Jeremia, die ook wel de wenende profeet genoemd werd, het volk de boodschap van de Here God aanzeggen: 'mensen, Gods maat is vol'. En uitgesproken Jeremia, die juist van nature een schuchter mens was, een teruggetrokken persoon (het tegenovergestelde van het karakter van Jesaja), hij moet hun deze oordelen overbrengen. Dat zal hem wel niet in dank zijn afgenomen, neem ik aan. Is het dan een wonder dat hij ruggesteun nodig had? Hij krijgt bemoedigingen van de Heer, maar soms moet God hem ook dwingen door te gaan met zijn opdracht. Jeremia wist dat hij er niet alleen voor stond, al zag hij vaak verschrikkelijk tegen de opdrachten die hij kreeg op. Zou dáárom God al in het begin tegen hem gezegd hebben: 'Jeremia, Ik ben er, Ik kén je, want eer Ik je vormde in de moederschoot heb Ik je gekend?' Het is een geweldige bemoediging voor hem, dat God zijn leven bepaalde, dat God hem kende al voor zijn geboorte, daarom kon hij zich op God verlaten in al zijn moeilijke situaties. God laat ons hier een blik werpen in Zijn kennen van jou en mij, 'eer Ik u vormde'. Dáárom kunnen wij ook onze taak, wat die ook moge zijn op aarde, tot het einde toe volbrengen. Dat is de grootheid Gods.

GEBED.

Vader in de hemel. Opnieuw zien we uit het leven van Jeremia, hoe groot U bent en dat U ons kent vóór onze geboorte. Wat een troost dat wij allen gekend zijn door U. Maar tegelijkertijd dringt zich het probleem van de abortus aan ons op. Hoe kunnen en durven we dat door U gekende leven verwerpen en doden?????? Leer onze regeringsleiders hun verantwoordelijkheid anders en beter te beseffen en doe hen bij alle beslissingen eerst vragen naar Uw heilige wil. Laat ons allen beseffen dat we dit alles niet zo maar over ons mogen laten komen en wijs ons eerbare wegen om dit onheil tegen te gaan. Help ons Heer dit vaak zo moeilijke leven. Amen.

LEZEN: Jer. 17 : 10-18;   2 Kon. 21 en de hoofdstukken 22-25.

Wanneer hij zijn eigen schapen alle naar buiten gebracht heeft, gaat hij voor ze uit en de schapen volgen hem, omdat zij zijn stem KENNEN; maar een vreemde zullen zij voorzeker niet volgen, doch zij zullen van hem weglopen, omdat zij de stem der vreemde niet KENNEN. Nog andere schapen heb Ik, die van deze stal niet zijn; ook die moet Ik leiden en zij zullen naar mijn stem horen en het zal worden één kudde, één herder.

DE STEM KENNEN.

Jezus leert ons onze zintuigen goed te gebruiken. Zelfs schapen weten op hun gehoor af welke herder ze moeten volgen. Ze kennen zijn stem. In de stem ligt veel omsloten. Onze stem verraadt ons als het ware. Onze emoties, onze macht of onmacht, onze vreugde of ons verdriet, onze twijfel, ons verlangen, ons ongeduld, onze geïrriteerdheid, kortom onze stemming komt door middel van onze stem tot uiting. Daarom ook is luisteren, goed en aandachtig luisteren zo belangrijk. In de wereld is een veelheid van stemmen te beluisteren. Uit die veelheid zullen we die ene stem van de Goede Herder moeten leren onderscheiden. Daarom is het luisteren naar de stem van de Heilige Geest binnen in je ook zo belangrijk, daardoor onderscheid je de veelheid van stemmen in de wereld. Jezus vertelt het ons in Johannes 10. Hij vergelijkt zijn volgelingen met schapen die de stem van de herder kénnen. De schapen volgen de herder omdat zij zijn stem kennen. Daarin ligt ons kennen van Jezus verscholen. Hem volgen, Hem dienen, Hem gehoorzamen, ligt in het luisteren naar het kennen van Zijn stem. En door Jezus te kennen, kennen we Zijn Vader die ook onze Vader geworden is. Dat dit kennen niet alleen voor de Joden bestemd was, maakt Jezus ons duidelijk met de volgende woorden: 'Nog andere schapen heb Ik die van deze stal niet zijn, ook die moet Ik leiden en zij zullen naar Mijn stem horen'. Die andere schapen, dat zijn wij. Ook wij horen bij die ene kudde, die ene Herder. Maar hoe kun je Jezus' stem nú horen? Hij is immers niet meer op aarde, bij zijn volgelingen zoals toen? Wij horen Jezus tegen ons spreken uit Zijn Woord en Geest. Door Zijn Geest in ons, maar ook door middel van spreken door mensen die Hij gebruikt. Zoals vroeger God sprak door profeten zo spreekt de Heilige Geest vaak door mensen, gewone mensen zoals jij en ik. En we kúnnen leren onderscheiden, omdat Hij in ons is. Dit luisteren is echt aan te leren. Zijn stem spreekt ons aan vanuit de Bijbel. Bijbellezen en Zijn stem herkennen, dat is nodig elke dag. Hij de Herder gaat vooraan en wij volgen, luisterend naar Zijn stem. Wat een heerlijke bemoediging voor ons hè? Luister jij?

GEBED.

Heer, U zegt dat wij U vanzelf zullen volgen als wij Uw stem kennen. Ik word er van binnen zo blij van, zo warm, omdat U Zich openbaart en omdat U Zich laat kennen vanuit Uw Woord en door Uw Geest. Dank U daarvoor Heer.Amen.

LEZEN:

Joz. 24 : 24;   Joh. 10 : 1-11;   Hand. 9 : 1-5;   Op. 3 : 20.

Maar in de tijd, dat gij God niet KENDE, hebt gij goden gediend…
Nu gij echter God hebt leren KENNEN, ja, meer nog, door God GEKEND zijt,
hoe kunt gij thans terugkeren tot die zwakke en armelijke wereldgeesten waaraan
gij u weer van meet aan dienstbaar wilt maken?

TERUGVALLEN.

Paulus is verbaasd en verdrietig tegelijk over de levenswandel van hen die Jezus
Christus als hun Heer en Heiland hebben aangenomen. Hij kan niet begrijpen dat
zij weer gaan leven zoals zij vroeger leefden, toen zij God nog niet kenden, de
tijd dat zij de afgoden dienden. Dat zij toén goden dienden verbaast hem niet,
maar dat zij ze nú weer gaan dienen terwijl zij de Here God kennen, door Jezus
Christus. Dat ze de wereldgeesten weer opnieuw achterna lopen, dát verbaast
hem. 'Hoe bestaat het, jullie zijn toch veranderde mensen? Jullie dienden en
gehoorzaamden en volgden toch de Here Jezus?' Dat zegt Paulus tegen de gelovigen van Galaten. Maar zou Paulus het niet tegelijk tegen ons hebben, tegen jou
en mij? Ik denk van wel. Hoeveel gelovige christenen zoeken troost en heil bij
droge bronnen, magnetiseurs, sterrewichelaars e.d. Hoevelen zoeken daar niet
hun redding in plaats van bij de Heer? De afvalligheid is groot, heden ten dage.
Als je goed om je heen kijkt zie je dat de wetten van God met voeten worden
getreden. Niet alleen door mensen die God niet kennen, nee, ook door hen die
Hem wel kennen en gekend hebben, maar weer teruggevallen zijn in hun oude
manier van leven. Daar waarschuwt Paulus de mensen voor, pas op dat je geen
afgoden dient, ook niet de zelfgemaakte afgoden in het leven van alle dag. Zou té
veel eten geen afgod kunnen zijn? of té veel drinken, roken en snoepen? De auto
en de radio en de t.v., de sport. Zijn dat niet evenveel afgoden? Ja, ook dát kunnen afgoden zijn. Je staat versteld hóeveel het er eigenlijk wel zijn. We aanbidden of verafgoden heel wat mensen en dingen die niet van de Heer zijn.
Onderzoek jezelf eens op dit gebied, en ga eens serieus na waar jij in je leven 'té'
voor kunt zetten. Maak er een lijstje van. Dan ga je beschaamd naar Hem toe met
al de grote en kleine afgodjes die je buiten de Heer om dient. Vraag Hem dringend om hulp. Hij wil je helpen onderscheiden én… helpen dit te veranderen in
je leven. Hij zegt als het ware zachtjes tegen jou en mij:' Je kent Mij, blijf dan
ook dicht bij Mij, val niet terug op het dienen van afgoden zoals vroeger, kom
maar, Ik help je wel, want Ik ken je door en door, Ik heb je zelf gevormd in de
moederschoot'.

GEBED.

Heer, ik sta beschaamd tegenover U met de afgoden, die er beslist in m'n leven
zijn. En ik wil ze inleveren bij U en vraag U of U mij wilt vergeven en of U mij
wilt reinigen door Uw bloed. Begin opnieuw met mij en help mij satan te weerstaan, help mij mijn ogen op U te richten; ik vraag het U in Jezus' Naam. Amen.

LEZEN:

Gal. 1 : 13-17;   Ef. 2 : 1-10, 4 : 17-32.   Titus 1 : 16;   1 Pet. 1 : 20.

1 Johannes 2 : 3-6   Zaterdag 4de week

En hieraan ONDERKENNEN wij, dat wij Hem KENNEN: indien wij zijn geboden bewaren. Wie zegt: Ik ken Hem, en zijn geboden niet bewaart, is een leugenaar en in die is de waarheid niet; maar wie zijn woord bewaart, in die is waarlijk de liefde Gods volmaakt. Hieraan ONDERKENNEN wij, dat wij in Hem zijn. Wie zegt, dat hij in Hem blijft, behoort ook zelf zó te wandelen, als Hij gewandeld heeft.

WAARAAN WETEN WIJ DAT WIJ HEM KENNEN?

We kunnen gemakkelijk zeggen dat wij Jezus kennen, maar of dat werkelijk zo is moet blijken. Hoe kun je weten of het waar is als iemand zegt Jezus te kennen? Welnu, zegt Johannes, kijk of hij de wil van God doet en Zijn geboden nakomt en in de liefde van Jezus staat. 'Een nieuw gebod geef Ik u, dat gij elkander liefhebt', zegt Jezus tegen zijn volgelingen. We kunnen dus de ander toetsen of hij of zij de waarheid spreekt. Maar wat nog belangrijker is: We kunnen onszelf ook toetsen. We kunnen bij onszelf ook weten of we de Heer wel echt kennen, we kunnen nagaan in ons eigen leven of we Zijn geboden wel naleven, of we wel in Zijn liefde staan, of we wel wandelen in Zijn voetsporen.

Het is zo gemakkelijk om bezig te zijn met de ander, om de ander te toetsen, en we komen aan het toetsen van onszelf vaak helemaal niet toe. Onszelf beoordelen is veel moeilijker dan een ander beoordelen. Dat laatste is gemakkelijker en we doen het nog liever ook. Jezus zegt, zij het met een ander voorbeeld dan Johannes: als je weten wilt of iemand heilig of schijnheilig is, let dan op zijn handel en wandel, let op zijn vruchten, want... aan de vrucht kent men niet alleen de boom maar ook de mens.

Nou, dat is geen mis te verstane taal. Let op de vruchten van het innerlijk leven, die spreken voor zich. Daarom verlangt de Heer dat wij onze wandel toetsen, niet in de eerste plaats die van de ander, maar voor alles die van onszelf.

Ja, begin maar met jezelf, dat is veel verstandiger. Als je zegt dat je Christus kent, laat de ander dat dan zien door in Zijn voetsporen te wandelen. Volg Jezus Christus, Die een lichtend voorbeeld voor ons geweest is. Is jouw leven daarmee in overeenstemming?

GEBED.

In dit schriftgedeelte laat U ons zien waaraan wij kunnen weten dat wij U kennen. We staan té gauw klaar met te zeggen dat wij U kennen en we hebben er soms geen idee van dat het tegendeel waar blijkt te zijn. Heer, vergeef ons deze overmoedige uitspraken; vergeef en reinig ons opnieuw door Uw bloed. Leer ons daarnaast onze woorden in overeenstemming te brengen met onze daden; ja, Heer, leer ons dat, ik vraag het U om Jezus' wil, Amen.

LEZEN:
Jer. 12 : 3;   Mat. 7 : 13-23;   2 Cor. 8 : 1-8;   Gal. 6 : 1-5;   Ef. 5 : 1-21;
1 Thess. 5 : 12-22.

34

Zondag
5de week
Zullen we vandaag samen luisteren naar
het geen de Bijbel ons over 'luisteren' zegt?

LUISTEREN.

Deuteronomium 11 : 27.
...zegen wanneer gij LUISTERT naar de geboden van de Here God.

Exodus 19 : 5 en 8a.
'Nu dan, indien gij aandachtig naar Mij LUISTERT en Mijn Verbond bewaart, dan zult gij uit alle volken Mij ten eigendom zijn, want de ganse aarde behoort Mij'.
En het gehele volk antwoordde eenparig: 'Alles wat de Here gesproken heeft zullen wij doen'.

Jeremia 42 : 6.
Hetzij goed, hetzij kwaad, naar de stem van de Here, onze God, tot Wie wij u zenden, zullen wij LUISTEREN, opdat het ons wèl ga, wanneer wij naar de stem van de Here onze God LUISTEREN.

Lukas 10 : 38-42.
Terwijl zij op reis waren, kwam Hij in een zeker dorp, en een vrouw, Martha geheten, ontving Hem in haar huis.
En deze had een zuster, genaamd Maria, die, aan de voeten des Heren gezeten, naar Zijn woord LUISTERDE. Martha echter werd in beslag genomen door het vele bedienen. Zij ging bij Hem staan en zeide: 'Here, trekt Gij het U niet aan, dat mijn zuster mij alleen laat dienen?
Zeg haar dan, dat zij mij komt helpen'. 'Maar de Here antwoordde en zeide tot haar: Martha, Martha, gij maakt u bezorgd en druk over vele dingen, maar weinige zijn nodig of slechts één: want Maria heeft het goede deel uitgekozen, dat van haar niet zal worden weggenomen'.

GEBED.
Heer, nu ik dit lees dringt het tot mij door wat het voornaamste is voor mijn geestelijk leven: 'luisteren' naar U.
De tijd nemen om stil te worden voor u. Dan zult U mij leren in deze wereld stand te houden en mij toerusten om aan anderen te vertellen dat U hen en mij zo lief hebt, dat U voor ons allen gestorven bent.
Wanneer ik dat doe en stil ben voor U, dan sta ik in de juiste verhouding tot U. Vergeef mij dat ik zo vaak in dit opzicht op Martha lijk: ik ben zo druk vóór U, dat ik 's avonds doodmoe in bed neerval. Nu zegt U tegen mij; luister naar Mij, mijn kind, voordat je aan het werk gaat, dàt heb je nodig. Helpt U mij dit te doen? Ik vraag het U in Jezus' Naam. Amen.

Deuteronomium 11 : 27   Maandag 5de week

...zegen, wanneer gij LUISTERT naar de geboden van de Here, uw God.

LUISTEREN EN LUISTEREN IS TWEE

Luisteren doe je met je oren; je hoort wat er gezegd wordt. Maar er is nog een ander luisteren, dat is 'gehoorzamen'. Je hebt het allemaal gehoord, je weet wat er van je verlangd wordt, en nu moet je het in praktijk brengen. Het tweede luisteren hoort bij het eerste, het volgt erop wil er iets tot stand gebracht worden. Een mens kan op verschillende manieren luisteren. Vol interesse, heel intens, geheel in beslag genomen, geboeid. Maar je kunt ook verveeld, ongeinteresseerd, met een half oor luisteren. Daar blijft niets van over. Luisteren in de zin van gehoorzaam levert wat op. Onze tekst spreekt van zegen. Wat belooft de Heer hier iets geweldigs als de Israëlieten naar Zijn geboden luisteren. Daar volgt Zijn zegen op. Ook wij staan of werken onder de zegen van de Heer. Hij koppelt er altijd Zijn zegen aan vast als Zijn kinderen naar Hem luisteren. Zegen volgt op gehoorzaamheid aan God. En aan Zijn zegen is alles gelegen. Daarnaast zegt Hij tegen de Israëlieten: 'als je nìet luistert, volgt er geen zegen, integendeel, dan volgt Mijn vloek over jullie, dat is de straf'. Zij kunnen kiezen tussen zegen of vloek. Wat wordt er veel over de zegen gesproken in het Oude Testament. Die was heel belangrijk. Niet voor niets stal Jakob de zegen van Ezau. God wil niets liever dan Zijn kinderen zegenen als teken dat zij in harmonie met Hem leven en dat Zijn kinderen ook in harmonie met elkáár leven. Te beginnen in het huwelijk, in het gezin, in de gemeente en dat kan als wij Zijn geboden nakomen. Gelukkig leven wij in de 'genadetijd'. Wij leven ná Pasen en Pinksteren. Jezus heeft de vloek van Gods toorn voor ons weggedragen. Maar dat neemt niet weg, dat wij evengoed naar Hem moeten luisteren en Hem gehoorzamen zijn nieuwe wetten moeten houden om ook Zijn zegen te kunnen ontvangen. Het allerbelangrijkste voor jou en mij is: eerst luisteren en daarna Zijn geboden opvolgen. Het brengt vrede en blijdschap met zich mee omdat je dan onder de zegen van God leeft, en dát is een rijk leven. Luister jij ook op de juiste manier? Breng jij Zijn opdrachten daarna ook in praktijk? Dan leef jij ook onder de zegen van God.

GEBED.

Vader in de hemel, leer mij meer en meer te luisteren naar U èn U te gehoorzamen. Práten óver U kan ik wel, maar het in praktijk brengen van Uw opdrachten... Als ik om me heen kijk, zijn er zoveel mensen, die het daar ook moeilijk mee hebben, maar daar kan ik mij niet achter verschuilen. U vraagt het van mij. En U bindt er nog wel zo iets geweldigs aan vast. Uw ZEGEN! Dank U daarvoor, want nu word ik weer zo blij. Amen.

LEZEN:
Deut. 28;   Luk. 10 : 39;   Gal. 3 : 10-13.

36

Exodus 19 : 5 en 8a   Dinsdag 5de week

'Nu dan, indien gij aandachtig naar Mij LUISTERT en Mijn verbond bewaart,
dan zult gij uit alle volken Mij ten eigendom zijn, want de ganse aarde behoort
Mij'. En het gehele volk antwoordde eenparig: 'Alles wat de Heer gesproken
heeft zullen wij doen'.

THEORIE EN PRAKTIJK.

De Israëlieten waren vol goede voornemens. Denk je ook eens even in: God zei
bij monde van Mozes tegen hen: 'als je naar Mij luistert, zijn jullie Mijn volk,
Mijn eigendom, tussen al de andere volken'. Nou, wie zou dat niet willen? Het is
toch fijn Gods volk te zijn? De Here stelde in dit geval wel een voorwaarde: nl.
aandachtig naar Mij luisteren en Mijn Verbond bewaren d.w.z. gehoorzamen.
Luisteren naar en gehoorzamen aan de Heer zijn aan elkaar verbonden. Het is
Gods opdracht uitwerken. Wij weten maar al te goed hoe overmoedig het antwoord van de Joden was; van gehoorzamen, zoals ze zich heilig voorgenomen
hadden, kwam weinig terecht.

Toch kunnen wij uit deze woorden veel leren. Wij zijn evenals Israël uitverkoren.
Wij zijn de gemeente van Christus, zoals Israël de gemeente van God is. Wij
hebben ons evengoed aan wetten te houden; het zijn nieuwe levenswetten, die
ingesteld zijn door niemand minder dan Jezus Christus zelf. Ik denk aan de
woorden van Hem: 'Een nieuw gebod geef ik u, dat gij elkander liefhebt, gelijk
Ik u liefgehad heb'. En aan die ene zin uit het hogepriesterlijk gebed: 'Opdat zij
allen één zijn, gelijk wij één zijn'. En aan het feit, dat wij alleen tot de Vader
kunnen komen door Jezus Christus. Liefde, eenheid en geloof in het verzoenend
werk van Jezus.

Als wij deze drie opdrachten op ons in laten werken, hebben wij onze handen
vol. Of beloven wij, evenals de Israëlieten, té vlot dat we zullen luisteren en deze
nieuwe geboden wel zullen nakomen, zonder dat wij de gevolgen hebben overzien? Ja Heer, we zullen...

Liefde in al zijn facetten is iets groots. Eenheid, zoals Jezus met Zijn Vader één
was, lijkt menselijk onmogelijk, als we rondom ons heen kijken. Geloven in
Jezus' volbrachte werk lijkt op het eerste gezicht het gemakkelijkste, maar Hem
gehoorzamen in alles wat Hij ons gezegd en geleerd heeft?? De grond zou onder
onze voeten in beweging komen, als je dat allemaal in de praktijk moet brengen.
Laten we daarom maar niet op de Israëlieten neerkijken. Wij kunnen beter in alle
ootmoed zeggen: 'Heer kom mijn onmacht te hulp. En dán komt Hij ons te hulp',
we hoeven het van onszelf uit niet te kunnen, dat is het geweldige van Jezus, het
bemoedigende: een kind van Hem te zijn. Hij wil het in ons volbrengen.

GEBED.

Heer, kom mijn onmacht te hulp. U wilt niets liever, dan dat ik uit mezelf niets
doe, maar elke dag weer opnieuw de kracht bij U vandaan haal. Daarom bid ik
U, over die eenheid Heer. Daar zit ik toch zo mee, ik zie gewoon niet hoe dat
toch werkelijkheid moet worden in ons leven. Leer mij helemaal afgestemd te
zijn op U, om Jezus' wil. Amen.

LEZEN:
Joh. 13 : 34 en 35;   Joh. 17 : 20-23;   Joh. 14:6;   Rom. 5:1;   1 Joh. 2: 2.

Jeremia 42 : 6 Woensdag 5de week

Hetzij goed, hetzij kwaad, naar de stem van de Here, onze God, tot wien wij u zenden, zullen wij LUISTEREN, opdat het ons wèl ga, wanneer wij naar de stem van de Here, onze God, LUISTEREN.

JE VIJAND LIEFHEBBEN.

Als we Jeremia 42 lezen, bemerken we dat de Israëlieten opnieuw zijn afgedwaald van God. Maar gelukkig blijft dat niet zo. Na verloop van tijd komt een deel van het volk tot inkeer; zij willen weer naar de boodschap van de Here God luisteren. Zij gaan naar de profeet Jeremia en zeggen: 'Laat toch onze smeking bij u gehoor vinden en bid voor ons tot de Here, Uw God, voor dit gehele overblijfsel'. Uit dit schriftgedeelte kunnen we ook heden ten dage nog onze lering trekken. Wij Nieuwtestamentische gelovigen, hebben Jezus Christus, die Profeet is, maar tegelijk ook onze Hogepriester. Hij staat voor óns op de bres bij God. En het allerbelangrijkste voor ons is, dat wij geen toornige God meer ontmoeten, dat wij geen straf meer van Hem krijgen, als wij tenminste naar Zijn geboden willen leven, luisteren én gehoorzamen. Jezus staat nu tussen God en ons. Zijn bloed vloeide voor onze zonden en wij staan voor God in Christus. Ik geloof dat Jezus' geboden veel dieper gaan, het zijn andere geboden dan die voor de Israëlieten. Jezus zegt ons: 'Hebt uw vijanden lief, bidt voor hen die u vervolgen, zegent en vervloekt niet. Slaat iemand u op de wang, keer hem ook de andere toe'. Dat is geen mis te verstane taal. Luisteren naar de stem van Jezus heeft gevolgen voor ons dagelijks leven, voor ons 'ik', dat we zo graag willen handhaven. Luisteren naar Jezus brengt vruchten voort, goede, gave rijpe vruchten waarover onze hemelse Vader zich zal verheugen. Hij wacht tot Hij ons in kan zetten, daar waar Hij dat nodig vindt. Luister jij naar de opdracht van de Heer? Heb je liefde voor hem of voor haar die je, menselijk gesproken, niet kunt luchten of zien? Kun jij werkelijk bidden voor die man die in de oorlog aan jouw vader een misdaad beging? Kun je hem vergeven zoals Jezus zou vergeven? Ja? Dan leef je vanuit die innerlijke kracht-bron die Jezus heet. En dan gaat het jou wèl, zoals deze tekst het zegt. Wat een troost gaat hiervan uit, zoals Jezus Christus kan vergeven kunnen wij ook vergeven, omdat Hij in ons woont en het in ons volbrengt.

GEBED.

Vader, U gaat wel heel ver met Uw gebod, dat ik mijn vijand moet liefhebben. U vraagt van mij dat ik hen zal zegenen in plaats van vervloeken. Nou, vervloeken doe ik dan nog niet, maar zegenen?? Als iemand mij vals beschuldigt, moet ik hem zijn gang dan maar laten gaan? Vader, leer mij hoe ik dat moet doen, geef mij zicht in deze les van liefhebben op hoog nivo. Helpt U mij om te zegenen die mij vervloeken, om te vergeven die mij beroddelen. Vader ik kan het niet uit mijzelf, doet U het in mij? Dank U dat U deze liefde in mij wilt bewerken en me daarmee een beetje op Jezus Christus laat lijken. Amen.

LEZEN: Jes. 42;   Luk. 6 : 27-28, 10 : 1 en 2;   Gal. 5 : 22-26.

Lukas 10 : 39   Donderdag 5de week

Maria, die, aan de voeten des Heren gezeten, naar zijn Woord LUISTERDE.

HET BELANGRIJKSTE.

Jezus leert ons het geheim van een juiste levenswijze. Eerst luisteren naar de stem van de Heer, eerst luisteren naar Zijn opdrachten. Eerst elke dag stille tijd, daarna kunnen de aktiviteiten beter dan ooit worden ontplooid. Eerst het een, dan het ander.

Bent U wel eens op bezoek geweest bij iemand die zo druk bezig was met het verzorgen van de gasten, dat hij of zij zelf aan zitten niet toekwam, laat staan aan het maken van een gezellig babbeltje? Je zou zo willen zeggen: toe, kom er even rustig bij zitten en luister eens. Jezus had liever gehad dat Martha, evenals Maria, naar Hem was komen luisteren in plaats van maar door te gaan met werken en zorgen. Jezus bedoelt helemaal niet te zeggen, dat we ons passief moeten opstellen, integendeel. Maar eerst ons oor te luisteren leggen bij Hem, dat is wat Hij ons wil leren. Vol liefde leert Hij ons, door Martha heen, dat we eerst stil mogen luisteren naar Zijn opdracht en Hij leert ons tevens hoe we die opdracht in praktijk kunnen brengen. En het is ook Zijn zaak, dat we de opdracht tot een goed einde brengen. Volhouden is daarbij een zeer belangrijke zaak. Wat blijven niet veel gelovigen halverwege steken met dingen waar ze enthousiast mee begonnen zijn. De les voor ons is wel, dat we eerst het één moeten doen om het andere te kunnen en tot een goede einde te brengen. Vraag maar gerust aan de Heer, of Hij je wil helpen om 's morgens een bepaalde tijd af te zonderen, om met Hem alleen te zijn en om aan Zijn voeten te zitten en te luisteren zoals Maria deed.

We kunnen soms zóveel vragen aan de Heer, zonder dat we er toe komen om naar Hem te luisteren, terwijl dát het allerbelangrijkste is. Maria koos het goede deel, dat van haar niet zal worden weggenomen, staat er in de Bijbel. Geeft het je geen veilig gevoel, dat je het goede deel kunt kiezen? Het deel dat nooit van je zal worden weggenomen? Dat eeuwigheidswaarde heeft? En als je dat goede deel nog niet gekozen hebt, is het nog niet te laat om dat nu te doen. De Heer staat vol liefde en geduld voor je klaar. Het is nooit te laat om er mee te beginnen.

Kies nu het goede deel, het zal je wonderlijk blij en gelukkig maken.

GEBED.

Heer, maak van mij een Maria. Vergeef mij dat ik zo druk bezig ben, dat ik mij verbeeld m'n tijd beter te kunnen besteden dan zo maar te zitten luisteren naar U. U verlangt er naar dat ik stil word voor U, opdat U mij kunt leren en wijzen op dingen die ik fout doe. Dank U Heer, dat U zo'n geduld met mij hebt en dat ik elke dag met een schone lei mag beginnen. Leer mij duidelijk te onderscheiden wanneer ik luisteren of werken moet, want U verlangt van mij dat ik bid en werk. Ik vraag U dit alles in de Naam van Jezus. Amen.

LEZEN:

Luk. 10 : 38-42;   Luk. 12 : 22-34;   Jozua 24 : 15.

Lukas 10 : 40   Vrijdag 5de week
Martha ging bij Hem staan en zeide: 'Trekt Gij het U niet aan, dat mijn zuster
mij alleen laat dienen?'

EERLIJK ZIJN.

Het valt mij bij Maria zowel als bij Martha op, dat ze beiden zichzelf zijn in de
omgang met Jezus. Ze zijn eerlijk en zeggen ronduit wat zij denken. Dat bewijst
de uitspraak van Martha al. Heel druk is ze bezig met de voorbereiding voor de
maaltijd. Eten klaarmaken voor zoveel mensen (want Jezus mét Zijn discipelen
waren op bezoek) vergt veel tijd, dat weet je als huisvrouw maar al te goed. En
vooral als er bezoek komt en de gasten blijven eten, dan doe je meestal nog wat
extra's.
Wanneer Martha echter merkt dat Maria daar zo rustig aan de voeten van Jezus
zit te luisteren, dan voelt ze zich behoorlijk in haar wiek geschoten. En ze valt
uit: 'Heer, trekt Gij het U niet aan dat mijn zuster mij alleen laat werken?' Als ik
in haar schoenen had gestaan, dan zou die toon denk ik evenmin vriendelijk
geklonken hebben. Nou, Heer, zegt U er toch eens wat van, ik werk me krom en
zij,... zij...
Hier is Martha duidelijk zichzelf. Ze verbloemt niets, ze zegt gewoon wat ze
denkt. Maar Jezus is ook zichzelf en geeft haar een eerlijk antwoord terug. En
Maria? Zij zwijgt. Misschien heeft ze verbaasd opgekeken. Zij was zich blijkbaar
van geen kwaad bewust. Integendeel, zij had onbewust het goede deel gekozen
door zich te laten onderwijzen door Jezus. Hoe staat het met onze omgang met
de Heer? Het is een heerlijke gewaarwording dat je jezelf mag zijn bij Hem. Het
is zo'n hartverwarmende verhouding, je leert elkaar zo goed kennen.
Zeg jij wat je denkt tegen Jezus? Of houd je je gedachten voor jezelf, en denkt,
nee, dát kan ik Hem niet vertellen, dat zeg je toch niet tegen Jezus? Toch kan ik
je aanraden het te doen, wees jezelf tegenover Hem, want als je ergens jezelf
kunt zijn, is dat wel bij Hem. Jammer genoeg hebben velen daar moeite mee,
juist tegenover Hem.
Laatst was ik ergens en iets maakte me kriebelig. Toen ik thuis was, bleef het me
achtervolgen en hoe meer ik erover nadacht, hoe bozer ik werd. Hardop vertelde
ik alles tegen de Heer en dat ging bepaald niet rustig. Langzaam maar zeker werd
mijn boosheid minder. We hoeven voor de Heer niets te verzwijgen, trouwens we
weten dat Hij ons hart toch kent. Door eerlijk tegenover Hem te zijn, groei je
naar elkaar toe, dat is tussen twee mensen toch ook zo?
Er moet een juiste relatie worden opgebouwd, dat is heel belangrijk.
Ik spreek uit ervaring, wanneer ik zeg dat zodra ik me uit tegenover de Heer en
mijn hart lucht, het probleem, waar het om draait, al minder wordt. Eerlijk zijn is
de basis van een hechte gemeenschap, in de eerste plaats tegenover de Heer.

GEBED.

Vader, wat maakt dit me blij, dat ik mezelf mag zijn tegenover U, dat U mij helemaal kent. Dank U daarvoor. Helpt U mij ook om het in praktijk te brengen.
Amen.

LEZEN:
Joh. 13 : 4-10;   Joh. 13 : 36-38;   Joh. 20 : 1-10;   Joh. 21 : 20-22.

...maar weinige zijn nodig of slechts één, want Maria heeft het goede deel gekozen dat van haar niet zal worden weggenomen.

EEUWIGHEIDSWAARDE.

In ons leven heeft LUISTEREN naar de stem van de Heer onschatbare waarde. Luisteren naar Hem heeft eeuwigheidswaarde. Zelf zouden wij daar zo niet opkomen. Wij houden er vaak een heel ander waarde-oordeel op na. Van het boek 'Het Kruis in de asfaltjungle', is het volgende me bijzonder bijgebleven: David Wilkerson, een jonge predikant, nam op een avond het volgende besluit: Hij zei tegen de Heer: 'elke keer als ik nu weer televisie wil kijken, ga ik naar mijn kamer om te bidden'. Door dit besluit veranderde heel zijn leven. Hij werd een aktieve bestrijder van alcoholisme en drugs. Hij stichtte vele tehuizen en tot op de dag van vandaag, zet hij zich in voor Gods Koninkrijk. Werken van eeuwigheidswaarde. Het is onvoorstelbaar wat de Heer kan doen met een kind van Hem, dat zich geheel aan Hem toewijdt. Met een toegewijd gelovige, zoals jij en ik kúnnen zijn. Dit is nog maar één voorbeeld van: 'kijk-uren' omzetten in 'luister-uren'. Hoeveel uren van de dag zijn we aan het verpraten? Hoeveel kostbare uren aan het discussiëren? Aan het praten over anderen? Uren die we verspillen aan allerlei bezigheden die niets maar dan ook totaal niets om de hakken hebben? Maar let wel: dingen die geen eeuwigheidswaarde voor ons hebben, zullen van ons worden weggenomen. Zullen verbrand worden als hooi en stro. God heeft er niets aan. Maria heeft het goede deel gekozen dat van haar niet zal worden weggenomen. Zij luisterde naar de stem van Jezus. Dát heeft eeuwigheidswaarde. Luister jij ook eerst naar Zijn stem? En stel jij je dan vervolgens ook beschikbaar? Besteed jij je tijd op de juiste manier? Buit je je tijd uit voor dingen van de Heer? Haal je uit het leven wat er uit te halen is voor Jezus? Help jij je vriend die verslaafd is aan drugs en je vriendin die niet van de alcohol af kan blijven? Vang jij de moeder op die het zo moeilijk heeft met haar twee gehandicapte kinderen?... Of... dat meisje dat een baby verwacht en abortus wil laten plegen? Helpen jullie je kinderen op de enig juiste manier?

Werken van eeuwigheidswaarde die voortkomen uit het luisteren naar Hem. Liefdevolle daden. Waardevolle daden die je vaak kunt uitoefenen dicht bij huis, zo naast de deur. Het geef je een ongekende blijdschap en een vrede die je niet voor mogelijk had gehouden. Het is Zijn zegen die Hij op het luisteren rijkelijk schenkt.

GEBED.

Heer, leer ons inzien, dat het luisteren naar U eeuwigheidswaarde heeft. Vergeef onze onwetendheid en reinig ons door het bloed van Uw zoon; help ons het nu te zien. Amen.

LEZEN:

Mat. 13 : 1-9;   Mat. 6 : 19-24;   1 Kor. 3 : 10-15.

Zondag
6de week.

Wat hebben we in ons leven
'INZICHT' nodig, in de vele
situaties die we tegen komen.

INZICHT.

Psalm 119 : 104a.
Uit Uw bevelen heb ik INZICHT ontvangen.

Jesaja 29 : 24.
Ook de dwalenden van geest zullen INZICHT kennen en de morrenden zullen
lering aannemen.

Efeze 3 : 4 en 5.
Daarom kunt gij bij het lezen u een begrip vormen van mijn INZICHT in het
geheimenis van Christus, dat ten tijde van vroegere geslachten niet bekend is
geworden aan de kinderen der mensen, zoals het nu door de Geest geopenbaard
is aan de heiligen.

1 Johannes 5 : 20a.
Doch wij weten, dat de Zoon van God gekomen is en ons INZICHT gegeven
heeft om de Waarachtige te kennen.

2 Timotheüs 2 : 7.
Let wel op wat ik zeg, want de Here zal u in alles INZICHT geven.

1 Koningen 3 : 11.
En God zeide tot hem: Omdat gij dit gevraagd hebt en voor u geen lang leven
hebt gevraagd, en geen rijkdom, en ook niet gevraagd hebt het leven uwer vijanden, maar voor u INZICHT hebt gevraagd om een rechtzaak te kunnen horen,
zie, Ik doe naar uw woord.

GEBED.

Vader, als ik er over nadenk, wat ik misschien gevraagd zou hebben, dan weet ik
zo net nog niet of ik hetzelfde gekozen zou hebben als koning Salomo. Maar dit
is wel zeker, als mijn hart volkomen naar U uitgaat, zou ik in het antwoord aan
U, volkomen gericht zijn op dingen van U. Ik bid U, of U mij inzicht wilt geven
bij de problemen die zich dagelijks aan mij voordoen. U hebt het beloofd in Uw
Woord.
Vooral inzicht in het gemeenteleven en het gemeentewerk, hoe ik daar eerlijk
voor U uit kan komen, hoe ik om moet gaan met m'n medemensen. Geef mij
inzicht in die moeilijke situatie waarin ik gisteren verwikkeld raakte, zonder dat
ik het helpen kon. Geef mij de moed daar ook van U te vertellen.
Vader, ik vraag U dit alles in de Naam van Jezus. Amen.

INZICHT.

Inzicht is iets wat we allemaal wel graag willen hebben. Inzicht in bepaalde zaken die ons aangaan. Bijvoorbeeld als je ergens bestuurslid van bent, wil je graag een juist inzicht hebben bij het nemen van besluiten. Maar het belangrijkste voor christenen is wel, dat wij inzicht hebben in Gods werk, in Zijn Woord en in Zijn handelen met ons, zodat we Hém beter leren begrijpen en Zijn Woord verstaan. David heeft ook inzicht in Gods wetten. Hij weet en begrijpt wat hij doen en laten moet, hij beseft wat de Here van hem vraagt. David heeft gekozen tussen het dienen van de Heer of de satan, én hij koos de Heer. Daaruit volgt vanzelfsprekend dat hij Zijn wetten leest en die probeert na te volgen. David kent de omgang met de Heer, hij zoekt Hem dagelijks, hij kent de stille tijd in zijn leven, daaruit put hij ook zijn kracht. Ik zou haast zeggen, het is een logisch gevolg dat hij zodoende inzicht krijgt in Gods geheimenissen en Gods wetten, Gods daden en werken. Hoor maar wat David zegt: 'hoe lief heb ik Uw wet! Zij is mijn overdenking de ganse dag. Uw gebod maakt mij wijzer dan mijn vijanden, want het is altijd bij mij. Ik ben verstandiger dan al mijn leermeesters, want Uw getuigenissen zijn mijn overdenking. Ik heb meer inzicht dan de ouden, want ik bewaar Uw bevelen. Ik weerhoud mijn voeten van alle boze daden, opdat ik Uw Woord onderhoude. Ik wijk niet af van Uw verordeningen (voorschriften), want Gij onderwijst mij. Hoe aangenaam zijn Uw redenen voor mijn verhemelte, meer dan honing voor mijn mond. Uit Uw bevelen heb ik inzicht gekregen, daarom haat ik elk leugenpad'.

Als je dit leest en je denkt over het leven van David na, dan weet je ook dat David, ook als koning, een dagelijkse taak had die hem als het ware helemaal opeiste. Toch zegt hij: 'Uw wetten en geboden zijn mijn overdenking de ganse dag'. Daar staat tegenover: David was niet volmaakt. Hij zondigde. Doch ondanks zijn falen krijgt hij toch inzicht in Gods Woord. Met heel zijn hart richt hij zich naar de Here en laat zich onderwijzen.

Zoals David blij was met de verhouding met de Here God, zo mogen ook wij verheugd zijn over de omgang die wij met de Heer mogen hebben. Het opvolgen van Gods wetten gaat gepaard met inzicht krijgen. Dit geldt ook voor ons, mensen van vandaag. Het begrijpen van Gods Woord verlangt van ons een dagelijkse omgang met de Heer. Dan groeien wij in het begrijpen en kennen van de Bijbel. Houd jij je aan de opdracht van de Heer? Je zult ervaringen rijker worden.

GEBED.

Ik ben U dankbaar Heer, voor de geschiedenis van David. Over zijn leven, zijn geloof, zijn inzicht. Dank U, dat U ook ons dat inzicht wilt geven in Uw Woord. Leer mij hier naar te streven en ernst te maken met m'n 'stille tijd'. Ik vraag vergeving als ik daarin te kort schiet, om Jezus' wil. Amen.

LEZEN:

Ps. 119 : 1-105 (Je mag natuurlijk verder lezen);   Hand. 1 : 1-14; 2 : 1-4, 42.

Jesaja 29 : 24   Dinsdag 6de week
Ook de dwalenden van geest zullen INZICHT kennen en de morrenden zullen lering aannemen.

REEDS NU?

Jesaja heeft een moeilijke taak als profeet. Hij moet oordelen aankondigen waarvan de schrik je om het hart slaat. Maar tegelijk mag hij ook de genade van God aanzeggen. Hij mag vertellen dat de Verlosser geboren zal worden, dat er een wending in het lot van Israël zal komen. De Here zegt tegen Jesaja: 'Ook de dwalenden van geest zullen inzicht kennen en de morrenden zullen lering aannemen'.

Nou, die morrenden staan meestal niet zover van ons af. Morrende, klagende ontevreden mensen, zijn er in elke omgeving. Je kunt ze dagelijks tegenkomen. Je hoeft soms maar in de spiegel te kijken om er een te zien. Met zulke mensen is het moeilijk omgaan. Als het ongelovigen zijn, kun je er nog in komen, maar... als je christenen hoort morren dan wordt het toch anders, ongeloofwaardiger. Het hoort eenvoudig niet bij een kind van God, het past niet bij elkaar. Zouden wij die daaraan mank gaan zo ver van God zijn afgedwaald? Zouden zulke mensen lijken op de Israëlieten uit de tijd van Jesaja? Gelukkig blijkt deze nare eigenschap van voorbijgaande aard te zijn. De Here roept hen bij monde van Jesaja toe: 'Eens zullen jullie inzicht hebben in Mijn Woord en in Mijn werken. Er komt een keerpunt in jullie dwalen, er komt zelfs een tijd dat zij die mopperen en klagen, naar Mij zullen luisteren en van Mij zullen leren, Mijn onderwijzing zullen aannemen'.

Voor de Israëlieten was het profetisch woord nog toekomst. Voor ons is het geen toekomst maar werkelijkheid. Wij hebben inzicht verkregen door de Heilige Geest omdat we Jezus hebben binnen gelaten in ons hart. En elke keer dat we ontevreden zijn, morren of dwalen, mogen we daarmee onmiddellijk naar de Heer gaan. Hij wil ons vergeving schenken. Dit geldt ook voor elke Israëliet die Hem nu reeds heeft aangenomen. Hij hoeft dan niet te wachten totdat er een keer in het lot van Israël komt. Ieder die vervuld is met Zijn Geest krijgt nu al inzicht. Maar eens zullen allen inzicht ontvangen. Ook zij die Gods Zoon verwerpen. Eens zal de dag aanbreken. Jesaja voorspelde het aan het volk Israël. Hoe staat het er met jou voor? Heb jij inzicht in Gods Woord? Staat Jezus centraal in jouw leven? Hij stáát toch centraal in jouw leven?

GEBED.

Vader, ik kom eerst vragen of U mij wilt vergeven dat ik soms niet zo blij en tevreden ben als ik behoorde te zijn. Wilt U mij reinigen van ontevredenheid en zelfbeklag door het Bloed van uw Zoon? Wilt U me vandaag laten zien waar ik fout ga, waar ik faal of mezelf handhaaf, waar ik ontevreden ben? En help me dat ik er bewust wat aan ga doen opdat er verandering in komt. Ik vraag het U in de Naam van Jezus. Amen.

LEZEN:

Jes. 29:17-24; Ex. 15:24, 16:2, 17:3; Ps. 95:10; Jes. 53:6; Hand. 19:17-19.

Daarom kunt gij bij het lezen u een begrip vormen van mijn INZICHT in het GEHEIMENIS van Christus, dat ten tijde van vroegere geslachten niet bekend is geworden aan de kinderen der mensen, zoals nu door de Geest geopenbaard is aan de heiligen.

DE GEHEIMENISSEN VAN CHRISTUS.

Hier staat het nog eens overduidelijk. De Heilige Geest geeft inzicht aan de heiligen. Moet je dan een heilig leven leiden zonder zonden? (Bepaalde christelijke levensgemeenschappen zeggen daar ja op) Neen, want heilig betekent: apart gezet, afgezonderd, en wij zijn die apart gezette, afgezonderde mensen. Wij zijn in de wereld maar niet ván de wereld, hoewel wij leven op deze zondige wereld waar satan nog heerser is. Toch heerst hij niet meer over de mens die Jezus Christus aangenomen heeft als Heer, beslist niet. Maar satan schiet wel dagelijks zijn pijlen op ons af met de bedoeling ons opnieuw onder zijn heerschappij te brengen. En het lukt hem vaak wonderwel om ons tot zonde te verleiden. Maar wij mogen daarmee opnieuw naar onze Heer gaan en om vergeving vragen. Het Bloed van Christus reinigt ons elke dag weer. Laten we nooit vergeten dat we in deze wereld op overwinningsgrond kunnen staan. Als het waar was dat wij zonder zonde zouden leven, zouden we nu al gelijk zijn aan Hem. Zover is het nog niet, maar de tijd zal aanbreken. Op de nieuwe aarde zullen we aan Hem gelijk zijn.

Paulus geeft ons meer inzicht in de geheimenissen die opgeschreven staan. Het zijn geheimenissen die tot die tijd nog niet geopenbaard waren. De Here wilde dat zij én wij inzicht zouden hebben in het geheimenis van Israël en de heidenen. Je kunt ook zeggen Israël en de Gemeente van Christus. Paulus vertelt ons hoe dat in elkaar zit, hoe de Heer het bedoelt. Wij krijgen zelfs inzicht in de wijsheid van God. Lees straks de teksten maar eens die hiervan vertellen. Paulus bespreekt de geheimenissen van de liefde, de ware liefde, die liefde die ons verstand te boven gaat. En hij vertelt ons over de opname van de Gemeente en hij heeft het over de tongentaal, allemaal zaken waar de Israëlieten in die tijd geen weet van hadden.

Ook Jezus Zelf begon al het geheimenis van het Koninkrijk Gods te openbaren. Hij besteedde daar veel aandacht aan. Wat mogen we ons gelukkig prijzen dat wij in de geheimenissen van Christus door kunnen dringen. Wat bemoedigend voor ons dat Hij ons die wil laten zien. Maar er wordt wel wat van ons gevraagd. Hij vraagt van ons dat wij de tijd nemen om in de Bijbel te lezen en dat we biddend zullen proberen het gelezene te begrijpen. Zodoende krijgen wij inzicht in de geheimenissen van Christus. En dát is een belangrijke zaak.

GEBED.

Vader, help mij om telkens weer tijd te nemen voor Uw Woord. Ik vraag U of U mij inzicht wilt geven in Uw geheimenissen. Om Jezus' wil. Amen.

LEZEN:

Lev. 11 :44; 1 Pet. 2 : 9; Luk. 8 : 11-15; Rom. 11: 25; 1 Kor. 2:7; 4 : 1; 13:2.

Doch wij weten, dat de Zoon van God gekomen is en ons INZICHT gegeven heeft om de Waarachtige te kennen.

MIJN VADER KENNEN.

God is een Heilig God. Hij is de Eeuwige, de Ondoorgrondelijke en de Waarachtige. Als je deze woorden tot je door laat dringen, komt het gevoel van 'grote afstand' bij je boven. Wie zou zo'n God durven benaderen? Het is weinig zinvol om zo'n afstandelijk beeld van God op te werpen. Het zou een sta in de weg zijn tussen God en ons, een onoverkomelijk obstakel. Ik durf daarentegen te beweren dat er geen onoverkomelijke blokkade tussen Hem en ons behoeft te zijn, omdat God de afstand die wij zelf geschapen hadden (val in het Paradijs) heeft overbrugd. De brug is geslagen, de breuk is hersteld, want God heeft Zijn Zoon gegeven. Hij is gekomen om ons inzicht te geven en begrip in Gods geheimenissen. God is nabij gekomen. Wij mogen opnieuw de Heilige Eeuwige God leren kennen zoals de mens Hem kende voor de zondeval. Hij wil ons door Zijn Zoon de bedoeling met de mensheid en de aarde laten zien. Wij leren de Vader kennen, wij leren hoe lief Hij ons heeft door Zijn Zoon. Let maar op alles wat Jezus deed en wat Hij gezegd heeft. Let op al de rijke levenslessen die Hij al rondwandelende op aarde de mensen leerde. Hóe is God? Kijk naar Zijn Zoon. Vader en Zoon zijn één. Ze zijn één in denken, spreken en handelen. En het is iets heerlijks om de Vader te leren kennen, Hem te mogen vragen, Hem al je moeilijkheden voor te leggen. We geloven dat dit alles mogelijk is door Zijn Geest in ons, de Heilige Geest die op de Pinksterdag werd uitgestort. Hij wijst ons de weg. Hij is onze Gids die ons ook wijst op de verkeerde denkwijzen die we er op na kunnen houden. Bijvoorbeeld het verkeerde denken over een God in de hemel die heel ver weg woont, die geen bemoeienis met ons wil hebben en van onze problemen niet horen wil. Wat een armzalig denken ten opzichte van onze Vader. Maar de Heilige Geest verlicht ons denken. Hij laat ons Jezus Christus zien die innerlijk bewogen is over jou en mij. Hij opent onze harten voor Zijn Woord. Hij geeft ons inzicht in de boodschap van de Bijbel. Hij opent de geheimenissen die tot nu toe verborgen waren. God de Vader kennen is het heerlijkste in ons mensenleven en dat mogen jij en ik ervaren. Wat een bemoediging om dat vandaag weer te horen hè?

GEBED.

Vader, wat ben ik blij, dat ik U mag kennen zoals U werkelijk bent door toedoen van Uw Zoon Jezus Christus, en door de Heilige Geest. Wat fijn dat U me inzicht geeft in Uw Heilig Woord. Dit is te wonderlijk om te vatten. Er zijn geen woorden genoeg voor om U daarvoor te danken. Ik loof en prijs en aanbid U. Ik smeek U, maak U bekend aan heel de mensheid. Dank U voor Uw Vader zijn. Amen.

LEZEN:
Joh. 5 : 16-45;   Ef. 3 : 1-13;   Rom. 11 : 25;   1 Kor. 2 : 7-16; 13 : 2; 14 : 2; 15 : 51-58.

Let wel op wat ik zeg, want de Here zal u in alles INZICHT geven.

KLEINE EVANGELIST.

Je zou haast uitroepen: niet te geloven. Wat Paulus daar zegt, dat is nooit voor mij bedoeld. Daar heb ik geen deel aan. Paulus heeft het hier tegen een kind van God, één die de Here Jezus aangenomen heeft als zijn Verlosser. Timotheüs is nog jong. Je zou hem de kleine evangelist kunnen noemen die nog veel leren moet. Maar hij wíl leren, hij neemt gretig al de wijze raadgevingen en waarschuwingen van Paulus aan. Hij staat open om ze te ontvangen, te verwerken en uit te dragen. Als je al deze waarschuwingen en raadgevingen van Paulus aan Timotheüs leest, zou de moed je met recht in de schoenen zakken. Je zou willen zeggen: Paulus hou op, je weet niet wat je vraagt. Gelukkig houdt hij niet op want dan hadden we bovengenoemde tekst nooit gehoord. Die ene regel waar het op aan komt, waar we het van moeten hebben. 'De Here zal u in alles inzicht geven'. Nou, zoiets had Salomo ook al ervaren. Maar hier staat: 'in alles', en dat ís in alles. Jakobus zegt het met andere woorden: 'Indien iemand van u echter in wijsheid te kort schiet, dan bidde hij God daarom, die aan allen geeft, eenvoudigweg en zonder verwijt; en zij zal hem gegeven worden'. Dit komt overeen met Paulus' woorden: 'De Here zal u in alles inzicht geven'. Toch staat dit gegeven niet op zichzelf. Je zou dan kunnen zeggen: dit inzicht is voor iedereen, elk lid van de gemeenschap krijgt dit in de schoot geworpen. Zo is het niet. Beter kun je zeggen: elke oprechte bidder, elkeen die Jezus heeft binnengelaten, die zich overgegeven heeft aan Hem, die zich wil laten onderrichten, zich wil laten leiden, die mag geloven en ervaren dat deze woorden van Paulus en Jakobus ook op hem of haar van toepassing zijn. Hun zal Hij inzicht geven in het Woord van God, omdat ze open staan, omdat ze er mee bezig zijn, zich erin verdiepen, omdat ze honger hebben naar geestelijk voedsel. Wat mogen we gelukkig zijn met zo'n Heer. Begin maar met een kleine evangelist te zijn net als Timotheüs en werk daar waar God je geplaatst heeft, dan krijg je in alles inzicht, en dan ben je schatrijk.

GEBED.

Vader, ik dank U voor wat U geeft aan Uw kinderen. Ik dank U, dat Uw bemoeienis met ons niet afhangt van onze menselijke maatstaven. U ziet niet aan wat voor ogen is maar U ziet het hart aan. Dank U, voor Uw Geest, die ons in alles inzicht wil geven. Ik vraag U, wilt U de ogen openen van... zodat ook zij hun leven in dienst gaan stellen van U, opdat zij mogen ervaren dat U in alles inzicht geeft. Help ons in het klein te beginnen en wil ons leiden door Uw Geest. U geeft ons nooit opdrachten die te zwaar voor ons zijn. U geeft alles wat wij nodig hebben elke dag opnieuw als wij het maar van U willen ontvangen. Vergeef mij mijn tekorten in dit opzicht. Reinig mij door het dierbare bloed van Jezus; ik vraag U in Zijn Naam. Amen.

LEZEN:
2 Timotheüs;   Hoofdstuk 1, 2, 3 en 4.

En God zeide tot hem: Omdat gij dit gevraagd hebt, en voor u geen lang leven hebt gevraagd, en geen rijkdom, en ook niet gevraagd hebt het leven uwer vijanden, maar voor u INZICHT hebt gevraagd om een rechtzaak te kunnen horen, zie, Ik doe naar uw woord.

WAT ZOU JIJ ANTWOORDEN?

Hier lezen we van iemand die Gods wijsheid naar waarde schat: koning Salomo, de zoon van David. De Heer gaat deze koning gebruiken om de Israëlieten op het goede spoor te houden, om voor Hem een tempel te bouwen en vele wijze raadgevingen door te geven. Wie naar goede raadgevingen wil luisteren en wijze woorden wil horen, leze het boek Spreuken en Prediker.
Maar je moet niet denken dat Salomo zelf de wijsheid in pacht had. Die kreeg hij van de Here God. Dat ging als volgt in zijn werk. De Heer vroeg Salomo wat hij wilde hebben. Het antwoord van Salomo verraste kennelijk zelfs de Heer. Het luidde: 'Heer geef mij een opmerkzaam hart en de gave om het goede van het kwade te onderscheiden'. Salomo zal niet geweten hebben wat hem overkwam toen hij hoorde wat de Heer hem allemaal nog meer zou geven. Er is in de geschiedenis van de Bijbel geen koning geweest die zo wijs regeerde. Koning Salomo was een voorafschaduwing van Jezus Christus, die eens op de troon van David zal regeren. Die Koning zal volmaakt zijn. De Enige die ook ooit volmaakt zal regeren.
Maar stel je nu voor dat de Heer jou zou vragen, wat je het liefst zou willen hebben. Wat zou jij dan zeggen? Ik denk dat het antwoord te maken zal hebben met je verhouding tot de Heer en met je gezindheid Hem te volgen. Naarmate je bent afgestemd op Hem, naar die mate zal ook jouw verlangen zijn Hem iets te vragen dat zowel Hem als de mensen om je heen ten goede komt en niet alleen maar jezelf.
Ik veronderstel dat Salomo als kind is opgevoed in de vreze des Heren. David die zelf de omgang met de Heer kende, zal deze omgang ook zijn zoon geleerd hebben. En toen Salomo koning werd, wist hij dat hij uit zichzelf van het koningschap niets terecht zou brengen. Dáárom vroeg hij een wijs hart en een scherp onderscheidingsvermogen tussen goed en kwaad. Daarom kreeg hij juist nog veel meer gaven van de Heer.
Weet jij al wat je antwoord zou zijn en wat je denkt nodig te hebben voor het dagelijks leven?

GEBED.

Deze geschiedenis zet mij aan het denken Heer. Veronderstel dát U me nu zou vragen mijn wensen kenbaar te maken. Zou ik me zo kunnen instellen als Salomo? Help mij Heer eerst mijn omgang met U te verdiepen, want ik geloof dat dit het kernpunt is waar het om draait, mij dienstbaar te maken voor U en mijn naaste. Laat dit er uit komen in mijn leven Heer, om Jezus' wil. Amen.

LEZEN:

1 Kon. 3:1-15;   1 Kor. 12:1-11; 2:6-16;   Col. 1:9; 1 Tim. 4:14;   2 Tim. 1:14.

Zondag
7de week

Wat een week heb ik achter
me liggen. Zelfs de 'stille tijd'
is er wel eens bij ingeschoten.
Fijn even een rustdag om mij
op Hem te richten, want... ik
heb Hem zo nodig.

NEDERIGHEID.

Psalm 138 : 6a.
De Here is verheven en Hij aanschouwt de NEDERIGE...

Jesaja 57 : 15b.
...bij de verbrijzelde en NEDERIGE van geest woon Ik.

Spreuken 3 : 34.
Wanneer Hij met spotters te doen heeft, spot Hij zelf,
Maar de NEDERIGEN geeft Hij genade.

Mattheüs 11 : 29b.
...want Ik ben zachtmoedig en NEDERIG van hart.

Col. 3 : 12.
Doet dan aan... NEDERIGHEID.

1 Petrus 5 : 5 en 6.
Evenzo gij, jongeren, onderwerpt u aan de oudsten. Omgordt u allen jegens
elkander met NEDERIGHEID, want God wederstaat de hoogmoedigen, maar de
NEDERIGEN geeft Hij genade. VERNEDERT u dan onder de machtige hand
Gods, opdat Hij u verhoge te Zijner tijd.

GEBED.
Heer, hier vraagt u iets van mij, waartegen mijn hele wezen in opstand komt.
Nederig te zijn in de praktijk van het leven valt zo tegen, de boze wil dit ook
niet, hij wil graag dat ik hoogmoedig ben. Want wanneer ik wérkelijk nederig
ben, doe ik Uw wil. Toch moet ik het kunnen omdat Uw Geest mij wil helpen en
het in mij wil volbrengen. Daarom vraag ik U, help mij om mijzelf over te geven
aan de leiding van de Heilige Geest. Help mij afstand te doen van mijzelf en
nederig te worden. U hebt gezegd, dat wij de ander uitnemender moeten achten
dan onszelf. Ik dank U, dat U elke dag opnieuw met mij wilt beginnen met een
schone lei. Nu kan ik de dag weer aan. Amen.

De Here is verheven en Hij aanschouwt de NEDERIGE.

ONBEGRIJPELIJK.

Typerend: nu we ons deze week gaan bezinnen op de nederigheid van de mens, beginnen we na te denken over de verhevenheid van God. Hij alleen is hóóg verheven, boven alles uit. Verheven zijn is niet alledaags. In de Bijbel vinden we herhaaldelijk het woord 'verheven', vooral in de Psalmen. Maar dan gaat het wel over God. 'Gij zijt hoog verheven boven alle goden. Hij is hoog verheven boven alle volken. Want Zijn Naam alleen is verheven. Laat af, en weet dat Ik God ben; Ik ben verheven onder de volken, verheven op de aarde. God is de Heilige, de hoogste, de eeuwige, de overwinnaar'.

Je komt woorden te kort om namen te bedenken die uitbeelden wát en hóe God is. In onze tekst staat dan verder: 'en Hij aanschouwt de nederige'. Een scherper contrast is bijna niet mogelijk. De Allerhoogste ziet om naar de onaanzienlijksten, de nederigsten. Nederigheid is iets wat nou net niet zo bij ons past, het gaat ons niet zo vlot af! Sommige mensen gaat het érg goed af: dan groeit het gevaar van nederige hoogmoed. Trots zijn op je nederigheid.

Satan wil juist dat we niet nederig zijn, maar hoogmoedig, dat past bij hem. Nederig zijn houdt in: jezelf verloochenen, jezelf niet op de voorgrond plaatsen, jezelf gering achten, jezelf niet zo belangrijk vinden. Kortom: Het is een deemoedige houding van binnen-uit, en dat is niet altijd even gemakkelijk.

Het is wel fijn omgaan met mensen die nederig zijn, maar o wee, omgaan met hen die het eens niet zijn, dat wordt pas moeilijk, moeilijk om dan zelf nederig te blijven. De Heilige Eeuwige Verheven God ziet naar de néderige mens om. Hij kijkt naar jou en mij. Hij let op ons. Hij wil ons kennen, helpen en steunen. Hij wil ons troosten als we verdriet hebben. Hij gaat naast ons staan, dat zien we in het zenden van Zijn Zoon.

Door Zijn verhevenheid heen komt Zijn liefde voor de mensheid naar voren, alsmede Zijn nederige karakter. Hij kent jou onmiddellijk als jij nederig bent, als jij jezelf gering acht. Hij heeft de nederige lief.

In de prachtige lofzang van Maria staat onder meer: Hij verhoogt de nederige. Wat een troost dat God dàt doet! Onbegrijpelijk hè! Neem dit eenvoudig aan uit Zijn hand.

GEBED.

Vader, wat is dit onbegrijpelijk voor ons dat U naar ons omkijkt, ons liefhebt, ja, dat U Uw Zoon voor ons hebt gegeven. Gegeven voor alle mensen die dit geschenk uit Uw hand aanvaarden. Dit brengt ons in een nederige houding. Het is knielen bij het kruis. Help ons allen nederig van hart te blijven, elke dag opnieuw, zoals Jezus het ons geleerd heeft. In Zijn Naam vraag ik dit. Amen.

LEZEN:

Ps. 138 : 4-6; 97 : 9; 99 : 2; 148 : 13; 46 : 9-12;   Spr. 3 : 34; Jes. 57 : 15;
2 Cor. 7 : 6;   Mat. 18 : 4;   1 Sam. 5 : 1-11;   Ps. 72 : 13;   Spr. 28 : 28.

'... bij de verbrijzelde en NEDERIGE van geest woon Ik'.

BALANS.
Boven Hoofdstuk 57 van Jesaja staat: Troost voor verbrijzelden. De Israëlieten zijn weer ver van God afgedwaald, zodat je met recht kunt zeggen, ze zijn verbrijzeld, voelen zich ook verbrijzeld. Maar het is wel hun eigen schuld. Ontelbare malen heeft de Here ze uit de narigheid gehaald. Hoeveel richters heeft Hij niet aangesteld en hoeveel koningen? 'Maar altijd weer dwalen ze met hun hart', zegt de Heer.
Het is ontstellend hoe bergafwaarts het met je gaat als je de Heer verlaat, en je eigen weg gaat. Dat deden de Israëlieten ook, Gods uitverkoren volk. Wat zal de Heer daar telkens weer opnieuw verdriet over gehad hebben en nòg hebben! Toch kun je deze mensen niet allemaal over één kam scheren. Er zijn er onder hen die weelderig leven, zich nergens wat van aantrekken, zich om God noch gebod bekommeren. Er zijn er ook die hierover juist treuren. Zij, die nederig van hart zijn, die weten dat ze fout waren, de verbrijzelden. Zij, die het zich aantrekken dat ze Hem verdriet hebben aangedaan, dat Hij toornig is op hen. Zij weten dat zij straf verdiend hebben.
Tegen die mensen spreekt Jesaja deze woorden: 'Want zo zegt de Hoge en Verhevene, die in eeuwigheid troont en wiens naam de Heilige is:' In de Hoge en in het Heilige woon Ik en bij de verbrijzelde en de nederige van geest, om de geest der nederigen en het hart der verbrijzelden te doen opleven'.
Wat een liefde van God! Hij ziet de mensen die gebroken zijn van verdriet, mensen die er niet meer tegenop kunnen. Vandaag aan de dag ziet Hij ook dat Zijn kerk niet altijd meer goed functioneert. Hij ziet dwars door alles heen. Maar Hij ontdekt ook mensenkinderen die Hem lief zijn, bijvoorbeeld, de nederigen van hart. Dáárom wil Hij bij hen wonen, dáárom wil Zijn Geest ook in ons wonen, als wij onze fouten zien en er verdriet en berouw over hebben. Erkennen dat we fout zaten, en dit tegenover Hem belijden, is het belangrijkste wat wij in zo'n situatie kunnen doen. Een fout maken vindt de Heer erg, maar als we die fout niet erkennen en belijden en herstellen, dát vindt Hij véél erger.
God komt bij hén die hun fouten erkennen. Zijn liefde gaat uit naar de nederige en verbrijzelde mens. Hij wil bij hen wonen. Maar de hovaardigen, die hun fouten niet erkennen, niet willen zien dat ze verkeerd doen, daar kan Hij niet blijven wonen. Maak eens balans op, waar je bij hoort. En... als je een fout hebt gemaakt, erken die fout, vraag vergeving én leer er van. En weet, dat Hij graag vergeven wil!

GEBED.
Dank U Heer, dat U bij de nederigen en verbrijzelden wilt wonen. Wat is dat een troost voor ons: dat U wilt helpen de verkeerde dingen die we doen, na te laten, er tegen te strijden. Ik vraag U vergeving als de hoogmoed in mij de kop weer opsteekt. Reinig mij hiervan door het kostbare Bloed van Jezus. Amen.

LEZEN:
Jes. 57 : 14-21; Ps. 100 : 3; Jer. 3 : 13; Rom. 1 : 28; Hand. 3 : 19; 1 Joh. 1 : 9; Jac. 5 : 16.

Spreuken 3 : 34

Wanneer Hij met spotters te doen heeft, spot Hij zelf, maar de NEDERIGEN geeft Hij genade.

ONDERSCHEIDING VAN GEESTEN.

Koning Salomo was een wijze koning. Hij schreef deze regels om ons iets te leren. Het zijn waarheden waar we dagelijks wat aan kunnen hebben. De Heer had aan Salomo gezegd: Vraag maar wat je wilt hebben en Ik zal het je geven. En wat vroeg hij? 'Geef dan uw knecht een opmerkzaam hart, zodat hij Uw volk richte, door te onderscheiden tussen goed en kwaad, want wie zou in staat zijn dit volk te richten?' En de Heer gaf hem de gave van het onderscheiden van geesten, zoals wij die kennen uit het Nieuwe Testament. Vandaar dus die wijsheid. En als je het boek Spreuken leest met deze tekst op de achtergrond, begrijp je waarom het steeds over twee soorten mensen gaat. Spotters en hen die God liefhebben, en Hem eren. Salomo kreeg het onderscheidingsvermogen deze twee soorten te onderkennen. En hij geeft dan ook de gelovigen wijze raad, waar we allemaal wat van kunnen leren. Ten eerste wijst hij ons erop, dat God zelf de spot met die spotters drijft. Wij zouden het zo zeggen: Hij stelt hen in hun eigen dwaas daglicht. Maar de nederigen, hun die de Heer dienen, geeft Hij genade. Het komt niet bij Hem op om ook maar iets ten nadele van hen te zeggen, want Hij heeft hen lief. Hij houdt van hen omdat zij nederig zijn. Hij ziet in hen dat zij zichzelf geven. Want daarin doen zij Zijn wil! Maar tegenover spotters laat Hij een heel ander geluid horen, steeds zinspeelt Hij op hun einde en wat Hij uiteindelijk met hen gaat doen. Wij worden telkens gewaarschuwd voor de goddelozen, de spotters! Het is gevaarlijk om met hen om te gaan. Je moet oppassen dat je er niet door wordt besmet. Koning Salomo zegt: 'Wie een spotter terechtwijst, haalt schande over zich'. 'Bestraf de spotter niet opdat hij u niet hate'. 'Een spotter luistert niet naar berisping': 'De spotter houdt er niet van dat men hem terechtwijst'. 'Jaag de spotter weg en de twist verdwijnt'.

Ik voor mij geloof dat we wel wat meer mogen doen met die wijze gezegden en waarschuwingen; het kan ons veel leed besparen. Waarschuw hen, bid voor hen, en als niets helpt, laat hen dan links liggen. Vraag de Heer eerst of Hij hen de ogen wil openen, vraag het in nederigheid, dat is een eerste vereiste.

Maar vergeet niet, dat alle mensen een vrije wil hebben gekregen en dat zij zelf mogen uitmaken wie ze willen dienen. Het gaat veel dieper dan wij denken.

GEBED.

Vader, vandaag vraag ik opnieuw om de gave van onderscheiding van geesten. Ik heb dit zo nodig om de onheilige stille spotters te onderkennen. De luide hoor ik wel aankomen, maar de wolf in schaapskleren of vermomd in engelengedaante, dáár heb ik Uw gave voor nodig. Het is een geruststelling voor ons dát U deze gave beschikbaar stelt als wij er biddend om vragen. Ik dank U daarvoor in de Naam van Jezus. Amen.

LEZEN:
Spr. 3 : 25-35; 1 Kon. 3; Spr. 9 : 7-10; 13 : 1; 15 : 12; 22 : 10;
1 Thess. 5 : 14; Gal. 6 : 1.

...want Ik ben zachtmoedig en NEDERIG van hart.

HET HART VAN GOD.

Als wij ons een beeld willen vormen van het hart van God, het hart van onze Vader, dan mogen wij zien op Jezus Christus, Gods Zoon. Hij was de zachtmoedigste en nederigste mens op aarde. Jezus kwam in nederigheid, denk maar aan Zijn geboorte. Hij had eenvoudige ouders en toen Hij in het openbaar optrad stond Hij nooit op de voorgrond. Hij schreeuwde het niet van de daken af dat Hij de Messias was. Hij leerde de mensen vanuit een stille en een nederige Geest. Als je hem kent, dan weet je waarom Hij van nederige mensen houdt en waarom Hij hen uitnodigt en zegt: 'Kom tot Mij, allen die vermoeid en belast zijt, want Ik zal u rust geven, neemt Mijn juk op u en leert van Mij, want... Ik ben zachtmoedig en nederig van hart, want Mijn last is licht en Mijn juk is zacht'! Nu begrijp je het nóg beter hè? Het is omdat Hijzelf zo is ingesteld, dat Hij van mensen houdt die hunkeren naar liefde en genegenheid. Waarom zou Jezus er achter aan zeggen: 'Want Ik ben zachtmoedig en nederig van hart'? Je zou zeggen: dat weet toch iedereen? Ga eens met mij in gedachten mee naar de plaats waar Jezus staat te spreken tot een grote schare van mensen. Er zullen er duizenden geweest zijn, waarvan velen Hem niet kenden, veronderstel ik. Dacht je dat iemand die verdriet heeft of in moeilijkheden zit zomaar naar een man zou gaan, terwijl je niet eens weet wat voor inborst Hij heeft? Daarom maakte Jezus Zich bekend. Daarom zei Hij, met grote openhartigheid: Ik ben zachtmoedig en nederig van hart.
Je moet niet vergeten dat de godsdienstige leiders in die dagen helemaal niet nederig en zachtmoedig waren. Jezus brak met de gestrengheid van wetgeleerden en Farizeeën. Dàt moest iedereen weten. Dàt was helemaal nieuw. Kom maar, Ik begrijp je, kom maar met je lasten, met je moeilijkheden, Ik ben niet hardvochtig. Ik veroordeel je niet, kom maar met je zieke lichaam bij Mij, met je eenzaamheid en twijfel, want Ik zal je rust geven.
Toen de mensen wisten wie Jezus was en zágen wie Jezus was, kwámen zij bij honderden, ja bij duizenden tegelijk. Ze ontdekten dat Hij het juist voor de zwakken en nederigen van hart opnam. Hij was vol erbarming over hen bewogen. Maar tegen de leidslieden in die dagen was Jezus wel hard en scherp. Hij zei hun ongezouten de waarheid, want zij waren hoogmoedig en dat was een eigenschap waar Jezus beslist niet van hield, het paste niet bij godsdienstige leiders; iemand die leiding geeft op dat gebied moet een voorbeeld van nederigheid zijn, en dát was Jezus. Op wie lijk jij?

GEBED.
Vader, ik wil graag op Uw uitnodiging ingaan, want ook ik heb moeilijkheden, die niemand anders kan oplossen dan U. Ik voel me eenzaam, laat mij Uw troost ervaren, hier ben ik Vader en neem mij zoals ik ben! Om Jezus' wil.
Amen.

LEZEN:
Mat. 11 : 25-30; 8 : 1-21;   Luk. 11 : 37-54; 12 : 22-34;   Joh. 8 : 1-11.

Doet dan aan... NEDERIGHEID.

AFLEGGEN EN AANDOEN.

Paulus spreekt in onze tekst over de gezindheid van een christen. Want wij hebben, zonder enige uitzondering allen nederigheid nodig net als Paulus zelf. Je merkt aan alles dat hij zulke mensen graag ontmoet. Hij leert hun met nadruk dat zij zachtmoedig en nederig van hart moeten zijn, net zoals de Here Jezus het voorleefde. Hij wil de mensen als het ware volledig overtuigen. Paulus is zelf vol van het nieuwe leven in Christus. Hij zegt: doe alles weg wat met je oude leven te maken heeft. Hoererij, onreinheid, hartstocht, boze begeerte, hoogmoed, hebzucht; want dat is afgoderij. Neem er afstand van, doe ze weg. En dan zegt hij vervolgens: 'Doet dan aan'. Wat moeten wij aandoen? Innerlijke ontferming, goedheid, nederigheid, zachtmoedigheid, geduld. (Doet dan aan: slaat ook op de geestelijke wapenrusting waar Paulus het in Efeze 6 over heeft. Maar in onze tekst van vandaag heeft Paulus het over de karaktereigenschappen van Jezus). We moeten ons deze nieuwe regels van Jezus, deze heerlijke eigenschappen eigen maken, er voor strijden, er om bidden.

Paulus zegt deze woorden tegen iedereen, ze gelden voor ons allemaal. Jezus had geduld met de mens en was verdraagzaam tegenover hen. Mensen, zegt Paulus met nadruk: 'doet dan aan'. Je leest tussen de regels door dat hij bedoelt te zeggen: Je hoeft het niet alleen te doen, je hoeft niet op je eentje te worstelen om je hoogmoedige houding er onder te krijgen en om de minste te zijn tegenover je vriend of vriendin, je collega of met wie je omgaat. Neem aan de nederige houding van Jezus en Zijn Geest komt onmiddellijk in aktie om je te helpen en te bemoedigen, je raad en inzicht te geven hóe je de minste kunt zijn, als je er om vraagt. Zonder Zijn hulp komt het vruchtje van nederigheid niet tot bloei. Maar als je er om vraagt... Jezus, de Nederige, is machtig.

GEBED.

Vader, laat het vruchtje van nederigheid tot volle bloei komen en vruchtdragen. Vergeef mij mijn hoogmoedige houding van niet te willen buigen, niet de minste te willen zijn in het leven. Ik heb U daarmee veel verdriet gedaan. Wilt U mij reinigen door het bloed van Uw Zoon en mij alles vergeven? Dank U voor Uw vergeving en reiniging. Ik bid U voor al onze gezinsleden, onze familieleden, ja heel onze gemeente, dat wij ingaan op die wenk van Paulus en dat wij de nederigheid aan zullen doen. In Jezus' Naam, Amen.

LEZEN:

Col. 3 : 1-17.! Lees dit zo vaak dat het een deel van je denken wordt.

1 Petrus 5 : 5b en 6   Zaterdag 7de week

Evenzo, enz....; ...want God wederstaat de hoogmoedigen, maar de NEDERI-GEN geeft Hij genade. VERNEDER U dan onder de machtige hand Gods, opdat Hij u verhoge te Zijner tijd.

DE HEER VRAAGT PRAKTIJK.

Petrus is ongerust. Hij waarschuwt en vermaant de gemeenteleden in liefde, geeft hun onderricht en geeft hun wijze leefregels mee. Hij lijkt koning Salomo wel die in het Oude Testament zijn wijsheden doorgaf aan de Israëlieten, en aan ons. Petrus weet hoe spoedig we als christenen verslappen en hoe afgemeten wij als gemeenteleden onder elkaar leven en hij wil voorkomen dat wij de duivel voet geven en hoogmoedig worden. Dáárom waarschuwt hij ons en zegt: 'Weet je wel dat God de hoogmoedige mensen wederstaat, dat Hij hoogmoed verfoeit, dat hoogmoedig zijn beslist geen eigenschap is die bij Zijn kinderen past? Dat deze eigenschap thuis hoort bij de oude mens, toen je Jezus nog niet kende?'. Hoogmoed vinden we niet bij Jezus Christus. Afgezien van liefde was er wellicht geen enkele trek, die zo treffend naar voren kwam in het aardse leven van Jezus als Zijn zachtmoedigheid en nederigheid. Hij zocht nooit Zijn eigen eer. Hij gebruikte Zijn wondermacht nooit voor Zichzelf. We zien Zijn nederigheid zeer duidelijk als de Heilige Geest van God de Vader en de Zoon op Pinksteren wordt uitgestort om in de harten van Zijn kinderen te gaan wonen. Zijn nederige Geest wil in ons wonen. En hoe zouden wij dan hoogmoedig durven zijn? Ondanks onze fouten en gebreken, ondanks ons vallen en opstaan, geeft Hij ons Zijn gena-de als wij nederig zijn. Hij ontfermt Zich over jou en mij als Hij een spoor van nederigheid in ons dagelijks leven ontdekt. Een nederig kind van de Heer kan op Gods hulp rekenen en van Hem leiding en rust verwachten. Hij mag al wande-lend aan Zijn Hand door dit aardse tranendal, éénmaal ingaan in het hemels Paradijs. Dit is Zijn belofte aan ons: dat we te Zijner tijd verhoogd zullen wor-den. Dit volgt op de praktijk van nederig zijn. Maar dat verhogen begint nu hier op aarde ook al. Het zit hem vaak in de kleine dingen van elke dag. Elke keer als wij de minste zijn, tegenover onze ouders of onze kinderen, onze man of vrouw, onze naaste, dan worden we al verhoogd in de ogen van God. Maar dat buigen... wat kost ons dat soms moeite, wat hebben we daar een strijd mee, want we vin-den onszelf vaak belangrijker dan de ander; wij willen van nature graag op de voorgrond treden, ons eigen standpunt vasthouden, want we verdedigen onszelf met alle macht. Deze eigenschappen staan verre van nederig-zijn af. Maar wat is het dan heerlijk te vernemen dat Zijn Geest ons wil helpen om deze nare karak-tertrekken, deze nare eigenschappen te veranderen. Hij geeft ons moed en kracht ze weg te werpen in de diepte der zee, om Zijn nederigheid in ons te laten groei-en en bloeien. Hij wil ons elke dag opnieuw helpen.

GEBED.

Dank U Vader, dat ik met Uw hulp mijn hoogmoed ten val kan brengen en dat Uw nederigheid in mij gestalte wil aannemen. Ik moet daar veel meer om bidden Vader. Amen.

LEZEN: 1 Petr. 5;   Hand. 1 : 7;   Ps. 31 : 16.

Zondag
8ste week

Heerlijk deze rustdag, nu kan
de Heer die mensen onder
onze aandacht brengen die vaak
door ons vergeten worden.

WEES EN WEDUWE.

Psalm 68 : 6 en 7a.
Hij is een Vader DER WEZEN en de rechter der
WEDUWEN, God in Zijn heilige woning; God,
die eenzamen in een huisgezin doet wonen.

Hosea 14 : 4b.
Want van U verkrijgt de WEES barmhartigheid.

Klaagliederen 5 : 3.
WEZEN zijn wij geworden, vaderloos.

Johannes 14 : 18.
Ik zal u niet als WEZEN achterlaten.

Markus 12 : 41-44.
Hij ging tegenover de offerkist zitten en zag met aandacht, hoe de schare koper-
geld wierp in de offerkist. En vele rijken wierpen er veel in. En er kwam een
arme WEDUWE, die er twee koperstukjes in wierp, dat is een duit. En Hij riep
Zijn discipelen en zeide: 'Voorwaar, Ik zeg u, deze arme WEDUWE heeft het
meest in de offerkist geworpen van allen, die er iets ingeworpen hebben. Want
allen hebben er ingeworpen van hun overvloed, maar zij heeft van haar armoede
er ingeworpen, al wat zij had, haar ganse levensonderhoud'.

1 Timótheüs 5 : 5.
Een ware WEDUWE dan, die alleen staat, heeft haar hoop op God gevestigd en
volhardt in haar smekingen en gebeden dag en nacht.

GEBED.
Vader, ik dank U, dat U een vader voor dat meisje wilt zijn, waarvan de ouders
door een auto-ongeluk om het leven kwamen. En dat U een Vader wilt zijn voor
vele weduwen en weduwnaren, die een dubbele taak hebben gekregen, doordat
ze de kinderen verder alleen moeten opvoeden. Dank U, dat U hen wilt troosten
in hun verdriet zoals niemand troosten kan. Maar Heer, laat ze dan ook hulp,
steun en troost zoeken bij U alleen. Open hun ogen daarvoor. Maar laat ook mij
meer en meer beseffen dat U mij wilt inschakelen om hun leed te verzachten
door hen niet alleen te laten in hun verdriet. Help mij Vader, naar hen te luisteren, want alleen dat is al een zachte pleister op de wond. Help mij dát te doen
wat ik kán doen; in de naam van Jezus vraag ik het U. Amen.

Psalm 68 : 6 en 7a   Maandag 8ste week

Hij is de Vader der WEZEN en de rechter der WEDUWEN, God in Zijn heilige woning, God, die eenzamen in een huisgezin doet wonen.

VADER, BIJ UITNEMENDHEID.

In de Bijbel wordt vaak gesproken over de wees en de weduwe, de alleenstaande en de verlatene. Herhaalde malen worden de mensen op hen gewezen, opdat zij hen helpen en ondersteunen zullen. Gezinnen, zonder vader of moeder, hebben naast hun verdriet om het verlies van een hunner ook nog vaak andere zorgen. Die kunnen van velerlei aard zijn, stoffelijk, financieel. Het is maar al te waar, dat, als we zelf nog allemaal bij elkaar zijn, we ons niet realiseren hoe anderen er aan toe zijn. We proberen ons veelal niet eens in hun toestand in te leven. Ontstellend veel mensen zijn alleen, hebben hun echtgenoot door de dood of anderszins verloren. Ontstellend veel verdriet is er in de binnenkamer en wat wordt er niet geschreid in een kinderbedje? We kunnen het niet peilen. De psalmist zegt: 'Hij is een Vader der wezen'. Kinderen die geen aardse vader meer hebben worden beschermd door hun hemelse Vader. God de Vader is ook een rechter van de weduwe. Niet alleen een Vader dus, maar tevens ook een rechter. En dat staat daar niet zonder bedoeling. De oude Joodse wetten bepaalden heel duidelijk 'het recht van de weduwe'. Maar men stoorde zich daar vaak niet aan en dan was er een rechter nodig om de tegenpartij te dwingen. Rechters lieten zich graag en goed betalen en de weduwen waren in de regel arm. Vandaar dat God zegt: 'Ik zal uw rechter zijn, de rechter van weduwen en wezen'.

Als je zo wel eens om je heen kijkt in de wereld, ontdek je hoeveel onenigheid er vaak ontstaat bij erfkwesties. Je haren rijzen je letterlijk ten berge. In sommige gevallen ontstaat er óp of vlak ná de begrafenis al hooglopende ruzie over de een of andere kwestie, die jaren kan doorvreten in zo'n familie. God is een Vader van wezen en een rechter van weduwen. Het blijkt vroeger en nu belangrijk te zijn dat we een rechter in de hemel hebben die ons bijstaat in die onmogelijke toestanden. 'Die eenzamen in een huisgezin doet wonen'. Zou dat huisgezin niet de gemeente kunnen zijn? Zou de gemeente van Christus niet de aangewezen plaats moeten zijn waar zij opgevangen dienen te worden? Waar zij geholpen worden op allerlei terreinen? Waar hun eenzaamheid begrepen en zo goed mogelijk opgevuld wordt? Wie doet dat als gemeentelid? Wie stelt hart en huis open voor die verdrietige kleuter, voor de alleenstaande met haar gezinsproblemen? Je vraagt je af of de gemeente echt nog wel het voorbeeld van het grote christelijke huisgezin is. Hoe staat het op dat punt in jouw leven en in jouw gemeente? Open je je deur wagenwijd voor hen?

GEBED.

Ja, Heer, ik schaam me voor U in dit opzicht. Ik bemoei me niet zoveel met hen; ik ben zo druk met andere dingen; vergeef mij dit Heer; help mij dat ik mezelf aanpak dit te veranderen; U geeft mij de kracht. Om Jezus' wil. Amen.

LEZEN:
Deut. 24 : 17; 19-21; 27: 19;   Ps. 10 : 14;   Luk. 18 : 1-8.

Want van U krijgt de WEES barmhartigheid.

BARMHARTIGHEID.
In het boek Hosea en in vele andere profetische boeken uit de Bijbel kom je vele klachten tegen over afval, afdwaling, afgoderij en onbarmhartigheid, bedreven door het volk Israël. Zij wandelen niet naar de ingestelde wetten en geboden van de Here God. 'Gij zult het recht van vreemdeling en wees niet buigen.' en: 'Wanneer gij de oogst op de akker binnenhaalt en een garve op de akker vergeet, dan zult gij niet teruggaan om die weg te halen, voor de vreemdeling en de wees zal die zijn'. (denk aan Ruth). 'Vervloekt is hij, die het recht van vreemdeling, wees en weduwe buigt'.
God stelde deze wetten aan de orde, omdat Hij wel wist, dat vreemdeling, wees en weduwe anders zouden verkommeren of zouden omkomen temidden van Zijn volk. Hij vindt dit een zó erge tekortkoming, anders zou Hij niet gezegd hebben 'vervloekt is hij…'.

Wat voor les kunnen wij hier nu uit leren? Wij leven toch niet meer in de tijd van de Israëlieten onder het oude verbond? Wij leven toch in de genadetijd? Wij worden niet vervloekt door God voor die tekortkomingen. Jezus heeft al deze zonden weggedragen. Wij leven onder het nieuwe verbond met andere geboden zoals: 'God liefhebben met je hele hart, ziel en verstand, de ander liefhebben als jezelf'. Wij hebben daarnaar te leven.
Dat hebben we inderdaad, maar dat houdt evengoed in dat wij ons ook over wees en weduwen moeten ontfermen. Wij vergeten maar al te vaak dat God ons als leden Zijner Gemeente met vreugde daarvoor wil inschakelen. Hij wil het liefst Zijn toegewijde kinderen inschakelen. Maar als de barmhartigheid ver te zoeken is, grijpt God zelf wel in en helpt Hij rechtstreeks. Hij is een barmhartige Vader die Zich ontfermt over Zijn kinderen.
Maar we begrijpen dat het kleine meisje het liefst haar verdriet wil uithuilen in de armen van een mens, die een warmkloppend hart voor haar heeft; zij wil graag armen om haar heen voelen die haar liefdevol opvangen, haar troostwoorden toefluisterende. En wat dacht je van volwassenen, dacht je dat zij geen behoefte hebben aan warmte, begrip en genegenheid? Daarnaast hebben ze ook nog mensen nodig die daadwerkelijk de armen uit de mouwen steken en zo hun lasten verlichten. Zou U dat kunnen?
Wij vergeten veel te veel dat de Heilige Geest ons daarbij wil leiden en helpen als wij ons onmachtig voelen. Hij is er voor de wees en de weduwe net zoals Hij er is voor jou en mij, om door jou heen die ander te helpen. Dat is barmhartigheid.

GEBED.
Heer, wees aan mij barmhartig en leer mij barmhartig te zijn, om Jezus' wil.
Amen.

LEZEN:
Ruth 2;   Ezr. 9:10;   Jes. 5:24;   Mat. 22:34-40;   Joh. 13:34, 35;   Ps. 103:8.
58

WEZEN zijn wij geworden, vaderloos.

HOE IS ONS VOLK?

Het is ook mogelijk dat wij wees of weduwe geworden zijn zonder dat er iemand gestorven is, zonder dat er een lege plaats aan tafel is. Ten diepste is dit erger dan dát er een lege plaats is. Want als wij God niet meer als Vader hebben, dan is dat een verschrikkelijk iets. En als een heel volk de Here verlaat, is dit een ontroostbaar leed. Het volk had in het Oude Testament de Here God verlaten, keer op keer. Toen heeft Hij hen in ballingschap gebracht. Het was zo ver met hen gekomen dat God hén ook verlaten had. Je hóórt Jeremia weeklagen: 'Hoe zit zij eenzaam neder, de eens volkrijke stad; als een weduwe is zij geworden, die machtig was onder de volken; de vorstin onder de landschappen is onderworpen aan herendienst'. Ja zo ver was het met hen gekomen. Als een weduwe zonder Vader. Wij, levend in het heden en vanuit het NieuweVerbond, mogen ons best wel eens de vraag stellen hoe wij er eigenlijk als volk voorstaan. Leven wij zo dicht bij de Heer? Als wij als volk doorgaan met duizenden en nog eens duizenden ongeboren kinderen te doden, doorgaan met op alle terreinen Gods wetten te overtreden, er zelfs nog nieuwe wetten bijmaken die tegen Gods wil ingaan, wat hebben wij dan te verwachten? Dan kan Gods genade nog zo groot zijn, maar als wij daar niet uit leven en er niet naar leven, als wij zelf die genade aan de kant schuiven, dan worden wij net zo goed een vaderloos land. Want wij hebben zelf onze Vader aan de kant gezet. Wij zijn geen haar beter dan de Israëlieten uit de tijd van de ballingschap.

Het is verschrikkelijk als een volk zo ver afdwaalt. Wij hebben voorbeelden te over uit de Bijbel wat er dan gaat gebeuren, in welke benarde toestanden een volk zichzelf kan brengen. Misschien kunnen wij hier uit leren, dat zij die wel Gods geboden navolgen, Gods geboden eerbiedigen, dag en nacht tot Hem gaan bidden en roepen om genade, dag en nacht vragen of de regeringsleiders naar de Heer zullen gaan luisteren en recht door zee zullen gaan en niet halfslachtig te werk zullen gaan, moeten doorgaan en moeten volharden om een ramp te voorkomen. Laten wij ons verootmoedigen en vragen om vergeving voor heel ons volk, voor het doden van die honderdduizenden ongeboren kinderen, voor die nieuwe wetten door ons gemaakt. Laten wij eenparig de handen vouwen voor een omkering van handel en wandel. Bidden, dat Hij die nieuwe wet van gelijkheid tegenhoudt, opdat wij als volk geen weduwe zullen worden, geen Godverlatenen zullen zijn. Doe jij ook mee met plaatsvervangend schuld belijden en bidden?

GEBED.

Vader, ik vraag U om vergeving voor wat hier in Nederland gebeurt tegen Uw wil. Vergeef die grote schuld, die wij als volk op ons laden, red ons van de ondergang. Verlicht de regeringsleiders en heel ons volk met Uw Licht, om Jezus' wil. Amen.

LEZEN:
Klaagl. 1:1-5;   Jes. 31:6;   Jer. 3:13;   1 Tim. 4:1;   Hebr. 3:12;   2 Petr. 3:17.

Ik zal u niet als WEZEN achterlaten.

'BIJ' VERANDERT IN 'IN'.

De discipelen waren dag en nacht bij Jezus. Ze zagen Hem bidden en werken de ganse dag. Ze dachten er helemaal niet aan dat Jezus nog eens van hen weg zou gaan. Maar Jezus wel. Hij keek verder dan zij. Overigens hield Jezus dat niet voor Zichzelf, maar maakte er Zijn volgelingen deelgenoot van. Doch het was net of het niet tot hen doordrong, of zij de waarheid niet onder ogen wilden zien. Dat gebeurt ook wel in ons eigen leven. Er zijn bepaalde gebeurtenissen die we innerlijk niet willen accepteren en dan zien we ze gewoon niet. We houden er vaak zelfs geen rekening mee dàt ze kùnnen gebeuren. We sluiten ons af. Jezus vertelt aan de discipelen (zie onze tekst), dat Hij van hen weggaat. Maar nu zegt Hij er iets bij dat wel moet doordringen: 'Wees maar niet bang dat Ik jullie als wezen achterlaat, hoor! Dat zal ik nooit doen'. De discipelen zullen vreemd opgekeken hebben. Jezus gaat van hen weg en tegelijkertijd laat Hij hen niet alleen, hoe kan dat nou? Het kán, want wij ervaren het nog elke dag. 'Jezus 'bij hen' werd veranderd in 'Jezus in hen'. Dat stond te gebeuren: De Trooster, de Heilige Geest zou Hij zenden. Dit grote mysterie is met ons verstand niet te vatten, maar met onze geest wel, omdat... 'Zijn Geest getuigt met onze geest dat wij kinderen van God zijn'. 'Kinderen van God, dat houdt in dat wij een Vader hebben die voor ons zorgt, ons helpt en leidt van dag tot dag. Daar zorgt Zijn Geest 'in ons' voor. De Trooster, waar Jezus over sprak. Wij zijn nooit en te nimmer alleen. Daar let Jezus op. Hij alleen weet hoe verschrikkelijk het is om door God verlaten te worden.

Het was Zijn diepste smart. Zijn ergste lijden was: wees te zijn, niemand die Hem hielp en troostte, juist op dat moment dat Hij het het meest nodig had. Want na het Kruis moest Hij afdalen in de hel, mèt de zware zondelast die Hij droeg van de gehele mensheid. Zou dit niet alles te maken hebben met Zijn angst op de hof van Gethsemane? 'Vader, indien het mogelijk is, laat deze drinkbeker aan Mij voorbij gaan; Vader, kan het ook op een andere manier? Ik weet niet of Ik dit kan volbrengen, verlaten te worden door U mèt die zondelast'. Hij volbracht het. Hij triomfeerde. Dáárom hoeven wij ons nooit verlaten te voelen, omdat wij nooit door Hem verlaten zullen worden. In ons weduwe- en wees zijn, is nog ondergrond, nog een basis waarop we kunnen leven. Zijn Geest 'in ons' schept die mogelijkheid. Hij is er altijd om ook het grootste verlies (dat van jou) te helpen dragen. Hij vangt jou op in Zijn armen.

GEBED.
Vader, wij danken U dat U ons zo goed begrijpt en de tijd hebt om naar ons te luisteren. Dank U voor Uw Geest, die 'in ons' wil wonen. Dat is het heerlijkste wat wij ontvangen en ervaren. Dank U dat U ons door de donkerste perioden van ons leven heen wilt helpen. Zonder Uw hulp zouden wij er niet doorheen komen. Help ons, Heer, meer en meer op U te vertrouwen. Amen.

LEZEN:
Joh. 1 : 1-18;   Mark. 15 : 34;   Hand. 2 : 1-4.

Hij ging tegenover de offerkist zitten en zag met aandacht hoe de schare koper-geld wierp in de offerkist. En vele rijken wierpen er veel in. En er kwam een arme WEDUWE, die er twee koperstukjes in wierp, dat is een duit. En Hij riep Zijn discipelen en zeide: 'Voorwaar, Ik zeg u, deze arme WEDUWE heeft het meest in de offerkist geworpen van allen, die er iets in geworpen hebben. Want allen hebben er in geworpen van hun overvloed, maar zij heeft van haar armoede erin geworpen, al wat zij had, haar ganse levensonderhoud'.

GOD LET OP HET KLEINE.

Jezus was een opmerkzaam mens. Hij lette op vele dingen, waarvan wij niet zou-den denken, dat Hij daar op letten zou. 'Hij zag met aandacht toe', lezen we in de Bijbel. Hij lette op het doen en laten van de mensen, bijvoorbeeld wat zij over hadden voor de armen. Op zekere dag observeerde Jezus een weduwvrouw die geld wierp in een offerkist. Hij zag hoeveel zij erin deed. Zij gaf veel. Jezus vond dit zo belangrijk dat Hij Zijn discipelen er bij roept en hen er opmerkzaam op maakt wat hier gebeurt. Je moet niet denken dat Jezus niet blij zou zijn met het geld van rijken. Beslist wel, maar een flinke gift van een rijke is heel wat anders dan een flinke gift van een arme weduwe. Deze vrouw gaf meer dan een dag-loon. Daarom roept Hij de discipelen en vertelt hun wat Hij heeft opgemerkt. Jezus spreekt onomwonden Zijn waardering uit voor deze weduwe. Jezus weet haar gift op de juiste waarde te schatten. Zijn maatstaf is haar vermogen. Dat was niet groot. Desondanks gaf zij veel. Wat een bemoediging dat Jezus let op ons doen en laten. Of vinden wij dat helemaal niet zo bemoedigend? Worden wij maar liever niet op de vingers gekeken? In de Bijbel wordt vaker over de collec-ten gesproken; het is een heel belangrijk element in het gemeente-zijn. Hoeveel mensen onttrekken zich aan zulke verplichtingen? 'Tienden geven' is Oud-testa-mentisch, maar zouden onze verplichtingen onder het Nieuwe Verbond opeens zo veel minder zijn? Jezus kijkt naar jou en mij hoeveel wij in de collectezak doen en Hij schuift zo stilletjes die weduwvrouw tussen ons in als voorbeeld voor het geval het ons eens slecht zou gaan op financieel gebied.
Jezus' maatstaf blijft gelijk. Hij waardeert uw gift, klein of groot, mits naar ver-mogen.

GEBED.

Heer, dat U op de kleine dingen in ons leven let, is iets om vaker bij stil te staan. Wij kijken zelf meestal naar het grote, en verwaarlozen de kleine dingen. We vergeten zo dikwijls dat het de kleine dingen zijn die het 'm doen. Geef ons dat wij lering trekken uit het verhaal van de arme weduwe. Help ons naar vermogen offervaardig te zijn. Zegen de weduwen en de wezen en help hen hun blik naar U gericht te houden, zodat zij staande zullen blijven in hun verdriet. Amen.

LEZEN:

Lev. 27 : 30;   Hand. 10 : 2, 4;   Hand. 9 : 36;   1 Cor. 16 : 2;   Ef. 4 : 28;
2 Cor. 8 : 1-15.

Een ware WEDUWE dan, die alleen staat, heeft haar hoop op God gevestigd en volhardt in haar smekingen en gebeden dag en nacht.

DE JUISTE HOUDING.

Vanmorgen wijst Paulus ons in deze brief de houding aan van de ware weduwe, zij, die al haar hoop heeft gevestigd op God. Waar zou zo iemand ook anders hulp van mogen verwachten? Dat ontslaat ons echter niet van de dure plicht om met haar mee te leven en alles te doen wat in ons vermogen ligt om het verdriet dragelijk te maken. Maar wij zijn daar van onszelf zo onvolkomen in, zo onmachtig om te troosten. Maar weet je wanneer het wel goed gaat? Als zowel zij die treurt, als zij die wil troosten, afgestemd zijn op de Heer, dan is er een vruchtbaar contact. Met de 'ware' weduwe wijst Paulus terug op haar vroegere levenswijze, de tijd vóór zij weduwe werd. Hoe leefde zij toen met de Heer? Was haar leven een leven van toewijding aan God? Ja? Dan put zij in haar grote verdriet ook uit Zijn krachtbron. Dan accepteert zij vanuit die achtergrond de onvolkomen hulp van haar medemens en dan zal zij volharden in haar gebeden dag en nacht. Er is nog een voorname faktor om tot beter begrip te komen ten opzichte van iemand die veel verdriet ondervindt. Het is de ervaring. Mensen met gelijke ervaringen praten veel minder gauw langs elkaar heen. Wanneer je zelf veel met ziekte hebt te kampen, begrijp je wat het betekent als er iemand tegen je zegt: 'Ik moet morgen naar de zesde specialist'. Wat dat betekent, is voor mensen die het ziekenhuis of wachtkamers van allerlei specialisten nog nooit zijn binnengegaan, een niet te begrijpen zaak. Wil die zieke zich eens uitpraten, dan klikt dat niet tussen hen en je houdt dan ook al vlug je mond, want er is geen klankbord. Wat de ander dan wèl kan doen, althans kan proberen, in zo'n geval, is luisteren, zich inspannen om een luisterend oor te hebben, zich proberen te verplaatsen in de situatie van de ander. Zo is het gesteld op vele terreinen van verdriet en eenzaamheid. We hebben dan allemaal hetzelfde nodig: EEN LUISTEREND OOR. Toen wij onze baby verloren hadden, kwam een moeder uit de gemeente ons zo maar opzoeken, (zij had geen kaartje gehad). Zij had zelf een baby moeten missen en wat ik aan haar heb gehad? Echt hartverwarmend begrip! Er kwam ook een jonge gezinsverzorgster. We hadden samen een plezierige tijd beleefd. Zij had geen ervaring op het gebied van troost, hoe kon het ook. Maar ze kwàm. Ze luisterde. Ze leefde op haar manier mee en ik werd blij, ook met haar medeleven. 'Een ware wéduwe heeft haar hoop op God gevestigd', zegt Paulus. Daar ligt de ware troost. Zouden wij als wij voor de zware taak staan onze medemens ons medeleven te betonen in een zwaar verlies ook maar niet beter de troost zoeken waar die te vinden is? Om tot vruchtbaar medeleven te komen als gelijkgestemden in de Heer.

GEBED.

Vader, wat hebt U een geduld met ons, wat hebt U ook verschillende kinderen. Leer ons allemaal verder te groeien om geestelijk volwassen te worden. Amen.

LEZEN:

1 Tim. 5 : 1-16;   Hand. 6 : 1-4;   2 Sam. 14 : 4-7;   Job. 31 : 35a;   Ps. 39 : 8.

Zondag	Een naam is heel belangrijk.
9de week	We willen graag een mooie
	naam en we willen graag
	'naam' maken.

$$\text{יְהֹוָה שְׁמֹו}$$

NAAM.

Zijn Naam is Here

Exodus 15 : 3.
De Here is een krijgsheld.

1 Samuel 17 : 45b. Psalm 118 : 26.
Ik treed u tegemoet in de NAAM van de Here.
Gezegend hij die komt in de NAAM des Heren.

Johannes 5 : 43.
Ik ben gekomen in de NAAM mijns Vaders.

Johannes 16 : 24a.
Tot nog toe hebt gij niet om iets gebeden in mijn NAAM...

Mattheüs 18 : 20.
Want waar twee of drie vergaderd zijn in mijn NAAM...

Lukas 10 : 20. Openbaring 3 : 12b.
Evenwel, verheug u niet hierover, dat de geesten zich aan u onderwerpen, maar verheugt u, dat uw NAMEN staan opgetekend in de hemelen.
Ik zal op hem schrijven de NAAM mijns Gods.

GEBED.

Heer, wat hebt u veel geschreven in Uw Woord over de naam, wat belangrijk is een naam voor U. We zijn iemand, we zijn beslist geen nummer voor U. En wat houdt de Naam van Jezus veel voor ons in. We kunnen handelen in Zijn Naam. We hebben volmacht door Zijn Naam.

Ik vergeet zo vaak dat ik voor U sta door het Bloed van Uw Zoon, dat ik daar mag staan in Zijn volmacht, dat U mij aanziet in Jezus; wat is dat een machtig feit, Vader.

U vraagt ook van mij dat ik optreed in Zijn Naam, dat ik handel in Zijn Naam. En nu dat tot mij doordringt, ontdek ik dat ik daar nog zo ver van af sta en nog zo weinig verricht in Zijn Naam.

Eén ding vraag ik U nu: Help mij in Zijn Naam te handelen en op te treden, wanneer dat nodig is..., in mijn gezin, plaats of kerkelijke samenleving. Ik wil ook straks graag die nieuwe Naam waardig zijn die U en ik dan alleen weten. Het maakt me wel blij dat mijn naam geschreven staat in de hemel, dat ik van U ben en blijf tot in alle eeuwigheid, door de genade van Christus onze Heer. Dank U Here Jezus, dank U. Amen.

De Here is een krijgsheld; Here is Zijn NAAM.

EEN NAAM HEEFT BETEKENIS.

Mozes jubelt het uit, omdat hij met zijn volk Israël verlost is uit die benarde situatie. Vóór hen de Schelfzee, achter hen het leger van de Egyptenaren. Maar de Here zorgde voor uitkomst. Daarom looft en prijst Mozes de Naam van de Here God. Hij is een krijgsheld. In de Bijbel nemen de namen van God een belangrijke plaats in. Maar ook jouw en mijn naam is bekend bij Hem. Hij roept ons bij name. Welke namen heeft de Here dan nog meer en wat voor betekenis hebben zij? De eerste naam is 'God'. Het betekent 'Kracht of Sterkte, Machtige of Getrouwe'. Dan 'Here', dat Jehova betekent 'Ik ben die Ik ben'. Hierin zit weer een andere naam verborgen: 'de Heilige, de Verlosser'. Bij die laatste naam denken we meteen aan Gods Zoon, Jezus Christus. Ook Hij heeft veel namen. Het Lam van God, dat de zonde der wereld gedragen heeft, Hij is de Christus. Hij is ook onze Heelmeester, onze Banier, onze Vrede, onze Gerechtigheid, maar ook de Alom-tegenwoordige, de Aanwezige. Als je al deze namen op je in laat werken, word je er stil van. Wanneer Mozes dan uitroept: 'De Here is een krijgsheld, Here is Zijn Naam', is dat nog zwak uitgedrukt vergeleken bij al die andere betekenissen van Zijn Namen. Of zou Mozes juist wel de betekenis ervan geweten hebben? In elk geval nog niet ten volle. Wij mogen de naam van Jezus Christus in al Zijn volheid ervaren. Mijn Verlosser, mijn Heelmeester, mijn Herder, toe maar. Wij hebben het 'nieuwe leven' in Christus dat met geen pen te beschrijven is. Wij hebben een God die Heer over ons leven wil zijn. Een Heer die ons verlost van de macht van de boze, die een Herder voor jou en mij wil zijn. Als er iemand bewogen is over de kudde schapen dan is het wel de herder. Jezus vergelijkt Zichzelf met een herder en zegt: 'Ik ben de goede Herder. Ik zorg voor jou, Ik haal je uit het struikgewas waarin je verstrikt bent geraakt. Ik verbind die wonden van jou, Ik genees je'. Hou je vandaag maar weer vast aan die Herder, ja, aan die God die zoveel namen in Zich verenigt. Wij hebben een God die alles wil geven om ons behouden in Zijn Koninkrijk te brengen. Zo'n liefdevolle Heer is Hij, daar kun je je werkelijk met je verstand niet bij; aanvaard het maar eenvoudig.

GEBED.

Heer, nu hebt U mij nog niet eens de helft openbaar gemaakt en dit alleen overweldigt mij al: dat Uw namen zoveel in zich bergen, zo'n diepte en grootheid. En dat U zich Vader laat noemen en tegelijk een Vader voor ons bènt, dat U in al Uw Heiligheid naast ons mensen gaat staan door Uw Zoon Jezus Christus. Dank U wel Vader, Amen.

LEZEN:

Gen. 1 : 27;   Ex. 3 : 13, 14;   Lev. 20 : 26; Jes. 32 : 1;   Rom. 3 : 24;
Joh. 1 : 29;   Mark. 6 : 53-56;   Jes. 49 : 26.

Ik treed u tegemoet in de NAAM van de Here.
Gezegend hij, die komt in de Naam des Heren.

DAVIDS KRACHT.
Als je deze geschiedenis leest krijg je zo'n respect voor Davids handelend optreden, zijn durf en moed. Hij gaat die reus Goliath te lijf. Geen enkele andere soldaat uit het Israëlische leger durft dat aan. Immers er zat veel meer aan vast. Als David zou verliezen zou dat tevens de totale nederlaag betekenen voor Israël. Wie zou dat op zich willen nemen? Eerlijk gezegd leek het een ongelijke strijd, een herdersjongen tegen een reus. Hoe kon dat ooit goed aflopen? We kennen allemaal het verhaal; het was vroeger een van de spannendste verhalen uit de Bijbelse geschiedenisles. Ik denk dat we de achtergrond niet begrepen, maar de meester kon het prachtig vertellen, daar niet van. Waar kwam nu de moed van David precies vandaan? Waarom durfde die gewone herdersjongen die nog niet eens soldaat was, wel te vechten tegen die reus? Waarom durfde hij wel het hele leger in de waagschaal te stellen? Was dit overmoed van David? Neen, zeker niet. In de eerste plaats raakte David danig geprikkeld over Goliaths uitlatingen over de God van Israël.
Goliath tartte hun God, en dat was voor een gelovige Israëliet het ergste wat kon gebeuren. Het vreemde van alles vond David wel dat niet één soldaat of officier het aandurfde om op de uitdaging van Goliath in te gaan en dat zij hun God maar elke morgen lieten beschimpen door één zo'n man.
David waagde de strijd. Goliath lachte schamper en zei: 'Ben ik een hond dat gij met een stok op mij af komt?' De Filistijn vervloekte David bij zijn goden. Hij dacht zeker dat hij daar indruk mee kon maken. Dat was een fatale vergissing, want David had zijn woordje reeds klaar. Al zijn durf en zijn moed ligt in dat antwoord verborgen: 'Ik treed u tegemoet in DE NAAM DES HEREN!' Daar heb je de kern waar alles om draait. In die Naam ligt al zijn kracht en overwinning. Bovendien zegt David: 'Het is een strijd van de Here'. Ja, gezegend hij die komt in de NAAM DES HEREN.
In welke naam treed jij op vandaag? In je eigen naam of die van een ander of… in Zijn Naam? Durf je het te wagen vandaag in die Naam de strijd aan te binden? Zelfs de vervloeking van een ander zal niets uitrichten evenmin, als in Davids dagen. Want de Naam des Heren is sterker dan welke vijand ook.

GEBED.
Vader in de hemel, als ik zo terugkijk op de dag van gisteren, kan ik niet zeggen, dat ik iets op David lijk. Maar ik dank U dat U mij dit weer opnieuw vergeeft. Ik vraag U, wilt U mij die houding van David leren, die moed om het met U te wagen. Vader, U weet dat mijn mond het wel zegt en dat dit zo gemakkelijk gezegd wordt door ons Christenen, maar U kent ook de praktijk van ons leven. Ik wil het toch weer opnieuw proberen, maar met Uw hulp. In Uw Naam vraag ik dit, helpt Gij mij daarbij. Amen.

LEZEN:
1 Samuël 17;   Psalm 118 : 24-29.

IN DE NAAM MIJNS VADERS.

We weten dat de overwinning bij David lag in de kracht van de naam van zijn Heer. Nu komen we terecht bij het hart van de Bijbel, de Here Jezus, Gods Zoon. We hebben maandag gelezen dat Hij de Volkomene, de Verlosser en mijn Herder maar ook mijn Leraar is. In het evangelie van Johannes lezen we een uitlating van Jezus die onze volle aandacht waard is. Te midden van de schare zegt Jezus: 'Ik ben gekomen in de Naam Mijns Vaders'. Hier zie je dat Hij volkomen mens is geworden. De Israëlieten konden niets doen zonder de Naam van de Here God. Jezus kon dat evenmin. Wanneer de satan Hem aan het begin van Zijn optreden verzoekt in de woestijn, wijst Jezus hem driemaal op het Woord in de Schriften. 'Er staat geschreven...' Jezus haalt de kracht uit het Woord van God en stelt Zich daarbij duidelijk ten voorbeeld. In ons tekstgedeelte hoor je Hem tegen de mensen om Hem heen zeggen: 'Ik kan van Mijzelf niets doen'. Hij geeft hier openlijk toe dat Hij mens is zoals ieder ander, (alleen zonder zonde). 'Ik ben gekomen in de Naam van Mijn Vader'. Alles wat Jezus deed: zieken genezen, demonen uitwerpen, de storm stillen, al die werken kon Hij alleen verrichten in de naam van Zijn Vader. In die Naam voltrokken zich Goddelijke wonderen. Jezus was verbolgen in de Geest als Hij zag dat mensen de wetten van Zijn Vader met voeten traden, zoals bv. de Farizeeën en de Schriftgeleerden, die zelf wetten instelden maar aan Gods wetten voorbij liepen. Jezus wist welke krachten scholen in de Naam van Zijn Vader. Hij kwam daar immers vandaan. Daarom wil Hij de mensen erop wijzen dat zij ook die naam gebruiken zullen. Maar op een dag onthult Hij hun een geheimenis. Er komt voor de Joden een nieuw gegeven bij, maar daarover morgen. Dit heb je vandaag nodig. Weet je waar jouw kracht in verborgen ligt? Ontdek het geheim. Daar waar Mozes en David en Abraham en nog vele andere gelovigen uit het Oude Testament de kracht vandaan haalden, daar mag jij ze ook vandaan halen. In Zijn Náam zit diezelfde kracht verborgen die je vandaag nodig hebt voor...   Dan ben jij overwinnaar, geloof dat maar.

GEBED.

Heer, vandaag heb ik Uw kracht zo nodig, want ik zit met recht in de put. Ik heb geleerd dat Uw kracht in Uw Naam verborgen is. Daarom vraag ik nu in Uw Naam: laat het mij weer zien vandaag. Geef mij wijsheid in die moeilijke situatie vanmiddag met haar die hier op bezoek komt. En sterk mij ook lichamelijk, ik ben moe, Heer, zo moe. Het is net of ik nergens meer tegenop kan en geen moed meer bezit om er tegen te vechten. Wat een klaagliederen vanmorgen hè? Maar ik weet dat ik bij U terecht kan en dat U mij begrijpt. En één ding doe ik nu, ik leg dit alles voor Uw voeten neer. Dank U dat ik dit mag doen, dank U voor Uw begrip. Amen.

LEZEN:

Joh. 5 : 19-47;   Ps. 19 : 15, 20 : 2; 118 : 10;   Exodus 20 : 7; Mat. 12 : 34-37.

Tot nog toe hebt gij niet om iets gebeden in mijn NAAM.

ZIJN VOLMACHT GEBRUIKEN.

De Here Jezus heeft iets nieuws gegeven aan de mensheid. Hij heeft iets nieuws toegevoegd aan het gebed. Er is een dimensie bijgekomen, een nieuwe kracht. Dat is: bidden in Zijn Naam, bidden in Zijn volmacht, Zijn Naam gebruiken voor de troon van God de Vader. 'Tot nu toe hebt gij niet om iets gebeden in Mijn Naam, bidt en gij zult ontvangen, opdat uw blijdschap vervuld zij'. Hoe verder wij op weg gaan met de Heer, des te meer ontdekken wij hoeveel ons als christenen gegeven is in Jezus' Naam. We kunnen veel meer doen in Zijn Naam dan we denken. Jezus wijst er meer dan eens op. Onderaan deze bladzijde kun je er meer over lezen. Als je alleen al de tekst uit Johannes 14 leest en op je in laat werken en er naar doet, zou je je hele leven al genoeg hebben.
'Voorwaar, voorwaar, Ik zeg u, wie in Mij gelooft, de werken die Ik doe zal hij ook doen en grotere nog dan deze. Want Ik ga tot de Vader en wat gij ook vraagt in mijn Naam, Ik zal het doen opdat de Vader in de Zoon verheerlijkt worde. Indien gij iets vraagt in mijn Naam, ik zál het doen'. Iedereen begrijpt wel dat je Zijn Naam niet zonder meer gebruiken kunt. Ja, wel uitspreken met je mond maar je merkt dan wel dat daar geen kracht in zit.
Als er kracht uitgaat van 'Zijn Naam gebruiken', moet er nog iets naast gebeuren; er wordt van ons iets gevraagd. Er is iets aan verbonden wil het werkelijk effect hebben. Jezus zegt het ons. Elke keer als er staat: 'bidt in mijn Naam', dan is er ook iets waaraan van te voren dient te worden voldaan. De ene keer heeft Hij het over 'geloof', de andere keer over 'liefhebben', dan weer over 'vervuld zijn met de Heilige Geest' of over 'vergeven en verkondigen'. Dus wil je gebruik maken van de volmacht van Zijn Naam, wil je verhoord worden, dan moeten beiden samen gaan. Jezus deed alles in de Naam van Zijn Vader en dan gebeurde er ook wat. Bij Hem functioneerde dat. En bij ons? Wij zijn zondige mensen, hoe kunnen wij aan deze eisen voldoen? Bidden in Zijn Naam en geloven, tegelijk liefhebben, vervuld zijn met de Heilige Geest, vergeven... noem maar op, dat kan ik toch niet verwezenlijken? zeggen wij. Maar Jezus zegt ook niet dat we aan al die eisen gelijktijdig moeten voldoen. Jezus stelt geen bovenmenselijke eisen, daar kent Hij ons te goed voor. Maar Hij geeft ons wel zicht op het bidden in Zijn Naam. Wij mogen Hem vragen of Hij ons helpen wil, Zijn kracht in ons te openbaren.

GEBED.

Heer, ik dank U hartelijk dat het iets beter met me is dan gistermorgen. Ik vraag evenals de discipelen: 'Heer, leer mij bidden'. Ik bid U, dat het nu tot mij doordringt wat U tegen mij te zeggen hebt. Leer mij hoe ik de kracht van Uw Naam mag gebruiken, zoals U dat bedoelt. In Jezus' Naam. Amen.

LEZEN:

Joh. 14-15 : 8; 15 : 17; 16 : 5-24;   Mark. 16 : 15-20.

Mattheüs 18 : 20   Vrijdag 9de week
Want waar twee of drie vergaderd zijn in mijn NAAM, daar ben Ik in hun midden.

BEGIN MET GEBED.

Vele christenen denken dat bijvoorbeeld een gebedsbijeenkomst in Zijn Naam het meeste uit zal werken als er een massa mensen bij elkaar zijn, ja dat het afhangt van de massa. Maar dát is niet zo; het is wel fijn als er zoveel bij elkaar zijn in Zijn Naam, natuurlijk, maar het kan ook anders. Want al ben je maar met twee of drie, dan zegt Jezus: 'daar ben Ik in het midden'. Het gaat niet om het aantal. Het allerbelangrijkste is dát je begint in Zijn Naam en dat je bij elke vergadering of bijeenkomst vraagt of Hij er bij wil zijn om ons de weg te wijzen en wijsheid te geven. Hij moet ons uitgangspunt zijn. Ik denk nu even aan een kerkeraadsvergadering; er moet een nieuwe predikant beroepen worden, de kerk moet verbouwd worden, het oude orgel moet vervangen worden voor een nieuw, maar waar is het geld er voor? Bij al deze agendapunten hebben wij wijsheid van de Heer nodig. Maar als je niet eens begonnen bent om te vragen of Hij in het midden wil komen, hoe wil je dan toch de juiste beslissingen nemen? Sommigen denken misschien: die kerkbouw en dat orgel, dat zijn financiële zaken, die zullen we wel even regelen. Maar... waar is het geld van? Bijeengebracht door de gemeenteleden, en wie beheert dat dan? Wie is er Hoofd van de gemeente, van de kerkeraad en de diakonie? De Heer is het Hoofd van de gemeente; Hij wil er graag bij zijn als er wat besloten wordt. Het gaat Hem aan, begrijp je. Hoeveel kleine (of grote) kerkelijke vergaderingen beginnen zonder gebed? Zonder te vragen in Zijn Naam de besprekingen te leiden? Zonder te vragen of Hij er bij wil zijn? Zou soms daar de oorzaak liggen dat het in de gemeente niet gaat zoals de Heer het bedoelt? Ik weet het niet, het is maar een vraag. 'Waar twee of drie vergaderd zijn in mijn Naam, daar ben Ik in hun midden', zegt Jezus. Dat is toch duidelijke taal. Uit de tekst die eraan vooraf gaat valt ook best wat te leren: 'Wederom, Ik zeg u, dat als twee van u op de aarde iets eenparig zullen begeren, het hun ten deel zal vallen van Mijn Vader die in de hemelen is. Want waar twee...'. Dat 'iets eenparig begeren', houdt meer in dan je denkt. Beiden moeten gelijkgestemd zijn, gelijk gericht, samen begeren. Samen daarvoor aankloppen bij God houdt in dat er geen onenigheid onder elkaar mag zijn, want dan kan de Heer dat gebed niet verhoren. Dit alles vraagt een diepe gemeenschap met elkaar en met Hem. Hoe staat het er bij ons voor met het samen bidden voor de ander? Het bidden in Zijn Naam? Met het bidden om Zijn tegenwoordigheid in ons midden?... Laten wij de Heer vragen of Hij ons allemaal, de hele gemeente, de ogen wil openen.

GEBED.

Vergeef ons deze schuld Heer, en open onze ogen voor dat wat U ons wilt geven, in de Naam van Jezus. Amen.

LEZEN:

De Heer vraagt praktijk vandaag.

68

Evenwel, verheugt u niet hierover, dat de geesten zich aan u onderwerpen, maar verheugt u, dat uw NAMEN staan opgetekend in de hemelen.
Ik zal op hem schrijven de NAAM mijns Gods...

HIJ KENT JOU EN MIJ BIJ NAME.

De Heer zond tweeënzeventig mannen twee aan twee uit met de opdracht het evangelie te verkondigen èn zieken te genezen in Zijn Naam'. Als ze terugkomen van hun evangelisatiereis zeggen ze vol verbazing en blijdschap: 'Here, zelfs de boze geesten onderwierpen zich aan ons in Uw Naam. Het was iets geweldigs voor hen dat de zieken genazen en de boze geesten luisterden naar de Naam van Jezus. En dan komt er een wat wonderlijke reactie van de Heer die zij nooit verwacht hadden. Hij zegt: 'Verheug je niet hierover, maar verheug je er over dat jullie namen staan opgetekend in de hemelen'. Jezus, de Zoon van God, geeft hiermede aan wat het allerbelangrijkste voor de mens is, nl. dat onze namen opgeschreven staan in de boeken van God, dat jouw en mijn naam bekend zijn bij Hem. Het is eigenlijk helemaal niet zo vreemd, dat Hij ons bij name wil kennen. Wij zijn Zijn kinderen. Hij heeft ons bij onze namen geroepen. Ja, werkelijk, de Here had Mozes bij zijn naam geroepen, en Jesaja, de profeet. 'Vrees niet, Ik heb u bij uw naam geroepen, gij zijt Mijn'. Het is zo belangrijk dat Hij ons kent. En dat andere, dat wat er bij de discipelen gebeurde is zeker ook belangrijk, dat moeten we beslist niet onderschatten, Zijn Naam gebruiken om Zijn opdracht te vervullen mag bij ons evenmin ontbreken. Maar onze naam, ja, die heeft met de eeuwigheid te maken, met de nieuwe aarde. Want dàn krijgen we een nieuwe naam. Die nieuwe naam is voor hen die overwonnen hebben, die doorzetten, doorstrijden, volhouden tot het einde. Nu we zo bezig zijn geweest enkele uit de vele teksten over 'namen' te bekijken vraag je je wel af: wat doe ik er mee in mijn leven?
Wanneer en waarvoor gebruik ik de naam van Jezus? De naam van God? Gebruik ik hem op de goede of op de verkeerde manier, want dat kan ook. Zegen ik de ander in de naam van Jezus? Bid ik in Zijn Naam? Gebied ik in Zijn Naam dat de boze geesten de mens verlaten? Als je bezig bent de opdracht van de Heer te vervullen in Zijn Naam, zul je wonderen tot stand zien komen, maar vergeet dan nooit, dat je daarbovenuit de blijdschap ervaart omdat je naam geschreven staat in de Hemel. Gebruik Zijn Naam elke dag.

GEBED.

Heer, wilt U mij de waarde laten zien van het 'in Uw Naam handelen' en mij helpen Uw Naam op de juiste tijd en de juiste manier te gebruiken en leer mij dat ik echt blij mag zijn omdat mijn naam bij U bekend is en opgeschreven. Ik dank U dat U mij bij mijn naam hebt geroepen en dat ik een kind van U mag zijn. Dank U voor de betekenis van Jezus' Naam. Amen.

LEZEN:

Luk. 10 : 1-20;   Ex. 33 : 12;   Jes. 43 : 1;   Mark. 16 : 17, 18.

Zondag
10de week.

De Heer wil mij deze rustdag
iets zeggen over ZIJN
WOORDEN in mijn mond.
Dáár wil
ik tijd voor vrij maken.

SPREKEN.

Exodus 4 : 12.
Nu dan, ga heen, Ik zal met uw mond zijn en u leren, wat gij SPREKEN moet.

Jesaja 50 : 4a.
De Here Here heeft mij als een leerling leren SPREKEN...

Mattheüs 5 : 2.
En Hij OPENDE Zijn mond en leerde hen ZEGGENDE...

Mattheüs 5 : 2.
En Hij Opende Zijn mond en leerde hen ZEGGENDE...

Lukas 12 : 12, 21 : 15.
Want de Heilige Geest zal u op het eigen ogenblik leren wat gij ZEGGEN moet.
Want Ik zal u MOND en wijsheid geven, welke alle tegenstanders niet zullen
weerstaan of weerleggen.

Philippenzen 4 : 9.
Wat u GELEERD en overgeleverd is, wat gij van mij gehoord en gezien hebt,
brengt dat in toepassing en de God des vredes zal met u zijn.

GEBED.

Wat een geruststelling en bemoediging Heer, dat U Zelf Uw kinderen de woorden in de mond wilt geven, als we er biddend om vragen.
Wanneer ons woorden ontbreken zoals bij een sterfgeval of wanneer er onenigheid is in het gezin, en bij moeilijkheden in de opvoeding van de kinderen, ja,
waar wijze woorden tekort schieten, zult U ze schenken.
Maar ook wanneer wij niet over U mógen spreken, zullen wij ondanks dat kunnen getuigen, want Gij zelf verdedigt Uw zaak. Gij Zelf zult Uw woorden in
onze mond leggen, zodat de tegenstanders niet zullen weten wat ze horen. En
ook wij zelf zullen verbaasd staan te luisteren naar wat Uw Heilige Geest door
onze mond ten gehore zal brengen.
Het maakt mij zo blij Heer dit te weten, te weten dat Uw Geest mij elke dag
opnieuw de woorden wil schenken die ik nodig heb.
Maak mij leeg van mijzelf zodat U mij weer kunt vullen met Uw Geest. Ik vraag
het U in de Naam van Jezus. Amen.

Nu dan, ga heen, Ik zal met uw mond zijn en u leren wat gij SPREKEN MOET.

DE OPDRACHT.

Wat stribbelt Mozes tegen wanneer de Heer hem roept en hem de opdracht geeft naar koning Farao te gaan om te vragen of Zijn volk weg mag trekken. Want God had gezegd: 'Ik heb de ellende van Mijn volk gezien; Ik zal hen brengen in een land overvloeiende van melk en honing'. Dan roept Hij Mozes en zegt: 'jij moet de leiding op jou nemen en naar de Farao gaan'. Maar dat zint Mozes helemaal niet. Hij naar de Farao? Die kent hij al langer dan vandaag. Met die man is immers niets te beginnen! Mozes antwoordt: 'Heer, wie ben ik dat ik naar Farao moet gaan? Wie ben ik dat ik de Israëlieten uit Egypte zal kunnen leiden? Heer, ik kan niet eens goed en vlot spreken; ik ben helemaal geen redenaar'. Maar God laat Zich niet van de wijs brengen. Je wordt er stil van als je leest hoe Hij vol liefde en geduld met Mozes omgaat, en wanneer het gesprek een climax bereikt zegt de Heer tegen Mozes: 'Wie heeft de mens een mond gegeven...? Nu dan, ga heen, Ik zal met uw mond zijn en u leren wat gij spreken moet'. Als aanloop en als ruggesteun mag Mozes' broer Aäron eerst het woord voeren. Maar geleidelijk aan neemt Mozes persoonlijk het leiderschap op zich.

Deze geschiedenis is vol met bemoedigingen voor jou en mij. Op het eerste gezicht zie je dat zo niet, maar bij enig nadenken kom je tot deze conclusie: wat wij niet kunnen, dat kan God. Wat staan we als mens dicht naast Mozes. Wij denken zo vaak (ik tenminste wel): 'O, dat kan ik niet Heer, daar ben ik niet geschikt voor, want daar heb ik geen opleiding voor gehad, dáár kunt U beter iemand anders voor nemen'. Terwijl ik helemaal vergeet dat ik vanuit mezelf ook niets behoef te kunnen, maar dat Hij me leren zal wat ik zeggen moet, hoe ik handelen moet. Hij vraagt van mij alleen gehoorzaamheid en vertrouwen. Dát is het punt, dat zie ik over het hoofd. Wat we waarschijnlijk allemáál over het hoofd zien. Bij nader inzien signaleren we hier een stukje wantrouwen, een niet volledig vertrouwen in Hem. We vergeten, dat, als de Heer ons een opdracht geeft Hij ons ook zal helpen. Hij geeft de kracht en de wijsheid erbij. Hij is onze Vader. Welke aardse vader zal zijn kind iets opdragen zonder dat hij het helpt en begeleidt? Toch vanzelfsprekend dat hij dat doet? En dán de Here God, in Zijn volmaaktheid. Hij houdt zoveel van jou en mij dat Hij ons zal helpen Zijn opdracht uit te voeren en die tot een goed einde te brengen. Hij zal ons alles te binnen brengen wat we moeten zeggen, al zien we er nog zo tegenop. Vertrouw daar maar op. Wat de Heer aan Mozes deed, wil Hij ook aan jou en mij doen.

GEBED.

Ja, Heer, ik vertrouw té weinig op U, daarom gaat er zoveel mis in mijn leven. Vergeef het mij in de Naam van Jezus. Geef mij het duwtje dat ik nodig heb om mijn vertrouwen volkomen op U te stellen in alle omstandigheden. Openbaar mij steeds meer hóe groot U bent, in Jezus' Naam. Amen.

LEZEN:

Ex. 2 : 23-25;   Ex. 3, 4 : 1-17.

De Here, Here, heeft mij als een leerling leren SPREKEN...

WEER OP SCHOOL?

Jesaja voelde er even weinig voor om profeet van de Here God te worden, net als Mozes. Maar wel om een andere reden. Jesaja bezag zichzelf in het licht van God. Hij zag hoe onrein en zondig hij was, daarom kon hij, zo meende hij, geen profeet worden. Maar dan gebeurt er iets eigenaardigs: een engel raakt met een gloeiende kool zijn lippen aan en zegt: 'Nu is uw ongerechtigheid geweken en uw zonde verzoend'. Dan durft Jesaja 'ja' te zeggen. Hij vertelt ons hoe hij begonnen is: 'De Here heeft mij als een leerling leren spreken'. 'Ik ben klein begonnen', zegt hij, 'van begin af aan'. Wat gebeurt er eigenlijk in het algemeen met een leerling? Nou, die wordt in de eerste klas geplaatst om ingewijd te worden in de grondbeginselen van de leerstof.

Stel, dat je een kind van zes jaar meteen in de vierde klas van de basisschool zou zetten; het zou zich heel ongelukkig voelen en totaal niets begrijpen van wat de meester zou uitleggen. Het moet van onder af aan beginnen. Zo moeten wij ook in de eerste klas van de geestelijke Levensschool beginnen; we moeten stap voor stap de lessen leren die de Grote Meester ons in Zijn Woord geeft. Deze lessen zijn aangepast aan de groei van Zijn kinderen en het doel is dat we groeien naar geestelijke volwassenheid. (Zeker kan de Heer Zijn kind op elk gewenst moment wijze woorden geven). Maar we moeten niet vergeten dat het normaal is dat we als leerling in een groeiproces zijn verwikkeld en dat vergt tijd. Het doel is dat we in geestelijk opzicht leren zelfstandig op te treden. Het lesprogramma houdt in: 'GROEIEN IN HEM'. We zullen gaande weg ontdekken: 'hoe meer ik van m'n oude leven loslaat, des te voller word ik van Hem'.

Door deze geestelijke scholing ontplooi ik mij geleidelijk verder. Hoe waardevol deze groei is, merk ik wel in de praktijk van het leven, want daar gaat het tenslotte om. Het gaat er niet om mezelf te verrijken maar anderen te dienen. Wat een Leraar hebben we toch hè? Eén die vol liefde en geduld Zijn kinderen terzijde staat. Hij geeft ons woorden om te spreken. Hij leert ons omgaan met de naaste; Hij leert ons hoe je Hem groot kunt maken door in Zijn voetstappen te wandelen. En... hoe we kunnen volharden tot het einde. Dit alles op één voorwaarde: Dat je plaats wilt nemen op Zijn Levensschool als leerling in volkomen gehoorzaamheid aan deze Leraar.

GEBED.

Vader, wat fijn dat ik bij U op de Levensschool ga en dat U mijn Leraar bent die vele en vele geheimenissen openbaart. Ik dank U voor de rijke levenslessen die ik elke dag in praktijk mag brengen. Dank U, dat U me helpt en bemoedigt als het mij te moeilijk wordt en dat ik toch Uw leerling mag blijven net als Jesaja. Amen.

LEZEN:

1 Cor. 1 : 5;   Ef. 4 : 14-32;   Col. 2 : 2-10.

En Hij OPENDE zijn mond en leerde hen, ZEGGENDE...

WOORD EN DAAD.

Hier komen we de Leraar in eigen persoon tegen. Het is zo fijn dat er zoveel is opgeschreven over die drie en een half jaar dat Jezus de mensen persoonlijk leerde. Hij deed dat heel anders dan de Israëlieten gewend waren van de Farizeeën en de Schriftgeleerden. Je leest in Mattheüs zeven over de twee verschillende fundamenten. De ene mens bouwde zijn huis op de rots en de andere op het zand en de uitleg hierover maakte grote indruk op de omstanders. Ze stonden versteld over Zijn leer. Want er staat: 'Hij leerde hen als gezaghebbende en niet als de Schriftgeleerden'. De Here Jezus leerde hun de praktijk van het leven. Hij leerde hun praktisch christendom. Waar het nou nét op aan komt. Hij deed Zijn mond niet open om een staaltje theologie weg te geven, nee, beslist niet. Hij leefde hen eenvoudig voor en toonde hun waar het in het geestelijk leven precies op aan komt.

Hij begon hun weer iets bijzonders te vertellen, en wel: luisteren naar Hem en het geleerde in praktijk brengen. Hij zei: 'Een ieder nu die deze mijne woorden HOORT en ze DOET zal gelijken op een verstandig man'. Ja, horen en doen zijn bij Hem één, alles wat Jezus zei dééd Hij ook. Zijn woord was daad tegelijk. Dat was het bijzondere dat Hij de mensen wilde voorleven, en dat verlangde Hij ook van Zijn volgelingen.

Deze opvatting klopt ook met het Hebreeuwse woordje 'dabar'. Dabar betekent: woorddaad, het is één woord en wij hebben er twee woorden van gemaakt, woord én daad. Begrijp je de les die er in opgesloten ligt? Merk je het verschil? De geestelijke woorden door ons uitgesproken zijn niet los van de praktische uitwerking daarvan. Theorie kán niet zonder praktijk. Jezus' woorden waren onlosmakelijk aan Zijn daden verbonden. En daar ontbrak bij de leraars uit die dagen wel wat aan. Daar ontbreekt het bij ons ook heel vaak aan. Jezus legde Zijn handen op de zieke en de zieke genas. Jezus sprak en de kreupele genas. Jezus zeide: 'Zwijg, wees stil' en de storm ging liggen. Jezus sprak en zelfs de doden werden levend. Hij paste het Hebreeuwse woord dabar letterlijk toe. Zo ontstond de schepping ook. God sprak en het was er. Hij sprak en het stond er. Wat mogen we dankbaar zijn dat Jezus Zijn mond opende en ons deze belangrijke les leerde. Het kan een totale omwenteling te weeg brengen in ons geestelijk leven. Jij en ik mogen hieruit leren dat onze woorden gepaard moeten gaan met daden. Woorden alleen zijn van weinig waarde, het is half werk volgens de leer van Jezus. Zijn jouw woorden ook tegelijk daden?

GEBED.

Heer, het lijkt wel of U steeds dieper gaat in mijn leven. Ik kom U belijden dat ik de daad onvoldoende bij het woord voeg. Toch ben ik blij dat U mij deze tekortkoming laat zien en dat U me tegelijk wilt helpen daar verandering in te brengen. Ik vraag Uw hulp Heer. Dank U dat U de daad bij het woord voegt en mij zult laten zien waar het bij mij nu precies half werk is. Amen.

LEZEN:
Mat. 7 : 24-29; 14 : 19, 20; Gen. 1; Joh. 2 : 1-11; 5 : 6-9; 11 : 11-14; 11 : 43, 44.

En Hij OPENDE zijn mond en leerde hen... ZEGGENDE:

VERDRIET EN TROOST.

Waar we op moeten letten is dat er staat: 'Jezus leerde' hen, niet Jezus vertelde hen. Leren omvat meer, heeft een diepere betekenis. Wanneer Hij zegt: 'Zalig de armen van geest, zalig die treuren', dan wil Hij ons daarmee iets leren. Daarom voegt Hij er ook telkens iets wezenlijks aan toe. Neem de uitspraak: 'zalig de reinen van hart want... zij zullen God zien'. Dit betekent dan, dat het wáár is, dat jij en ik mogen weten dat wij werkelijk God aanschouwen zullen, omdat... wij gewassen en gereinigd zijn door het Bloed van Jezus. Denk je er wel eens over na wat een geweldige betekenis dit voor ons heeft? De zaligsprekingen zijn één en al bemoediging en troost voor hen die verdriet hebben. Veel gelovigen hebben dat gelukkig al ervaren bij ziekte of teleurstellingen, of bij een sterfgeval. Zij werden getroost op een ongekende manier. Zelf hebben wij dit ook ervaren toen de Heer onze kleine Ineke thuishaalde. Er is een troost, die mensentroost te boven gaat.
Iedereen heeft wel eens verdriet, daar ontkomt niemand aan. Maar er zijn ook voorvallen in een mensenleven die ver boven onze draagkracht gaan. Die we alleen nog kunnen dragen als Hij meedraagt. De Heer is er juist op dat moment als je het niet meer aan kunt en het verdriet de boventoon voert. Tóch word je er steeds weer bovenuit getild. 'Zalig de zachtmoedigen, want... zij zullen de aarde beërven'. Weer zo'n geweldige belofte. Toch komen we tegen het zachtmoedig zijn wel eens in opstand. Zachtmoedig zijn is iets wat ons niet zo gemakkelijk afgaat. We zijn immers niet zulke zachtgeaarde mensen ook al willen we er wel voor door gaan. Om zachtmoedig te zijn tegenover mensen die ons niets in de weg leggen, is geen kunst. Maar om het te blijven. Als iemand werkelijk iets zegt, wat mij niet aan staat, ja dan moet ik met alles wat in mij is vechten om wel zachtmoedig te zijn en te blijven. Gelukkig is de Heer er met Zijn Geest om ons samen te helpen zachtmoedig te worden. Er zit de belofte aan vast dat wij de aarde zullen beërven. Niet de halve wereld, maar Gods aarde, als eeuwig erfdeel.

GEBED.

Heer, U weet van mijn verdriet, maar U bent ook de Enige die mij echt troost. Ik vraag U of U allen die verdriet hebben ook zo nabij wilt zijn. Troost allen die niet over het verlies van hun geliefde heen kunnen komen. Troost de eenzamen uit onze gemeente die evengoed verdriet hebben omdat ze zo weinig werkelijk meeleven ondervinden. Er is zoveel onbegrip tegenover elkaar. Help ons allen om Uw zachtmoedigheid in ons te laten doorwerken, om Jezus' wil. Amen.

LEZEN:

Mat. 5 : 1-12;   Jes. 66 : 13;   2 Thess. 2 : 16, 17;   1 Pet. 3 : 4;   Ef. 1 : 11; Col. 1 : 12.

Want de Heilige Geest zal u op het eigen ogenblik leren wat gij ZEGGEN moet. Want ik zal u MOND en wijsheid geven, welke alle tegenstanders niet zullen kunnen weerstaan of weerleggen.

VERVOLGING EN VREUGDE.

In de zogenaamde zaligsprekingen kan men lezen: 'Zalig de vervolgden om der gerechtigheid wil, want hunner is het Koninkrijk der hemelen. Zalig zijt gij, wanneer men u smaadt en vervolgt en liegende allerlei kwaad van u spreekt om Mijnentwil. Verblijdt u en verheugt u, want uw loon is groot in de hemelen'. Deze teksten wijzen op vervolging van hen die Jezus Christus belijden, bijvoorbeeld in landen waar dat verboden is. Het gebeurt niet eens zo ver van onze grens, denk maar eens aan Rusland en zijn vazalstaten die een regiem hebben waarbij Jezus Christus buiten gesloten wordt. Er heersen daar verschrikkelijke toestanden. Vervolging betekent daar: geslagen, gemarteld en gevangen gezet worden.

Hoe lang zullen wij nog in vrijheid leven? Als het nieuwe voorontwerp van de wet van gelijkheid er door komt, kan dat voor de christenen in Nederland wel eens het begin van de onderdrukking betekenen. Dan zullen wij zelf ons aangesproken moeten weten door bovengenoemde teksten. Wat zullen wij deze bemoedigende woorden dan hard nodig hebben. Wees niet bang wanneer je voor de rechter moet verschijnen en getuigen moet van Jezus. De Heilige Geest geeft je de woorden in de mond. Er zullen zulke wijze woorden uit je mond komen dat de tegenpartij ze niet kan weerleggen. Men zal verbaasd naar je luisteren. Maar die benauwende regel waarin staat dat men liegende allerlei kwaad van u zal spreken, wordt ook praktijk! Doch desondanks is het moeten lijden om Christus' wil een vreugdevolle zaak. Want Jezus zegt ook: 'Verblijdt en verheugt u, want... uw loon is groot in de hemelen'. Verblijd en verheug u te midden van ellende, vervolging of laster.

Toch zijn deze woorden een opdracht gericht aan ons allen. Zou Jezus wel weten wat Hij ons hier opdraagt? Nou en of. Hij wil ons versterken en daarmee zeggen: 'Kijk over de afgrond van de vervolging heen, naar Mij, dan word je gesterkt. Kijk naar het loon dat je zult ontvangen, lijd om Mijnentwil. Het zal je sterk maken en kracht geven om vol te houden'. Dit is zó waar. Berichten die ons bereiken vanachter het ijzeren gordijn vandaan, getuigen ervan. Onze broeders leven daar zo blijmoedig en hebben een geloofsovertuiging die ons respect afdwingt. Zij vinden het een eer voor de zaak van Jezus te lijden en te sterven. Zij weten zich gedragen door de levende Heer. Ja, de woorden van Jezus zijn waar, wat er ook gebeurt. Hij leert je wat je zeggen moet, in welke omstandigheid je ook verkeert.

GEBED.

Vader, ik dank U, dat wij hier nu nog in vrijheid over U mogen spreken. Help ons deze tijd uit te buiten zolang het nog kan, om Jezus' wil. Amen.

LEZEN:
Mat. 24 : 1-14;   2 Kor. 12 : 9, 10;   2 Thess. 1 : 3-12;   Ps. 119 : 81-96.

...wat u GELEERD en overgeleverd is, wat gij van mij gehoord en gezien hebt, brengt dat in toepassing en de God des vredes zal met u zijn.

WOORDDAAD EN GOD IS MET U.

Paulus is een man van woorden en daden. Niet alleen in woorden, maar ook in de praktische toepassing ervan is hij voorbeeldig. Hij is na Christus wel de voornaamste leraar die ons inzicht geeft omtrent het christenzijn. Het is de moeite waard zijn woorden diepgaand te bestuderen en zijn daden na te volgen. 'Alles wat jullie van mij geleerd hebben moet je niet voor kennisgeving aannemen' zegt hij, 'maar je moet het verwerken om er daarna wat mee te doen'. Hij geeft rijke levenslessen over omgang met elkaar, over verdraagzaamheid, over het elkaar tot steun zijn, over eensgezindheid, en ga zo maar door. Als je nagaat wat de mensen voor wonderen zagen tijdens het leven van Paulus en je leest dan dat hij zegt: 'Breng dat in praktijk mensen, dan sta je wel even vreemd te kijken. Paulus sprak een woord in de Naam van Jezus en de zieke genas. Maar... hij dééd het. En hij moedigt ons aan het óók te doen. Doch wat moeten we daarmee aan in onze kerken? Het is denk ik uitgesproken een onderwerp dat we graag vermijden of negeren. Je vraagt je intussen wel af waarom de groepen en kringen buiten de gevestigde kerken er wel wat van terecht brengen. Misschien omdat we op dit punt aangekomen zijn bij en aangewezen zijn op de gaven van de Heilige Geest. En aangezien dat een tak is die wij hebben verwaarloosd en die zij (groepen en kringen) hebben opgepakt, leeft dit alles meer bij hen dan bij ons. Maar de uitnodiging van Paulus om tot 'toepassing' te komen staat er evengoed voor ons als voor hen. Gelukkig zijn er predikanten die zich wel aangesproken weten en die Paulus' woorden wel in toepassing hebben gebracht, maar zij kunnen de stroom mensen in nood die dan op hen afkomt, niet aan. Daarom moet mij dit even van het hart: Christen, predikant, ouderling, diaken of gemeentelid, doe als Paulus, stel de daad, spreek in vertrouwen een machtswoord en de God des Vredes zal met je zijn. Het is een belofte gegeven aan hen die gehoorzamen.
Er is nog iets wat wij vaak over het hoofd zien. Hoe kun je ervaren dat de Heer met je is als je niet bezig bent? We komen er beslist niet achter als we gelaten op onze stoel blijven zitten. We kunnen wel weken of zelfs maanden bidden, maar als we ondertussen geen enkele poging ondernemen om Zijn opdrachten in praktijk te brengen, dan ontdekken we Zijn kracht ook niet. Je bidt bijvoorbeeld om kracht en wijsheid voor een af te leggen bezoek: pas als je gáát dan merk je Zijn aanwezigheid. Al doende, al werkende en pratende geeft Hij Zijn antwoorden, ontdek je Zijn inzichten en Zijn manier van handelen. Als jij gaat is Hij allang aanwezig. Vertrouw daar maar op, of... had jij dat ook al ontdekt? Wat machtig hè?

GEBED.

Heer, leer mij te handelen naar Uw wil. Ik dank U dat U mij elke dag weer iets nieuws leert. Help mij deze nieuwe inzichten in praktijk te brengen, vooral als het gaat over ziekte en genezing. In Jezus' Naam. Amen.

LEZEN:
Gen. 12 : 1-4;   Ex. 14 : 16, 21;   2 Kon. 5 : 10-14;   Luk. 5 : 4-6; 17 : 13, 14.

Zondag
11de week.

Het is goed om eens de tijd te
nemen om over onze DADEN
van deze week na te denken,
de goede en de slechte.

DADEN.

Deuteronomium 3 : 24.
Here, Here Here, Gij zijt begonnen uw knecht uw grootheid en uw sterke macht te laten zien; want welke god is er in de hemel en op de aarde, die zulke werken en zulke krachtige DADEN kan doen als Gij?

Ruth 2 : 12.
De Here vergelde u uw DAAD, en uw loon valle u onverkort ten deel van de Here, de God van Israël, onder Wiens vleugelen gij zijt komen schuilen.

Psalm 60 : 14a.
Met God zullen wij kloeke DADEN doen...

Mattheüs 26 : 10.
Zij heeft een goede DAAD aan Mij verricht.

Romeinen 5 : 18.
Derhalve, gelijk het door één DAAD van overtreding voor alle mensen tot veroordeling gekomen is, zo komt het ook door één DAAD van gerechtigheid voor alle mensen tot rechtvaardiging ten leven.

Romeinen 15 : 18.
Want ik zal het niet wagen van iets anders te spreken dan van hetgeen Christus door mij bewerkt heeft, om heidenen tot gehoorzaamheid te brengen door woord en DAAD, door kracht van tekenen en wonderen, door de kracht des Geestes.

GEBED.
Here, God, als ik Uw woorden op me in laat werken dan kom ik tot het besef, dat U let op onze daden, op onze handel en wandel, ja, op alles wat ik dagelijks doe. Ik mag dan over U spreken of Uw evangelie verkondigen, maar als dat niet samen gaat met daden, Heer, dan schiet ik schromelijk tekort, heeft het nog geen werkelijke waarde.
Als ik kijk naar Uw daden dan wordt het stil in mij; dan sta ik vol verwondering bij het kruis en het lege graf. Voor die grote daden kunnen wij U nooit dankbaar genoeg zijn. Dit Goddelijk offer gaat ons verstand te boven. Ik dank U uit het diepst van mijn hart dat daardoor vergeving van zonden voor ons verworven is, dat ook ik daardoor deel heb aan het nieuwe leven met U. Dank U voor Uw vergeving van mijn zonden door Jezus Christus onze Heer.
Amen.

Deuteronomium 3 : 24   Maandag 11de week

Here, Here Here, Gij zijt begonnen uw knecht uw grootheid en uw sterke macht
te laten zien; want welke god is er in de hemel of op aarde, die zulke werken en
zulke krachtige DADEN kan doen als Gij?

U BEGON.

Als er één volk geweest is dat de grote daden van God gezien en ervaren heeft, is
het het volk Israël, ten tijde van Mozes. Zij aanschouwden een aaneenschakeling
van Gods bemoeienis met hen. Het begon, toen ze nog zuchtende waren onder de
slavenarbeid in Egypte. Mozes' woorden duiden daarop: 'Here, Here Here, Gij
zijt begonnen uw knecht uw grootheid en uw sterkte te laten zien'. God openbaarde Zich aan hen door Zijn machtige daden. Bijvoorbeeld: eerst werd Mozes'
leven gered, later volgde, ondanks alle tegenstand en voorafgegaan door tien
wonderlijke plagen, de grote uittocht uit Egypte en de adembenemende ontsnap-
ping door de Schelfzee. Bij gebrek aan voedsel regende het manna; bij gebrek
aan water welde er water uit de rots. Steden werden bezet, vijanden onder de
voet gelopen. Wat zal dat een dankbaar volk zijn geweest! Het tegendeel blijkt
echter waar te zijn. Als er één volk geklaagd en gemopperd heeft, dan is dat wel
het volk Israël. Je zou denken: hoe meer wonderen, hoe meer geloof. Maar dat
klopt niet met de werkelijkheid. Hoe zou dat toch komen?
Al dat morren en klagen. Is er geen dankbaarheid om alles wat God doet? Neen,
wel veel kritiek. De ene keer is er geen water, dan geen brood; ja, waren ze maar
in Egypte gebleven. Het komt nota bene zover, dat Mozes wordt verweten dat hij
hen in de woestijn heeft gebracht om hen om te laten komen. Wat ik mis bij het
volk van God? Ik mis de afhankelijkheid bij hen. Je leest nergens dat ze, als ze in
nood zijn, zeggen: 'Zullen we samen de Here bidden om uitkomst?' We hebben
geen idee hóe de Here uitredden zal, maar als we terugkijken heeft Hij ons altijd
geholpen. Wij betuigen onze afhankelijkheid jegens Hem. Hij zal uitkomst
geven. Is dat niet een betere weg dan al dat klagen en mopperen? Op die manier
wordt de band verstevigd en groeit de relatie tussen de Heer en jezelf.
Hoe is jouw instelling ten opzichte van de wonderbare uitredding van de Heer?
Wat doe jij als je in moeilijkheden zit? Klaag je, of buig je je knieën? Leg je
Hem al je zorgen en problemen voor? Tel eens hoe vaak de Heer je uitgeholpen
heeft en aan jou Zijn daden heeft laten zien.

GEBED.

Heer, U redt ons altijd uit de moeilijkheden als wij er U om vragen. Ondanks die
wetenschap is er toch te weinig blijdschap en verwondering bij mij. Te vaak is
mijn verwachting op hulp van mensen gesteld en twijfel ik nog aan Uw wondermacht. Leer mij volkomen in alles te vertrouwen op U, in Jezus' Naam. Amen.

LEZEN:

Ex. 16 : 1-4;   Numeri 11.

De Here vergelde u uw DAAD en uw loon valle U onverkort ten deel van de Here, de God van Israël, onder Wiens vleugelen gij zijt komen schuilen.

RUTH KIEST, WERKT, WACHT, EN WORDT BELOOND.
Het boek Ruth telt maar vier hoofdstukken. Toch kunnen wij er veel uit leren. Het verhaal speelt zich af in de tijd van de richters, een tijd van vallen en opstaan zowel op maatschappelijk als geestelijk terrein. Er is hongersnood in Israël. Elimelech en Naomi met hun beide zoons trekken weg naar Moab. Ze vertrouwen te weinig op Gods redding; ze kijken niet terug naar de ontelbare uitreddingen van Hem. Ze denken het geluk te vinden in Moab en het tegendeel blijkt waar te zijn. Elimelech sterft. De beide zonen, die daar inmiddels getrouwd zijn, sterven eveneens. Wat een verdriet. Het zal je maar overkomen in een vreemd land. Naomi reageert dan ook onder andere met 'noem mij Mara'. Dat betekent: 'bitterheid'. Ze besluit terug te keren naar het land van oorsprong en beide schoondochters willen mee. Ze waarschuwt hen onderweg steeds maar weer dat ze in een vreemd land komen waar men een andere taal spreekt, een andere God dient. Bij de grens gaat Orpa terug, maar Ruth gaat mee Kanaän in. Ze zegt: 'Uw volk is mijn volk en uw God is mijn God'. Er is blijkbaar een hechte band ontstaan tussen schoonmoeder en schoondochter. In het verdere verhaal zien we Ruth aren lezend achter de maaiers. Als Boaz een kijkje komt nemen op het land maakt hij een praatje met deze jonge vrouw. Hij weet inmiddels allang wie zij is en waar ze vandaan komt. Boaz begunstigt haar, ze mag dit en ze mag dat, waardoor Ruth van de ene verbazing in de andere valt en uitroept: 'Waar heb ik dat toch aan te danken? Waaraan heb ik dat verdiend? Ik ben nog wel een vreemdeling'. Dan antwoordt Boaz, die een gelovige Israëliet blijkt te zijn: 'Ik weet dat je alles achter hebt gelaten en je schoonmoeder bent gevolgd naar dit voor jou onbekende land. Om deze daad mag je op dit land blijven werken (het is een door God ingestelde wet dat de vreemdeling geholpen dient te worden), daarom krijg je deze gunsten van mij. Maar Boaz gaat nog een stapje verder en zegt: 'De Here vergelde u uw daad en uw loon valle U onverkort ten deel van de Here'. Boaz wijst haar op de Here zijn God. Die zal haar belonen, want Ruth, je bent onder Zijn vleugelen gaan schuilen en dat is het belangrijkste in ieders leven.
De daad van Ruth wordt werkelijk beloond. Ze trouwt met Boaz en behoort daardoor bij het geslacht van David waaruit de Messias zou geboren worden. Een daad uit liefde wordt door Hem beloond. Ook in jouw leven zal dat werkelijkheid worden. Want al wat gedaan wordt uit liefde tot Jezus wordt beloond.

GEBED.
Ruth toonde liefde voor haar medemensen, Heer! Dat betekende dat een ongelovige de zorg voor een gelovige op zich nam, zichzelf wegcijferde en dat beloonde U. Heer, en U vraagt van mij dat ik uit liefde voor U mijn naaste aanvaard. Wilt U mij en vele anderen daarbij helpen? Om Jezus' wil. Amen.

LEZEN:
Het boek Ruth.

Met God zullen wij kloeke DADEN doen...

MET GOD ZAL IK...?

Nou, nou, David, je durft heel wat te zeggen. Met God zullen we kloeke daden doen. En je bent de strijd nog niet eens begonnen en nu zeg je al dat je kloeke daden zult verrichten, is dat niet wat voorbarig? Maar let op: boven deze verzen staat: 'Gebed om overwinning'. David is aan het bidden. Wat tref je hem vaak aan in gebed. David kent de verborgen omgang met God. Hij weet waar hij de kracht vandaan moet halen. Met Gods hulp versloeg hij Goliath. David kent de waarde van het gebed in zijn leven. Hij neemt daar beslist elke dag de tijd voor. Hij ziet trouwens ook het resultaat ervan. Hij kan eenvoudig niet leven zonder God. David doet het anders dan de Israëlieten die onder leiding van Mozes uit Egypte wegtrokken. Die morden en klaagden aan één stuk door en waren zelden echt blij met de wonderlijke uitreddingen die God hun schonk. David herdenkt. Hij gaat met z'n gedachten terug; hij neemt z'n levensloop met God nog eens onder de loep en ziet Gods uitreddingen. Niet één, niet vijf keer, maar ontelbare malen heeft God hem de overwinning gegeven. Soms door te vechten met het zwaard, soms door een wonderlijke uitredding, door de ingrijpende hand van God. Kijk, en dat doet David uitroepen: 'Met God zullen wij kloeke daden doen'. Halleluja! Hij gaat alles doen wat hij kán doen en dan zal Gód doen wat David niét kan doen. David zegt niet 'Ik' zal, maar 'wij' zullen; hij spreekt hier ook voor de anderen met wie hij omgaat.

Hier komt het vertrouwen op de voorgrond. David vertrouwt zonder meer op de Heer. Hoe ben jij in zo'n situatie? Vertrouw jij ook zonder meer op Hem? Ook zonder dat je de uitredding gezien of ervaren hebt? Als ik naar m'n eigen leven kijk, dan moet ik erkennen dat dat nog wel wat te wensen overlaat. Het moest niet zo zijn, dat weet ik, maar... ja. Die 'ja-maars' in ons leven hè? Ken jij die ook? Dit vertrouwen vraagt een diepe verborgen omgang met de Heer, en dit moet groeien; een relatie verdiepen kost tijd. Stille tijd elke morgen is een noodzaak in je leven. Met minder kunnen we niet toe, tenminste als je uit Hem wilt leven en werken. Zullen we het vandaag samen eens proberen? De Heer staat al klaar, Hij wacht op ons, Hij staat altijd met blijdschap naar ons uit te zien; als wij berouwvol komen, mogen we zeker zijn dat Hij ons in liefde aanvaardt.

GEBED.

Heer, U verwacht mij al lang. Hier ben ik eindelijk. Ik wil niets liever dan mijn vertrouwen in U versterken door de omgang met U. Ik ben zo blij dat ik mijn leven in Uw dienst mag stellen. Heer, aanvaard me zoals ik ben; ik vraag het U in Jezus' Naam. Amen.

LEZEN:

Ps. 18 : 30, 60 : 14, 108 : 14;   Mat. 27 : 43;   Hand. 16 : 31;   2 Kor. 3 : 4-6.

Zij heeft een goede DAAD aan Mij verricht.

EEN VERKWISTENDE DAAD OF EEN GOEDE DAAD.

Niet alleen de God uit het Oude Testament houdt van goede daden, maar ook Zijn Zoon, Jezus Christus, verwacht ze van ons. Hij verwacht naast geloof ook de daad. Jezus waardeert goede daden. Dat lezen we in Mattheüs 26. Jezus is in Bethanië, in het huis van Simon de melaatse. Als ze aan tafel zitten te eten komt er zo maar een vrouw binnen met een kruik vol kostbare mirre. Ze giet die kostbare olie uit over het hoofd van Jezus. De heerlijke geur doortrekt de hele kamer. Maar o wee, daar is ze nog niet klaar mee. Judas wordt zelfs boos. Het is toch verspilling; deze kostbare olie hadden ze toch beter kunnen verkopen en de opbrengst aan de armen schenken? Wat een verkwisting. Jezus hoort dit alles aan, ziet hoe de vrouw zich voelt, verlegen, bang, maar ook diep teleurgesteld dat niemand haar begreep. Misschien flitst de gedachte wel door haar heen: 'die mannen ook, zij begrijpen ook nooit wat een vrouw bezielt'. Wat haar bewoog deze daad te verrichten? Haar liefde tot Jezus openlijk te belijden. Hem alle eer en dank te brengen voor wat Hij voor haar deed. Wat zal ze gespannen hebben gekeken naar Jezus; wat zal Hij zeggen? Zal Hij haar daad ook veroordelen? Dan richt Jezus Zich tot de tafelgenoten en zegt: 'Waarom vallen jullie deze vrouw toch lastig? Zij heeft een goede daad aan Mij verricht'. (Je hoort haar een zucht van opluchting slaken). 'De armen hebt gij immers altijd bij u, maar Mij hebt gij niet altijd bij u. Want toen zij mirre over Mijn hoofd uitgoot heeft zij dat gedaan om Mijn begrafenis voor te bereiden'. En dan voorspelt Jezus een stukje toekomst . 'Voorwaar, Ik zeg u, overal waar dit evangelie verkondigd zal worden, in de gehele wereld, zal ook tot haar gedachtenis gesproken worden van wat zij gedaan heeft'.

Nou volgelingen van Jezus, dat hadden jullie niet gedacht; het was immers toch tegen de regels dat zij zo maar binnenkwam. Maar jullie vergeten, dat puur menselijke regels bij God niet tellen. Hij kijkt naar het hart van de mens en jullie kijken alleen naar dat wat hoort en niet hoort. Jullie begrepen niets van het hart achter deze daad.

En de vrouw? Je hoort niet meer van haar. Misschien is ze stilletjes van het toneel verdwenen, maar wel... met een onuitsprekelijke blijdschap dat Jezus haar waardeerde en dat Hij haar daad begrepen had. Hieruit kunnen wij ook lering trekken, want staan wij niet veel te gauw met ons oordeel klaar en deugt de maatstaf die wij hanteren wel? We vergeten dat de Heer er heel andere maatstaven op na houdt. Wat door ons misschien wel een verkwisting genoemd wordt, waardeert de Heer. We mogen ook leren, dat Jezus ons begrijpt, dat Hij het hart aanziet. Is dat niet hartverwarmend?

GEBED.

Dank U Heer, dat U mij opnieuw laat zien dat ik niet te vlug met m'n oordeel klaar mag staan, dat ik eerst na moet denken en me behoor af te vragen wat de achtergrond is van iemands gedrag of handeling. Geef mij het onderscheidingsvermogen de dingen te doorzien in de Naam van Jezus. Amen.

LEZEN: Mat. 26: 6-16; 1 Sam. 16:7; Luk. 6:45; Hand. 1:24, 25; Rom. 8:27.

Derhalve, gelijk het door één DAAD van overtreding voor alle mensen tot ver-oordeling gekomen is, zo komt het ook door één DAAD van gerechtigheid voor alle mensen tot rechtvaardiging ten leven.

DAAD TEN KWADE, DAAD TEN GOEDE.

We komen hier bij de twee grootste daden die ooit verricht zijn op deze aarde. De eerste is die ten kwade, de daad van ongehoorzaamheid van de mens, die onmetelijke gevolgen teweeg heeft gebracht. De eerste mensen, Adam en Eva verrichtten die daad ten kwade en heden ten dage ondervinden wij de gevolgen van hun daad ten kwade nog. Die daad ten kwade bracht de zonde in hun leven, en zij sleepten alles wat op aarde was met zich mee ten val. Vanaf die tijd misten de mensen het doel in hun leven want ongehoorzaamheid is zonde en het doel was dat de mensen zonder zonde zouden leven. De mens had tot doel God te ver-heerlijken, de aarde te bewonen en te bewerken en daardoor Gods schepping, Zijn wondervolle werk tot volle ontplooiing te laten komen.

De mens kón dit doel bereiken door God te gehoorzamen, daarin lag alles beslo-ten.

Door één daad van ongehoorzaamheid, 'eten van de verboden vrucht', werd de eerste mens afvallig van God en daardoor het hele menselijke geslacht. Toen kwam Jezus Christus, Gods Zoon. Hij kwam om alle zonden op Zich te nemen en weg te dragen. Door deze éne daad ten goede, van Jezus, werd recht gedaan voor God. God verzoende Zich met de mens door Jezus' daad van gehoorzaam-heid tot in de dood. Vanaf die grote gebeurtenis ziet God ons aan in Christus. Deze daad heeft eveneens verstrekkende gevolgen voor de mens persoonlijk en voor heel de mensheid.

Zijn we dan allen zo maar behouden? Neen, kortweg, neen. God gaf door de Zoendood van Jezus Christus de mens een nieuwe kans om te KIEZEN.

Wie nu Jezus kiest en volgt, wordt behouden.

Wie nu Jezus kiest en zich laat reinigen door Zijn Bloed, wordt behouden.

Wie nu Jezus kiest en zijn zonde belijdt, komt niet onder Gods oordeel. Jezus heeft het oordeel dat wij verdienden, op Zich genomen.

Wie nu Jezus kiest, krijgt een nieuwe relatie met de Here God. Dit kiezen is: 'opnieuw geboren worden', het is de tweede geboorte van boven af, dat lees je in het gesprek van Jezus met Nicodémus. Door deze daad in het geloof te aanvaar-den, zeggen we als het ware: 'Ja, kom binnen Heer!' Als je al gekozen hebt, weet je wat voor ommekeer dit in je leven heeft gebracht. Je kent nu de vrede die alle verstand te boven gaat.

GEBED.

Vader, ik dank U, dat ik leef ná Pasen en dat ik deel heb aan het verzoenend ster-ven van Uw Zoon. Dat Hij gehoorzaam is geweest tot in de dood en zo herstelde wat de eerste mens had stuk gemaakt. Leer mij dit blijde evangelie uit te dragen, daar waar U mij geplaatst hebt. Om Jezus' wil. Amen.

LEZEN:
Gen. 3 : 1-7;   Joh. 3 : 1-21; 19 : 18-30; 20 : 1-18.

Want ik zal het niet wagen van iets anders te spreken dan van hetgeen Christus door mij bewerkt heeft, om heidenen tot gehoorzaamheid te brengen door woord en daad, door kracht van tekenen en wonderen, door de kracht des Geestes.

DABAR, WOORDDAAD.

Wat is dat toch een belangrijke zaak: 'Praktisch christendom'. Het is doen wat wij zeggen, nakomen wat wij beloven. Alles wat Jezus sprak, deed Hij ook. Wij kunnen in ons leven zoveel zeggen, maar doen is een tweede. Wij hadden het vorige week al even over het Hebreeuwse woord 'Dabar'. Een woord met een dubbele betekenis: woorddaad. Kort maar krachtig. In het Nederlands is dit woordje dabar vertaald met woord én daad. Woord en daad staan als het ware afzonderlijk van elkaar. En dat blijft niet zonder gevolgen. Woorddaad is: het woord bij de daad voegen-samenvoegen. Dat komen we in de Bijbel meteen al tegen in de allereerste verzen. God sprak en het was er. God sprak en het stond er. Bij Jezus Christus zien wij het ook. Hij sprak en de zieke werd genezen. Hij sprak en de wind ging liggen. Hij sprak en Lazarus stond op. Paulus zegt in het achttiende vers van Romeinen 15: wil je iemand tot voorbeeld zijn, wil je iemand tot Jezus leiden, wil bij jou het geestelijke leven functioneren, dan moeten je woorden tegelijk daden zijn. Onmogelijk? Maar Paulus bewijst immers dat het mogelijk is. Paulus volgt Jezus na en wie Jezus volgt, zal de daad bij het woord moeten voegen. En wij, jij en ik, volgen Hem toch ook? Maar wat is de praktische uitwerking van woorddaad bij ons ver te zoeken. Neem alleen de gewone dingen in het leven nog maar. Je komt uit de kerk: 'wat een prachtige preek had de dominee'. O ja? Wat doe je er dan mee? Help jij dat jonge meisje dat abortus wil plegen omdat ze geen andere uitweg ziet? Neem jij die jongen in huis omdat de moeder naar het ziekenhuis moet? Sta jij klaar om met een collectebus rond te gaan? Of ben je alleen maar 'aan het woord' zonder er 'de daad' aan toe te voegen? En maar naar de kerk lopen en luisteren naar Gods Woord en opdrachten. Maar dan dat stapje verder. Ik durf daar haast niet over te praten, maar het staat duidelijk in de Bijbel: we moeten door de kracht van de Heilige Geest tot daden komen. Paulus sprak in de Naam van Jezus en de zieke genas. Petrus sprak in de Naam van Jezus en de verlamde stond op. Wat zijn we als christenen tekort geschoten in onze woorddaden. Wat onpraktisch eigenlijk om het alleen maar bij woorden te laten. Of werkt het bij jou wel op de juiste manier? Wees er dan dankbaar voor; je zult dan ervaren hebben dat je niet eens anders meer zou willen, is 't niet zo?

GEBED.

Heer, we kunnen van binnenuit niet meer anders; we willen het niet anders. En toch lukt het iedere keer weer niet; we falen nog te vaak. Help ons samen de oorzaak daarvan op te sporen en het dan door Uw kracht te veranderen. Wilt U mij opnieuw reinigen door het bloed van Jezus; dank U dat ik nu weer rein voor U sta. Zo draag ik deze dag aan U op in Jezus' Naam. Amen.

LEZEN:
Gen. 1 : 1-26;   Mat. 8 : 1-4, 14-17, 23-34;   Hand. 3 : 1-10, 5 : 12-16.

Ja, als ik iets nodig heb in dit leven, is het wel dát, waar we deze week over na gaan denken.

TROOSTEN.

Genesis 50 : 21a.
Zo TROOSTTE Jozef hen en sprak tot hun hart.

Jesaja 49 : 13.
Jubelt, gij hemelen, juich, gij aarde, breekt uit in gejubel, gij bergen, want de Here heeft Zijn volk GETROOST en Zich over Zijn ellendigen ontfermd.

Jesaja 66 : 13a.
Als iemand die zijn moeder TROOST, zo zal Ik u TROOSTEN.

Johannes 14 : 15-18.
Wanneer gij Mij liefhebt, zult gij Mijn geboden bewaren. En Ik zal de Vader bidden en Hij zal u een andere TROOSTER geven om tot in eeuwigheid bij u te zijn, de Geest der waarheid, die de wereld niet kan ontvangen, want zij ziet Hem niet en kent Hem niet; maar gij kent Hem, want Hij blijft bij u en zal in u zijn.

2 Korinthe 7 : 6.
Maar God die de nederigen TROOST, heeft ons GETROOST door de komst van Titus.

2 Korinthe 1 : 4.
...en de God aller VERTROOSTING, die ons TROOST in al onze druk, zodat wij hen, die in allerlei druk zijn, TROOSTEN kunnen met de TROOST, waarmede wij zelf door God VERTROOST worden.

GEBED.

Ja Heer, het staat er heel duidelijk dat U ons wilt troosten. En dat de Trooster, Uw Heilige Geest, in mij wil wonen. Dat is wel zo iets onvoorstelbaars, zo onvatbaar, dat wij het ons haast niet in kunnen denken.
Toch is het waar, toch woont U in mij Heer, zodat ik de allerbeste Trooster in mij heb die denkbaar is. Het ging U aan het hart toen U Jezus thuishaalde, dat wij als wezen achter zouden blijven. Vader. Ik dank U voor de Gave, die U in ons uitstortte. Ik vraag U vergeving voor het feit dat ik te weinig naar Zijn stem luister. Wilt U mij opnieuw wassen door het Bloed van Uw Zoon? Wat heerlijk, dat ik nu rein voor U sta en weer opnieuw mag beginnen. Ik dank U in de Naam van Jezus. Amen.

Zo TROOSTTE Jozef hen en sprak tot hun hart.

NA VERNEDERING VERHOGING.

Het is een boeiend verhaal, die geschiedenis van Jozef. Aanvankelijk lijkt het een tragedie te worden. Jozefs broers proberen hem uit de weg te ruimen. Dat lukt, zij het dan dat hij wordt verkocht als slaaf. Ze zijn hem in elk geval kwijt. Vader Jacob wordt een rad voor de ogen gedraaid. Het leven gaat z'n gang, ook dat van Jozef. Het lijkt hem voor de wind te gaan, maar Potifars vrouw weet wel raad met die mooie jongen die ze niet naar haar hand kan zetten. Dan maar de gevangenis in. Dit dieptepunt wordt een hoogtepunt als hij de dromen van de schenker en de bakker weet uit te leggen. Farao benoemt Jozef tot onderkoning. Jaren later trekken de broers, door de honger gedreven, naar Egypte. Terug komende ontdekken ze tot hun schrik dat het geld dat ze voor het koren hadden betaald boven in de zakken ligt. Wanneer al het koren op is, reizen ze noodgedwongen mét Benjamin voor de tweede keer naar Egypte, want dat was afgesproken. Op de terugweg komen ze in grote moeilijkheden. Ze worden ingehaald door soldaten die beweren dat iemand van hen de beker van de koning gestolen heeft. Benjamin wordt als dader ontmaskerd. Allen gaan mee terug naar de onderkoning. Er wordt een maaltijd voor hen aangericht. De onderkoning zit mee aan tafel en opeens roept hij het uit: 'Ik ben Jozef; leeft mijn vader nog?' Zij deinzen van schrik achteruit. Hun eerste reaktie is: nu zal Jozef zich op hen wreken, nu zullen ze allemaal vastgezet worden. Maar Jozef zegt: 'Wees toch niet verdrietig, kijk niet zo bang, want om u in het leven te behouden heeft God mij voor u uitgezonden'. Jozef tróóst hier zijn broers in plaats van ze te bestraffen. Korte tijd later wordt vader Jakob met zijn hele familie opgehaald. Ze mogen vrij in het land Egypte wonen. Na een lange tijd daar gelukkig te hebben geleefd, sterft Jakob. De broers van Jozef worden opnieuw vervuld van angst. Want nu zal hij hen wel straffen. Vader Jakob is er niet meer nu zal... Maar opnieuw komt de liefde van Jozef naar voren. Hij heeft juist medelijden met zijn broers die zo bang zijn dat hij hun kwaad vergelden zal.. Hij wijst zijn broers eerst op de Here God en zegt: Weest niet bang, want ben ik in Gods plaats? Gij hebt wel kwaad tegen mij gedacht, maar God heeft dat ten goede gedacht, weest dus niet bang want ik zal jullie allemaal onderhouden'. Zo troostte Jozef zijn broers. Dát is vergeven, dat is liefde, dat is je hart laten spreken. Zo zou Jezus het ook willen. Als jij en ik degene troosten die ons leed berokkenen, stroomt Jezus' liefde door ons heen naar de ander.

GEBED.

Heer, om zo te kunnen troosten, zo lief te kunnen hebben, is het nodig dat ik innerlijk beter op U afgestemd wordt. Want als iemand mij nog maar een stroobreed in de weg legt, ben ik vaak al kwaad en verdrietig. Heer, leer mij zien op U, dan leer ik wat liefde en wat vergeving is, en laat dit dan uitstralen in mijn leven; ik vraag het U in Jezus' Naam. Amen.

LEZEN:
Gen. 50 : 15-21;   Mat. 5 : 4, 18 : 21, 22;   Mark. 11 : 25, 26.

Jubelt, gij hemelen, juich, gij aarde, breekt uit in gejubel, gij bergen, want de Here heeft zijn volk GETROOST en Zich over Zijn ellendigen ontfermd.

TROOST WERKT BEMOEDIGEND.

In de tijd dat Jesaja dit zegt tegen zijn volk zit Israël midden in de ellende, zoals zo vaak. Maar juist als je midden in de narigheid zit, heb je troost nodig, bemoedigende woorden. Die tillen je even bóven de dingen uit; ze richten je blik op dat wat komt: naar betere tijden wellicht. Dat was ook zo bij het volk Israël. In hun kommervol bestaan waar ze zelf schuld aan hadden, klinken deze woorden: 'Jubelt gij hemelen, juich gij aarde, breek uit in gejubel, gij bergen, want de Here heeft zijn volk getroost en Zich over de ellendigen ontfermd'. Deze woorden worden hun tot troost gegeven.

Wanneer zij niet meer kunnen jubelen, dan moeten de hemelen maar losbreken, dan moet de aarde maar juichen en de bergen meejubelen, om de grootheid van de Heer te openbaren, Zijn liefde kenbaar te maken, want de Here zal zijn volk troosten en zich over hen ontfermen.

Wat kunnen wij ons aan deze troostwoorden optrekken. Want wat zitten wij vaak in de put. Wat hebben we soms een verdriet in ons gezin om één van de kinderen die... of om een familielid omdat... of omdat in onze vriendenkring...

Toch mogen we elkaar troosten. Als de hemelen en de bergen mogen jubelen, de aarde mag juichen, wat mogen wij dan wel niet allemaal? Jammer, wij komen aan loven en prijzen en jubelen té weinig toe. We denken zo beperkt. Ons kringetje is zo klein dat we vergeten dat de Heer ons wil troosten als gemeente, als land en volk, ja dat Zijn troostwoorden letterlijk voor iedereen gelden. Je kunt je er zo aan optrekken. Je krijgt weer nieuwe moed om verder te gaan, verder te strijden. Troostwoorden kunnen zo heilzaam werken.

Ik denk terug aan de tijd van de tweede wereldoorlog, toen we in het geheim luisterden naar de radio. Wat een troost en warmte ging er uit van de stem van onze koningin, die vanuit Londen ons troostend toesprak, ons bemoedigde om verder te gaan en vol te houden en ons aan het denken zette over het nieuwe begin dat komen zou. Je keek samen óver de bezettingsmuren heen naar de overwinning die wij verwachtten. Als we ons daardoor al lieten bemoedigen, wat kunnen wij ons dan ten volle verblijden over de woorden van de volmaakte Trooster. Troostwoorden vanuit de Bijbel voor ons allemaal. Bemoedigende woorden waar je warm van wordt, die je weer moed geven om verder te gaan in je gezin en in de gemeente, of in nog bredere kring. Troostwoorden reiken verder dan het oog ziet. Geef ze maar door, ga er maar mee aan het werk.

GEBED.

Heer, ik dank U dat ik Uw troostwoorden ontvangen heb. Heerlijk, die bemoedigende woorden die mij zo sterken dat ik m'n dagtaak weer aan kan. Wat ben ik gelukkig Heer dat ik U ken en liefheb; dank U wel. Amen.

LEZEN:

Ex. 19 : 1-6;   Ezech. 14 : 22;   2 Kor. 1 : 4-6;   1 Pet. 2 : 9, 10;   Op. 5 : 9.

Als iemand die zijn moeder TROOST, zo zal ik u TROOSTEN. *)

TROOST VOOR VELEN TEGELIJK.
In de Bijbel komen we bemoedigende woorden van troost tegen, bestemd voor een heel volk tegelijk. Israël wordt getroost en bemoedigd. Israël wordt als volk toegesproken, want het is immers Gods volk. Hij heeft hen toch Zelf geroepen om de grote daden Gods te verkondigen? En God zegende hen als volk boven andere volken, opdat dóór hen alle andere volkeren gezegend zouden worden. Israël is met recht een gezegend volk. Het is Zijn eigendom. Het is een koninkrijk van priesters; de Here is Koning over hen. En het heil, 'de Messias', zal uit dit volk geboren worden. We horen het oude Simeon zeggen als hij in de tempel het kindje Jezus in zijn armen houdt, 'nu laat Gij, Heer, uw dienstknecht gaan in vrede naar Uw woord, want mijn ogen hebben het heil gezien'. Wat een gezegend volk, met rijke opdrachten. Maar wat is er inmiddels met dit volk gebeurd? Israël was zijn roeping niet waardig. Israël verkondigde de grote daden Gods niet. Israël wilde God niet als Koning. In het begin niet en later niet. Ze kruisigden hun Koning. Daarom verstrooide de Here hen over de ganse aarde. Ze waren als volk Gods niet in staat dit werkelijk te zijn; de liefde en de trouw kwamen slechts van een kant. Heeft God hen dan verstoten? Neen en nog eens neen. Zijn liefde voor hen blijft tot in eeuwigheid. Israël zette zichzelf aan de kant, maar Gods Vaderliefde is onvergankelijk. Daarom ook deze troostwoorden voor hen: 'Ik zal u troosten als iemand die zijn moeder troost'. Een moeder die verdriet heeft om haar kinderen! Een kind dat verdriet heeft wordt door moeder vol liefde getroost. Maar wie zal een moeder troosten? 'Ik, Ik', zegt de Here, 'Ik zal u troosten als… jullie tot inkeer willen komen'. En totdat dit gebeurt hebben wij de opdracht gekregen om als volk met de andere volkeren samen de grote daden Gods te verkondigen en het evangelie uit te dragen in de wereld. Dát is de opdracht, dát is onze verantwoording. Hoe helpen jij en ik hieraan mee? Zijn wij samen bezig de liefde van Jezus uit te dragen? Hoe is het in dit opzicht met óns volk gesteld? Wat brengen wij als volk er van terecht? Of… lijken wij in vele opzichten op Israël?

GEBED.
Vader, dank U dat U heel het volk Israël vertroosten wilt dat zij eenmaal weer terug zullen keren tot U en dat U ook ons volk wilt troosten en dat U ons wilt helpen Uw Woord uit te dragen, U groot te maken. Maar Vader, wij brengen er evenals Israël niet veel van terecht. Ik denk daarbij aan de abortuswetgeving en aan de zondagsontheiliging en aan het zwakke beleid van onze regering en aan de onrust die bij velen in ons land heerst. Vergeef ons ook als volk het gemak waarmee wij de hand lichten met Uw opdrachten. Vergeef ons in de Naam van Jezus. Amen.

LEZEN:
Ps. 9 : 2; Gen. 12 : 3; Ex. 19 : 5; 2 Kon. 11 : 17; Joh. 4 : 22; Luk. 2 : 30, 19 : 14; Hand. 28 : 28.

* Jesaja 66 : 13a o.v.

Wanneer gij Mij liefhebt, zult gij Mijn geboden bewaren. En Ik zal de Vader bidden en Hij zal u een andere TROOSTER geven om tot in eeuwigheid bij u te zijn, de Geest der waarheid, die de wereld niet kan ontvangen, want zij ziet Hem niet en kent Hem niet; maar gij kent Hem, want Hij blijft bij u en zal in u zijn.

IN ONS.

Dit zegt Jezus, die met innerlijke ontferming bewogen is over de mensen. Hij ziet hoe ze elke dag hunkeren naar Zijn woorden, Zijn bemoedigingen, Zijn liefde en genezing. Hij vertelt hun heerlijke dingen, maar daar zo tussendoor zegt Hij: 'want Ik ga tot de Vader'... Zou Hij gezien hebben hoe ze schrokken? Jezus van hun weg? Zonder Hem verder? Overgelaten worden aan de Farizeeën en Schriftgeleerden? Denk je dit eens in. Je hebt een ontmoeting met Jezus gehad, je hebt Hem liefgekregen en je volgt Hem voortaan. Je hele leven is totaal door Hem in beslag genomen. Dan zegt Hij: 'Ik ga weg'. Ja, dan stort je wereld immers in elkaar, je geloofsleven krijgt een behoorlijke knauw. Eerlijk gezegd voel je je beetgenomen. Maar wacht even. Jezus was nog niet uitgesproken. Hij vervolgt: 'Als ik van jullie weg ga wordt het nog heerlijker, want... dan stort Ik Mijn Geest in jullie hart, Ik kom door Mijn Geest in jullie wonen'. De Heilige Geest wandelt niet meer met je mee zoals Jezus deed op aarde, neen, de Heilige Geest komt in je hart. Hij is het die je elke dag troost in je verdriet. Hij geeft je weer vertrouwen en moed als je het niet meer aan kunt. Het is niet zo dat Zijn Geest met je mee huilt of mee klaagt dat je zo bedrogen werd, neen, zo is Hij niet. Hij doet er wat aan, Hij helpt je. Hij vernieuwt je geschokte denken. Hij richt je blik weer op Jezus. Wat is het een geweldig gebeuren, als Zijn Geest komt inwonen als Trooster. Wat hebben we Hem als Trooster nodig in ons leven, eigenlijk altijd. Jezus belooft de discipelen dat de Geest in hen zal komen als Hij naar de Vader zal zijn teruggekeerd. Het was voor hen een belofte, voor ons al werkelijkheid. Hij laat ze niet aan hun lot over. Maar die inwoning moet wel aan twee voorwaarden voldoen: Jezus liefhebben en Hem gehoorzamen. Dan mag je aanspraak op die belofte maken. Als de Heilige Geest in je woont, mag je alles overgeven aan Hem, die je zal leiden op de levensweg, langs alle gevaarlijke klippen, naar het einddoel van de reis. Wat bemoedigend om te horen hè!

GEBED.

Here Jezus wat is het wonderlijk dat U met Uw Geest in mij wilt wonen; dat is met m'n verstand niet te begrijpen. Maar ik ervaar gewoon dat het waar is. Dank U, dat U niet kijkt naar wat ik van mezelf ben, maar dat U mij juist innerlijk vernieuwt. Ik dank U, Vader, dat U elk mensenkind die Jezus als Redder heeft aanvaard, ook gaat veranderen. Dat op deze manier er een levende gemeente ontstaat, die Uw liefde en warmte afstraalt naar hen die nog in het donker leven. Dank U voor het vuur van Uw Geest in mijn hart. Amen.

LEZEN:

Joh. 14;   Jer. 31 : 13;   Joh. 10 : 14, 27;   Ef. 4 : 20.

Maar God, die de nederigen TROOST, heeft ons GETROOST door de komst van Titus.

WORDEN ALS EEN KIND.

Paulus weet er van mee te praten. Hij heeft onder moeilijke omstandigheden geleefd en gewerkt en verdrukking en benauwdheid aan den lijve ondervonden. Hij heeft de troost van de Heilige Geest ettelijke malen ervaren. Hij vertelt ervan. Hij weet dat God de nederige mens troost. Toch zien we hier ook een andere kant van het werk van de Heilige Geest: het is Zijn werk als Trooster door de mens heen naar de medemens. De Heilige Geest wil ons als kind van God gebruiken om de ander te troosten. Paulus wijst de geloofsgenoten op Titus. Titus' komst bracht vertroosting in hun omstandigheden. Titus wordt eerst zelf getroost door de Geest, daarna troost hij anderen. Zo mogen ook wij ervaren dat we instrumenten zijn in Zijn hand. Zouden we hieraan niet te weinig denken? Er te weinig rekening mee houden dat we voor Hem mogen werken en dat we anderen mogen helpen in verdriet en eenzaamheid, dat we hen mógen en moeten troosten en wijzen op Jezus, opdat we zodoende de ander weer op de been helpen? Als we werkelijk afgestemd zijn op de Heer dan stroomt Zijn wonderbare kracht door ons heen naar de medemens toe. Wat is er een grote behoefte aan zulke christenen, ook in óns midden. In dat opzicht kunnen we leren van onze kinderen. Een kind kan zo dichtbij Jezus staan, omdat het Hem zonder meer vertrouwt en in Hem gelooft. En soms kan het je de wonderlijkste troostwoorden toefluisteren. Jezus nam niet voor niets een kind en plaatste dat in het midden en wees op het geloof van dat kind. Wat moet de Heilige Geest vaak wachten op de volwassenen voordat Hij ze in kan zetten, daar waar verdriet is. Wat hebben wij vaak een woorden nodig om het Hem te vertellen dat we niet durven en geen tijd hebben, of er niet geschikt voor zijn. We vergeten dan dat we alleen al troosten door bij iemand te zijn, door naar hem of haar te luisteren. De ander hoeft alleen de liefde maar te voelen die van je uitgaat. En... we vergeten te vaak dat Zijn Geest het in ons uitwerkt, dat Zijn Geest het is die door óns heen troost. Vertrouw daar maar meer op in je leven, opdat de ander blij wordt en getroost door jouw komst, net zoals Paulus dat zei van Titus. En door de ander te bemoedigen word je veelal zelf bemoedigd. Heb jij dat al ervaren? Wat een Trooster is de Heilige Geest hé? Je wordt er van binnen warm van.

GEBED.

Ja, Heer, kinderen zetten ons vaak geestelijk op ons nummer; zij kunnen zo zuiver in hun geloofsleven zijn; zij vertrouwen zo vaak volkomen op U. Kinderen maken ons vaak beschaamd. Ik vraag U Heer, of U ons allen wilt leren te worden als een kind. Dan zult U onbelemmerd door ons heen kunnen troosten en werken naar diegene die U op het oog hebt. U houdt van nederige mensen en nederig zijn is vaak tegen onze natuur en tegen ons karakter in. Maar ook dat kunt U in ons omvormen. U helpt ons die hoogmoedigheid in ons te weerstaan. Heer, dáár bidden wij om en dáár danken we U voor. Amen.

LEZEN:
2 Cor. 4 : 11;   Mat. 11 : 25, 18 : 1-11;   2 Cor. 7 : 2-7.

...en de God aller VERTROOSTING, die ons troost in al onze druk, zodat wij hen, die in allerlei druk zijn, TROOSTEN kunnen met de TROOST, waarmede wij zelf door God VERTROOST worden.

Wanneer begrijp je iemand het beste? Als je in het leven dezelfde ervaringen hebt opgedaan. Hoe kun je het beste iemand troosten? Als je zelf verdriet hebt gehad en door een ander vertroost bent. Paulus spreekt in onze tekst over Gods troost in allerlei omstandigheden. Paulus is van alle kanten tegengewerkt, men heeft hem belemmerd in zijn werk, hem gedwarsboomd; hij is geslagen en gevangen gezet. Maar... hij heeft Gods troost ondervonden onder alle omstandigheden. Zo getroost is hij dat hij de ander kan bemoedigen, kan begrijpen, ja zich helemaal in die ander kan verplaatsen. Door alles heen wijst Paulus steeds weer op de Heer. Hij wil de mensen leren dat wij de ander kunnen troosten omdat wij eerst getroost zijn door Zijn Geest.

Als je de troost van de Heer hebt ervaren in je leven weet je hoe oneindig lief Hij je heeft. Je hebt Zijn helende hand ervaren. Je hebt ondervonden hoe Hij je opving toen Hij één van je geliefden thuis haalde. Je hebt Hem beter leren kennen dan ooit tevoren. Hij is ook bij je als je je inzet voor Zijn Koninkrijk, als je voor Hem moet lijden, voor Hem wordt verdrukt. Deze ervaring kun je niet voor jezelf houden, je zult als het ware vanzelf Zijn liefde doorgeven aan de ander zonder dat je er zelf erg in hebt. Verdriet maakt de mens milder in zijn oordelen en veroordelen. Het maakt dat je niet meer op alle slakken zout legt, je bent veel meer bezig met de hogere dingen, zaken; van veel meer gewicht dan al die kleine dingen die zo weinig waarde hebben en eigenlijk niets betekenen. Wanneer je op de knieën gaat in je verdriet, in je verdrukking, stroomt Zijn troostende liefde als een verkwikking in je hart. Het is als een weldadige regenbui op een droog land, dat snakt naar water. Als ik aan het woord 'druk' en verdrukking denk, zie ik voor m'n ogen de mensen die gevangen zitten en geslagen en gemarteld worden en ik denk aan vrouwen waarvan de mannen in een concentratiekamp zitten en de kinderen hun ontvoogd zijn, om door de staat te worden opgevoed. Mensen, die geen inkomen hebben en leven van giften van mede-christenen. Wat wordt daar veel geleden, onmenselijk leed, dat gedragen moet worden. Als zij de Heilige Geest niet hadden? Als zij niet door die Trooster getroost werden, kwamen ze om in hun leed. Toch komen ze er door, doordat Hij troost en je ziet juist bij hen zo'n volhardend geloof, zo'n vertrouwen in de Heer, dat je er stil van wordt. We kunnen hén niet persoonlijk troosten, dat is helaas waar, maar we kunnen wel voor hen biddend op de bres staan. God trooste hen in hun druk. Hij trooste ons waar wij Hem verwachtten.

GEBED.
Vader, ik dank U, en met mij velen, dat U hen vertroost daar achter het ijzeren gordijn, hen die zoveel ontberingen moeten lijden, hen die honger lijden, die van honger sterven. Vader, wij begrijpen het niet, maar help hen, troost hen allen en stort Uw geest uit in hun harten. Amen.

LEZEN:
2 Cor. 1 : 3-11, 4 : 1-15, 7 : 4; 1 Thess. 3 : 6-13.

Zullen we deze Zondag eens
achterkom kijken? Mag dat wel?

GEDENKEN.

Deuteronomium 8 : 2.
GEDENK dan heel de weg, waarop de Here, uw God, u deze veertig jaar in de woestijn heeft geleid, om u te verootmoedigen en u op de proef te stellen ten einde te weten, wat er in uw hart was, of gij al dan niet Zijn geboden zoudt onderhouden.

Maleachi 3 : 16b.
De Here bemerkte het toch en hoorde het en er werd een GEDENKBOEK voor Zijn aangezicht geschreven ten goede van hen die de Here vrezen en Zijn naam in ere houden.

Psalm 105 : 8.
Hij GEDENKT voor eeuwig... Zijn verbond.

Lukas 22 : 19b en 20.
En Hij nam een brood, sprak de dankzegging uit, brak het en gaf het hun, zeggende: 'Dit is mijn lichaam, dat voor u gegeven wordt; dóet dit tot Mijn GEDACHTENIS'. Evenzo de beker, na de maaltijd, zeggende: 'Deze beker is het nieuwe verbond in mijn bloed, dat voor u uitgegoten wordt'.

Handelingen 10 : 4.
Uw gebeden en uw aalmoezen zijn voor God in GEDACHTENIS gekomen.

2 Timotheüs 2 : 8a.
GEDENK, dat Jezus Christus uit de doden is opgewekt.

GEBED.

Vader in de hemel, ik heb er eigenlijk nooit bij nagedacht, dat U alles als het ware van me boekt, dat U ook de goede dingen die ik doe te boek stelt, dat U er een gedenkboek op na houdt. Dat U alles gedenkt is voor mij hartverwarmend. Ik dank U ook dat steeds weer de oproep in Uw Woord doorklinkt om te gedenken, om eens even stil te staan bij bepaalde gebeurtenissen.
Vooral bij het Avondmaal vieren, samen te denken aan de grote gebeurtenis dat Uw Zoon uit de dood is opwekt door U. Vader, U wilt dat wij elkaar dat steeds toeroepen: 'onthoud, dat Jezus ook voor jou gestorven is. Dat Hij Zijn leven voor jou gaf, vergeet het niet, maar denk er aan'. En ik dank U Vader, dat U nooit Uw geduld met mij verliest, ondanks mijn vergeetachtigheid. Ik dank U in de Naam van Jezus. Amen.

GEDENK dan heel de weg, waarop de Here, uw God, u deze veertig jaar in de
woestijn heeft geleid, om u te verootmoedigen en u op de proef te stellen ten einde te weten, wat er in uw hart was, of gij al dan niet Zijn geboden zoudt onderhouden.

'OMZIEN EN HERINNERING'

Hoe vaak hoor je niet zeggen: niet achterom kijken, niet teruggrijpen naar het
verleden, dat moet je nooit doen. Maar dan zegt de Bijbel hiér toch iets anders.
De Israëlieten moesten van God gedenken, terugzien op de veertig jaren in de
woestijn. Dat was niet voor niets. De bedoeling ervan was dat ze zich in den
gemoede af zouden vragen of dat nou wel wat uitgewerkt had in hun hart en
leven. Zou het voor ons niet eveneens zeer nuttig kunnen zijn om eens terug te
kijken in het leven en dan met de bedoeling om vast te stellen of er geestelijk wel
groei en vooruitgang in ons leven plaatsvindt? Of kunnen we ons maar beter de
moeite besparen omdat we weten toch al bergafwaarts te gaan? Dat kan. Er is
weinig voor nodig. Neem bijvoorbeeld de kerkgang. De eerste zondag dat je niet
ging moest je weg. De tweede en derde Zondag was je misschien ziek, dus kón je
niet. En de vierde... ach, eerlijk gezegd had je toen geen zin. Zo gaat dat dikwijls. Is het in zo'n geval niet hard nodig om terug te blikken en pas op de plaats
te maken en om te proberen er achter te komen waar het nu precies scheef ging?
Besef welke les je hieruit leren kunt, opdat je hetzelfde niet weer overkomt. Leer
van je gemaakte fouten. Ik voor mij geloof niet dat de Heer boos is als ik een
fout maak, neen, maar Hij wil wel dat ik van die fout leer en hem niet opnieuw
maak, dan heeft zo'n fout nog waarde ook. De Heer stelt óns evengoed op de
proef: volhard je in je stille tijd? Houd je je aan je afspraak? Besteed je je tijd op
een nuttige manier, of laat je kostbare tijd verloren gaan? Pak je jezelf aan om
van die slechte gewoonte af te raken? Doe je er wat aan of ben je je goede voornemens al weer vergeten?
Gedenk eens, kijk achterom in de tijd; het is beslist de moeite van het beschouwen waard. De Heer zegt het ook niet zomaar tegen ons. Er kunnen rijke
gezichtspunten uit naar voren komen die ons verder laten groeien tot een volwassen man of vrouw in de Heer en dat is Zijn bedoeling met jouw en mijn leven.

GEBED.

Heer, wilt U me helpen inzien wat ik fout doe en wilt U mij leren hoe ik het in
mijn leven anders moet doen? Eerlijk gezegd vind ik het niet zo fijn met mijn
neus op de fouten te worden gedrukt, hoewel ik weet dat het zo nodig is. U weet
alles Heer, ik hoef me dus niet te verschuilen, zoals ik geneigd ben te doen. Ik
kan het op mijn manier nooit helpen als er iets scheef gaat en ik heb zulke mooie
uitvluchtjes, waarmee ik de wereld en mezelf bedrieg.
Vergeef mij deze houding, Heer, reinig mij door het bloed van Jezus en help me
door Uw Geest het nu beter te doen, om Jezus' wil vraag ik het U. Amen.

LEZEN:

Deut. 8;   Gen. 22;   Joh. 6 : 6;   2 Cor. 13 : 5.

De Here bemerkte het toch en hoorde het en er werd een GEDENKBOEK voor Zijn aangezicht geschreven ten goede van hen die de Here vrezen en Zijn naam in ere houden.

NOTITIEBOEKJE.

Hoe dat precies in zijn werk gaat wordt er niet bij verteld, maar de Here laat een gedenkboek over ons bijhouden, ten góede. Als je de profeet Maleachi er op na leest, ontdek je dat het over de goddeloze en de gelovige gaat. Maar, zoals zo vaak, zijn de goddelozen in de meerderheid en de gelovigen in de minderheid. En tot een minderheid behoren betekent dat je uiterst kwetsbaar bent. Wat kun je je alleen voelen staan in je geloofsleven; soms durf je niet eens verder meer, je meent dat er geen gelovigen meer zijn. Dan kan de geschiedenis van Elia waaruit op een gegeven moment bleek dat er nog duizenden waren die de knieën niet gebogen hadden voor Baäl, ons nieuwe hoop en moed geven. De Here ziet alles. Hij heeft al die tijd op de mensen gelet, geen enkele uitgezonderd. Hij lette op de ongelovige maar ook op jou. Hij bemerkte toch alles. Hij ziet jou ploeteren bij de kinderen op de club. Hij ziet jou op huisbezoek gaan bij die mensen waar je niet zo welkom bent. Hij ziet hoe je je inzet voor je vrienden die het moeilijk hebben of in het slop dreigen te geraken. Hij merkt het.
Hij merkt je verdriet om je man die ziek is en maar niet verbetert. Hij merkt het toch. Hij heeft er weet van en het wordt genoteerd ook. Hij schrijft het in Zijn gedenkboek ten goede. Je naam staat in het levensboek opgeschreven. (Schrijven betekent in de Bijbel: vastleggen, dat kan niet vergeten worden). Dat je naam geschreven staat in het Boek van God betekent houvast. Wat een bemoediging, wat een geruststelling dat Hij vastlegt en onthoudt. Dat Hij ziet of je echt je best doet om je zonden door 'Hem' te overwinnen. Hij weet dat de wereld om je lacht en vaak met deze dingen spot. Hij schrijft jouw doorzettingsvermogen op, ook jouw schijnbare nederlagen. De Heer ziet ons elk ogenblik van de dag en dat is een veilig idee, een grote geruststelling, want satan schiet zijn pijlen maar aan één stuk door op ons af.

Ben jij ook zo blij dat de Heer jou gadeslaat?
Ben jij ook zo blij dat Hij alles opschrijft in Zijn gedenkboek?

GEBED.

Heer, wat fijn dat U mij in het oog houdt, dat U alles bemerkt. Ook als ik denk dat U zo ver weg bent en ik mij zo alleen voel, dan mag ik weten dat U er toch bent en de dingen vastlegt. Ik zou er geregeld bij stil moeten staan. Heer, dan zou ik veel beter m'n best doen denk ik, en ook blijer leven. Maar ik vergeet het weer zo gauw. Dank U dat U alles in handen hebt, ook mij. Amen.

LEZEN:
Mal. 3 : 13-18;   1 Kon. 19 : 18;   Luk. 10 : 17-20.

Hij GEDENKT voor eeuwig… Zijn verbond.

EEUWIGE OVEREENKOMST.

Hier komen we het woord 'verbond' tegen. Dus is er een overeenkomst gesloten. Nu, en dat heeft de Here dan ook gedaan en wel vaker dan één keer. In het Oude Testament is er niet minder dan zeven keer sprake van het sluiten van een verbond. Natuurlijk is er verschil tussen die overeenkomsten. Je kunt ze het beste in tweeën verdelen. Het ene soort is een voorwaardelijk verbond. Dat wil zeggen,dat God iets toezegt op voorwaarde dat ook de Israëlieten zich aan hun opdracht houden. Het andere soort heet een onvoorwaardelijk verbond. En dat wil zeggen, dat God Zich altijd aan Zijn belofte, aan Zijn overeenkomst houdt. Er is geen voorwaarde aan verbonden. God sluit een verbond en houdt dit verbond tot in eeuwigheid. God is van Zijn kant trouw. Kijk, nu begrijp je de bemoediging van David ook beter: Hij gedenkt voor eeuwig Zijn verbond. God houdt Zich er onvoorwaardelijk aan. David trekt er zich aan op, hij houdt zich daaraan vast en bemoedigt zijn mensen ermee. Wij leven niet meer onder het oude verbond. Wij leven uit het nieuwe verbond, door Jezus Christus ingesteld. Dit nieuwe verbond is een onvoorwaardelijk verbond en heeft als fundament het kruis met daar aan verbonden het lege graf. Dood én opstanding.
Het was in de éérste plaats voor Israël bestemd, maar zij gingen er niet op in, ja, nog erger, zij verwierpen dit nieuwe verbond. Nu hebben wij er deel aan gekregen, tenminste als we er op in gaan; als we met Hem meegekruisigd sterven, dan mogen ook wij herboren opstaan en zelfs met Hem ten hemel gaan. De Here vergeet nooit wat Hij beloofd heeft; deze overeenkomst die Hij heeft gesloten met de mens zal Hij voor eeuwig gedenken. En Hij doet wat Hij zegt.
Dit geldt ook voor vandaag, voor jou en mij.

GEBED.

Heer, alles wat U eenmaal gesproken hebt, is niets anders dan de volle waarheid. Uw beloften zijn: 'Ja en Amen'. Voor deze wereld maar ook voor mij persoonlijk. Ik hoef niet bang te zijn dat U Uw beloften in zult trekken.
Het is zo anders dan bij ons mensen, wij beloven veel en doen weinig. Onze trouw is vaak maar van korte duur, maar aan Uw genade en trouw komt geen einde en daar dank ik U hartelijk voor. In de Naam van Jezus. Amen.

LEZEN:

Onv.waard.verbond. Gen. 3 : 14-19, 12 : 1-3, 8 : 20-9 : 17;
Voorw. verbond Ex. 20 : 1-17, 21 : 1, 24 : 12-18.
Heenwijzing nieuwe verbond Jer. 31 : 31-33.

En Hij nam een brood, sprak de dankzegging uit, brak het en gaf het hun, zeggende: 'Dit is Mijn lichaam, dat voor u gegeven wordt; doet dit tot Mijn GEDACHTENIS'. Evenzo de beker, na de maaltijd, zeggende: 'Deze beker is het nieuwe verbond in Mijn bloed, die voor u uitgegoten wordt'.

DE NIEUWE OVEREENKOMST.

Op de vorige bladzij, helemaal aan het eind, werd verwezen naar Jeremia 31. Het was een heenwijzing naar dit nieuwe verbond. Een verwijzing ook naar het hart van het evangelie, naar Jezus Christus, naar het Avondmaal. Dat laatste is een feest dat we vieren en dat je nooit mag missen, als je het werkelijk doet tot Zijn gedachtenis. Jezus stelde het nieuwe verbond in. Een onvoorwaardelijk verbond. Het gaat van Hem uit, Hij sluit dit verbond en het is voor iedereen. Het ligt aan jezelf of je Zijn uitnodiging aanvaardt. Of je aanneemt dat Zijn bloed gegeven is om de toorn van God over jouw zonden weg te nemen en dat Hij de toegang tot en de persoonlijke omgang met God weer hersteld heeft... Neem je dat aan, ga je er op in, gelukkig, want dan heb je Zijn verbond aanvaard. Het is de belangrijkste stap die je in je leven nemen kunt. Nu nog iets over het woordje 'gedenken'. Jezus zegt: 'Doe dit tot Mijn gedachtenis, herdenk, denk er weer aan dat Ik voor jou gestorven ben. Dat Ik alles voor je gedragen heb. Denk eraan hoeveel Ik betékenen wil voor je'.

Ook vandaag. De Heer wist dat wij dit gedenken zo nodig zouden hebben. Hij wist dat wij zo spoedig vergeten. Daarom zegt Hij: 'Neem, eet... enz. en doe dit tot Mijn gedachtenis'. Die avond bij de discipelen was er beslist geen feeststemming, neen, het was geen feestmaal. Maar Hij wist, straks... wanneer alles volbracht is, dan mogen zij die Mij willen gedenken dit avondmaal vieren als feestmaal, als een herdenkingsmaal. Zij mogen allemaal in stille verwondering en in ootmoed alles, ja alles, gedenken wat Ik voor hen deed. En dat houdt wat in. Daar hebben we ons hele leven voor nodig om dat naar waarde te schatten. Gedenk jij ook?

GEBED.

Vader in de hemel, ik kom U danken voor dit feest, dat wij elke keer mogen vieren in onze kerk. Danken, voor Uw liefde die zo groot is en zo diep, dat wij er niet bij kunnen met ons verstand! Ik mag het alleen dankbaar aanvaarden uit Uw hand. En dat doe ik nu Heer, ik ben blij met de omgang die ik mag hebben met Uw Zoon, ook de ontmoeting met U en met elkaar telkens weer bij het feestmaal in de kerk. Maar Heer, het is vaak zo kil als wij het vieren, help ons toch dat wij als Uw kinderen veel blijer en stralender mogen zijn! Of leeft het niet voldoende in ons? Heer, geef ons telkens weer een echte ontmoeting met U; ik vraag het U in de Naam van Jezus. Amen.

LEZEN:

Lukas 22 : 7-13, 22 : 14-23, 22 : 24-38.

Uw gebeden en uw aalmoezen zijn voor God in GEDACHTENIS gekomen.

HEER, NAAR DIE?

Cornelius was hoofd van een Italiaanse afdeling uit Caesarëa. Hij vereerde God met zijn hele gezin en hij leefde uit gebed en gaf aalmoezen. Dat is alles wat we van de man weten. Maar voor God was dit niet te weinig. Hij zegt: 'Ik heb er aan gedacht, Cornelius. Ik heb gezien dat jij Mij vereert. Ik heb gezien wat jij weggaf aan minder bedeelden en ik heb gemerkt dat jij een gezinsleven hebt opgebouwd naar Mijn wetten'. Wanneer en hoe zegt God dat tegen Cornelius? 's Morgens in zijn stille tijd. Cornelius krijgt een gezicht. Hij ziet duidelijk een engel Gods. Hij zal wel even geschrokken zijn. Het zal je maar overkomen: Je bent in je stille tijd aan het bidden en ineens... Dat overkwam Cornelius en ik denk dat God bij machte is om ook heden ten dage nog Zijn boodschap te brengen op een geheel eigen wijze.

Cornelius moet Petrus uitnodigen en gaat dat ook meteen doen. Maar intussen moet er bij Petrus nog het een en ander gebeuren. De Heer is zo nog niet met hem klaar. Als Petrus in een gezicht al die dieren voor zich ziet, dan zegt hij: 'Dat mag ik niet eten, dat is onrein, ik ben een Jood'. 'Nee, Heer', sputtert hij tegen, dat doe ik niet. Merkwaardig dat de Heer het hem drie keer zegt! Dan komen er mannen bij hem thuis. Ze vragen of Petrus met hen mee gaat naar het huis van Cornelius. Als ze vertellen waar het omgaat, begrijpt Petrus ineens dat gezicht. Hij, Petrus, moet het evangelie verkondigen aan een niet-Jood. God laat hem zien dat Zijn Zoon ook voor niet-Joden is gestorven, en dat Petrus nú wel in hun huis mag komen, ja, móet komen.
We zullen deze les ter harte moeten nemen. Ook wij mogen niet discrimineren, in de vorm van die wél en die niet. Och, zo op het eerste gezicht doen wij dat ook niet, maar diep in ons hart zijn we er wel terdege mee bezig! Wij bezien de ander door onze ogen, maar God ziet het hart aan! Ik heb aan uw gebeden en aalmoezen gedacht, Cornelius. Kan de Heer dat ook van ons zeggen? 'Ga, Petrus' en hij ging. En wij?

GEBED.

Heer, hoe komt het toch dat wij gezichten zoals Cornelius ze zag, zo weinig zien? Zijn wij zo ver van U afgedwaald? Zijn we niet genoeg gericht op U? Eén ding vraag ik U, of U mij de juiste houding en het juiste inzicht wilt geven op dit terrein, Heer!
Ik dank U voor de bemoediging in het leven van Cornelius en ik dank U voor Uw bemoediging ook in mijn leven. Heer, leer mij hieruit te begrijpen dat we niet zomaar mogen oordelen over onze naasten. Maak mij als Petrus en geef me de moed naar de ander te gaan. Amen.

LEZEN:
1 Tim. 3 : 1-5;   Mat. 6 : 1-4;   Mark. 12 : 41-44;   Hand. 10.

GEDENK, dat Jezus Christus uit de doden is opgewekt...

HET ENE NODIGE

Paulus schrijft een brief aan Timotheüs, een dienstknecht van God. Wij zouden zeggen een evangelist. En als je leest wat Paulus allemaal schrijft, 's jonge jonge, hij moet wel dagen hebben zitten schrijven. Dat deed hij dan ook, want Paulus zat in de gevangenis. De Heer maakte van de nood een deugd zoals Hij vaker doet. Timotheüs wordt opgeleid voor evangelist (predikanten krijgen eerst een theologische opleiding). Timotheüs wordt gesteund en bemoedigd door Paulus; hij schrijft hem waar hij op moet letten en waar hij de mensen op moet wijzen en voor moet waarschuwen. Als je over christelijke leefregels wilt horen dan moet je de twee kleine briefjes van Paulus aan Timotheüs eens lezen. Die liegen er niet om. Paulus laat je zien in wat voor wereld we leven. Hij voorziet dat er afval zal komen onder de christenen. Hij waarschuwt dat rijkdom ons parten zal spelen en dat dwaalgeesten ons in de war zullen brengen. Daarnaast schrijft Paulus hoe onze houding daar tegenover moet zijn en waaraan wij die dwaalgeesten kunnen herkennen.

Deze brieven lijken wel geschreven voor onze tijd. Wij zitten midden in dezelfde soort problematiek. Je zou er bang van worden. Maar Timotheüs niet, hij weet, dat als je de vijand ziet en onderkent de strijd al voor de helft gewonnen is. Eén regel verdient onze speciale aandacht. 'Timotheüs, gedenk dat Jezus Christus uit de doden is opgewekt'. Nou dat weet hij wel, dat wil hij toch juist vertellen? Maar Paulus weet, dat je zo bezig kunt zijn met andere dingen er om heen, dat je het allervoornaamste uit het oog kunt verliezen, dat je zelfs voor de kerk of voor christelijke zaken zo hard kunt lopen, dat je de HEER DER KERK radicaal voorbij loopt.

Jezus Christus leeft. Dit mogen wij elkaar ook iedere keer weer toeroepen tussen al de beslommeringen van de dag door, temidden van alle strijd die we voeren, ja in welke situatie wij ons ook bevinden: houdt in gedachtenis, denk er aan dat Jezus leeft. Dit is de basis waaruit we werken en leven. Het kan soms zo donker om je heen worden, dat je bijna alles uit het oog verliest. Je kunt zo in beslag genomen worden door de aanvallen van de boze dat je deze ene regel: denk er aan, Jezus leeft, bijna vergeet, maar het mag de belangrijkste regel voor je worden, die tussen de andere instaat. Deze woorden vormen de basis van ons christenzijn. Gedenk en geef het door!

GEBED.

Dank U Heer, dat U me vanmorgen wilt wijzen op de kern van de zaak, het fundament van het geloofsleven, want ik zag het juist op dit moment ook niet meer. U weet dat ik zo bezig ben met... dat ik er helemaal door in beslag genomen word. Heer, U zet me weer op m'n plaats, U richt m'n blik weer naar Jezus Christus. Dank U voor deze ene regel, die U vanmorgen ook tegen mij persoonlijk zegt. Gedenk, Jezus leeft. Ik dank U in Zijn Naam. Amen.

LEZEN: Lees eens de beide kleine waardevolle briefjes aan Timotheüs en 1 Cor. 11 : 17-34.

Zondag
14de week

Misschien kun je op deze
zondag de tijd gebruiken
om je omgang met de Heer te
verdiepen.

GEBED.

Ezra 10 : 1a.
Terwijl Ezra BAD en SCHULD BELEED,
wenend zich nederwerpend voor het huis van God...

Psalm 88 : 10b. Daniël 6 : 11b.
Dagelijks ROEP IK U AAN o Here; ik breid mijn handen naar U uit.
...en driemaal daags BOOG hij zich neer op zijn knieën en BAD en LOOFDE
zijn God.

Mattheüs 6 : 5 en 6. Handelingen 1 : 14.
En wanneer gij BIDT, zult gij niet zijn als de huichelaars, want zij staan gaarne
in de synagoge en op de hoeken en pleinen te BIDDEN, om zich aan de mensen
te vertonen. Voorwaar, Ik zeg u, zij hebben hun loon reeds. Maar gij, wanneer gij
BIDT, ga in uw BINNENKAMER, sluit uw deur en BIDT tot uw Vader in het
verborgene; en uw Vader, die in het verborgene ziet, zal het u vergelden. Deze
allen bleven EENDRACHTIG VOLHARDEN in het GEBED.

Markus 11 : 25. Mattheüs 6 : 12.
En wanneer gij staat te BIDDEN, VERGEEFT wat gij tegen iemand mocht hebben, opdat ook uw Vader in de hemelen uw overtredingen vergeve.
...en vergeef ons onze schulden gelijk ook wij VERGEVEN ONZE SCHULDE-
NAREN.

Mattheüs 26 : 39.
En Hij ging een weinig verder en WIERP ZICH met het aangezicht ter aarde en
BAD zeggende: 'Mijn Vader, indien het mogelijk is, laat deze beker Mij voorbij-
gaan: doch niet gelijk Ik wil maar gelijk Gij wilt'.

Johannes 16 : 24.
Tot nog toe hebt gij niet om iets GEBEDEN in MIJN NAAM; BIDT en gij zult
ontvangen, opdat uw blijdschap vervuld zij.

GEBED.
Heer, U wilt gebeden zijn, door iedereen en dus ook door mij. Maar het is vaak
zo moeilijk om me helemaal in het gebed en in U te verliezen. Mét de discipelen
vraag ik: Heer leer mij bidden. Leer ons allen bidden op de juiste wijze, niet als-
maar vragend, maar ook schuldbelijdend en misschien wel eens uithuilend. Maar
ik dank U ook uit de grond van mijn hart dat we bidden mógen. Dat we bij U
mogen komen zoals we zijn. Dat U zelfs blij bent dat we U alles vragen en dat
we proberen de 'gevraagde' dingen bij U te laten, en ze niet weer mee te nemen,
want dat doen we nogal eens. Ik dank U voor dit gesprek vanmorgen in de Naam
van Jezus. Amen.

Terwijl Ezra BAD en SCHULD BELEED, wenend zich nederwerpend voor het huis van God...

BIDDEN EN SCHULDBELIJDEN.

Bidden en schuldbelijden horen bij elkaar; wanneer je God ontmoet in je gebed zal er in je gebedsleven plaats zijn voor schuld belijden. En niet zo maar met je mond, nee, met en vanuit het diepst van je hart. Ezra wierp zich wenend neer voor het huis van God. Een man die huilt van verdriet, om de zonde. Een man die huilt kunnen we ons niet zo goed voorstellen, alleen bij een sterfgeval kan soms een man zijn diepste verdriet niet onderdrukken en krijgen zijn tranen de vrije loop. Waarom weende Ezra zo? Waarvoor beleed hij schuld en wat had hij gedaan? We kunnen van Ezra iets leren wat waarde heeft in ons leven met God. Ezra beleed de zonde van zijn volk. Ezra zag wat het volk allemaal gedaan had. In hoofdstuk 9 van het boek Ezra lees je dat de Israëlieten trouwbreuk gepleegd hadden. Zij hadden zich vermengd met de heidense volkeren, zodat het heilige zaad Israëls vermengd was geworden. Ezra zit verbijsterd neer, hij kan er niet bij. Het volk was al gestraft voor de vele vele zonden die ze bedreven hadden, daarvoor waren ze naar Babel weggevoerd, en nu dit er ook nog bij. Toen bad Ezra tot God, weende en beleed schuld voor die grote zonde tegenover de Here God. En wat zie je? Het volk begon mee te wenen. De mensen zagen in wat ze gedaan hadden, en beleden hun schuld. Door gebed en belijdenis van Ezra zien zij wat zij misdaan hebben. Schuld belijden opent de weg tot God. Schuldbelijdenis is tevens ons beroepen op het offer van Gods Zoon en vragen om vergeving. Schuldbelijdenis vergt en vraagt nederigheid. Het doet ons buigen voor de Heer. Het noodt ons tot berouw en bewogenheid tot tranens toe. Het werpt je op de grond, voor de voeten van de Heer. Het opent de poort van gebed tot God. Wat wordt er veel gebeden in ons leven en wat wordt er daarnaast weinig echt schuld beleden voor God. We leren van Ezra bovendien dat we schuld kunnen belijden voor de ander. Hoe staat het daarmee in ons gebedsleven? Schuld belijden voor iets waar je niet rechtstreeks aan mee hebt gedaan? Ja, solidair zijn met je medemens... We mogen uit bewogenheid voor die ander biddend schuldbelijden en zodoende een beroep doen op God ook voor die ander. Wie alleen voor zichzelf bidt, heeft nooit het gebod begrepen, om de naaste lief te hebben als jezelf. Wat heerlijk dat we weten dat schuldbelijden en bidden bij elkaar horen, voor onszelf, maar ook voor de ander. Maar wéten alléén helpt niets. Het in de praktijk brengen, dát werkt pas reinigend.

GEBED.

Vader, ik belijd U dat ik té weinig aan schuld belijden denk en dat ik veel te veel dingen vraag zonder mijn fouten te erkennen. Vergeef mij dat, en reinig mij opnieuw door het bloed van uw Zoon, maar leer mij dat het één niet zonder het andere kan. Amen.

LEZEN:

Ezra 9 en 10 : 1-19;   Dan. 9 : 3 en 4;   Hand. 19 : 13-20.

Dagelijks ROEP IK U AAN o Here, ik breid mijn handen naar U uit.
...en drie maal daags BOOG hij zich neer op zijn knieën en BAD en LOOFDE zijn God.

ONTMOETING.

Dat we een persoonlijke omgang met de Heer nodig hebben, is iets wat we allemaal wel weten. Om elkaar als mensen te leren kennen, béter te leren kennen moeten we elkaar geregeld ontmoeten. Onze hemelse Vader wil ook dat wij Hem geregeld ontmoeten. Opdat wij Hem ten diepste leren kennen. Het is Zijn wens ons Zijn geheimenissen bekend te maken, maar ook dat wij zullen ervaren hoe lief Hij ons heeft. We leren Hem kennen door gebed. Gebed is de weg tot een levende gemeenschap met de Heer. Als je de psalmist hoort zeggen: 'dagelijks roept ik U aan o Here', weten we dat de mensen uit de Bijbel ook verlangden naar een relatie met de Here God. En dagelijkse omgang met Hem is noodzakelijk, ja, onontbeerlijk. We hebben voor ons lichaam dagelijks voedsel nodig wil het zijn functie kunnen uitoefenen. Zo hebben we voor ons geestelijk leven dagelijks geestelijk voedsel nodig wil onze geest goed kunnen functioneren; je kunt er eenvoudigweg niet buiten. Maar we verzorgen vaak ons lichaam beter dan onze geest. Nemen we tijd voor het gebed? Daniël bad driemaal daags tot God. Gewoonte alleen? Maar dan wel een gewoonte die overging in behoefte. Door deze omgang met God groeide zijn relatie met Hem. Daniël groeide op tot een geestelijk volwassen mens. Door zijn gebed werd hij geestelijk afgestemd op God, en stond hij in goede relatie met Hem. Door deze omgang kon de Heere hem inzicht geven in de geheimenissen van Zijn plan met de wereld. Daardoor kon hij ook tegen het gebod dat een maand lang alleen aan de koning iets gevraagd mocht worden, ingaan. Het gevolg was dat hij zijn God niet meer mocht aanbidden. Toch had hij de euvele moed het te doen, júist te dóen. Driemaal daags boog hij zijn knieën en bad en loofde God. Ja Daniël lóofde God, dat hoorde bij zijn bidden, driemaal daags niet te vergeten. Is het u nu duidelijk dat bidden niet alleen staat? Loven is een onontbeerlijk deel van het gebedsleven, ook in benarde situaties. Hoe staat het met onze verhouding tot de Heer? Nemen wij de tijd voor gebed? Groeit onze relatie met de Heer uit naar de volwassenheid? Het gebed is de weg er naar toe, door gebed maakt Hij ons Zijn wil bekend. Denk nou niet dat het gebed van ons het alleen zal doen, dat niet, maar hoe kan de Heer ons vullen met Zijn wijsheid en liefde als wij niet komen en ons hart niet openstellen voor Hem? Hoe kan voedsel zijn werk doen als wij onze mond niet openen en het voedsel niet tot ons nemen? Jezus nodigt ons uit om elke dag bij Hem te komen, om elke dag te bidden.

GEBED.

Vader in de hemel, ik zou zo graag mijn houding met U verdiepen, wilt U mij daarbij helpen, ik heb zo'n behoefte aan diepere gemeenschap met U. Amen.

LEZEN:
Dan. 6;   Ps. 81 : 11-17,   34 : 2,   51 : 17-19.

En wanneer gij BIDT, zult gij niet zijn als de huichelaars, want zij staan gaarne in de synagogen en op de hoeken der pleinen te BIDDEN, om zich aan de mensen te vertonen. Voorwaar, Ik zeg u, zij hebben hun loon reeds. Maar gij, wanneer gij BIDT, ga in uw BINNENKAMER, sluit uw deur en BIDT tot uw Vader in het verborgene; en uw Vader, die in het verborgene ziet, zal het u vergelden. Deze bleven allen EENDRACHTIG VOLHARDEN in het GEBED.

ALLEEN EN SAMEN.

Alleen bidden en samen bidden zijn beide opdrachten van de Heer. Is dit met elkaar te rijmen? Waarom zegt Jezus dat wij in de binnenkamer moeten om te bidden? Als Jezus zo om Zich heen kijkt, ziet Hij de Farizeeën op de hoeken en pleinen staan bidden, ellenlange gebeden, geen vijf minuten, maar wel een half uur als het niet langer was. Jezus zag ze zo bezig én... dóórzag ze. Hij wierp een blik in hun hart. En met dit tafereel voor ogen volgt dan de uitspraak: 'Ga in uw binnenkamer en sluit uw deur en bidt'. Hij zegt als het ware: alsjeblieft, doen jullie het niet op die manier; het is gehuichel. En de mensen? Zij kijken er tegenaan van 'o, wat kunnen die bidden, daar ben ik nog lang niet aan toe, wat zijn zij godsdienstig en wat leven zij dicht bij God'. Kijk, dáárom zegt Jezus: 'Ga naar de binnenkamer om te bidden'

Wat gebeurt er eigenlijk in die binnenkamer? Daar wil de Heer je gereedmaken voor Zijn dienst en je laten zien wie je zelf bent. Hij wil je ontdoen van alle franje, om je daarna te laten zien wie Hij is en hoe vol je kunt worden van Hem. In de binnenkamer worden we toegerust voor de dienst aan de ander, daar groeit de vrucht van ons vernieuwd denken. Die persoonsverandering is de vrucht van de stille tijd met de Heer. Als we stil zijn voor Hem, geven wij Hem de gelegenheid tot ons te spreken op Zijn manier. Na zo'n gesprek ga je ontdekken wat of één-zijn-met-Hem inhoudt. Vanuit die verhouding treed je naar buiten, dan kom je vanzelf terecht bij de ander. Dan verlang je ook om samen te bidden, samen je geloof te beleven. Je ziet de noodzaak van het samen op de bres staan voor je medemens. Je gaat met elkaar die 'Krachtbron van Boven' benutten.

Vanuit het gebed in de binnenkamer vloeit dit alles voort. Hoe vaak lees je niet in Handelingen 'en zij waren eendrachtig samen in gebed en zij baden samen'. Samen bidden hoort erbij, het ene kan niet zonder het andere. Waarom zouden wij toch zo weinig tot samen bidden komen? Waarom zijn er zo weinig bidstonden? Zou het bij ons persoonlijk wel goed zitten met die binnenkamer? Zijn we wel ingegaan op die wenk van Jezus? Zo ja, fijn, maar zo nee, begin er dan vándaag eens mee. De Heer verwacht dit immers van ons. Hoe kunnen we daar dan aan voorbij gaan?

GEBED.

Heer, wilt U mij vormen naar Uw beeld. Wilt U mij vergeven dat ik té weinig in de binnenkamer ben en laat mij ook zien dat ik de gemeenschap in gebed met de ander zo nodig heb. Laat dat bidden beide weer opnieuw functioneren in mijn leven. Laat onze gemeente zijn zoals U dat hebt bedoeld. Amen.

LEZEN:
Mat. 6 : 5-18;   2 Kon. 19 : 14;   Hand. 2 : 1;   Luk. 9 : 18; 11 : 1, 1 : 10.

En wanneer gij staat te BIDDEN, VERGEEFT wat gij tegen iemand mocht hebben, opdat ook uw Vader in de hemelen uw overtredingen vergeve.
...en vergeef ons onze schulden, gelijk ook wij VERGEVEN ONZE SCHULDENAREN.

BIDDEN EN VERGEVEN.

Jezus leert de mensen dat bidden en vergeven bij elkaar horen evenals bidden en geloven. Daarnaast kun je van de Heer niet verlangen dat Hij je gelovig gebed verhoort als er geen houding van vergevingsgezindheid bij jezelf te vinden is. Bidden, vragen aan de Heer, staat nooit op zichzelf. Luister maar naar de woorden van Jezus: 'Daarom zeg Ik u: al wat gij bidt of begeert, gelooft, dat gij het hebt ontvangen en het zal u geschieden'. En even verder zegt Hij dat, als wij staan te bidden, we de ander moeten vergeven, evenals de Vader in de hemelen ons onze overtredingen vergeeft en ons gelovig gebed verhoren kan. Jezus ziet door alle camouflage van ons menszijn heen. Hij ziet dat wij veel dingen niet vergeven, dingen die ons gezegd zijn, dingen die wij gezegd hebben, die pijn gedaan hebben en die we maar niet kunnen vergeven. Zij blijven in onze herinnering levend, we koesteren ze soms nog. En dan verlangen wij verhoring op ons gebed. Wanneer de verhouding tussen de Heer en ons verkoelt door onvergeeflijkheid, is dat aan onszelf te wijten. Waarom zijn er zo weinig gebedsverhoringen in ons leven? In onze gemeente? ONVERGEEFLIJKHEID? Stromen van levend water wil de Heer in ons uitgieten, maar als ons hart vol is van wrok en haat en onvergeeflijkheid, waar moeten die stromen dan ingang vinden? De ander vergeven is een voorwaarde die de Heer stelt aan Zijn kinderen, niet aan de ongelovige, maar aan ons. Jezus leert het ons al in Zijn gebed: 'Vergeef ons onze schulden, gelijk wij vergeven onze schuldenaren'. Hij vindt het een vanzelfsprekende zaak, dat dit gebeurt. Bidden en geloven én vergeven bewerkt wonderen, maar als wij zelf niet vergevingsgezind zijn, vinden wij geen verhoring van onze gebeden. Het is de moeite van het overdenken meer dan waard.

GEBED.

Vader, ik belijd U dat ik wel vaak vergeef met mijn mond, maar niet met mijn hart, en U ziet dwars door mij heen. Nu begrijp ik ook waarom vele van mijn gebeden niet verhoord werden in mijn leven, ik begrijp dat het heel vaak mijn eigen schuld was. Vader, reinig mij opnieuw door het bloed van Uw Zoon. In de Naam van Jezus vraag ik het U. Amen.

LEZEN:

Mat. 6 : 12-15, 18 : 21-35;   Mark. 11 : 24-26;   Hand. 8 : 20-24;
Ef. 4 : 32;   Col. 3 : 13.

En Hij ging een weinig verder en Hij WIERP ZICH met het aangezicht ter aarde en BAD, zeggende: 'Mijn Vader, indien het mogelijk is, laat deze beker Mij voorbijgaan; doch niet gelijk Ik wil maar gelijk Gij wilt'.

NIET MIJN WIL MAAR DE UWE, HEER.

Als er iemand geweest is die aan den lijve heeft ondervonden hoe moeilijk deze bede voor een mens is, dan is het de Here Jezus zelf. Hij stond voor een bijna ondenkbaar lijden en worstelde in gebed met God. Is er geen andere mogelijkheid, Vader? Moet Ik daar doorheen? Mag deze beker niet aan Mij voorbijgaan? Vragen, vragen. Maar dan komt de bede... Uw wil geschiede.
Dat is het hoogtepunt in het gebedsleven van Jezus, de volkomen aanvaarding. Dat moet ook in ons leven het hoogtepunt worden: Zijn wil doen, alles uit Zijn hand aanvaarden. Wat is de wil van Hem in ons leven? De Bijbel geeft ons daar een antwoord op. In het volmaakte gebed dat Jezus de discipelen leerde, lezen wij deze overbekende regel: 'Uw wil geschiede, gelijk in de hemel alzo ook op aarde'.
De Here Jezus bedoelt hiermee: de engelen in de hemel luisteren volkomen naar God, dienen God; zij gehoorzamen onmiddellijk als zij een opdracht krijgen, daar is geen seconde aarzeling, het komt niet bij hen op er tegen in te gaan. Zo wil God dat wij vragen, of wij ook Zijn wil op deze wijze mogen uitvoeren, dat wij Hem evenals de engelen in de hemel onmiddellijk gehoorzamen. Gehoorzamen aan Zijn wil, werken naar Zijn wil en bidden naar Zijn wil... Uw wil geschiede. Het is ook Zijn wil dat wij geheiligd worden in ons leven, dat wij gevormd worden naar het beeld van Zijn Zoon. Het is Gods wil dat we trachten uit het diepst van ons hart Jezus te volgen, ook in het lijden. Wat houdt het leven met de Heer veel in hè? We hebben beslist een leven lang nodig om de rijkdom daarvan te ervaren en volkomen te begrijpen en om ons Zijn denken eigen te maken. In ons gebed dat een ontmoeting met God moet zijn, speelt zich heel wat af! In diepste zin gaat het om 'Uw wil geschiede' te kunnen zeggen, wat we ook gevraagd hebben, maar ook als wij vergeven hebben of schuld beleden hebben of met ons zieke lichaam bij Hem zijn gekomen. Als het goed is, zullen wij altijd weer moeten bidden: 'Heer, niet mijn wil, maar Uw wil geschiede'. Als Hij niet verhoort op onze wijze, mogen we geloven dat Hij weet wat het beste voor ons is.
Maak het diepste geheim van eenwording met God tot je eigendom:
Niet mijn wil, Heer, maar de Uwe.

GEBED.

Vader, leer mij het diepste geheim van het leven met U, door mij geheel en al aan Uw wil ondergeschikt te maken en te zeggen in alle omstandigheden: 'Vader, Uw wil geschiede'. Amen.

LEZEN:

Mat. 26 : 36-46, 27 : 46, 28 : 5, 6; Hebr. 10 : 5-7; 1 Thes. 4 : 3;
1 Tim. 2 : 1-7.

Tot nog toe hebt gij niet om iets GEBEDEN in MIJN NAAM; BIDT en gij zult ontvangen, opdat Uw blijdschap vervuld zij.

BIDDEN IN ZIJN NAAM.

De Here Jezus voegt iets nieuws toe aan het gebed, iets wat de discipelen nog niet kenden. Hij zegt tegen Zijn jongeren: 'Tot nog toe hebt gij niet om iets gebeden in Mijn naam'. Hier komt 'het nieuwe' naar voren, 'bidden in Zijn naam'. Bidden in Zijn naam is 'bidden in de kracht van Jezus', 'bidden in zijn volmacht'. Bidden tot de Vader in Zijn Naam geeft als het ware extra kracht aan gebed én verhoring. Ik zal met een voorbeeld duidelijk maken wat Jezus bedoelt. Stel je voor: Je kunt op maatschappelijk gebied iets niet voor elkaar krijgen. Ondanks al je verwoede pogingen wil het nog maar niet lukken. Maar je geeft het niet op en je peinst en peinst hoe je tot een oplossing kunt komen. En opeens schiet het je te binnen. Ja, dat ga je doen! Je schrijft een brief naar de koningin in hoogst eigen persoon. En je krijgt antwoord! En onder aan die brief staat de handtekening van de koningin. En de instanties die eerst zo fraai en taai tegenwerkten? Och, tegen jou konden ze het nog wel af, maar tegen jou met die brief van Hare Majesteit... blijven ze nergens. Je komt nu immers vragen in de naam van de koningin? Zij staat borg. Haar naam werkt het uit. 'Welnu' zegt Jezus 'bid in Mijn Naam'; dan sta Ik garant dat Mijn Vader naar je luistert en je verhoort. 'De Naam van Jezus heeft ook nog voor andere dingen waarde. We worden gedoopt in Zijn Naam. Genezen in Zijn Naam. We mogen het evangelie uitdragen in Zijn Naam, en... ook heel belangrijk is, dat we in Zijn Naam mogen optreden met gezag tegenover onze vijand. We mogen de boze geesten in de Naam van Jezus bestraffen en gebieden uit de mens te gaan. Boze geesten van welke aard ook, moeten op gezag van de Naam van Jezus de wijk nemen; zij sidderen voor die Naam (vergeet nooit daarna te vragen of de Heer die mensen vervullen wil met Zijn Geest, vergeet dat nooit). Ja, de Naam van Jezus heeft volmacht, bij de Vader in de hemel, maar ook tegenover Zijn vijand op aarde. En je zult wel begrijpen dat je Zijn Naam niet zo maar klakkeloos mag gebruiken. Je zult dan zeker merken dat Hij niets uitwerkt. Die Naam gebruiken moet gepaard gaan met Gods Wil doen, Hem volgen, Hem in alles gehoorzamen. God ziet het hart aan van hen die voor Zijn troon staan en het treft hem diep, als je in de Naam van Zijn Zoon voor Hem staat, als jij een beroep doet op Zijn, voor ons vergoten bloed. Dan... ziet Hij je aan in Christus. Tot nog toe hebt gij niet om iets gebeden in Mijn Naam, bidt opdat uw blijdschap vervuld zij: 'blij worden, omdat je weet dat Zijn Naam kracht heeft'. Blij, omdat je voor de troon van de Vader staat. Vervuld worden met blijdschap kun je alleen als je 'in en uit' de Heer leeft.

GEBED.

Vader, ik dank U hartelijk dat, ik nu in de Naam van Jezus voor U sta en dat ik in Zijn Naam de dingen aan U vraag. Wilt U mij inzicht geven in het optreden van de vijand? Leer mij hoe ik op dat terrein handelen moet. Help ons allen Uw Naam niet te misbruiken. Ik vraag het U in de Naam van Jezus. Amen.

LEZEN: Joh.15:16, 16:23-26, 17:11; Marc. 9:41; Luk. 10:17, 24 : 47; Hand. 3: 6.

Deze week komen we bij de
kern van de Bijbel, de as waar
alles om draait.

HET BLOED VAN CHRISTUS.

Lucas 24 : 6-8.
Wat zoekt gij de levende bij de doden? Hij is hier niet, maar Hij is OPGEWEKT.
Herinnert u, hoe Hij, toen Hij nog in Galilea was, tot u gesproken heeft, zeggende, dat de Zoon des mensen moest overgeleverd worden in de handen van zondige mensen en gekruisigd worden en ten derde dage OPSTAAN. En zij herinnerden zich Zijn woorden.

Mattheüs 26 : 28.
Want dit is het BLOED van Mijn verbond, dat voor velen vergoten wordt tot vergeving van zonden.

Romeinen 5 : 9.
Veel meer zullen wij derhalve, thans door zijn BLOED gerechtvaardigd, door
Hem behouden worden van de toorn.

Efeze 1 : 7a; 1 Petrus 1 : 18 en 19.
En in Hem hebben wij de verlossing door Zijn BLOED...
...wetende, dat gij niet met vergankelijke dingen, zilver of goud, zijt vrijgekocht... maar met het kostbare BLOED van Christus, als van een onberispelijk
en vlekkeloos lam.

1 Johannes 1 : 7b; Hebreeën 13 : 12.
...en het BLOED van Jezus, Zijn Zoon, reinigt ons van alle zonde.
Daarom heeft ook Jezus, ten einde Zijn volk door Zijn eigen BLOED te heiligen
buiten de poort geleden.

Colossenzen 1 : 20; Efeze 2 : 13; Openbaring 12 : 11.
...en door Hem, vrede gemaakt hebbende door het BLOED Zijns kruises, alle
dingen weder met Zich te verzoenen door Hem...
Maar thans in Christus Jezus zijt gij, die eertijds veraf waart, dichtbij gekomen
door het BLOED van Christus.
En zij hebben hem (satan) overwonnen door het BLOED van het Lam en door
het woord van hun getuigenis.

· GEBED.
Vader, wat staan er veel teksten over het bloed van Uw Zoon in de Bijbel. Wij
willen ons deze week ermee bezighouden. Ik vraag U, laat de betekenis daarvan
diep tot ons doordringen. U weet dat we ook als gemeente het Paasevangelie zó
vaak gelezen en gehoord hebben, dat de werkelijke beleving vaak aan ons voor-
bijgaat. Opnieuw stel ik mij open voor Uw liefdevolle onderwijzing; leer mij in
de eerste plaats goed te luisteren naar dat wat U me te zeggen hebt.
Vader, ik vraag het U in de Naam van Jezus. Amen.

Wat zoekt gij de levende bij de doden? Hij is hier niet, maar Hij is OPGEWEKT. Herinnert u, hoe Hij, toen Hij nog in Galilea was, tot u gesproken heeft, zeggende, dat de Zoon des mensen moest overgeleverd worden in de handen van zondige mensen en gekruisigd worden en ten derde dage OPSTAAN. En zij herinnerden zich Zijn woorden.

OVERWINNING OP HET HOOGSTE NIVEAU.

Wat een onvergetelijke blijde dag vieren we vandaag, want de blijdschap is niet alleen voor gisteren, maar ook voor vandaag; ze gaat door, ze is niet te stoppen. De overwinning op de duisternis is bevochten door Jezus Christus, door Zijn gehoorzaam zijn aan God. Het is een heerlijkheid te weten dat deze overwinning op de dood voor eeuwig is. Na het aardse leven volgt een eeuwigdurend leven bij de Heer. Daarom is ook het eerste wat de engel zegt: 'Wat zoekt gij de levende bij de doden?' Jezus leeft, leeft voor eeuwig. Weet je wat dood zijn betekent? Dood zijn ín dit leven, en ná dit leven? Het is ten diepste gescheiden zijn van God de Vader en dat is het vreselijkste wat de mens op aarde ervaren kan. Het is een verdrietige zaak dat velen van ons niet leven vanuit Zijn opstanding. Het is een verdrietige zaak dat vele mensen deze aangeboden genade negeren. Het was de discipelen al meer dan eens duidelijk gemaakt dat Hij op zou staan. Dit was hun gezegd door Jezus zelf. Maar toen dit verschrikkelijke gebeurde, dat Jezus werd gekruisigd, dachten ze er in de verste verte niet meer aan, totdat een engel het hun weer zei en toen herinnerden zij zich de woorden van Jezus. Wat zoekt gij de Levende bij de doden? Mensen, blijf niet staan bij het lege graf, blijf niet staan bij het kruis van Golgotha. Het kruis is leeg, het graf is leeg. Jezus is opgestaan uit de dood. Hij leeft! Satans macht werd volkomen gebroken op aarde en in het dodenrijk.

Jezus opende voor allen die eertijds in God geloofden en die reeds gestorven waren en ons voorgingen, het Paradijs. Wat een dag zal dat zijn geweest. Jezus overwon niet alleen Zijn eigen dood. Hij overwon DE DOOD in al zijn volheid. En door Zijn opstanding mogen wij geloven in ónze opstanding. Dit is niet zomaar vanzelfsprekend, dat begrijpen we wel. Wanneer wij echter persoonlijk geloven dat Hij ook voor onze zonden is gestorven en Hem willen volgen in het leven, mogen wij aan die genade deel hebben.

Ja, Hij leeft, dat is Pasen! Pasen, het wonder van een nieuw begin, van een eeuwig leven. Ook voor jou en mij.

GEBED.

Vader in de hemel, ik kan U alleen maar vragen of U door Uw geest tot mij wilt laten doordringen hoe blij en dankbaar ik kan zijn voor het offer van U en Uw Zoon. Blij, dat we als christenen mogen weten, dat als wij sterven wij dan direct bij U zijn. Duizendmaal, duizendmaal dank voor dit gebeuren, voor genade van U. Vergeef mij mijn tekortkomingen. Amen.

LEZEN:

Gen. 37 : 35, 42 : 38; Ps. 49 : 16;   Jes. 61 : 1; 1 Petr. 3 : 19;   Ef. 4 : 8-10; Mat. 16 : 23;   Joh. 11 : 25;   Rom. 6 : 5.

Want dit is het BLOED van Mijn verbond, dat voor velen vergoten wordt tot vergeving van zonden.

ZIJN BLOED SCHENKT VERGEVING.

Ja, vergeving heeft Jezus' kruisdood ook tot stand gebracht, naast de overwinning op de dood. Vergeving van zonde. De eigenlijke betekenis van zonde is: 'het doel missen', het doel waarvoor God ons geschapen heeft. Adam en Eva misten in dat opzicht hun doel, en wij vaak ook. Adam en Eva gehoorzaamden satan in plaats van de Here God, zij dienden de Here God in hun leven maar ook satan. Elk mensenkind mist vanuit zichzelf het doel van het menszijn. Het is altijd maar weer de zonde die scheiding brengt tussen God en ons. Totdat... totdat Jezus Christus door Zijn bloed de vergeving van God voor jouw en mijn zonden tot stand bracht. Zijn onschuldig bloed werd voor ons vergoten. De toorn van God, die wij verdienden als straf op onze zonde, nam Jezus op Zich. Hij was het lam, dat onze zonden op Zich nam. Dat is verzoening en... vergeving. Wij mogen onder het nieuwe verbond dat Jezus vlak voor Zijn dood instelde, leven. Het nieuwe bloedverbond dat de verzoening zoals die eertijds bestond uit het offeren van dieren, ophief overbodig maakte. Vergeving van zonden, vanaf onze geboorte, totdat wij Jezus als verlosser aannemen. Je kunt ook zeggen: totdat wij Jezus hebben binnengelaten in ons levenshuis'
Maar de zonde die wij daarna toch weer doen, wat moeten wij daar dan mee aan? Heeft Jezus die ook al weggedragen? Ja en nee. Ja, als wij elke keer als wij zondigen, deze belijden, zeggen dat wij fout geweest zijn, dat wij berouw hebben, en vragen om vergeving want dan krijgen wij vergeving. Dan geldt dat vergoten bloed ook voor die zonde. Maar als wij niet belijden, net doen alsof er niets gebeurd is, dan geldt die vergeving niet. Jezus Christus heeft alles volbracht, zodat de mens weer vrij tot God kan gaan, en nu moeten wij doen wat wij kunnen om die daad werkelijkheid te laten worden in ons leven, dat is aannemen dat de weg tot God weer open is en vragen om vergeving als wij wéer zondigen. Wij moeten het nieuwe leven léven dat wij gekregen hebben, doordat Hij Heer van ons leven geworden is. Wij mogen leven uit het nieuwe verbond dat Hij ingesteld heeft. En een onderdeel van dit nieuwe leven is... schuldbelijden; het is de voorwaarde die aan vergeving verbonden is.
Vergeving... dat is Pasen.

GEBED.

Here Jezus, ik dank U dat alleen Uw bloed mij bewaart voor de toorn van God, die ik verdiend heb. Dat ik door Uw bloed vergeving ontvang, omdat ik U binnen gelaten heb in mijn levenshuis. Maar dat datzelfde bloed als vergeving geldt voor de zonde die ik nóg weer doe, als ik dit maar vraag aan U, als ik die zonde maar belijd. Duizendmaal dank daarvoor, elke dag opnieuw. Amen.

LEZEN:

Phil. 3 : 10;   1 Joh. 1 : 7-9; 2 : 12;   Ef. 4 : 32;   Hebr. 9 : 12, 22;   Rom. 3 : 25;
Hand. 19 : 18;   1 Cor. 10 : 16;   1 Joh. 1 : 9.

Veel meer zullen wij derhalve, thans door Zijn BLOED gerechtvaardigd, door Hem behouden worden van de toorn.

ZIJN BLOED RECHTVAARDIGT.

'God is een rechtvaardig God', lezen we velen malen in de Bijbel. Hij heeft de mens geschapen naar Zijn beeld en gelijkenis; dus ook de mens was rechtvaardig. Daarnaast gaf Hij de mens een vrije wil. Hij kon dus rechtvaardig blijven, net als God, maar hij kon ook de andere kant kiezen en onrechtvaardig worden, dus zondig. De mens koos de kant van de ongerechtigheid, zoals we op de vorige bladzij hebben kunnen lezen. Wat houdt rechtvaardigheid eigenlijk in? Het houdt in dat er recht gedaan wordt aan degenen die onrecht lijden, en aan degenen die onrecht bedrijven. Vele mensen wordt onrecht aangedaan. Denk maar aan hen die gevangen zitten omdat zij van Christus getuigen of omdat zij in Hem geloven. Hun wordt onrecht aangedaan ze daarvoor te straffen. Voor hen is het een bemoedigend woord dat God hun recht zal verschaffen. Dat zij een Rechter hebben die het voor hen opneemt, die op Zijn tijd recht zal spreken.

Maar nu de andere kant; als jij of ik onrechtvaardig handelen, wat dan? Als wij netjes oppassen, niets doen waardoor wij met het aardse recht in aanraking komen, staan wij dan ook rechtvaardig tegenover de Here God? Nee, dát is het hem nu juist; wij gehoorzamen vanuit ons binnenste satan, wij staan daardoor onrechtvaardig tegenover God. En nu komt daar de liefde van God voor de mens naar voren. Hij verlost en verschaft niet alleen recht aan hen die onrechtvaardig behandeld worden, neen, Hij verlost ook allen die onrechtvaardig tegenover Hemzelf staan. Maar niet zonder te straffen. God is rechtvaardig. God moet straffen omdat Hij een rechtvaardig God wil blijven. Daarom greep Hij in. Daarom zond Hij Zijn Zoon naar de aarde, om die zondeval van de mensheid teniet te doen, weg te dragen. Zodra Jezus op aarde kwam, ja in aanraking mét de aarde kwam, betekende dat al Zijn dood. Want alles op aarde was zondig, alles stond onder de heerschappij van de duivel, ook de mens zelf. Toen Jezus als Onschuldige zonder zonde stierf, werd God recht gedaan. Toen Jezus' bloed vergoten werd, werd aan de mens Gods recht verschaft. Toen Jezus stierf, droeg Hij het oordeel van God over de mens op Zijn schouders. Toen Jezus stierf, werd Hij door God verlaten, opdat wij, jij en ik, nooit meer verlaten zouden worden. Door Jezus' bloed staan wij gerechtvaardigd voor God. Zijn straf gaat ons Goddank voorbij. Dat recht heeft Jezus dood voor ons tot stand gebracht. Dat is ten diepste vergeving, kwijtschelding van alle ongerechtigheden. Dat is Pasen.

GEBED.

Vader, ik zie nu werkelijk hoe U bent. Ik kijk nu in Uw hart dat vol liefde is, voor de mensen die op Uw aarde leven, maar die de aarde en zichzelf volkomen bedorven hebben. En... U hebt ons lief, nog steeds lief in... Uw Zoon. Dank U Vader. Dank U Jezus. Amen.

LEZEN:

Rom. 3:9-30, 5:1-11;   Gal. 3: 8;   Luk. 18:1-8;   Ps. 6:2, 76:8;   1 Thess. 1:10.

En in Hem hebben we verlossing door Zijn BLOED... wetende, dat gij niet met vergankelijke dingen, zilver of goud, zijt vrijgekocht... maar met het kostbare BLOED van Christus, als van een onberispelijk en vlekkeloos lam.

ZIJN BLOED VERLOST EN KOOPT VRIJ.

Heb je gemerkt dat we steeds een ander aspekt tegenkomen van de werking van Jezus' bloed? Maar ook dat we altijd weer bij de zonde terecht komen; in deze overdenking bij de verlossing door Zijn bloed en daarnaast dat Zijn bloed ons vrijkoopt. We zijn vrijgekochte mensen, we zijn gekocht en betaald door Zijn dierbaar bloed. Maar als we gekocht zijn, als we verlost zijn, dan waren we gevangen mensen, anders hoefden we niet vrijgekocht te worden, dat is duidelijk. Wij zaten allen gevangen in de strik van satan. We werden allen vastgehouden in zijn ban en we konden er niet onder vandaan komen, zelfs niet met zilver of goud; al zouden we schatten geven dan konden we nog niet vrij komen. We kunnen zonder Zijn bloed niet overgaan van duisternis naar licht, van dood naar leven. We kunnen met geen mogelijkheid het nieuwe leven ingaan zonder het bloed van Christus. Daar is verlossing, daar is bevrijding uit de verschrikkelijke gevangenis waarin wij leven. Het onberispelijk, vlekkeloos leven en het sterven van Jezus heeft ons vrijgekocht, verlost vanaf onze zondige geboorte. 'DAT IS PASEN!' Dan staat er in Petrus 1 één woord dat we niet over het hoofd mogen zien, dat is: 'wetende'. Wij wéten dat we verloste; vrijgekochte mensen zijn, we weten dat we niet meer gevangen zitten onder satans heerschappij. Maar leven we wel uit deze wetenschap? Gedragen we ons wel als verloste mensen? Durven we hier vrijuit van te getuigen? Hebben we de moed onze handen op deze beloften te leggen en ze aan te nemen en te gebruiken?

Petrus wil als het ware tegen ons zeggen: Je weet wel dat je niet vrijgekocht bent met zilver of goud. Je weet wel dat alleen Zijn kostbaar bloed dit heeft kunnen doen. Je weet dat je uit de klauwen van satan bent gered; je wéét het allemaal. Lééf er dan ook uit, leef er naar, in heel je denken, spreken en handelen. Vertel het aan iedereen, dat ook het bloed van Jezus voor hem of haar geldt, dat deze koopsom voor alle mensen betaald is, als wij dit grote geschenk maar aannemen uit Zijn hand.

DAT IS PASEN. Het is een zeker weten. Weet jij het ook zeker?

GEBED.

Vader, het is een allereerste vereiste dat ik wéét dat Uw Zoon Zijn bloed gaf voor mij, dat ik weet dat ik verlost ben en vrijgekocht door Zijn bloed. En ik wéét het, daarom kan ik mij gedragen als vrij mens, losgekocht, onder het juk van satan weg. Wat maakt me dát blij, blij dat U mij zo lief hebt, en nog blijer dat dit vergoten bloed geldt voor iedereen, áls zij dit maar aannemen. Dank U Vader, dank U Here Jezus, dat ik van U ben, laat mij dit uitdragen in Uw Naam. Amen.

LEZEN:

1 Cor. 6 : 20;   Op. 5 : 9, 14 : 1-5;   Luk. 1 : 68;   Rom. 3 : 24;   Col. 1 : 14.

...en het BLOED van Jezus, Zijn Zoon, reinigt ons van alle zonde. Daarom heeft ook Jezus, ten einde zijn volk door Zijn eigen BLOED te heiligen, buiten de poort geleden.

ZIJN BLOED REINIGT EN HEILIGT.

Toen Jezus met Zijn bloed ons vrijkocht, stonden we voor Hem, zondig in heel ons wezen, heel ons denken en spreken en handelen. Verkeerd gericht, vanuit een verkeerde bron. Zo kocht Jezus ons. Maar zodra Hij jou en mij heeft gekocht en betaald met Zijn kostbaar bloed en ons vergeving is geschonken, gaat Hij ons reinigen, wassen van alle ongerechtigheid. Bij het nieuwe leven van Jezus hoort reinheid, hoort een nieuw denken, spreken en handelen. Er komt een heel ander leven dan dat we gewend waren te leven, tevoorschijn. De onreinheid van binnen en van buiten waarmee we tot nu toe besmeurd waren, wordt weggewassen. Er is met alle eerbied gesproken maar één middel dat die vuilheid doet verdwijnen, dat is Zijn bloed. Daarna begint het nieuwe leven met een proces van de heiligmaking. Elke dag opnieuw komt de duivel arglistig op ons af om te zien waarmee hij ons verleiden kan en wat onze meest kwetsbare neigingen zijn. En hij raakt ons, raakt jou en mij omdat we toch soms nog open voor hem staan en omdat hij de zwakke plekken in ons weet te vinden. Maar elke keer weer gaan wij terug naar Jezus, om onze zonde te belijden. En telkens reinigt Jezus door Zijn bloed ons van die zonde. Hij vergeeft keer op keer. Heiliging gaat dieper. Het is onderkennen van die bepaalde zonde, het is vechten om niet weer in die zonde te vervallen en om steeds de duivel beter te leren weerstaan. Elke keer opnieuw mogen wij ons beroepen op Zijn bloed. Niet alleen om ons te reinigen en vergeving te ontvangen, maar ook om de kracht die ervan uitgaat.

Ik denk dat we als gelovigen lang niet genoeg door hebben welk een bovenaardse kracht er schuilt in Zijn bloed. Een kracht die ons elke dag ter beschikking staat. Wij beseffen te weinig dat we ons als het ware geestelijk in Zijn bloed mogen dompelen om ons zodoende te beschermen tegen de vijand en tegen de besmetting van de wereld die tot ons komt door mensen die Jezus niet als Verlosser hebben aangenomen. Elk contact met de vijand maakt ons weer onrein. Daar is maar één oplossing voor: ons opnieuw laten reinigen. Zijn bloed is onze oplossing en verlossing, onze bescherming en onze heiligmaking. DAT IS PASEN. Zouden we niet veel meer moeten bidden dat we die heiliging aan ons laten geworden?

GEBED.

Here Jezus, ik weet dat U mij wilt reinigen van de zonde, maar ik weet nu ook dat er veel meer kracht in Uw bloed schuilt, voor veel meer dingen. Wilt U mij door Uw geest leren deze kracht te gebruiken, vooral tegenover de boze. Leer mij, Heer, dagelijks uit dit wonder te leven. Leer mij de kracht van Uw bloed te ervaren door deze genade te gebruiken. Uit de grond van mijn hart dank ik U voor dit alles. Amen.

LEZEN:
Jac. 4 : 7, 8;   Hebr. 9 : 13, 14, 10 : 29;   2 Cor. 7 : 1;   1 Cor. 6 : 11, 8 : 7.

Colossenzen 1 : 20; Efeze 2 : 13; Openbaring 12 : 11

...en door Hem, vrede gemaakt hebbende door het BLOED Zijns kruises, alle dingen weder met Zich te verzoenen door Hem...

Maar thans in Christus Jezus zijt gij, die eertijds veraf waart, dichtbij gekomen door het BLOED van Christus.

En zij hebben hem (satan) overwonnen door het BLOED van het Lam en door het woord van hun getuigenis.

ZIJN BLOED BRENGT VREDE; HET BRENGT MIJ DICHTBIJ GOD EN GEEFT OVERWINNING OP SATAN.

Wat een veelzijdige werking van het bloed van Christus, het houdt maar niet op. Niet zomaar spreekt Petrus van het 'kostbare bloed'. Dit kostbare bloed brengt ook de vrede tot stand met de Here God, die onze Vader geworden is. De vrede die de mens zelf stuk gemaakt had. We zijn door het sterven van Jezus weer verzoend met God de Vader. Het allerbelangrijkste is dan ook, dat we Jezus binnenlaten in ons leven, dat we geloven in Zijn volbrachte werk, zodat we weer vrij tegenover God de Vader staan. We zijn van veraf dichtbij gekomen, zo dichtbij dat we voor de troon in het Heiligdom voor Hem mogen staan. Zo ver we eerst van Hem afstonden, zo dichtbij zijn we nu gekomen. DAT IS PASEN. Maar Pasen bergt meer rijkdommen in zich. We hebben deel gekregen aan het nieuwe leven van Jezus, want... Jezus heeft satan overwonnen, door de kracht van Zijn vergoten bloed. En nu komt het heerlijke, dat ook wij satan kunnen overwinnen door datzelfde bloed. Wij mogen hem weerstaan, in de kracht van Jezus' Naam. Wij mogen ons door gebed elk moment die kracht toeëigenen. Wat een overwinningsleven kunnen wij nu leven; het is een vreugde die alle verstand te boven gaat. Het bloed van Jezus Christus heeft een zo veelzijdige werking in ons leven, dat het ons met recht koningskinderen maakt. Wij bezitten alles in Jezus wat maar nodig is.

Doordat Jezus de dood overwonnen heeft, hebben wij eeuwig leven ontvangen dat nu al begint. Door Zijn bloed zijn we verlost, vrijgekocht, zijn we gereinigd en hebben vergeving ontvangen. We staan daardoor gerechtvaardigd voor God de Vader, want we zijn met Hem verzoend door dat bloed. We hebben vrede gekregen en worden geheiligd. We zijn van verre gekomen tot heel dichtbij, tot in Zijn heiligdommen staande voor Zijn troon. DAT IS PASEN in al zijn volheid. Daar mogen jij en ik, ja iedereen aanspraak op maken en... elke dag van genieten.

GEBED.

Onvoorstelbaar Heer, dat ik daar allemaal deel aan heb. Dat ik aanspraak mag maken op al deze rijkdommen. Dank U wel voor wat Jezus deed en nog dagelijks doet, en dat niet alleen voor mij, maar voor ieder die dit gelooft. Wat een vreugde. Hij geeft de overwinning door Zijn bloed. Amen.

LEZEN:

Joh. 14 : 27;   Hand. 10 : 36;   Ef. 2 : 11-22;   Joh. 16 : 33;   1 Joh. 5 : 1-12; Op. 2 : 7, 11, 17, 26, 3 : 5, 12,   21; 12 : 11.

Zondag
16de week.

Komt het je vreemd voor dat
we gaan nadenken wat de
Bijbel zegt over het woord
ONVRUCHTBAARHEID?

ONVRUCHTBAAR.

Genesis 11 : 30, 25 : 21
Saraï nu was ONVRUCHTBAAR: zij had geen kinderen.
...nu bad Isaäk de Here voor zijn vrouw Rebekka, want... zij was ONVRUCHT-
BAAR.

Genesis 29 : 31b.
...maar Rachel bleef ONVRUCHTBAAR.

Richteren 13 : 2; 1 Samuël 1 : 5.
...wiens vrouw (Simsons moeder) ONVRUCHTBAAR was.
...maar Hanna gaf hij een dubbel deel, want hij had Hanna lief, hoewel de Here
haar moederschoot TOEGESLOTEN had.

Lukas 1 : 7.
En zij waren kinderloos omdat Elisabeth ONVRUCHTBAAR was en zij beiden
op hoge leeftijd waren gekomen.

Psalm 113 : 9.
...die de ONVRUCHTBARE huisvrouw doet wonen als een blijde moeder van
kinderen. Halleluja.

Jesaja 54 : 1.
Jubel, gij ONVRUCHTBARE, die niet gebaard hebt; breek uit in gejubel en
juich, gij die geen weeën gekend hebt, want de kinderen der eenzame zijn talrijker dan de kinderen der gehuwde, zegt de Here.

GEBED.
Vader, wat hebt U de kinderen van deze aanvankelijk onvruchtbare moeders rijk
gezegend. Als Saraï zag wat er uit haar geboren is (U had het wel beloofd aan
haar), dan zou ze zeggen: 'Dit had ik nooit kunnen denken. En wat zal Simsons
moeder zich rijk gevoeld hebben naast haar sterke zoon. Om van Hanna maar
niet te spreken', wat hebt U de kleine Samuël uit laten groeien tot een man Gods.
Maar Heer, de vrouwen die toch geen moeder zijn geworden? Nu en hier?
U zegt, dat wij, onvruchtbaren, moeten jubelen en juichen en ons verheugen.
Maar Heer, ziet U het verdriet van ons die geen kinderen hebben en hen die
ongetrouwd zijn gebleven dan niet? En U belooft in Uw Woord dat wij meer kinderen zouden krijgen dan zij die gebaard hebben, hoe kan dat dan? Laat ons dit
begrijpen Heer, om Jezus' wil. Amen.

112

Saraï nu was ONVRUCHTBAAR.
Nu bad Izaäk de Here voor zijn vrouw Rebekka, want zij was ONVRUCHT-
BAAR.

EVEN LIEF.
Misschien denk je nu wel, 'wat moet ik toch met deze teksten, die over onvruchtbaarheid van vrouwen gaat?' De Heer wil er ons toch wat door leren; we merken
dat wel als we het dagboek van deze week doorgenomen hebben. Dat nou net
Saraï geen kinderen kon krijgen, terwijl haar man nog wel de belofte van God
kreeg, dat zijn nageslacht als de sterren des hemels en als het zand der zee zou
worden. Maar ondanks de belofte blijft Saraï voorlopig kinderloos. Dan doet zij
het voorstel bij Abraham om haar slavin Hagar als vrouw tot zich te nemen en
Abraham doet dit. (We moeten wel weten dat Saraï's voorstel in haar tijd heel
gewoon was, maar je proeft er wel in dat ze maar weinig vertrouwen heeft in de
belofte aan Abraham). Net als in het Paradijs is het hier de vrouw die een verkeerd voorstel doet, maar weer is het ook hier de man die toegeeft en niet flink
optreedt. Wellicht kennen we de geschiedenis. Later krijgt de onvruchtbare Saraï
tóch een zoon, Izaäk. Maar wat een verdriet in deze kleine samenleving. De verhouding tussen Sara en Hagar wordt met de dag slechter. En dat alles door het
niet kunnen wachten op Gods Woord, door niet te vertrouwen op wat Hij beloofd
heeft. Zijn wij echter zoveel beter? Ook wij halen ons zo vaak veel moeite en
zorgen op de hals, door eigen schuld, op allerlei terreinen... door bijvoorbeeld
vooruit te grijpen en niet te kunnen wachten tot Hij Zijn belofte waar maakt. Laat
Izaäk later nu ook een onvruchtbare vrouw huwen zoals Abraham. Wat zullen
z'n ouders hem gewaarschuwd hebben om niet vooruit te grijpen. Wat zullen ze
gebeden hebben voor hun zoon en schoondochter. En Izaäk zelf liet zich ook niet
onbetuigd, want er staat geschreven: 'God verhoorde Izaäk's gebed en Rebekka
werd zwanger'. Ze ontvangt een tweeling. Twee zonen van zeer uiteenlopende
aard. In dit gezin doet zich de omstandigheid voor waarbij we even stil willen
staan, namelijk deze: Rebekka had Jakob lief en Izaäk hield meer van Ezau. Een
situatie die geen navolging verdient. Ouders van vandaag, laat dit bij u niét
gebeuren, zodat uw kinderen u later kunnen verwijten dat u de één boven de
ander verkiest. Daar komen moeilijkheden door. Hoeveel kinderen groeien niet
op met een bezeerd hart? Innerlijk verwond omdat de een veel meer aandacht
krijgt dan de ander? Daarom is het zo belangrijk dat de ouders opvoeden vanuit
een diep geloofsleven en in voortdurend gebed. Dat zij samen wijsheid vragen
hoe zij hun kinderen moeten opvoeden. Kinderen zijn een gave van God, die je
ontvangt om hen op te voeden tot meerdere glorie van God. En Hij wil je met
blijdschap de wijsheid geven als je er samen maar om vraagt. Waar zou je beter
terecht kunnen dan bij Hem?

GEBED:
Vader, leer ouders één lijn te trekken in de opvoeding van hun kinderen. Leer ons
allen met alle moeilijkheden naar U toe te gaan, in Jezus' Naam. Amen.

LEZEN:
Gen. 16 : 1-16 en 21 : 1-21, 25 : 19-34;   Ef. 6 : 1-4.

Maar Rachel bleef ONVRUCHTBAAR.

EEN AANEENSCHAKELING VAN ZORG.

Rachel gaat gebukt onder een groot verdriet. Ze is onvruchtbaar. Haar leven is een aaneenschakeling van zorg om en over kinderen. Zij krijgt geen kinderen, haar zuster Lea wel. Beiden hebben ze dezelfde man, Jakob. In de Bijbel lezen we: 'Jakob had Rachel lief'. Denk je eens even in wat voor strijd er tussen deze beide vrouwen komt en uiteindelijk losbarst. Lea: 'Jij kunt Jakob toch maar geen kinderen geven'. Rachel: 'Maar hij houdt toch meer van mij dan van jou'. Wat een mensonwaardige toestand. Als Lea vier kinderen heeft gekregen, bereikt de jaloezie bij Rachel het hoogtepunt. En evenals Sara begaat Rachel een fout. Zij grijpt in: 'Hier, Jakob, neem m'n slavin Bilha maar in mijn plaats'. Bilha baart dan een zoon voor Rachel, daarna nog een. Maar Lea doet precies hetzelfde. Wat een toestand ontwikkelt er zich in Jakobs gezin. Toch krijgt Rachel later zelf nog twee kinderen. Dan stappen er vier soorten kinderen rond, die met elkaar opgroeien in één gezin.

Ja, hóe groeien ze op? Wie wordt er voorgetrokken, wie komt er aan bod voor de echte moederliefde? Wat een ruzie maken deze kinderen mee van hun ouders. Wat een indrukken laat dat na. Want als de ouders niet goed met elkaar kunnen, worden de kinderen daar altijd de dupe van. Zulk verdriet dringt diep in een kinderhart door, en welke gevolgen zal dat hebben als later zo'n kind zelf een gezin gaat stichten? Huwelijksmoeilijkheden schreeuwen om een oplossing. Oplossingen liggen lang niet altijd voor het grijpen. Maar er is wel een goede weg die ik met klem wil aanbevelen. Breng de huwelijksmoeilijkheden bij de Heer. Dat is de eerste en de beste stap op de goede weg. Wat zijn er een mislukte huwelijken en wat staan er een huwelijken op de helling. Het lijkt wel 'in' tegenwoordig. Er is echter maar één weg die optimale kansen biedt voor een oplossing, de weg terug tot God. Hij kan helen zoals niemand anders kan. Wanneer Hij er mensen bij inschakelt goed, maar Hij is het hoofd van het team. Het adres waar het eerste consult plaatsvindt. Maar waar het dan ten diepste om gaat is de weg te willen gaan die God ons wijst. Schroom niet te gaan, om je huwelijk weer gezond te krijgen en om je kinderen geestelijk evenwichtig op te kunnen laten groeien.

GEBED.

Heiland, wat kan jaloersheid een nare gevolgen hebben en wat lopen er vaak diepgaande relaties op stuk. En wat een verdriet brengt dat te weeg, niet alleen voor de ouders maar ook voor de kinderen. Maar U wilt helpen. U wilt de ouders weer op het goede spoor zetten áls zij zich maar willen laten helpen. Ik kom U danken, Heer, voor mijn man (mijn vrouw). U hebt ons samen willen bewaren. Het is een gave van U. Leer mij om te gaan met dit kostbare geschenk, leer mij de minste te zijn en op te passen dat de jaloezie niet bij mij de kop opsteekt. Leer mij niet te kijken naar wat ik niet heb, maar U te danken voor alles wat ik wel heb. Dank U dat wij U beide mogen kennen. U komt de lof en de eer en de dankzegging toe. Amen.

LEZEN: Gen. 30 : 1-24, 35 : 16-22;   Ef. 5 : 22-33.

...wiens vrouw ONVRUCHTBAAR was.

Maar aan Hanna gaf hij een dubbel deel, want hij had Hanna lief, hoewel de Here haar moederschoot TOEGESLOTEN had.

BELOFTE MAAKT SCHULD.

Simsons moeder was aanvankelijk onvruchtbaar. Desondanks bracht ze later een zoon ter wereld die als Richter grote betekenis zou hebben voor het volk Israël. Is het je opgevallen dat het telkens zo gaat? Moeder onvruchtbaar, God verhoort het gebed en opent de moederschoot en gaat het kind op een bijzondere manier gebruiken in Zijn rijk. Heel sterk zie je dit bij de geschiedenis van Hanna. Ook zo'n moeder. Hanna huilt van verdriet; ook zij heeft een mededingster, evenals Rachel. Maar Hanna is op de Heer afgestemd; zij gaat ermee naar Hem toe, naar het juiste adres. Ze zegt zelfs: 'Heer, als U mijn gebed om een kind verhoort, zal ik het kind weer afstaan in Uw dienst'. Het zal een Godgewijde zijn. Voorwaar geen kleinigheid, zo'n belofte en belofte maakt schuld; Hanna, denk je daar wel aan?

Maar wat lezen we: ze brengt een kind ter wereld en ze houdt haar belofte. Op twaalfjarige leeftijd brengt Hanna haar zoon Samuël naar de Priester Eli. Doen wij niet vaak beloften aan God maar misschien nog meer aan mensen, die wij niet nakomen? Tot de Heer roepen we: 'Heer, als mijn kind beter is,... dan...' 'Heer, als mij dit of dat lukt dan...' 'Heer als mijn man...' 'Heer als ik slagen mag, dan...' Heer, Heer, Heer. En de Heer ziet van de tien gevallen er misschien één terug die de belofte nakomt, en Hem dankt voor de ontvangen zegen. Nee, beloften nakomen is er vaak niet bij in ons leven. Maar bij Hanna wel.

Simsons moeder houdt zich ook aan de opdracht die de engel haar geeft. Zij doet geen toezeggingen maar ze voedt Simson op als een nazireeër. En daar zit wat aan vast. Een nazireeër mocht geen drank aanraken, hij moest nuchter en waakzaam zijn, hij mocht ook geen dode aanraken, dit komt neer op het rein houden van zijn levenswandel. Hij mocht daarnaast zijn haar niet laten knippen. Lang hoofdhaar is voor de oosterling het symbool van levenskracht. De nazireeër moet helemaal openstaan voor de kracht van de Heilige Geest. Welke belofte je de Heer of je medemens doet, kom hem na, want belofte maakt schuld. Ook in het geestelijk leven, juist tegenover de Heer. Maar vergeet nooit dat Hij je erbij wil helpen. Heb jij de Heer ook wat beloofd? Heb jij belijdenis gedaan? Heb jij een bepaalde opdracht gekregen van de Heer? Vraag Hem of je die belofte tot een goed einde mag brengen.

GEBED.

Wat is het beschamend te ontdekken dat ik lang niet altijd mijn beloftes nakom; vaak was ik het zomaar vergeten, Heer. Laat mij mijn tekortkomingen inzien en vergeef mij mijn slordigheid; reinig me door het Bloed van Jezus. Amen.

LEZEN:

Richt. hfst. 13;   1 Sam. 1;   Gen. 28 : 20;   Num. 6 : 1-8;   Ps. 22 : 26, 61 : 6, 9.

En zij waren kinderloos, omdat Elisabeth ONVRUCHTBAAR was en zij beiden op hoge leeftijd waren gekomen.

MET STOMHEID GESLAGEN.

Zacharias en Elisabeth vormden een priestergezin; beiden waren oprechte gelovige mensen. Als Zacharias op een dag de priesterdienst verricht, komt daar een engel binnen en zegt: 'je gebed is verhoord. Elisabeth zal een zoon baren'. Zacharias kan het niet geloven, z'n verstand speelt hem parten. Ze zijn al zo oud en Elisabeth is... Hij denkt helemaal niet aan Abraham, Izaäk en Jakob en hun vrouwen. Nee, hij denkt alleen maar aan zijn eigen omstandigheden. En de engel Gabriël legt hem het zwijgen op, totdat zijn woorden uitgekomen zijn. Van de reactie die deze boodschap op Elisabeth heeft lezen we niets, maar we mogen aannemen dat er totale verandering optreedt in haar levenspatroon. Elisabeth mag de voorbereider van Jezus ter wereld brengen. En als ze een paar maanden zwanger is, komt haar jongere nichtje op bezoek en vertelt dat ook zij in verwachting is. Wat een blijdschap. Maria draagt de Messias en Elisabeth de voorbode van Hem. En al die tijd loopt Zacharias sprakeloos rond met een lei en een griffel. Dagelijks wordt hij met zijn neus op zijn twijfel gedrukt.
Ook wij komen in ons dagelijks leven dikwijls gevolgen van ons ongeloof tegen, op welke manier dan ook. We kennen allemaal Gods Woord, maar geloven niet volkomen in Zijn woorden, we geloven ze niet wérkelijk, we vertrouwen ze niet helemaal. God zal er beslist verdriet over hebben als Hij de gevolgen ziet van ons ongeloof. Maar het was, en is, onze eigen schuld. Wat zouden we onszelf een leed kunnen besparen door de Heer volkomen te geloven. Wat zal Zacharias zich een zelfverwijten hebben gemaakt dat hij niet meteen in de boodschap geloofde. Wat zal hij ook vaak zijn ongeloof beleden hebben aan God. En God heeft Hem onmiddellijk zijn zonde en ongeloof en twijfel vergeven. Zo is God. Maar... de straf moest hij dragen, die werd niet teruggenomen, die 'straf' was zijn behoud. In de stilte van de verstomming ontmoette hij God. Zacharias en Elisabeth zagen dagelijks dat Gods wonderen niet ophouden. Zien wij Gods wonderen nog wel? Of ben je met stomheid geslagen vanwege Zijn wonderen? Geloof jij Zijn Woord onvoorwaardelijk? Of...

GEBED.

Heer, mijn eerste gedachte was: 'wat dom van Zacharias, wie gelooft dit nu niet'. Maar ik was weer eens te vlug met mijn oordeel. U weet het wel,Heer, dat ik geen haar beter ben dan Zacharias. Dank U voor Uw Zoon, die alle kapotte verhoudingen weer wil herstellen, en de allervoornaamste heeft hersteld, die tussen U en alle mensen. Dank U voor de moeders die wel in U geloofden. Dank U dat wij hen tot voorbeeld kunnen stellen in ons eigen geloofsleven. Help mij U TE GELOVEN. Amen.

LEZEN:

Luk. 1 : 5-45;   Mat. 13 : 58;   Mark. 6 : 6, 16 : 14;   Hebr. 3 : 19.

...die de ONVRUCHTBARE huisvrouw doet wonen als een blijde moeder van kinderen. Halleluja.

GEESTELIJKE KINDEREN.

Een verbazingwekkend woord, wat de psalmist hier zegt. God zorgt ervoor dat de onvruchtbare huisvrouw een leven van blijdschap zal hebben, een leven als een blijde moeder van kinderen. Maar intussen hééft ze geen kinderen. David is in deze psalm weer eens de Heer aan het loven en prijzen. David is vol van God. Hij kent de verborgen omgang met Hem en ontdekt hoe langer hoe meer de grootheid en de rijkdom van een kind van Hem te zijn. Door deze omgang leert hij de diepten Gods kennen. Hoe jubelt hij nu over de nederige? Dat de Here de nederige verhoogt. Geen kinderen kunnen krijgen betekende in het oude Israël vernedering voor de desbetreffende vrouw. Het is niet onmogelijk dat David met deze woorden bedoeld heeft wat mensen in onze tijd ook nog al eens denken van een vrouw van wie men weet dat ze kinderloos zal blijven. Ze is er overheen, gelukkig. De tijd heeft alle wonden geheeld. Ze verlustigt zich als de kinderen van haar broer of zus komen. Ze stelt haar huis open voor de buurt-kinderen en geniet met volle teugen van hen. Ja, zo kán het ook. Maar David ziet wellicht verder. Zou hij ook geestelijke kinderen bedoelen? Als getrouwde vrouw zonder kinderen heb je meer tijd vrij en wanneer je die tijd aan de Heer geeft, kon haar tijd wel eens gebruikt worden om kinderen tot de Heer te leiden, hen te brengen bij het kruis. Zegt iemand dan 'ja' tegen Jezus, dan heeft er een nieuwe geboorte plaatsgevonden, een geestelijke geboorte. Daar mag je met David wel een hartgrondig Halleluja op laten volgen.
Loof de Heer.
Moederschap is niet alleen een gave maar ook een opgave. Kinderen moeten gevoed en opgevoed worden. Dit geldt eveneens voor onze geestelijke kinderen. Wat een blijdschap brengt dit met zich mee; het is de blijdschap van het geeste-lijk moederschap. En een geestelijke moeder kunnen we allemaal worden, ieder-een; het is niet alleen voor moeders die geen aardse kinderen ter wereld kunnen brengen. Het geldt voor iedereen. Over dit geestelijke moederschap zou ik willen zeggen: denk er eens biddend over na.

GEBED.

Ja, Heer, als David het eens zo bedoeld heeft, dan is het een troost dat elke moe-der die het aardse moederschap niet heeft beleefd, toch in en door U geestelijke kinderen mag voortbrengen. Heer, ik geloof dat zij dan als een ware moeder in dit leven kan staan. Dank U dat U aan ons denkt en ons wilt gebruiken om als moeders in Uw gemeenschap te mogen werken.
Leer ons klaar te komen met de bede 'Uw wil geschiede', ook in dit opzicht. Ik breng dit gebed bij U in de Naam van Jezus. Amen.

LEZEN:
Psalm 113 en Joh. 4 : 25-30.

Jubel, gij ONVRUCHTBARE, die niet gebaard hebt; breek uit in gejubel en juich, gij die geen weeën gekend hebt, want de kinderen der eenzame zijn talrijker dan de kinderen der gehuwden, zegt de Here.

OOK VOOR DEZE?

Jesaja zegt dat de kinderen van deze eenzame (ongehuwde vrouwen) talrijker zijn dan de kinderen der gehuwden. (Ik weet ook wel dat Jesaja hier een vergelijking maakt met Israël). Maar je kunt het op twee manieren uitleggen. Er wordt hier zeker niet bedoeld dat het allemaal kinderen van ongehuwde vrouwen zijn, of van gescheiden vrouwen. Dan zou deze tekst niet zeggen:' breek uit in gejuich en gejubel'. Geestelijke kinderen waar we in de voorafgaande pagina over spraken, kunnen evengoed door ongehuwde vrouwen gebaard worden. Wat een grootheid en liefde van God schuilt hierachter. Tot al de eenzamen zegt de Heer: 'Je bent niet eenzaam, Ik ben je maker, en samen brengen we kinderen groot en samen voeden we ze op. Breek maar uit in gejubel en juich, jij die geen weeën gekend hebt. Want Ik zorg voor een hogere weg'. Ieder kan dus in zijn of haar leven geestelijke kinderen voortbrengen. En ieder kan in zijn of haar leven geestelijke weeën hebben, want die zijn er beslist. Paulus heeft het er ook over; hij kent ze gewoon, heeft ze ervaren, in Galaten 4 : 19 zegt hij het: ...'wanneer ik bij u ben, mijn kinderen, ter wille van wie ik opnieuw weeën doorsta, totdat Christus in u gestalte verkregen heeft...'.

Ja, totdat er een mens opnieuw geboren wordt. En Paulus is een man, een vrijgezel; als er één voorbeeld voor het voortbrengen van geestelijke kinderen is, dan is het wel hier. God voorziet in ieders leven, iedereen kan deze blijdschap ervaren, dit geluk smaken; God onthoudt niemand dit geweldige gebeuren. Op zeer jonge en tot op zeer hoge leeftijd kan dit plaats vinden. Heb je geen kinderen? Voel je niet achteruit gezet; de Heer geeft jou ook de mogelijkheid om kinderen te hebben, die jou volledig op zullen eisen, reken dat maar. Dan mag je jubelen en in gejuich uitbreken, blij zijn, je mag ook heel stil je blijdschap verwerken, in de omgang met de Heer.

GEBED.

Vader, wat een onuitsprekelijke blijdschap geeft U, wanneer wij geestelijke kinderen mogen dragen en begeleiden in deze wereld. Wat een rijkdom dat U ze met onze hulp wilt opvoeden, dat U ze laat groeien tot ze geestelijk volwassen worden. Leer ons ook loslaten, opdat ze zelfstandig Uw wegen zullen kunnen bewandelen. Het zal ons net als natuurlijke ouders evenzeer pijn doen. Maar dank U wel dat U beide vasthoudt, kinderen en ouders. We hebben allen nodig in vol vertrouwen te leven met U. Amen.

LEZEN:

Jes. 44 : 2, 54 : 5; Hand. 5 : 42, 8 : 25; Gal. 4 : 12-20, 27.

Zondag
17de week

Als we onze handen eens even
rust gunnen, ontdekken we
misschien beter de waarde ervan.

HANDEN.

Exodus 13 : 3b.
Want met een sterke HAND heeft de Here u daaruit geleid.

Exodus 17 : 11.
Wanneer Mozes zijn HAND ophief, had Israël de overhand, maar wanneer hij zijn HAND liet zakken had Amalek de overhand.

Deuteronomium 34 : 9a.
Jozua nu, de zoon van Nun, was vol van de Geest der wijsheid, Mozes had zijn HANDEN op Jozua gelegd.

1 Samuël 10 : 7.
Wanneer deze tekenen aan u geschieden, doe dan wat uw HAND vindt, want God is met U.

Mattheüs 9 : 18c; Markus 8 : 23; Lukas 4 : 40.
Leg uw HAND op haar en zij zal leven.
Hij vatte de blinde bij de HAND en legde hem de HANDEN op.
Hij legde ieder van hen afzonderlijk de HANDEN op en genas hen.

Handelingen 14 : 3.
Zij verkeerden daar dan geruime tijd, vrijmoedig sprekende in vertrouwen op de Here, die getuigenis gaf aan het woord zijner genade en tekenen en wonderen door hun HANDEN deed geschieden.

GEBED.
Vader, ik dank U voor alles wat U deze week voor me hebt gedaan. U hebt me geholpen, U hebt mij laten inzien wat ik verkeerd deed, en ik dank U dat U niet moe wordt om me elke dag opnieuw te helpen. Vader, wat mag ik veel doen met m'n handen, maar wat hebt U, Here Jezus, er veel mee gedaan, en U hebt zelfs gezegd: 'gij zult grotere dingen doen'. Maar daar heb ik nog niet veel van terecht gebracht. Ik verlang er zo naar dat de 'handen' in onze kerk ook opnieuw zo worden gebruikt. Vader, ik ben jaren ziek, U weet het, soms zijn Uw wegen onbegrijpelijk. Ik bid U nu, leer de kerk weer functioneren en gemeente te zijn, zoals U het hebt bedoeld. Laten de gemeenteleden (en daar ben ik er ook een van) levende leden zijn van Uw lichaam. Laat U me maar zien, Heer, wat ik met m'n handen moet doen. Ik vraag U dit in de Naam van Jezus. Amen.

Want met een sterke HAND heeft de Here u daar uitgeleid.

GODS HAND.

Deze week willen we de aandacht eens op onze handen vestigen. Onze handen zijn heel belangrijke lichaamsdelen. Wat kunnen we er veel mee doen. Ten goede, maar ook ten kwade. Je kunt iemand die verdriet heeft een hand geven waaruit heel duidelijk medeleven spreekt, en als één van de kinderen huilend thuiskomt, kan een liefhebbende hand het strelen en dat kan wonderen verrichten. Er zijn ook heel wat negatieve handelingen op te noemen die je met je handen kunt doen: slaan, stelen enz. Je kunt met je handen zegenen en vervloeken. De Here wil onze handen graag gebruiken maar satan eveneens; het is aan ons hierin een beslissing te nemen.

Iemand vertelde mij het volgende: 'Er stond ergens een groot beeld van Jezus Christus. Het was in de oorlog zwaar beschadigd. Toen het gerestaureerd was kwamen vele christenen het beeld bekijken. Tot hun verbazing moesten zij constateren dat de beeldhouwer de beide handen van Jezus er niet weer had aangemaakt. Hij had ze weggelaten. Toen iemand hem vroeg waarom hij de handen van Jezus er niet weer aangezet had, was zijn antwoord: 'Die handen van Jezus zijn jullie'.

Ja, wij mogen op aarde de handen van de Heer zijn en dat is een opdracht. In de tekst boven deze overdenking is sprake van een sterke hand van de Here God. Er was kracht voor nodig om de Israëlieten uit de slavernij los te rukken, om hen onder de tirannie van Farao vandaan te halen. Er was een sterke hand nodig om dit te voltrekken, de sterke hand van God. Maar wat zien we nu, wat doet Hij? De Heer roept Mozes en geeft hém opdracht dit uit te voeren. Gods opdracht wordt in de handen van Mozes gelegd. En met Gods hulp kón hij dit werk tot een goed einde brengen. Mozes zei achteraf niet: 'kijk, mensen, dat heb ik gedaan; ik heb dit gepresteerd; ik heb dit volk dan toch maar uit Egypte geleid'. Integendeel. Numeri drie licht ons daarover in: Toen zeide Mozes: gedenk deze dag, waarop gij uit Egypte, uit het diensthuis gegaan zijt, want met een sterke hand heeft de Here u daaruit geleid. Mozes wijst op de Here die hen heeft geholpen. Mozes wijst naar boven, naar de enige juiste weg. Wat doen wij met onze handen vandaag? Stellen wij ze in dienst van God? En wijzen wij anderen op Zijn sterke verlossende kracht? Laten wij het voorbeeld van Mozes volgen en ootmoedig vragen: 'O, Heer neem Gij mijn handen en leid mij'.

GEBED.

Heer, ik heb er nooit zo over nagedacht dat mijn handen in Uw ogen zo belangrijk zijn en dat ik ze ten goede en ten kwade kan gebruiken. Help mij ze ten goede te gebruiken, want dat is mijn bedoeling. Dank U voor Uw sterke hand, die de mijne vasthoudt, ja, mij helemaal draagt. Ik dank U in de Naam van Jezus. Amen.

LEZEN:

Ex. 2 : 23 - 4 : 17, 12 : 29-42.

Wanneer Mozes zijn HAND ophief had Israël de overhand, maar wanneer hij de HAND liet zakken had Amalek de overhand.

OPGEHEVEN HANDEN.

Wat een trieste geschiedenis. Oorlog voeren met wisselende kansen. Mozes in actie op de achtergrond. En wat voor een actie. Daar blijkt veel van af te hangen. Mozes had als het er op aan komt de belangrijkste taak. De overwinning of de nederlaag had hij letterlijk in handen. En daar staat hij dan, biddend, en het volk zegenend, met opgeheven handen. Valt het je ook op dat dit gebedswerk achter de schermen gebeurt? Een heel belangrijke taak, die meestal niet opvalt maar die onmisbaar zal blijken.

Als Mozes zo staat met opgeheven handen en de strijd duurt maar voort, wordt hij moe, geen wonder, wat nu? Moet hij na zo'n lange tijd op de bres gestaan te hebben toch de overwinning uit handen geven? Nec hoor. Mozes is niet alleen. Er zijn nog twee mannen bij hem. Aäron en Hur. Ze zorgen ervoor dat Mozes kan zitten en bovendien steunen ze zijn armen. Zo helpen zij mee strijden. Hieruit valt voor ons veel te leren. In de eerste plaats dat in onze strijd hier op aarde, bijvoorbeeld in onze gemeente, er iemand moet zijn die de gemeente biddend ondersteunt, biddend draagt, die er voortdurend voor op de bres staat. De tweede les is wel dat één persoon dit alleen gewoon niet volhoudt, maar dat hij medebidders nodig heeft om de strijd tot een goed einde te brengen. De derde lering die je hieruit kunt trekken is dat het werk achter de schermen niet alleen staat; het valt samen met de strijd aan het front; er is een wisselwerking. Misschien is het voortdurend bidden nog wel het moeilijkste werk. Maar de soldaten zullen tijdens de strijd ook wel gebeden hebben, al was het maar een angstkreet tot God. Mozes en zijn vrienden echter waren voortdurend in gebed; zonder onderbreking hief hij zijn beide handen omhoog. Ik hoorde een verhaal dat hier bij aansluit: Er was een gemeente die bijzonder goed funktioneerde. De leden groeiden geestelijk en er heerste een liefde onder elkaar die voorbeeldig genoemd werd. Door iemand van buiten werd aan de predikant van die gemeente de vraag voorgelegd hoe het toch kwam dat er zoveel warmte van zijn gemeente uitstraalde. 'Kom maar mee', zei de predikant, 'dan zal ik je het geheim verklappen'. Ze gingen de kerk binnen, de predikant opende een deur en zei, 'hier staat de verwarmingsketel die dag en nacht brandt'. Hij keek en... zag mensen geknield liggen in gebed. 'Dit is het geheim, de kracht, de motor van deze gemeente', zei de predikant.

GEBED.

Vader, leer mij ook zo volhardend te bidden als Mozes en wilt U mijn gebed inhoud en richting geven. Om Jezus' wil. Amen.

LEZEN:

Ex. 17 : 8-16;   Ps. 95 : 6-7;   Jes. 26 : 20;   Col. 1 : 3;   2 Thes. 3 : 1.

Jozua nu, de zoon van Nun, was vol van de Geest der wijsheid, want Mozes had zijn HANDEN op hem gelegd. Daarom luisterden de Israëlieten naar hem en deden zoals de Here Mozes geboden had.

ZEGENEN.

Je hoort wel eens de uitdrukking: aan Gods zegen is alles gelegen. Bevestigingen van deze uitspraak vind je bij uitstek in de verhalen van de Bijbel. In het Oude zowel als het Nieuwe Testament is er sprake van de zegen, de handoplegging. God zegent. God strekt Zijn handen zegenend uit over de mensen. Hij zegende Noach en zijn zonen. God sprak tot Abram: 'Ik zal u tot een groot volk maken en u zegenen en uw naam groot maken en gij zult tot een zegen zijn... en met u zullen alle geslachten des aardbodems gezegend worden'. Dié zegen gaat verder altijd, ook nu nog. Ook mensen zegenen. Jakob zegent zijn kinderen en daarbij legde hij zijn handen op hun hoofd of hield ze boven hun hoofden of hief ze op naar boven.

Aan het eind van een kerkdienst doet de predikant hetzelfde. Hij zegent ons in de Naam van de Here. Elke zondag mag je de kerk verlaten meedragend de Zegen van God, gezegend door Hem die jou liefheeft.

In het O.T. wordt er veel over handoplegging gesproken in die zin. Priesters zegenden het volk. Jozua was vol van Geest en wijsheid want... Mozes had zijn handen op hem gelegd. Dus er gebeurde wat, God had Zijn Geest en wijsheid door de handen van Mozes op Jozua gelegd. Nu kon Jozua zijn moeilijke taak beginnen en volbrengen. In het Nieuwe Testament staat dat wij priesters en priesteressen zijn en dat wil onder andere zeggen, dat we de zegen van God mogen uitdelen aan anderen. Die opdracht wordt door de kerken genegeerd. Er wordt eigenlijk ook nooit over gesproken. Zou u de predikant eens willen vragen of hij daar biddend over na wil denken en er eens over wil preken? Wat je ook kunt doen? Als je in je stille tijd in gebed bent, leg je handen in gedachte op de persoon voor wie je bidt en zegen hem of haar in de Naam van Jezus, doe dit met alle personen voor wie je bidt. Je kunt aan hen niets beters doorgeven dan de Zegen van de Heer. Want aan Zijn zegen is alles gelegen. Vreemd? Probeer het eens, er gaat iets zuiverends vanuit, want je bent dan zelf heel dicht bij de Heer, je kunt dit ook alleen maar doen vanuit een eerlijke verhouding met hem. Je wordt er ook zo blij door, wanneer je je handen op die manier gebruikt, niemand ziet het, alleen je Vader die in de hemel woont.

GEBED.

Vader, ik dank U, dat U mij elke dag wilt zegenen, zodat ik de dag vol vertrouwen tegemoet kan gaan. Maar dat het nog verder gaat, dat ik de ander mag zegenen in Uw Naam is iets wat ik nooit geweten heb. Helpt U mij dit in praktijk te brengen. Uw zegen is onontbeerlijk voor mij, maar ook voor mijn medemens. Amen.

LEZEN:

Deut. 31 : 1-8, 34 : 9;   Gen. 27 : 26-30, 31 : 55, 32 : 26;   Num. 6 : 22-27; Mark. 10 : 16;   Luk. 6 : 28;   Hand. 3 : 25, 26;   1 Petrus 3 : 8-9.

Wanneer deze tekenen aan u geschieden, doe dan wat uw HAND vindt, want God is met u.

EEN ANDER MENS.

Samuël heeft in dit pracht verhaal zojuist Saul gezalfd tot koning. Je zou deze geschiedenis naast Handelingen kunnen leggen, dat één blijde zegetocht van de Heilige Geest is. Toen ik de tekst eerst afzonderlijk las, 'doe wat uw hand vindt, want God is met u', dacht ik: hoe kun je nu zo maar doen wat je denkt te moeten doen en hoe weet je nu dat God dan met je is? Als het er nou net andersom stond: 'God is met je, doe wat uw hand vindt te doen', dan zou ik het nog begrijpen. Maar ik was weer eens voorbarig, ...ik had eerst het geheel moeten lezen. Als je dat doet kom je er achter waarom het wel zo kan. Toen Samuël, Saul tot koning had gezalfd, zei hij tegen hem: 'je zult een schare profeten tegenkomen die in geestvervoering zijn, en dan zal de Geest des Heren u aangrijpen; gij zult met hen in geestvervoering geraken en... tot een ander mens worden. Wanneer deze tekenen aan u geschieden, doe dan wat uw hand vindt, want God is met u'. Zo is het duidelijk. Saul wordt vervuld met de Heilige Geest, en daarom kan Samuël tegen hem zeggen 'Doe wat uw hand vindt te doen'. Want doordat Saul vervuld is met de Heilige Geest, is hij een ander mens geworden en werkt en handelt hij vanuit die Geest en niet meer vanuit zijn eigen geest. Saul wordt door de Geest een ander mens en daarom mag hij doen wat op zijn weg komt. In het O.T. worden enkele mensen vervuld met Gods Geest, niet de massa, alleen die mensen die God roept voor een bijzondere taak. In het N.T. is dat anders. Daar wordt ieder kind van God geroepen voor een nieuwe taak, het uitdragen van het evangelie. Ieder die Jezus aanneemt en zich voor Hem openstelt, wordt vervuld met de Heilige Geest. Dán gelden deze tekstwoorden ook voor jou en mij, 'doe wat uw hand vindt te doen'.

Wanneer je vanmorgen weer opnieuw je dag aan de Here hebt opgedragen, je handen hebt gelegd in Zijn doorboorde handen, ga er vandaag dan ook vanuit, dat je mag handelen naar het licht dat je op dat moment hebt. Help waar het nodig is, geef je tijd aan hem of haar die er niet uit kan komen, (en... zegen in elk geval in stilte in Zijn naam), vertrouw op Hem die je leiding zal geven wat er ook gebeurt vandaag. Want je bent een nieuw mens. Je bent één met Hém geworden, dus werk maar vanuit die verbondenheid, dan ervaar je de blijdschap van het kindschap Gods.

GEBED.

Ja Here Jezus, wat een bemoediging dat ik zó mag werken, dat ik zó de ander mag helpen, dat ik zó mijn handen mag gebruiken voor U. dat U mijn handen vasthoudt. Ik dank U dat U zo op mijn handel en wandel let, dat ik een ander een nieuw mens ben geworden. Dat ik een priesteres mag zijn van U. Leer mij dit naar waarde te schatten; leer ons als gemeente allemaal priesters en priesteressen te zijn. Amen.

LEZEN:
1 Sam. 10, 16 : 13;   Rich. 3 : 10, 6 : 34, 13 : 25, 14 : 6;   Hand. 2 : 4, 2 : 37-40.

Leg uw HAND op haar en zij zal leven.
Hij vatte de blinde bij de HAND en legde hem de HANDEN op.
Hij legde ieder van hen afzonderlijk de HANDEN op en genas hen.

JEZUS' HANDEN.

Wat zullen al deze mensen blij zijn geweest dat zij in aanraking kwamen met de handen van Jezus. Zijn handen, waar de volmaakte kracht en zegen vanuit ging. De Here Jezus gebruikte Zijn handen heel vaak. HIj gebruikte ze in de eerste plaats voor geestelijke doeleinden. Is zieken genezen dan geestelijk werk? Ja, Jezus kwam om te herstellen wat zwak en ziek was. Ook dat nam Hij op Zijn schouders en droeg het weg. Hij legde de zieken de handen op en ze herstelden. Hij zegende de volwassenen én de kinderen met Zijn handen. Hoeveel mensen kwamen er niet naar Hem toe, hoe vaak riepen ze niet Zijn hulp in?

In Matth. 9 : 8 lezen we zelfs dat een overste uit de Synagoge Hem roept om zijn dochtertje te genezen. Dus toch ook één uit die kring gelooft in de kracht van Jezus. We zeggen en horen dikwijls dat Jezus ons ten voorbeeld is geweest en dat wij in Zijn voetsporen mogen volgen. Maar dan vraag ik mij wel af: wat is er van die navolging van werken zoals van Jezus nog overgebleven? Jezus legde immers niet alleen Zelf de handen op, neen, Hij gaf ook zijn discipelen deze opdracht. 'Geneest de zieken, wekt de doden op, reinigt melaatsen en drijft boze geesten uit'. En dacht je dat ze dat op een andere manier zouden doen, dan dat ze het Jezus hadden zien doen? Jezus gebruikte Zijn handen dagelijks met bidden. Hij kende het diepe geheim en de grote kracht van gevouwen handen. Hij deed nooit iets buiten de wil van Zijn Hemelse Vader. Ja, handen vouwen in gebed, handen opheffen naar boven, met Zijn handen zegenen, dat deed Jezus. En dat mogen wij ook elke dag weer opnieuw doen. Als je niet weet hoe je als christen leven moet, wat je met je handen doen moet, kijk dan maar naar Jezus. Hij wil je leren hoe je je handen ten dienste van Hem kunt gebruiken. Vouw ze in de eerste plaats, begin nu, en geef je handen over aan Hem en vraag: 'Heer wat wilt U dat ik met ze doe vandaag?'

GEBED.

Ja, Heer, het is een opdracht die U aan mij geeft, en eerlijk gezegd, ik weet er niet zo goed raad mee. Onze kerk weet er niet goed raad mee, maar daar kan ik mij niet achter verschuilen. U hebt het tegen mij. Leert U mij er gebruik van te maken zoals U het bedoelt, zodat er zegen van uit moge gaan en genezing. Heer, hier ben ik. Amen.

LEZEN:

Mat. 9 : 18-26, 10 : 1-8;   Luk. 10 : 11-20, 9 : 28, 11 : 1, 22 : 41.

Zij verkeerden daar dan geruime tijd, vrijmoedig sprekende in vertrouwen op de Here, die getuigenis gaf aan het woord zijner genade en tekenen en wonderen door hun HANDEN deed geschieden.

ZIJN JOUW HANDEN BESCHIKBAAR?

De opdrachten van de Heer zijn niet gemakkelijk. En het zijn opdrachten waar we niet onderuit kunnen. Ook al horen we er weinig over in de kerk en weten we er persoonlijk soms geen raad mee. In onze tekst gaat het over de handoplegging. Voorzeker geen eenvoudige zaak. Maar wel Bijbels. Letten we vooral op de volgorde van woorden en daden. Eerst komt: VRIJMOEDIG SPREKENDE IN VERTROUWEN OP DE HERE... Denk nooit als iemand je handen oplegt, dat de kracht in die handen van die persoon zit. De kracht komt van Jezus Christus. Zijn volgelingen mogen vrijmoedig spreken in VERTROUWEN OP HEM, op de Here; Hij geeft die kracht om te genezen. Hij doet dat op verschillende manieren. Eén daarvan is de handen die Hij gebruikt van Zijn kinderen. Dit geldt niet enkel voor de predikanten. De Here kan elk toegewijd kind van Hem daarvoor roepen. In Lukas 10 vers 1-20 lezen we het verhaal van de uitzending van de zeventig. Jezus zond die mensen al vast vooruit. Zelf kwam Hij later. Hij gaf de opdracht: 'Geneest de zieken'. Het waren zeventig mensen, die Hij aanwees uit degenen die Hem volgden, die met Hem rondreisden. Daar heb je nou het punt waar alles om draait. Jezus kan wat doen met mensen die Hem volgen en in Zijn voetsporen willen wandelen, die Hem vertrouwen, en vrijmoedig durven praten over Hem. Ja die zich volkomen aan Hem overgeven. Mensen, die net als de apostelen hun handen beschikbaar stellen in Zijn dienst. En als Hij jouw handen gebruiken wil om op deze manier Zijn grote daden te laten zien, stel ze dan beschikbaar. Het is een heilig en teer iets, om ze te laten functioneren naar Zijn wil. Je kunt dit niet te pas en te onpas doen, want Paulus waarschuwt niet voor niets als hij zegt: 'leg niet overijld de handen op', dus dat zal dan wel eens gebeurd zijn.

Je kunt je handen alleen gebruiken op de manier zoals Jezus het deed, in afhankelijkheid van Zijn Vader. Hij deed niets buiten de wil van Zijn Vader om. Jezus vouwde eerst Zijn handen. Hij had een diep gebedsleven. Als dat er bij jou en mij niet is, kunnen we van handoplegging maar beter afzien. Maar als jij weet dat de Heer het van je vraagt, vanuit die biddende verhouding met Hem, dan, ja laat Hem dan Zijn gang gaan door jou heen.

GEBED.

Heer, leer mij volkomen afgestemd te zijn op U, dit is het allerbelangrijkste, het eerst nodige. Amen.

LEZEN:
Hand. 9 : 17;   Joh. 5 : 19-21;   1 Tim. 5 : 22.

Zondag 18ste week

De Bijbel heeft ons veel te vertellen over engelen. Lees vandaag deze teksten eens.

ENGELEN.

Genesis 24 : 40a.
De Here, voor wiens aangezicht ik gewandeld heb, zal Zijn ENGEL met u zenden, en uw weg voorspoedig maken.

Daniël 3 : 28b.
Hij heeft Zijn ENGEL gezonden en Zijn dienaren bevrijd, die zich op Hem hebben verlaten.

Psalm 91 : 11, 12
Want Hij zal aangaande u Zijn ENGELEN gebieden, dat zij u behoeden op al uw wegen; op de handen zullen zij u dragen, opdat gij uw voet niet aan een steen stoot.

Mattheüs 26 : 53.
Of meent gij, dat Ik Mijn Vader niet kan aanroepen en Hij zal Mij terstond meer dan twaalf legioenen ENGELEN ter zijde stellen?

Handelingen 5 : 19.
...een ENGEL des Heren opende des nachts de deuren...

Genesis 16 : 7.
De ENGEL des HEREN trof haar aan bij een waterbron.

GEBED.
Heilige Vader, wat heeft U een zorg om mij, wat vindt U het belangrijk om mij uit de klauwen van satan te houden. U zendt zelfs Uw heilige engelen uit om Uw kinderen te beschermen. Uw engelen waken over ons, en zelfs mijn huis wordt bewaakt door een gezant van U.
Eerlijk gezegd Heer, is het beschamend dat ik dat uit een kindermond moest horen. Ik vroeg aan een moeder, die de nacht alleen door moest brengen zonder haar man: 'Ben je niet bang?' Het vierjarig zoontje hoorde mijn vraag en antwoordde: 'nee, helemaal niet, want op elke hoek van ons huis staat een engel op wacht'. Vader, ik bid of we allen meer mogen beseffen hoe groot en sterk Uw macht om ons heen is. Dank U voor de bewaring van deze nacht en voor het feit dat U elke dag opnieuw Uw engelen uitzendt om ons te beschermen en te bewaren voor onvoorzichtigheden. In de Naam van Jezus breng ik dit gebed bij U. Amen.

De Here, voor wiens aangezicht ik gewandeld heb, zal Zijn ENGEL met u zenden, en Hij zal uw weg voorspoedig maken.

GODS BOODSCHAPPERS.

Er wordt in de 66 Bijbelboeken plm. 300 maal over engelen gesproken. Een engel is een hemelse dienaar van God. In den beginne waren alle engelen aan God gehoorzaam. Toen er één engel opstond tegen God (Jes. 14 : 12-15) sleepte hij een deel van hen mee. Daardoor kennen wij dus engelen die satan dienen, maar het merendeel bleef God dienen. In de Bijbel worden ons verschillende soorten engelen genoemd. De cherubs dragen de troon van God (Psalm 80 : 2). De serafs staan boven de troon van God. Jesaja 6 : 2, 3. Michaël, hij is de strijdende engel, de tegenstander van satan. (Daniël 10) De andere aartsengel is Gabriël. Hij is de aankondiger van Gods raadsbesluiten, de boodschapper die naar de aarde werd gezonden om de geboorte aan te kondigen van Johannes de Doper en de Here Jezus.

Welke zijn de eigenschappen van de engelen? Hun lichamen zijn licht. Heel anders, dan onze zware aardse lichamen, en meer zoals gelovigen die na de opstanding een verheerlijkt lichaam hebben. Niet gebonden aan tijd en ruimte. Denk ook aan Jezus na Zijn opstanding. Joh. 20 : 26. Hij stond in hun midden terwijl de deuren gesloten waren. Engelen kunnen zich verplaatsen met nog grotere snelheden dan licht. Ook zien we in de bijbel dat ze aardse lichamen kunnen aannemen. Mannen-gestalten bijvoorbeeld. Gen. 18 en Gen. 19. Hoewel verschillend in rang, heerlijkheid en roeping, hebben ze allen gemeen hun aanhankelijkheid en onvoorwaardelijke gehoorzaamheid aan God. Tot één van hun taken behoort het beschermen van mensen. Wij kennen in onze taal de benaming: beschermengel. Beschermengelen hebben een zeer belangrijk aandeel in het leven van de gelovige, in grote en kleine dingen, in gewone en buitengewone dingen. De Here God doet meer met engelen in ons leven dan we denken en weten. God geeft hun de opdracht ons te beschermen.

Eén ding moeten we nooit uit het oog verliezen er is een deel afgevallen, maar het grootste deel bleef God dienen. Gods legerscharen van engelen overtreffen dus verre die van satan. Wel bemoedigend hè?

GEBED.

Vader in de hemel, wilt U ons samen helpen om te begrijpen wat er in Uw Woord staat, we weten eigenlijk veel te weinig ook over engelen die ons beschermen. Ik sta er lang niet genoeg bij stil hoe U werkt, en hoe U ons beschermt. Maar het maakt me wel blij dát U mij bewaart. Helpt U ons samen alleen naar U te luisteren, naar wat U ons te zeggen hebt. Ik vraag het in de Naam van Jezus. Amen.

LEZEN:

Lucas 16 : 22, 22 : 43;   Openbaring 5 : 2, 8 : 8; 12 : 6-12; 14 : 8, 9, 19 : 17, 22 : 8, 9;   Psalm 80 : 2;   Jesaja 6 : 1, 2;   Daniël 10 : 11-20.

Hij heeft zijn ENGEL gezonden en Zijn dienaren bevrijd, die zich op Hem hebben verlaten.

BESCHERMENGEL.

Als je ergens een beschermengel in de Bijbel tegenkomt, dan is het wel in het overbekende verhaal van de drie vrienden van Daniël, Sadrach, Mesach en Abédnego. Deze drie waren de enigen die het beeld dat de koning had opgericht, niet aanbaden en ze wisten vooruit wat of hun te wachten stond: de vuurdood. Deze mannen waren gehoorzaam aan God. Nebukadnezar wilde ze bewegen om toch maar te knielen. Maar hun antwoord was duidelijk: 'Indien onze God, die wij vereren, in staat is ons te bevrijden, dan zal Hij ons uit de brandende vuuroven en uit uw macht, o koning, bevrijden, maar zelfs indien niet, hetzij u bekend o koning, dat wij uw goden niet vereren en het gouden beeld dat gij hebt opgericht niet aanbidden'. Daarop werden ze alle drie gebonden en in de brandende oven geworpen. Maar wat doet God? Hij stuurt een beschermengel die de macht heeft om het vuur te binden. De engel haalt de mannen niet meteen uit de brandende oven. Hij bevrijdt hen voorlopig alleen van hun boeien zodat ze vrij kunnen lopen. En zo wandelen ze dan ook met z'n vieren. Nebukadnezars hart staat bijkans stil van schrik. Nee, maar... dat gaat z'n begrip te boven. En dan die nummer vier... Het is om je naar te schrikken. God spreidt Zijn wondermacht vaak uit door toedoen van Zijn Engelen. Wij letten er niet altijd op, en we denken er niet over na, dat zij dienende geesten zijn van God, die er op uitgezonden worden om op aarde de mens te beschermen. Als we eens met geestelijke ogen konden zien, heel even maar, dan zouden we versteld staan hoeveel miljoenen engelen we om ons heen hebben. God gebruikt ze om jou en mij te beschermen.
Geloof je dat God jou beschermt door een engel?
Geloof je dat er 's nachts een engel naast je bed zit, en dat er overdag een naast jou gaat zitten als je auto rijdt? Ik hoorde laatst iemand zeggen: 'als ik boven de negentig kilometer rijd, dan stapt m'n engel uit de auto'. Misschien had hij wel gelijk, wie weet; we mogen niet spelen met ons leven.

GEBED.

Heer, ik heb er eigenlijk nooit zo over nagedacht hoé U ons beschermt, en dat het gebeurt door middel van Uw engelen, die U volkomen gehoorzamen. U hebt ze al vanaf het begin ingezet en wij hebben er geen notie van hoevele duizenden engelen U tot Uw beschikking hebt. Dank U wel Heer, voor het bewaren van Uw kinderen. Ik dank U, Heer, dat de engelen zelfs macht hebben ons in het vuur te beschermen, zodat vuur ons niet kan aantasten.
Heer, vergeef m'n kortzichtigheid op dit terrein, in de Naam van Jezus. Amen.

LEZEN:

Daniël 3;   Psalm 34 : 8;   Mattheüs 18 : 10.

Want Hij zal aangaande u Zijn ENGELEN gebieden, dat zij u behoeden op al uw wegen, op de handen zullen zij u dragen, opdat gij uw voet niet aan een steen stoot.

VERANTWOORDING.

De Heer geeft Zijn engelen opdracht om je te bewaren op al je wegen, zegt de psalmist. Ja, weer die bewarende engelen die een grote rol spelen achter de schermen. We zien hen niet aan het werk, maar we zien soms wel de uitwerking er van. Hoe vaak komt het in het leven niet voor dat er bijna een ongeluk gebeurt, maar op onverklaarbare wijze gaat het nog net goed. We hebben er geen idee van hoeveel ongelukken er worden voorkomen omdat een engel ons bewaart, IN OPDRACHT VAN GOD NATUURLIJK. In de Ned. Herv. Kerk hoor ik weinig over bewarende engelen praten en toen ik er op onze vrouwengroep over begon, was de eerste reaktie: 'o, maar dat is zo Rooms-Katholiek'. Nou dat kan ik begrijpen, want in het Rooms-Katholiek denken speelt de engelbewaarder een zeer grote rol. Wij zijn daar anders in opgevoed. Weet je wie alles af weet van engelen? Satan, ja en satan weet ook precies wat er in Gods woord over geschreven staat. Tijdens de verzoeking in de woestijn zegt satan tegen Jezus: 'Indien Gij Gods Zoon zijt, werp Uzelf naar beneden; er staat immers geschreven: aan Zijn engelen zal Hij opdracht geven aangaande U, en op de handen zullen zij U dragen opdat Gij Uw voet niet aan een steen stoot'. Satan gebruikt hier Psalm 91. Maar Jezus zeide tot hem: ER STAAT OOK GESCHREVEN: GIJ ZULT DE HERE UW GOD NIET VERZOEKEN'.

De Here Jezus geeft ons hier een les in verantwoording dragen voor ons leven op de juiste manier, dat wil zeggen door geen misbruik te maken van beschermengelen. Met het leven dient niet te worden gespeeld. De Here God verzoeken wordt door Jezus afgekeurd. Jij en ik krijgen opdracht om elke dag verantwoord met ons leven om te gaan. Niet zo van: 'Nou, ik rijd met een vaartje van honderdzestig wel even naar Amsterdam want m'n beschermengel bewaart me wel'. Of: 'We gaan vanavond samen uit, want de beschermengel zit wel naast het bed van ons kind'. 'Er staat geschreven', zegt Jezus, 'gij zult God niet verzoeken'. Sta je hier ook wel eens bij stil? De Heer gebiedt de engel jou te bewaren, maar je mag je niet als een waaghals gedragen. DAT IS GOD VERZOEKEN.

GEBED.

Vader, ik dank U voor Uw bewarende hand. Ik dank U dat U de engelen gebiedt dat zij ons behoeden zullen, totdat U zegt: 'Genoeg, Ik wil mijn kind thuisnemen'. U spreekt ook hierin het laatste woord. Ik vraag U, wilt U mij laten zien waar ik Uw bewarende hand misbruik. Leer mij door Uw Geest naar Uw woorden te leven en te handelen. Leer mij met Uw Woorden uit de Bijbel om te gaan, zoals Jezus er mee omging. Ik vraag het U in Zijn Naam. Amen.

LEZEN:

Psalm 91 : 10-16;   Mattheüs 4 : 1-11;   Lucas 4 : 28-30.

Of meent gij, dat Ik Mijn Vader niet kan aanroepen en Hij zal Mij terstond meer dan twaalf legioenen ENGELEN ter zijde stellen?

ENGELENLEGERS.

Jezus werd gevangen genomen door een grote schare soldaten, gewapend met stokken en zwaarden. Een van de discipelen trok zijn zwaard en sloeg daarmee het oor van de knecht van de hogepriester. Och, hij begreep er nog niet veel van, want onmiddellijk reageerde Jezus met: 'Breng het zwaard weer op zijn plaats terug, want allen die naar het zwaard grijpen, zullen door het zwaard omkomen. Of meent gij, dat Ik Mijn Vader niet kan aanroepen en Hij zal Mij terstond meer dan twaalf legioenen engelen ter zijde stellen? Méér dan twaalf legers tegelijk; begrijp dat dan toch. Ik ben niet afhankelijk van jullie hulp. Ik hoef geen bescherming, Ik moet voor jullie sterven. In het begin had satan Hem al gewezen op die mogelijkheid van engelenhulp, nu heeft Jezus het er Zelf over. Hij had macht zoveel engelen te roepen die Hem zouden beschermen, zodat Hij zelf niets hoefde te doen. Ja, die macht bezat Hij. Hier zie je dat engelen ons in de strijd kunnen beschermen en bewaren en helpen, maar dat gebeurt dan altijd op gezag van God. Het gebeurt veelal ongemerkt, alleen de uitwerking, het resultaat ervan is merkbaar. Daarnaast is ons hier wel duidelijk dat ook Jezus macht heeft de engelen opdrachten te geven. Al wat engelen doen, wordt gedaan in gehoorzaamheid aan Hem. Weet je wat Jezus graag wil? Denk maar eens aan de bede uit het Onze Vader: Uw wil geschiede, gelijk in de hemel, alzo ook op de aarde. Het is Zijn diepste wens, dat wij net zo gehoorzaam worden als de engelen in de hemel, want dat staat er toch? Gehoorzaam zijn is moeilijk voor ons, we willen daar altijd voorwaarden aan verbinden. Toch... Hij wil jou en mij er wel bij helpen en... wat let ons dan?

GEBED.

Ja, Heer U wilt óns net zo goed in Uw rijk gebruiken als de engelen, maar zij gehoorzamen U altijd en wij bijna nooit helemaal. Er heerst bij Uw legerscharen zo'n volmaakte orde, waar wij niet aan kunnen tippen. Toch verlang ik meer en meer dienstbaar te worden aan U, maar het allereerste en belangrijkste voor een soldaat van Christus is: GEHOORZAAMHEID te leren, anders loopt het fout.
Heer, hier ben ik. Leer mij gehoorzaamheid, leer mij dit elke dag een beetje meer. Ik dank U dat ik langs Uw wegen mag leren om een goed soldaat te worden. Dank U ook voor al de engelen en voor het feit dat U ze wilt inzetten om ook mij te beschermen. Amen.

LEZEN:

Mattheüs 26 : 47-56;   Exodus 23 : 20-23;   2 Koningen 6 : 15-17.

Een ENGEL des Heren opende des nachts de deuren van de gevangenis en leidde hen naar buiten.

WIE IS JE GAST?

Het zal je gebeuren als je gevangen zit en er komt midden in de nacht een engel in je cel, die de deuren van de gevangenis opent en je naar buiten brengt. Toch gebeurde het bij de apostelen. Ze werden bevrijd door een engel. De Heer zendt een engel om een mens uitredding te geven. Een engel die Gods opdracht uitvoert. Een engel die helpt, een engel die de taal der mensen spreekt. Dat engelen zich in mensengedaante kunnen openbaren en met de mensen spreken, is iets wat wij moeilijk kunnen begrijpen. Maar de mensen die onder het Oude Testament leefden vonden dat helemaal niet zo vreemd, vandaar dat de apostelen er ook niet zo verbaasd over waren, anders hadden ze het wel uitvoeriger verhaald. De opdracht die deze engel aan de apostelen geeft is overigens niet mis: 'Gaat heen, gaat in de tempel staan en spreekt tot het volk al deze woorden des levens'. De engel had net zo goed kunnen zeggen, 'ga en verkondig het evangelie aan de vijanden van Jezus'. Ik weet niet of ik wel zo blij zou zijn geweest: bevrijd zijnde weer naar het hol van de leeuw te gaan, en met zo'n opdracht, wees maar eerlijk. Misschien zie ik één ding over het hoofd, als ik een engel van God in levende lijve was tegengekomen, misschien dat ik dan...? Nu iets anders, het kan ook gebeuren dat we engelen als gasten in ons huis hebben zonder dat we weten dat het engelen zijn. Dit vertelt Paulus ons. Misschien zeggen we later achteraf: als ik dát geweten had! Dan zou ik...!

Ds. Okke Jager beschrijft in een van z'n gedichten een huiskamer waar met de kinderen het 'Ere zij God' wordt ingestudeerd. Men is daar zo druk mee bezig dat niemand zich de tijd gunt om de voordeur te openen omdat er gebeld wordt. Het gedichtje eindigt met: 'Ere zij God' duurt lang en 'Vrede op aarde'. Ik liet maar bellen tot het allerlaatste refrein. Toen zag ik, Wie er door de ruiten staarde: Het Kind vroeg in een kind, of Hij er bij mocht zijn.

Wie belt er bij jou aan de deur? Een engel? Of... De Here Jezus Zelf? Bij Hem is alles mogelijk.

GEBED.

Vader, ik beken U eerlijk, dat ik zou schrikken als U een engel naar me toe zou sturen en dat ik zijn opdracht (Uw opdracht) misschien slechts aarzelend zou uitvoeren. Ik denk ook veel te weinig aan de woorden van Jezus, toen Hij een kind in het midden plaatste en zei: 'Een ieder, die zulk een kind ontvangt in Mijn naam, ontvangt Mij'. Vader, leer mij iedereen die mijn huis binnenkomt, zo te ontvangen, alsof het een engel ware, alsof U het Zelf was. O, Vader, als ik daaraan denk... Help mij er mee, help mij er mee, dat ik het dóe. Ik vraag het U in de Naam van Jezus. Amen.

LEZEN:

Handelingen 5 : 17-25;   Hebreeën 13 : 2;   Genesis 19 : 1;
Exodus 23 : 20-23;   Richteren 13 : 6;   Daniël 6 : 23;   Mattheüs 18 : 5-11.

Genesis 16 : 7
De Engel des Heren trof haar aan bij een waterbron.

WAAROM?

Is je iets opgevallen in de tekst hierboven? Iets wat we nog niet eerder tegengekomen zijn? Er staat niet 'een engel', maar 'De Engel'. Engel wordt hier met een hoofdletter geschreven en dat is niet voor niets, en er staat 'De' in plaats van 'een'. Tientallen keren lezen we het in het Oude Testament, (in het Nieuwe Testament komen we het niet meer tegen). 'De Engel Gods', 'De Engel des Heren'. Er wordt vaak gezegd dat de Here Jezus te vinden is door heel het Oude Testament. Veel heenwijzingen naar Hem kennen we wel. In de offers, vooral de bloedoffers is een heenwijzing naar Hem te vinden. Ook in personen is vaak een heenwijzing naar Hem te vinden, door hun karakter of door hun levensloop. Maar telkens als hier in het Oude Testament Engel met een hoofdletter geschreven wordt, kon het wel eens zijn dat er Jezus Christus mee bedoeld wordt. Jezus aangeduid met het woord Engel. Dit hoorde ik uitleggen door een predikant. Het trof me wel, want ik had nooit gedacht dat het zo kon zijn. Het was me eerlijk gezegd ook nooit opgevallen dat er vaak Engel stond met een hoofdletter en engel met een kleine letter. Toch maakt het mij blij, de Here Jezus wordt er door verheerlijkt, en steeds groter voor mij. Later merkte ik dat hierover verschillende meningen bestaan, maar ik geloof voor mezelf dat met 'De Engel' Jezus Christus bedoeld wordt. Nu is Zijn Geest bij ons, ja, woont in ons. Hij komt niet even ons huis binnen, niet even van boven naar beneden zoals in het Oude Testament, nee, Hij blijft wonen in ons levenshuis. Het is met recht Geest met een hoofdletter. Dat maakt ons allen zo blij, blij dat wij leven ná Christus' dood en opstanding. Zo kunnen we het samen volhouden op deze aarde met zijn moeiten en lasten, want we zijn nooit en nooit meer alleen. Machtig hè?

GEBED.

Here Jezus, déze gedachte over Engel als de Engel des Heren, maakt me blij; ik begrijp nu nóg veel beter dat U er was 'in het begin', dat U er was vóór de schepping, dat U er was in de geschiedenis en dat U blijft tot in alle eeuwigheden. U kunt Zich op allerlei manieren openbaren. U doet het nu ook op een wijze, die vaak boven ons menselijk denken ligt. U wilt in mij wonen door Uw Geest; dat U dat wilt Heer, Ik die U nog wel zo vaak verdriet doe. Maar het is Uw liefde voor mij, ik weet het Heer. Uw liefde voor al de anderen waar U ook in wilt wonen door Uw Geest; ik kom woorden te kort om U te bedanken. Amen.

LEZEN: Teksten waar Engel met een hoofdletter staat geschreven:
Genesis 21 : 17, 22 : 11, 31 : 11, 48 : 16;   Exodus 3 : 2, 14 : 19.

Zondag 19de week na of vlak voor Pinksteren	De Heer wil dat we zuinig op ons lichaam zijn. Het is 'Zijn huis' waarin Hij hier wil wonen op aarde. Geef het dan voldoende rust. In het bijzonder ook op deze zondag.	

LICHAAM.

Hooglied 5 : 14b.
...zijn LICHAAM is een kunstwerk van ivoor, bedekt met lazuursteen.

1 Petrus 2 : 24a.
...die Zelf onze zonden in Zijn LICHAAM op het hout gebracht heeft.

1 Corinthe 6 : 15a en 19, 20.
Weet gij niet, dat uw LICHAMEN leden van Christus zijn?
Of weet gij niet, dat uw LICHAAM een tempel is van de Heilige Geest, die in u woont, die gij van God ontvangen hebt, en dat gij niet van u zelf zijt?
Want gij zijt gekocht en betaald. Verheerlijkt dan God met uw LICHAAM.

Mattheüs 26 : 26-28.
En terwijl ze aten, nam Jezus een brood, sprak de zegen uit, brak het en gaf het aan zijn discipelen en zeide: 'Neemt, eet, dit is Mijn LICHAAM'. En Hij nam een beker, sprak de dankzegging uit en gaf hun dien en zeide: 'Drinkt allen daaruit. Want dit is het bloed van mijn verbond, dat voor velen vergoten wordt tot vergeving van zonden'.

1 Corinthe 12 : 12-13a.
Want gelijk het LICHAAM één is en vele leden heeft, en al de leden van het LICHAAM hoe vele ook, één LICHAAM vormen, zo ook CHRISTUS; want door een Geest zijn wij allen tot één LICHAAM gedoopt.

Philippenzen 2 : 3.
...doch in ootmoedigheid achte de een de ander uitnemender dan zichzelf.

GEBED.
Heer, ik heb deze zondag van U gekregen als een rustdag. En nu moet ik U bekennen dat ik soms nog drukker ben dan in de week. Dit is niet goed. U Heer, hebt Zelf deze rustdag ingesteld, daarom vraag ik U, laat mij zien waar het bij mij fout gaat, wat ik teveel doe, waarom ik me juist vandaag niet in de stilte kan terug trekken.
Heer, ik schaam mij er voor, vergeef het me, laat mij opnieuw beginnen, zoals U dat elke dag met mij wilt doen en leer en help mij hierin te volharden! Amen.

...zijn LICHAAM is een kunstwerk van ivoor, bedekt met lazuursteen.

KOSTBAAR IN ZIJN OGEN.

God schiep de mens naar Zijn beeld. Een schepping zo fijnzinnig en kunstzinnig samengesteld, dat we er stil van worden.

David zegt er dit van in Psalm 139 : 13 'Want Gij hebt mijn nieren gevormd, mij in de schoot van mijn moeder geweven. Ik loof U, omdat ik gans wonderbaar ben toebereid. ...Mijn gebeente was voor U niet verholen toen ik in het verborgene gemaakt werd'. Koning Salomo zegt van het lichaam: 'Het is een kunstwerk van ivoor bedekt met lazuursteen'. Ivoor is hard materiaal, dat bestand is tegen een stootje. Ons lichaam kan er dus tegen, het is bestendig. Hij gaat verder: 'het is bedekt met lazuursteen'. Wat prachtig ziet het er van de buitenkant uit hè? Lazuursteen heeft de kleur van hemelsblauw. Denk maar even aan een onbewolkte strakke hemel.

De Bijbel zegt ons wat we met bepaalde lichaamsdelen kunnen doen, hoe we ze kunnen gebruiken. Hier volgen enkele uitspraken: De lamp van het lichaam is het oog en zou Hij die het oog vormde niet zien? De Here heeft mijn oren geopend. Uw neus is als de toren van de Libanon. Gij zult een vat van koper maken met een voetstuk van koper voor de afwassingen, het plaatsen tussen de tent der samenkomst en het altaar, en daar water in doen en Aäron en zijn zonen zullen daarin hun handen en voeten wassen. Van mond tot mond spreek Ik met Mozes. Zachtheid van tong is een boom des levens. Eigenlijk wemelt het in de Bijbel van dergelijke uitspraken. Als je de lichaamsdelen die in de Bijbel genoemd worden, gaat onderstrepen, merk je pas hoe vaak ze aan de orde komen. Deze week willen we gebruiken om te zien wat de Heer met ons lichaam bedoelt, hoe wij het benutten en verzorgen moeten. Ook hoe de Bijbel het lichaam als voorbeeld neemt om de gemeente van Christus uit te beelden. Dit willen we alvast voorop stellen, n.l. dat jouw en mijn lichaam kostbaar zijn in Zijn ogen en dat Hij er in wil wonen. Omdat we samen als leden van Zijn Lichaam, dat is de gemeente, mogen leven en werken, in Zijn wereld. Vind je dit geen heerlijke gedachte?

GEBED.

Heer, onder het lezen moet ik steeds denken aan abortus. Aan mensen die het leven doden, wat is dat verschrikkelijk en wat moet U daar een verdriet van hebben. Heer, ik bid U, of U wijsheid en moed wilt geven aan de regeringsleiders die over deze zaken beslissingen moeten nemen. Ik bid U voor hen die ons land langzaam maar zeker als christelijke natie laten verloren gaan. Vergeef ons deze schuld als volk van Nederland. Vergeef ons als gemeente van Jezus Christus dat wij er te laks tegenover staan, er té weinig op reageren. U hebt ons zo wonderbaar toebereid. U schenkt het leven en de mens doodt het voordat het leven volgroeid is. Leer ons meer met verwondering te zien naar het wonder van het leven. Help ook die moeders die zich geen raad weten als zij in verwachting zijn. Maak mensen bereid om hen op te vangen en te begeleiden en laat ze begrijpen dat élk kind ook Uw kind mag zijn. Amen.

LEZEN:
Ps. 26:2, 139:13-16;   Neh. 1:6a;   Jes. 50:4, 5;   Mat. 6:22;   Rom. 10:9, 10.

...die Zelf onze zonden in Zijn LICHAAM op het hout gebracht heeft.

EEN KOSTBAAR IETS.

We weten allemaal wel waar we met ons lichaam toe in staat zijn. Ik bedoel tot zondigen, daar hoeven we niet omheen te draaien. Het is het ergste wat we ermee kunnen doen. Het begon al vlak nadat God de mens schiep naar Zijn beeld en gelijkenis. Na de val was de mens zondig, bevlekt met schuld. Het paradijselijk lichaam was duister geworden door te luisteren naar de stem van satan. Maar onmiddellijk beloofde God dat Hij Iemand naar de aarde zou sturen, die de zonde op zich zou nemen en wegdragen. Daarmee bedoelde Hij Zijn Zoon Jezus Christus die, toen de tijd werd vervuld, Zijn hemelse lichaam verliet en naar de aarde kwam in een aards lichaam. Hij wandelde hier op aarde rond met een zelf-de lichaam als van ons maar wel met dit opmerkelijke verschil: Hij was zonder zonde, en bleef zonder zonde. En Zijn vlekkeloos lichaam droeg alle zonde van jou en mij en van de hele wereld weg. Hij droeg de toorn van God, die wij verdienden. God wierp de zonden in de diepte der zee. Dankzij de Zoon.

Er is één ding dat je moet doen, wil je weer met God in het reine komen en wil je deel hebben aan Jezus Christus' verzoening. Dat is geloven, aannemen, dat Hij jouw zonden in Zijn lichaam heeft laten kruisigen en dat Hij dat deed voor ons allemaal.
Geloof dit.
En vraag om vergeving, doe een beroep op Zijn vergoten bloed, dan vergeeft God alles. Hij scheldt de zonden kwijt in de Naam van Jezus.
Dát deed de Here Jezus met Zijn lichaam op deze aarde. Geweldig hè?
Het is om stil van te worden. Het is een daad waar wij Hem elke dag wel voor mogen loven, prijzen en aanbidden.

GEBED.

Vader in de hemel, ik weet gewoon niet hoe ik het zeggen moet, ik kom woorden tekort hoe blij ik ben met Uw spontane diepe liefde voor mij. Als ik hier zo onder m'n werk aan denk, onder het afwassen of het stofzuigen, zing ik van blijdschap. En het is niet eens voor mij alleen, U gaf Uw Zoon voor ons allen. Maar Vader, wat erg dat velen dit niet aanvaarden, en het zelfs verwerpen, en nu word ik toch verdrietig als ik denk aan mijn... en aan... open toch hun ogen, schud ze toch wakker, Heer.
Helpt U mij om anderen vanuit Uw liefde lief te hebben en te helpen. Laat mij een brief van Christus zijn.
Vader, ik vraag het in Zijn Naam. Amen.

LEZEN:

1 Petrus 2 : 24;   Hebr. 10 : 19-24;   Joh. 19 : 28-30.

Weet gij niet, dat uw LICHAMEN leden van Christus zijn?
Of weet gij niet, dat uw LICHAAM een tempel is van de Heilige Geest, die in u woont, die gij van God ontvangen hebt, en dat gij niet van u zelf zijt?
Want gij zijt gekocht en betaald. Verheerlijk dan God met uw LICHAAM.

IN MIJ?

Als we de Here Jezus hebben binnen gelaten in ons hart, zijn we opgenomen in Zijn gemeente. Christus is het hoofd en wij zijn de leden. Zo maakt Hij ons duidelijk hoe nauw we zijn verbonden met Hem. Het hoofd bestuurt het hele lichaam. Een lichaam zonder hoofd kan niet leven, niet functioneren, maar... een hoofd zonder leden evenmin.

Daarom hoort het hoofd bij de leden en horen de leden bij het hoofd. In ons lichaam woont nu Zijn Geest. Die maakt ons bekend wat het Hoofd van ons verlangt. En als je nu eens na gaat denken wie Jezus is, dat Zijn Geest in ons wil wonen, dan moeten we dat lichaam waar Hij in wil wonen, dat Hij met een tempel vergelijkt, heel goed verzorgen. Niet alleen aan de buitenkant, maar ook innerlijk moeten we gelijk gestemd worden aan Zijn Geest. We zijn niet meer van onszelf, nee, we zijn gekocht en betaald, door Jezus Christus.

Gij nu zijt het lichaam van Christus, dat is een feest, maar ook een enorme verantwoording. Verzorg dan je lichaam; let erop dat het niet verontreinigd wordt; heb er eerbied voor. De ander mag aan ons zien dat we geheiligde mensen zijn geworden. 'Heilig' betekent in de Bijbel 'afgezonderd, apart gezet'. Zo moet het met een christen toch zijn? Gebruik je lichaam alsof het een tempel is, en behandel het met eerbied omdat het door God geschapen is.

Weet, dat de Heilige Geest in je woont, vraag Hem alles, ook als je niet goed weet, of het goed is daar of daar naar toe te gaan. Hij wijst je de weg. Je bent een lid van Zijn lichaam. Leef er dus ook naar. Zijn Geest wil je helpen Zijn leven te leiden, God te verheerlijken, Jezus Christus groot te maken, daar waar je bent en woont en werkt.

Dan vraag je je wel eens af 'is dit ook voor mij?' 'Ja, ook voor jou', zegt Jezus. 'Je moet niet meer zo min over jezelf denken, Ik woon nu toch in jou?'

GEBED.

Heer, dat U toch in mij wilt wonen, ondanks mijn zonden, dat is haast onbegrijpelijk voor mij. Wat moet U werkelijk veel van ons houden, wat hebt U een geduld met ons mensen. Ik denk er lang niet genoeg bij na dat ik een lid van Uw lichaam ben, dat U het hoofd bent, want dan zou ik toch anders leven. Dank U, dat U mij het elke dag weer opnieuw zegt. Ja, laat me dagelijks zien, hoe nauw ik met U verweven ben. En het meest bemoedigend voor vandaag is dat ik mag weten, dat U mij nodig hebt, Heer. Daar word ik warm van. U die mij nodig hebt? Ja het is waar! U woont helemaal in mij, en dat is Uw wil. Uit de grond van mijn hart dank ik U daarvoor, Vader. Amen.

LEZEN:

1 Corinthe 12.

Neemt, eet, dit is Mijn LICHAAM.

WIJ VIEREN FEEST.

Het Avondmaal is het uiterlijke teken van werkelijke gemeenschap met Christus, ons Hoofd. Jezus heeft het ingesteld, als een teken van het nieuwe verbond dat Hij met jou en mij sloot. Het eten van het brood en het drinken van de wijn is het bewijs dat jij van Hem bent, dat je je persoonlijke omgang met Hem verdiept, dat de band met Hem wordt versterkt. Jezus gaf de opdracht erbij: 'doe dit tot Mijn gedachtenis'.

Wanneer je geloof sleur dreigt te worden (we kennen dat immers allemaal) of wanneer de Heer voor je gevoel oneindig ver weg is, dan zegt Jezus: 'Kom maar, Ik wil je weer opnieuw versterken en bemoedigen. Kom aan tafel, dan vieren we samen het Avondmaal. Dan eet je dit brood als Mijn lichaam en je drinkt deze wijn als Mijn bloed, en dan weet je het weer opnieuw: Dit is het offer dat voor jou gebracht is tot een volkomen zaligheid. Je bent van Mij, je hoort bij Mij, je mag bij vernieuwing ontdekken dat onze verhouding verstevigd wordt, en dat dit niet een gevoelskwestie is, maar dat het Avondmaal, dit feest, een tastbaar feit is'. Daarom nodigt Hij me zondags in de kerk uit om mét de andere leden dit feest te vieren.

Valt het je op dat we dit feest VIEREN? Vieren doe je wanneer je blij bent. We vieren een verloving, een trouwdag, een verjaardag of het feit dat we voor een examen geslaagd zijn. Veel mensen houden wel van zo'n feestje. Ze laten geen gelegenheid voorbij gaan om van hun aanwezigheid blijk te geven. Daarom begrijp ik niet dat we aan het Avondmaal met zulke strakke gezichten naar elkaar zitten te kijken. Ach, stil maar, ik weet ook wel dat de ernst er bij hoort, maar dwars door de soberheid heen, mag, nee moet, de blijdschap van ons uitstralen.

We zouden bijvoorbeeld na zo'n feestmaaltijd spontaan op moeten staan en hand in hand zingen: U zij de glorie, opgestane Heer. We zijn toch leden van Zijn lichaam, we VIEREN deze maaltijd toch samen? Ter ere van wie eigenlijk? Kom jij ook zondag om dit feest blij te vieren?

GEBED.

Vader in de hemel, ik wil U danken voor het voorrecht dat ik, temidden van de gemeente, Uw Avondmaal weer mocht vieren. Ik zou deze innerlijke vreugde en vrede zo graag doorgeven aan anderen, met anderen delen van deze overvloed aan genade. Heer, hoe komt het dat er zelfs na zo'n 'heilig herdenken' nog maar zo weinig vreugde van mij en anderen afstraalt, hoe komt het dat we anderen niet jaloers maken op hetgeen wij door Uw genade mogen beleven? Heer, leer mij persoonlijk en leer ons als gemeente en leer ons als kerk iets van de wonderlijke blijdschap welke in U is, uit te dragen. Geef de moed om er in kleine kring van te getuigen en ervan te zingen, want: U is de Glorie, opgestane Heer en U de Victorie. Dank U voor dit alles. Amen.

LEZEN:

Deut. 16 : 1-17;   Lucas 22 : 14-23;   Johannes 2 : 1-11;   Openb. 19 : 6-10.

Op een workshop van één van de Timotheüsdagen hoorde ik het volgende verhaal voorlezen. Het trof me om de eenvoudige, begrijpelijke uitbeelding van de
leden en het LICHAAM van Christus. Het verhaal werd geschreven voor kinderen, hoewel... Ik heb het met toestemming overgenomen, zodat we er allemaal
onze lering uit kunnen trekken.

ÉÉN LICHAAM, VELE LEDEN, 1 Corinthe 12.

Hoe het eigenlijk begonnen was, wist niemand nog te vertellen; noch de neus,
noch het oor, noch de voet, noch de hand of de mond.
Ze behoorden allemaal tot één lichaam, ze hadden ieder een eigen taak. De
mond was dankbaar omdat hij spreken kon. De voet was blij met de mogelijkheden die hij had: hij kon dansen, huppelen, lopen en noem maar op... Het oor had
volop werk, want er was zoveel om naar te luisteren... En zo waren alle leden
van het lichaam bestemd om op de plaats waar ze stonden een eigen taak te vervullen. Op zekere dag echter bemerkte de hand dat de pink er zo lusteloos bij
hing. 'Is er wat aan de hand?', vroeg de mond. 'Ach', zei de pink 'Ik hoor er
eigenlijk niet bij'. 'Waarbij dan?', vroeg de mond. 'Bij het lichaam natuurlijk'
zei de pink. 'Ik zou er net zo goed niet kunnen zijn. Waarvoor kan ik nu gebruikt
worden? Als ik nu een mond was zoals jij, dan had ik tenminste nog een taak. Ik
zou overal waar ik kwam over de Here Jezus vertellen. Ik zou lachend naar de
mensen gaan en zieken zou ik bemoedigen en... och, was ik maar een mond, of
een oor, dan konden de mensen hun problemen aan mij vertellen en ik zou luisteren. Het moet heerlijk zijn om een oor te zijn! Of een voet, dan kon ik lopen.
Overal zou ik heen gaan om het evangelie te verkondigen en ik zou dansen van
blijdschap als er mensen weer naar God zouden luisteren. Oh, was ik maar geen
pink. Neen, als pink behoor ik niet tot het lichaam'. En moedeloos liet de pink
zich neerhangen. 'Luister toch eens', zei de hand 'jij kunt vertellen wat je wilt,
maar wij hebben je nodig. Je bent niet voor niets op deze plaats gezet. Als jij je
taak niet doet, dan gaat het voor de andere vingers ook veel moeilijker. Nee pink,
jij behoort wél tot het lichaam of je nu wilt of niet. Jij hebt een eigen taak'.
De andere delen van het lichaam hadden aandachtig het gesprek gevolgd. Ze
zagen wel dat de pink verdrietig was en dat deed hen ook verdriet. Ze wilden het
liefst dat de pink blij en tevreden werd. 'Ik heb niemand nodig', zei opeens een
stem. Allen keken verbaasd op. Hoe kon dat nu? Ze waren toch allemaal bijeen
geplaatst als leden van één lichaam! Hoe kon dan één zeggen: 'Ik heb de anderen
niet nodig'?

(wordt vervolgd op de volgende bladzijde)

GEBED.

Heer, één ding weet ik, dat we allemaal elkaar nodig hebben in de gemeente.
Dank U dat U me dat hebt laten zien. Amen.

LEZEN:

1 Corinthe 12 : 12-31.

Doch in ootmoedigheid achte de een de ander uitnemender dan zichzelf.

IK HEB DE ANDER NIET NODIG.

'Zo', zei de voet, 'waarom niet'? 'Omdat ik aan kijken genoeg heb', zei het oog. 'Zeg oog', zei de voet 'als je mij niet had zou je dag in dag uit naar hetzelfde moeten kijken, want zonder mij kun je nergens komen. Je vergist je als je denkt dat je mij niet nodig hebt'. 'Dat is waar', zie het oog 'jou heb ik nodig'. 'Als er geen voedsel binnen zou komen langs mij', zei de mond, 'zou je dan niet zwak worden, oogje'? 'Ja', zei het oog, 'jou heb ik ook nodig'. 'En als je mij niet had', zei de hand, 'om je slaap af en toe eens uit je oog te wrijven dan zag je niets meer'. 'Eigenlijk is het waar' zei het oog, 'ik heb jullie wél nodig, ik kan niet zonder jullie... maar die kleine pink is wel overbodig'. Allen werden heel stil en hadden medelijden met de pink. Dagen gingen voorbij en het lichaam ging een flinke wandeling maken. De voeten stapten er lustig op los. De handen zaten warm in de zakken van de jas. De oren luisterden naar het waaien van de wind door de bomen. De ogen keken rond en genoten van al het mooie. De neus rook de frisse natuur. Het zou prachtig geweest zijn als er niet die kleine pink geweest was, die zich overbodig voelde, zeker na hetgeen het oog gezegd had. De andere leden van het lichaam leden mee met de pink. Zelfs het oog had wel wat spijt over zijn uitbarsting, maar was te trots om ook maar iets toe te geven. 'Waarom toch', piekerde het, 'blijf ik nu maar steeds aan die kleine pink denken? Als ik hem uit de weg ga, dan gaat het wel voorbij. Tenslotte is het waar; ik héb hem niet nodig! Laat mij maar genieten van al het mooie. Goed rondkijken, dat moet ik doen'. Het oog sperde zich wijd open en keek. Opeens voelde het een scherpe steek, en zag niets meer, geen bloemen en geen veld. Er kwamen grote tranen tevoorschijn van de pijn. Dat kwam allemaal door een heel klein splintertje. De voeten bleven opeens staan en de mond riep: 'au'. De neus begon te snotteren. De handen voelden in de jaszak en namen er een klein spiegeltje uit. 'Veeg het er uit', zei de mond. Maar er liepen zoveel tranen uit het oog, dat het niets meer kon zien. De hand wreef in het oog, maar dat hielp niet. 'De pink', zei de mond, 'die moet de splinter er uit halen. Die is fijn genoeg'! Haastig werd de pink gevraagd of hij het wilde doen. Zou hij...? Alle leden van het lichaam wachtten in spanning af. De pink wist: 'hier is een taak voor mij. Hij richte zich op, hij werd er helemaal blij van en heel voorzichtig duwde hij het in het puntje van het oog, terwijl de andere vingers het oog open hielden. De mond stond open van spanning. Het hele lichaam stond gespannen te wachten en voelden met het oog mee. De kleine pink werkte heel voorzichtig de splinter naar buiten. Weer sprongen er tranen uit het oog, maar nu van dankbaarheid. Het hart werd er warm van. De voeten maakten een sprong in de lucht. De handen gingen omhoog en de mond zei: 'hoera'. Het hele lichaam was blij. En toen het oog tegen de pink zei: 'Dank je wel. Wil je me vergeven?', wisten alle leden dat ze bij elkaar hoorden en elkaar nodig hadden.

GEBED.
Vader, leer mij de ander uitnemender te achten dan mijzelf om Jezus' wil. Amen.

LEZEN: 2 Tim. 2 : 19-26;   Gal. 6 : 1-6.

Zondag
20ste week.

't Hoofd naar boven, zeggen
we vaak. Dat gaan we deze
week doen, want we vieren
Hemelvaart.

HEMELVAART

Mattheüs 1 : 21.
Zij zal een zoon baren en gij zult Hem de naam Jezus geven. Want Hij is het die zijn volk zal REDDEN van hun zonden.

Mattheüs 3 : 11
Ik doop u met water tot bekering, maar Hij, die na mij komt, is sterker dan ik... Die zal u DOPEN met de Heilige Geest en met vuur.

Hebreeën 7 : 25.
Daarom kan Hij ook volkomen behouden, wie door Hem tot God gaan, daar Hij altijd leeft om voor hen te PLEITEN.

Johannes 14 : 2a.
In het huis Mijns Vaders zijn vele woningen - anders zou Ik het u gezegd hebben - want Ik GA HEEN om u PLAATS TE BEREIDEN...

Johannes 14 : 2b.
...en wanneer Ik HEENGEGAAN ben én u plaats bereid heb, kom Ik weer en zal u tot Mij nemen, opdat ook gij zijn moogt, waar Ik ben.

Lucas 1 : 32, 33.
...en de Here God zal HEM DE TROON van Zijn Vader David GEVEN, en HIJ zal ALS KONING over het huis van Jacob HEERSEN tot in eeuwigheid, en ZIJN KONINGSCHAP ZAL GEEN EINDE NEMEN.

GEBED.
Vader in de hemel, wij danken U als Uw kinderen dat wij Hemelvaart mogen vieren en dat wij begrijpen mogen waarom Uw Zoon terugkeerde naar de hemel. Dank U dat we weten mogen dat Hij bezig is een woning voor ons klaar te maken, zodat we Hem eenmaal mogen zien, ja, met Hem zullen leven. Dank U dat we reeds hier op aarde als koningskinderen mogen leven. We kunnen daar niet bij Vader, maar U vraagt alleen geloof van ons en U wilt dat we uit dat geloof leven. Vergeef ons dat wij ons er te weinig in verdiepen, té weinig op al Uw beloften in gaan. We zijn zo druk Vader, U ziet hoe weinig gemeenteleden op de Bijbelkring komen om zich samen te buigen over Uw woord. Schud ons wakker en open nieuwe wegen en laat velen met ons die weg vinden. Amen.

Zij zal een zoon baren en gij zult Hem de naam Jezus geven. Want Hij is het, die zijn volk zal REDDEN van hun zonden.

DE EERSTE OPDRACHT OP AARDE.

Waarom vieren we eigenlijk het feest van Jezus' Hemelvaart? Schatten we dit wel naar zijn waarde? We vieren dit feest omdat Jezus' opdracht op aarde volbracht was. God zond Zijn Zoon naar de aarde om een grote taak te vervullen. Dit was om ons mensen uit de macht van de zonde te redden, en ons weer met God de Vader te verzoenen. De engel vertelde dit al aan Maria. Toen Jezus deze opdracht vervuld had, keerde Hij terug naar het Vaderhuis. De discipelen zullen zich eerst wel zeer verlaten hebben gevoeld, na enkele jaren elke dag in Zijn nabijheid geweest te zijn en elke dag Zijn wonderen te hebben aanschouwd, wonderen van genezing en zelfs van opwekking uit de dood! Ze hadden er helemaal geen rekening mee gehouden dát Hij van hen weg zou gaan, integendeel, ze dachten dat Hij hun Koning zou worden, dat Hij Israël zou redden uit de handen van de Romeinen. Maar dat was op dat moment Gods bedoeling helemaal niet. Jezus' Koninkrijk was (en is) immers niet van DEZE wereld! Vieren wij dit feest naar zijn waarde? Denken wij op Hemelvaart er wel aan dat wij dankbaar mogen wezen, blij mogen zijn dat Jezus Zijn verzoenend werk heeft volbracht, en ons de Trooster beloofd heeft, dat wij niet meer onder de heerschappij van satan leven, maar onder Goddelijke heerschappij? Dat wij gereinigd zijn door het bloed van Jezus Christus?
Er is veel meer te zeggen over de terugkeer van Jezus naar Zijn Vader. Op deze bladzij beperken we ons voorlopig en denken er aan dat Hij de straf die wij verdiend hadden, op Zich genomen heeft en dat Zijn taak op aarde volbracht is en dat Hij Zijn werk in de hemel voortzet. Dáárom ging Jezus terug naar Zijn Vader. We weten wel uit ervaring dat we over het algemeen Kerstfeest veel feestelijker vieren dan Pasen. We weten ook dat we vaak minder raad weten met Goede Vrijdag, Hemelvaart en Pinksteren. En dat het Hemelvaartsfeest de minste aandacht heeft. Een prachtige uitgaansdag? Of vier je toch dit feest omdat je werkelijk door hebt wat Goede Vrijdag en Pasen voor jou mag betekenen? Gelukkig, dan ben jij een blij kind van God, dan leef jij uit Zijn woord. Dan leef jij bevrijd, dan zijn jouw zonden weggeworpen in de diepte der zee en ben je een instrument in Zijn hand. Heerlijk hè?

GEBED.

Here Jezus, ik dank U, dat ik een levende band met U mag onderhouden en dat dit de bedoeling is voor al Uw kinderen hier op aarde die achterbleven toen U naar de hemel ging. Dank U dat U ook vandaag mij wilt zuiveren van het verkeerde dat ik weer deed. Ja, mij weer reinigt door Uw kostbaar bloed. Wilt U mij en allen die van U zijn helpen om tegen de zonde te strijden! Ik ben dankbaar, Here Jezus, dat U vanuit de hemel ons blijft omringen met Uw liefde. Amen.

LEZEN:
Ex. 3 : 8;   Ezra 8 : 31;   Luc. 19 : 10, 24 : 50-53;   Titus 3 : 4-6;   Col. 1 : 13.

Ik doop u met water tot bekering, maar Hij, die na mij komt, is sterker dan ik...
Die zal u DOPEN met de Heilige Geest en met vuur.

De tweede OPDRACHT OP AARDE.

De tweede opdracht waarvoor Jezus op aarde gekomen was, bestond hieruit dat Hij de gelovigen zou dopen met de Heilige Geest en met vuur. Zijn volgelingen zouden worden aangestoken door het Goddelijke enthousiasme. En... dat gebeurde niet, Jezus ging weg voordat deze toezegging uitgevoerd was. Wel blies Jezus op de discipelen en zei:'Ontvangt de Heilige Geest'. Maar dit werd niet echt begrepen door de volgelingen; ze waren er niet klaar voor. Dat de discipelen er geen rekening mee hielden dat Hij van hen weg zou gaan, lezen we in Joh. 16 : 16-18. Jezus zegt dan tegen hen: 'En nu ga Ik heen tot Hem die Mij gezonden heeft, en niemand van u vraagt Mij, waar gaat Gij heen? Maar omdat Ik dit tot u gesproken heb, heeft droefheid uw hart vervuld. Doch Ik zeg u de waarheid. Het is beter voor u dat Ik heenga. Want indien Ik niet heenga, kan de Trooster niet tot u komen, maar indien Ik heenga zal Ik Hem tot u zenden'.
Om GETROOST te worden, moet er eerst verdriet en gemis zijn; zolang Jezus bij hen was beseften ze dit alles niet. Jezus keerde terug tot Zijn Vader, daarna pas kon de Heilige Geest Zijn werk volbrengen in de mens. Op aarde was er een KLEIN groepje dat in kontakt kwam met Jezus, die Hem kenden en volgden. Maar als Jezus de Trooster, Zijn Geest, wil laten wonen en werken in de harten der mensen, kan dat in ieder gelovig hart, dat Hem biddend verwacht, waar ook ter wereld en overal waar kinderen Gods verlangend openstaan voor Zijn Geest. Dat is wel wat anders dan alleen in dat kleine groepje mensen dat Jezus volgde toen Hij op aarde wandelde. Dáárom ging Jezus terug naar Zijn Vader. Dáárom, om Zijn Geest in ieder hart uit te storten.
Zijn we ons bewust waarom we Hemelvaartsfeest vieren? Dringt het wel tot ons door dat wij evenals de discipelen wel eens weer tien dagen kunnen bidden om de uitstorting van de Heilige Geest, om een nieuw beleven, om de Geest die onze harten in vuur en vlam zal zetten?
Wij zijn zo toe aan een opleving in onze kerken, een nieuwe bezieling, een heilig vuur waarvan de vonken naar alle kanten spatten en andere mensen aansteken, zodat ook deze hun leven in dienst stellen van de Heer. Daarom vieren wij Hemelvaartsfeest. Daarom mogen wij weer tien dagen bidden om daarna werkelijk deel te hebben aan Pinksteren, aan het wonder van de Heilige Geest, ook in ons!

GEBED.

Ik moet erkennen Heer, dat ik van binnen weer uitgedoofd ben, dat Uw Geest niet brandend in mij leeft, dat ik dit Heilig brandende vuur niet meer in mij bemerk. Vergeef mij en met mij allen die zo lauw van binnen zijn. Vader, steek mij opnieuw aan met Uw Goddelijk vuur, en doe mij dan biddend zingen: Heer, ik hoor van rijke zegen die Gij uitstort keer op keer, laat ook van die milde regen, drupp'len vallen op mij neer. Ik bid het U in Jezus' Naam. Amen.

LEZEN: Joh. 20 : 22, 16 : 7;
Hand. 2 : 41, 47, 3 : 25, 26, 4 : 32, 10 : 45, 11 : 1-18;   Phil. 3 : 20.

Daarom kan Hij ook volkomen behouden, wie door Hem tot God gaan, daar Hij altijd leeft om voor hen te PLEITEN.

JEZUS IS ONZE VOORSPRAAK.

Daarom ging Jezus ook terug naar Zijn Vader, omdat Hij onze pleitbezorger is. Zijn werk is niet af nu Hij naar de hemel is, nee, Zijn werk gaat voort. Zijn aardse werk heeft hemels werk tot gevolg. De zonde is verzoend, de breuk tussen mens en God is hersteld, maar... wij zondigen weer opnieuw, we zijn niet zondeloos, we weten wel beter. En elke keer als wij weer zondigen, behoren we die zonde te belijden en vergeving te vragen, die we mogen ontvangen door het reinigende bloed van Jezus. Want Hij pleit voor ons bij Zijn Vader; Jezus is als het ware onze advokaat, onze pleitbezorger, steeds springt Hij voor ons in de bres. Steeds opnieuw ziet God de Vader ons aan in Jezus Christus Zijn Zoon. Als Hij ons aankijkt en onze zonde opnieuw ziet, gaat Jezus Christus er tussen staan. Dan ziet God Zijn doorboorde handen. Dan zijn God en de Zoon weer één heilige eenheid en vanuit deze eenheid is voor elk berouwvol mens: Genade - Troost - en Vergeving. Zo heeft het aardse werk van de Heer eeuwigheidswaarde gekregen. Wanneer wij iets aan God de Vader vragen, zal Jezus voor ons pleiten. Hij kent ons door en door, niet voor niets heeft Hij Zijn aardse jaren geleefd tussen ons mensen. Wat is dat een heerlijke wetenschap! We zijn behouden door Jezus en we mogen hand in hand met Jezus voor de Vader staan, elke dag weer opnieuw. Dáárom moest Jezus terug naar Zijn Vader, om ons te behouden.

Denken we er wel eens aan als we Hemelvaart vieren dat elk gebed via Jezus terecht komt voor de troon van God, dat we bij elk gebed mogen vertrouwen op onze bemiddelaar bij God? En dat Jezus voor ons pleit tot onze behoudenis en dat Hij ons lief heeft en dat God ons lief heeft in Zijn Zoon? Laat dat werkelijkheid worden en zijn in ons leven van elke dag. Tot in de kleinste dingen. Niets is té gering voor het oog van de Heer. Vraag alle dingen, bespreek alle dingen en zorgen met Hem, Hij zal bij Zijn Vader voor ons pleiten, zo zeker en waar als het in de Bijbel staat, want ook daarom ging Jezus terug naar Zijn Vader.

GEBED.

Here Jezus, ik wil U danken, dat ik UW naam mag noemen bij Uw Vader, als ik tot Hem bid. Dat ik mag zeggen: 'Vader ik vraag U dit alles in de Naam van Uw Zoon Jezus Christus'. Heer, wij zijn vaak zo vol met aardse zaken en zorgen, dat we gewoon vergeten welk een genade er voor ons is gekomen door Uw verzoenend sterven. Leer ons ook op Hemelvaartsdag te bidden en te danken voor het feit dat U weer terugkeerde naar het Vaderhuis met de vele woningen. Here, maak ook voor mij en anderen een plaatsje in Uw grote hemel klaar. Vergeef ons onze lauwheid, vergeef ons onze slapheid, vergeef ons het gemis aan vertrouwen, vergeef ons, Heer, al onze zonden en reinig ons door Uw bloed en doe ons verlangend uitzien naar Uw terugkeer. Amen.

LEZEN:

Job 16 : 19; Rom. 8 : 31-39; Hebr. 7 : 23-28; Hebr. 9 : 11-14; 1 Joh. 2 : 1, 2.

In het huis Mijns Vaders zijn vele woningen (anders zou Ik het u gezegd hebben) want Ik GA HEEN om u PLAATS TE BEREIDEN...

EEN WONING VOOR MIJ.

Ook dit is een werk waar Jezus mee bezig is. Hij bouwt voor jou en mij een woning. Hij maakt een plaats klaar om ons bij Hem te laten wonen. Wat zal dát een openbaring zijn. Je kunt je er geen voorstelling van maken. Het staat in de Bijbel, dat we er geen idee van hebben hoe het in de Hemel zal zijn. 'Wat geen oog heeft gezien, wat geen oor heeft gehoord, wat in geen mensenhart is opgekomen, al wat God heeft bereid voor degenen die Hem liefhebben'. Daarom ging Jezus terug naar Zijn Vader.

Als iemand die je lief is al bij de Heer is, zou je zo graag even een blik willen werpen hoe het daar bij Hem in de hemel is. Maar zou het niet de wijsheid Gods zijn dát we het niet zien en weten? Zou het niet daarom zijn, dat áls we het zagen, hoe heerlijk zij met Jezus samen zijn, dat wij zo zouden verlangen om daar ook te zijn dat we werkelijk onmiddellijk ons aardse leven zouden willen ruilen voor het eeuwige? En dat we hier onze opdracht niet met de juiste moed en kracht zouden volbrengen, en geen zin meer zouden hebben om te vechten en te strijden voor de zaak van Jezus? Want dat is het doel van ons menszijn op aarde, de opdracht voor de gelovige, de Here Jezus groot maken en Hem dienen.

De uitspraak van Jezus: 'Ik ga heen om u plaats te bereiden' is zo'n bemoediging voor ons, het is toekomstmuziek zou je kunnen zeggen. Ieder kind van God, ieder die Jezus aangenomen heeft als verlosser en Heer van zijn leven, wordt verwacht. En als ik eraan denk dat Jezus eenmaal gezegd heeft: 'Ik werk zolang het dag is', dan denk ik dat we Hem hierin ook moeten volgen, welk werk of welke taak dat ook is; dat is voor iedereen verschillend. Als je luistert naar Hem, wijst Hij je de weg. Maar de kern van die taak is voor iedereen hetzelfde: Hem de lof en de eer te geven, Hem groot maken in je leven van alle dag. Hem verkondigen, elk op z'n eigen plaats. Vertel de ander dat Jezus ook voor hem of haar gestorven is en dat Hij nu bij de Vader is, maar dat Hij eenmaal zal wederkeren om ons op te halen en om ons te doen wonen in het huis van Zijn Vader met de vele woningen. Hij maakt ze voor ons klaar.

GEBED.

Here Jezus, ik dank U dat U altijd met en voor de mens bezig bent. U weet dat ik op dit moment er niet bovenuit kan komen om stille tijd te houden. Ik ben zo moe, Heer, door alles wat er om me heen gebeurt, door alle ellende en verschrikkelijke situaties die er zijn in mensenlevens. Heer, er is geen recht meer, er is nergens hulp te verwachten. Alleen, alleen bij U, Heer, hier ben ik met al mijn moeiten en zorgen. Grijpt U in. Maar Uw wil geschiede Heer. Amen.

LEZEN:

1 Cor. 2 : 6-16;   Joh. 14 : 1-4;   Psalm 48 : 2-4;   Op. 4 : 1-11;   Deut. 6 : 13.

...en wanneer Ik HEENGEGAAN ben én u plaats bereid heb, kom Ik weer en zal u tot Mij nemen, opdat ook gij zijn moogt waar Ik ben.

IK KOM JE PERSOONLIJK HALEN.

Het gaat nóg verder. Niet alleen een plaats bereiden voor hen die sterven, nee, de Here Jezus wil graag dat we eens allemaal bij Hem zijn. Hij houdt zoveel van Zijn kinderen dat Hij hen om Zich heen wil hebben, hen wil zien van aangezicht tot aangezicht. Dat is met ouders toch ook zo? Het liefst zouden ze hun kinderen altijd dicht om zich heen zien, hen koesteren, liefhebben, helpen en steunen en hen beschermen tegen de wereld. Jezus Christus wil Zijn liefde met jou en mij delen. Hij wil niets liever dan ons halen, en dat doet Hij dan ook. Hij haalt ons thuis voordat de anti-christ zijn grote troeven uitspeelt en zijn verschrikkelijke machtsterreur uitoefent. Ook hierin gehoorzaamt Hij de Vader want God zelf heeft ons zo lief, dat Hij Zijn Zoon voor ons ten offer gaf. En daarom mogen we in het werk van de Zoon de liefde van de Vader zien. Jezus zal komen op de wolken om Zijn kinderen te halen. Zij zullen Hem tegemoet gaan in de lucht. Het wordt een onvergetelijk ontmoetingsfeest, een bruiloftsfeest want bruid en bruidegom zullen zich verenigen.

Toen Jezus op aarde rondwandelde, was Hij al zo bewogen met de mensen. In het gebed tot Zijn Vader sprak Hij toen al Zijn verlangen uit dat Hij graag Zijn kinderen bij zich wilde hebben. Hij zei: 'Ik wil dat zij zijn waar Ik ook ben'. Daarom ging Jezus terug naar Zijn Vader, om ons plaats te bereiden en eenmaal ons te brengen in Zijn hemelse woning. Daarmee vervulde Hij de woorden van de profeten die dit hadden voorzien. Jezus' rondwandeling op aarde en Zijn sterven aan het kruis was een onderdeel van Zijn taak die volbracht moest worden om Zijn verdere taak te kunnen volbrengen: ons terug te brengen bij de Vader. Jezus zeide: 'En wanneer Ik heengegaan ben en u plaats bereid heb, kom Ik weer en zal u tot Mij nemen, opdat ook gij moogt zijn waar Ik ben'.

Wat een toekomstverwachting hebben we als gelovigen, wat een heerlijkheid dat Hij ons persoonlijk komt halen. Hoe donkerder het wordt in deze wereld, des te dichter komt het bij dat Hij ons komt halen. Laten we elkaar hiermee bemoedigen en versterken, want deze bemoedigingen hebben we zo nodig, vooral nu de wereld ons zoveel biedt, wat ons van God afhoudt.

Maar... wij hebben een toekomst waar we verlangend naar uit mogen zien.

GEBED.

Heer, help ons staande te blijven onder alle omstandigheden. Wijs ons de weg die wij moeten bewandelen om de ander te helpen en om de ander bij U te brengen. Leer ons meer en meer te onderscheiden wat goed en kwaad is, hoé satan te werk gaat én hoe wij in de Naam van Jezus hem kunnen overwinnen. Leer ons te werken in Uw volmacht. Ik vraag het U in de Naam van Jezus. Amen.

LEZEN:

1 Thess. 4 : 13-18;   Hand. 1 : 10-11;   Joh. 17 : 1-26;   Op. 19 : 6-10.

...en de Here God zal HEM de TROON van Zijn Vader David GEVEN, en HIJ zal ALS KONING over het huis van Jacob HEERSEN tot in eeuwigheid, en ZIJN KONINGSCHAP ZAL GEEN EINDE NEMEN.

JEZUS ALS KONING MET ONS OP AARDE.

Is het je bekend dat wij bij Zijn tweede komst ook mee terug zullen gaan naar de aarde om mét Jezus te regeren? Dat komt ons misschien vreemd voor. Toch staat het vele malen in Gods Woord. Jezus kwam eerst op aarde als de dienende, zoals vele profeten dit reeds hadden voorspeld. Dat Jezus terug zal komen om als Koning te heersen, daarover zijn ook vele profetieën te lezen. De eerstgenoemde zijn al in vervulling gegaan en zo zeker als die in vervulling zijn gegaan zo waar en zo zeker zullen de andere beloften ook uitkomen. Het is best begrijpelijk, dat de discipelen in verwarring raakten toen Jezus stierf in plaats van Koning over hen te worden. Zij hadden Hem nog gevraagd 'Heer, herstelt Gij in deze tijd het Koningschap over Israël?' Maar Hij antwoordde: 'Het is niet uw zaak de tijden en de gelegenheden te weten waarover de Vader de beschikking aan Zich gehouden heeft'. In tijd gemeten ligt er een lange periode tussen Hemelvaart en de wederkomst van Christus als Koning op aarde. In deze tussen-periode leven wij nu; in dit tijdsbestek mogen de gelovigen het evangelie van Christus verspreiden aan alle koninkrijken der aarde; het is de genadetijd. Laten we allen de handen ineen slaan om Zijn werk op aarde te volbrengen. Het is fijn te weten dat Hij mét ons terug zal komen om te heersen. Het is fijn deze dingen vanuit de Bijbel te onderzoeken. Het versterkt en vertroost ons. Maar... laten we ondertussen niet vergeten onze opdracht te vervullen. Ik wil hiermee zeggen, dat er veel gelovigen onder ons zijn die té veel aandacht geven aan het leven dat komt en die daarmee de taak in deze wereld kunnen verwaarlozen, dat is zeker niet de bedoeling van de Heer. We mogen weten dat Hij terug komt om ons te halen om daarna met Jezus terug te gaan naar de aarde om met Hem te heersen; het is toekomstverwachting. We mogen geloven dat ons werk op aarde gevolgen heeft. Maar laten we werken, laten we onze tijd benutten om het evangelie door te geven tot in de uithoeken van de aarde. Dat verwacht de Heer nú van ons. Een kinderliedje luidt: 'Jezus zegt dat Hij hier van ons verwacht, dat wij zijn als kaarsjes brandend in de nacht'.

GEBED.

Vader in de hemel, leer ons op de juiste manier om te gaan met Uw Woord, met al de profetieën die er voor ons staan geschreven, leer ons ook onze tijd uit te kopen om Uw evangelie uit te dragen, om mensen te wijzen op Jezus, onze Verlosser. Leer ons op de juiste wijze met de mensen om te gaan, leer ons te luisteren naar Uw woorden, en handelen naar Uw Geest, opdat U ons kunt inzetten waar U dat nodig vindt. Vergeef ons onze laksheid als het over de dingen van U gaat, vergeef ons dat wij te sterk gericht zijn op de aardse dingen en soms discussies houden over zaken die niet aan de orde zijn. Om Jezus' wil vraag ik het U. Amen.

LEZEN:
Mat. 25 : 31;   2 Tim. 2 : 11, 12;   Op. 5 : 10, 20 : 4, 6; 22 : 5.

Zondag
21ste week
Na Hemelvaart

Als je deze woorden op je
laat inwerken, word je er
zó door versterkt.

IK BEN MET U.

Genesis 28 : 15a.
En zie, IK BEN MET U en Ik zal u behoeden
overal waar gij gaat...

Jesaja 43 : 2.
Wanneer gij door het water trekt, BEN IK MET U;
gaat gij door rivieren, zij zullen u niet wegspoelen;
als gij door het vuur gaat, zult gij niet verteren
en zal de vlam u niet verbranden.

Daniël 3 : 23, 27.
En die drie mannen, Sadrach, Mesach en Abednego, vielen gebonden in de brandende vuuroven... En de stadhouders, de oversten, de landvoogden en de raadsheren des konings kwamen bijeen; zij zagen, dat het vuur GEEN MACHT HAD
gehad over de lichamen van deze mannen, dat hun hoofdhaar niet was
geschroeid, dat hun mantels ongeschonden gebleven waren, ja, dat er zelfs geen
brandlucht aan hen was gekomen.

Lucas 1 : 28.
En toen hij bij haar binnengekomen was, zeide hij:
Wees gegroet, gij begenadigde, de HERE IS MET U.

Mattheüs 28 : 20.
En zie, IK BEN MET U al de dagen, tot aan de voleinding der wereld.

Openbaring 1 : 18.
WEES NIET BEVREESD, Ik ben de eerste en de laatste, en de levende, en
Ik ben dood geweest, en zie,
Ik ben levend tot in alle eeuwigheden.

GEBED.
Heer, wat heb ik deze belofte: 'Ik ben met u' vandaag nodig. U weet het gelukkig, ik hoef voor U niets te verbergen, en mij niet groter voor te doen dan ik ben.
Want op dit moment staat m'n geloof op een waakvlammetje. En ik ben soms
bang dat het uit zal doven. Het is één en al moeite en zorg om me heen, onenigheid, en dat om mensen waarvan ik dit niet verwachtte. En nu zegt U tegen me,
'Ik ben met je'. Ik sta je terzijde. Ik blijf bij je tot aan de voleinding der wereld.
Hé, nou word ik weer een beetje blij. Dank U wel Heer, dat ik zo met U door
mag praten, dat ik door dit gebed tot U boven m'n zorgen word uitgetild. U zult
me wijsheid geven om de moeilijkheden op te lossen; dank U in de Naam van
Jezus daarvoor. Amen.

En zie, IK BEN MET U en Ik zal u behoeden overal waar gij gaat...

OOK MET MIJ?

Zo'n woord van God werkt verkwikkend en stimulerend op een mens. Maar het is wel zaak dat dit woord in je hart doordringt en dat je het gelooft. Zou de Heer met elk van z'n kinderen mee gaan? Zou de Heer hen bewaren overal waar zij heen gaan? En is dit woord ook voor mij bestemd? Ik geloof dat het lang niet tot iedereen doordringt dat de Heer mee gaat. 'Daar hoor ik vast niet bij', zegt de één. En een ander zegt weer: 'daar ben ik lang niet goed genoeg voor'. 'Ik neem de regels van het geloof niet zo nauw', zegt een derde, 'en zal de Heer mij dan behoeden, bewaren?' Ik geloof stellig dat we door zo te spreken veel te klein van God denken. Zijn lankmoedigheid is veel groter dan iemand zich in kan denken. Wij meten met een puur menselijke maatstaf. In Genesis 28 lezen we het verhaal van Jacob, die even te voren zich ten koste van Ezau de vaderlijke zegen toeëigende. Daarna vlucht Jacob uit zijn ouderlijk huis. Onderweg wanneer hij de nacht buiten in het open veld doorbrengt, droomt hij. Aan het eind van die droom, staat de Here God boven aan een ladder en zegt: 'Ik ben de Here, de God van uw vader Abraham, de God van Izak. Het land waarop gij ligt, zal Ik aan u en uw nageslacht geven... en met u en met uw nageslacht zullen alle geslachten des aardbodems gezegend worden... Ik ben met u... en Ik zal u wederbrengen naar dit land, want Ik zal u niet verlaten, totdat Ik gedaan heb wat Ik u heb toegezegd'. Ja, en als de Heer Jacob, de bedrieger, liefhad en hem onder Zijn hoede nam, dan mogen wij gerust de conclusie trekken, dat de liefde van de Heer zo groot en diep is dat wij daar ook onder vallen. Als je verder leest, bemerk je dat Jacob de Heer ook nog niet helemaal geloofde. Want dit is zeker waar: als je zelf een ander bedriegt, dan denk je dat de ander ook niet te vertrouwen is. Jacob reageert met: 'Ik doe een gelofte, indien God met mij zal zijn en mij behoeden zal op deze weg, die ik ga, mij zal geven brood om te eten en kleren om aan te trekken, en ik behouden tot mijns vaders huis wederkeer, dan zal de Here mij tot een God zijn...' Jacob wil de Here eigenlijk dan pas serieus nemen als de Here Zijn beloften gestand heeft gedaan, en de Here houdt Zijn woord ook nog, ondanks Jacobs houding. Is onze houding vaak niet net als die van Jacob? En ook voor ons geldt dat God zegt: 'Ik ben met je overal waar je heen gaat'. Geloof je dit?

GEBED.

Heer, ik heb dit alles bewust gelezen en herlezen. Maar het kost me zo'n moeite dit tot me door te laten dringen. Ik word te veel in beslag genomen door de omstandigheden waarin ik me verkeer met... Zij is vast gelopen, en haar huwelijk lijkt te stranden, en toch Heer, het staat er. 'Ik ben met je'. U zegt vandaag hetzelfde tegen mij als gisteren. Laat ons samen biddende beslissen en ervaren dat U ons niet alleen laat. Zo kan en mag ik U weer danken Heer voor Uw nabijheid ook in deze moeilijke tijd. En in en onder alles wil ik zeggen, Uw wil geschiede Heer, Amen.

LEZEN: Genesis 28 (geheel).

Wanneer gij door het water trekt, BEN IK MET U; gaat gij door rivieren, zij zullen u niet wegspoelen; als gij door het vuur gaat, zult gij niet verteren en zal de vlam u niet verbranden. En die drie mannen, Sadrach, Mesach en Abednego, vielen gebonden in de brandende vuuroven... En de stadhouders, de oversten, de landvoogden en de raadsheren des konings kwamen bijeen; zij zagen dat het vuur GEEN MACHT HAD gehad over de lichamen van deze mannen, dat hun hoofdhaar niet was geschroeid, dat hun mantels ongeschonden gebleven waren, ja, dat er zelfs geen brandlucht aan hen gekomen was.

VOOR GOD DOOR HET VUUR.

Het gaat in deze teksten nog veel verder dan 'Ik zal u behoeden'. Jesaja ontving door deze woorden troost. Hij had het bestaan om de Israëlieten het oordeel van God aan te zeggen. Dan heb je zo'n woord ook wel nodig want het is geen kleinigheid, die opdracht van de Here God, die boodschap aan het volk zal hem beslist niet in dank zijn afgenomen. Hij zal wel vele bange momenten gehad hebben, daar kun je wel van op aan. Maar nu vraag ik mij af, dringt het wel helemaal tot ons door, wat de Heer daar eigenlijk zegt? Door het water trekken en door rivieren, goed, mensen die niet in God geloven zullen zeggen: 'Je kunt er wel door eigen kracht overheen zwemmen'. Maar de woorden van de Heer reiken verder en luiden: 'Als gij door het vuur gaat, zult gij niet verteren...' Dat gaat ons verstand te boven en de reactie van velen zal zijn: 'O, dat zal wel niet letterlijk bedoeld zijn, en indien wel, is dit dan wel eens gebeurd?' God zegt ja. Wij lezen in de Bijbel dat de drie jonge mannen in de brandende oven worden geworpen, en... hoe het afliep. Dat is de Bijbelse praktijk. Gods woorden zijn geen loze woorden. Zelfs de heidense koning Nebukadnezar roept uit: 'Geloofd zij de God van Sadrach, Mesach en Abednego... er is geen andere God die zo verlossen kan'. De koning zag de Here God aan het werk, en hij werd met stomheid geslagen. Maar wat hadden deze mannen een rotsvast geloof in hun God; ze hadden letterlijk alles voor Hem over. Als we ons die situatie goed indenken, nou, ik weet het zo net nog niet, ik weet niet hoe wij ons als christenen zouden gedragen. De mannen wisten niet òf ze bewaard zouden worden. Maar ze hadden het van te voren wel besproken want ze zeiden: 'Indien onze God in staat is ons te bevrijden, dan zal Hij ons uit de brandende vuuroven en uit uw macht bevrijden, MAAR ZELFS INDIEN NIET, hetzij u bekend o koning, dat wij uw goden niet vereren, en het gouden beeld dat gij hebt opgericht, niet aanbidden'. Dat is weloverwogen taal. Dat is uit het diepst van je hart zeggen: 'Uw wil geschiede, Heer'.

GEBED.

Vader, hier word ik wel stil van en ik kan alleen maar vragen, laat mij dieper groeien in U, zodat ik kan zeggen: 'Uw wil geschiede'. Amen.

LEZEN:

Jesaja 43 : 1-5;   Daniël hoofdstuk 3.

En toen hij bij haar binnengekomen was, zeide hij:
Wees gegroet, gij begenadigde, DE HERE IS MET U.

DIE ENE REGEL.

De engel Gabriël bracht de boodschap van God over aan een jong meisje. Maria. Zij was ondertrouwd met Jozef. Dus net niet getrouwd. Jaar in jaar uit wordt dit verhaal omstreeks kerst voorgelezen. En misschien horen we die ene regel helemaal niet meer, die bemoediging voor Maria: 'De Here is met u'. Ja, natuurlijk zeggen we tegen elkaar, de Here is met haar, want zij zal straks de Messias ter wereld brengen. Maar achter die ene regel komt Gods begrijpende liefde voor Maria te voorschijn. Hij weet dat dit jonge meisje het allesbehalve gemakkelijk zal krijgen. De Heer bemoedigt niet zomaar, denk maar eens aan Jesaja en Mozes en Daniël met zijn drie vrienden. Maria werd zwanger en geloof maar dat ze daar eerst wel op aangekeken werd; een ongehuwde moeder was een schande in Israël. En in onze leefwereld nog niet zo lang geleden ook. Nu weet men gedwongen huwelijken te voorkomen door voorbehoedsmiddelen. Toch zijn er nog meisjes en jongens die niet op hun trouwdag vooruit willen lopen, gelukkig, maar zijn er dat nog velen? Maria hád deze bemoediging zo nodig. Het kind dat zij verwachtte zou naast grote blijdschap ook veel zorgen en verdriet brengen in haar leven. Vlak voor de geboorte een lange reis maken, weg van huis. 'Maria, de Here is met U'. Het leven na Zijn geboorte, zou een aaneenschakeling worden van hoogtepunten en dieptepunten. De geboorte en dan vluchten! 'Maria, de Here is met U'. Het eerste optreden van haar Zoon. Vrouw, wat heb ik met u te doen? 'Maria, de Here is met U'. Een uitspraak van Jezus Wie is mijn moeder, zuster en broeder? 'Maria, de Here is met U'. En onder aan het kruis te staan van je Kind, is bijna niet te dragen. 'Maria, de Here is met U'. En dat ze Hem ook nog uit het graf genomen hebben...? 'Maria, de Here is met U'. Dán ontdekt Maria, 'de Here is met me'. Hij is altijd al met me geweest. Deze bemoediging: 'de Here is met je', geldt ook voor jou vandaag. Ben je verdrietig. 'De Here is met je'. Ben je werkloos. 'De Here is met je'. Ben je blij? 'De Here is met je'. Gaan jullie morgen trouwen?'De Here is met jullie' van het begin tot het eind. Zijn jullie morgen 50 jaar getrouwd? 'De Here was en is met jullie' tot aan de voleinding der wereld. Elk mensenkind dat wil leven vanuit Gods belofte, kan aanspraak maken op deze bemoedigende troost. DE HERE IS MET JE.

GEBED.

Here Jezus, dat U de moeite neemt naar me om te kijken. Naar mij, die U zo vaak verdriet doet. U zegt elke dag opnieuw tegen me: 'Ik ben met je'. Het maakt me nu zo blij. Het is alsof het nu goed tot me door dringt. En daarom kan ik het aan vandaag, daarom ben ik U zo dankbaar, omdat U mij wijst op die ene regel: 'De Here is met U'. En mag ik U ook vragen of U het wilt laten zien aan allen die ik liefheb, die ik ken? Maak hen ook zo blij met deze troostwoorden, Heer, dan kunnen we er samen weer tegen. Ik vraag het U in de Naam van Jezus. Amen.

LEZEN:

Lucas 1 : 26-35; 2 : 4, 5;   Mat. 2 : 13, 14;   Joh. 2 : 1-5;   Lucas 8 : 19-21.

En zie, IK BEN MET U, al de dagen, tot aan de voleinding der wereld.

ALTIJD.

Ik ben met u. Bemoedigende woorden, gericht tot Maria toen zij de moeder zou worden van Jezus Messias. Ik ben met u, tot aan de voleinding der wereld, de laatste boodschap die Jezus Zijn discipelen meegeeft. Ze krijgen daarbij de opdracht aan alle volken het evangelie te verkondigen. Menselijk gesproken een onmogelijke taak. Op medewerking van Farizeeën en Schriftgeleerden behoefden ze niet te rekenen. Neen. Dit was een opdracht van hun Heer, die ze alleen en zonder hulp van mensen moesten vervullen. Het enige, waarop ze vertrouwen konden was de toezegging: 'En zie, Ik ben met u'. Daar moesten ze het mee doen. Daar konden ze het ook mee doen. Want dat woord, 'Ik ben met u', zou gestalte krijgen in hun leven, het zou vuur en vlam worden, want zij zouden worden vervuld met Zijn Geest. Toen Jezus opgevaren was naar Zijn Vader, stonden Zijn discipelen nog verwezen naar boven te staren. Was Hij voorgoed weg? Ze waren alleen achtergebleven. En ze meenden nog wel dat alles weer goed zou worden, na de verschrikkelijke dagen van het kruis. Zij begonnen net weer te leven. Jezus was er weer, en nu leek het nog heerlijker te worden dan ooit te voren.
'Ik ben met u tot aan de voleinding der wereld'. Verlaten staan ze bij elkaar. Maar pas, als die laatste woorden, die laatste opdracht van Hem tot hen doordringt, gaan ze op pad, worden ze weer blij. Geen mensenhulp. Genoeg aan Jezus! Genoeg aan Zijn woorden, aan Zijn zegen. Ze begrepen de belofte van de Trooster niet, maar BIDDEND hebben ze er op gewacht. Het zou tot Pinksteren duren. Wanneer je vandaag moeilijkheden te verwerken hebt, denk dan aan die laatste woorden van Jezus. Wanneer je er maar niet overheen kunt komen dat iemand je in de steek gelaten heeft, denk dan aan die laatste woorden van Jezus. Wanneer je meningsverschil hebt met iemand die je lief is, denk dan aan die laatste woorden van Jezus. Want als je in gedachten daarmee bezig bent, ben je gericht op de juiste persoon. Het bemoedigt en versterkt je. Wanneer je bezig bent met Hem, wordt het anders in je binnenste, want Hij was verdraagzaam, Hij was de minste, en Hij wil dat wij in Zijn voetsporen lopen. Als je steeds maar in gedachten hebt: 'Zie, Ik ben met je', maakt het je ook nog blij. En als je dan bedenkt dat Hij met je is tot aan de voleinding der wereld word je nog blijer. Het is een vreugde die doet leven. Hij is bij je vanaf het begin, toen je nog niet eens geboren was; Hij is bij je tot in eeuwigheid; wat machtig, is 't niet?

GEBED.

Wat kent U mij goed, Heer. U weet wat in mijn binnenste omgaat, U weet dat ik het moeilijk heb met verdraagzaam en zachtmoedig te zijn, kortom, om op U te lijken. Dank U, dat U vandaag opnieuw tegen me zegt: 'Zie, Ik ben met u, tot aan de voleinding der wereld'. Dus U bént bij me, dank U Heer. Amen.

LEZEN:

Mattheüs 28 : 16-20;   Markus 16 : 15-20;   Lucas 24 : 45-53.

WEES NIET BEVREESD… Ik ben dood geweest.

HIJ GAAT MEE.

Misschien denk je wel bij je zelf, wat heb ik hier nu aan? Hoe kan de tekst van vandaag mij helpen? Ik zit juist geestelijk zo in de put en de omstandigheden zijn er nu net niet naar dat ik zoveel vertrouwen in Hem heb. Wees niet bevreesd… Ik ben dood geweest. Moet ik het daar voor vandaag mee doen! Ja, hier moeten en kunnen jij en ik het mee doen. In de eerste plaats wijzen deze woorden ons op Jezus Christus. Daar alleen is echte hulp voor handen. In de tweede plaats sluit hier een bemoediging bij aan die ons volkomen over de zorgen heen tilt. Want hoe vaak staat er niet in Gods Woord: 'Ik ben met U', 'Ik zal u niet verlaten', 'Ik zal met u zijn', 'Ik zal u behoeden' en hoevaak staat er niet 'Ik zal… tot in eeuwigheid'. God blijft God tot in alle eeuwigheid. Jezus Christus heeft satan overwonnen, tot in de dood. Jezus Christus heeft het voor ons zo gemaakt, dat we, wanneer we Hem belijden, de dood niet behoeven te vrezen. Hij bracht tot stand dat de dood niet het werkelijke einde voor ons is. Hij bracht tot stand dat we onze geest in handen van de Vader mogen weten, zelfs ná de dood.

Wanneer dus ons aardse leven eindigt, mogen we toch verder leven bij de Heer. De dood is een ingang ten hemel geworden, daar, waar geen tranen meer zijn. De tekst: 'Ik ben dood geweest' wijst ons erop, dat Hij niet alleen vanaf het begin bij ons is, tot aan het einde op aarde, maar ook daarna. Altijd, tot in alle eeuwigheid zal Hij bij ons blijven. Deze woorden zeggen ons, dat de Here Jezus Zijn vijand, de dood, overwonnen heeft. Dat satan geen macht meer heeft om die toegang naar God gesloten te houden, dat satan geen macht meer heeft om die deur dicht te houden. Dat is onbegrijpelijk en onverdiende zaligheid. Jezus Christus is de deur, de weg tot God. Hij is de weg, de waarheid en het leven. Ben je niet blij, dat Hij met je mee gaat?

Dat Hij er is, bij de kleine en de grote zorgen?

Dat Hij mee gaat van dit aardse leven naar het hemelse leven?

Blij dat Hij eeuwig bij je is?

Dat zijn de gevolgen van de woorden 'Wees niet bevreesd,… Ik ben dood geweest, maar levend geworden', geweest, dus niet meer dood, maar levend!

En dát is waardevol voor ons. Jezus leeft. Wij met hem.

GEBED.

Ja, Heer, vergeef me dat ik weer méér naar m'n zorgen staar, dan op Uw genade let. Ik dank U dat U me weer opnieuw wilt wijzen op U, naar Uw hulp voor nú, en Uw steun voor nú. Wilt U mijn blik richten in leven en in sterven op de levende Here Jezus.

Helpt U mij te zeggen: 'Uw wil geschiede in alle omstandigheden'. Amen.

LEZEN:

Joh. 8 : 51; 11 : 24, 25;   Luc. 16 : 19-31;   Hebr. 13 : 8.

WEES NIET BEVREESD, Ik ben de eerste en de laatste, en de levende, en Ik ben dood geweest en zie, Ik ben levend tot in alle eeuwigheden.

WAT DOE IK MET JEZUS?

Opnieuw een tekst waaruit we lezen dat Hij met ons is. Het staat er met andere woorden. Wees niet bang, Ik ben er tot in alle eeuwigheden. Het betekent: Jezus is met ons, op aarde en in de hemel. Nu kun je soms mensen tegenkomen die zich zorgen maken over het leven ná de dood, of beter gezegd, of zij wel in de hemel zullen komen, want daar zijn ze niet zo zeker van. Ze zijn er zo veel mee bezig, dat ze vergeten de taak die hier en nu aan de orde is, uit te voeren. Als wij een kind van God zijn geworden, behoeft de vraag of wij wel in de hemel zullen komen geen knelpunt meer te zijn. Het is bij het kindschap van God inbegrepen. Wij hoeven ons helemaal niet druk te maken over later, daar zorgt God wel voor. Maar laten we ons maar bezorgd en druk maken over ons leven hier, of het wel beantwoordt aan het doel dat de Here God er aan gesteld heeft. Dat is veel belangrijker. En of we door Gods genade deel hebben aan dat kindschap. Als jij en ik eenmaal voor Gods aangezicht zullen staan, dan geloof ik niet dat Hij zal vragen: 'Heb je wel genoeg tijd genomen om je bezorgd te maken of je wel in de hemel zou komen?' Neen, ik geloof dat de Here God veel eerder zal vragen: 'Wat heb je met Mijn Zoon gedaan, ben je wel bezorgd geweest of je leven op aarde wel vol genoeg was van Jezus' kruis en opstanding. Heb jij met te bezorgd te zijn wat bereikt? Heb jij de tijd genomen om te werken in Mijn wijngaard?' Soms ben ik bang dat we veel te veel tijd verspillen aan onderwerpen, die helemaal niet echt van waarde zijn. We discussiëren zo graag, maar van de praktijk van het Christen-zijn zien we niet zoveel, en dat hebben we meer dan ooit nodig. Wees bezig met de taak die de Heer je opgedragen heeft. Neem voldoende stille tijd, tijd om met de Heer alleen te zijn, om je te laten leren door Hem. 'Wees niet bevreesd (voor het leven na de dood), Wees niet bevreesd (of je wel door Hem in de hemel komt). Ik ben de eerste en de laatste, en de levende. Ik ben dood geweest en zie, Ik ben levend TOT IN ALLE EEUWIGHEID'. Gebruik je tijd om je meer te verdiepen in het leven van Jezus op aarde, we kunnen daar zoveel van leren. Leren, hoe wij moeten leven volgens de regels, de principes van het Christen-zijn.

Wat doe Ik met Jezus?
Wat doe JIJ met Jezus?

GEBED.

Ja, ik ben zo blij dat ik me geen zorgen behoef te maken over het leven na de dood; U bent naar de hemel gegaan om mij daar een plaats te bereiden. Maar dat tweede, Heer, dat vol zijn van U, het leven van U te leven, dát uit te dragen, m'n tijd helemaal over te geven aan U, daar kom ik nog niet zo goed mee klaar. Daarom vraag ik opnieuw voor deze dag om Uw hulp en kracht daarbij, zodat ik beantwoord aan Uw doel met mij. Help ons allen, om Uw Naam groot te maken. Dank U dat U elke dag opnieuw weer met mij begint, vol liefde en geduld. Amen.

LEZEN: Epheze 4.

Zondag
22ste week

Wat een heerlijkheid nu in
Gods vrije natuur te mogen
rondlopen, genietend van Zijn
schepping.

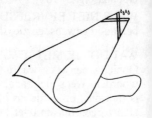

PINKSTEREN.

Handelingen 2 : 1-4.
En toen de Pinksterdag aanbrak, waren allen tezamen bijeen. En eensklaps kwam er uit de hemel een geluid als van een geweldige windvlaag en vulde het gehele huis, waar zij gezeten waren; en er vertoonden zich aan hen tongen als van vuur, die zich verdeelden en het zette zich op ieder van hen; en zij werden allen vervuld met de HEILIGE GEEST en begonnen met andere tongen te spreken, zoals de Geest het hun gaf uit te spreken.

Handelingen 2 : 3, 4a.
En er vertoonden zich aan hen, tongen als van vuur…
en zij werden allen vervuld met de HEILIGE GEEST.

1 Thessalonicenzen 4 : 3.
Want dit wil God; uw HEILIGING.

Daniël 12 : 10a.
Velen zullen zich laten REINIGEN en ZUIVEREN en LOUTEREN…

1 Thessalonicenzen 5 : 19; Mattheüs 5 : 14a.
Dooft de GEEST niet uit. Gij zijt het LICHT der wereld.

Lucas 1 : 14; 1 Corinthe 15 : 57.
BLIJDSCHAP en VREUGDE zal uw deel zijn.
Maar Gode zij dank, die ons de OVERWINNING geeft door onze Here Jezus Christus.

GEBED.
Vader, wat is het fijn dat wij weer opnieuw Pinksteren mogen vieren, dat wij dat elke dag mogen doen. Maar U weet dat dit feest zo'n onbegrepen feest is voor veel gelovigen omdat ze vaak niet weten wat ze ermee aan moeten. Hoe komt dit toch, Vader, en waarom zien en ervaren we ook in de kerken zo weinig van dit grote feest? U hebt Uw Geest in ons uitgestort om te getuigen van Jezus en het leven met Hem, U wilt dat wij U weer zullen dienen zoals U dat van ons vraagt. Wat is de diepe oorzaak van dit onbegrepen feest vandaag aan de dag? Waarom zijn we zo ver van dat hoogtepunt af komen te staan? En wat kan IK er aan doen? Allemaal vragen Vader, die ik bij U breng. Maak het mij duidelijk en met mij de velen die dit ook graag zouden willen weten, en er wat aan willen doen. Om Jezus' wil, Amen.

En toen de Pinksterdag aanbrak, waren allen tezamen bijeen. En eensklaps kwam er uit de hemel een geluid als van een geweldige windvlaag en vulde het gehele huis, waar zij gezeten waren; en er vertoonden zich aan hen tongen als van vuur, die zich verdeelden en het zette zich op ieder van hen; en zij werden allen vervuld met de HEILIGE GEEST en begonnen met andere tongen te spreken, zoals de Geest het hun gaf uit te spreken.

DE HEILIGE GEEST.

We vieren Pinksteren of hebben Pinksteren gevierd. De Heilige Geest is uitgestort in de harten van hen die zich voor Hem openstelden. Hij kwam inwonen bij de mens. In het Oude Testament openbaarde Hij Zich als een kracht die voor bepaalde doeleinden geschonken werd. Je leest, als Simson oog in oog met een leeuw staat: 'Maar de Geest des Heren greep hem aan en hij scheurde de leeuw uiteen'. Over Bileam die Israël moest zegenen, lees je: 'Toen Bileam zijn ogen ophief, zag hij Israël naar zijn stammen gelegerd en de Geest Gods kwam over hem'. Als David tot koning gezalfd is, staat er geschreven 'vanaf die dag greep de Geest des Heren David aan'. De Geest des Heren werd in het Oude Testament meestal slechts op de enkeling uitgestort en een heel enkele keer op een groep mensen tegelijk. Zo'n periode had slechts een beperkte tijdsduur en deed zich voor op bepaalde momenten. Maar met Pinksteren kwam Hij in de mens wonen, niet voor even, maar blijvend. Niet in de enkeling, maar in iedere gelovige die Hem wil ontvangen. Hij is als een persoon, met een persoonlijke kracht. Hij heeft als taak ons te overtuigen van zonde, ons onze schuld te laten zien en ons daarna er op te wijzen, dat als wij berouw hebben, wij vergeving ontvangen door het bloed van Jezus Christus. De Heilige Geest zal ons helpen met de heiligmaking, ons begeleiden in het geestelijk groeiproces naar het volwassen worden. Hij zal het nieuwe leven dat we ontvingen toen we Jezus binnen lieten in ons leven, voortzetten, als je Hem Zijn gang maar laat gaan en gehoorzaamt. De Heilige Geest werkt heel praktisch en concreet, vaak door de normale kleine gebeurtenissen van ons dagelijks leven heen. En vaak ook door andere mensen heen. Hij is niet alleen hoog en verheven, neen, Hij maakt de hogere zaken van God juist menselijker, juist begrijpelijker. Hij leidt je in de waarheid omdat Jezus Christus de Waarheid is. De Heilige Geest komt ook als Trooster en Hij is de Enige juiste Trooster! Eigenlijk kun je wel zeggen, dat Hij iets van Gods Geest in onze harten legt. Weet je wat Zijn allergrootste taak is? Jezus groot maken. Jezus op de voorgrond stellen. Zelf terugtreden om Jezus alles in allen te laten zijn. Dáárom kwam Hij in ons wonen. Vraag de Heer, of Hij je vervullen wil met Zijn Geest. En Hij zal je vervullen, dat is wis en zeker. Dank Hem dat je Hem ontvangen hebt.

GEBED.

Vader, ik dank U dat U in mij wilt wonen en mij leiding en kracht geeft. Maak het zo Heer, dat ik dit niet verwaarloos. Stort Uw Geest in vele harten uit, zodat de aarde vol wordt van U. Amen.

LEZEN:

Rich. 14 : 6;   Num. 24 : 2;   1 Sam. 16 : 13;   Hand. 2 : 1-4;   Joh. 14 : 15, 16.

En er vertoonden zich aan hen, tongen als van vuur... en zij werden allen vervuld met de HEILIGE GEEST.

VUUR WORDT AANGESTOKEN.

Toch is Pinksteren vaak voor velen nog een onbegrepen gebeuren. Ze kunnen er
niet bij en er maar geen vat op krijgen. Hoe gaat het precies in z'n werk en waaraan kan ik zien dat Hij in mij woont? Hóe het plaatsvindt, weet ik niet. Dat gaat
mijn verstand te boven, maar dát het gebeurt is een ding wat zeker is. We ervaren
een dynamische kracht in ons leven die er tevoren nooit was. Paulus zelf geeft
ons de sleutel van het geheim er achter te komen hoe de Heilige Geest in ons
mensen werkt. Hij zegt: wil je weten hoe de Heilige Geest werkt? Let dan eens
op vuur. Wat dóet vuur, wat zijn de eigenschappen van vuur? Ga je in op die
wenk van Paulus dan kom je door de eigenschappen van vuur te onderzoeken
terecht bij de Heilige Geest. Om te beginnen moet vuur aangestoken worden.
Voordat iets brandt, moet er iets van buitenaf gebeuren. Er is bemiddeling nodig.
Dan komt er pas vuur. Zo is het ook met de Heilige Geest in ons.
Kan ik dát vuur zelf in mij ontsteken? Neen, ook hier moet er iets gebeuren van
buitenaf. God Zelf steekt Zijn Goddelijk vuur in ons aan, het is Zijn enthousiasme, Zijn geestdrift, Zijn bezieling die ons vervult mits we er voor open staan,
biddend EN wachtend. Hoe het gebeurt is Zijn geheim.
Dát het gebeurt zagen we bij de discipelen, we zien het om ons heen, of... we
ervaren het zelf. Als Zijn Goddelijk vuur in ons aangestoken wordt, zullen de
omstanders zich afvragen: 'Wat hebben die mensen toch, wat bezielt hen, waardoor zijn zij ineens zo veranderd? Waarom zijn zij zo vol vuur over Jezus
Christus'? Toch is er één ding dat we niet over het hoofd moeten zien. Het uitstorten, dit ontsteken vindt niet altijd op dezelfde manier plaats, of beter gezegd,
de reactie op de uitstorting is niet altijd dezelfde. Mensen reageren verschillend,
de één staat meer open voor Hem dan de ander, de een reageert met grote opge-
togenheid en bij een ander zal een diepe blijdschap komen, weer een ander zal
het rustig verwerken en we zien soms ook dat iemand lang werk heeft om dit
gebeuren te verwerken. Er zijn vele factoren die daarbij een rol kunnen spelen.
Het ligt er vaak aan hoe je aard en aanleg is, hoe open je staat en... hoeveel last
je van je verstand hebt, want ook dát kan je parten spelen. Jezus wil graag dat
Zijn vuur in jou ontvlamt, zodat je gaat branden voor Hem, zodat je in vuur en
vlam wordt gezet voor Zijn koninkrijk.

GEBED.

Vader, steek opnieuw Uw vuur in mij aan. Vergeef mij dat ik U de ruimte niet
geef die U toekomt in mijn hart en leven. In de Naam van Jezus vraag ik het.
Amen.

LEZEN:

Joh. 5 : 19, 20;   1 Cor. 15 : 58;   Jac. 3 : 13-18;   Rom. 12 : 11;   Hand. 18 : 25.

Want dit wil God: uw HEILIGING.

ROKEN EN VLAM VATTEN, BRANDEN EN VERBRANDEN.

Voordat een vuur flink brandt, voordat het hout vlam vat, ontwikkelen zich soms dikke rookwolken die als pluimen omhoog stijgen. Iets dergelijks zien we in het geestelijk leven ook. Het Goddelijk vuur laait niet meteen hoog op, maar er ontwikkelt zich als het ware eerst nog een heleboel rook alvorens de vlammen uitschieten. Voordat het proces van de heiligmaking op gang komt is er tegenstand in de mens. Hoe komt dit toch? Het komt omdat wij onszelf nog vasthouden, ons eigen ik speelt ons nog parten, onze eigen werken hebben nog voorrang. Ons geloof is vaak te klein en de twijfel plaagt ons. Wat bieden we een verzet, wat houden we ons oude leven nog vast, met alle gevolgen van dien. Dát is de oorzaak dat het vuur van de Geest zo moeizaam opgang komt. Maar dan... schiet er een vlam omhoog, ineens begint het vuur in ons te branden, gelukkig, het stadium van al te grote weerstand ligt achter ons, wat fijn. Toch! Als Gods Geest gaat branden gebeurt er tegelijk iets in ons, want als vuur brandt, vérbrandt er tegelijk wat. Wil de Heilige Geest dan iets van waarde in ons verbranden? Nee, Hij verbrandt in ons dat wat geen waarde heeft, dát wat er niet hoort te zijn. Je eigen denken, je eigen oordelen, leugentjes, werken, noem maar op, dát wil Hij in ons verbranden. Jij zelf hebt waarde voor Hem; niet de dingen die wijzelf gemaakt hebben, heeft Hij lief. Eerlijk gezegd; valt dat verbranden niet altijd bij ons in goede aarde we nemen Hem dat niet altijd in dank af. Of jij wel? Als we trots zijn, of het altijd beter weten, wil Hij deze houding in ons, veranderen. Hij helpt ons met Zijn liefde deze menselijke trekken los te laten. Hij vernieuwt ons denken en spreken en wil deze leiden door Zijn Geest. Hij is bij ons om ons te troosten en te bemoedigen tijdens het proces van de heiligmaking. Hij laat ons zien en ervaren wat voor ander leven wij krijgen, hoe blij je wordt in Jezus, hoe vol vuur je voor Hem kunt werken en welke krachten er los komen die jou ter beschikking staan. Tijdens dit verbrandingsproces, de heiligmaking, worden we eerlijk tegenover onszelf, eerlijk tegenover God, en... eerlijk tegenover de ander. Dan kom je wel naakt te staan voor de Here God maar dat is niet erg. Hij is er blij mee, want Hij bekleedt je met de mantel van Jezus, de mantel van de gerechtigheid. Hij ziet ons aan in Christus. We mogen elkaar bemoedigen en tot steun zijn tijdens dit hele proces en elkaar telkens wijzen op Jezus. Laat alles wat niet thuis hoort in je leven uitbannen door de Geest en je zult ontdekken hoe groot Jezus Christus voor je wordt, hoe lief Hij je heeft, welke kracht Hij je geeft.

GEBED.

Vader, ik vraag U, of U in mij alles wilt wegdoen, verbranden, wat er niet hoort. Ik bid U, help mij los te laten, help mij mijn wil over te geven, want dat is ten diepste de oorzaak dat ik niet verder kan groeien in U. Dank U voor Uw geduld met mij en met al Uw kinderen. Dank U voor Uw oneindige liefde. Dank U in de Naam van Jezus. Amen.

LEZEN:

Mat. 12 : 20;   Rom. 6 : 1-14;   Joh. 12 : 20-27;   2 Cor. 4 : 1, 2;   Col. 3 : 1-17.

Velen zullen zich laten REINIGEN en LOUTEREN.

VUUR REINIGT EN LOUTERT!

Weet je dat reinigen en louteren ook bij de eigenschappen van vuur horen? Het bloed van Jezus Christus reinigt ons van zonde. Reinigen van zonde hoort dus tot het werk van de Here Jezus en niet bij het werk van de Heilige Geest? Toch staat het hierboven, hoe kan dat dan?

Het eerste grote reinigingsproces vindt plaats wanneer wij Jezus binnen laten in ons hart. Op het moment van de nieuwe geboorte is al de schuld van onze zonden uit het verleden weggewassen door Zijn bloed. Maar daarna luisteren wij nog al te vaak naar de stem van de satan en we doen wat hij van ons begeert. Wij bedroeven de Heer als wij wandelen naar onze eigen wil in denken en spreken. Dan wijst de Heilige Geest ons liefdevol op deze zonden, deze tekortkomingen: Hij wijst ons naar Jezus, de Enige bron die de zonde weer weg kan wassen en vergeven. Na belijdenis ontvangen wij vergeving; zo zien we dat reinigen toch te maken heeft met de Heilige Geest, het is werk voor beiden. Reinigen betekent zuiveren van iets, vrij maken; we moeten van onze zondeschuld vrij gemaakt worden. Louteren betekent zuiveren: dat is beter maken. We worden in ons nieuwe leven beter gemaakt dan ooit te voren.

Louteren volgt altijd ná reinigen. Louteren heeft veel van een verbrandingsproces weg. Louteren heeft met het diepere, in ons te maken met de kern van je bestaan. Als je bijvoorbeeld zondigt met je tong, je roddelt over de ander, vertelt leugens over hem of haar, dan belijd je dit later aan de Heer en Zijn bloed reinigt je weer opnieuw. Een volgend moment roddel je weer, belijdt het weer en het wordt je weer vergeven. Maar dit steeds herhalen van die zonde, dát moet weg; het moet er uit met wortel en al. Dát is louteren, begrijp je?

Gereinigd worden is nodig, gelouterd worden eveneens. Bij het eerste past verootmoediging; bij het laatste past strijd. Maar de Heilige Geest wil je met veel liefde en geduld helpen, dat is Zijn werk. Wat heerlijk dat we dit mogen ervaren, dat we na de reiniging zelfs gelouterd mogen worden. Dat Hij ons onder dit louteringsproces, onder deze heiligmaking; nooit één moment alleen laat.

GEBED.

Heer, dat U ons zo helpt onder dit proces van de heiligmaking, dat is wel zo geweldig, want we zouden er alleen niets van terecht brengen. We zouden steeds door gaan met zondigen. Dank U dat U ons aan Jezus gelijk wilt maken; help ons Hem te volgen, dan zullen we Hem eens zien gelijk Hij is en volmaakt zijn, daar waar Jezus ook is. Vergeef ons dat we telkens weer afdwalen, om Jezus' wil. Amen.

LEZEN:

Joh. 16 : 7-9;   Rom. 3 : 25, 5 : 9; Ef. 1 : 7;   Hebr. 9 : 14;   Dan. 12 : 10; 1 Thes. 3 : 13, 5 : 23.

Dooft de GEEST niet uit. Gij zijt het LICHT der wereld.

VUUR KAN UITDOVEN, VERLICHTEN EN VERWARMEN.

Vuur kan ook uitdoven. Dat weten we maar al te goed. Als we vroeger kolen op de haard deden en de vlam wilde er niet in komen, dan doofde het vuur langzaam uit. Je kwam danig in de kou te zitten en dat was heus niet prettig. Ook onder gelovigen kom je dit beeld jammer genoeg tegen. Ze zijn geestelijk uitgedoofd. Er straalt geen licht en warmte meer van hen af, want ze zijn koud. Wat een toestand eigenlijk onder de christenen, dat we dit zoveel tegenkomen. Terwijl Jezus ons nog wel de opdracht gaf: 'Gij zijt het licht der wereld'. En dat is een verantwoordelijke taak. Jezus Christus is het Grote Licht dat in onze harten wil schijnen en ons wil verwarmen, zodat wij op onze beurt de ander weer kunnen verwarmen en verlichten, zodat er miljoenen lichtjes op aarde waar te nemen zouden moeten zijn. Tegen de discipelen zegt Jezus: 'laten uw lendenen omgord zijn en uw lampen brandende', met andere woorden: 'Pas op vrienden, het kòn hier wel eens mis gaan, zorg dat uw lampen blijven branden'. Paulus waarschuwt de gemeenteleden en zelfs de voorgangers: 'Laat de Geest niet uitdoven, wees op je hoede, het gebeurt soms zonder dat je er erg in hebt'. Hoe kan IK nu licht verspreiden en warmte afstralen? Ik denk: door 'In Hem te blijven'. We hebben dan vanuit de verbondenheid met de Heer een luisterend oor voor de ander, voor haar, die het niet meer aan kan, voor hem die zijn vrouw moest missen en even wil uitpraten, voor hen die ziek zijn en er niet meer tegenop kunnen. Als je echt met je hele hart luistert naar hen, ben je bezig licht en warmte te verspreiden. Het zijn vaak de kleine dingen die het doen, dat vergeten we veel te veel. We kunnen zo op vele terreinen licht brengen en warmte uitstralen. Luisteren naar een ander kunnen niet zo veel mensen; echte luisterende oren zijn schaars onder de gemeenteleden, onder de gelovigen. Als we dicht, heel dicht bij Jezus blijven, hebben we eerst zelf die heerlijke warmte ervaren, zijn we zelf verlicht door Hem. Wat heeft de gemeente deze hartverwarmende mensen nodig, wat heeft de wereld ze nodig, wat snakken we naar mensen die handelen naar Zijn Geest, want dat is het punt waar alles om draait. Hoe staat het met het vuur van de Heilige Geest in ons persoonlijk leven? Aan het uitdoven? Of ben je er werkelijk op gebrand een lichtje te zijn en de ander te verwarmen, zodat zij door jou heen Jezus weer ontmoeten? Kijk eens even terug in je leven; waar sta je?

GEBED.
Heer, ik wil zo graag licht en warmte verspreiden, maar ik moet eerst zelf naar U toe, vooral vandaag. Ik heb zo'n verdriet om dat wat gisteren gebeurde, om m'n vriendin waarvan U de man thuishaalde. Heer, troost U haar en haar kinderen. Houd haar blik naar U gericht en leid haar door haar verdriet en de moeilijkheden heen. Dank U dat wij allen mogen weten dat hij bij U thuis is, dat is zo'n heerlijkheid. Maar... maar... ach, laat me een lichtdraagster zijn door Uw kracht. Amen.

LEZEN:
Mat. 5:14-16, 12 : 20; 1 Thes. 5 : 19; Mat. 13 : 16, 17; Luc. 10 : 39; Spr. 20 : 12.

BLIJDSCHAP en VREUGDE zal uw deel zijn.

Maar Gode zij dank, die ons de OVERWINNING geeft door onze Here Jezus Christus.

VUUR GEEFT BLIJDSCHAP EN VREUGDE EN DOORGLOEIT.

Wanneer het vuur van de Heilige Geest in ons werkzaam is, dan ervaren we dat we echt blij kunnen zijn. We kunnen tintelen van vreugde als we bezig zijn, Zijn wil te doen, Zijn opdrachten uit te voeren, Zijn woorden door te geven, Zijn werk te verrichten op welke manier dan ook. God houdt van blijde kinderen. En bij blijdschap en vreugde hoort lachen. Waarom zouden we overigens lachspieren van Hem gekregen hebben? Heel gewoon om ze te gebruiken. Het schenkt Hem vreugde als Hij ziet dát we ze gebruiken. Waarom zou een gelovige toch zo weinig lachen, zo vreugdeloos leven? Het is zo jammer, want blijdschap is een onderdeel van het nieuwe leven dat we ontvangen hebben door Jezus Christus. Jezus heeft onze zonde verzoend. Hij heeft Zijn Geest in ons uitgestort. Een niet te stuiten blijdschap is ons ten deel gevallen. Ja, vreugde en blijdschap zijn vruchten van de Heilige Geest. Dan komen we bij de hogere eigenschap: het doorgloeid zijn van Gods Geest. Vuur is op z'n best als het helemaal doorgloeid is. Dan verspreidt het een optimale warmte om zich heen die op zijn beurt weer vreugde en blijdschap geeft. Waar kom je in de hedendaagse maatschappij nu zo'n geestelijk doorgloeid kooltje tegen? Kom je dat wel tegen? Gelukkig wel. Je mag wel zeggen, dat het een gelovige is, die door het verbrandings-, reinigings- en louteringsproces is gegaan. Het zijn mensen die ruimte hebben gegeven aan de Heilige Geest en die verder zijn gegroeid naar de geestelijke volwassenheid. Het zijn mensen die niet direct meer onderste boven zijn van het één of ander. Mensen, die onmiddellijk met hun moeilijkheden naar Jezus gaan, die het wagen met Hem en die leven uit Zijn overwinning. Het zijn vaak de wat ouderen onder ons. Zo zou het tenminste moeten zijn. Maar gelukkig zijn er ook jongeren die voor Jezus hebben gekozen. Zij hebben het proces van reiniging en loutering vlugger aan zich laten voltrekken. Zij zijn niet blijven steken, maar sneller naar de volwassenheid gegroeid. Met zulke mensen is het heerlijk vertoeven. Je wordt zo opgebouwd, zo in de liefde getrokken, ze luisteren zo naar je en verdiepen zich in je problemen; èn... ze brengen jou mèt de problemen bij de Heer. Daar halen zij de wijsheid en kracht vandaan. Ben jij zo'n doorgloeid kooltje vuur? Hartverwarmend is dat, laten we allen de heiligmaking aan ons laten geworden; het is het hoogste doel.

GEBED.

Heer, wat hebt U een plannen met ons. U wilt ons gebruiken op de wijze, zoals U dat graag wilt en op het moment dat U het nodig vindt. U geeft ons vreugde en blijdschap. U maakt koningskinderen en overwinnaars van ons. Helpt U ons onderweg naar de heiligmaking. Ik vraag het U in Jezus' Naam. Amen.

LEZEN:

Luk. 15 : 1-10, 24 : 36-53;   Neh. 8 : 11;   Ps. 68 : 4, 5;   1 Joh. 2 : 13, 14, 4 : 1-6.

Zullen we deze zondag eens
'stil' zijn voor de Heer?

STIL ZIJN.

Exodus 14 : 14.
De Here zal voor u strijden, en gij zult STIL ZIJN.

Jozua 10 : 12 en 13a.
Toen sprak Jozua tot de Here ten dage, waarop de Here de Amorieten aan de Israëlieten overleverde, en hij zeide in tegenwoordigheid van Israël: 'Zon, sta STIL te Gibeon en gij, maan, in het dal van Ajalon! En de zon stond STIL en de maan bleef staan...'

Nehemia 8 : 12b.
Wees STIL, want deze dag is heilig, weest dus niet verdrietig.

Psalm 62 : 2a.
Waarlijk, mijn ziel keert zich STIL tot God.

1 Petrus 3 : 4.
...maar de verborgen mens uws harten, met de onvergankelijke (tooi) van een zachtmoedige en een STILLE geest, die kostbaar is in het oog van God.

Epheze 4 : 20a.
Maar gij GEHEEL ANDERS; gij hebt Christus leren kennen.

GEBED.
Vader, stil zijn is heel moeilijk voor mij; ik ben iemand die graag praat. En stil zijn voor U moet ik leren. Toch weet ik dat U zich juist in de stilte aan mij openbaart en mij dan geestelijk opbouwt. Dank U, dat U me duidelijk maakt wat ik in de situatie van dit moment moet doen, dat ik stil moet afwachten. Dank U dat ik weten mag dat U voor mij zult strijden en dat ik alleen biddend op de bres moet staan. Ik bid U voor het gezin... wilt U de moeder laten zien dat zij zich meer moet wegcijferen en dat zij niet zo op de voorgrond moet staan; geef haar een luisterend oor voor haar man en haar kinderen. Vader, leer ons als leden van Uw gemeente wanneer wij in actie moeten komen, maar leer ons ook wanneer wij stil moeten zijn voor U en in vertrouwen op U. Ik vraag het U in Jezus' Naam. Amen.

De Here zal voor u strijden, en gij zult STIL zijn.

STRIJDEN OP EEN ANDERE MANIER.

Er zijn momenten in je leven dat de Heer zegt: 'Wees eens stil, doe eens niets, laat Mij Mijn gang eens gaan, Ik strijd voor jou. Ik red je uit deze benarde situatie op Mijn manier'. Wat is dát moeilijk om dan stil op Hem te vertrouwen. Je gaat eerder aan het mopperen, je somt alle negatieve dingen op en roept tot God: 'Heer, doe dan iets, help me in de strijd waarin ik gewikkeld ben. Ziet U dan niet hoe alles misloopt?' Ja, de Heer ziet het wel wat er aan de hand is. Hij probeert je al een hele tijd duidelijk te maken dat je gewoon eens stil naar Zijn stem moet luisteren en in volkomen overgave op Hem moet vertrouwen. 'Laat Mij nou de leiding eens overnemen van... Laat dat nu maar eens aan Mij over...'
De Israëlieten stonden voor de Schelfzee. Achter hen kwam Farao met zijn grote leger. In panische angst schreeuwen ze naar Mozes, ze verwijten hem dat hij hen op deze plaats heeft gebracht. Ze voelen zich als ratten in de val. Maar wees voorzichtig en veroordeel hen niet te vlug. Als het vuur ons eens zo na aan de schenen zou worden gelegd, hoe zouden wij dan reageren? Zou ik onmiddellijk m'n knieën buigen en de Here aanroepen om redding? Zou Jezus voor jou de enige weg tot uitredding zijn? En als dan de Heer tegen je zegt: 'Ik zal voor je strijden en jij moet nu stil zijn', hoe reageer je daar dan op? Als ik naar mezelf kijk, kan ik beter strijden dan stil zijn. Iets doen bevredigt me veel meer dan stil achter de schermen biddend en wachtend op de bres. Maar het is evengoed een manier van vechten en strijden om de overwinning te behalen. De Heer wil je veel manieren leren om te strijden en dit is er één van, maar wel een heel moeilijke. De ene keer zul je er op uit moeten, staan aan het front noem ik dat, maar de andere keer zal Hij je duidelijk maken: 'Wees stil, Ik strijd voor je'.
Ik moet aan Mozes denken die zijn handen omhoog moest houden om zo de soldaten van het volk Israël aan de overwinning te helpen. Mozes biddend strijdend. De soldaten vechtend met het zwaard. Samen behaalden ze de overwinning. Een zeer belangrijk punt in ons leven is te weten: wat verlangt de Heer van ons? Wat moeten wij doen in dit geval? Strijden of stil zijn? Belangrijk is het om op zo'n moment afgestemd te zijn op de Heer. Te luisteren naar Zijn opdracht. Je zult ervaren hoe grandioos je uit de strijd tevoorschijn komt, omdat je Hem stil zijn gang hebt laten gaan... omdat jij stil bent geworden.

GEBED.

Heiland, ik dank U, dat wij het zelf nooit alleen hoeven te doen. Ik dank U dat U ons laat zien hoé we moeten strijden en dat dát ons de overwinning schenkt en... Uw wil geschiede, Heiland. Amen.

LEZEN:

Ex. 14 ;   2 Cor. 10 : 3, 4;   Psalm 27 : 11-14 en 66.

Toen sprak Jozua tot de Here ten dage, waarop de Here de Amorieten aan de Israëlieten overleverde, en hij zeide in tegenwoordigheid van Israël: 'Zon sta STIL te Gibeon en gij, maan, in het dal van Ajalon'! En de zon stond STIL en de maan bleef staan...

NIET TE GELOVEN.

'Stil' op een wonderlijke manier. Als je je Jozua's situatie even indenkt, is deze uitspraak een staaltje van enorm Gods vertrouwen, 'Zon sta stil en maan sta stil'. Het is iets ongelofelijks wat hier gebeurt. Zoiets buitengewoons dat de wetenschap er nu nog over spreekt en vaak twijfelt. Het bewonderenswaardige van Jozua's uitspraak was wel dat hij deze woorden sprak in tegenwoordigheid van heel het volk. Dergelijke uitspraken wil je nog wel doen als je alleen bent of onder vrienden, als er dan niets gebeurt weet de goegemeente er in elk geval niets van. Maar in bijzijn van het volk! Dat is dezelfde geloofszekerheid als die welke Elia op de berg Karmel vertoonde, waar hij om vuur bad dat het offer moest aansteken. Ook hij deed dit in tegenwoordigheid van heel het volk, én van de vijanden. Wat een geloof. Wat we hier zien is een mens die volkomen zeker is van God. Iemand die tot in zijn diepste wezen vertrouwt op God, die aanspraak durft te maken op Gods wondermacht. Als God het gebed niet verhoord had, zou Elia ogenblikkelijk gedood zijn door de priesters van Baäl. Elia bad tot de Here, máár sprak ook námens de Here. Hij was immers Gods profeet. Zo sprak Jozua ook námens de Here, vanúit het vertrouwen óp de Here. Iedereen is er getuige van. Als God niet had verhoord zou Hij Zichzelf én Elia én Jozua beschaamd gemaakt hebben.

Hoe staat het met dit geloofsvertrouwen in onze gemeente? Treedt dat ook naar buiten? Legt een predikant een zieke de hand op in de binnenkamer? Of leggén predikant én gemeente sámen de hand op Gods Woord en bidden om genezing, ook in het midden van de gemeente? Dit zijn dingen waar veel meer aan vast zit, dat weet ik wel.

Maar daarom heb ik ook zo'n respect voor Jozua en voor Elia. Gelukkig zijn er voorgangers die God wél aan zijn Woord houden, en de euvele geloofsmoed wél bezitten ook in het openbaar grote dingen van Hem te verwachten. Dit zijn geen eenvoudige geloofsverwachtingen, toch... hebben we volmacht in de Naam van Jezus, toch... mogen we God eraan herinneren, en... Hij wil niets liever. Zullen we met deze toestanden en wantoestanden naar de Heer gaan?

GEBED.

Vader, U weet alles, we leggen als gemeente deze zaak voor U neer, geef ons inzicht in deze dingen. Laat ons doen 'de wil van U', laat het ons zien, Heer. Amen.

LEZEN:

1 Kon. 17 : 7-24, 18 : 20-46;   Hand. 3 : 1-10;   Mark. 16 : 15-20.

Weest STIL, want deze dag is heilig, weest dus niet verdrietig.

STIL MAAR.

Dit woord van Nehemia is zo bemoedigend voor de Israëlieten. Want wat was hier het geval? Na vele jaren van ballingschap mag Nehemia van de koning teruggaan naar Jéruzalem met nog een groepje mensen. Zij mogen de poorten en de stadsmuur herbouwen. Als dit karwei eindelijk klaar is, na veel tegenstand, komt het grote moment: de Schriftgeleerde Ezra leest het Boek der wet van Mozes voor. Het volk luistert. En wat er toen allemaal door hen heen ging... ze zagen zichzelf, zagen, waarom ze verstrooid geweest waren, wat daarvan de oorzaak was, waarom ze lange jaren in Babel gewoond hadden. Ze zagen hun zondige daden... Toen ze voor het eerst weer de woorden van God hoorden voorlezen, schoot hun gemoed vol en dat niet alleen, ze begonnen luid te wenen. Ze huilden van verdriet om wat ze gedaan hadden. Ze huilden omdat dit alles weer naar boven kwam. Maar dan zegt Nehemia: 'weest stil, weest toch niet verdrietig, het is immers een vreugdedag. Deze dag is heilig, weet je dat wel? De Here vergeeft. Weest blij, want de vreugde des Heren, die is uw toevlucht'. Wat bemoedigend voor hen maar ook voor ons; er kwam geen woord van verwijt uit Nehemia's mond, zo van: 'Nou, het is eens goed dat jullie inzien wat je allemaal gedaan hebt, het is jullie eigen schuld dat je verbannen werd, huil er maar eens goed om, laat het maar eens goed tot je doordringen hoe jullie gehandeld hebben als volk van God'. Neen, integendeel, juist toen Nehemia zag dat zij huilden van verdriet, dat ze berouw hadden over hun daden, komen deze hartverwarmende woorden over zijn lippen. Stil, want deze dag is heilig, weest maar niet verdrietig, er is een nieuwe dag aangebroken, een nieuw begin, een nieuw tijdperk ingeluid. Het zou nu niet lang meer duren dat de beloofde Messias geboren zou worden. Als Nehemia al op deze manier tegen zijn volk sprak, met hoe veel te meer liefde spreekt Jezus ons dan niet aan? Als Hij jou en mij ziet, totaal ondersteboven, omdat wij onszelf zien, zien dat wij het volkomen verknoeiden in het leven, dan zegt Hij tegen ons, 'stil maar, weest niet meer verdrietig. Ik heb jouw zonden weggedragen. Ik ben bij je. Ik maak in jouw leven een nieuw begin. Het is een heilige dag nu je bij Mij komt en nu mag je niet meer terug denken aan dat wat geweest is, het is voorbij, een streep er door'. Zoals een moeder haar kind troost nadat het iets deed wat het niet mocht, zo veel te meer en volkomen troost de Heer jou en mij, elke dag opnieuw. Kom maar, het wordt weer een heilige dag vandaag.

GEBED.

Vader, ik dank U dat het niet alleen is: stil maar, wacht maar, alles wordt nieuw, maar: stil maar, alles is nu nieuw, met Mij, in Mij, is het nieuwe leven al begonnen. Een grote bloedstreep hebt U door mijn zonden gehaald. Uw genade is genoeg, nu en elke dag van mijn leven. Dank U wel Vader, Amen.

LEZEN:

Neh. 8;   Luk. 15 : 11-32;   1 Joh. 1 : 5-10 en 2 : 1, 2;   1 Cor. 13-6.

Waarlijk, mijn ziel keert zich STIL tot God.

STIL VAN VERWONDERING.

Stilheid en vertrouwen, staat er boven Psalm 62. David roept dit uit, hij heeft voor de zoveelste keer weer eens ervaren dat je op God vertrouwen kunt, zó op Hem aan kunt, dat je er stil van wordt. 'Van Hem is mijn heil, van Hem is mijn verwachting', zegt hij. David heeft moeten leren net als wij, waar het in het geloofsleven op aan komt, waar onze hoop op gevestigd moet zijn, op wie wij alleen kunnen vertrouwen, wil het goed komen in ons leven. Er kunnen zoveel onbegrijpelijke dingen gebeuren in het leven, je kunt ze niet aanvaarden, niet verkroppen want je hebt zelf die situaties niet gekozen. Je ziet het niet meer zitten in je huwelijk, of op je werk, met je vrienden lig je overhoop of... vul maar in. Pas, als je met al je problemen naar de Heer gaat, je laat gezeggen door Hem, je laat leiden door Hem, ja, nadat je geleerd hebt alles, maar dan ook alles in Zijn handen te leggen, dan gaat er wat veranderen in je leven. Ik zeg niet dat alle moeilijkheden dan op slag verdwijnen, maar in elk geval verander je dan zèlf, je houding, je instelling, je gerichtheid.

Het kan soms lang duren voor je vol verwondering stil wordt tegenover de Here God. Het kan een lange weg zijn voordat je alles uit handen gegeven hebt, een lange weg om leeg te worden van jezelf. Het kan een moeilijke weg zijn, voordat je genegen bent je beschuldigingen tegenover God te herroepen, en stil voor Hem neer te knielen en uit te roepen: 'Waarlijk, mijn ziel keert zich stil tot God'. Het kan een lange weg zijn van kribbe naar kruis, van Golgotha naar Pasen, van Pasen naar Pinksteren. Maar wanneer je de Heer ziet zoals Hij is, als je boven de omstandigheden uit ziet op Hem, zul je met diepe verwondering uitroepen: 'Werkelijk, ik ben stil van binnen. Ik heb er geen woorden voor'. Niet stil, omdat je lam geslagen bent door het leven. Niet stil, omdat je het bijltje er bij neergelegd hebt, niet stil omdat het toch vechten tegen de overmacht is. Nee, je bent stil geworden omdat je je naar Hem gekeerd hebt, stil omdat je Zijn grootheid in je leven ontdekt en ervaren hebt. Ervaren, hóe Hij je uit de dood heeft gehaald, hoe Hij je redde uit die onmogelijke toestand. Ja, waarlijk, mijn ziel keert zich stil tot God. En jouw ziel...?

GEBED.

Vader, wat moet U zich veel getroosten om mij stil te krijgen van verwondering. Wat ben ik hardleers op dat gebied. Ik wil alles altijd kunnen beredeneren, zelf oplossen, en met mij willen dat vele van Uw kinderen. Leer ons eerder te begrijpen dat U de dingen beter ziet en weet op te lossen dan wij. Leer ons stil te worden voor Uw Heilig Aangezicht en voor de grootheid van Uw zijn. Leer ons als gemeente van Jezus Christus elkaar hierop te wijzen, elkaar te bemoedigen, en met elkaar U alleen de lof de eer en de dank te brengen, en samen U te aanbidden. Amen.

LEZEN:

Ps. 62 en 145;   2 Cor. 1 : 3-11.

...maar de verborgen mens uws harten, met de onvergankelijke (tooi) van een zachtmoedige en een STILLE geest, die kostbaar is in het oog van God.

KOSTBAAR.

Het woordje 'stil' heeft in deze tekst betrekking op de vrouw in het huwelijk. En o lieve mensen, wat zijn er een vrouwen die hier tegenop komen, die daar niets van willen horen. Het gaat hier naar mijn stellige overtuiging om het werkelijk vrouw zijn, misschien kun je beter zeggen, om de wortel van het kwaad. Je kunt en mag deze woorden niet verwerpen. De eerste te willen zijn, het vaak beter te willen weten dan onze mannen, het is de vrouw eigen, evenals optreden, bestellen, naar de hand zetten, met vrouwelijke drang doorzetten. Het is 'Eva' in ons, die haar haan koning wil laten kraaien.

Petrus zegt dwars tegen deze dingen in en in strijd met de leuzen van deze eeuw dat een stille geest in de vrouw kostbaar is in de ogen van God. Dat, als wij wat willen bereiken, wanneer bijvoorbeeld de man niet gelooft, we hem alleen kunnen winnen door onze handel en wandel, niet door gepraat en gepreek, niet door hem de wetten steeds voor te houden, maar door een zachtmoedige liefdevolle, stille levenshouding. Omgaan met de ander (dat hoeft niet alleen onze echtgenoot te zijn), zonder dat belerende gedoe. Dat kan soms meer effect hebben dan de vele woorden, geestelijke woorden wel te verstaan die tot menigeen worden gericht. Wat weten wij als vrouwen goed wat goed is voor anderen. En dát weet de Here God ook. Hij ziet het dagelijks. Hij ziet de averechtse uitwerking van de onnodige verspilde woorden, want de stille wandel, de zachtmoedige geest van de vrouw ontbreekt. Daarom zegt Petrus: 'een zachtmoedige en stille geest is kostbaar in Zijn ogen'. Zou Petrus ook ervaring hebben? Werkelijk vrouw zijn zoals de Heer dat bedoelt, vergt wat van ons; het is in de eerste plaats een nauw luisteren naar de Heer; een dagelijkse omgang met Hem is onontbeerlijk. Te erkennen, dat de man het hoofd is van de vrouw, gaat regelrecht tegen ons vrouwzijn in. De vrouwenemancipatie is 'in' op het ogenblik. Het gelijk willen zijn aan de man hoort in deze samenleving thuis. Maar een zachtmoedige en stille geest is een sieraad voor de vrouw, dát raakt de ander, dat bereikt de ander, dat kan niet missen, juist dat hoort in deze wereld thuis volgens Bijbelse maatstaf. Hoe denk jij hierover? Hoe ben jij vrouw? Zachtmoedig, stil?

GEBED.

Heer, wat maken wij als vrouwen vaak veel stuk bij onze mannen en bij andere mensen, door onze houding en onze mond. Toch dank ik U nu, dat U me weer opnieuw zegt hoe U wilt dat ik als vrouw moet zijn. Dat U mijn houding kostbaar vindt als ik zachtmoedig en stil een getuige van U ben. Help mij ermee Heer, in de Naam van Jezus. Amen.

LEZEN:

1 Petr. 3 : 1-7;   1 Cor. 11 : 1-16;   Eph. 4 : 1-6, 20, 32; 5 : 22-23.

Maar gij GEHEEL ANDERS; gij hebt Christus leren kennen.

Er was hier in het najaar 1980 een vrouwenemancipatie-avond. Allerlei groepen van allerlei richtingen waren present. Elke groep mocht haar denkwijze over dit onderwerp naar voren brengen. De nacht daarvoor schreef ik deze regels, geïnspireerd door het Bijbelse Woord, maar gij geheel anders:

IK WOU... IK WOU.
ik wou graag vrouw zijn zoals ieder ander, ik wou graag meedoen zoals zij.
ik wou graag vechten, ik wou graag strijden om te worden zoals hij.
ik wou graag meedoen in de wereld, ik wou graag werk'lijk iemand zijn,
ik wou zo graag dat ik eens opviel, dat 'k bewust regeerde, al was 't maar klein.
ik wou wel meedoen demonstreren, meedoen om er gewoon maar bij te zijn,
ik wou dat ieder mij zou eren, want dat is voor een vrouw toch fijn?
ik wou graag praten over yoga, beslissen over abortus en nog meer,
ik wou graag zelf de teugels nemen, dood of leven onder mijn beheer.
ik wou graag leven en beslissen, zonder vragen aan m'n man,
ik wou graag uitgaan en genieten, zonder de kind'ren als het kan.
Waarom moeten vrouwen altijd vechten om hun rechten in dit land?
Waarom moeten ze zelfs vechten tegen de wettelijke huw'lijksband?
Ja, waarom moeten vrouwen trouwen, en waarom ook nog met een man?
Je mag toch zelf je partner kiezen, ik wou... ik wou... ik wou... ik wou...
TOEN SPRAK GOD HEEL ZACHT VOL LIEFDE:
Ik wou zo graag dat jij niet meedeed, vechten strijden zoals zij.
Ik wou zo graag dat jij je leven, bewust leefde aan Mijn zij.
Dat jij geloofde in het huwelijk, zoals Ik het heb ingesteld,
en dat jij dan werk'lijk leerde, echt vrouw te zijn zonder geweld.
Ik wou zo graag dat jij het opnam, voor het ongeboren kind,
en dat jullie samen vroegen, wat God de Vader hiervan vindt.
Ik wou zo graag dat jij zou weten, wat er met yoga wordt bedoeld,
Ik wou zo graag dat de misleiding van de wereld wordt bekoeld.
Ik wou zo graag dat je bewust wordt, wat 'drugs' betekent voor de mens,
wat alkohol teweeg kan brengen, dat jij dáár helpt dat is Mijn wens.
Ik wou écht graag dat je bewust vrouw bent, zoals Ik het heb bedoeld in het begin...
Dan zul jij je man gaan eren, je huwelijk lijdt geen schade
't brengt alleen gewin.
Als jij werk'lijk wilt emanciperen, gelijk wilt staan, waag het dan met Mij,
dan help Ik jou hóe te dienen, dát is vrouw zijn, bewust, door Mij.

GEBED.
Vader, leer mij vrouw te zijn zoals U het bedoelde vanaf het begin. Amen.

LEZEN:
Gen. 2:18-25;   1 Tim. 6:11;   1 Petr. 2:11, 12;   Jes. 3:16, 4:1;   1 Tim. 2:1-15.

Zondag
24ste week

Laten we er toch voor oppassen
dat onze 'stille tijd' geen
sleur wordt, maar ons wakker
houdt en vrucht draagt.

VRUCHT DRAGEN.

Psalm 92 : 15a.
Zij zullen in de ouderdom nog VRUCHT DRAGEN, fris en groen zullen zij zijn; om te verkondigen, dat de Here waarachtig is.

Jesaja 57 : 19a.
Ik schep de VRUCHT der lippen…

Johannes 12 : 24.
Voorwaar, voorwaar, Ik zeg u, indien de graankorrel niet in de aarde valt en sterft, blijft zij op zichzelf; maar indien zij sterft, brengt zij veel VRUCHT voort.

Mattheüs 21 : 43.
Daarom, Ik zeg u, dat het Koninkrijk Gods van u zal worden weggenomen en het zal gegeven worden aan een volk, dat de VRUCHTEN daarvan opbrengt.

Galaten 5 : 22a.
Maar de VRUCHT van de Geest is: liefde, blijdschap, vrede, lankmoedigheid, vriendelijkheid…

Galaten 5 : 22b.
Maar de VRUCHT van de Geest is:…goedheid, trouw, zachtmoedigheid, zelfbeheersing.

GEBED:

Vader, wat zegt U hier veel over vrucht dragen. U wilt graag rijpe vruchten van ons oogsten. U zegt zelfs, dat wij in de ouderdom nog vrucht zullen dragen, ja, dat we fris en groen zullen zijn in Uw ogen. Ik vraag U vader, of U mij vanmorgen eerst wilt reinigen door het bloed van Uw Zoon, zodat ik rein voor U sta. Wilt U mij helpen om vrucht te dragen in mijn leven, helpen, waar en hoe ik dat kan doen. Ik bid U voor heel Uw kerk, groepen en kringen, voor al Uw kinderen; help ons allemaal om goede gave rijpe vruchten voort te brengen. U weet hoe moeilijk de leden van eenzelfde gemeente onderling met elkaar om gaan, om maar te zwijgen van omgang met leden van een geheel andere gemeente of kring. U weet hoe jaloers iemand op de ander kan zijn, hoe op onszelf wij als kinderen van U leven. Vergeef het ons, Vader, vergeef dat wij vaak zó leven en helemaal niet beantwoorden aan het doel van éénzijn in Christus. Ik vraag het U in de Naam van Jezus. Amen.

Zij zullen in de ouderdom nog VRUCHT DRAGEN, fris en groen zullen zij zijn; om te verkondigen, dat de Here waarachtig is.

OUD EN TOCH JONG.

Hoe bestaat het, oud en toch tegelijk jong zijn. Dat kan toch niet? Hoewel! De taal kent meer van dergelijke uitdrukkingen, b.v. als je zegt: arm en toch rijk. Je kunt in maatschappelijk opzicht arm zijn maar rijk in Christus. Over wie heeft David het eigenlijk in Psalm 92? Over de rechtvaardige, over een kind van God, een gelovige. Hij is als het ware aan het profeteren, 'mensen wees niet bang voor de ouderdom, wees niet bang dat Ik (de Here) je aan de kant zet, dat Ik je uitschakel. Want je zult nog vrucht dragen op hoge leeftijd'. Hoeveel mensen in onze tijd die de leeftijd der sterken bereiken, denken niet dat ze afgedaan hebben, ze voélen zich aan de kant gezet, terwijl het niet zo is. Een mens kan zichzelf ook veel aanpraten. De Heer zegt: 'Ik kan je gebruiken in Mijn dienst tot de dood toe. Ik heb je nodig'. Op geestelijk terrein kun je veel vrucht voortbrengen ook als je lichamelijk niet meer in zo'n goede konditie bent. Maar je hebt door je leeftijd meer tijd dan vroeger dus ook meer tijd voor het werk voor de Heer en er ligt heel wat werk te wachten. En als je aan huis gebonden bent en de deur niet meer uit kunt, dan kun je, (net als Mozes) bidden, voortdurend bidden. Biddend op de bres staan voor de vele mensen die in Zijn wijngaard werken en het evangelie uitdragen. Wie zou daar het beste zijn of haar tijd aan kunnen geven? Wie zou meer tijd hebben de kleintjes voor te lezen uit de kinderbijbel dan oma of opa? Wie zou meer tijd hebben om naar de moeilijkheden van de tieners te luisteren dan zij? Ja, ouderen zijn door het leven geschoold en hebben levenservaring opgedaan die van grote geestelijke waarde kan zijn. En wie zou beter de tijd hebben om naar de kinderen die zelf inmiddels ouders zijn geworden, te luisteren en hen te helpen door aanwijzingen te geven in de goede richting? Wijze oma's en opa's hebben we zo nodig in het leven. Kunnen zij niet met de tijd mee komen zeg je? Goed, uiterlijk misschien niet, maar... geestelijk? De Bijbel zegt: fris en groen zullen zij zijn om... ja, om de grote daden van God te verkondigen, te vertellen dat de Heer waarachtig is. Kijk, hoe oud je ook bent, de Heer is dezelfde, Hij is niet veranderd. De wereld kan veranderen, de omstandigheden kunnen zich wijzigen, maar Gods Woord blijft hetzelfde tot in eeuwigheid. Begrijp je nu hoe bemoedigend de woorden uit Psalm 92 zijn voor mensen op leeftijd? Zet je in voor het grootste levensdoel, waar je vóórdien te weinig tijd voor had. Voel je je aan de kant gezet als oudere? Begin maar met het gebedswerk, de rest zal volgen.

GEBED.

Heer, ik dank U dat U mensen door het leven geschoold hebt en dat wij weer door hen onderwezen mogen worden. Laat de ouderen deze taak van U zien en geef door hen de moed, de hand aan de ploeg te slaan tot Uw eer! Amen.

LEZEN: Ps. 1 : 6, 5 : 13, 34 : 16; 55 : 23, 92 : 13-16;   Matth. 13 : 43; Ruth. 4 : 15;   Ef. 6 : 1.

Ik schep de VRUCHT der lippen.

GAVE RIJPE VRUCHTEN?
De Bijbel heeft het ook over de vruchten die wij uit kunnen dragen. Jesaja heeft het over de vrucht van onze lippen. Op andere plaatsen lezen we over de vrucht onzer handen, de vrucht van onze wandel, de vrucht onzer daden, de vrucht van de arbeid. Het voornaamste is dat wij goede vruchten voortbrengen, gave, rijpe vruchten. Als je naar de winkel gaat om fruit te kopen, bestel je toch geen onrijpe of gekwetste vruchten, die hebben een wrange smaak of zijn in het geheel niet te eten. Zo is het met geestelijke vruchten ook. De Heer begeert gave vruchten. Als we naar de vrucht van onze tekst kijken, de vrucht der lippen, dan mogen we betwijfelen of ons dat gemakkelijk af zal gaan. Die kleine tong van ons kan heel wat teweeg brengen, dat is overbekend. Het kan een vuur ontsteken ten goede maar ook ten kwade. Je kunt figuurlijk gesproken iemand met de tong 'kapot' maken maar daar staat tegenover, je kunt met dezelfde tong iemand oprichten. Je kunt er de Heer mee loven, maar er ook de mens mee vervloeken, die naar Zijn beeld geschapen is. En dat is verschrikkelijk.

De Heer had Israël verkoren en bestemd tot verkondigers van Zijn rijk. Zij moesten de grote daden van God verkondigen, Hem bekendmaken aan de omliggende volkeren. Zij waren uitverkoren om goede, gave rijpe vruchten voort te brengen. Godsvruchten. En waar liep het op uit? Ze brachten wrange vruchten voort op een enkele uitzondering na, wrange vruchten voor de andere volkeren maar ook wrange vruchten voor zichzelf en voor elkaar. Zo aan de buitenkant leek het soms wel heel wat, maar van binnen...? Nee! Dan zegt de Here bij monde van Jesaja: 'Ik schep de vrucht der lippen'. Ja dat is de bemoediging voor de Joden, eenmaal zal de tijd aanbreken, dat God een keer in hun handel en wandel zal brengen, dan zal Hij hun lippen besturen, de tong in toom houden en gebruiken ten goede. Dat is de liefde van God in deze tekst. 'Ik zal zelf de woorden in hun mond leggen'.

En wij? Wij hebben de mogelijkheid al gekregen door de Heilige Geest om goede rijpe vruchten voort te brengen. Wij hoeven niet meer te wachten tot dan. Daarom moeten wij ons des te meer afvragen, welke vruchten brengen wij voort? Gebruik ik mijn tong ten goede? Dat kan. Je hebt die mogelijkheid van Hem ontvangen, het is de vraag maar of je wilt? Israël wilde niet, maar jij en ik? Wat komt er van jouw lippen? Goede, gave rijpe vruchten? Wat zul je dan een heerlijk leven hebben met de Heer, omdat je dan in de eerste plaats Hem daarmee looft en prijst, Hem aanbidt met heel je wezen, en beantwoordt aan het doel waarvoor Hij je geschapen heeft.

GEBED.
Dank U wel Heer, dat U mij de mogelijkheid geeft om gave vruchten voort te brengen. Maar mag ik U nu weer opnieuw vragen, help mij het ook te dóen. Ik vraag U dit in de Naam van Jezus. Amen.

LEZEN:
Spr. 1 : 31, 31 : 31;   Jes. 3 : 10, 57 : 19;   Joh. 4 : 38, 12 : 24;   Phil. 1 : 11.

Voorwaar, voorwaar, Ik zeg u, indien de graankorrel niet in de aarde valt en sterft, blijft zij op zichzelf; maar indien zij sterft, brengt zij veel VRUCHT voort.

DE VRUCHT VAN HET STERVEN.

Jezus maakt de mensen met een voorbeeld duidelijk dat Hij gaat sterven, ja, moèt sterven wil Zijn leven vrucht dragen. Zouden zij het begrijpen? Begrijpen wij Hem? Toch is het voorbeeld zo eenvoudig en begrijpelijk. Een graankorrel die in de aarde valt, moet eerst sterven. Uit dat proces ontkiemt echter nieuw leven. Een kleine kiem worstelt zich vanuit die stervende korrel naar boven en groeit uit tot een plantje. Maar in de grond groeien zijn wortels ook, zij breiden zich uit, zodat het koren stevig vast staat. En eenmaal boven de grond groeit het plantje uit tot een stevige plant waaraan een halm groeit waarin zich nieuwe graankorrels vormen. Het zaadkorreltje draagt vrucht. 'Zo moet Ik ook sterven', zegt Jezus, 'maar als Ik gestorven ben, dan komt er nieuw leven uit voort. Het breekt baan juist omdat Ik gestorven ben. Daarna brengt het vrucht voort ten eeuwigen leven'. Zo zal het ons ook moeten gaan. Wij zullen moeten sterven aan onze oude mens, aan onze oude natuur. We kunnen nooit deel hebben aan het nieuwe leven tenzij het oude sterft. Als wij niet sterven aan onze oude zondige mens, aan ons oude 'ik' dan kunnen we geen rijpe vruchten voortbrengen. We brengen dan nog steeds wrange vruchten voort, vruchten die Jezus Christus niet verheerlijken en grootmaken. En aan dat soort vruchten, de wrange, heeft de Here God geen behoefte. Hij verlangt vruchten die eeuwigheidswaarde hebben. Sterven aan onszelf brengt niet maar één vrucht voort. Neen, het brengt véél vrucht voort. De Heer gebruikt mijn nieuwe leven om Zijn wil, Zijn nieuwe leven, daardoor te openbaren. Hij wil jou en mij gebruiken om ook anderen tot dit vruchtdragen te brengen.

Heb je er wel eens bij stil gestaan dat de vrucht van het sterven op deze manier bestaat? Ben jij al gestorven aan je oude mens? Mede gekruisigd noemt Paulus het. Ervaar je dit nieuwe leven met de Heer? Ik weet van mezelf dat dit sterven allesbehalve eenvoudig is voor onze oude natuur, maar met Gods hulp brengt het een blijdschap teweeg die je nooit meer zult willen missen. Want dan draagt je leven vrucht.

GEBED.

Vader in de hemel, dank U wel dat U Uw Zoon hebt gegeven voor mij en dat Uw Zoon gehoorzaam is geweest tot de dood toe, en daardoor het eerste 'nieuwe leven' van U heeft ontvangen. Wilt U mij helpen mijn oude leven af te leggen? Misschien elke dag opnieuw weer een stukje, zodat U in mijn leven gestalte krijgt, zodat er vruchten zichtbaar worden. Dank U dat U dit wilt doen. Amen.

LEZEN:

Joh. 12 : 20-28;   Rom. 6 : 19-23, 7 : 4-6;   1 Cor. 15 : 31;   Col. 3.

Daarom, Ik zeg u, dat het Koninkrijk Gods van u zal worden weggenomen en het zal gegeven worden aan een volk, dat de VRUCHTEN daarvan opbrengt.

VERANTWOORDELIJKHEID DRAGEN.

We dragen verantwoordelijkheid voor ons christen-zijn. Jezus Christus kwam in de eerste plaats voor Israël om hen weer tot God te brengen, om Zelf Koning te worden over hen. Jezus leefde Zijn aardse leven te midden van Zijn volksgenoten. En zijdelings stonden er altijd wel een paar wetgeleerden bij. Dat waren beslist geen domme jongens; zij kenden de Bijbel op hun duimpje en ze waren er dikwijls op uit, Jezus te vangen op Zijn eigen woorden. Zij wilden Jezus ontmaskeren want ze geloofden niet dat Hij de Messias was die ze verwachtten. Maar inplaats dat zij Jezus ontmaskerden, werden ze zelf ontmaskerd. Langzaam voerde dit drama naar een hoogtepunt. Ze verwierpen Hem, doodden Hem door kruisiging. Maar het tegendeel gebeurde van wat ze dachten te bereiken. Doordat zij Hem verwierpen, werden ze zelf verworpen. 'Daarom, zeg Ik u, dat het Koninkrijk Gods van u zal worden weggenomen, en gegeven aan een volk, dat de vruchten daarvan opbrengt'. Dat volk zijn de heidenen, want het evangelie van het Koninkrijk werd door Paulus aan de heidenen gebracht en zodoende hebben wij er deel aan gekregen. Wij hebben nu de opdracht: 'Verkondig het evangelie aan de ganse schepping'. Maar wat brengt dat een verantwoordelijkheid met zich mee, wat is me dat een geweldige taak.

Wij hebben de opdracht vruchten voort te brengen, goede gave, rijpe vruchten. Vruchten die eeuwigheidswaarde in zich dragen. Aan iedereen het evangelie van Jezus Christus te vertellen, hen brengen aan de voet van het kruis. De Heer Zelf zal het nieuwe leven schenken, dat kunnen wij niet, maar dat eerste, wijzen op Jezus, Hem verkondigen, kunnen we wel. In welke vorm dat ook moge gebeuren, we zullen er ons steentje aan bij hebben te dragen.

Hoe staat het met vruchtdragen in jouw leven? Met de opdracht die jij ook van God hebt gekregen? Maak je er ernst mee, of laat je de vruchten maar groeien in het wilde weg? Dan versterven ze wel, dat kan ik je verzekeren, want satan is er als de kippen bij om goede vruchten af te laten vallen voordat ze volgroeid zijn. Vergeet één ding echter niet, de Heilige Geest wil ons helpen, helpen om ons geestelijk leven te laten volgroeien. Alleen, we moeten willen. Dat is de verantwoordelijkheid die jij en ik dragen. WIL JIJ?

GEBED.

Heer, dat U het Koninkrijk van U aan ons hebt overgedragen is zoiets groots, daar kan ik haast niet bij. Maar dat wij daar allemaal persoonlijk de verantwoording voor dragen is iets wat we niet dragen kunnen. Daarom gaf U ook Uw Geest in ons om het te kunnen volbrengen. Alleen... ik moet mijn leven beschikbaar stellen. Hier ben ik Heer. Om Jezus' wil. Amen.

LEZEN:

Mat. 21 : 33-46, 25 : 31-40;   Hand. 9 : 1-15, en hst. 10;   Mat. 3 : 8, 7 : 13-23.

Maar de VRUCHT van de Geest is: liefde, blijdschap, vrede, lankmoedigheid, vriendelijkheid...

BEN IK ZO?

Paulus somt de vruchten op die hij verwacht van een kind van God, dat vervuld is met de Heilige Geest. Dat vuur van boven aangestoken, begint te branden in ons. Het verbrandt dát wat er niet hoort en het vuur steekt tegelijkertijd een onuitblusbare liefde voor Jezus aan, die je zelf nooit voor mogelijk had gehouden. Ja, liefde in de eerste plaats tot God, liefde voor Jezus Christus, maar daar blijft het niet bij, het vloeit over naar de ander, naar hen die om ons heen leven, het werkt aanstekelijk voor die ander. Dat is de vrucht ervan, die de ander kan proeven, gave rijpe vruchten. Het brengt dan vanzelfsprekend blijdschap voort, een niet te stillen blijdschap, die ons verstand te boven gaat. Waarom zou het in de kerken vaak zo dor en doods zijn? Hoe komt het toch dat we die vruchten veelal missen? Laait het Pinkstervuur niet meer op in onze westerse wereld? Dooft de vlam ook in de gemeentes uit? Blijdschap is een vrucht van de Geest. Er zijn mensen die een innerlijke blijdschap mee dragen, die niet zo uitbundig zijn, maar dat neemt niet weg dat ze blij zijn. Er zijn vele soorten kinderen van God. Maar dat blijdschap aanwezig moet zijn, is een ding wat zeker is. En hoe is het vandaag aan de dag met 'Vrede' gesteld? Innerlijke vrede kan alleen door het vuur van de Geest komen. Vaak ontmoet je dat soort vrede bij mensen waar de omstandigheden verre van rooskleurig zijn. Bij hen die gevangen zitten om hun geloof in Jezus Christus bijvoorbeeld. Dat zijn er in deze wereld anno 1983 nogal wat. Maar je ontmoet een vrede bij hen die je alleen maar kunt bewonderen. Er gaat een rust van hen uit die ze alleen kunnen bezitten vanuit een leven van Hem die Zijn Geest in hen heeft uitgestort. Een wonderbare kracht die innerlijke vrede geeft.
Paulus noemt vervolgens de vrucht van de lankmoedigheid. Een christen is lankmoedig, is toegeeflijk, zij of hij legt niet op alle slakken zout, wordt niet direct kwaad en verdraagt veel. Het is weldadig als je mensen tegenkomt die zo zijn.
Paulus noemt tenslotte nog vriendelijkheid. Echt vriendelijke mensen kom je niet zo veel tegen, laten we eerlijk zijn. Vriendelijkheid is een vrucht van de Heilige Geest, dat mag je met recht zeggen. Wil je weten of de Heilige Geest werkzaam is in jou, toets dat dan eens door na te gaan of deze vruchten bij jou aanwezig zijn.

GEBED.

Heer, mogen anderen in mij die liefde, blijdschap, vrede, lankmoedigheid en vriendelijkheid tegenkomen? Dank U dat U me er bij wilt helpen. Amen.

LEZEN:

Gal. 5 : 18-26;   Joh. 15 : 9, 13;   1 Cor. 13 : 13;   Luk. 2 : 10;
Joh. 15 : 11;   Rom. 14 : 17;   Joh. 14:27;   Spr. 25 : 15;   2 Petr. 3 : 9;
2 Tim. 4 : 2;   1 Cor. 4 : 13;   Phil. 4 : 5-7.

Maar de VRUCHT van de Geest is... goedheid, trouw, zachtmoedigheid, zelfbeheersing.

NOG MEER VRUCHTEN.

Er zijn nog meer vruchten die een christen voortbrengt wanneer hij vervuld is met de Heilig Geest. De vrucht van de goedheid is misschien wel zeldzaam maar hij behoort er wel te zijn. Goed zijn is het tegenovergestelde van slecht zijn. Slechtheid hoort in een heel andere wereld thuis. Het is een vrucht van de werken van het vlees. Als je daarmee in aanraking bent geweest, waardeer je des te meer de vruchten van de Geest.

Een andere voorname vrucht is die van trouw. Denk maar eens aan het huwelijk. De basis is liefde en trouw. Na verloop van tijd komt de liefde soms op een laag pitje te staan en wordt er met de trouw vreemd omgesprongen. Het is dan wel de hoogste tijd zich te bezinnen en zich te laten inspireren door de Geest die goede vruchten voortbrengt. Heb jij iemand ontmoet die trouw is en trouw blijft? Ja? Dan weet je wat dat wil zeggen. Ook zachtmoedigheid is een geestesvrucht. Het is een heerlijke eigenschap waar je veel plezier aan kan beleven. Hoewel ik moet bekennen dat ik nogal eens tegen die zachtmoedige mensen in het geweer kom. Weet je hoe dat komt? Omdat ik dan zelf op dat moment helemaal niet zachtmoedig ben en dan kan ik er niet tegen dat de ander het wel tegenover mij is. Ik voel dan dat ik scheef zit en dat wil ik dan niet bekennen. Op zo'n moment ontbreekt het me ook aan zelfbeheersing. Ik zie dat de ander zichzelf helemaal onder controle heeft en dat is nu juist weer wat ik op dat moment mis. Zo rol je van het een in het ander. Iemand die zichzelf beheerst zal vriendelijk en zachtmoedig zijn, lankmoedig en de ander verdragen. Er gaat rust van hem uit. Hij beheerst zichzelf. Hij kan dat niet uit zichzelf; het is een vrucht van de Geest. Het is maar door welke Geest wij ons laten beheersen.

GEBED.

Wat machtig heerlijk Vader, dat de vruchten van Uw Geest in mij aan het groeien zijn. Maak mij een kanaal van Uw liefde en blijdschap, Uw vrede en lankmoedigheid, vriendelijkheid, Uw goedheid, trouw en zachtmoedigheid, en zelfs van Uw zelfbeheersing. Ik vraag veel Heer, maar het zijn Uw vruchten. Dank U Vader, dat U mij wilt steunen. Amen.

LEZEN:

Gal. 5 : 18-26;   Ps. 36 : 6;   Gal. 6 : 10;   Luk. 6 : 43-45;   Ps. 117 : 2; 2;
Thess. 3 : 1-3;   Hand. 11 : 23;   Mat. 11 : 29;   Gal. 6 : 1;   1 Pet. 3 : 15;
1 Cor. 7 : 5;   Spr. 16 : 32;   1 Cor. 9 : 25.

Zondag
25ste week

Deze week verdiepen we ons in één van de vele geschenken die we van God ontvangen hebben. Het wordt ons gratis beschikbaar gesteld.

DE WAPENRUSTING.

Epheze 6 : 10-18.

Voorts, weest krachtig in de Here en in de sterkte Zijner macht. Doet de WAPENRUSTING GODS aan, om te kunnen stand houden tegen de verleidingen des duivels; want wij hebben niet te worstelen tegen bloed en vlees, maar tegen de overheden, tegen de machten, tegen de wereldbeheersers dezer duisternis, tegen de boze geesten in de hemelse gewesten. Neemt daarom de WAPENRUSTING GODS, om weerstand te kunnen bieden in de boze dag en om, uw taak geheel vervuld hebbende, stand te houden.

Stelt u dan op, uw lendenen omgord met de WAARHEID.

Bekleed met het PANTSER DER GERECHTIGHEID.

De voeten geschoeid met de BEREIDVAARDIGHEID van het evangelie des vredes.

Neemt bij dit alles het schild DES GELOOFS ter hand waarmee gij al de brandende pijlen van de boze zult kunnen doven;

en neemt de HELM DES HEILS aan.

En het ZWAARD DES GEESTES, dat is het Woord van God.

En BIDT daarbij met aanhoudend bidden en smeken bij elke gelegenheid in de Geest, daartoe wakende met alle volharding en smeking voor alle heiligen; ook voor mij.

GEBED.

Vader, U laat ons niet alleen in de strijd tegen de vijand. U hebt ons Uw Geest gegeven. Daarnaast geeft U ons wapens waarmee we de vijand kunnen afweren en te lijf kunnen en moeten gaan, om staande te blijven en te overwinnen. U wilt ons leren vechten op de juiste manier. Als ik het op mijn eigen manier zou doen, zou ik dat radicaal fout doen. Daarom zeg ik opnieuw tegen U: hier ben ik Heer, om te leren vechten en vol te houden, om te overwinnen op Uw manier. Help mij toch om alles te begrijpen en geef mij de kracht om te volharden tot het eind. Amen.

Voorts, weest krachtig in de Here en in de sterkte Zijner macht. Doet de WAPEN-RUSTING GODS aan, om te kunnen stand houden tegen de verleidingen des duivels; want wij hebben niet te worstelen tegen bloed en vlees, maar tegen de overheden, tegen de machten, tegen de wereldbeheersers dezer duisternis, tegen de boze geesten in de hemelse gewesten. Neemt daarom de WAPENRUSTING GODS, om weerstand te kunnen bieden in de boze dag en om, uw taak geheel vervuld hebbende, stand te houden.

HET GESCHENK.

Deze wapenrusting is een geschenk van God. We mogen er wel heel dankbaar voor zijn. Je kunt je dankbaarheid tonen door dit geschenk uit Gods hand aan te pakken en de wapenrusting aan te trekken. God stelde dit geschenk zorgvuldig samen. Hij wist dat Zijn kinderen dit zo nodig zouden hebben om staande te blijven in de strijd op aarde. Want tegen een christen die de wapenrusting aanhééft en de wapens goed hanteert, kan geen satan op, integendeel, hij legt het op den duur af. Paulus legt er de nadruk op dat we de 'gehele' wapenrusting moeten gebruiken. Al heb je alle wapens in huis, het helpt je niets als satan komt met zijn onverhoedse aanvallen. De wapenrusting moet aan en moet gebruikt worden.

DAAR KOMT HET OP AAN. De complete wapenuitrusting kan je beschermen, en je inzicht geven in de strijd en je de overwinning bezorgen. Want vergeet niet dat jij en ik elke dag hebben te vechten tegen machten die door de mens heen op ons af komen. Wanneer je iemand tegen komt die verschrikkelijke dingen over de Heer zegt, dan kan dat een macht zijn die die mens overheerst; wanneer iemand de leugen lief heeft, kan dat een giftige pijl van satan zijn die doel getroffen heeft, of... een leugengeest in de mens die een werktuig van satan is. Maar onze wapens, de wapens die we van God gekregen hebben, zijn daartegen bestand. Deze wapens zijn ook zo geheel anders. En toch hoe geheel anders van aard ook, ze jagen de vijand op de vlucht. Bijvoorbeeld: hij kan er niet tegenop als jij eerlijk bent, als jij Jezus eert en Hem boven hem stelt. Hij kan er niet tegen als je volkomen vertrouwt op Zijn kracht. Als je dat doet, ontdek je dat juist dát je sterkte en je kracht is, dat je al biddend 'in Hem' bent en blijft, dat je hem weerstaat met Gods Woord. Vergeet nooit om 'in Hem' je dag te beginnen, dat betekent hetzelfde als de wapenrusting aantrekken. Jij en ik hebben dat zo broodnodig, want anders verliezen we de slag, dan overtreft de vijand ons, dan hebben we geen weerwoord, dan worden we verslagen voordat we er erg in hebben. EN DAT HOEFT NIET. Paulus zegt niet voor niets: 'Neem de GEHELE WAPEN-RUSTING', dus geen halve, dan heeft de vijand nog vat op je, maar je moet hem helemaal aandoen. Dan overwin je op alle fronten. Daar gaat het om.

GEBED.

Heer, help mij vanmorgen de wapenrusting aan te doen, helemaal! Amen.

LEZEN:

Ps. 84:6-8, 28:7-9;   Luk. 4:14;   Openb. 20:1-3;   Jes. 40:8b;   1 Cor. 3:14.

Stelt u dan op, de lendenen omgord met de WAARHEID.

WEES EERLIJK.

Wat kun je nu met het wapen 'waarheid' beginnen tegen de vijand? Als je eerlijk bent, tegenover jezelf, tegenover de ander en tegenover de Heer, sta je sterk bij elke aanval. De satan kan niet tegen eerlijkheid; hij moet op de vlucht slaan als hij in de nabijheid komt van iemand die waar is. Want satan zelf is de leugen in eigen persoon. Zoals God niet tegen de leugen kan, zo kan satan niet tegen de waarheid. Paulus vergelijkt de waarheid met een riem die je om je middel moet hebben om je kleed of je rok omhoog te houden, zodat je uit de voeten kunt. De Israëlieten droegen immers lange klederen. Zorg dat je die riem van de waarheid om hebt, anders kun je niet verder. Zorg dat er geen enkel scheurtje in die riem zit. Elk klein leugentje is een invalspoort voor de vijand. Jezus vraagt van ons, om 'waar' te zijn, tegenover iedereen. Een leugen in je leven brengt verwijdering tussen jou en de Heer, het brengt verdriet en teleurstelling. Het hoort bij je oude leven, het leven vóórdat je de Heer binnen liet. Het past niet meer bij een opnieuw geboren kind van God. Als je in de waarheid staat, leef je ontspannen, het brengt vreugde en blijdschap met zich mee. Want ...je verhouding met de Heer is gaaf, je leeft in de vrijheid, je leeft uit Hem. O, er zijn zoveel soorten leugens, leugens die over je lippen komen, maar daarnaast kun je ook nog een leugen in het leven zijn. Denk maar aan het jawoord toen je belijdenis deed. Was dat echt gemeend, deed je dat met de volle overtuiging, wilde je je hele leven de Heer dienen en voor Hem leven? Dan was je waar. Maar als het alleen maar goed voornemen was, waar weinig of niets van terecht kwam, dan was die belijdenis een leugen, en die leugen doortrekt je leven. Dat bedoel ik met een leugen zijn. Zo kun je je ook afvragen: is mijn verkering echt, of een leugen? Is mijn huwelijk echt, of een leugen? Daarom waarschuwt Paulus ons, om die gordel van de waarheid goed sluitend te houden, zodat we staande blijven bij een aanval van satan. Jezus heeft gezegd: 'Ik ben de weg, de WAARHEID en het leven'.

Daarom haat satan Jezus ook zo; deze twee staan lijnrecht tegenover elkaar, deze twee vechten om jou en mij. Satan vecht om je naar de afgrond te slepen. Jezus had Zijn leven ervoor over om je in Zijn heerlijkheid te brengen. Het is aan ons wie wij kiezen. Maar je begrijpt dan zeker wel waarom satan zoveel pogingen in het werk stelt om jou te verleiden tot leugen, tot onwaar zijn, want hij gunt je die heerlijkheid van Jezus niet. Dat is de waarheid omtrent de vijand. Daarom die riem...

GEBED.

Vader, in de hemel, dit vraagt U van mij, dat ik in de waarheid sta, en waar ben, want dán slaat de vijand op de vlucht, want Uzelf bent dan de waarheid in mij. Amen.

LEZEN:

Lev. 19:11;   Joh. 1:17, 8 : 32, 14:6, 14:15-17, 16:13, 17:17-19;   1 Cor. 13:6.

Bekleed met het PANTSER DER GERECHTIGHEID.

UITSPRAAK SCHULDIG, VONNIS... LEVENSLANG.

Paulus wijst ons op het pantser der gerechtigheid. Gerechtigheid is een moeilijk begrip. Maar geen onbekend begrip, je hoeft er de krant maar voor open te slaan en je leest er wat over. We denken b.v. aan de rechtbank, waar de officier van justitie zijn eisen stelt, de rechter uitspraak doet, maar waar de verdediger alles in het werk kan en mag stellen om vrijspraak of strafvermindering te bewerkstelligen. We denken ook aan het woord:
RECHTVAARDIGEN.

Jezus belooft ons dat Hij eenmaal als Rechter de wereld zal richten in rechtvaardigheid. Er is nog veel, heel veel ongerechtigheid op aarde. En daarom zegt Paulus waarschijnlijk: 'bekleedt U met het harnas der gerechtigheid'. Zodat je niet 'onrechtvaardig' oordeelt over anderen, want: met welk oordeel gij oordeelt, zult gij geoordeeld worden. De rechtbank geeft, als het goed is, rechtvaardige straffen, dat betekent eigenlijk: verdiende straffen. Zou God dat ook doen? Maar dan zijn we allen verloren. Als ik eraan denk dat ik voor God kom te staan, dan vrees ik dat mijn straf niet gering zal zijn. Want ik ben vanaf het begin al schuldig. En... God beoordeelt mij.
God veroordeelt mij, Hij spreekt Zijn vonnis uit; uitspraak: schuldig. Straf: levenslange verbanning.
Zo zou het moeten zijn. Maar dan zie je God in Zijn oneindige liefde. Hij gaf Zijn Zoon en aan het kruis droeg Hij de zonde van jou en mij en alle mensen weg. Jezus nam de zonden der wereld op Zich. Hij nam de straf op Zich, de uitspraak: schuldig, het vonnis: levenslang, ja, dat deed Hij. Gods Zoon.

Nu kunnen wij voor de Grote Rechter verschijnen. Jezus kwam tussenbeide. Hij is onze Gerechtigheid. God de Vader ziet ons aan in Jezus Christus. Wij staan voor Hem in de naam van Zijn Zoon. Het vonnis, de straf die wij verdiend hebben, nam Hij op Zich.
Er is wel een voorwaarde aan verbonden als je er deel aan wilt hebben, nl. Geloof. Als jij dit pantser van de gerechtigheid aantrekt, kan satan daar absoluut niet doorheen, dit pantser is ten diepste het vergoten bloed van Jezus. En zo staat de vijand machteloos. Vergeet nooit in je leven in welke situatie je ook verkeren mag, een beroep te doen op het bloed van Jezus dat voor jou vergoten is, daardoor trek je het pantser van de gerechtigheid aan, zo overwin je altijd.

GEBED.

Here Jezus, ik heb geen woorden genoeg om U te danken voor wat U voor mij, ja voor allen die dit geloven, gedaan hebt, zodat ik door U, voor Gods troon kán staan. Amen.

LEZEN:

Gen. 15:6;   Ps. 9:1-15;   Mat. 6:33;   Joh. 16:8;   Hand. 13:10;   Rom. 3:21-30.
178

De voeten geschoeid met de BEREIDVAARDIGHEID van het evangelie des vredes.

KLAAR OM TE GAAN?

Schoenen zijn voor een soldaat in actie op het gevechtsterrein hèèl belangrijk. Dat geldt ook voor een soldaat van Jezus Christus die zich heeft ingezet in Zijn leger. Wat voor een betekenis moeten wij dan aan die schoenen hechten? Eenvoudig deze: goed geschoeid zijn symboliseert de bereidheid om uit te gaan, het evangelie van de vrede te verkondigen, de opdrachten van de Heer uit te voeren. En dát houdt wat in. Dáár ontbreekt bij ons nog wel wat aan. Je bent zo druk met je werk, je school, je hobby, je... je... vul maar in. En God maar wachten op jou. Wat kan het tijden duren voordat we bereid zijn Zijn wil te doen, voordat we zo ver zijn dat we daadwerkelijk iemand confronteren met het evangelie, ja het evangelie van de vrede. Die laatste zinsnede staat er niet voor niets. Er zijn zogenaamde evangeliën zonder de blijde boodschap en waarin Jezus Christus niet het middelpunt is. Boodschappen buiten de Bijbel om. Een evangelie waar de kern uitgehaald is. Denk maar aan de moderne theologieën en de evolutieleer. Sommigen leren dat je niet geloven moet in de hel, maar... ook niet in de hemel. Waar is dan het ware evangelie van de vrede? Het evangelie dat verlossing en het evangelie dat innerlijke vrede brengt voor de mens. Dat bevrijding schenkt en dat ons uit de klauwen van satan rukt. Het evangelie dat we als soldaat van Jezus Christus mogen uitdragen en daarvoor hebben we goede schoenen nodig. Schoenen van de bereidvaardigheid. Satan heeft een hardgrondige hekel aan dat soort mensen die deze schoenen dragen. Want die mensen luisteren niet eens meer naar hem, die zijn vol van zijn vijand, Jezus. De vrede uitdragen van Gods Zoon is het heerlijkste wat je mag doen. Maar denk niet dat je altijd naar verre gebieden behoeft te trekken, (ook dat kan en mag) maar er is grote behoefte om het evangelie in je eigen omgeving uit te dragen, soms vlak naast je deur. En wanneer je die vrede uitdraagt, dan moet het wel eerst vrede in jezelf zijn, vrede in je eigen huis, tussen je man en kinderen, tussen je buren en vrienden, want daar ontbreekt nog wel eens wat aan. Hoe gauw ben je niet kwaad op elkaar? Ineens schiet je uit je slof en slinger je je man of vrouw allerlei verwijten naar het hoofd, en met een klap sluit je de deur en ga je naar de kerk, bidstond of wijkavond toe, en maar bidden... Ja, zo is de praktijk jammer genoeg wel eens bij ons christenen. Of heb ik het mis? Toe, trek die schoenen van de vrede aan, ga op pad, verkondig het evangelie daar waar God je geplaatst heeft. Het zijn heerlijke schoenen om in te lopen!

GEBED.

Vader, ik dank U voor deze bemoediging, dat U mij wilt gebruiken om de mensen te vertellen van U, dat U al Uw kinderen wilt inzetten om Uw vrede uit te dragen. Amen.

LEZEN:

Ps. 22:23, 32;   Luk. 2:10, 17;   Mat. 4:23; Mark. 16:15; Hand. 10:34-36.

Neemt bij dit alles het SCHILD DES GELOOFS ter hand waarmee gij al de brandende pijlen van de boze zult kunnen doven; en neemt de helm des heils aan.

HANTEER JIJ HET SCHILD GOED? EN HEB JE DE HELM OP?

Een schild is een afweermiddel. Door het op de juiste manier te gebruiken kun je de vijandelijke pijlen die je anders zouden treffen, afweren. Christenen hebben het schild van het geloof. Ons geloof in Jezus Christus. Het is een schild van zwaar en betrouwbaar materiaal, waar je op aan kunt en dat je beschermt. Dit schild is verkregen door de overwinning van Christus en dáárom is het zo sterk. Dit schild bewaart je in de eerste plaats voor de toorn van God; het beschermt ons voor de straf die wij verdienden. Jij en ik mogen geloven dat Jezus Christus een schild voor ons is. Dat 'geloven' dat doet het 'm nou net. Als ik geloof in Hem, dán werkt dat schild beveiligend. Wat doet satan een moeite om ons het geloof in Jezus te ontnemen, hij doet alles om jou het schild uit je handen te rukken. Maar... hou vast.

Met de helm gaat het al precies zo. Soldaten, christensoldaten zonder helm lopen grote risico's. Wat betekent de helm des heils dan wel voor ons? Heil betekent: geestelijk welzijn. Heil betekent: geestelijke redding, geestelijke voorspoed. Dit is het Bijbelse heil. Je zou alles kunnen samenvatten in één zin: HEIL IS: ONDER DE ZEGEN VAN GOD LEVEN. Als je daar verder over nadenkt dan is de zegen van God: Jezus Christus. Het is altijd weer opnieuw 'Jezus Christus, Gods Zoon', Hij is de as waar alles om draait, het Hoofd van de Gemeente, Hij is ons heil en onze redding. De helm van het heil houdt ook in: terug grijpen op Zijn volbracht werk. Wanneer heb ik dat hard nodig? Als ik twijfel of als ik onzeker ben of als ik mezelf beschuldig of een ander mij beschuldigt. Druk dan die helm stevig op je hoofd, en zeg gerust hardop: ik ben en blijf een kind van God. Het heil is aan mij verschenen. Als jij die helm van het heil opzet, dan wordt in jouw leven bewaarheid, wat God tegen Abraham zei: 'Ik zal u zegenen... en gij zult tot een zegen zijn'. Want God heeft jou gezegend in Christus Jezus. Dát is het heil.

GEBED.

Heer, het staat er allemaal wel mooi, maar op dit moment zie ik gewoon niet hoe ik dit allemaal moet doen. Help mij m'n blik weer naar U te richten. Ik weet dat ik dan weer verder kan. Dank U, dat U mij nooit alleen laat, dat U mij nooit verwijten maakt, maar mij bij de hand neemt, omdat U me lief hebt. Amen.

LEZEN:

Ps. 3 : 4, 18 : 3, 36, 25 : 5, 91 : 4, 115 : 9;   1 Thess. 5 : 1-10.

En het ZWAARD DES GEESTES, dat is het Woord van God. En bidt daarbij met aanhoudend bidden en smeken bij elke gelegenheid in de Geest, daartoe wakende met alle volharding en smeking voor alle heiligen; ook voor mij...

DE BIJBEL EN HET GEBED.

Tot nu toe hebben we allemaal wapens gehad ter verdediging, afweerwapens. Maar nu reikt de Heer ons een zwaard aan om mee ten strijde te trekken. Je kunt er mee aanvallen. Maar... wel heel anders dan de manier waarop de wereld dat gewend is. Het zwaard des Geestes is het Woord van God. Dit zwaard is gesmeed door de Heilige Geest. En wat is het belangrijk dat jij en ik dit Woord lezen, ja, er mee leren om te gaan op de juiste manier. Verdiep je in de Bijbel, vraag altijd eerst of de heilige Geest je duidelijkheid wil geven, zodat door het Woord de Heer tot je kan spreken, want Hij wil je er elke dag iets door zeggen. Ik heb al vaker gezegd: stille tijd is zo belangrijk, zo onontbeerlijk. En zo komen we dan bij het belangrijkste wapen van de zeven wapens die de Heer ons gegeven heeft: het gebed. Het zich als het ware inbedden in de kracht en de macht van onze God is van levensbelang. Zonder gebed kun je niet leven. We mogen dagelijks voor Zijn troon staan en Hem alles, maar dan ook alles vertellen en vragen; geen ding is te klein of je mag Hem om raad vragen. Bidden houdt ook in dat je voor de ander mag vragen, op de bres mag staan voor degenen die je op je hart draagt. Je mag bidden in de volmacht van de Naam van Jezus, en dát houdt wat in. Weet je dat bidden zó kostbaar is in de ogen van God? Hij is er blij mee, want dan kan Hij ons Zijn wil bekend maken. De ene keer door Gods Woord te lezen, de andere keer door gebed, daarnaast zijn er nog andere mogelijkheden om Gods antwoord te horen. Maar Bijbel lezen en gebed zijn nauw aan elkaar verwant. Waarom zouden deze twee wapens het laatst worden genoemd? Misschien wel, omdat we in het begin de draagwijdte niet eens door hadden, nog niet begrepen wat al die andere wapens inhielden, laat staan de allerbelangrijkste. Want je kunt deze twee niet gebruiken zonder de andere wapens te hebben leren hanteren. Satan heeft een gruwel aan biddende mensen. Hij weet goed dat als een christen tot God bidt, hij zelf niets meer kan beginnen en dat hij dan uitgeschakeld wordt. Dáárom zal hij alles, maar dan ook alles in het werk stellen om te verhinderen dat je stille tijd houdt. Is het je wel eens opgevallen dat er steeds wat tussenkomt als je wilt bidden? Of als je naar de bidstond wilt gaan? Maar als wij de volle wapenrusting aantrekken, gáán we ons terugtrekken, gáán we op onze knieën. Trek hem aan, dat beschermt je tegen de vijand en je zult overwinnen, want we hebben een machtige God.

GEBED.

Hartelijk dank, Vader, voor deze hele wapenuitrusting, die U ons hebt gegeven om tot het einde stand te kunnen houden. Door Jezus Christus Uw Zoon en door Uw Heilige Geest. Dank U wel. Amen.

LEZEN:

Ps. 12:7, 18:31, 119 : 9, 105;   Luk. 6 : 12;   Hand. 1 : 14, 10 : 4;   1 Petr. 3 : 7.

Zondag
26ste week.

Wat zijn er een zwakken in
onze samenleving. Misschien
hoor je er zelf wel bij; wat
zou de Bijbel daarover
zeggen?

ZWAKKEN

Ezechiël 34 : 2-4.
Mensenkind, profeteer tegen de herders van Israël... Het vet eet gij, met de wol
bekleedt gij u, het gemeste slacht gij, maar de schapen weidt gij niet; ZWAKKE
versterkt gij niet, zieke geneest gij niet, gewonde verbindt gij niet, afgedwaalde
haalt gij niet terug, verlorene zoekt gij niet, maar gij heerst over hen met hardheid en geweldenarij.

Jesaja 53 : 4; Mattheüs 8 : 17.
Nochtans, onze ziekten heeft Hij op Zich genomen en onze smarten gedragen.
Hij heeft onze ZWAKHEDEN op Zich genomen en onze ziekten heeft Hij gedra-
gen.

2 Corinthe 12 : 9b en 10c.
Mijn genade is u genoeg, want de kracht openbaart zich eerst ten volle in
ZWAKHEID... want als ik ZWAK ben, dan ben ik machtig.

1 Corinthe 11 : 30.
Daarom zijn er onder u velen ZWAK en ziekelijk en er ontslapen niet weinigen.

Romeinen 14 : 1a en 15 : 1.
Aanvaardt de ZWAKKE in het geloof.
Wij die sterk zijn, moeten de gevoeligheden der ZWAKKEN verdragen en niet
onszelf behagen.

1 Thessalonicenzen 5 : 14.
Wij vermanen u, broeders (en zusters), wijst de ongeregelden terecht, beurt de
kleinmoedigen op, komt op voor de ZWAKKEN, hebt geduld met allen.

GEBED.

Heer, ik wil vandaag bewust genieten van alles wat U ons gegeven hebt. Maar
ook nadenken over al deze woorden die over de zwakken gaan. Ben ik er ook één
van? Wat doe ik verkeerd, Heer? Wilt U in de eerste plaats mij reinigen van alle
smetten, alles wegdoen wat niet bij mij hoort, vergeef mijn zonden door het
bloed van Uw Zoon. Dank U dat ik nu rein voor u sta. Ik bid ook voor al mijn
familieleden, U weet wat ze nodig hebben. En heel de gemeente, heel Uw kerk,
en groepen en kringen buiten de kerken. Geef hun en ons wijsheid en liefde en
geduld. Om Jezus' wil vraag ik het U. Amen.

Mensenkind, profeteer tegen de herders van Israël… Het vet eet gij, met de wol bekleedt gij u, het gemeste slacht gij, maar de schapen weidt gij niet; ZWAKKE versterkt gij niet, zieke geneest gij niet, gewonde verbindt gij niet, afgedwaalde haalt gij niet terug, verlorene zoekt gij niet, maar gij heerst over hen met hardheid en geweldenarij.

VERWAARLOZING.

Eén lange aanklacht tegen de herders van Israël, Farizeeën, schriftgeleerden en regeerders. De zwakke moet het ontgelden; mensen die er niet meer tegenop kunnen, mensen die niet sterk zijn, geen kracht meer hebben, vanwege hun zwakheid niet worden gehoord. Ezechiël noemt hen in één adem met de zieken en gewonden, en de afgedwaalde mens, de verlorenen. Er wordt niets voor hen gedaan; er wordt zelfs geen aandacht aan hen geschonken. De herders versterken, verbinden noch genezen, noch brengen de afgedwaalden terug. Wee die herders, zegt Ezechiël. Als we naar de Grote Herder van het Nieuwe Testament, naar Jezus, kijken en toezien hoe Hij met zulke mensen omgaat dan zien we wél geheel iets anders. Jezus vergelijkt hen met een kudde schapen zonder herder, want ook in Jezus' tijd werden de zwakken verwaarloosd. Jezus ging niét aan hen voorbij, integendeel. Hij richtte Zich tot hen, Hij bemoedigde hen en hielp ze. Hij genas hun ziekten en kwalen, want Hij kwam juist voor zwakken, zieken en afgedwaalden om hen terug te brengen naar Zijn Vader. Ezechiël zegt harde maar rake woorden. Als 'herders' dit lezen (en zijn we allemaal niet min of meer herder?) laten we ons dan eens afvragen of er in die woorden van toen een aanwijzing zit voor nu. Wat doe ik aan de zwakken in mijn gemeente? De zieken en de afgedwaalden? Waar gebruik ik mijn tijd voor? Vergaderen en nog eens vergaderen, allerlei commissies, voorzitter hiervan en daarvan. En m'n schapen? M'n zwakke gemeenteleden, hen die niet mee kunnen komen, hen die van de kerk zijn vervreemd, die in het slop zijn geraakt, de eenzamen en… de zwakken? Bekommer ik me genoeg om hen, besteed ik er genoeg aandacht aan, kortom: ben ik een goede herder? Soms hoor ik ook wel eens een ander geluid. B.v. dat er predikanten en kerkeraadsleden zijn die een hardgrondige hekel hebben aan tijdverspillen zoals dat voorkomt op vergaderingen waar men tot diep in de nacht blijft doormeieren. Zij zien dat tijd kostbaar is en begrijpen dat hoe onontbeerlijk goede organisatie ook is, zij in de eerste plaats gericht moeten zijn op de zwakken, de zieken en afgedwaalden. En voor alle gemeenteleden geldt, dat we meer moeten bidden dat het woord van Ezechiël niet op ons van toepassing moge zijn. Ja, laten we samen meer op de knieën gaan, laten we dát doen.

GEBED.

Vader, we maken allemaal fouten, de predikanten én wij gemeenteleden, wilt U vergeven en ons samen helpen onze tijd naar Uw wil te besteden en meer te bidden voor de voorgangers van onze gemeente? Ik vraag het U in de Naam van Jezus. Amen.

LEZEN:
Ez. 34;   Matth. 9 : 35-38;   Ef. 6 : 18c;   Luk. 11 : 37-54.

Nochtans, onze ziekte heeft Hij op Zich genomen en onze smarten gedragen. Hij heeft onze ZWAKHEDEN op Zich genomen en onze ziekten heeft Hij gedragen.

PRAKTISCH CHRISTENDOM.

Jesaja profeteert over Jezus die komen zal. Hij vertelt hoe Zijn karakter is en wat Zijn werkzaamheden zullen zijn. In het Nieuwe Testament lezen we hoe de profetie in vervulling gaat, want tot wie richt Jezus zich? Tot de zwakken, de ellendigen, de armen en de zieken. Tot hen die achteruitgezet en niet in tel zijn. We lezen van Jezus dat Hij het huis van de tollenaar binnen gaat. We zien Jezus in gesprek met een Samaritaanse vrouw, iets wat geen Jood in die dagen in zijn hoofd zou halen. Jezus spreekt de overspelige vrouw vrij, terwijl de Farizeeën haar naar Jezus toebrachten om haar te laten veroordelen. Steeds maar weer ontmoeten wij Hem bij de mens die hulp nodig heeft, ook geestelijke hulp, want deze mensen doolden inderdaad rond als schapen zonder herder. Jezus komt op voor de zwakken en de zieken, de melaatsen en de bezetenen, de eenzamen en de twijfelaars, de uitgestotenen van de maatschappij. Wat kunnen we veel van Hem leren. Dat is toch ook de bedoeling? Het gaat in ons leven immers om praktisch Christendom? Wij kunnen en mogen de handen uit de mouw steken om daadwerkelijk te helpen. Wij mogen de achteruit gezette mensen een steun in de rug geven. Wij mogen de zwakken versterken, de gewonden verbinden, de zieken naar Jezus brengen. Wat een machtige taak hebben we als christenen, als gemeenteleden onder elkaar. En de hulp hoeft niet beperkt te blijven binnen ons dierbare eigengebouwde kerkmuurtje. Jezus vroeg nooit: 'Ben je Jood? O, dan help Ik je wel. Ben je heiden? Nee, dan gaat het niet door'. Wij hebben de afschuwelijke gewoonte te selekteren, wij hebben nog wel eens moeite om over onze kerkmuur heen te zien en ook anderen te helpen. Jezus niet, Hij had er niet de minste moeite mee, Hij was blij dat die zondares Zijn voeten zalfde. En de anderen? Zij keken met minachtig neer op die vrouw die nota bene zo maar hun rust kwam verstoren, hoe durfde ze. Als onze blik naar boven gericht is, zal Jezus ons in al Zijn Liefde en ontferming wel mensen die hulp nodig hebben aanwijzen. Hij fluistert als het ware stilletjes: 'schaam je maar niet om met haar om te gaan; wees niet bang, dat je met haar gezien wordt, ze heeft je hulp zo nodig. Zie haar hulpeloze verlangende ogen, met de vraag om liefde en begrip voor haar situatie'. Dat is praktisch christendom.

GEBED.

Vader, wat kent U ons door en door. U kijkt diep in ons hart. Help ons over onze schroom heen wanneer we anderen moeten helpen. Leer ons elke dag aan U te vragen waar U ons in wilt zetten om te versterken en te troosten, te bemoedigen en te verbinden, leer ons te werken zoals Jezus deed, zonder aanziens des persoons. Vervul ons met Uw Geest opdat wij Uw liefde kunnen uitdragen. Om Jezus' wil, Amen.

LEZEN:

Jes. 53:1-7;   Mat. 9:35-38, 8:1-13, 8:28-34;   Luk. 5:27-32, 19-1-10, 8:1-4.

Mijn genade is u genoeg, want de kracht openbaar zich eerst ten volle in ZWAK-HEID... want als ik ZWAK ben dan ben ik machtig.

LOSLATEN.

Op het eerste gezicht wel een vreemde uitspraak van Paulus, 'als ik zwak ben dan ben ik machtig'. Maar als je weet wat hij ermee bedoelt, is het toch niet zo vreemd. Paulus wil zeggen: als je van jezelf zwak bent, vanuit je menszijn.

De Bijbel gebruikt de uitdrukking: van nature of vanuit je vlees, wanneer je dus aan het eind van je eigen kunnen bent en ontdekt dat je van jezelf niets kunt, dan ben je het sterkst, want dan pas kan de Heilige Geest in en door jou aan het werk gaan. Hoe zwakker het 'ik' wordt, des te sterker wordt Hij.

Eigenlijk logisch. Je ziet dit ook bij een drenkeling die gered word. Radeloos vecht hij tegen de verdrinkingsdood. Dan springt er iemand in het water om hem te redden. Maar wat doet de drenkeling? Hij klemt zich zo vast aan zijn redder dat de redder er bijna door om komt. De drenkeling belemmert z'n eigen redding. Pas als hij zich overgeeft, kan de redder hem helpen, hem uit het water halen. Hoe krachtelozer de drenkeling, des te sterker is zijn helper.

Zo gaat het in het geestelijk leven ook, het gaat om het loslaten van ons zelf, het uit handen geven van onze eigen gedachten, woorden en daden, dan pas kan de Heilige Geest ons Zijn gedachten geven, Zijn woorden en Zijn daden door ons heen volbrengen.

Je staat versteld wat de Heer kan doen met een mens die zich geheel aan Hem overgeeft. De Heer openbaart Zich ten volle in zo iemand. Maar voordat het zover is, voordat wij zwak van onszelf willen zijn, voordat wij onszelf willen uitleveren aan Hem. Het is een gevecht om onze zelfhandhaving. Het kan een gevecht zijn van jaren, want we zijn doodsbang dat als we ons overgeven we niets meer van onszelf overhouden. We vergeten dat we er duizendmaal meer voor terugkrijgen. Maar dat ervaren we pas áls we ons overgegeven hebben. Net als de drenkeling, hij merkt dat zodra hij de redder niet meer belemmert, hij onmiddelijk gered wordt. Gods Genade openbaart zich eerst ten volle als ik zwak ben, eerder merken wij Zijn kracht niet. Hij kan werken als Hij ruimte krijgt. Hij reageert als er iemand kracht wil ontvangen. Een hart dat vol is van zichzelf kan niet ontvangen. Leer in je leven jezelf los te laten, zwak te zijn, je over te geven aan Zijn Geest. Aldoende ervaar je dat Zijn kracht zich in zwakheid volbrengt, ook vandaag.

GEBED.

Heer, ik weet hoe moeilijk het is om mezelf los te laten, om zwak van mezelf te zijn. Ik moet dan helemaal op U steunen, ik moet afhankelijk willen zijn van Uw genade, en die is genoeg voor mij, daar kan ik het mee doen in het leven. Vanuit die genade helpt U ons allen. Geeft U ons die wonderbare kracht. Helpt U mij los te laten, Heer, Amen.

LEZEN:
2 Cor. 13 : 3, 4;   Mat. 8 : 17; Rom. 8 : 26;   1 Cor. 15 : 44, 45;
Hebr. 11 : 32-34;   1 Cor. 15 : 10;   Joh. 1 : 16.

Daarom zijn er onder u velen ZWAK en ziekelijk, en er ontslapen niet weinigen.

DAAROM?

Er waren vele zwakke en ziekelijke mensen in de gemeente van Corinthe. Is dat bij ons eigenlijk niet net zo? Waarom zijn die zwakken en zieken in ons midden en sterven er zo velen? Dáárom, zegt Paulus, omdat de leden niet op hun plaats staan, omdat het Avondmaal dat de Here Jezus instelde niet op waardige wijze gebruikt wordt. Paulus meent dat er iets scheef zit. In die tijd vierde men het Avondmaal als een maaltijd. Vooraan zaten de rijken aan een welgevulde tafel. Ze hadden de beste plaatsen. Dan kwamen de armen, de zwakken, die zaten achteraan. Ze werden zoals altijd en overal elders in de wereld niet geteld, ten achter gesteld, ook hier. Paulus ziet dat er iets scheef zit, dat er meer achter deze houding te zoeken is, dat de onderlinge verhouding niet klopt, dat de liefde niet op de eerste plaats komt, naastenliefde wel te verstaan. Ieder had zichzelf lief, en dat is eigenliefde. Wie zo aan het Avondmaal deel nam at het brood op onwaardige wijze. Dáárom zijn er zwakken en zieken in de gemeente, daarom sterven er niet weinige. Dat zijn harde, pijnlijke woorden, recht op de man af. Het zal je maar gezegd worden. Gemeenteleden: jullie gaan niet eerlijk met elkaar om, jullie bekommeren je niet om je arme, zwakke of zieke medemens, kortom, je leeft niet zoals een christen leven moet, jullie denken alleen maar aan jezelf. Dáárom... dáárom... Ja, het zal je gezegd worden als gemeente van Christus, en... het wordt ons gezegd. We merken op dat Paulus hier verband legt tussen ziekte en een onheilige wandel van de christen, dus, ziekte kán een oorzaak of een gevolg zijn van het niet op de plaats staan van de gemeente als zodanig. En de zwakke maar ploeteren om sterker te worden, de zieken maar lopen van de ene specialist naar de andere, of van de ene predikant naar de andere, zoekend naar Bijbelse geneeswijzen, zoals daar zijn: gebed, of zalven met olie en andere. Daarom zijn er zoveel... Daarom kan de Heer vaak niet genezen, omdat de gemeente niet op haar plaats staat, omdat we het Avondmaal zodoende op onwaardige wijze gebruiken. Misschien moeten we samen hier toch eens over nadenken. Ik denk dat we ons over de handel en wandel van de Gemeente nog diepgaand moeten bezinnen.

GEBED.

Heer, dan is dit ook één van de oorzaken waarom er zoveel zieken niet genezen. Maar dat is erg, ik kan mede de oorzaak zijn van de ziekte van m'n buurvrouw, van een gemeentelid, of van een leidster die ik zo goed ken. Heer, we hebben niet door hoe nauw luisteren het is naar U in alle opzichten. Het kan dus ook zijn dat ikzelf ziek ben omdat de gemeente niet op haar plaats is. Heer, vergeef, vergeef ons deze schuld. Help ons dit te zien en er wat aan te doen. Ik vraag het U in de Naam van Jezus. Amen.

LEZEN:

Rom. 14 : 1; 1 Cor. 11 : 17-34; Hand. 2 : 42, 4 : 32-37, 9 : 31.

Aanvaard de ZWAKKE in het geloof. Wij die sterk zijn, moeten de gevoeligheden der ZWAKKEN verdragen en niet onszelf behagen.

TWEE ONGELIJKNAMIGE POLEN.

Zwakken en sterken. Daar heeft Paulus het nog al eens over. Er zijn blijkbaar veel geestelijk en lichamelijke zwakken in de gemeente. In onze tekst bedoelt hij de geestelijk zwakken. En als je over de ene groep spreekt, dan ligt het bijna voor de hand om de andere groep, de geestelijk sterken, daarbij te betrekken. Paulus verwacht, of liever gezegd, de Heer verwacht dat de sterken de zwakken zullen opvangen, hen ondersteunen, ja, dat de sterken de zwakken zullen verdragen.

De gevoeligheden van de zwakken, wat houdt dat eigenlijk in? Onder andere dit: de zwakke richt zijn blik vaak verkeerd, niet op de Heer, maar op de omstandigheden. Hij verwacht te veel hulp van mensen, hij is vleselijk bezig, weet niet goed hoe hij de pijlen van satan moet opvangen, hoe hij hem kan weerstaan. Daarnaast begrijpt hij de 'sterke' gelovigen niet, hij trekt hun geloof eerder in twijfel dan dat hij er zich aan optrekt. Zulke mensen zijn erg gevoelig en spoedig geraakt. Ze zijn niet geestelijk zelfstandig. Je zou ze kunnen vergelijken met een kind dat van alles moet leren op school maar niet kan meekomen met de andere kinderen; het heeft gewoon langer tijd nodig om de leerstof onder de knie te krijgen. Of... het speelt liever buiten en heeft geen zin zich in te spannen. Het heeft de gedachten overal, behalve bij de les. En de onderwijzer doet z'n uiterste best om het de leerstof duidelijk te maken, totdat... het kind het onder de knie heeft. Zo moet een kind van de Heer op weg naar geestelijke volwassenheid ook geholpen worden en dát is niet zo eenvoudig, dat gaat niet één twee drie. En... de sterke moet zich nooit op de voorgrond plaatsen, niet uit de hoogte doen, niet telkens laten horen dat hij het zo goed weet, want dat werkt funest voor de zwakke, het werkt zelfs averechts. De sterke moet naast de zwakke gaan staan, want hij weet immers wat het is om zwak te zijn, hij was ook niet ineens sterk, daar ging ook het groeiproces aan vooraf. Verdraag de zwakken, verdraag dat ze anders denken over de zondagsviering, dan je zelf denkt. Verdraag dat zo iemand rookt, al rook je zelf niet. Ga niet proberen hun denken te veranderen. Hen aanvaarden is de juiste houding. De gemeente zal functioneren als de sterken zichzelf verloochenen en in vertrouwen op God, de Heer, aan het werk gaan. Aanvaard... Wij die sterk zijn... dat kost ons onszelf. En... de zwakke moet wel willen, wel bereid zijn om zich te laten helpen.

GEBED.

Vader, wat zou het heerlijk zijn als Uw gemeente op haar post zou staan, zou handelen in Uw Geest en wat zou het geweldig zijn wanneer de gemeenteleden elkaar zouden verdragen zoals U ons verdraagt. Leer ons meer onze ogen open te hebben voor de zwakken. Leer ook de zwakken hulp te zoeken bij hen, die op dat moment bij de sterken horen. Geef ons dat wij U mogen behagen en niet onszelf. Vergeef ons onze fouten in de Naam van Jezus. Amen.

LEZEN: Jer. 9 : 23, 24;   2 Tim. 2 : 23-25;   Ef. 3 : 16, 17;   Rom. 8 : 1-10, 15 : 3.

Wij vermanen u, broeders, (en zusters), wijst de ongeregelden terecht, beurt de kleinmoedigen op, komt op voor de ZWAKKEN, hebt geduld met allen.

NEEM HET OP VOOR DE ZWAKKE.

Het is opvallend dat juist de sterken vermaand worden om met liefde, wijsheid en geduld met de ander om te gaan. De eerstgenoemde vermaning is, denk ik, wel het moeilijkst uitvoerbaar: Ongeregelden terecht wijzen. Gemeenteleden die niet in het gareel blijven, die uit de pas lopen. Als je dat al doet dan moet je wel de juiste woorden proberen te vinden en zelf goed afgestemd zijn op de Heer. Dan de kleinmoedigen opbeuren. Mensen die geen moed meer hebben, in hun werk of in de huishouding, of met de opvoeding van de kinderen menen vast te lopen. Zij moeten opgebeurd worden, en bemoedigd. Wat zijn er veel van die broeders en zusters om ons heen. Misschien ben jij er één van, dat kan toch? Hoe vaak komen we ze bovendien niet tegen onder de 'sterken', die het in bepaalde omstandigheden ook niet meer aan kunnen. We moeten beslist niet denken dat 'de sterken' altijd sterk zijn, gelukkig niet, want dan zouden de kleinmoedigen zich helemaal ellendig voelen. Daarom kunnen we als christen niet op ons eentje christen zijn. We hebben elkaar nodig. We moeten elkaars lasten dragen zodat er meer evenwicht komt in het gemeentelijk leven en opdat de gemeente zich kan ontplooien voor haar taak. Paulus gaat nog een stapje verder door te stellen dat we voor de zwakken moeten opkomen. Opkomen voor iemand wil zeggen dat je zijn houding verdedigt, terwijl je het toch niet helemaal met hen eens bent. Je denkt zelf misschien anders over bepaalde dingen maar je verplaatst je in de gedachtengang van de ander en je respecteert zijn mening. Dat is opkomen voor de zwakke, o, het houdt nog zoveel meer in. Het is een opdracht waar je zo direkt nog niet mee klaar bent. Tenslotte nog dit: Heb geduld met allen. Met iedereen die je tegenkomt, met ieder die je levenspad kruist. Wat doe je als je dit niet kunt opbrengen? Wees eerlijk tegenover jezelf en tegenover God. Beken dat je het niet kunt, want dan heeft de Heer je daar waar Hij je het liefst ziet. Je hebt dan Zijn hulp en kracht nodig. En je krijgt die zoveel je nodig hebt. Want... als ik zwak ben dan ben ik machtig. Dat is de kern van het Evangelisch helpen, zwak zijn 'in Hem'. Dan ben ik juist sterk.

GEBED.

Dank U Heer, dat U mij zegt dat ik de zwakken moet helpen door Uw kracht. Heer, en ik dank U voor die keren dat ik zelf zwak ben geweest en dat ik het niet meer aan kon; ik kan hen daardoor begrijpen. Help ons allen, de zwakken en de sterken, help mij vanuit de juiste verhouding met U de ongeregelden terecht te wijzen. Maar Heer, wilt U het ook rechtstreeks door Uw Geest doen? Ik heb zo weinig moed. Om Jezus' wil vraag ik u dit. Amen.

LEZEN:

1 Thess. 5 : 12-28;   1 Tim. 5 : 17-22;   Col. 3 : 12, 13;   2 Tim. 2 : 24; Hebr. 13 : 1-9;   1 Petr. 5 : 1-7.

Zoals we blij zijn dat we kunnen horen, zo zijn we ook blij
met het licht in onze ogen.

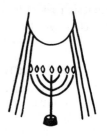

LICHT.

Genesis 1 : 4.
En God zag dat het LICHT goed was, en God maakte scheiding tussen het LICHT en de duisternis.

Psalm 27 : 1a en 119 : 105.
De Here is mijn LICHT en mijn heil, voor wie zou ik vrezen?
Uw woord is een lamp voor mijn voet en een LICHT op mijn pad.

Johannes 8 : 12.
Ik ben het LICHT der wereld, wie Mij volgt zal nimmer in de duisternis wande-len, maar hij zal het LICHT des levens hebben.

Mattheüs 5 : 14a.
Gij zijt het LICHT der wereld.

Markus 8 : 23-25.
En Hij vatte de blinde bij de hand en bracht hem buiten het dorp, en Hij spuwde in zijn ogen, legde hem de handen op en vroeg hem: 'ziet gij iets?' En hij zag op en zeide: 'Ik ZIE de mensen, want ik zie hen als bomen wandelen'. Vervolgens legde Hij weder de handen op zijn ogen, en hij ZAG duidelijk en was hersteld. En hij ZAG voortaan alles scherp.

Openbaring 21 : 23 en 24.
En de stad heeft de zon en de maan niet van node, dat die haar beschijne, want de heerlijkheid Gods VERLICHT haar, en haar lamp is het Lam. En de volkeren zullen bij haar LICHT wandelen... en daar zal geen nacht zijn.

GEBED.

Here God, wat is het licht belangrijk, het licht dat U hebt gemaakt, de zon de maan. En het licht in mijn ogen, zodat ik alles kan zien wat U geschapen hebt. Maar het allerbelangrijkste is dat Jezus 'Het Licht der wereld' is. Het Licht dat ons de weg wijst in deze donkere wereld. Het Licht waar we als Christenen niet buiten kunnen. Dank U dat U ook in mij Uw Licht ontstoken hebt.
Leer mij die lamp brandende te houden. Heer, wat een bemoediging dat eens de duisternis volkomen verdwijnen zal. Dank U in de naam van Jezus. Amen.

En God zag dat het LICHT goed was, en God maakte scheiding tussen het LICHT en de duisternis.

EEN NIEUW LICHT IS OPGEGAAN.

In den beginne schiep God de hemel en de aarde. De aarde nu was woest en ledig en duisternis lag op de vloed. Wij kunnen ons daar nauwelijks een voorstelling van maken. Noch van de schepping en hoe dat in z'n werk ging, noch van de woestheid en ledigheid van de aarde. Het eerste wat God deed, was het licht scheppen. Hij bracht scheiding tussen licht en donker. Zoals licht bij de Here God hoort, zo hoort duisternis bij satan. Licht is een levensbehoefte. Licht in tweëerlei opzicht. Het licht in onze ogen zodat we het licht van de zon kunnen zien, en opdat we kunnen werken en handelen. Maar zoveel te meer hebben wij het tweede licht nodig, dat andere soort licht. Dat is het licht van binnen, het Goddelijk Licht. Dát Licht dat ons onze zonde laat zien en dat tegelijkertijd ons van binnen verlicht en vernieuwt. Dát Licht, dat de innerlijke duisternis verdrijft; een duisternis die bij satan hoort.

God schiep de mens naar Zijn beeld en gelijkenis. Met Zijn Licht werd de mens in den beginne doorstraald, ja, omstraald, de mens werd door een Goddelijk Licht omgeven. Toen doofde dat Licht door de zondeval en zij... merkten dat zij naakt waren. Gods hemelse Lichtkleed werd vervangen door het aardse. God slachtte het eerste dier en bekleedde de mens met dierenhuid. Wat een totale verandering onderging de mens door de zondeval.

Maar toen kwam de grote liefde van God voor de gevallen mens tot uiting, voor de mens die Hij zelf geschapen had in een zeer belangrijke belofte. De Here God nam het niet dat satan voorgoed het Licht in de mens verduisterd had. De Here beloofde de mensheid dat er Iemand zou komen die het Grote Licht opnieuw in de mens zou ontsteken. Hij hield zoveel van jou en mij en dáárom beloofde Hij redding. Wij leven ná Pasen en Pinksteren. Wij hoeven geen genoegen meer te nemen met in het donker te leven. God Zelf stak de Lamp weer in ons aan. Zijn Goddelijk Licht brandt weer opnieuw zodra je Zijn Zoon Jezus Christus hebt aangenomen als Heer en Verlosser. Hij herstelde de breuk met God, daarvoor kwam Hij naar de aarde. Hij verbrak de eeuwige duisternis. Hij overwon satans macht.

Als je in gebed om dat Licht gevraagd hebt, ontvang je alle licht dat je nodig hebt. Licht voor elke dag. Licht, dat je wijsheid geeft bij de moeilijkheden in je gezin, met je kinderen. Licht, bij je werk en bij het uitdragen van de blijde boodschap. Het is Zijn Licht dat ons leidt. Ben jij daar ook zo blij mee?

GEBED.

Vader, wij danken U allen voor Uw Liefde, dat U in ons wilt wonen, zodat wij als verlichte mensen mogen leven in deze donkere wereld. Steek opnieuw Uw licht aan waar het uitgedoofd is. In Jezus' Naam vraag ik het U. Amen.

LEZEN:
Gen. 1 : 1-15, 27;　　Gen. 3;　　Ez. 37 : 1-6;　　Hand. 9 : 3, 22 : 11.

Psalm 27 : 1a en 119 : 105   Dinsdag 27ste week

De Here is mijn LICHT en mijn heil, voor wie zou ik vrezen?
Uw woord is een lamp voor mijn voet en een LICHT op mijn pad.

DE BIJBEL, EEN LICHT.

In bovengenoemde woorden ontdek je wéér de liefde van God voor de mens. Hij geeft ons Zijn Woord, de Bijbel. God stelde de wetten en de offers in als leidraad voor het leven. Na de zondeval liet Hij de mens niet in de steek. Hij beloofde hun de Verlosser en Hij gaf hun tot die tijd levensregels mee. Hij begeleidde de mens. Daarom zegt David: 'Uw woord is een lamp voor mijn voet en een licht op mijn pad'.

De Israëlieten hadden licht nodig en ze kregen licht: de wetten van Mozes die God zelf opgeschreven had. En de offers die gebracht moesten worden, wezen heen naar het volmaakte offer dat eens zou komen. David liet zich verlichten door dit Woord, deze richtlijnen. Ze verlichtten zijn levenspad, zijn handel en wandel. Wat zat David vaak in de diepste ellende, wat leefde hij onder moeilijke omstandigheden voordat hij koning was. Maar hij keerde zich naar HET LICHT. Hij las de wet en de profeten en hij trok er zich aan op. Daarom jubelde hij uit de grond van zijn hart: 'De Here is mijn licht en mijn heil, waarom zou ik bang zijn?'.

Wat kunnen wij veel leren van David, wij die nog wel leven nádat de breuk hersteld is, tussen God en mens. Wij die leven in de genadetijd, nu Zijn Geest wil wonen in de mens. Dat is wat, mensen, dat bij ons het innerlijk licht weer gemaakt is, en weer branden kan. Wat zullen nu veel gelovigen uitroepen: 'De Here is mijn licht en mijn heil, waarvoor moet ik nog bang zijn'? Of: 'Wie zal mij scheiden van de liefde van Christus'? En: 'Uw woord is een lamp voor mijn voet en een licht op mijn pad'.

Het verdrietige is dat je zo weinig mensen tegenkomt die dat uitroepen, die dat vanuit een verlicht hart kunnen zeggen. Waarom is ons hart vaak nog zo duister? Wat mankeert er aan de lamp van ons innerlijk leven? Hoe komt het toch dat we geestelijk zo in het donker wandelen? Zou het te maken kunnen hebben met onze stille tijd? Met té weinig Bijbel lezen? Ik weet het niet, maar het kán wel eens zijn. Als je geestelijk in het donker zit, als Zijn Licht niet in je hart schijnt, vraagt de Heer dan wáárom het zo donker is in je en wat de oorzaak ervan is. Vraag Hem erom. Hij zal je graag verlichten met Zijn Geest, elke dag opnieuw.

GEBED.

Heer, ik dank U dat ik heel de Bijbel mag en kan lezen, dat ik dit in vrijheid mag doen. Hoe vaak hoor ik niet dat er landen zijn waar de mensen dat niet mogen. Help mij om de vrijheid waarin wij leven te waarderen maar ook te benutten. Dank U voor die lamp, voor dat licht dat mij elke dag opnieuw verlicht. Verlicht ook hen die in het donker leven, laat hun zien wat de oorzaak daarvan is. Ik vraag het U in de Naam van Jezus Christus. Amen.

LEZEN:
Deut. 5 : 1-22, 6 : 1-9;   Ef. 4 : 17-32.

191

Ik ben het LICHT der wereld, wie Mij volgt zal nimmer in de duisternis wandelen, maar hij zal het LICHT des levens hebben.

HET LICHT IN WERKELIJKHEID.

Weet je wie we in deze woorden ontmoeten? Jezus Christus in Eigen persoon. Hij kwam om de verbinding tussen God en mensen te herstellen en de verbrokenheid die zonde heet, te helen. Als er Eén begreep hoe donker het op de wereld en in de mens na de zondeval geworden was, dan was het God zelf wel. Hij kende satan door en door en zag hoe verwoestend zijn werk uit zou pakken. Daarom gaf Hij Zijn Zoon Jezus Christus die van Zichzelf getuigde: 'Ik ben het licht der wereld'. 'Ik ben gekomen. Ik ben het waar jullie op gewacht hebben. Ik ben voor jullie vanuit Gods heerlijkheid gekomen om het Goddelijke licht weer te ontsteken in jullie duistere harten. Ik ben in de wereld gekomen voor alle mensen'. Dus Jezus wil met Zijn Licht stralen in alle harten? Wil je daar een eerlijk antwoord op hebben, dan moet je de volgende zin van Jezus helemaal lezen: 'Ik ben het licht der wereld... wie Mij volgt zal nimmermeer in de duisternis wandelen'. Jezus volgen, daar gaat het om. Volgen uit eigen vrije wil. De mens houdt zijn eigen verantwoordelijkheid. De Here gaf de mens een eigen vrije wil om te kiezen wie hij wilde dienen, en de eerste mens koos naast God ook de satan. Maar God heeft gelukkig die vrije wil met de zondeval niet ingetrokken. Die had Hij aan de mens gegeven en die bleef van de mens. 'Wie Mij volgt...' In die woorden van Jezus ligt een nieuwe mogelijkheid voor de mens te kiezen en om de juiste weg te gaan bewandelen. De mens mag persoonlijk kiezen. Hij is persoonlijk verantwoordelijk voor zijn eigen doen en laten. Voor zijn eigen keus. Jezus nodigt je uit Hem te volgen en geeft er meteen de belofte bij dat als je Hem volgt, je nooit meer in de duisternis zult leven. Hij wil in jou en mij wonen op één voorwaarde, dat je Hem gaat volgen. Heb jij al gekozen voor Jezus? Ja, dan ervaar je de rijkdom van een nieuw leven met de Heer. Dan ervaar je dat Zijn licht weer in jou is aangestoken, dan ontdek je dat je nooit meer in duisternis hoeft te leven. Wat verblijdend voor ons dat wij elke dag Zijn licht mogen afstralen in deze donkere wereld en een licht mogen zijn voor de ander die in het donker leeft of ziek is of verdriet heeft. Wat heerlijk dat Zijn licht de ander bereikt door jouw leven heen. Dan ben je een christen in het volle licht.

GEBED.

Vader, U hebt gedaan wat U beloofd hebt, U hebt Uw Zoon gegeven. Hij is het licht dat ik nodig heb. Het licht dat mij de weg wijst in het leven. Dank U wel voor dit grote geschenk, in mijn leven. Ik bid U voor... laat hij ook kiezen en laat zij ook de verantwoordelijkheid op zich nemen en het niet van zich afschuiven. Dank U ook voor de vrije wil die we hebben behouden en die we nog elke dag mogen gebruiken. Wilt U mij helpen om die op de enig juiste manier te gebruiken. In de Naam van Jezus vraag ik het U. Amen.

LEZEN:

Joz. 24:15;   Mat. 8:18-22, 19:28;   Luk. 5:11;   Joh. 12:26;   Openb. 14 : 1-5.

Gij zijt het LICHT der wereld.

Ik? JA... JIJ!

Nu je gekozen hebt voor de Heer, denk je misschien wel dat je er nu bent en dat alles voor elkaar is. Dan moet ik je wel zeggen dat deze beslissing geen eindpunt is maar een beginpunt. Een begin van een ander nieuw leven. Het oude leven ligt nu achter je. Het nieuwe leven begint van nu af aan. Niet later, niet straks na de dood, nee... nu! Het is een leven met een opdracht, een opgave. Want wat zegt Jezus tegen Zijn discipelen? 'Gij zijt het licht der wereld'. Lees je dat goed? Maar dat is toch de zaak omdraaien? In Johannes 8 : 12 lazen we dat Hij zei: 'Ik ben het licht der wereld'. Toch is het waar. Jezus draagt Zijn opdracht 'het licht der wereld te zijn' over aan Zijn discipelen, over ook aan ons. De ander moet het licht kunnen zien afstralen en zien branden in ons. Gods licht kun je niet verbergen. Als de lamp van de Heilige Geest in ons ontstoken is zal het wijd en zijd licht verspreiden. Hoe dat in de praktijk werkt? Eigenlijk eenvoudiger dan je zou vermoeden. Je ben het licht in je omgeving als je naar de ander luistert. Als je geduld met iemand hebt. Als je je huis én het huis van je hart wagenwijd open zet voor je medemens. Wanneer je verdraagzaam bent, straalt Gods licht door jou heen naar buiten. Wanneer je de ander hoger acht dan je zelf. Wanneer je liefhebt ook als dat niet beantwoord wordt. Je bent het licht als je de ander op Jezus wijst. Hen helpt, die in het donker leven, dus vanuit zichzelf de vijand nog dienen. Je kunt hen wijzen op het kruis. Ja, je kunt de ander vóór leven zoals Jezus het deed tijdens Zijn rondwandeling op aarde.
Wees waakzaam voor jezelf dat Zijn licht in jou niet wordt gedoofd want dat kan ook. Je zult nauwlettend toe moeten zien op je eigen handel en wandel. Paulus waarschuwt bijna in elke brief om ervoor op te passen dat je niet opnieuw de wereld weer liefkrijgt en dingen gaat doen die met je oude mens te maken hadden. 'Pas op', zegt hij, 'blijf in Zijn voetsporen wandelen, blijf Zijn licht afstralen, blijf in de eerste plaats verbonden met Hem'. Laat je elke dag weer verlichten in je stille tijd. Hij is de bron van het Licht.

GEBED.

Heer, ik heb dit alles gelezen en ik moet U zeggen dat ik steeds weer pogingen doe om het licht van U in de wereld te zijn. Maar U weet dat ik moeite heb de ander te verdragen. Ik hoef het voor U niet te verbergen dat ik soms kwaad op mensen ben. Ik voel me dan verongelijkt. En U zegt: 'Heb lief', ja dat weet ik wel, maar, maar... Vergeef mij weer opnieuw mijn 'beter weten', mijn kwaadheid. Heer, ik schaam mij er nu voor, maar het is te laat want het is al gebeurd. Helpt U mij om er eerder op te letten in het vervolg. Ik vraag het U in de Naam van Jezus. Amen.

LEZEN:

Mat. 5:13-16, 28 : 20;   Mark. 16 : 17-20;   Rom. 15 : 1, 2;   Gal. 6 : 1-6;
Col. 3 : 12.

En Hij vatte de blinde bij de hand en bracht hem buiten het dorp en Hij spuwde in zijn ogen, legde hem de handen op en vroeg hem: 'Ziet gij iets'? En hij zag op en zeide: 'ik ZIE de mensen, want ik zie hen als bomen wandelen'. Vervolgens legde Hij hem weer de handen op zijn ogen, en hij ZAG duidelijk en was hersteld. En hij ZAG voortaan alles scherp.

GENEZING.

Dat Jezus niet alleen het innerlijke licht herstelde, zien we bij deze blinde man. Ziekte, gebreken, afwijkingen, die een gevolg van de zondeval waren, gaat Jezus ook te lijf. Hij laat daarmee aan de mensen zien, dat Hij boven satan staat en dat Hij machtiger is dan hij. Sommige mensen zeggen dat ziekte een gevolg is van een bepaalde zonde die je hebt gedaan. Dat is een zeer gevaarlijke stelling. Wees er uiterst voorzichtig mee. Ziekte is een gevolg van de zondeval van de mens. Alle ellende en narigheid zijn voortgekomen uit de zondeval, die bracht deze dingen met zich mee. Laad geen schuldgevoel op een zieke door te zeggen dat zijn ziekte het gevolg is van zijn zonde. Eén keer horen we Jezus zeggen tegen iemand die Hij heeft genezen: 'Ga heen, en zondig niet meer opdat u niet wat ergers overkome'. Een andere keer, toen Jezus een blinde voor Zich had, vroegen de omstanders aan Hem: 'Wie hebben gezondigd, deze of zijn ouders?' Maar Jezus zeide: 'Noch deze heeft gezondigd noch zijn ouders, maar de werken Gods moeten in hem geopenbaard worden'. In onze tekst uit Markus 8 lezen we dat Jezus een blinde geneest zonder over zijn zonde te praten. Ook bij andere gevallen waar Jezus iemand geneest, lees je niets van persoonlijke zonde of schuld. Als er door persoonlijke zonde, ziekte ontstaat zal de Heer hun dat zelf wel duidelijk ,maken. Het is wel een bemoediging dat we zien dat Jezus niet alleen kwam om het innerlijke licht weer te ontsteken, maar dat ook het lichamelijke welzijn Zijn aandacht had. Hij is bewogen met de gehele mens, ja met de ganse schepping. Soms kan een blinde meer zien dan iemand met een gaaf gezichtsvermogen. De blinde heeft het innerlijke licht laten ontsteken, en dat ziet verder, veel verder dan het oog reikt. Maar waarom genezen dan vandaag aan de dag niet alle zieken? Het is een veelbesproken vraag. Misschien omdat wij nu nog in deze zondige wereld leven. Er worden nú ook nog zieken genezen, rechtstreeks door Hem. Maar niet allen. Hij wil ons gebruiken in Zijn dienst op Zijn manier. Soms kan een zieke meer dienstbaar zijn dan een kerngezond iemand. Waar het op aankomt bij een christen is dat je je zonder voorbehoud overgeeft aan Hem en in de eerste plaats leert bidden: 'Uw wil geschiede'. Het is het hoogtepunt van je gebedsleven.

GEBED.

Heer, U weet het zo goed hoe wij mensen denken, hoe we niet klaar komen met de vraag, waarom U nu niet alle zieken geneest, alle blinden ziende maakt op het gebed van Uw volgelingen. Maar ik vraag U of U het iedereen persoonlijk wilt uitleggen, hoe dat zit in haar of zijn leven. Leer ons allen in de eerste plaats te zeggen: 'Niet mijn wil, maar Uw wil geschiede'.Dan hebben we onze ziekte in Uw handen gelegd. In Jezus' Naam vraag ik het U. Amen.

LEZEN: Joh. 5:1-18, 9:1-41; Mat. 8:1-4, 14-17, 28-34, 9:1-8 en 27-38; Mat. 6:10.

En de stad heeft de zon en de maan niet van node, dat die haar beschijne, want de heerlijkheid Gods VERLICHT haar, en haar lamp is het Lam. En de volkeren zullen bij haar LICHT wandelen... en daar zal geen nacht zijn.

GEEN ZON EN MAAN MEER.

Het is één jubelzang, één aaneenschakeling van blijde mooie dingen die je in Openbaring 21 leest. Het gaat over de nieuwe hemel en de nieuwe aarde. Daar zullen alle tranen van onze ogen afgewist worden. Er zal geen dood meer zijn, geen rouw of moeite. We zullen altijd leven in de nabijheid van Jezus Christus. Je kunt je er geen voorstelling van maken, hoe machtig het daar moet zijn. Daar komt een nieuwe stad, een nieuw Jeruzalem, met een zeer uitzonderlijke verlichting. De zon en de maan staan dan niet meer aan de hemel. Ze zijn overbodig geworden. God Zelf zal het Licht zijn. Onvoorstelbaar heerlijk en vol luister. De volkeren zullen bij Zijn licht wandelen, het zal altijd dag zijn. Het is een volmaaktheid waar we ons geen idee van kunnen vormen. Geen nacht meer, geen duisternis, want satan is voorgoed verdwenen. God is alles in allen. Als je eens goed nadenkt, besef je dat deze nieuwe aarde anders, ja, veel beter zal zijn dan onze hedendaagse wereld, want satan was vanaf het begin al op onze aarde aanwezig, terwijl hij er op de nieuwe aarde niet meer zal zijn. Deze nieuwe aarde leeft in het Goddelijke licht. Het is één en al volkomenheid. We leven nu nog in een wereld waar veel smart en verdriet is. Satan gaat nu inderdaad nog rond als een briesende leeuw en verslindt wat er nog te verslinden is. Iedereen weet erover mee te praten, vooral zij die vervolgd worden omdat ze getuigen zijn van Jezus Christus; zij ondervinden het aan den lijve. Gelukkig, al deze ellende zal eenmaal ten einde zijn en nooit meer voorkomen. Als je eens in de put zit, als je zoals Petrus naar de golven kijkt in plaats van naar de Heer, is het zo'n verademing om Openbaring 21 en 22 eens te lezen. Er gaat zo'n weldadige rust vanuit. 'Zie, Ik maak alle dingen nieuw... Ik zal de dorstige geven uit de bron van het water des levens om niet. Wie overwint zal deze dingen beërven en Ik zal hem een God zijn en hij zal Mij een zoon zijn'. 'Wie overwint'staat er. We moeten volhouden. Er staat niet voor niets: 'Wie volhardt tot het einde, die zal zalig worden'. We hebben elkaar nodig om te zeggen: 'jô, moed houden, kijk naar de Heer, straks zullen we God van aangezicht tot aangezicht zien. Laat je niet door satan verleiden, want de Heer is Overwinnaar, nu en voor altijd'.

GEBED.

Wat een geweldige toekomst, Vader. Dank U dat U dat voor ons hebt opgeschreven. Helpt U ons, elkaar hier steeds weer op te wijzen. In de naam van Jezus. Amen.

LEZEN:

Openb. 21 en 22.

Als we in de wereld èrgens
moeite mee hebben, is het wel
met EENHEID, en dan
EENHEID in de Geest.

EENHEID.

Genesis 2 : 24.
Daarom zal een man zijn vader en zijn moeder verlaten en zijn vrouw aanhangen, en zij zullen tot EEN vlees zijn.

Epheze 5 : 31.
Daarom zal een man zijn vader en moeder verlaten en zijn vrouw aanhangen, en die twee zullen tot EEN vlees zijn.

Genesis 11 : 6.
'Zie, het is EEN volk en zij allen hebben EEN taal. Dit is het begin van hun streven; nu zal niets van wat zij denken te doen voor hen onuitvoerbaar zijn'.

Mattheüs 18 : 19.
'Voorwaar, Ik zeg u, dat, als twee van u op de aarde iets EENPARIG zullen begeren, het hun zal ten deel vallen van Mijn Vader, die in de hemelen is'.

Johannes 17 : 20.
En Ik bid niet alleen voor dezen, maar ook voor hen, die door hun woord in Mij geloven, opdat zij allen EEN zijn, gelijk Gij, Vader, in Mij en Ik in U.

Epheze 4 : 11-13.
Hij heeft zowel apostelen als profeten gegeven, zowel evangelisten als herders en leraars, om de heiligen toe te rusten tot dienstbetoon, tot opbouw van het lichaam van Christus, zodat wij allen de EENHEID des geloofs en der volle kennis van de Zoon Gods bereikt hebben.

GEBED.

Vader in de hemel, wat moet U verdrietig zijn wanneer U ons ziet, ons gadeslaat, want wij brengen van die eenheid waar U over spreekt niet veel terecht. De eenheid die Uw Zoon Jezus Christus met U had is de enige juiste. Zo'n voorbeeld hebben wij. In Uw Woord is het opgeschreven. Wij moeten één zijn zoals Uw Zoon met U. Maar Vader, wij willen steeds onze eigen zin doordrijven. De een weet het altijd beter dan de ander. En wanneer we het dan niet eens zijn met elkaar, gaan we maar uit elkaar, en zo komt er van eenheid niets terecht. Vader, ik bid U, help ons toch, open onze ogen, opdat wij de echte eenheid ontdekken. Dat wij die eenheid van U en Jezus Uw Zoon vinden. Ik vraag het U in Jezus' Naam, Amen.

Daarom zal een man zijn vader en moeder verlaten en zijn vrouw aanhangen, en zij zullen tot EEN vlees zijn.

TROUWEN.

Dat is de normale gang van zaken: je vader en moeder verlaten om te trouwen met hem of haar die je lief hebt. Toch is het voor zowel de ouders als de kinderen vaak een moeilijke zaak. Je bent zó maar niet los van elkaar. Het kind dat trouwt denkt: 'fijn, eigen baas worden'. Maar de ouders, vaak vooral de moeder, heeft het er terdege moeilijk mee. Ze wil nog door blijven zorgen voor haar kind, het steeds nog weer helpen en steunen. Ja, je zoon of dochter toevertrouwen aan een ander is niet altijd even eenvoudig. Dat is een proces dat geleerd moet worden. Maar God zegt het in Zijn Woord: 'zij zullen tot één vlees zijn', dat betekent er komt een nieuwe gemeenschap tot stand, twee mensen worden één. Maar ook jonge mensen kunnen het daar moeilijk mee krijgen. De binding met het ouderlijk huis kan parten spelen en bovendien het verantwoordelijk zijn voor elkaar en het alles samen delen, zijn zaken die niet altijd van een leien dakje gaan. Wat allen, kinderen zowel als ouders, nodig hebben is de leiding van de Heer. Zijn hulp bij het loslaten van je kinderen en bij het opbouwen van een huwelijk is onontbeerlijk. Hij alleen kan de ouders helpen om op de juiste manier los te laten. Want de band hoeft niet stuk. Welnee, alleen, je geeft je kind uit handen. Je laat nu de zorg om dat kind dat je gedragen en opgevoed hebt over aan de ander, je schoonzoon of schoondochter. En wat ouders in de eerste plaats kunnen doen is, bidden voor deze jonge mensen, bidden voor hun kinderen. Maar ze ook vooral de ruimte, de vrijheid geven om hun eigen wegen te zoeken en te beproeven, zeker ook waar het gaat om jonge mensen die zich nog geheel zullen moeten ontplooien binnen de huwelijksband. Als het goed is tussen ouders en kinderen, zullen ze trachten elkaar te begrijpen en te respecteren. Ook in deze levenssituatie is weer de belangrijkste vraag ben je afgestemd op de Heer? Luister je dagelijks naar Hem, zodat deze weg van loslaten en samenvoegen goed verloopt? Want als de verbindingslijn met de Heer goed is, kan dit proces voor beide partijen een vreugde geven. Het is immers een opdracht van de Heer: daarom zal een man zijn vader en moeder verlaten en zijn vrouw aanhangen, en zij zullen tot één vlees zijn.

GEBED.

Vader, U hebt het huwelijk ingesteld. Dat is ons houvast in deze wereld. U ziet hoe deze instelling met voeten getreden wordt en hoeveel mensen er niet meer naar leven. Dank U dat Uw Woord zegt dat we onze ouders zullen verlaten om een nieuw leven op te bouwen met onze partner. Dank U dat U ons als ouders ook helpt onze kinderen los te laten; U ons wilt leren hoe wij één moeten zijn in ons huwelijk. We weten dat satan begonnen is onenigheid te zaaien in het huwelijk en dat hij daar steeds nog mee bezig is. Leer ons het diepste geheim van samenzijn in dit leven, het gebed, dagelijks beoefenen maar ook de aardse zuivere omgang met elkaar. We onderschatten ze vaak beiden. We leggen dit alles voor U neer in de Naam van Jezus. Amen.

LEZEN: Gen. 2 : 18;   1 Cor. 7 : 10, 11;   Luk. 20 : 34.

Daarom zal een man zijn vader en moeder verlaten en zijn vrouw aanhangen, en die twee zullen tot EEN vlees zijn.

WAAROM... DAAROM.

Ja, je hebt het wel goed gelezen. De tekst uit Epheze 5 is nagenoeg gelijkluidend aan die van Genesis 2. Aan het begin van de geschiedenis van de mens stelde de Here God het huwelijk in. (Genesis 2). Paulus vergelijkt het huwelijk met de band tussen Christus en Zijn gemeente. Jonge mensen verlaten hun ouders en stichten een nieuw gezin. Welnu, zegt Paulus, daarom moeten we de wereld verlaten en één worden met Christus. Paulus trekt de man-vrouw verhouding verder door en doet het huwelijk in waarde stijgen. Hij wijst op de volkomen liefde van Jezus voor de mens. Dáárom moeten wij de wereld verlaten, alles wat bij het oude leven past moeten we achter ons laten. We mogen een nieuw gezin vormen met Jezus Christus als Hoofd en wij als leden. Loslaten en één worden met Hem. Hierin zit het grote geheim van het geloofsleven verborgen. Het loslaten is het geheim van de eenwording met de Heer. Daarom verlaten wij... Er wordt een nieuwe gemeenschap geboren op aarde, de verstoorde verhouding uit het Paradijs wordt hersteld. In de eerste gemeenten hadden de gemeenteleden alles gemeenschappelijk. Alle aardse goederen werden bij elkaar gebracht en wie weinig of niets had kreeg evenveel als de beter bedeelden. Ze hadden alles gemeenschappelijk, ook geestelijk, want de Heilige Geest woonde in hen, dát hadden ze ook gemeen. Daarom konden ze verlaten, daarom konden ze delen, daarom bleven zij volharden bij het breken van het brood, daarom hadden ze zo'n honger naar geestelijk voedsel, en daarom zag je hen dagelijks met elkaar in de tempel om de Here God te loven en te prijzen. Dát was de gemeente in het begin, dat was de bedoeling van Christus' gemeente-zijn. Trek de verhouding van man en vrouw in het huwelijk maar door naar de gemeente: het zich inzetten voor elkaar, het wegcijferen van jezelf, het dienen, en vooral het grootste, de liefde tot elkaar. 'Ik wil graag' zegt Jezus 'dat jullie ook zó onder elkaar in Mijn gemeente leven, dat jullie samen in liefde optrekken, samen elke dag eerst Mijn Koninkrijk zoeken en alles zal U bovendien geschonken worden'. Dat is gemeente zijn. Hoe leven wij als gemeente? Hoe leef jij in je gemeente? Verkommer je? Of hoor je bij hen die alles uitdelen, die de ander geestelijk opvangt, die, ja, die Christus uitdraagt in zijn of haar omgeving? Ik geloof dat wij heel nadrukkelijk een voorbeeld moeten nemen aan die eerste gemeenten, heel in het begin.

GEBED.

Vader, wij als gemeente belijden onze schuld ten opzichte van ons gemeente zijn. Wij komen tekort in liefde voor elkaar, in tijd nemen voor elkaar, in begrip voor elkaar. Wij zijn zo vervuld van onszelf, van óns gezin en alles wat daarmee samenhangt. Wij komen tekort in het vervuld zijn van U, en vervuld zijn van U houdt ook het vervuld zijn van de nood van onze naaste in. Wij vragen om vergeving door die tekortkoming. Heer, want zo kan het niet langer. U moet op de eerste plaats komen, U alleen. Vader, wij vragen het U in de Naam van Jezus, die het Hoofd is van de Gemeente, Amen.

LEZEN: Eph. 4, 5 en 6.

'Zie, het is EEN volk en zij allen hebben EEN taal. Dit is het begin van hun streven; nu zal niets van wat zij denken te doen voor hen onuitvoerbaar zijn'.

EENHEID TEN KWADE.

In eenheid zit een geweldige kracht verborgen. Hoe meer mensen met dezelfde mening zich aaneen scharen, des te meer kracht gaat er van hen uit: eendracht maakt macht. Dat was in het begin van de wereldgeschiedenis ook al zo. Laten we maar eens naar de torenbouw van Babel kijken. Deze mensen waren één in hun streven, ze wilden eensgezind een toren bouwen, zij wisten dat ze met elkaar veel konden bereiken. We moeten hun streven dan ook niet onderschatten, dat deed de Here beslist ook niet. Hij kwam ervoor naar de aarde. Hij kwam uit liefde voor de mensheid naar hen toe om deze eenheid ten kwade te verbreken. Want Hij begreep dat dit een toren zou worden van menselijke hoogmoed, van eigendunk, Gods verwerping. Een toren van waaruit satans praktijken zouden worden bestuurd, van waaruit de occulte praktijken de wereld zouden worden ingeslingerd. Toen greep God in! De hoogmoed kwam ten val. God had de mens zo lief, dat Hij ingreep en hen bewaarde voor ergere dingen. Hij verwarde hun taal! Zo ging men uiteen en werd het eigen 'ik' een les meegegeven. Het kwade werkt al vroeg in een mensenleven door. Neem b.v. een klas kinderen. Wanneer de meerderheid één van de kinderen buiten sluit, plaagt en sart, kan dat ene kind niets beginnen. Hij is niet tegen zo'n groep klasgenootjes opgewassen. Ook al heeft hij nog een paar vriendjes die het voor hem opnemen, hij gaat er toch onderdoor. De groep wint. De eenling verliest. Zo gaat het ook bij volwassenen, hoe vaak zie je dit niet onder werknemers. Wanneer ze en bloc ergens tegen zijn, kunnen de werkgevers niets beginnen. Er wordt gestaakt en vergaderd, maar de meerderheid wint het van de minderheid, al betekent dat lang niet altijd winst voor de meerderheid en verlies voor de minderheid. Wat voor catastrofe kwam er niet voort uit de eenheid van het Duitse volk dat achter Hitler aanliep? Wat gebeurde er met hen, die het met dat verschrikkelijke beleid niet eens waren? Zij werden uit de weg geruimd. De minderheid kreeg geen kans. Gelukkig heeft deze eenheid ten kwade niet het laatste woord. Er is nog een andere eenheid, de eenheid ten goede die bij de Here God hoort. We moeten ervoor zorgen dat we onze ogen als gelovigen goed open hebben en open houden om scherp te kunnen onderscheiden met welke eenheid we te maken hebben. Uit onszelf is dit onmogelijk, maar God wil ons de gave van onderscheid geven, en dan...

GEBED.

Heer, wat brengt die eenheid ten kwade een ellende voort. Ook de eenheid vóór het plegen van abortus. De meerderheid ten kwade wil overwinnen en ons aan de kant schuiven. Geef ons de kracht om de meerderheid in het kwade niet te volgen maar uit te komen en te strijden voor de eenheid met U. Om Jezus' wil. Amen.

LEZEN:

Gen. 11 : 1-9;   Ex. 32 : 1 en vers 21 - 23;   Num. 13 : 2, 17, 25-33;
Mat. 27 : 11-26;   Hand. 5 : 29.

'Voorwaar, Ik zeg u, dat, als twee van u op de aarde iets EENPARIG zullen begeren, het hun zal ten deel vallen van Mijn Vader, die in de hemelen is'.

EENHEID TEN GOEDE.

Als eenheid onder de mensen gebruikt wordt ten goede, weet je óók niet wat je ziet en ervaart. Als christenen de handen ineen slaan en gezamenlijk de Heer aanroepen in gebed en voorbede, dan breken er ongekende krachten ten goede los, die je verstand te boven gaan. Als wij eensgezind voor Gods troon staan en wij voor Hem onze harten uitstorten, ons geloof in Hem belijden en vragen om Zijn hulp en uitkomst in onze moeilijkheden en zwakheden, dan gebeuren er wonderen in de gemeente waar niet alleen wij zelf, maar ook onze tegenstanders versteld van zullen staan. Als... er maar geen verdeeldheid onder ons te vinden is, dan... En wanneer Jezus Christus ons vertelt dat, waar twee kinderen van God gelijkgestemd bidden, dat Zijn Vader in de hemel hun het gevraagde geven zal, dan is dat een geweldige bemoediging voor ons. Maar het vraagt wel eensgezind gelijkgestemdheid van gedachten, éénheid in begeren. Jammer genoeg is er veel verdeeldheid onder de christenen, meer dan wij ons realiseren. Waarom gebeuren er zo weinig wonderen? Waarom zijn er zo weinig gebedsverhoringen? Waarom lijkt de Heilige Geest vaak zo ver weg en gaat het zo lauw toe in onze kerken? Misschien wel omdat de eenheid zo veel te wensen overlaat. Denk je eens in als één gezin gelijkgestemd is en op de knieën gaat om te vragen of de Heer de jongste zoon weer terug wil brengen op het rechte pad. Stel dat een gemeente eenparig op de knieën gaat en vraagt om een opleving in hun gemeente of eenparig bidden om een opwekking in Nederland. Als alle christenen in ons land zich aaneen schaarden om te bidden om stopzetting, verbod en uitkomst inzake abortus. Wanneer de Here God die eensgezinde kinderen van Hem zou zien bidden en al die gebeden voor Zijn troon aan zouden komen, wat dacht je hoe Hij zou reageren? Hij zou er geweldig blij mee zijn! Hij zou ons zeker uitkomst schenken als Hij al die gelijkgestemde kinderen op de bres zou zien staan. Wat zouden die gebeden grote gevolgen hebben voor heel Nederland. Hij zou ons wegen wijzen, ter bevrijding. In eenheid zit kracht. Als twee mensen al zo'n kracht hebben door het gebed, hoeveel te meer kracht ontwikkelt zich als honderden, ja, duizenden mensen één van gedachten en begeren voor Zijn troon staan? Begin maar vast, begin maar in je huwelijk, in je gezin, wees één zoals Gods Woord het zegt. Maak dan de kring wat groter, maar bid in de eerste plaats dat er geen verdeeldheid onder ons te vinden zal zijn.

GEBED.

Heer, wat een geweldige mogelijkheid geeft U ons in handen. Wat een krachten kunnen wij in 't gebed ontwikkelen, wat een overwinningen kunnen wij eenparig boeken. Wat moet satan bakzeil halen, tegenover Uw macht die U schenkt aan hen die U aanbidden. Maar tegelijk is het een geweldige verantwoordelijkheid die wij als kinderen van U dragen. Helpt U ons de krachten ten goede samen te bundelen, in de Naam van Jezus vraag ik het U. Amen.

LEZEN:
Matth. 27 : 51;   Hebr. 4 : 16;   Hand. 1 : 14, 12 : 1-19;   Luk. 1 : 10.

'En Ik bid niet alleen voor dezen, maar ook voor hen, die door hun woord in Mij geloven, opdat zij allen EEN zijn, gelijk Gij, Vader, in Mij en Ik in U'.

DE JUISTE EENHEID.

Toen we het op de voorafgaande bladzijde over de eenheid ten goede hadden, wees ik naar de Bijbel. Het wordt ons dáár geopenbaard. Waar staat dat dan, zul je vragen, waaraan kunnen wij ons toetsen of we wel met de juiste eenheid bezig zijn? Want er is toch ook een valse eenheid, waar je links en rechts over hoort praten. Veronderstel dat je denkt de goede eenheid te vormen en je komt later tot de ontdekking dat je de valse eenheid volgde. Dat zou vreselijk zijn. Er is zeer duidelijk een tekst in de Bijbel die mij vertelt welke eenheid ik moet nastreven. Het is die regel uit Johannes 17 : 22: 'Opdat zij één zijn gelijk Wij één zijn'. Jezus is in gesprek met Zijn Vader. Hij bidt voor de mensen die Hij zo lief heeft. Daar blijkt zonneklaar het geheim van de kracht die van Jezus uit ging. Jezus was één met Zijn Vader. Jezus deed niets zónder Hem. Jezus gehoorzaamde Hem en was volkomen afgestemd op Hem. Dat was het diepste geheim van eenheid. Ben je zó afgestemd op de Heer? Is de ander met wie je bidt, ook op die manier afgestemd op God? Is er niets in je leven dat er niet behoort te zijn? Is er niets in je gezin, gemeente, dorp of buurt dat in de weg zou kunnen staan en dat een belemmering zou kunnen vormen voor de krachtbron van het gebed? Zie eens naar Hem. Jezus bad veel. Samen met anderen, maar Hij trok Zich ook dikwijls terug om tot Zijn Vader te bidden. Dat waren hele lange, vertrouwelijke gesprekken, zelfs nachten lang. Hoe vaak praten wij, jij en ik, met onze Hemelse Vader? Hoeveel tijd nemen wij daar per dag voor? Verdiepen wij ons genoeg in Gods Woord? Als we eerlijk zijn, zijn we vaak nog te slap om verschillende teksten naast elkaar te leggen en te vragen om Zijn wijsheid om het juiste inzicht over een bepaalde zaak. Misschien hebben we dit niet voldoende geleerd en ontwikkeld, maar... we kunnen er mee beginnen. Het is nooit te laat om opnieuw te beginnen. Jezus Christus is ons een voorbeeld geweest in eenheid en we mogen in Zijn voetstappen verder gaan. Wat een heerlijke bemoediging is dat! Let er op hoe Jezus op aarde met Zijn Vader omging, en probeer Hem daarin te volgen.

GEBED.

Heer, ik zou graag zo innig met U verbonden willen zijn, maar waar haal ik de tijd vandaan? De dag vliegt om en het is avond voordat ik het weet. Heer, wilt U me laten zien hoe ik de tijd volgens Uw schema in moet delen? Of... mag ik er juist geen schema op na houden? Maar onder het praten met U weet ik zelf al waar de fout bij me zit, waarom ik niet zo één met U ben. Ik moet m'n tijd loslaten en in Uw handen leggen. En 's morgens beginnen met U te zoeken en tijd voor U te nemen in de stilte. Dan zult u wel zorgen dat alles wat gedaan moet worden, klaar komt, en U zult me wel leren wat belangrijk is en wat onbelangrijk is. Wat ben ik weer blij Heer, help mij om het nu ook vol te houden, elke dag opnieuw. Amen.

LEZEN: Matth. 14 : 22, 23;   Mark. 1 : 35;   Luk. 6 : 12;   Joh. 17
Het Hogepriesterlijk gebed.   Joh. 5 : 19-21;   1 Petr. 2 : 21.

Hij heeft zowel apostelen als profeten gegeven, zowel evangelisten als herders en leraars, om de heiligen toe te rusten tot dienstbetoon, tot opbouw van het lichaam van Christus, totdat wij allen de EENHEID des geloofs en der volle kennis van de Zoon Gods bereikt hebben.

KEN JIJ JEZUS CHRISTUS IN AL ZIJN VOLHEID?
Vanuit de eenheid met God worden verschillende taken toebedeeld. Evangelisten, herders en leraars, je zou kunnen zeggen verschillende ambten. Want de leden van Christus moeten onderwezen worden, verder groeien in de Heer. We moeten leren hoe we ons gedragen moeten in de wereld, in ons gezin, ja, tegenover een ieder met wie wij omgaan. Maar de allereerste en allergrootste behoefte is wel, dat we Jezus Christus ten volle zullen leren kennen. Dat geldt voor allen. Je vindt het toch ook heel gewoon dat je een klein kind alles leert? Eten, zitten, staan, lopen, praten, spelen, zwemmen, steppen, fietsen en vooral hoe het met andere kinderen om moet gaan? Zo is het ook met de leden van Christus' Gemeente. We moeten leren de geestelijke leefregels te volgen, ze onder de knie te krijgen. Het doel is: dat we allemaal de eenheid van het geloof bereiken, de volle kennis van de Zoon Gods. Als we om ons heen kijken wordt het je bang om je hart. Eenheid? Eén worden? Allemensen, wat zijn er een verschillende kerken en samenkomsten. De een gelooft nou net iets anders dan de ander, de ene dominee legt de tekst heel anders uit dan de andere dominee. Het lijkt soms een warboel in het christelijk geloven. Toch ligt er in onze tekst een opmerkelijke uitspraak die we niet over het hoofd mogen zien. We moeten steeds door blijven strijden, door blijven bidden en vragen, om Jezus te leren kennen in al Zijn volheid. Dáárin moeten we één worden, de omgang met de Heer; is punt één. Door met Hem om te gaan, raak je steeds meer van Hem vervuld. Dat is in een huwelijk ook zo. Als je pas getrouwd bent, kén je elkaar nog nauwelijks, maar hoe langer je met elkaar omgaat, des te meer leer je elkaar kennen en dan wordt de verhouding steeds dieper, je gaat steeds meer van elkaar houden. Zo gaat het ons ook met de Heer, en we zijn toch Zijn bruidsgemeente: Dus zijn wij geestelijk met Hem gehuwd; daarom wil je niets liever dan bij Hem zijn, Hem beter leren kennen, en dan groeit de verhouding naar een geestelijk hoogtepunt, het volkomen kennen van elkaar. In hoeverre ken jij Hem al?

GEBED.
Vader in de hemel, wat hebt U het vaak in Uw Bijbel over het samen U dienen, samen U beter leren kennen, samen U liefhebben. U weet hoe moeilijk het voor ons is om deze opdracht uit te voeren. Want dat samen optrekken in de wereld, samen Uw weg gaan, gaat ten koste van ons zelf. U was de eerste die Zichzelf gaf. U gaf Uw eigen Zoon terwille van ons. En nu vraagt U dat wij ook afstand doen van onze oude natuur, U vraagt dat wij eensgezind het nieuwe leven gaan leiden zoals U het ons voorgeleefd hebt. Heer, geef ons kracht, wijsheid en liefde om dit te volbrengen. Dank U, dat U elke dag weer opnieuw met ons wilt beginnen, dank U voor Uw geduld en lankmoedigheid. Amen.

LEZEN: 1 Cor. 12:28-31;   1 Petr. 3 8-12 en 4:7-13;   1 Joh. 3:1 en 4:7-21.

Zondag
29ste week.

Overal om ons heen zien we
kinderen huppelen in Gods
natuur, vertrouwend in de
goedheid van de mensen.

KINDEREN.

Deuteronomium 11 : 19 en 6 : 7a.
Gij zult ze uw KINDEREN leren en daarover spreken, wanneer gij in uw huis zit en wanneer gij onderweg zijt, wanneer gij nederligt en wanneer gij opstaat; gij zult het uw KINDEREN inprenten.

Genesis 22 : 7-8.
Toen sprak Isaäk tot zijn vader Abraham en zeide: 'Mijn vader', en deze zeide: 'Hier ben ik MIJN ZOON'. En hij zeide: 'Hier is het vuur en het hout, maar waar is het lam ten brandoffer'? En Abraham zeide: 'God zal Zichzelf voorzien van een lam ten brandoffer, MIJN ZOON'. Zo gingen die beiden tezamen.

1 Samuël 1 : 24.
Nadat zij hem gespeend had, nam zij hem mee, met drie stieren, één efa meel en een kruik wijn, en zij bracht hem, EEN KLEINE JONGEN nog, in het huis des Heren te Silo.

Mattheüs 2 : 8b en 11a.
Gaat en doet nauwkeurig onderzoek naar dat KIND; en zodra gij het vindt, bericht het mij, opdat ook ik hem hulde ga bewijzen.
En zij gingen het huis binnen en zagen het KIND met Maria zijn moeder.

Mattheüs 18 : 2 en 19 : 14.
Wie is het grootste in het Koninkrijk der hemelen? En Hij riep een KIND tot Zich, plaatste het in hun midden en zeide: 'Voorwaar, Ik zeg U, wanneer gij u niet bekeert en wordt als de KINDEREN, zult gij het Koninkrijk der hemelen voorzeker niet binnengaan'.
'Laat de KINDEREN geworden en verhindert ze niet tot Mij te komen, want voorzodanigen is het Koninkrijk der hemelen'.

Mattheüs 11 : 25.
Te dien tijde hief Jezus aan en zeide: 'Ik dank U Vader, Heer des Hemels en der aarde, dat Gij deze dingen voor wijzen en verstandigen verborgen hebt, doch aan KINDERKENS geopenbaard'.

GEBED.

Vader, wat heeft U het vaak over kinderen, in Uw Woord; U wijst er ons op. U wilt dat wij ook door hen leren, U wilt dat wij worden als zij. En toch moeten wij volwassen worden in het geloof. Geef ons begrip, als we hier zo mee bezig zijn, hoe dat allemaal kan. Geef ons de moed om afstand te doen van onze denkwijzen en te worden als een kind. Amen.

Gij zult ze uw KINDEREN leren en daarover spreken, wanneer gij in uw huis zit en wanneer gij onderweg zijt, wanneer gij nederligt en wanneer gij opstaat.

UW KINDEREN.

Wát moeten de ouders hun kinderen leren? De liefde tot God. 'Gij zult de Here uw God liefhebben met geheel uw hart, met geheel uw ziel en met geheel uw kracht'. Ook moet hen gewezen worden op de zegen die het gevolg is van de gehoorzaamheid aan God en de vloek die volgt op ongehoorzaamheid aan Hem. Het is uitermate belangrijk om al heel vroeg je kinderen te vertellen van de Here Jezus, hun de omgang te leren mét de Heer. Niet zo van: och, wat begrijpen kinderen daar nou van, die zijn toch veel te jong om dit te verstaan. Met zo'n redenatie vergis je je schromelijk. Ik las in het boek 'Als de vervolging komt' van Jan Pit, dat de slagzin van de communisten is: Geef ons de kinderen tot hun twaalfde jaar, daarna mogen anderen ze hebben. In die twaalf jaar indoctrineren de communisten hun kinderen met atheïstische propaganda. Wat doen wij met onze kinderen tot hun twaalfde jaar? Houden wij ons aan de opdracht uit Deuteronomium? Vergeet niet dat juist kinderen heel ontvankelijk zijn. Ze geloven en aanvaarden de bijbelse waarheden en opdrachten vaak beter dan volwassenen. Ze leven zo vanuit een vast geloof in de Here Jezus. Ze vertrouwen Hem volkomen. Kinderen in de kleuterleeftijd houden ook zo van vertellen en voorlezen als ze zelf nog niet kunnen lezen. En je staat versteld hoe zij de plaatjes of tekeningen uit het voorleesboek uit hun hoofd kennen. De kleintjes weten bijna uit hun hoofd wat er onder elk plaatje staat geschreven. Het is fijn dat veel moeders en vaders de tijd nemen om hun kinderen voor te lezen, uit de kinder-Bijbel of hen al vroeg van de Heer te vertellen. Soms zijn kinderen zelf aan het evangeliseren. Ze nemen zo maar eens een vriendje of vriendinnetje mee naar de zondagschool. Ze hebben er zelf geen weet van wat de strekking ervan kan zijn. Maar het komt voor dat een uurtje zondagschool een onvergetelijke indruk achterlaat. Ook werpt dit later vaak nog vruchten af. Je moet niet vergeten dat als een kind nooit van de Here Jezus heeft horen vertellen het diep in het hartje getroffen kan worden. Je kunt je kinderen ook al vroeg leren hoe ze met eigen woorden tot de Heer mogen bidden en je hoeft ze niet alleen de Bijbelse verhalen te vertellen maar je mag ze evengoed uitleggen hoe wij daaruit kunnen leven. Onderschat je kind niet, onderschat de gave van God je gegeven beslist niet. Het gebod van God is: Gij zult het uw kinderen vertellen, het diep tot hen door laten dringen.

GEBED.

Vader, helpt U ons, de kinderen naar hun waarde te schatten, opdat we mogen inzien dát ze vaak dichter bij U leven dan wij ouderen en dat wij ze vaak onderschatten. Leer ons hen op te voeden volgens de regels die U in de Bijbel aan ons hebt gegeven, in de Naam van Jezus vraag ik het U. Amen.

LEZEN:

Deut. 6 en 11, 32 : 44-47;   Mat. 21 : 12-17.

Toen sprak Isaäk tot zijn vader Abraham en zeide: 'Mijn vader', en deze zeide: 'Hier ben ik MIJN ZOON'. En hij zeide: 'Hier is het vuur en het hout, maar waar is het lam ten brandoffer'? En Abraham zeide: 'God zal Zichzelf voorzien van een lam ten brandoffer, MIJN ZOON'. Zo gingen die beiden tezamen.

VADER EN ZOON.
Deze geschiedenis vertelt ons van een vader en een zoon die samen een zeer moeilijke opdracht te volbrengen hebben. Een heel bijzondere opdracht, zo niet een onmogelijke. Zowel bij Abraham als bij zoon Isaäk is echter een zuiver afgestemd zijn op de Here God. Dat Isaäk de Heer toegewijd was, kunnen we opmaken uit het feit dat hij zijn vader gehoorzaamde en vertrouwde. Abraham zal zijn kind van jongs af aan godsdienstig opgevoed hebben en hem hebben verteld van de liefde van God. Isaäk zal ongeveer twaalf jaar oud geweest zijn, toen deze gebeurtenis plaatsvond. Ook van de kleine Samuël lezen we dat hij op die leeftijd in de tempel kwam en Jezus vinden we op twaalfjarige leeftijd ook al in de tempel, bezig met de dingen zijns Vaders. Wat weten kinderen op deze leeftijd al veel van een liefhebbende Vader in de hemel en wat kunnen twaalfjarigen al toegewijde kinderen van Hem zijn, ook nu in onze tijd. Als onze kinderen de omgang met de Heer kennen, is dat een heilig iets waar we heel blij en dankbaar voor moeten zijn en wat we naar waarde moeten schatten, want zij zijn zelf vaak uiterst serieus bezig. Isaäk moge dan een ijverig knechtje van de Heer geweest zijn, maar van dit brandoffer snapte hij niets, er was immers niet eens een lam. Hij liet het echter maar bij het antwoord dat hij van zijn vader kreeg. Zijn vader had hem altijd de waarheid verteld, dus zou dit ook wel in orde komen. Wat kunnen wij als ouderen veel van deze twaalfjarige leren. Hebben wij ook zo'n vast vertrouwen in onze Vader? Als ik zeg 'ik weet dat niet' klinkt me dat voor mezelf beschamend in de oren. Maar toen het dan zover was dat Isaäk door kreeg dat hij zelf het lam ten brandoffer was, stribbelde hij niet tegen. Hij deed de wil van zijn vader, beiden waren zuiver afgestemd op de Heer, op Zijn wil. Beiden zullen op dat moment de Heer niet begrepen hebben, toch gingen ze door! Abraham wist dat zijn zoon geofferd zou moeten worden. Zou hij gedacht hebben: 'dit kan Isaäk niet aan, dit kan hij niet begrijpen van de Here God'? Maar Abraham onderschatte Isaäk dan wel, want hij kon het wél aan. Belangrijker is te weten, dát ze samen Gods wil deden en dat de twaalfjarige zoon geleerd had gehoorzaam te zijn aan de Here God. We zien hier de zegen op de gehoorzaamheid, zegen op de geestelijke opvoeding, want God voorzag werkelijk in een offerdier in de plaats van Isaäk. Uit deze geschiedenis mogen we leren dat een kind een eigen relatie met de Heer kan hebben, en dat we dit naar waarde moeten schatten.

GEBED.
Vader, wat hebben wij vaak en lang over deze twee mensen gesproken, en zijn daarbij aan het diepste en voornaamste voorbij gegaan. We hebben deze lessen niet toegepast op onszelf. Vader, vergeef ons dit. Amen.

LEZEN:
Gen. 22:1-19;   Richt. 6:11-16;   Ps. 78:1-4;   Hebr. 11 8-19;   Spr. 15 30-33.

Nadat zij hem gespeend had, nam zij hem mee, met drie stieren, één efa meel en een kruik wijn, en zij bracht hem, EEN KLEINE JONGEN nog, in het huis des Heren te Silo.

MOEDER EN ZOON.

Dat Hanna, de moeder van de kleine Samuël, hem in het huis des Heren bracht, was een bijzonder moment in de geschiedenis van Israël. Niemand had er op dat moment weet van, maar de Here wel. Hij was blij met een moeder die haar zoon teruggaf aan Hem en blij dat de jongen al jong gehoorzaamheid geleerd had, ja, dat hij godvruchtig was opgevoed. Dat Hanna haar kind zo jong al afstond, was beslist geen kleinigheid. Vooral als je let op de omstandigheden in het gezin van Eli waar de kleine Samuël verder zou worden opgevoed. De beide zonen van Eli luisterden allang niet meer naar de geboden en wetten die de Here had ingesteld. Zij deden het tegengestelde van wat zij moesten doen. Vader Eli had zijn zonen niet goed opgevoed, hij was een té slappe vader geweest, desondanks was hij een Godvrezende man. In dit gezin nu komt Samuël terecht en het blijkt ook nu weer dat de godsdienstige opvoeding die Samuël genoten had tot zijn twaalfde jaar voldoende ondergrond had om tussen deze mensen verder te leven. (Geef me de kinderen tot twaalf jaar, zeggen de communisten, daarna mag iemand anders ze hebben). Dat blijkt in geestelijke zin bij Samuël op te gaan. Geloof maar dat zijn moeder veel voor hem zal hebben gebeden. Ze zal ook wel gedacht hebben: 'Zal hij opgewassen zijn tegen die twee zonen die de Here God niet meer dienen'? Zouden zij haar kleine Samuël meetrekken naar de afgrond? Hanna heeft geen directe invloed meer op haar zoon, ze moet hem loslaten en aan de Heer overgeven en dat doet ze. Wel kan ze bidden voor hem, en dat is heel veel. Als Samuël op een nacht door de Here God geroepen wordt, begrijpt hij er eerst niets van. Hij denkt dat Eli hem nodig heeft. Na driemaal wordt het Eli duidelijk dat Gòd Samuël geroepen heeft. Het gebeurde ook bijna nooit meer dat Gods stem gehoord werd. Samuël geeft in die nacht zijn hart en zijn leven aan de Heer. Hij wordt priester van Israël. Wat de godsdienstige opvoeding van Hanna uitwerkte, heeft ze nooit vermoed. Haar kind werd een door God gezalfde. Ook vandaag aan de dag hebben veel ouders niet door wat de Heer kan doen met een kind dat hem kent en liefheeft en met ouders die hun kind voor de geboorte opdragen aan de Heer, die hun kinderen opvoeden volgens de regels die de Heer voorschrijft in Zijn Woord. Deze geschiedenis van Hanna en Samuël doet veel vermoeden. Zou God nog een taak hebben voor onze kinderen? Zou God nog luisteren naar moeders als Hanna die bidden, geloften doen en er voor staan? Hoeveel zendelingen komen niet uit een gezin voort, waar de kinderen opgevoed werden in de vreze des Heren? Hoeveel gebeden worden niet door ouders opgezonden zonder dat een kind daar enig idee van heeft, ook geen idee wat die gebeden uitwerken? God is niet veranderd. Hij is en blijft dezelfde, ook nu. Voor ouders en kinderen.

GEBED.
Heer, helpt U ons om een Hanna te zijn in woord en daad. Amen.

LEZEN: 1 Sam. 1, 2 en 3;   Ps. 24 : 1-6;   1 Petr. 3 : 1-7.

Gaat en doet nauwkeurig onderzoek naar dat KIND; en zodra gij het vindt, bericht het mij, opdat ook ik hem hulde ga bewijzen.
En zij gingen het huis binnen en zagen het KIND met Maria zijn moeder.

HET KIND.

In deze geschiedenis komen we terecht bij hét Kind in de Bijbel, en wel het Kind dat een voorbeeld wil zijn voor al de andere kinderen. Er is na de geboorte van het Kind Jezus direct al een mens aan te wijzen die onder het mom van Hem te willen aanbidden, Hem probeert te laten vermoorden. Het zal bij deze eerste poging niet blijven. Gedurende Jezus' leven op aarde komt het veel vaker voor dat men Hem uit de weg wil ruimen of er maatregelen voor treft.
Intussen wordt Jezus opgevoed binnen een normaal vroom Joods gezin onder de geboden Gods. Dat laatste is wel van zeer grote betekenis. Maar bij het Kind Jezus gaat alles een stapje verder. Het heeft betekenis voor heel de mensheid, niet voor een bepaalde groep mensen, zoals bij andere kinderen die door God uitverkoren worden, neen, voor alle mensen. We lezen dat Jezus op twaalfjarige leeftijd te vinden was in de tempel, kennelijk had Hij daar behoefte aan. Hij wilde meer weten van God en Zijn Eredienst. Hij luisterde niet alleen naar de Schriftgeleerden, neen Hij stelde ook zúlke vragen, dat deze leraren ervan opkeken en zich verbaasden over de leergierigheid van dit Kind.
Als later Zijn ouders Hem in de tempel vinden, staan zij eveneens verbaasd over het antwoord dat Hij hun geeft op hun vragen: 'wist gij niet dat Ik bezig moest zijn met de dingen Mijns Vaders'? Ze kónden het weten maar ze hadden niet gedacht dat hun kind al zó ver was. Weer die onderschatting van het Kind. Kinderen worden maar al te gauw onderschat. Als we onze kinderen vinden op een plaats waar ze geestelijk onderricht krijgen, dan moeten we bedenken dat het proces dat daardoor opgang is gezet, verder gaat. Kinderevangelisatie is heel belangrijk. Ook kinderen hebben behoeften aan geloof en aan verdieping van het geloof. Ze moeten opgroeien, naar de geestelijke volwassenheid toe.
Jezus stelde een kind ten voorbeeld aan volwassenen. Hij was Zelf het grote voorbeeld voor allen oud of jong, groot of klein. Het weinige dat we weten van het Kind Jezus zegt ons voldoende: Hij was bezig met de dingen van Zijn Vader. Wijs je kinderen daarop. Wijs hun de weg naar de bron van het leven, vertel hun er alles van en je zult de zegen van de Heer ontvangen, ouders én kinderen.

GEBED.

Vader, wijs ons de weg hoe we kinderen op jonge leeftijd moeten leren U lief te hebben met heel hun hart. Leer ouders en allen die leiding geven aan hen op welke manier ook, dat 'een voorbeeld-zijn' het beste overkomt. Geef ons ogen opdat wij kinderen zien, zoals U ze zag en ziet. Leer ons dat wij ze elke dag voor Uw aangezicht brengen en alles van U verwachten. Amen.

LEZEN:

Mat. 2:13;   Rom. 5:19, 16:19;   Joh. 8:12;   Mat. 8:18-22;   Luk. 2:40-52.

Wie is het grootste in het Koninkrijk der hemelen? En Hij riep een KIND tot Zich plaatste het in hun midden en zeide: 'Voorwaar, Ik zeg U, wanneer gij u niet bekeert en wordt als de KINDEREN, zult gij het Koninkrijk der hemelen voorzeker niet binnengaan'.
'Laat de KINDEREN geworden en verhindert ze niet tot Mij te komen, want voorzodanigen is het Koninkrijk der hemelen'.

HET GROOTSTE IN HET KONINKRIJK.

Als de discipelen Jezus de vraag stellen over rang en stand in het Koninkrijk der hemelen, plaatst Jezus een kind in hun midden en zegt:'als je je niet bekeert en wordt als de kinderen kun je er helemaal niet binnengaan'. Jezus negeert hiermee het juiste antwoord. Maar Hij raakt wel de kern waar het om gaat. Het is een zeer typisch menselijke vraag om te willen weten hoe de verhoudingen in het nieuwe koninkrijk zullen zijn, maar Jezus geeft hun een blik in dit nieuwe rijk: 'Worden als een kind'. Wie wil dat als volwassene eigenlijk? Een mens stelt alles in het werk om zo gauw mogelijk groot en verstandig te worden en moet je die verworven kennis die je je met moeite hebt weten te vergaren, afleggen? Ja, Jezus ziet en weet dat juist daar bij ons de moeilijkheid zit, dat juist dát ons verhindert om Hem te volgen en binnen te gaan in Zijn Koninkrijk. Ons verstand speelt ons parten. We missen het kinderlijk spontane om de levensregels van dat nieuwe Koninkrijk in ons op te nemen en ze in praktijk te brengen. Dat doet een kind spontaan, spelenderwijs. Het gelooft volkomen alles, het aanvaardt zonder dat het verstand alles bederft. Worden als een kind is voor de volwassenen in geestelijke zin wel het moeilijkst. Onze oude natuur verzet zich er tegen met alles wat in ons is. Maar áls je Jezus aanvaardt en wórdt als een kind, zul je Zijn nieuwe Koninkrijk mogen binnengaan. Als je Jezus zonder voorbehoud aanvaardt en in Hem gelooft als een kind zul je bemerken dat je daardoor dichter bij de Heer gekomen bent. Dat is het antwoord van Jezus, dat is de les die we van Hem leren. De discipelen willen de kinderen van Hem afhouden. Ze weren de moeders die met hun kinderen naar Hem toe willen voor een zegen. Hebben de discipelen dan nog niets geleerd uit het antwoord van Jezus? Blijkbaar niet. Maar Jezus laat die moeders met de kleinen juist geworden. 'Kom maar', zegt hij tegen de kinderen 'Ik houd van jullie, Ik wil jullie zegenen'. Wat kunnen volwassen mensen kinderen toch in de weg staan. We kunnen voor groot en klein een struikelblok zijn, een obstakel op de weg naar dat nieuwe Koninkrijk. We verhinderen op vele manieren. Laten we de hand maar eerst in eigen boezem steken en ons afvragen, zijn wij al als een kind geworden? Aanvaarden en vertrouwen wij de Heer zoals een kind Hem aanvaardt? Of staan wij iemand in de weg? Zullen wij dan grote schoonmaak houden op dit terrein vandaag?

GEBED.

Helpt U mij, Heer, te worden als een kind en hen niet in de weg te staan? Amen.

LEZEN:
Mat. 19 : 13-15, 18 : 1-11, 23 : 1-39, 20 : 20-28.

Te dien tijde hief Jezus aan en zeide: 'Ik dank U Vader, Heer des Hemels en der aarde, dat Gij deze dingen voor wijzen en verstandigen verborgen hebt, doch aan KINDERKENS geopenbaard'.

KIND ZIJN KAN WIJS ZIJN.

Zo juist heeft Jezus als het ware een strafrede tegen de mensen van Zijn tijd gehouden. Hij vergelijkt hen met 'marktgangers'. Op de markt spelen kinderen vrolijk op de fluit, maar jullie luisteren niet, laat staan er een dansje aan te wagen. En ook als de kinderen in-droevige muziek maken, pink je geen traan weg. Hij zegt ze dan in Zijn toespraak heel duidelijk dat ze hiermede volkomen verkeerd zijn. En als Jezus dan gaat bidden zegt Hij: 'Ik dank U Vader, dat Gij deze dingen voor wijzen en verstandigen verborgen hebt, maar aan kinderen geopenbaard'. Nu moet je goed begrijpen dat je hier nooit van mag maken dat dus ieder kind deze wijsheid en openbaring ontvangen heeft. Hier wordt met 'KIND' bedoeld: 'Het Kinderlijke' en ontvankelijke denken en handelen. Wanneer ook volwassen mensen dát nog bewaard hebben dan zijn ze 'KINDEREN GODS'. Als God immers onze VADER wil zijn, dan kunnen en mogen wij Zijn KINDEREN zijn. Maar dan moet je het niet van je eigen wijsheid verwachten, dan moet je beseffen dat er meer nodig is, dan alleen maar een goede opleiding. Dat het vóór alle dingen belangrijk is om de verhouding 'VADER en KIND' in je leven te bestendigen, en ervoor te waken dat je die bij het ouder worden en volwassen worden niet verliest. Je moet als mens regelmatig kijken naar de zuiverheid van een onbevangen kind en je dan afvragen: Sta ik nog zo onbevangen en zo zuiver tegenover mijn Hemelse Vader? Zoals Jezus rijkdom niet verbiedt, maar zeer duidelijk wijst op de gevaren ervan, zo waarschuwt hij hier tegen de gevaren van 'het uitsluitend verstandelijk denken'. We kennen allen wel die mensen die veel weten en veel praten en die vanuit hun wetenschap ook wel echt een boodschap hebben, maar als ook bij hen de boodschap niet uit het hart komt en de belevenis er niet is, dan komt het koud en kil over op de hoorders. De Heer belooft ons niet dat Hij ons letterlijk alles zal verklaren, maar Hij wil dat we als kinderen Hem ontmoeten en in dat kind-zijn zal Hij ons Zijn zegen rijkelijk schenken. Wanneer we zover komen, dan zullen we ontdekken dat dán juist de dingen van Zijn Rijk ons veel duidelijker worden. Niet vanuit eigen wijsheid maar levend vanuit de wijsheid Gods. Dan kun je met Paulus zeggen: 'Heer, ook bij mij wordt de kracht in zwakheid volbracht'. Een groot en goed verstand is een zegen en een voorrecht. Maar wijsheid is nog iets anders. Dat is in wezen een kostbaar bezit. Eenvoudige zielen (ontvankelijk als een kind) bezitten deze innerlijke wijsheid. Laten ook wij daarom bidden.

GEBED.

O, Heer, wat komt er achter 'kind-zijn' veel weg, wat een verborgen schatten hebt U voor ons weggelegd, als wij op die wijze levensles van U in gaan, om te worden als kind. Leer ons meer en meer afstand van onszelf te doen en innerlijk de gestalte van een kind aan te nemen. Om Jezus' wil. Amen.

LEZEN: Mat. 11 : 16-30;   Joh. 1 : 12 en 13;   Rom. 8 : 16;   Eph. 5 : 1-21.

Zondag
30ste week.

'Ik zal'. Wat gebruiken we deze uitdrukking vaak als dreigement. Maar de Heer gebruikt het daarnaast ook als een bemoediging.

'IK ZAL' ALS BEMOEDIGING GODS.

Mattheüs 1 : 21.
Want HIJ is het, die Zijn volk ZAL redden van hun zonden.

Genesis 12 : 2 en 3.
IK ZAL u tot een groot volk maken en u zegenen en uw naam groot maken, en gij zult tot een zegen zijn. IK ZAL zegenen wie u zegenen en wie u vervloekt ZAL IK vervloeken en met u zullen alle geslachten des aardbodems gezegend worden.

Jeremia 33 : 8b.
IK ZAL hun vergeven.

Genesis 28 : 15.
En zie, Ik ben met u en IK ZAL u behoeden overal waar gij gaat.

Ezechiël 36 : 25-30.
IK ZAL rein water over u sprengen, en gij zult rein worden van al uw onreinheden en van al uw afgoden ZAL IK u reinigen; een nieuw hart ZAL IK u geven en een nieuwe geest in uw binnenste; het hart van steen ZAL IK uit uw lichaam verwijderen en IK ZAL u een hart van vlees geven. Mijn Geest ZAL IK in uw binnenste geven en maken dat gij naar mijn inzettingen wandelt en naarstig mijn verordeningen onderhoudt. Gij zult wonen in het land dat Ik uw vaderen gegeven heb; gij zult Mij tot een volk zijn en IK ZAL u tot een God zijn. IK ZAL u van al uw onreinheden verlossen; IK ZAL het koren roepen en het vermeerderen, en geen hongersnood over u brengen. Ja, IK ZAL de vrucht van het geboomte en de opbrengst van het veld vermeerderen, opdat gij niet meer de smaad van hongersnood te dragen krijgt onder volkeren.

Mattheüs 13 : 35b.
IK ZAL mijn mond opendoen met gelijkenissen.

GEBED.

Vader in de hemel, ik dank U dat U ons ook Uw bemoedigend 'IK ZAL' laat weten en dat, als U eenmaal iets zegt, het ook doet. Dat kan ik helaas van mijzelf niet zeggen. Het allerheerlijkste is wel dat U Uw belofte van het redden van onze zonden al vervuld hebt en dat wij mogen leven ná het kruis van Golgotha. Dank U in de Naam van Jezus Christus Uw Zoon, Amen.

210

Want HIJ is het die zijn volk ZAL redden van hun zonden.

IK ZAL U REDDEN... sterken... helpen.

Als je gered moet worden, zit daar ondubbelzinnig in opgesloten dat je verloren bent. Verloren, als er tenminste niet iemand komt óm je te redden. Een drenkeling die niet zwemmen kan, verdrinkt als niet iemand hem de reddingsboei toewerpt; als niet iemand hem uit het water haalt. God wierp de mensen de Reddingsboei toe in Zijn Zoon. En als je ontdekt hebt dat je verloren bent, dat je jezelf niet redden kunt, dan grijp je toch met al je krachten naar Jezus Christus de Redder der wereld? Jouw Redder der wereld? Hij redt ons van de toorn van God die wij door onze zonden op ons geladen hebben. Je bent nu geen drenkeling meer, maar een blij gered mensenkind dat leeft en leven mag tot in eeuwigheid. 'Ik zal u redden'. Dat is Zijn belofte voor jou en mij. Ben je er al op ingegaan?

IK ZAL U STERKEN.

Als je gesterkt moet worden, is dat een bewijs dat je zwak bent. Zwak zijn is een vervelende zaak voor de mens. Je bent niet tegen de omstandigheden opgewassen. Je kunt het niet aan. Het wordt je allemaal te veel. Er moet hulp komen van buitenaf. Je moet kracht ontvangen om het weer aan te kunnen. Goddank: we worden gesterkt door niemand minder dan de Geest van God. Hij versterkt jou en mij. Dat is Zijn belofte voor ons allemaal.

IK ZAL U HELPEN.

Als je geholpen moet worden, is dat een teken dat je het alleen niet kunt, laten we eerlijk zijn. Je bent bezig te werken voor de Heer, in je omgeving. Maar hoe moet je de mensen vertellen van Hem, vertellen dat ze verloren zijn zonder Zijn redding? Hoe moet je met de ander omgaan die er niets van horen wil? Hoe moet je de kinderen vertellen van Jezus, zodat het overkomt? En niet alleen je eigen kinderen, maar ook de vriendjes en vriendinnetjes, de kinderen op de Zondagsschool? Hoe moet je met de medewerkers op de fabriek omgaan, op kantoor of op school? Hoe met je buren en vrienden?

Ach mensen, als we daar niet mee geholpen worden, dan brengen we er niets van terecht. We moeten geholpen worden op alle terreinen van ons leven, in ziekte en teleurstelling, in praten en in het zwijgen. Ja, vooral wannéér we moeten praten of zwijgen. Maar... Jezus begrijpt ons. Hij zal door Zijn Geest, jou en mij elke dag opnieuw helpen. Dat is Zijn belofte voor ons allemaal.

GEBED.

Vader, ik heb ergens gehoord, dat er driehonderdvijfenzestig beloften in Uw Woord staan opgeschreven, als het ware voor elke dag één. Ik heb ze niet geteld, maar ik geloof het wel, want U geeft ons zoveel bemoedigingen, zoveel rijkdom in Uw Woord. Alleen al in: 'IK ZAL U HELPEN', zit eigenlijk al alles verborgen. Ik dank U zo, dat ik niets alleen behoef te doen, maar dat U bij mij bent van dag tot dag. Amen.

LEZEN: Ex. 3:1-8; 1 Kron. 12:18; 2 Kron. 14:11; 2 Kron. 20:9, 32:8; Ps. 28:7.

IK ZAL u tot een groot volk maken en u zegenen, en uw naam groot maken, en gij zult tot een zegen zijn. IK ZAL zegenen wie u zegenen, en wie u vervloekt ZAL IK vervloeken, en met u zullen alle geslachten des aardbodems gezegend worden.

IK ZAL U ZEGENEN... BEVRIJDEN... EN NIET VERLATEN.

De zegen van God is iets waar we niet buiten kunnen. De zegen van God betekent geestelijke welvaart maar kan evengoed materiële welvaart betekenen. God zegende Zijn volk als geheel maar God zegende ook de enkeling, bijvoorbeeld Noach en Job. Als je iemand ontmoette, dan groette men in Israël met: 'de Here zegene u'. Zegen is het tegenovergestelde van vloek. God zegent de mens en de duivel vervloekt de mens. Een vloek uitspreken in de naam van de duivel heeft verstrekkende nare gevolgen, maar de zegen van de Heer doorgeven heeft verstrekkende heerlijke, geestelijke gevolgen. En we mógen hem doorgeven. Jacob zegende zijn kinderen. Wij mogen elkaar zegenen in de naam van Jezus. Zouden we dat niet veel te weinig doen? Waarom doen we dat bijna niet meer?

JA, IK ZAL U BEVRIJDEN (Jer. 15 : 21)

Ik weet niet of je de bevrijding meegemaakt hebt in 1945, maar ik vergeet het mijn hele leven niet meer: die enorme opluchting, geen vliegtuigen meer. Geen angst meer, geen onderduiking; mensen wat was dat een leven in die eerste paar weken. En dit was dan een bevrijding van ruim vijf jaar onderdrukking. Maar dan zegt God: 'Ik zal je bevrijden, bevrijden van een heel leven van onderdrukking én eeuwige bevrijding ná dit leven van slavernij. Ik bevrijd je uit de macht van het kwade'. Dat is iets om elke dag blij over te zijn. Ongekende blijschap ervaar je als je bevrijd bent uit die macht. Je bent dan: vrij in de Heer.

IK ZAL U NIET VERLATEN.

Ongetwijfeld ben je wel eens erg eenzaam geweest. Niemand die naar je luistert, niemand die je begrijpt. Iedereen laat je maar aan je lot over. Wie bekommert zich nog om mij? Zo zal het ons allemaal wel eens vergaan. Als God zegt: 'Ik zal je niet verlaten', zit daarin verborgen, dat Hij weet dát je verlaten wordt, dat je je alleen voelt. En dan is daar Zijn zachte stem. Zijn arm om je heen. Zijn nabijheid, je kunt niet omschrijven hoe je je dán voelt. Alle eenzaamheid is verdwenen. Er wordt naar je geluisterd. Je wordt opgetild uit je verlatenheid. Je bent weer iemand. Het is zo heerlijk dat deze belofte in de Bijbel staat en dat de Heer Zijn belofte ook nakomt. Heb je dit ook al ervaren?

GEBED.

Ik ben zo blij Heer, dat U mij zegent. Elke dag opnieuw en dat ik Uw zegen ook mag doorgeven aan de ander. In stilte als ik bid, maar ook in het bijzijn van de ander. Help mij hiermee, Heer. U hebt beloofd dat U mij zult bevrijden, ook van mijn verlegenheid óm te zegenen. U zult mij niet alleen laten in wat U mij ook opdraagt, waar ik ben en wat ik ook doe in de Naam van Jezus. Dank U Heer voor die belofte. Amen.

LEZEN: Gen. 39:1-5;   Mark. 8:1-10;   Ps. 71:2;   Hebr. 2:14-16;   Deut. 4:31.

IK ZAL hun vergeven.

VERGEVEN... LIEFHEBBEN... EN ONDERWIJZEN.

Als er iets is wat we elke dag nodig hebben, is dat wel vergeving voor de zonden die we gedaan hebben. We staan immers elke dag weer schuldig tegenover de Here God. Als kind van Hem zijn onze schulden van vroeger weggedragen, maar we hebben de belofte, dat als we onze zonde belijden, die we vandaag gedaan hebben, Hij ons opnieuw vergeven wil. Ik mag pleiten op het kostbare bloed van Christus. Als ik voor de Vader sta, gaat Jezus voor mij staan. Wat een heerlijkheid, wat een onuitsprekelijke blijdschap brengt dat telkens weer te weeg in ons leven. 'Ik zal vergeven'. Dat is de belofte voor jou en mij.

IK ZAL HEN LIEFHEBBEN.

Liefhebben, volkomen van je houden, doet alleen de Here God. En als je je in Zijn liefde dompelt, weet je wat die Liefde inhoudt. Je zou boeken kunnen schrijven om te vertellen wat de Liefde van God in je leven betekent, en nog zou je woorden tekort komen om het te omschrijven. De liefde is een wonder Gods en de enige manier om haar te kunnen begrijpen is: haar te... ervaren. Dan ook word je gedreven om haar uit te dragen, om sámen die liefde te ervaren. Het is die nieuwe soort liefde die we ook in heel het Nieuwe Testament tegenkomen. Paulus predikt de liefde Gods in haar alles overwinnende heerlijkheid. De liefde is een overweldigende werkelijkheid. Die liefde geeft. Jezus geeft! Liefde is lankmoedig en kwetst niet. Jezus is lankmoedig en kwetst niet. Zo zou je door kunnen gaan. Jezus heeft jou en mij lief. Laat die liefde aan jou geworden. Neem haar aan en je wordt opgetild boven alle aardse liefde uit. Dat is de belofte voor jou en mij die werkelijkheid is geworden.

IK ZAL HEN ONDERWIJZEN.

O, wat hebben we dat ook nodig in ons leven, onderwijzing, iemand die ons leert, iemand die ons verder opbouwt in het geloof. Jezus leerde de discipelen. Hij onderwees hen dagelijks. Hij leerde hen de geheimen van een wandelen met God. En hoe onderwijst Jezus ons vandaag? Door Zijn Geest. Die kent de diepten Gods. Die weet wat wij doen en wat wij laten moeten. Het is niet de wijsheid van mensen, die ons licht geeft in Gods Woord maar de Heilige Geest, die ons heilige mensen wil maken, afgezonderde mensen. Wat een hulp hebben wij. Wat een Leermeester bezitten wij. Je zou geen betere kunnen ontdekken op aarde. Ik zal je leren, opbouwen, leren hoe je leven aan Gods doel met jou kan beantwoorden. Dat is de belofte voor jou en mij. Machtig, is 't niet?

GEBED.

Vader, ik ben mij lang niet voldoende bewust, hoe vergevingsgezind U bent, hoe liefdevol U bent en hoe U mij dagelijks leren wilt.
Dank U dat ik mij elke dag opnieuw onderdompelen mag in al Uw goedheid en mij verblijden mag in Uw grootheid. Vergeef mij dat ik het niet vaak genoeg doe, om Jezus' wil, Amen.

LEZEN: Deut. 7:8;   2 Kron. 7:14;   Mark. 2:7;   Mark. 9:31;   Mark. 12:35.

'En zie, Ik ben met u en IK ZAL u behoeden overal waar gij gaat'.

IK ZAL U BEHOEDEN... Reinigen... Verlossen.
Troostrijk is dit: Ik zal je behoeden, waar je ook gaat. Ik zal je beschermen elke dag opnieuw. Wat hebben we, ook als gelovigen, bescherming nodig. Allerlei aardse machten beïnvloeden ons, en mensen die ons andere denkwijzen op willen dringen. God zal ons behoeden. Maar wij moeten ons ook gedragen als Zijn kinderen, vragen of de Heilige Geest ons de ogen wil openen, vragen om onderscheiding van geesten, vragen wat er achter die bepaalde gedachte zit. Ik zal u behoeden overal waar gij gaat. Deze belofte voor Abram, Isaäk en Jacob, voor Mozes en Jozua was troostrijk in de strijd die zij moesten aanbinden tegen de vijanden. Troostrijk voor ons in een strijd die we moeten aanbinden tegen de vijand in de hemelse gewesten. Zoals in Gods Woord staat: 'Want wij hebben niet te worstelen tegen bloed en vlees, maar tegen de overheden, tegen de machten, tegen de wereldbeheersers dezer duisternis, tegen de boze geesten in de hemelse gewesten'. Maar...'wees niet bang, Ik zal je behoeden', dat is ook de belofte voor jou en mij.

IK ZAL JE REINIGEN.
Als we gered zijn uit de zondestaat, moeten we gereinigd worden van onze zonden en gewassen worden door Zijn bloed. We moeten van binnen gereinigd worden; ons hart moet schoon. En dat vuil gaat er alleen maar af door het Bloed van Christus. Wat een ervaring dat je gered bent. Wat een ervaring dat we daarna gewassen worden door Zijn Bloed. Reinigen gaat van God de Schepper uit. Het is het werk van Jezus en wordt door Jezus gedaan. Zo kunnen we dan voor Gods troon verschijnen. God ziet ons aan in Christus. Ik zal je reinigen, dat is de belofte voor jou en mij. Heb jij je al laten reinigen?

IK ZAL JE VERLOSSEN.
Verlossen is nog iets anders dan redden. We zijn gered uit de macht van satan. We zijn gereinigd van onze zonden, maar nog niet van onze oude handel en wandel. We moeten nog verlost en bevrijd worden van die oude gewoonten, van dat oude leven dat we gewend waren te leven. Voor bevrijding komt heel wat kijken, dat weten we vanuit de oorlog nog. Maar als je bevrijd was dan kon je je geluk niet op. Je was gered van de wrede heersers, maar bevrijd, verlost worden van de nasleep van vijf jaar onderdrukking, was zo één twee drie nog niet voor elkaar. 'Ik zal je verlossen'. Dat is de belofte voor jou en mij.

GEBED.
Heer, nu kan ik weer verder deze dag. U hebt beloofd dat U me zult behoeden, ook vanmiddag als ik... maar ook straks als ik naar de specialist moet. U zult er bij zijn om mij te troosten als de uitslag voor mijn gevoel negatief uitvalt. Dank U wel voor Uw liefderijke zorgen voor mij. Dit weten maakt me zo blij. Wat er vandaag dan ook gebeuren gaat. Helpt U me als ik deze gedachten van nu weer loslaat? Dan ben ik helemaal gerust. Ik vraag U dit alles in de Naam van Jezus. Amen.

LEZEN: Num. 6:24;   1 Sam. 2:9;   Ezech. 36:25, 33;   Phil. 4:7;   Hebr. 9:14.

IK ZAL rein water over u sprengen, en gij zult rein worden; van al uw onreinheden en van al uw afgoden ZAL IK u reinigen; een nieuw hart ZAL IK u geven en een nieuwe geest in uw binnenste; het hart van steen ZAL IK uit uw lichaam verwijderen en IK ZAL u een hart van vlees geven. Mijn Geest ZAL IK in uw binnenste geven en maken dat gij naar mijn inzettingen wandelt en naarstig mijn verordeningen onderhoudt. Gij zult wonen in het land dat Ik uw vaderen gegeven heb; gij zult Mij tot een volk zijn en IK ZAL u tot een God zijn. IK ZAL u van al uw onreinheden verlossen, IK ZAL het koren roepen en het vermeerderen, en geen hongersnood over u brengen. Ja, IK ZAL de vrucht van het geboomte en de opbrengst van het veld vermeerderen, opdat gij niet meer de smaad van hongersnood te dragen krijgt onder de volken.

WAT EEN BELOFTEN.

Onvoorstelbaar wat een beloften hier in deze 6 verzen staan opgeschreven. Ik tel er zeventien. Het zijn rijke beloften voor Israël. Maar door Israël heen ook tot ons gericht. Sommige beloften die voor Israël gelden, zijn nog niet vervuld. Het is uitgesteld doordat zij de Messias nog niet willen erkennen, maar... ze zullen eenmaal in vervulling gaan, dat is waar en zeker. Ik zal rein water over u sprengen en gij zult rein worden. Nou, dat is iets wat zij wel nodig hebben, rein worden. Maar wij hadden dat als heidenen ook nodig, gewassen te worden door Zijn Bloed. Maar ook van al uw afgoden zal Ik u reinigen, staat er. Afgodendienst was in Israël niet van de lucht. Maar afgoden dienen in onze tijd dan? Wat zijn er nu ook een afgoden, te veel om op te noemen. Ook wij moeten gereinigd worden van alles, en allen, die wij dienen buiten God om. 'Een nieuw hart zal Ik u geven, een nieuwe geest in uw binnenste, het hart van steen zal Ik uit uw binnenste verwijderen en Ik zal u een hart van vlees geven. Mijn Geest zal Ik in uw binnenste geven en maken dat gij naar mijn inzettingen wandelt'. Wat staan hier een beloften achter elkaar. Beloften die bij ons al in vervulling zijn gegaan, althans kunnen zijn vervuld. De Heilige Geest woont nu al in ons. Ons hart van steen is verwijderd als wij Jezus aangenomen hebben. Er wordt door Zijn Geest hard aan gewerkt dat wij heilig, 'afgezonderd', zullen gaan leven. Waren onze harten, mét die van de Israëlieten dan zo verhard? Laten we Gods Woord letterlijk opvatten. De Bijbel zegt niet voor niets, dat zij altijd een weerbarstig hart hebben, dat zij onbesneden van hart zijn, dat zij afgoden in hun hart dragen en altijd met hun hart dwalen, dat hun hart trots, hoogmoedig en arglistig is. Genoeg om te weten, dat God de mens, de Israëliet en ook ons kent tot in het diepst van ons hart. En toch houdt God Zijn beloften. Toch zal er een kéér in het lot van Israël komen. Hij heeft het beloofd!

GEBED.

Dank U Vader, dat wij al deel hebben aan deze beloften en dat U ze nog vervullen zult voor Israël. Amen.

LEZEN:

Ps. 95 : 10;   Jer. 5 : 23, 9 : 26b, 17 : 1, 9;   Ezech. 14 : 3, 36 : 25-30;
Rom. 11;   Hebr. 9 : 14.

'IK ZAL mijn mond opendoen met gelijkenissen'.

WAAROM?

Ja, dat heeft Jezus dan ook wel gedaan. Hij heeft vele gelijkenissen gebruikt onder de mensen, die Hij leerde. Waarom sprak Jezus door gelijkenissen? Waren die dan duidelijker te begrijpen dan wanneer Hij hen gewoon vertelde wat Hij de mensen te zeggen had? Neen, ze waren juist zonder uitleg niet te begrijpen. Toen de discipelen dan ook aan Jezus vroegen waarom Hij tot de schare in gelijkenissen sprak, antwoordde Hij hun: 'omdat het u gegeven is de geheimenissen van het Koninkrijk der hemelen te kennen, maar hun is dat niet gegeven'. Het was voor hen die zich er in wilden verdiepen, hen die hun tijd gaven om er achter te komen wat de Heer hun duidelijk wilde maken, kortom, hen die begerig waren te weten wat God hun te zeggen had. En de discipelen schaamden zich ook niet om er voor uit te komen dat ze er niets van begrepen. Dáárom legt Jezus hen de gelijkenissen uit. Niemand uit de schare vroeg verder om deze uitleg. Wanneer Jezus de discipelen de gelijkenis van de zaaier heeft uitgelegd, vertelt Hij een tijdje later, als de schare weer om Hem heen staat, drie gelijkenissen achter elkaar: van het onkruid in de akker, het mosterdzaadje en de gelijkenis van het zuurdesem. Dan laat Hij de schare gaan. Weer vragen de discipelen om uitleg en weer maakt Jezus hun duidelijk wat Hij hiermee bedoelt en meteen er achteraan vertelt Hij drie korte gelijkenissen die alle weer over het Koninkrijk der hemelen gaan, maar zo, dat ze meteen door hebben wat de Heer er mee zeggen wil. Het is een belangrijke zaak dat zij weten wat Jezus bedoelt als Hij het over het Koninkrijk heeft. Hij vraagt hen na afloop dan ook: 'hebt gij dit alles verstaan?'. Zij zeiden tot Hem: 'ja'.

Ieder die begerig is een blik te slaan in de Bijbel om Zijn woorden te begrijpen, die zal wijsheid van de Heilige Geest ontvangen óm het te begrijpen. Dat wil niet zeggen dat je letterlijk alle teksten uit kunt leggen, maar we krijgen licht op de zaak die nodig is voor het funktioneren van het Koninkrijk van God. Misschien kunnen wij uit dit stukje leren, dat het ons niet vanzelf komt aanwaaien, dat kennis gepaard gaat met je open stellen en tijd nemen om te luisteren en te leren wat God je duidelijk wil maken. Jezus vertelde de discipelen wat Hij bedoelde met de gelijkenissen. Wij kunnen ze nu zo lezen, wij staan er achter en wat zijn er dan nog een verschillende meningen bij ons óver de uitleg. Je vraagt je af, hoe is het mogelijk. Geef jij je tijd aan de Heer? Vraag jij om uitleg over iets dat je niet begrijpt? Doe je daar moeite voor? Als je het doet, dan ervaar je hoe rijk Gods Woord is, hoe groot Jezus Christus voor je wordt in je leven, groter, steeds groter. Het is een heerlijkheid als je dát doet.

GEBED.

Ja, Vader, er zit veel meer achter waarom Jezus tegen de schare sprak door gelijkenissen. Help ons allen om op Uw Woorden in te gaan, om Jezus' wil, Amen.

LEZEN:

Lees Mattheüs 13 eens aandachtig door en let er op, tegen wie Jezus spreekt.

Wie leest verrijkt z'n geest
maar dat is wel afhankelijk
van wat men leest.

1 aug '04. De Middelaar Gods en der mensen,
Zippro de Heere Jezus Christus:
v. Zondag 6. Hij → mijn schuld
Ik → Zijn gerechtigheid.

BOEKEN.

Exodus 32 : 16, 17 : 14a.
De tafelen waren het werk Gods en het SCHRIFT was het SCHRIFT Gods, op de tafelen gegrift. En de Here zeide tot Mozes: Schrijf dit ter gedachtenis in een BOEK...

Nehemia 8 : 6a.
Ezra opende dus het BOEK ten aanschouwen van het gehele volk.

Esther 6 : 1.
In diezelfde nacht was de slaap van de koning geweken. Toen beval hij het GEDENKBOEK, de kronieken, te brengen, en zij werden de koning voorgelezen.

Lukas 4 : 17.
En Hem werd het BOEK van de profeet Jesaja ter hand gesteld en toen Hij het BOEK geopend had, vond Hij de plaats, waar geschreven is...

Openbaring 1 : 11.
Hetgeen gij ziet, schrijf dat in een BOEK en zend het aan de zeven gemeenten...

Openbaring 3 : 5.
Wie overwint, zal aldus bekleed worden met witte klederen; en Ik zal zijn naam geenszins uitwissen uit het BOEK des levens...

GEBED.

Vader in de hemel, wat ben ik en vele, vele mensen met mij, blij dat er boeken zijn waarin opgeschreven staat dat wat niet verloren mag gaan. Dat wij samen het allervoornaamste boek bezitten, Uw Woord, de Bijbel. Dat U het door de eeuwen heen hebt bewaard. Ja, dat U alles hebt laten opschrijven door mensen, die door Uw Heilige Geest gedreven werden. Wij vragen U samen of die Geest ook ons wil laten begrijpen wat U er ons in te zeggen hebt en er ons door leren wilt. Helpt U ons dat wij de waarde van boeken beseffen, de waarde van lektuur voor evangelisatie. Laat tot ons doordringen dat wij door middel daarvan mensen bij U kunnen brengen, mensen kunnen leren en helpen!
Maar leer ons ook, Heer, op onze hoede te zijn voor veel verderfelijke lektuur. Leer ons door Uw Heilige Geest onderscheiden! Wij vragen U dit om Jezus' wil en in Zijn Naam, Amen.

De tafelen waren het werk Gods en het SCHRIFT was het SCHRIFT Gods, op de tafelen gegrift. En de Here zeide tot Mozes: Schrijf dit ter gedachtenis in een BOEK.

HET BOEK VAN GOD OP AARDE.

Het is een heel belangrijke zaak dat er boeken zijn waarin staat opgeschreven dat wat niet verloren mag gaan. Want er kunnen heel belangrijke woorden gezegd zijn die blijvend gehoord moeten worden. Boeken kunnen gedachten, ideeën en ervaringen overbrengen, zodat niet één persoon ze hoort, maar vele, vele mensen tegelijk ze mogen horen door de jaren heen. Boeken zijn een waardevol bezit, vooral als hulpmiddel bij evangelisatie. Laten we niet vergeten dat het communisme verspreid wordt op grote schaal door... LEKTUUR. En met groot succes. Waarom zouden ook wij niet veel meer gebruik maken van dit middel om mensen in kontakt te brengen met de Heer en mensen te helpen, de weg te vinden om geestelijk te groeien? En ook mensen te helpen de Bijbel beter te begrijpen. Ja, de Bijbel, daar zijn we bij het voornaamste Boek van alle boeken die in de wereld geschreven zijn. De Here God begon Zelf met Zijn eigen vingers te schrijven. Hij beschreef eigenhandig de twee stenen tafelen. Hij grifte de letters in het steen, zodat de mensen steeds maar weer Zijn Woorden konden lezen, zodoende zouden ze niet vergeten wat Hij hun te zeggen had. Het was de bedoeling van God dat ze telkens opnieuw weer gericht werden op Hem, dat ze steeds weer opnieuw beïnvloed zouden worden door Hem, door het goede in het leven, dat hen brengen zou bij de wil van de Here God. Wat mogen we elke dag dankbaar zijn, dat de Here God Mozes aanzette om in de eerste vijf Bijbelboeken alles op te schrijven vanaf het begin van de schepping. Wat mogen wij blij zijn dat Hij steeds weer mensen inspireerde om alles op te schrijven, waardoor wij weten, wat we moeten weten, waardoor wij Gods wil met ons leven ontdekken. We kunnen blij zijn met de geschiedenissen, de belevenissen van mensen van vroeger, zodat wij weer veel leren mogen uit hun rijke levenservaringen. Maar nog meer blij, dat de vier evangelisten het leven van Jezus hebben opgeschreven, dat wij elke dag kunnen lezen hoe Jezus leefde en werkte, wat Zijn bedoeling is met de mens, en wat het inhoudt een kind van God te zijn. Ook dat Lukas al de handelingen van de apostelen opschreef, al wat zij deden in de Naam van Jezus. En de andere apostelen, niet te vergeten Paulus. Wat een richtlijnen voor de gemeente van Christus; we weten daardoor wat van ons verwacht wordt als gelovigen. Maar Paulus legde ook voor de Joden alles uit, zij begrepen niet hoe ineens alles veranderd was door het sterven van Jezus. En dan: Johannes op Patmos, wat heeft hij een rijk boek nagelaten. Door zijn verbanning hebben wij al die openbaringen van Jezus Christus. Laten wij allen samen als christenen het geschreven Woord benutten in het leven van elke dag.

GEBED.

Heer, ik dank U en velen met mij voor Uw geschreven Woord, voor alle woorden, die we daarin vinden. Dank U voor Uw oneindige liefde voor ons. Amen.

LEZEN:

Ex. 20 : 1, 24 : 4, 31 : 18, 34 : 1;　Joh. 7 : 37-44;　Hand. 17 : 11;　Rom. 15 : 4.

Ezra opende dus het BOEK ten aanschouwen van het gehele volk.

EEN BLIJDE DAG.

Het was me daar een dag om nooit te vergeten. Zeventig jaar hadden de Israëlieten in een vreemd land gewoond, ver van Israël vandaan vanwege ongehoorzaamheid aan de God van Israël. Zeventig jaar ballingschap, dat is geen kleinigheid, dat is haast een mensenleven. Nu er een deel van hen terug is, vieren zij voor het eerst het loofhuttenfeest. Dan leest Ezra voor het eerst de wet des Heren voor uit het boek des Verbonds, Gods Boek. Zij hoorden opnieuw de geboden van de Here God, ze zagen ook opnieuw dat ze gezondigd hadden, ongehoorzaam geweest waren, ze begrepen dat die afgelopen ballingschapsjaren hun eigen schuld waren geweest. Allen stonden ontroerd te luisteren. Ze weenden van droefheid om alles wat was gepasseerd. Maar dan komen de heerlijke bevrijdende woorden van Ezra: 'Mensen, huil toch niet. Dit is een dag van grote blijdschap. Dit is een heilige dag. Wees blij dat we weer samen uit het boek des verbonds mogen lezen, dat we Gods Woord weer horen. Wees niet verdrietig, het is een heilige dag vandaag'. Als je deze woorden op je in laat werken en je verdiept je in de situatie, dan kom je tot de ontdekking hoe liefdevol Ezra's woorden zijn. Geen vermaningen, geen verwijt zo van: het is jullie eigen schuld geweest, huil er maar eens goed om, laat het tot je doordringen wat jullie allemaal gedaan hebt en niet gedaan hebt, wát je moest doen. Nee, het zijn opbeurende woorden die Ezra tot hen spreekt, troostende woorden, liefdevolle woorden.
Zijn wij zondags ook blij als de wet des Heren voorgelezen wordt? De liefdevolle bemoedigingen van de Here Jezus? Of vinden wij het zo vanzelfsprekend dat het allemaal langs ons heen gaat? Ik geloof dat we veel gelukkiger moesten zijn met dit Boek, de Bijbel, die we niet alleen zondags hebben, maar de hele week door, zodat we er elke dag onze troost en bemoedigingen uit kunnen halen. Elke regel, elke bladzijde is voor ons geschreven, in elke geschiedenis, in elk verhaal zit een rijke levensles verborgen. De Heer heeft ervoor gezorgd dat wij een leidraad voor ons hele leven hebben, om Zijn wil te leren kennen, een Leerboek vol met bemoedigende raadgevingen, een Boek waarin de Heer Zichzelf openbaart zoals Hij is. De Bijbel is de grootste schat die wij op aarde bezitten! Daarnaast zijn er veel boeken geschreven die ons weer helpen de Bijbel beter te begrijpen en er uitleg aan geven. Wees blij met Gods Woord, wees blij ook met al de andere goede boeken waaruit we alles mogen halen om ons geestelijk te voeden en ons te laten groeien naar de volwassenheid. Wees blij met de Heilige Geest die je de weg wijst in dit grote Boek.

GEBED.

Heer, wat vindt U het belangrijk dat wij lezen, dat ik elke dag bezig ben met Uw Woord om er uit te leren én het gelezene in de praktijk te brengen; want dan heeft het lezen waarde, dan werpt het vrucht af. Leer ons zo te lezen, Vader, Amen.

LEZEN:
Deut. 31:24-27;   Deut. 28:58, 59;   Neh. 8;   Luk. 1:1-4;   Luk. 3:3-6, 4:14-21.

In diezelfde nacht was de slaap van de koning geweken. Toen beval hij het GEDENKBOEK, de kronieken, te brengen, en zij werden de koning voorgelezen.

DE VRUCHT VAN EEN SLAPELOZE NACHT.

Als je deze geschiedenis leest, denk je bij jezelf: wat zal Ester blij geweest zijn dat Koning Ahasveros die nacht niet kon slapen, en nog blijer dat hij vroeg om het boek van de kronieken, want daardoor kwam de grote ommekeer in die netelige situatie waar zij met haar volk in verzeild was geraakt. Esters oom Mordechaï zou gedood worden, maar in zijn plaats werd Haman, de jodenhater, gedood. Hier geldt met recht het spreekwoord: wie een kuil graaft voor een ander, valt er zelf in. Maar wat in deze situatie de ommekeer bracht was in feite het geschreven woord. Er was opgeschreven in een boek, dat Mordechaï in het verleden een aanslag op de koning verijdeld had, en toen de koning dat las en erover nadacht, vroeg hij: 'Heeft deze man daarvoor wel een onderscheiding gekregen'? Zij antwoordden, 'niets'. En o mensen, je moet er om lachen wat er toen gebeurde. We zullen het samen gaan lezen, Ester 6 : 4-10.

'Toen zeide de koning: Wie is er in de voorhof? Haman nu was juist in de buitenste voorhof van het paleis gekomen om de koning te zeggen, dat hij Mordechai zou spietsen op de paal die hij voor hem had opgericht. En de hovelingen des konings zeiden tot hem: Zie, Haman staat in de voorhof. Toen zeide de koning: Laat hem binnenkomen. Toen Haman was binnengekomen, zeide de koning tot hem: Wat zal men de man doen wie de koning eer wil bewijzen? Haman dacht bij zichzelf: Wie zou de koning groter eer willen bewijzen dan mij? Daarom zeide Haman tot de koning: De man wie de koning eer wil bewijzen, men brenge een koninklijk kleed, dat de koning zelf draagt, en een paard, waarop de koning zelf rijdt, welks kop met een koninklijke kroon versierd is, en men stelle dat kleed en dat paard ter hand aan een van de vorsten des konings, de edelen, en men trekke de man wie de koning eer wil bewijzen, dat kleed aan en men doe hem op dat paard rijden over het plein der stad en roepe vóór hem uit: Zó wordt gedaan aan de man wie de koning eer wil bewijzen. Toen zeide de koning tot Haman: 'Haast U; haal dat kleed en dat paard, zoals gij gesproken hebt, en doe zo aan de Jood Mordechai, die in de poort des konings zit. Laat niets na van alles wat gij gesproken hebt. Toen nam... en deed Haman...'. Het slot is dat Haman aan de paal gespietst wordt in plaats van Mordechaï. Deze omkeer in het lot van Ester en Mordechai en het volk Israël, kwam doordat de koning in de nacht dat hij niet slapen kon, het boek las waarin alles werd opgeschreven. Kunnen wij niet slapen 's nachts? Waarom zou je niet gaan lezen in de Bijbel?

GEBED.

Vader, ik heb er nooit zo over nagedacht om, wanneer ik niet kan slapen in Uw Bijbel te gaan lezen, het zal wel niet zoiets bewerken als bij deze koning, maar U werkt bij ieder kind van U anders. Dank U voor deze mogelijkheid van U en ik wil het in de praktijk brengen. Amen.

LEZEN: Ester 6 en 7;   Luk. 6 : 12;   Luk. 2 : 8, 9;   Gen. 50 : 20.

En Hem werd het BOEK van de profeet Jesaja ter hand gesteld en toen Hij het BOEK geopend had, vond Hij de plaats waar geschreven is...

TOT HIERTOE.

Als er iemand op aarde geweest is, die ten volle het Woord van God gebruikt heeft, is het wel Jezus Christus. Steeds maar weer kwam Hij terecht bij het Boek der Boeken, de wet en de profeten. Jezus is in Zijn geboorteplaats Nazareth en ging volgens de gewoonte op de sabbathdag naar de synagoge. Hij ging opstaan om voor te lezen, dat was daar een goede gewoonte, dat iemand uit de gemeente de kansel beklom. En Hem werd het boek van de profeet Jesaja gegeven en toen Hij het geopend had, vond Hij de plaats waar geschreven is: 'De Geest des Heren is op Mij, daarom, dat Hij Mij gezalfd heeft om aan armen het evangelie te brengen; en Hij heeft Mij gezonden om aan gevangenen loslating te verkondigen en aan blinden het gezicht, om verbrokenen heen te zenden in vrijheid, om te verkondigen het aangename jaar des Heren'. Daarna sloot Hij het boek... Weet je dat Jezus hier aantoont dat Hij het Woord van God heel goed kende? Omdat Jezus precies midden in de zin ophield, terwijl hier ettelijke jaren tussen liggen. In Jesaja 61 vers 2 staat deze zin te lezen: 'om uit te roepen een jaar van het welbehagen des Heren en een dag ter wrake van onze God'. Jezus las deze woorden uit het boek Jesaja, maar Hij las niet verder dan: het aangename jaar des Heren..., het verdere van deze regel: 'en een dag der wrake van onze God...', las Hij niet. De dag der wrake van God was nog lang niet aan de orde, dat zou pas vele eeuwen later komen. Jezus kwam om het evangelie van de vrede te brengen, om gevangenen te bevrijden, om aan blinden het gezichtsvermogen weer te geven, ja, om te verkondigen: het aangename jaar des Heren. Daarom zei Hij er ook achteraan: heden is dit schriftwoord voor uw oren vervuld. Wat is vervuld? Het aangename jaar voor de mens was aangebroken. De Verlosser, de Redder, was verschenen, maar de dag der wrake van God, die dag laat nog op zich wachten voor hen die Jezus Christus niet als hun Verlosser en Heer hebben aangenomen, maar daar tussen liggen nog vele eeuwen. Wat kende Jezus Gods Woord, de Bijbel, goed! Het was niet voor niets, dat Hij al zo vroeg bezig was met de dingen Zijns Vaders! Jezus kénde Gods Woord. Jezus las Gods Woord en Jezus leerde uit Gods Woord. Hoe is dat met jou en mij gesteld? Kennen wij het Boek dat wij van God ontvangen hebben? Wat doen wij ermee? Leven wij daaruit?

GEBED.

Here Jezus, ik hoef niets voor U te verzwijgen, want U ziet hoe weinig tijd ik besteed aan het onderzoeken van Uw Woord. Ik zou er geregeld, elke dag, tijd voor moeten nemen, om mij er in te verdiepen, en er uit te leren. Ik vraag U vergeving voor dit tekort in mijn leven. Wilt U mij er elke dag bij bepalen. Ja, ik weet het Heer, U wilt dat ik het uit vrije wil doe. Help mij in de Naam van Jezus, Amen.

LEZEN:

Jes. 61 : 1, 2;   Luk. 4 : 14-30;   Deut. 6 : 5, 13;   Luk. 4 : 8; 10 : 27.

Hetgeen gij ziet, schrijf dat in een BOEK en zend het aan de zeven gemeenten...

HET BOEK DAT GEHEIMENISSEN ONTHULT.

De apostel Johannes mocht niet meer vertellen van Jezus Christus die opgestaan was uit de doden. Daarom werd hij verbannen naar het eiland Patmos. Uitgerangeerd, aan de kant gezet door de Joden, maar... niet uitgerangeerd voor Jezus, integendeel. Johannes krijgt daar op dat eenzame eiland een bijzondere taak toegewezen: Hij moet een nieuw Bijbelboek schrijven, hij moet nauwkeurig opschrijven wat Jezus hem laat zien door visioenen over de toekomst van de mens, de hemel, en de aarde. Wonderlijk! Terwijl iedereen denkt dat Johannes uitgeschakeld is, wordt hij juist ten volle gebruikt door de Heer om vele geheimenissen uit de Bijbel open te leggen. Zó gaat het ook vaak in ons leven. Wij denken soms: 'alles is afgelopen'. We betekenen niets meer, ook niet in het Koninkrijk Gods. Maar juist dán gaat de Heer ons gebruiken. Als wij het niet meer zien zitten, ziet God het wel zitten. Weet je wat de Heer van jou en mij vraagt in zulke omstandigheden? Vertrouwen op Hem. Niet naar de omstandigheden kijken, maar naar boven, naar Hem. Dan staan we open om ons voor Hem in te zetten. Johannes is gevangen genomen, naar een eenzaam eiland gestuurd, schijnbaar afgeschreven. Maar God maakt van dit dieptepunt een hoogtepunt. God kan van jouw dieptepunt ook een hoogtepunt maken, op welke manier dan ook. God gaat met ieder kind van Hem Zijn weg. Hij zegt: Kom maar, Ik maak er wat van. Ik haal je uit dit schijnbare dieptepunt naar boven en breng je op een hogere weg. Ik heb daar een taak voor je weggelegd. (Welke taak dat is, zal de Heer je wel laten zien). Kom maar, Ik doe het op Mijn wijze. Wat hebben wij tot op de dag van vandaag veel aan het opgeschreven woord van Johannes. Wat hebben wij het nu juist nodig, nu we naar de eindtijd leven. Wat heeft de Heer al een mensen gebruikt om Zijn gedachten op te laten schrijven. Wat zijn er náást de Bijbel een boeken die de Heer zegent, omdat zij de mensen helpen Jezus groter te zien dan zij zagen. Maar het is met geen pen te beschrijven welke schat we hebben in de Bijbel, het Woord van God én niet in het minst in het laatste boek ervan, dat geheimenissen onthult.

GEBED.

Vader, het maakt mij zo blij dat U van de dieptepunten in mijn leven hoogtepunten wil maken. Als ik het zie, sta ik stil, en vol bewondering naar Uw daden te kijken. Wat U allemaal doet met een mensenkind dat zich aan U wil toevertrouwen! Vader, Ik vraag U of U ons meer en meer helpen wilt, ons volledig aan U over te geven. Ook vraag ik U of U dat met onze gemeente wilt doen. U kunt grote dingen tot stand brengen door de mensen, als zij zich maar geheel aan U toevertrouwen willen. Dank U voor het geduld dat U hebt om elke dag weer opnieuw met ons te beginnen. Ook om ons duidelijk te maken dat Uw Zoon weer terugkomt om ons op te halen om voor eeuwig bij U te zijn. Amen.

LEZEN:

Openb. 1;   Openb. 4 : 1, 2,   5 : 1, 2, 6, 6 : 1,   9 : 1, 9, 13, 14.   Spr. 3 : 5, 6.

Wie overwint zal aldus bekleed worden met witte klederen en Ik zal zijn naam geenszins uitwissen uit het BOEK des levens...

HET BOEK VAN GOD IN DE HEMEL...

Je hebt al wel begrepen dat lezen een belangrijke factor in je leven is. Dat het lezen van de Bijbel de kern van het leven openbaart, dat je hierin Jezus leert kennen en door Hem de Here God. De Bijbel is het voornaamste Boek op aarde, maar weet je dat er ook Boeken zijn in de Hemel? Boeken die voor ons van levenswaarde zijn? Eén van die Boeken is het Boek des Levens. Het is het Boek waar onze namen in staan opgeschreven. De mensen uit de Bijbel hebben er weet van dat onze namen ook uitgewist kunnen worden. Jezus heeft het er ook over als de discipelen terugkomen van hun evangelisatietocht. Ze zeggen dan opgetogen: 'Heer, zelfs de boze geesten luisteren naar ons'. Maar hij antwoord hun: 'Verheug je hier niet over, maar verheug je liever dat jullie namen staan opgeschreven in de hemelen'. Dát is het allerbelangrijkste, dat onze namen staan opgeschreven in het Boek des levens. Een ander Boek in de hemel is het boek waarin onze werken staan opgeschreven. Je zou kunnen zeggen: een gedenkboek. Dat lezen we ook in Maleachi 3 : 16. Het gaat daar over de goddelozen en de rechtvaardigen. Er staat: 'De Here bemerkte het toch en hoorde het en er werd een gedenkboek voor zijn aangezicht geschreven, ten goede van hen die de Here vrezen en Zijn Naam in ere houden'. Dat was op zichzelf een grote troost voor de mensen van toen. Maar voor ons is het ook een enorme ontdekking te horen dat God in Zijn hemel ziet wat er gebeurt en dat Hij nota neemt van ons doen en laten, dat Hij het a.h.w. noteert. En Jezus zegt dat niet om ons bang te maken, zo van: Kijk maar uit, want Ik heb het opgeschreven en later rekenen we wel af! Nee, Jezus zegt: 'Verheugt U, wees maar blij, Ik heb het opgeschreven'. Als er iets is waar we blij mee mogen zijn, dan is het dat wel. Dit is een tekst om nooit te vergeten. Dit is iets wat je in geen enkele andere godsdienst aantreft. Als je op deze wijze samen mag nadenken over de waarde van het Boek, de waarde van lezen, van aantekeningen, dan ga je begrijpen, dat we hier op aarde voorzichtig moeten zijn met alles wat we lezen en verspreiden, met alles wat wij laten drukken. In vele boeken ligt een rijke zegen van God opgesloten. Duizenden boeken zijn echter alleen maar een vloek. We vergeten dat satan ook lektuur verspreidt, veel lektuur,dat hij daarmee probeert ónze lektuur te overwoekeren. Maar gelukkig staat de Heer bóven en áchter Zijn boeken en Hij wil ons graag gebruiken om Zijn lektuur te verspreiden, vooral het BOEK van HEM.

GEBED.

Heer, ik dank U dat naast het Boek, de Bijbel, U boven nog meer Boeken hebt. En dat in één daarvan mijn naam staat geschreven. Dat U zelfs de werken opschrijft, dat heb ik nooit geweten. Wat weet ik nog weinig uit Uw Woord. Geef mij inzicht in Uw Woord zodat ik U steeds beter ga leren kennen. Amen.

LEZEN:

Ex. 32 : 32;   Ps. 69 : 29, 139 : 16;   Dan. 7 : 10, 10 : 21, 12 : 1;   Phil. 4 : 3.

Zondag   Waar gaat deze zondag
32ste week   mijn hart naar uit?

Ik zal Mijn wet in hun binnenste
leggen.

HART.

Deuteronomium 6 : 5; Markus 12 : 30.
Gij zult de Here, uw God, liefhebben met geheel uw HART en met geheel uw
ziel en met geheel uw kracht.
...en gij zult de Here, uw God, liefhebben uit geheel uw HART en uit geheel uw
ziel en uit geheel uw verstand en uit geheel uw kracht.

1 Samuël 16 : 7.
Doch de Here zeide tot Samuël: 'Let niet op zijn voorkomen, noch op zijn rijzige
gestalte, want Ik heb hem verworpen. Het komt immers niet aan op wat de mens
ziet; de mens toch ziet aan wat voor ogen is, maar de Here ziet het HART aan'.

Richteren 16 : 15a.
Hoe kunt gij zeggen: Ik heb u lief, terwijl uw HART mij niet toebehoort?

Mattheüs 6 : 21.
Want waar uw schat is, daar zal ook uw HART zijn.

Romeinen 5 : 5.
Omdat de liefde Gods in onze HARTEN uitgestort is door de Heilige Geest, die
ons gegeven is.

2 Korinthe 3 : 2.
Onze brief zijt gij, geschreven in onze HARTEN, kenbaar en leesbaar voor alle
mensen.

GEBED.
Here Jezus, ik kan tegenover U geen verstoppertje spelen, want U ziet dwars
door mij heen. Voor de mensen kan ik nog heel wat lijken, zo goed geloven, zo
goed handelen, maar het is niet gezegd dat U dat ook vindt. Ik dank U voor deze
nieuwe week die begint. Wilt U mij en allen die ik liefheb, een open hart geven
zodat Uw liefde er in kan stromen. Heer, ik heb U zo nodig. Juist nu, nu het lijkt
of er alleen maar moeilijkheden zijn, of de mensen om mij heen mij niet begrijpen. Het is net of ze steeds meer dingen doen die meer met de vijand te maken
hebben dan met U. Heer, help mij om staande te blijven, om ondanks alles mijn
hart alleen op U gericht te houden. Laat ook allen die mij omringen zien, dat
alleen een hart op U gericht, leeft volgens Uw wil en zó met heel het hart U lief
kan hebben. Om Jezus' wil. Amen.

Gij zult de Here, uw God, liefhebben met geheel uw HART en met geheel uw ziel en met geheel uw kracht... en gij zult de Here, uw God, liefhebben uit geheel uw HART en uit geheel uw ziel en uit geheel uw verstand en uit geheel uw kracht.

MET HEEL JE HART.

De Heer Uw God liefhebben met geheel je hart, wordt hier gezegd, dat betekent dan ook met alles wat in je is, met heel je inzet. Je hele hart moet Hem toebehoren! Er zijn heel wat gelovigen die menen, dat ze God én de wereld kunnen dienen. Je merkt dit vaak als het in het leven er op aan komt. We lezen dit bijvoorbeeld bij de christenvervolging. Daar zie je duidelijk of de gelovige Jezus dient en liefheeft met heel zijn hart. Er zijn meer en andere situaties waar het dienen van God met heel je hart tot uiting komt. Met het hart wordt bedoeld: je innerlijk, je geest. Het hart is de bron van het leven. Daarom wordt dit woord zo vaak gebruikt. Het gaat dan niet om ons menselijk lichamelijk hart, maar we bedoelen met dat woord hart dan ons eigen innerlijk geestelijk leven. Gods hart is dan ook de plaats van waaruit Zijn warm kloppende liefde voor ons merkbaar wordt. God heeft Zich met heel Zijn hart voor óns ingezet. Hij gaf Zijn Zoon voor ons. God ziet dwars door ons spreken en handelen heen en kijkt naar de innerlijke roerselen van ons hart. De Heer ziet dagelijks dat veel van Zijn kinderen een verdeeld hart hebben. Gelovigen, die Hem dienen én tegelijk de dingen van de wereld vasthouden. Dat komt veel vaker voor dan je denkt, terwijl men vergeet dat dit dienen van twee heren uiteindelijk geen stand kan houden. De Heer ziet, aan wie wij ons hart geven, wie wij toebehoren. Hij wil niet met een half hart gediend worden, Hij wil ons helemaal. Toen Jezus deze tekst uit Deuteronomium gebruikte, veranderde hij 'met' in 'uit'. Mét je hele hart, veranderde Hij in: 'uit je hele hart'. Daarbij voegde Hij het woordje 'verstand' er aan toe. Het liefhebben van uit je verstand vond Hij blijkbaar toch belangrijk, misschien omdat ons verstand het hart soms in de weg staat? Kortom, Jezus legt de nadruk niet voor niets op het liefhebben vanuit je hele verstand.

Zullen we vandaag met ons verstand ons hart eens onder de loep nemen? Zullen wij eens proberen te zien óf wij Jezus dienen met ons hele hart? Of... laten wij toch nog ergens ruimte voor dingen, die niets te maken hebben met het dienen van de Heer? Als dát het geval is, kies dan voor de enige, juiste weg: God liefhebben met héél je hart.

GEBED.

Heer, doorgrond mijn hart, laat mij mijzelf zien, ook waar ik U niet helemaal dien. Laat mij zien of er ook in mijn hart ruimte is voor de dingen van deze wereld. Ik wil U zo graag volkomen toegewijd zijn, maar er zijn momenten dat andere dingen mij van U aftrekken. Help mij Heer, in U het rustpunt van mijn hart te hebben en vanuit U te werken en lief te hebben. Om Jezus' wil. Amen.

LEZEN:
1 Joh. 2 : 1-6;   Joh. 2 : 5;   Mat. 4 : 10, 5 : 8, 6 : 24, 9 : 4, 12 : 33, 34; Mark. 12 : 28-34.

Doch de Here zeide tot Samuël: 'Let niet op zijn voorkomen, noch op zijn rijzige gestalte, want Ik heb hem verworpen. Het komt immers niet aan op wat de mens ziet; de mens ziet toch aan wat voor ogen is, maar de Here ziet het HART aan'.

DE HEER KIJKT IN JOUW EN MIJN HART.

Wat een verschil is er tussen Saul en David. We lezen dat toen Saul bereid was om koning over Israël te worden, God hem een ander hart schonk, dat houdt in: dat Saul de mogelijkheid kreeg om God te dienen met héél zijn hart. Saul echter diende de Heer, na twee jaar koning te zijn geweest, niet meer volkomen. Hij ging in tegen Gods wetten en geboden en dát kostte hem zijn koningschap. Dan zoekt de Heer een man naar Zijn hart, één die Hem al diende voordat hij tot koning gezalfd werd. Samuël, de profeet moet gaan naar vader Isaï met zijn vele zonen, om een koning aan te wijzen. Daar leert Samuël een rijke levensles, die ook voor ons bestemd is. Als er een flinke rijzige zoon voor hem staat, denkt Samuël: 'nou, die zal het wel moeten worden, die ziet er zo flink uit, beslist geschikt voor het koningschap'. Maar dan zegt de Heer: 'nee, Samuël, je moet niet op zijn uiterlijk letten, daar komt het immers niet op aan; je moet op zijn hart letten, daar kijk Ik naar'. Zo leert Samuël door het uiterlijk heen naar de innerlijke mens te zien, naar dat, wat uit het hart komt. En wat vader Isaï en Samuël nooit gedacht hadden, gebeurde. De jongste die schaapherder was, werd gehaald uit de bergen en door de Here tot koning aangewezen en door Samuël gezalfd. Want David was een man naar Gods hart. Door heel de Bijbel lezen wij vaak dat de minste in het oog van mensen juist de meerdere in Gods oog is. Jezus zelf zag je ook het meest bij de armsten en minsten in aanzien. Dáár lette Hij op, die stelde Hij boven de rijken. Wat letten wij ook vaak op het uiterlijk van de mens; wat plaatsen wij vaak iemand op een voetstuk, iemand die in aanzien is, ook geestelijk. Wat komen wij vaak bedrogen uit, omdat we ons laten misleiden door de buitenkant. Als een christen écht christen is, zal Jezus Christus naar voren komen. Dan staat Jezus in het middelpunt, omdat het hart vol is van Hém. Als je let op de relatie met de Heer en wat daar uit voortkomt, dan zie je naar het hart van de ander. Waar kijk je naar in het leven van de ander? Naar de buitenkant, of kijk je dieper, zodat je niet misleid wordt? De Heer kijkt niet naar de prestaties, naar de vele werken; Hij kijkt van waaruit die werken gedaan worden. Dat moest Samuël leren, en dat mogen wij ook leren, elke dag opnieuw.

GEBED.

Och Heer, wat zijn wij toch vaak dom, om naar de buitenkant te kijken van onze medemens. We kijken met recht niet verder dan onze neus lang is. Richt onze blik dieper naar dat, waar U naar ziet; om Jezus' wil vraag ik het U. Amen.

LEZEN:

1 Sam. 10 : 9, 13 : 1-14, 16 :1-13;   Ps. 139 : 1;   Hand. 13 : 22;
Hebr. 4 : 12, 13;   1 Joh. 4 : 6.

Hoe kunt gij zeggen: Ik heb u lief, terwijl uw HART mij niet toebehoort?

JE HART OPENLEGGEN.

Hier zijn we bij de liefde, je hart geven aan de ander. Als het goed is, heb je eerst je hart aan de Heer gegeven, en van daaruit je hart aan je huwelijkspartner. Simson is Richter. Hij is aangesteld door de Here God en dat bracht verschillende verplichtingen met zich mee. Eén daarvan was, dat er nooit een scheermes over zijn hoofd mocht komen, dus hij mocht zijn haar er nooit af laten knippen, want dat lange haar was het symbool van de geweldige kracht die Simson van de Heer ontvangen had. Simson wilde gaan trouwen, maar hij werd bedrogen. Zijn aanstaande vrouw werd aan zijn bruidsjonker gegeven. Dan staat er: 'daarna vatte hij liefde op voor een Filistijnse vrouw', maar er staat nergens bij dat ze samen trouwden. Als er ergens gespeeld wordt met de liefde van het hart, is het wel in deze geschiedenis. Steeds is Delila er op uit Simson over te leveren in de handen van de Filistijnen en steeds opnieuw bedriegt en beliegt Simson haar wat betreft zijn kracht. Als zij dan ook uitroept: 'hoe kunt gij zeggen: Ik heb u lief, terwijl uw hart mij niet toebehoort', heeft ze eigenlijk groot gelijk. Dat zij Simson zelf bedriegt is haar zaak, misschien heeft zij nooit gezegd dat zij hem liefheeft, ik weet dat niet. Maar het verhaal leert ons, dat dit geen zuivere liefde is. Zij beiden spelen met de liefde, terwijl zij tegelijkertijd aanspraak willen maken op het fundament van de liefde: het hart openstellen voor elkaar. Je ziet hier dan ook de gevolgen van het spelen met het hart van de ander. Simson speelde daarnaast ook nog met het ambt dat hem was toevertrouwd.

Dan komt het fatale moment dat Simson werkelijk zijn gehele hart voor haar opent. Eerst was het zijn gedeelde hart, maar nu zijn gehele hart. Hij vertelt Delila het geheim van zijn kracht, n.l. dat in zijn lange haar Gods kracht aanwezig is. Maar Simson legde zijn hart open voor de verkeerde. Delila zag, ja wist, dat hij nu zijn geheim had prijsgegeven.

Hoor je haar triomferend roepen tegen de Filistijnen? 'Ditmaal moet gij komen, want... hij heeft zijn hele hart voor mij blootgelegd' en dat is Simsons val. Aan het spelen met de kracht van God komt een eind, aan het spelen met de liefde komt eveneens een einde. Het geven van zijn hele hart aan deze vrouw kost hem het leiderschap over de Israëlieten. De Heer leert ons hierdoor dat het geven van je hart aan de ander een heilige zaak is waar je niet mee mag spelen. Daarom is het goed om ook dit heilige met Hem te overleggen, wijsheid van Hem te vragen aan wie je je hele hart met vertrouwen kunt geven, zodat je samen Zijn weg kunt gaan, sámen Hem gaat dienen.

Dat is heel wat anders dan de liefde van Simson en Delila, vind je niet?

GEBED.

Help ons Heer, deze voorname les te leren en in praktijk te brengen. Amen.

LEZEN:

Richt. 14 : 20, 16 : 4-22;　　Spr. 23 : 26-28;　　Ps. 85 : 11, 12;　　Gal. 5 : 22; Gen. 3 : 12-17, 16 : 3, 30 : 1;　　Jac. 3 : 6.

Want waar uw schat is, daar zal ook uw HART zijn.

WAAR IS JOUW HART OP GERICHT?

In Mattheüs 6 richt Jezus de aandacht op wat de Heer Samuël al leerde, nl. niet letten op het uiterlijk maar op de innerlijke gesteldheid van de mens. Jezus heeft het tegen de schare mensen om Hem heen en geeft hun wijze raad: Pas op mensen, dat je de goede daden niet doet voor de mensen om je heen, om door hen opgemerkt te worden. Want dit wordt door Mijn Vader niet beloond. Dat doen de huichelaars, de Farizeeën en de schriftgeleerden. Maar... laat uw linkerhand niet weten wat uw rechterhand doet. En dit geldt evengoed voor het gebed. Ga liever in je binnenkamer om te bidden, dan zo op de hoeken en pleinen te staan bidden, zoals zij. Wat het vasten betreft, wijst Jezus de mensen erop, dat je dat niet aan iedereen hoeft te vertellen en moet laten zien hoe goed je wel doet, want dát doen de huichelaars, pas op mensen, doen jullie niet zo. Jezus kijkt dwars door ons allen heen. 'Onthoud één ding', zegt Hij: 'doe al deze dingen in het verborgene voor de ogen van Mijn Vader, doe het in stilte voor Zijn Koninkrijk en Uw Vader zal het u vergelden, van Hem krijg je je loon'. Het loon voor huichelaars is het loon van mensen. Per slot zal iedereen aan je kunnen merken dat je de Heer liefhebt. Je hart behoort Hem immers toe. Als dat je grootste schat op aarde is, is jouw hart daar op gericht. En een schat kun je niet verborgen houden. Je bent er vol van op de juiste manier. Je deelt je geluk met de ander. Je laat de ander er van mee profiteren, die schat gaat je leven glans geven, zodat dit een ieder bestraalt, die in je nabijheid komt. Is de schat in je leven iets ánders dan de Here Jezus, iets uit de wereld? Dan zal ook dat aan je te merken zijn. Je bent dan gericht op de dingen uit de wereld. Je bent vol van alles, behalve van Hem. Verzamel je geen schatten op aarde, de mot komt erin, het roest weg onder je handen. Verzamel je maar schatten in de hemel, die blijven bestendig, daar komt de mot niet bij, die schatten verroesten niet. Niemand kan die van je stelen zoals ze alles van je op aarde kunnen stelen. Wat Jezus ons hier leert spreekt voor zichzelf. Waar ons hart op gericht is, dat is het middelpunt van ons leven, daar draait alles om. Jezus wil daarom zo graag, dat ons hart op Hem gericht is, dat Hij onze schat op aarde is. Niet doen alsof, dat is schijn. Veel mensen kijken daar toch doorheen, maar ze merken ook direct als wij innerlijk gericht zijn op Jezus, als wij leven voor en vanuit God de Vader. Hij zal ons belonen. Hij vindt het fijn als wij Zijn Zoon erkennen als de grootste schat op aarde, want dan zal ons hart overlopen van Zijn liefde.

GEBED.

Vader, wat hebben wij veel aardse schatten naast Jezus Christus. Wat willen wij graag van twee walletjes eten; wat hink ik vaak op twee gedachten. Vergeef mij dat, reinig mij door het bloed van Uw Zoon en richt mijn blik op U alleen. Amen.

LEZEN:

Mat. 6 : 1-24;   Ruth. 2 : 12;   1 Sam. 2 : 3;   Pred. 12 : 13, 14;   Mat. 16 : 23, 27.

Omdat de liefde Gods in onze HARTEN is uitgestort door de Heilige Geest, die ons gegeven is.

DE LIEFDE IS IN ONZE HARTEN UITGESTORT.

Wat is dit een bemoediging voor ons christenen. Zijn liefde is al uitgestort in onze harten. Paulus heeft het hier tegen hen die gerechtvaardigd zijn door het geloof in het verzoenend bloed van de Here Jezus. In die harten is de liefde uitgestort. We hoeven niet te bidden en te smeken of de Heer haar nog eens een keer wil uitstorten! Nee, het is bij het kindschap inbegrepen, het zit in Zijn genade verwerkt, het hoort erbij, het is er als het ware in verpakt, zoals er nog veel meer andere dingen in Zijn genade verborgen zijn. Alleen... is het de vraag of wij Zijn liefde willen laten werken, willen laten funktioneren in ons leven. Ik denk weer even aan Saul. God schonk hem een ander hart. Hij kreeg de mogelijkheid om een ander leven te leiden, om de Heer op de juiste wijze te dienen, hij kon met dat andere hart Hem gehoorzamen. Wat deed hij ermee? Zo is het ook met de Liefde Gods. Zij is uitgestort. Die liefde is de vrucht van het binnenlaten van de Here Jezus in ons hart, dus van onze rechtvaardigmaking door Jezus Christus. Wat werkt het bij ons uit? Dit alles kan een roemen, een juichen over die genade, in ons uitwerken. Er staat nog iets meer bij in deze tekst, er staat ook: roemen in de verdrukking omdat we weten dat verdrukking volharding uitwerkt en de volharding beproeving en de beproeving hoop en... de hoop maakt niet beschaamd... omdat de liefde Gods in onze harten is uitgestort. Weet je dat wij Zijn liefde juist zo hard nodig hebben als we in de verdrukking terechtkomen? Verdrukking die wij tegenkomen in ons leven met de Heer op allerlei gebieden om ons heen? Verdrukking om Christus' wil? In Islamitische en Communistische landen. Maar verdrukking kan ook in je eigen plaats, kerk of gezin voorkomen. Hoeveel gezinnen leven niet in verdeeldheid? De één heeft Jezus aangenomen, de ander gaat er juist tegenin. Wat een verdriet kan dit teweeg brengen. Maar... de liefde Gods is in je hart uitgestort en die liefde overwint. Je zult nooit en te nimmer in die liefde beschaamd worden. Als je het maar laat werken in je hart en biddend vasthoudt. Je mag je laten leiden door Zijn liefhebbend hart dat jouw en mijn hart er mee wil overstromen. Zullen we vandaag weer opnieuw ons hart openstellen voor Zijn grote liefde? Zullen we vandaag Zijn liefde laten werken en aldoende laten doorstromen naar de ander, je naaste?

GEBED.

Vader, ik zet nu mijn hart opnieuw wijd open voor U, zodat ik vervuld van U, die liefde ook aan anderen mag uitdelen. U hebt alles voor mij overgehad. U hebt mij álles gegeven, ik hoef alleen maar mij open te stellen en Uw wil te doen. En dan vraag ik of U mij hier bij wilt helpen, alleen breng ik er niets van terecht, dan volg ik zo weer mijn eigen hart met alle gevolgen van dien. Dank U dat U het wilt doen. Amen.

LEZEN:

Rom. 5 : 1-11;   1 Cor. 13 : 13;   Efeze 3 : 14-21;   Hand. 14 : 22.

Onze brief zijt gij, geschreven in onze HARTEN, kenbaar en leesbaar voor alle mensen.

EEN OPEN BRIEF.

Paulus zegt hier dat ze niet met een aanbevelingsbrief bij hem hoeven te komen, met als het ware een bewijs van goed gedrag, nee. Dat bewijs van goed gedrag moeten jullie zelf zijn, het moet kenbaar aan de mensen om je heen zijn. Jij en ik moeten tonen volgelingen van Christus te zijn. Het hoeft niet met inkt op papier geschreven te worden, maar de letter van de Heilige Geest moet in onze harten wonen, dán zijn we een brief van Christus. We komen hier als zovaak bij het daadwerkelijke christendom van een gelovige, die daadwerkelijk zijn christen-zijn uitdraagt. En daarvan gaat een enorme kracht uit. De ander ziét Jezus aan het werk; dát is een open brief zijn. Als we 's morgens hebben gebeden en deze nieuwe dag aan Hem hebben opgedragen, en ons hebben overgegeven in Zijn handen, dan zal Hij die dag wel vullen op Zijn manier. En wanneer er dan tussen je werk door iemand aandacht vraagt, iemand bijvoorbeeld die vast zit, die door de moeilijkheden, door de bomen het bos niet meer ziet, en je gééft die aandacht, dan werkt de Heilige Geest in jou uit, hoe je spreken en handelen moet. Soms zul je eerst alleen stil moeten luisteren. Het kan ook dat je samen direkt de proble-men voor de Heer neerlegt (dit heb je trouwens al onmiddellijk in stilte gedaan). Het kan ook zijn dat doorpraten in dit geval het beste is. Niet met iedereen kun je direkt biddend verder gaan. Soms zul je ook voorzichtig de ander de verkeerde denkwijze moeten laten zien en dat vraagt van jezelf een luisteren naar de Heer. Maar zó ben je een open brief van Christus, dát bedoelt Paulus ermee. We komen, jammer genoeg, té weinig van die open brieven tegen, mensen die hun geloofsantenne aangesloten en goed afgestemd hebben. Er zijn niet zóveel chris-tenen die zich laten leiden door Zijn Geest, die zich niet door godsdienstige wet-ten en geboden van mensen laten beïnvloeden, maar die helemaal vrij wandelen in de Geest. Ik sprak deze week iemand, die mij vertelde, dat, toen Hij Jezus als Heer had aangenomen, toen hij vrij was geworden van allerlei puur menselijke verplichtingen en de vrijheid in Christus als een heerlijke weldaad ervoer, dat het eerste was, wat de christenen deden: proberen hem die vrijheid weer af te nemen. Nieuwe (godsdienstige) wetten en geboden, nieuwe menselijke regels werden hem weer opgelegd. De open brief die hij even was geweest, werd onmiddellijk door andere christenen weer dichtgeplakt. Pas op, zegt Paulus, laat je niet weer opnieuw een slavenjuk opleggen. Jezus woont in je hart, wees dan een open brief in je omgeving.

GEBED.

O, Vader, die ene regel treft mij in mijn hart: de ander van zijn vrijheid beroven. Ik erken, dat ik daar ook zó vaak mee bezig ben. De ander vrij te laten in U, is iets wat wij als gelovigen niet goed kunnen. Help mij om mijn naaste vrij te laten op dit terrein, vergeef mij deze foutieve instelling. Laat mij een open brief zijn, zoals U dat was. Amen.

LEZEN: 2 Cor. 3 : 1-6;   Gal. 5 : 1-18;   1 Cor. 2 : 12-16;   1 Cor. 9 : 1, 2.

Zondag
33ste week

Heerlijk, even tot bezinning komen, door over gehoorzaamheid na te denken. Het is wel iets wat tegen ons oude leven ingaat.

GEHOORZAAMHEID.

Genesis 2 : 16 en 17.
En de Here God legde de mens het gebod op: van alle bomen in de hof moogt gij vrij eten, maar van de boom der kennis van goed en kwaad, daarvan zult GIJ NIET ETEN, want ten dage, dat gij daarvan eet, zult gij voorzeker sterven.

Genesis 3 : 6.
En de vrouw zag, dat de boom goed was om van te eten en dat hij een lust was voor de ogen, ja, dat de boom begeerlijk was, om daardoor verstandig te worden, en ZIJ NAM van zijn vrucht en at, en zij gaf ook haar man, die bij haar was, en hij at.

1 Samuël 15 : 22.
Maar Samuël zeide: Heeft de Heer evenzeer welgevallen aan brandoffers en slachtoffers als aan horen naar des Heren stem? Zie, GEHOORZAAMHEID is beter dan slachtoffers, luisteren beter dan het vette der rammen.

Markus 1 : 27.
En allen werden zeer verbaasd, zodat zij elkander vroegen, zeggende: Wat is dit? Een nieuwe leer met gezag! Ook de onreine geesten geeft Hij bevelen en zij GEHOORZAMEN Hem!

Hebreeën 5 : 8 en 9.
En zo heeft Hij, hoewel Hij de Zoon was, de GEHOORZAAMHEID geleerd uit hetgeen Hij heeft geleden, en toen Hij het einde had bereikt, is Hij voor allen, die Hem GEHOORZAMEN, een oorzaak van eeuwig heil geworden.

Romeinen 15 : 18.
Want ik zal het niet wagen van iets anders te spreken dan van hetgeen Christus door mij bewerkt heeft, om heidenen tot GEHOORZAAMHEID te brengen door woord en daad, door kracht van tekenen en wonderen, door de kracht des Geestes.

GEBED.

Vader, in de hemel, ik dank U dat wij door Jezus Christus onze Redder geleerd hebben, wat werkelijk volkomen gehoorzaamheid is. Door Zijn gehoorzaamheid tot in de dood, mogen zij, die dit geloven, nu voor Uw troon staan. Leer mij diezelfde overgave aan U als waarmee Jezus Zich overgaf. Help mij om van mijzelf af te zien en in alles gericht te zijn op U. Vergeef mij ook dat ik zoveel dingen doe die niet naar Uw wil zijn. Veel te vaak ga ik mijn eigen gang, drijf ik mijn eigen zin door, en let ik daardoor té weinig op U en op mijn naaste. Vader, dank U dat U mij liefheeft en zoveel geduld hebt met mij. Amen.

En de Here God legde de mens het gebod op: van alle bomen in de hof moogt gij vrij eten, maar van de boom der kennis van goed en kwaad, daarvan zult GIJ NIET ETEN, want ten dage, dat gij daarvan eet, zult gij voorzeker sterven.

GEHOORZAAMHEID.

Hoewel we in deze tekst het woord gehoorzamen niet letterlijk tegenkomen, roept hier de Here God de mens op tot gehoorzaamheid aan Hem. De allervoornaamste opdracht die de mens krijgt, is: in volkomen harmonie met Hem te leven. God schiep de aarde en al wat daar in is en Hij zag dat het goed was. En Hij schiep de mens en plaatste hem in de hof van Eden, het Paradijs. Hij schiep de mens met een eigen vrije wil, een wil om een keuze te maken. De mens kende nog geen kwaad, wist niet eens wat het was, alleen God wist het wel én satan; hij was het kwaad in eigen gedaante. Als satan dan een aanval doet op de mens, dan doet hij dat uitermate slim en gevaarlijk. Hij begint dan Eva een halve waarheid voor te spiegelen, hij verleidt haar, 'God heeft zeker wel gezegd: gij zult niet eten van enige boom in de hof?' Nee, dát had God helemaal niet gezegd. 'God heeft alleen gezegd van de boom van kennis van goed en kwaad mogen wij niet eten, anders zullen wij sterven'. Dan gaat de duivel verder met zijn leugens. 'O, maar je zult helemaal niet sterven Eva; als je van die boom eet, zullen je ogen juist open gaan, je zult als God zijn, je zult het goede én het kwade kennen'.
Maar de Here God wilde juist dat de mens het kwade niet leerde kennen. Wij weten de rest van de geschiedenis, maar ook de gevolgen van het luisteren naar satan. Want door het kwade te kénnen, verloor de mens het goede.
Satan weet ons altijd precies te treffen in onze zwakke plekken. Bij de één zal dat zijn: het gesprek, de discussie; bij de ander zal dat totaal iets anders zijn, maar telkens en telkens weer zullen wij aangevallen worden op die plaatsen waar wij het minste weerstand kunnen bieden aan hem. Daarom moeten wij elkaar waarschuwen om voorzichtig te zijn, dat we niet eerst meegaan, om later te moeten ontdekken, dat je bijna niet meer terug kunt. We denken veel te vaak: och het loopt zo'n vaart niet, dit kan geen kwaad, en we... zijn verkocht. Wijs elkaar dan toch weer op het bloed van Jezus, op de kracht van de Naam van Jezus om de boze te weerstaan, om terug te keren van de verkeerde weg. Roep Hem aan juist op die momenten als het gevaar van de verleiding op je weg komt. Gehoorzaam God, en weersta de boze.

GEBED.

Vader in de hemel, open mijn ogen voor de gevaren die mij omringen en om de wolf in schaapskleren te onderscheiden, zodat ik weerstand kan bieden. Dank U voor de vrije wil die ik van U ontvangen heb, en helpt U mij die ten goede te benutten. Ik vraag U dit voor al onze gemeenteleden, opdat wij hand in hand onderkennen het goede en het kwade, om zo samen het kwade te weerstaan. Amen.

LEZEN:

Genesis 3; Mat. 4 : 1-11.

Genesis 3 : 6   Dinsdag 33ste week

En de vrouw zag, dat de boom goed was om van te eten en dat hij een lust was
voor de ogen, ja, dat de boom begeerlijk was, om daardoor verstandig te worden,
en ZIJ NAM van zijn vrucht en at, en zij gaf ook haar man, die bij haar was, en
hij at.

MIJN VRIJE WIL.

Ja, haar man zondigde eveneens. Hij zei evenmin: 'neen, Eva, niets daarvan,
afblijven'. Zij begeerden beiden die vrucht te proeven. Zonde is altijd begeerlijk,
altijd fataal. Zodra je iets niet mag, heeft het een ontzettende aantrekkingskracht,
je kunt er gewoon niet afblijven, je denkt er aan totdat... En als die begeerte, die
drift, bevredigd is, dan is het verlangen over. En pas dan komen de schuldgevoelens. Helaas te laat. Antwoord de vijand zoals Jezus hem antwoordde.
Makkelijker gezegd dan gedaan. Want o, wat lopen we er vaak in bij satan, wat
komt hij vaak binnen met zijn halve waarheden, of halve leugens, zijn bedrog of
hoe je het ook maar noemen wilt.
Er is een innerlijke, bovennatuurlijke kracht nodig om hem de rug toe te draaien,
hem de pas af te snijden. Maar... wij christenen, wij zijn toch vervuld met de
Heilige Geest? Dan kunnen we hem toch zonder meer weerstaan? Ja, kúnnen
wel, maar of we het altijd van binnen willen, is iets anders. De begeerte is vaak
sterker dan onze wil, en wij hebben die vrije wil om te kiezen nog steeds in ons,
we kunnen elk moment kiezen. Weet je, dat ik wel eens gezegd heb: 'Heer, ik
wou dat U mij die vrije wil maar afnam, zodat ik vanzelf Uw wil deed'. Maar dat
is nu juist het unieke van de mens, dat hij volkomen God mag gehoorzamen en
Hem met die vrije wil mag dienen. De Heer wil alleen mensen, die Hem bewust
kiezen. Hij heeft geen robots geschapen, maar mensen. Wij hoeven maar een
beroep op de Heilige Geest te doen en Hij staat klaar om te helpen. Vergeet echter niet, dat Hij in het diepst van ons hart kan kijken, dat alleen Hij weet in hoeverre het ons ernst is. Als wij Jezus Christus binnen gelaten hebben in ons leven,
begint het pas, dan komt de strijd het hart binnen, omdat satan het niet duldt, dat
wij Jezus gehoorzamen, Zijn opdrachten gehoorzaam uitvoeren, Zijn leefregels
gehoorzamen en opvolgen. De boze probeert ons weer terug te winnen om hem
weer gehoorzaam te zijn dat is zijn strijd en de onze is: om op Gods grond te blijven staan, Hem te blijven kiezen in elke beslissing die wij moeten nemen. Vraag
Hem daarbij om hulp, vraag naar Zijn wil en weg, ook vandaag.

GEBED.

O, Heer ik dank U zo dat U ons ook hierin begrijpt, dat U weet hoe moeilijk wij
het hebben met de strijd om onze eigen vrije wil op de juiste manier te gebruiken, ja, die voor U te gebruiken, door U te gehoorzamen. Het is het eerste dat U
van ons vraagt, maar daarom wil satan ons daar ook juist van afbrengen. Heer,
leer mij elke dag weer opnieuw de juiste beslissing te nemen en Uw stem te
gehoorzamen, zodat ik U dien op de juiste manier. Amen.

LEZEN:

1 Joh. 4 : 1-6;   Jak. 4 : 7;   1 Petr. 5 : 7-9;   Jozua 24 : 15.

Maar Samuël zeide: Heeft de Heer evenzeer welgevallen aan brandoffers en slachtoffers als aan horen naar des Heren stem? Zie, GEHOORZAAMHEID is beter dan slachtoffers, luisteren beter dan het vette der rammen.

SCHIJNOFFERS.

Als je de hele geschiedenis leest, waar deze tekst in voorkomt, zul je begrijpen waarom de priester Samuël, tegen koning Saul zegt dat de Here liever heeft dat hij naar Zijn stem luistert en Hem gehoorzaamt, dan dat hij Hem al die offers brengt. Maar... zul je zeggen, de Here heeft toch Zelf al die offers ingesteld? En nu zegt Hij dit? Wat moet je daar nu van denken? Kijk, koning Saul had de opdracht gekregen: 'ga heen, sla de Amelekieten met de ban, strijd tegen hen totdat gij hen hebt uitgeroeid.' Alles met de ban slaan hield in dat niets en niemand mocht overblijven van de vijand. En wat deden de Israëlieten? Ze zoeken het beste vee van de verslagen vijand uit en gaan dát nota bene aan de Here offeren. (Sparen ze hun eigen uit).

Hierover is de Heer ontstemd, omdat Saul niet geluisterd heeft en Hem niet gehoorzaamt. Saul was weerspannig, staat er. 'Weerspannigheid', zegt Samuël tegen Saul, 'is zonde der tovenarij, en ongezeggelijkheid is afgoderij'. Alle mensen... ongehoorzaamheid, zonde der tovenarij? Ik moet er niet aan denken hoe vaak wij in ons leven ongehoorzaam zijn, hoe vaak wij zogenaamde werken voor God doen waar wij Hem helemaal geen dienst mee bewijzen. Hij wil liever een toegewijd hart van ons, geen werken vanuit onszelf. Hem dienen is werkelijk onszelf geven aan de Heer, alles voor Hem overhebben. Het gaat niet om de werken voor de buitenwereld. De Heer kijkt dwars door ons heen. Hij kijkt diep in ons hart, of wij innerlijk, vanuit een liefdevol hart voor Hem, gehoorzaam zijn of niet. Hij onderscheidt onze werken nauwkeurig. Je hoeft tegenover Hem niet te doen alsof. Je hoeft voor Hem zondags niet twee keer naar de kerk en je hoeft je door de week niet zo druk te maken met kerkewerk, als het niet uit gehoorzaamheid voor Hem gebeurt.

Wat heb Ik aan jullie slachtoffers en brandoffers en kerkgang, aan jullie liefdewerk voor eigen eer? Gehoorzaamheid is beter dan slachtoffers, luisteren beter dan het vette der rammen. 'Dáár heb ik behagen in', zegt de Heer. Begrijp je het, en zullen we dat ter harte nemen?

GEBED.

Vader... eigenlijk sta ik hier met lege handen voor U, zondig, en U kijkt door mij heen. Maar ik mag hier ook voor U staan in de Naam van uw Zoon, door Hem doe ik een beroep op Uw vergeving voor de verkeerde offers die ik U breng. Alleen door Zijn Bloed is er vergeving voor mij, en voor allen die ook uit eigenbelang offeren. Dank U dat U mij nu opnieuw vergeving hebt geschonken. En... wilt U ons allen helpen, offers te brengen die U blij maken. Om Jezus' wil. Amen.

LEZEN:
Spr. 21:1-6; Ps. 51:16-19; Jes. 1:10-20; Jer. 6:17-20; 1 Petr. 2:5; Amos 5:21-24; Mal. 1:12-14;   Mat. 9:9-13;   Hebr. 10:1-18;   Hebr. 13:15, 16;   Ef. 5:1-21.

En allen werden zeer verbaasd, zodat zij elkander vroegen, zeggende: Wat is dit? Een nieuwe leer met gezag! Ook de onreine geesten geeft Hij bevelen en zij GEHOORZAMEN Hem!

DE ONREINE GEEST GEHOORZAAMT DE REINE GEEST.

Ja, dit is het toppunt voor velen: de boze geesten gehoorzamen Jezus en daar staan ze allemaal zo versteld van. Jezus staat te preken in de tempel. Als dan onder Zijn gehoor ineens iemand begint te schreeuwen, is het doodstil. Je zou ook schrikken als zoiets in een kerkdienst zou gebeuren, want moet je horen, wat die man daar uitschreeuwt: 'Wat hebt Gij met ons te maken, Jezus van Nazareth? Zijt Gij gekomen om ons te verdelgen? Ik weet wel, wie Gij zijt: de Heilige Gods'. Zo, als de Farizeeën en zij die daarbij zitten nog niet weten wie Jezus is, dan weten zij het nu. Deze onreine geest, deze demon, deze medewerker van satan, weet drommels goed wie Jezus is, hij is bang voor Hem. Die geest schreeuwt het uit: 'wat hebt Gij met 'ons' te maken, Jezus van Nazareth? Zijt Gij gekomen om ons te verdelgen?' Er staat 'ons', dus het zijn er meer, maar één van hen neemt het woord. Nu, ze hadden het precies geraden, ze voelden het aankomen. Jezus was gekomen om de werken der duisternis te verbreken. Wat een consternatie onder die eredienst. Dan spreekt Jezus en door Zijn woorden spreekt de kracht van de overwinning van de dood al. Jezus antwoordt hem bestraffend en zegt: 'Zwijg stil en ga uit van hem'. Dan houd je je adem in, verwonderd zie je de onreine geest al stuiptrekkend uit de man vertrekken. Het wonderlijke is, dat de onreine geest Jezus onmiddellijk gehoorzaamt, op Zijn bevel. Niemand had vat op deze bezeten mens gehad. Geen dokter of specialist, zelfs geen priester had hem kunnen genezen. Niemand had vat op die onreine geesten. Maar Jezus bestrafte hen en zij gehoorzaamden. Daarom waren de omstanders zo verbaasd en vroegen zich af: Wat is dit, een nieuwe leer met gezag? Zo'n gezag hadden de Farizeeën en de Schriftgeleerden niet. En met dit gezag stuurde Jezus de discipelen de wereld in. Wat hebben wij ermee gedaan? Gedaan met deze nieuwe leer met gezag? Kennen wij iets van dit gezag? De oude of de nieuwe leer. 't Maakt wel verschil, dacht ik zo. Of heb je daar nooit bij stil gestaan, nooit over nagedacht, of het gewoon niet opgemerkt? Toch zit er hemelsbreed verschil tussen beide leringen.

GEBED.
Vader, als dit nu één keer in de Bijbel stond, ja, dan... maar U zegt vaker, dat wij deze macht kunnen en moeten gebruiken tegenover onreine geesten in de mens. Dan vraag ik U nu, of U onze herders en leraren én ons als gemeenteleden, de ogen wilt openen voor deze opdracht, voor het juiste optreden tegenover de vijand van U, de boze en onreine machten. Leer ons allen de verantwoording op de juiste manier dragen. Weer vragen wij U vergeving voor onze verkeerde manier van gehoorzamen. Reinig ons opnieuw door het kostbare Bloed van Jezus. Wij danken U, dat U ons leren wilt op te treden op de juiste manier. Amen.

LEZEN:
Mark. 1 : 21-28, 1 : 34, 1 : 39, 3 : 1-12, 6 : 7-13, 7 : 24-30, 9 : 14-29, 16 : 9.

Hebreeën 5 : 8 en 9 — Vrijdag 33ste week

En zo heeft Hij, hoewel Hij de Zoon was, de GEHOORZAAMHEID geleerd uit hetgeen Hij heeft geleden, en toen Hij het einde had bereikt, is Hij voor allen, die Hem GEHOORZAMEN, een oorzaak van eeuwig heil geworden.

OORZAAK EN GEVOLG.

Als we ergens in ons leven een voorbeeld van gehoorzaamheid hebben, dan is dat de Here Jezus zelf. Hij werd veracht door hen voor wie Hij kwam. En juist het helpen van de zwakken, de zieken, de uitgestotenen, werd Hem door de leidslieden van het volk niet in dank afgenomen. Integendeel, hoe vaak lees je niet 'zij trachtten dan Hem te doden' of 'zij trachtten Hem om te brengen'. Maar Jezus ging, ondanks dat, door met het werk waarvoor Hij gekomen was. Hij bleef gehoorzamen tot het einde toe, tot de kruisdood, en die kruisdood is voor ons de oorzaak van eeuwig heil geworden. Het bracht jou en mij verlossing. In het begin van Jezus' optreden kwam satan om Hem te verleiden. Hij vroeg Hem voor hem neer te knielen, zodat Jezus ongehoorzaam zou worden aan Zijn Vader. Jezus weerstond hem en toen liet satan Hem, na de derde keer, met rust. Maar vlak voor Zijn sterven komt satan het nog eens proberen: een prachtig moment kiest hij daarvoor uit, zo vlak voor de dood. Hij strooit het zaadje van de angst, waarmee hij bijna altijd bij de mens succes boekt.

Jezus wórdt beangst, maar wat doet Hij ermee? Hij gaat onmiddellijk naar Zijn Vader toe en brengt die angst bij Hem. Zo weerstaat Jezus satan. Hij laat dat zaadje geen wortel schieten, daar krijgt het de tijd niet voor. Zo moet satan inbinden en zo is de gehoorzaamheid van Jezus tot het bittere einde toe een oorzaak geworden dat jij en ik nu met Hem mogen leven, als kinderen van Hem. Deze gehoorzaamheid is er de oorzaak van, dat wij vervuld mogen zijn met Zijn Geest. Het zijn heerlijke gevolgen die wij dagelijks mogen ondervinden door Zijn gehoorzaamheid. Ik denk dat wij soms helemaal niet beseffen, welke gevolgen onze gehoorzaamheid aan God heeft in ons eigen leven, maar ook in het leven van de ander. Ja, gehoorzaamheid heeft gevolgen. Kinderen leren we ook al, om vroeg te gehoorzamen. Zij beseffen in de verste verte nog niet waarom zij dat moeten leren, maar de ouders wel, die kijken verder. Zo ziet God, de Vader, verder dan ons oog reikt. Hij vraagt van jou en mij zonder meer eerst gehoorzaam te zijn. Wel de moeite van het overdenken en uitvoeren waard, is het niet?

GEBED.

Vader, leer mij als een kind U te gehoorzamen, dit is het allerbelangrijkste, opdat U mij kunt inzetten in Uw dienst. Het is moeilijk iets te doen waar ik de draagwijdte niet van overzie en ook de bedoeling niet van weet. Maar toch weet ik, dat U het wel overziet, en de eindresultaten voor U ziet. Ik vertrouw U daarom en dat maakt mij zo vredig en blij. Dank U Vader. Amen.

LEZEN:

Mat. 26 : 4;   Luk. 13 : 31-35;   Joh. 5 : 1-18, 7 : 1, 7 : 14-19;   Mark. 14 : 33.

Want ik zal het niet wagen van iets anders te spreken dan van hetgeen Christus door mij bewerkt heeft, om heidenen tot GEHOORZAAMHEID te brengen door woord en daad, door kracht van tekenen en wonderen, door de kracht des Geestes.

WOORD EN DAAD TEGELIJK!

De opdracht van Jezus wordt hier in praktijk gebracht. Paulus is aan het werk. Paulus! Nee, de Geest van Christus is hier aan het werk, door middel van Paulus. En hij is bij uitstek de apostel voor de heidenen, om hen tot gehoorzaamheid te brengen, gehoorzaam aan de Here Jezus, aan Zijn oproep: 'Komt allen tot Mij, die vermoeid en belast zijt' en 'Zie, Ik sta aan de deur en Ik klop, indien iemand Mijn stem hoort en de deur opendoet...'
Weet je, wij zeggen vaak en terecht, dat Jezus een voorbeeld is geweest in alles, in Zijn handel en wandel. Petrus zegt dan ook: 'wij moeten in Zijn voetsporen verder gaan'. Dat in Zijn voetsporen verder gaan houdt in, dat als wij anderen het evangelie vertellen, wij zelf het voorbeeld moeten zijn, en dat voorbeeld is: onze handel en wandel; en wélke handel en wandel dat is, lezen wij in de tekst hierboven. Als Paulus het evangelie uitdraagt, gaat dat gepaard met daden. Alleen over Jezus spreken, zonder Zijn werken te openbaren, is een half evangelie. Wijzélf moeten èèrst veranderen, innerlijk bewerkt worden, noemt Paulus dat, vernieuwd worden in ons denken, spreken en handelen, dit alles in gehoorzaamheid aan Christus. Dan volgt op dat veranderingsproces een evangelieverkondiging, dat gepaard gaat met de kracht van tekenen en wonderen door de Heilige Geest. Gehoorzaamheid aan de Heer, is in wezen, een aanval op de boze, want die wil ons houden in zijn dienst, maar hij moet ons prijsgeven! Gehoorzaamheid aan de Heer brengt voor ons heerlijke gevolgen mee. Woord en daad verenigen zich samen. Woord is tegelijk daad. Dit alles is voor de ander, die Jezus nog niet kent en Hem nog niet aangenomen heeft, iets nieuws. Wat zijn we toch rijk 'in Hem'. Het is niet te beschrijven, hoe ons leven verandert, als we Hem kennen. Paulus waagt het niet meer om over iets anders te spreken, hij wijst iedereen op de Heer van zijn leven en roept op tot gehoorzaamheid aan Hem. Zullen wij elkaar vandaag hierin ook bemoedigen en erop wijzen hoe rijk wij zijn in Hem? Ook erop wijzen, dat onze woorden gepaard kunnen, ja moeten gaan met daden?

GEBED.

Heer, de ander, die U niet kent, moet aan mijn leven kunnen zien wie U bent. Ik moet Uw naam uitdragen en ik vraag U, wilt U het door mij heen bewerken? Zonder U ben ik niets en kan ik niets. Vooral dat woord en daad tegelijk laten funktioneren in mijn leven, is iets waar ik nog niet veel van terecht heb gebracht. Open ook mijn ogen, opdat ik Uw wonderen zie, want wij allen gaan vaak aan Uw wonderen voorbij. Leer mij dankbaar te zijn voor alles wat U mij elke dag weer geeft, dat ik mag werken, mag leven tot eer van Uw Naam. Amen.

LEZEN:

Rom. 15:14-19;   1 Petr. 2:19-25;   Mat. 11:28-30;   Openb. 3:20;   Rom. 12:2.

Zondag	Als je zelf nog niet oud bent
34ste week	krijg je toch op de een of andere manier wel met ouderen te maken.

OUDERDOM.

Genesis 5 : 8 en 18 : 11a.
Zo waren al de dagen van Seth negenhonderd en twaalf jaar en hij stierf. Abraham nu en Sara waren OUD en hoogbejaard.

Psalm 92 : 13a, 15 en 16.
De rechtvaardige zal groeien als een palmboom... Zij zullen in de OUDERDOM nog vrucht dragen, fris en groen zullen zij zijn; om te verkondigen, dat de Here waarachtig is, mijn rots, in wien geen onrecht is.

Jesaja 46 : 4.
Tot de OUDERDOM ben Ik dezelfde en tot de grijsheid toe zal Ik u torsen; Ik heb het gedaan en Ik zal dragen, Ik zal torsen en redden.

Lukas 1 : 36a.
En zie, Elisabeth, uw verwante, is eveneens zwanger van een zoon in haar OUDERDOM.

Johannes 3 : 4 en Romeinen 6 : 6a.
Hoe kan een mens geboren worden, als hij OUD is? Dit weten wij immers, dat onze oude mens mede gekruisigd is...

Titus 2 : 2 en 3.
OUDE mannen moeten nuchter zijn, waardig, bezadigd, gezond in het geloof, de liefde en de volharding. OUDE vrouwen eveneens, priesterlijk in haar optreden, niet kwaadsprekend, niet verslaafd aan veel wijn, in het goede onderrichtende.

GEBED.

Heiland, U vindt dat we nooit te oud zijn om door U gebruikt te worden. Dat U me laat lezen vandaag, dat ik zelfs in mijn ouderdom nog vrucht mag dragen, is gewoon heerlijk. U hebt ons niet voor niets een geestelijke opleiding gegeven, die niet alleen in mijn jonge jaren gebruikt kan worden, U wilt dat benutten tot aan het eind van ons leven. Daarom is het ook zo'n bemoediging voor mij dat U mij zult helpen en leren, heel mijn leven door. Er zijn zoveel ouderen die zich overbodig voelen, die zich op een bepaalde leeftijd aan de kant gezet voelen. Heer, en dat is niet zo! Want zoveel ouderen zouden het stille gebedswerk kunnen doen. Als we ons overbodig voelen, zou er dan een stukje van de oude mens naar boven komen, waar U het ook nog over hebt? De oude mens, het vleselijke, moet weggedaan worden in ons leven, maar er blijft zo vaak een stukje achter. Heer, ik vraag U, wilt U mij in mijn leven helpen, om mijn oude mens te kruisigen, zodat ik op mag staan en elke dag een nieuw leven kan beginnen. Ik kan dat, omdat U elke dag mijn levenslei weer schoon veegt. Leer mij er naar toe te groeien, dat ik door U gebruikt kan worden, totdat U mij thuishaalt, en dat ik bereid zal zijn in mijn ouderdom nog vrucht te dragen op Uw manier. Wat een bemoedigingen hebt U voor alle mensen: jonge en oudere, pubers en tieners, ja, Heer, U wilt ons gebruiken op elke leeftijd. Heiland, ik dank U, dit maakt mij zo blij. Amen.

Zo waren al de dagen van Seth negenhonderd en twaalf jaar; en hij stierf. Abraham nu en Sara waren OUD en hoogbejaard.

HOOGBEJAARD.

Je komt de gedachte nogal eens tegen van: o, vroeger in de Bijbel werden de mensen veel ouder, maar... de tijden waren ook anders. Toen Abraham een zoon kreeg op honderdjarige leeftijd, waren hij en Sara in werkelijkheid veel jonger. Niets is minder waar. God stelde bij de schepping het zonnestelsel in, dat de dagen, de maanden en jaren vastlegde, dat is nog zo. Maar hoe komt het nu, dat wij geen negenhonderd jaar meer worden en dat Abraham 175 en Sara 127 jaar werd? We gaan naar de Bijbel om het antwoord te lezen, wat de oorzaak was dat de mensen in latere dagen niet meer die hoge leeftijd bereikten. De eerste fout is wel, dat we het lezen van de geslachtsregisters meestal overslaan. Het interesseert ons niet en ondertussen vergeten we dat hier waardevolle onthullingen staan.

In Genesis 5 lezen we dat Adam 930 jaar oud was toen hij stierf. Wat een leeftijd! Zijn zoon Seth werd 912 jaar en Enos 905 jaar. Vervolgens Kenan 910 en Mahalaleël 805, terwijl Jered 962 jaar werd. Henoch daarentegen werd maar 365 jaar. Henoch werd op jonge leeftijd opgenomen door de Heer. We weten wel dat Methusalem de oudste man was van allen, hij stierf op 969-jarige leeftijd.

We zijn nu bij de tijd van Noach gekomen en in zijn dagen verliet men God en Zijn geboden. Dit mishaagde de Heer zo, dat Hij zeide: 'Mijn Geest zal niet altoos twisten met de mens, nu zij zich misgaan hebben: hij is vlees: zijn dagen zullen honderdtwintig jaar zijn'.

Toen volgde de zondvloed en ná de zondvloed zien we onmiddellijk de leeftijdsgrens dalen. In Genesis 11 lezen we dat Sem 600 jaar werd en Arpachsad 438 en de verder beschreven leeftijden zijn dan: 433 en 464 jaar, 239 en 230 jaar, 148 en 205 jaar. Zo daalde de leeftijdsgrens tot honderdtwintig jaar. We lezen dan ook dat Abraham en Sara die kort ná de zondvloed leefden, stierven op respectievelijk 175- en 127-jarige leeftijd. Dus zij waren beiden op honderd-jarige leeftijd, hoogbejaard. Ze zouden nu bij wijze van spreken al lang in een bejaardenhuis wonen. We zien wel dat we niet zo vlot iets moeten zeggen, maar dat we eerst de Bijbel moeten raadplegen om te zien wat deze zegt over bepaalde onderwerpen. De lagere leeftijdsgrens werd door de Here bepaald als straf op de zonde. Of... zou het genade zijn?

GEBED.

Heer, wilt U ons vergeven, dat wij zo lichtvaardig oordelen over dingen waar wij nauwelijks iets van weten. We slaan stukken uit Uw Woord over, omdat het ons niet interesseert. En juist over de hoofdstukken betreffende leeftijden, wilt U ons nog zoveel leren. Is het soms genade van U, dát U de leeftijdsgrens bekort hebt? Vader, ik dank U voor Uw liefde en genade die nooit ophouden, en dat U ingrijpt in ons leven, waar dat nodig is. In Jezus' Naam. Amen.

LEZEN:
Genesis 5 en 6, 11 : 10-25;   Psalm 90 : 10.

De rechtvaardige zal groeien als een palmboom... Zij zullen in de OUDERDOM nog vrucht dragen, fris en groen zullen zij zijn; om te verkondigen, dat de Here waarachtig is, mijn rots, in wien geen onrecht is.

OUD EN TOCH JONG.

Wat is er toch zo belangrijk aan een palmboom; waarom wordt een rechtvaardige daarmee vergeleken? Wel, een palmboom groeit heel langzaam van binnenuit. De Heer wil daarmee zeggen, dat Hij de mens de tijd geeft óm te groeien en dat deze groei bewerkt wordt door de Heilige Geest. De palmboom wordt heel lang en in de kruin groeien de dadels die geweldig zwaar zijn. Maar ondanks die zware vruchten, je mag ook zeggen, dankzij die zware last groeit hij rechtop, hoog de lucht in. Ook wij hebben lasten te dragen. Iedereen weet er van mee te praten. Toch... ondanks, ja dankzij die lasten, groeien wij rechtop, groeien wij naar de Heer toe. De palmboom heeft hele lange wortels die diep onder de grond groeien, zodat deze boom wind en storm kan trotseren en niet omwaait. Wel, zegt David, zo mag de mens die de Heer dient, de rechtvaardige, zijn wortels gehecht hebben diep in het hart van de Heer, hij kan zodoende de stormen van het leven trotseren, want zijn wortels zijn gehecht in het goede fundament. Daarom zal de rechtvaardige in de ouderdom nog vrucht dragen. De Heer heeft hem door het leven geschoold. Oudere mensen hebben zoveel levenservaring opgedaan met de Heer. Hij kan hen juist op hoge leeftijd nog goed gebruiken, júist in de ouderdom zullen zij nog vrucht dragen. Zij hebben al een hele tijd achter zich in de levensschool met Hem, fris en groen zullen zij zijn, zegt David. Hoewel het uiterlijk bergafwaarts gaat, kan het innerlijk bergopwaarts gaan. Het is zo jammer dat veel ouderen denken niet meer nodig te zijn, niet meer mee te kunnen, zich aan de kant gezet voelen. Maar dat is hun eigen denkwijze. Gods denkwijze is net andersom. Wie van ons christenen heeft de meeste tijd voor het gebedswerk achter de schermen? Voor zoveel evangelisatiewerk dat jaren bleef liggen omdat er de tijd niet voor gevonden werd? Wie zou er de meeste tijd hebben om naar anderen te luisteren? Toch... moeten wij constateren dat veel ouderen hun tijd niet beschikbaar stellen voor de Heer, dat zij hun tijd evenals veel jongeren doorbrengen naar eigen lust en begeerte. Jammer, de Heer vindt het 'zonde van de tijd'. Van hen kan niet gezegd worden: 'Zij zullen in de ouderdom nog vrucht dragen, fris en groen zullen zij zijn om te verkondigen...' Mensen... gelovigen op leeftijd..., zorg dat de Heer het wel van U kan zeggen; Hij wil niets liever.

GEBED.

Heer, wilt U mij dieper in de geheimen van U laten binnengaan, zodat ik op hoge leeftijd vanzelf ook mijn tijd die vrijgekomen is, aan U geef. Laat mij nu ook oudere mensen ontmoeten, van wie ik kan leren, omdat zij geleerd zijn door U. Amen.

LEZEN:

Zach. 12 : 1;   Luk. 6 : 46-49, 2 : 36-38;   Ps. 92 : 13-16;   Joh. 15 : 1-8.

Tot de OUDERDOM ben Ik dezelfde en tot de grijsheid toe zal Ik u torsen; Ik heb het gedaan en Ik zal dragen, Ik zal torsen en redden.

OOK ALS IK OUD BEN.

Wat zijn dit kostbare woorden, waaraan je je kunt optrekken. Ook al ben je oud geworden: 'Ik ben dezelfde'. God verandert niet, wij wel. Het is goed, als je oud geworden bent, om eens terug te blikken in het verleden, en te bedenken hoe de Heer je door alle moeilijkheden heen heeft gedragen, hoe Hij je bemoedigde en terecht wees, je opbouwde en leerde, totdat je geestelijk volwassen werd. Als je je tenminste hebt láten leren en terechtwijzen. In bovengenoemde tekst spreekt de Heer door Jesaja tot het huis van Jacob en tot het overblijfsel van Israël en Hij spreekt daardoor ook tot ons. Toch moeten wij niet heenlezen over de woorden: Ik zal u torsen en redden. Torsen betekent: met moeite dragen. De Heer heeft met moeite Zijn volk gedragen. Ze waren onwillig, en ze leefden immers haast nooit naar Zijn geboden, nooit naar Zijn wil? Altijd dwaalden zij met hun hart, in hun handel en wandel en volgden zij goden na van de heidense volkeren. Laten we samen er naar streven dat de Heer ditzelfde niet van ons moet zeggen, dat wij niet denken, handelen en spreken zoals de Israëlieten deden. Maar, jammer genoeg moet Hij het wel eens zeggen, jammer genoeg heeft Hij wél moeite met ons. Gelukkig blijft Hij dezelfde. Het is zo waar en zeker omdat het in Zijn Eigen Woord staat opgeschreven: 'Ik zal u torsen en redden, totdat jullie aan het einde van je leven gekomen bent'. Ik zal je dragen ondanks de moeite die Ik met jullie heb. De Heer blijft ons wakker schudden. De Heer blijft de kerken, groepen en kringen wakker schudden en hen wijzen op het ene fundament: het Bloed van Jezus Christus, dat ons reinigt van de zonde, en waardoor Hij ons heeft gered uit de klauwen van satan. Hij leidt ons allen met veel zorg en moeite door alle fasen van ons leven heen naar het einddoel, naar het begin van een eeuwig leven, bij de Heer, een leven waar satans listen en aanvallen ons geen parten meer spelen. Maar één ding moeten we niet over het hoofd zien. Hij wil ons nú graag inzetten om elkaar te wijzen op Hem, elkaar te bemoedigen. Bemoedigingen hebben wij zo nodig, want hoe lang zullen wij nog in vrijheid leven? Hoe lang zullen wij nog in vrijheid naar onze kerken en samenkomsten kunnen gaan en openlijk kunnen praten over de Heer? Mensen, lees die Bijbel, elke dag. Haal eruit wat je eruit kunt halen. Neem de woorden in je op, zodat je uit je hoofd weet wat er staat als dat nodig blijkt te zijn. Ja, de Heer draagt ons, jongeren en ouderen, tot het einde toe, wis en zeker.

GEBED.

Heer, op het eerste moment vond ik het vreemd dat U moeite met ons hebt, maar U hebt moeite met de zonde in ons, omdat wij zo vastzitten aan verkeerde dingen. Dank U dat U Zich die moeite getroost om ons daarvan los te maken en ons tot het einddoel te dragen, tot in het nieuwe Paradijs. Amen.

LEZEN:

Ps. 102 : 26-28;   Deut. 1 : 30, 31;   Hebr. 13 : 6-8;   Ef. 6 : 4;   1 Cor. 4 : 14-16.

En zie, Elisabeth, uw verwante, is eveneens zwanger van een zoon in haar OUDERDOM.

VERTROUWEN IN ALLE OMSTANDIGHEDEN.

Geloof maar dat dat daar in het huwelijk wat geweest is, een baby krijgen op hoge leeftijd. Je moet hierbij even denken aan Sara, die ditzelfde ook heeft ervaren. Zij droegen beiden een bijzonder kind. Bij beide ouders reageren man én vrouw verschillend. Abraham geloofde evenals Elisabeth, maar de priester Zacharias en Sara konden er met hun verstand niet bij, hoefde trouwens ook niet, want dit was een Goddelijke daad, die met het verstand juist niet te vatten was, we ontdekken dat dit grote geheim van deze geboorte een geheim van de Heer was. Hij sloot en opende de baarmoeder. Dit lezen we over vele andere vrouwen ook in de Bijbel. Wij vinden het maar al te vaak de gewoonste zaak van de wereld, dát wij kinderen krijgen en dát zij gezond geboren worden. Wij vinden het normaal dat alles van een leien dakje loopt, totdat... Ja, totdat je ontdekt dat het ook wel eens anders kan gaan, dat de baby geestelijk gehandicapt is, dat er afwijkingen zijn aan de armpjes of beentjes, dat blindheid en doofheid voorkomen, kortom dat een baby niet altijd volmaakt geboren wordt. Wat een verdriet en een leed in die gezinnen. Wat moet er eerst veel verwerkt worden door de ouders. Wat kan het een tijd duren, voordat je aanvaardt en dit verwerkt hebt. En wat is het dan heerlijk, te merken dat zij Christus kennen, dat zij ook deze baby in Zijn handen mogen leggen en kracht, ja bijzondere wijsheid ontvangen dit kind op te voeden. Ik denk even aan de palmboom, die ondanks, ja, dankzij zijn zware last rechtop groeit. Maar ik ben helemaal afgedwaald. Elisabeth kreeg op hoge leeftijd nog een kind, en wát voor een kind? Hij werd de voorloper van Christus. Wat waren deze ouders enorm blij. Maar hoe liep het met dit kind af? Het werd in de gevangenis onthoofd. Ik weet niet of de ouders toen nog leefden, maar áls zij nog leefden, was dit wel een verschrikkelijke gebeurtenis die ze in hun ouderdom nog te verwerken kregen. Wat bleef er nog van hun blijheid over? Ook zij moesten de troost en vrede vinden bij de Here God, evenals alle andere ouders. Het wonder bij deze geboorte verwekte bij Elisabeth grote vreugde, bij Zacharias stomme verbazing, die overging in twijfel. Elisabeth had ook kunnen zeggen: O, Heer, neem liever een ander, daar ben ik te oud voor, op mijn leeftijd nog een kind opvoeden is niet gemakkelijk. Nee, zij aanvaardde eenvoudig het wonder van God in haar leven. Ik geloof dat wij van haar kunnen leren en wel dit: dat zij afgestemd was op haar Heer, dat zij daarom volkomen vertrouwde dat het allemaal wel goed zou komen, ondanks haar ouderdom. Hoe zijn wij afgestemd op de Heer? Aanvaarden wij Zijn wil in ons leven ook, wat het ook is?

GEBED.

Here Jezus, ik dank U dat U ons door de diepte heenleidt naar de overgave in elke situatie van ons leven. Dat U naast ons staat met Uw liefdevol begrip. Amen.

LEZEN:

Gen. 15 : 1-6, 16 : 1-3, 16 : 15, 16, 18 : 1-15;   Luk. 1 : 5-25;   Hebr. 5 : 8.

Hoe kan een mens geboren worden, als hij OUD is? Dit weten wij immers, dat onze oude mens mede gekruisigd is.

NOG EEN KEER GEBOREN WORDEN.

Ja, nog een keer geboren worden. Nicodémus begrijpt er niets van. Als je oud bent, kun je toch niet weer beginnen te leven als een baby? Dat dit in geestelijke zin bedoeld werd, hebben wij in de derde week van het jaar al gelezen. Dat het nodig is werkelijk weer opnieuw geboren te worden, weten we dus al, en ik hoop dat die nieuwe geboorte intussen bij jou al plaats heeft gevonden. Vanuit dit standpunt bezien, begrijpen wij dus, dat mensen van zestig jaar oud, geestelijk nog maar één jaar oud kunnen zijn of bijv. zes jaar. Ik las van een man die tweeëntachtig jaar was, die vertelde tegen de mensen dat hij pas één jaar oud was. De omstanders dachten dat hij wartaal sprak, ja, als je ook tweeëntachtig bent? Maar hij legde de mensen uit hoe dit kon, en verheelde daarbij niet, dat hij vele, vele jaren de Heer had laten wachten. Hij had zo'n spijt, dat hij Jezus niet eerder als Heiland en Verlosser had aangenomen, spijt, dat hij een groot stuk van zijn leven verknoeid had. Hij deed een heel dringend beroep op de jongeren die stonden te luisteren naar hem, om nú Jezus aan te nemen. 'Nú, wacht er niet zo lang mee zoals ik gedaan heb', sprak hij. De Heer verlangt naar mensen, die hun hart aan Hem geven, die Hij kan inzetten in Zijn Koninkrijk. Het heerlijkste voor een christen is wel, dat dan zijn vroegere 'ik' medegekruisigd is met Jezus in de dood. Dat, wanneer er nog eens weer een stukje oude mens bij ons bovenkomt, we ons mogen beroepen op Zijn genade. We mogen ermee naar de Heer gaan en in Hem mogen en kunnen wij overwinnen. Zo haalt de Heilige Geest telkens weer oude zonden uit ons verleden naar boven, om ze weg te doen en er het nieuwe leven van Jezus voor in de plaats te zetten. Oud en tegelijk jong, dus tóch, je ziet het iedere keer om je heen, het is waar. Daarom mogen we nooit ophouden te bidden voor hem of haar, die Jezus nog niet heeft binnengelaten. We mogen, ja moeten zelfs volhouden tot het einde toe. Iemand kan Jezus nog aannemen op het allerlaatste moment. De moordenaar aan het kruis deed dit ook vlak voor zijn sterven. Hoewel niet iedereen daar de kans voor krijgt, dat weten we wel. Neem Hem aan, laat Hem binnen, nú. Ik ken iemand die op oudere leeftijd Jezus heeft aangenomen en ze is er erg blij mee. Over één ding kan zij echter niet heen komen, ze betreurt het dat ze het pas op deze leeftijd heeft gedaan. Het plaagt haar dusdanig, dat ze vaak in de put zit. Ook dat kan en we mogen haar gelukkig wijzen op de Heer, die haar troost en bemoedigt, maar het feit blijft er. Hoe oud ben jij van nature? Hoe oud ben jij geestelijk? Denk er nú eens over na om een beslissing te nemen.

GEBED.

Heer, dank U, dat U blij bent, als iemand U binnen laat in haar of zijn leven. Helpt U ons, daar de ander op te wijzen, áls zij U nog niet aanvaard hebben als Verlosser en Heer. Helpt U ons ook de mensen te zeggen, daar niet te lang mee te wachten, dat zij ernst maken met Uw uitnodiging. Dat zij op Uw kloppen de deur van hun hart openen en U binnen laten, dat vragen wij U. Amen.

LEZEN: Joh. 3 : 1-21;   Ef. 4 : 17-24;   1 Joh. 2 : 12-17;   Jozua 24 : 15.

OUDE mannen moeten nuchter zijn, waardig, bezadigd, gezond in het geloof, de liefde en de volharding.

OUDE vrouwen eveneens, priesterlijk in haar optreden, niet kwaadsprekend, niet verslaafd aan veel wijn, in het goede onderrichtende.

NUCHTER EN PRIESTERLIJK.

Waarom zou Paulus de oudere mannen waarschuwen om nuchter, waardig en bezadigd te zijn in hun optreden? Zou het soms zijn dat die eigenschappen minder worden bij het verstrijken van de jaren? Ik geloof juist het tegendeel, des te langer je met de Heer wandelt, des te meer groei je naar geestelijke volwassenheid. Waarom die waarschuwingen dan? Zou de oorzaak zijn dat verschillende ouderen denken: nu mijn werk in de maatschappij afgelopen is, nu zal ik ook wel niet meer mee kunnen doen in het werk voor de Heer? Wees nuchter, zegt Paulus, wees gezond in het geloof, jullie zijn zo nodig in het werk voor de Heer. De jongeren hebben leiding nodig. Zij moeten nuchtere, bezadigde mensen om zich heen hebben. Mensen, die een gezond geloofsleven hebben opgebouwd. Zij kunnen zo'n voorbeeld zijn voor anderen. Ook nuchter in die zin, dat jongeren, met een andere kijk op bepaalde dingen en situaties, het wel eens bij het rechte eind kunnen hebben. Nieuwe ontdekkingen, nieuwe ideeën vallen bij oudere mannen niet altijd in de goede smaak. Zij moeten zo nuchter zijn om zichzelf te onderzoeken of ze ook star vast blijven houden aan een verouderde denkwijze, zij moeten deze onderzoeken en deze zaken in gebed bij de Heer brengen en vragen of ze nog wel bruikbaar zijn. Dan richt Paulus zich tot de vrouwen. Nu, dat is me een voorname taak: priesterlijk zijn in je optreden, vooral op die hoge leeftijd. Een priesterlijke taak hebben, is een hoge roeping, een roeping voor elke man en vrouw die Jezus heeft aangenomen als Heer over zijn of haar leven. Je bent toen meteen begonnen met het leren leven als een priesteres. Dat vergt wat van je. Een priester moet geestelijke offers kunnen en willen brengen. Een priesteres zal de ander dienstbaar zijn. En dan nog iets; Paulus waarschuwt niet voor niets dat zij geen kwaad zullen spreken van de ander. Het schijnt bij vrouwen meer voor te komen dan bij mannen, zeker in de ogen van Paulus. En... niet verslaafd aan wijn, het lijkt wel voor onze tijd geschreven, of doen wij als christenen hier niet aan mee? Gelukkig dan is dit woord niet voor ons, tenminste?... 'Oudere mensen' zegt Paulus, 'wees een voorbeeld voor de jongeren'.

GEBED.

We zien weer opnieuw Heer, dat U ons gebruiken wilt tot het einde van ons leven, dat ons leven waarde voor U heeft, ook op hoge leeftijd, dat U er een bedoeling mee hebt. Leer ons, als jongeren, te groeien door Uw Geest. Leid ons zo, dat wij deze waarschuwingen van Paulus niet in de wind slaan, want ook wij als jongeren hebben ze absoluut nodig. Dank U Heer, dat U ons allen wilt helpen te leven naar Uw eer, op elke leeftijd. Amen.

LEZEN:

1 Tim. 5 : 1, 2, 17;   Ef. 4 : 12, 5 : 18-21;   Luk. 1 : 15;   Ps. 132 : 9, 16.

Lees op deze rustdag woorden
die God voor jou en mij ter
bemoediging heeft laten
opschrijven

TRANEN.

Psalm 126 : 5.
Wie met TRANEN zaaien, zullen met gejuich maaien.

Jesaja 42 : 3.
Het geknakte riet zal Hij niet VERBREKEN en de kwijnende vlaspit zal Hij niet
uitdoven.

Lukas 7 : 38.
En zij ging wenende achter Hem staan, bij Zijn voeten, en begon met haar TRA-
NEN Zijn voeten nat te maken en droogde ze af met haar hoofdhaar en kuste
Zijn voeten en zalfde ze met mirre.

Handelingen 20 : 31.
Waakt dan en herinnert u, dat ik drie jaren lang nacht en dag niet heb opgehouden ieder afzonderlijk onder TRANEN terecht te wijzen.

Openbaring 21 : 4a.
En Hij zal alle TRANEN van hun ogen afwissen…

Openbaring 21 : 4b en 5a.
…en de dood zal niet meer zijn, noch rouw, noch geklaag, noch moeite zal er
meer zijn, want de eerste dingen zijn voorbijgegaan.

GEBED.
Vader, wij danken U voor deze rijke beloften. Dank U, dat U satan hebt overwonnen door Uw Zoon te geven. Dank U, dat U altijd bij ons bent, ook op die
momenten dat we ons zo verlaten voelen, wanneer de tranen komen van verdriet,
om…
Maar ik word blij als ik eraan denk dat U me er weer bovenuit tilt, dat U mij
bemoedigt met Uw woorden en dat ik van U elke dag weer opnieuw mag beginnen met een schone lei. En dat ik eenmaal met gejuich zal maaien en dat U Zelf
mijn tranen zult afwissen.
Het is Uw belofte aan mij.
Wilt U mij vergeven dat ik té weinig vertrouw op Uw hulp.
Reinig mij opnieuw door het Bloed van Uw Zoon Jezus Christus.
Ik vraag het U in de Naam van Jezus. Amen.

Wie met TRANEN zaaien, zullen met gejuich maaien.

BEWOGENHEID.

Er zal wel niemand op deze aarde zijn die geen tranen kent. Je kunt tranen van verdriet maar ook tranen van vreugde schreien. Maar tranen van verdriet komen vaker voor dan vreugdetranen. Wat hierboven bedoeld wordt, raakt de kern van ons christenzijn aan, hier komen tranen tevoorschijn bij het werken in Gods wijngaard, de wereld. Tranen vergoten bij het zaaien van Gods Woord, bij het uitdragen van het Evangelie. Tranen die vergoten worden uit bewogenheid voor de ander. Voor hen die Jezus Christus niet kennen of willen kennen. Het is moeilijk werk en het kost je heel wat om je daar voor in te zetten. Het gaat langzaam en moeizaam de ander te brengen bij het kruis.

Denk eens aan degenen die de roepstem van verre landen hebben verstaan en die uitgezonden zijn om daar het Evangelie uit te dragen. Zij hebben huis en haard verlaten om het zaad van het Evangelie te zaaien. Zij zijn werkelijk tot tranens toe bewogen, om de ander het geluk dat ze zelf bezitten te vertellen, al kost het moeite en inspanning en offers.

Wij zijn als gelovigen in het algemeen niet zo gauw bewogen met het zieleheil van onze naaste. Maar... wie Christus ként, is vanuit Zijn liefde voor ons, intens tot tranens toe bewogen met hen die Christus niet kennen.

Voor degene die zaait volgt een heerlijke belofte: 'Zij zullen met gejuich maaien'. De beloning komt van God. Jij mag meehelpen de oogst binnen te halen, jij mag juichen en jubelen, voor al je vergoten tranen bij het zaaien.

Weg, alle tranen, weg alle moeilijkheden en verdriet, weg ermee, je verdriet wordt blijdschap.

Dát is de bemoediging voor vandaag.

Blijf doorgaan ondanks je tranen, vergoten bij het zaaien van het Evangelie.

Doe het om Christus' bewogenheid voor jou.

Of ben je al bezig? Zet dan door. Straks wordt de belofte vervuld en mag je meejuichen bij het binnenhalen van de oogst. Dat wordt me wat, een eeuwig juichen, ook voor jou.

GEBED.

Vader in de hemel, wat is het heerlijk te weten dat mijn tranen niet voor niets vergoten worden. Dat U er weet van hebt, en ze daarnaast nog beloont ook. Wat zal het een machtig gebeuren zijn als de oogst wordt binnengehaald, en ik mee mag oogsten en mee mag juichen. Vader, ik vraag U, laat meer mensen tot tranens toe bewogen worden met de anderen die U niet kennen, stel meer arbeiders(sters) aan, maak ze klaar om mee te werken op de plek die U voor hen aanwijst. Help ons ook vol te houden en elkaar te bemoedigen, om te volharden tot het einde. Ik vraag het U in de Naam van Jezus. Amen.

LEZEN:

Mat. 13 : 1-9, 18-23;   Luk. 10 : 1-20;   Hand. 20 : 31;   Ps. 126.

Het geknakte riet zal Hij niet VERBREKEN en de rokende vlaspit zal Hij niet uitdoven.

TRANEN BIJ GEBROKENHEID.

Jesaja, de profeet, voorzag hoe Jezus, de Messias, zou optreden. In ons tekstgedeelte haalt de profeet een karaktertrek van Hem naar voren. Christus is bewogen met de mens in nood, met hen die door het leven geknakt zijn, met hen die het huwelijk niet meer aankunnen, met hen die dreigen weg te zinken in bittere tranen.

Bewogen met kinderen die zich door hun ouders in de steek gelaten voelen en die mede daardoor een verwrongen vader of moederbeeld meedragen in hun leven. Bewogen met kinderloze echtparen die een grote leegte moeten verwerken, die nog niet zien dat de Heer die leegte wil vullen. Bewogen met zieken die er niet meer tegenop kunnen, met invaliden en eenzamen, met vrouwen waarvan de man in de gevangenis zit, met vervolgden om Zijns Naams wil, geknakt van ellende.

Maar Jezus is er.

Zelf zag je Hem niet meer. Maar Hij komt naar ons toe, en zegt: 'Kom maar, Ik zal je genezen van de wonden die je draagt'. Hij is met innerlijke ontferming bewogen over ons. Hij duwt ons niet weg met te zeggen: Wat heb Ik aan jullie? Je moet sterk in het leven staan, je moet dit of je moet dat. Nee, daarvoor kwam Hij niet op aarde. Hij is er om onze tranen te drogen, om ons op te richten.

En wanneer ons geloofsleven dreigt uit te doven om welke reden dan ook, blaast Hij er voorzichtig met Zijn liefde vuur in, zodat het weer gaat branden. Jezus Christus breekt die geknakte rietstengel niet stuk. Hij blaast dat kleine beetje geloof niet uit. Integendeel, Hij fluistert steeds weer: 'Kom maar, Ik ben gekomen om je te helpen. Ik richt je weer op. Ik droog je tranen, vertrouw maar op Mij dan beginnen we samen opnieuw'.

Zo is Jezus ten voeten uit.

GEBED.

Heer, ik dank U dat U zoveel van mij houdt. Ook nog als m'n geloof in U werkelijk dreigt uit te doven, omdat ik het helemaal niet meer zie, en ik te moe ben om naar U te vragen. Dank U, dat U met grote bewogenheid aan ons allemaal denkt en dat U ons niet afschrijft, maar dat U een ongekend geduld met ons hebt.

Heer, leer mij om geen enkel mens die ik op mijn weg tegenkom, af te schrijven. Leer mij met hen bewogen te worden en hen te helpen en hen op te richten zoals U zou doen. Vergeef mij dat het mij vaak aan die bewogenheid ontbreekt en reinig mij opnieuw door het Bloed van Jezus Christus. Dank U dat ik nu weer rein voor Uw troon sta, dát U mij vergeven hebt om Jezus' wil. Amen.

LEZEN:

Luk. 7 : 36-50;   Joh. 8 : 1-11;   Mat. 9 : 36, 17 : 14-21.

En zij ging wenende achter Hem staan, bij Zijn voeten, en begon met haar TRA-NEN Zijn voeten nat te maken en droogde ze af met haar hoofdhaar en kuste Zijn voeten en zalfde ze met mirre.

TRANEN OM TE WASSEN.

Jezus was met anderen uitgenodigd door Simon, de Farizeeër. Naar goed oosters gebruik werden de voeten van de gasten, voordat deze aan tafel gingen, door bedienden gewassen. Maar deze keer was dat niet gebeurd. Simon, de gastheer, vond het blijkbaar niet nodig dit gebruik tegenover Jezus na te komen.

Maar dan gebeurt er iets onverwachts. Er komt een vrouw binnen. De Bijbel spreekt over een zondares. Ze begint te huilen. Waarom? Misschien van verdriet om het leven dat ze leefde? Of om de ellende waarin ze verstrikt was geraakt? Misschien van blijdschap omdat ze Jezus zag en hulp van Hem verwachtte?

Hoe dan ook, deze vrouw wast de voeten van Jezus met haar tranen en droogt ze af met haar haren. Toen de vrouw daar zo bezig was, zal dat wel even een gespannen toestand zijn geweest. Simon en de anderen zullen naar Jezus gekeken hebben en van Hem verwacht hebben dat Hij onmiddellijk die zondige vrouw op haar nummer zou zetten en haar zou gebieden te verdwijnen.

Jezus zág ze denken: 'Foei mens, hoe durf je, hoe haal je het in je hoofd om hier ongevraagd binnen te komen en je dan ook nog zo dwaas aan te stellen. Dat die Jezus van Nazareth Zich zoiets laat welgevallen, hoe komt Hij er toe'! Jezus reageert heel anders dan zij verwacht hadden, volkomen anders. Hij had een blik geslagen in het hart van deze vrouw. Er was een ontmoeting tussen Hem en haar geweest. Maar Hij had tegelijk ook een blik geslagen in de harten van de Farizeeën en uitgerekend deze herders en leidslieden zette Hij op hun nummer.

Wanneer je Jezus ontmoet, gebeurt er wat van binnen. Er verandert daar wat. Dan komen er tranen van blijdschap. Eerst tranen van verdriet over jezelf, je ziet jezelf in het licht van Jezus en dat is een ellendige toestand. Maar dan... als je Hem in Zijn liefde ontmoet, vraagt die liefde om wederliefde, om daden. En dan stromen de tranen van blijdschap, van vreugde, van ongekend geluk. Heb jij al een ontmoeting met Jezus gehad?

GEBED.

Wat een moed had deze vrouw Heer, om zo naar U toe te gaan en U te eren. U dank te brengen en U op die manier haar liefde te bewijzen. Wat zal die ontmoeting met U haar blij en gelukkig gemaakt hebben. Heer, ik vraag U of wij allen elke dag opnieuw een ontmoeting met U mogen hebben, en voor Uw liefde uit te komen, Amen.

LEZEN:
Luk. 7 : 36-50, 12 : 1-12, 13 : 1-21.

Waakt dan en herinnert u, dat ik drie jaren lang nacht en dag niet heb opgehouden ieder afzonderlijk onder TRANEN terecht te wijzen.

TRANEN EN TERECHTWIJZEN.

Onder tranen terechtwijzen, onder tranen opvoeden is iets wat elke moeder goed begrijpt. Ouders kennen dit omdat ze kinderen opvoeden en moeten leren terecht te wijzen en dat gaat soms met tranen gepaard. Het kind moet opgevoed worden om in de maatschappij zelfstandig te kunnen zijn. Maar het moet ook geestelijk opgevoed worden tot volwassenheid.

Daar heeft Paulus het over in bovengenoemde tekst. Mensen die leiding geven, mensen die hart voor de zaak van de Heer hebben, kennen deze gevoelens. Je bent soms tot tranen toe bedroefd over die ander. Paulus schaamt zich er niet voor om dit te vertellen. Hij als man, schreit uit bewogenheid met de gemeenteleden. Paulus zegt: ieder afzonderlijk terecht te wijzen.

Paulus bedoelt niet: als ik predik, wijs ik ze allemaal tegelijk terecht. Nee, hij bedoelt: Elk apart, onder vier ogen, het is persoonlijke zielszorg. Wat doet hij er een moeite voor om ieder afzonderlijk op het rechte pad te wijzen. Hij is er al drie jaar dag en nacht mee bezig.

Aan zo'n herder heb je wat. Daar gaat wat van uit. Daar word je door terecht gewezen en door gebouwd. Dán groeit zo'n gemeente ook, dan gaan de leden onderling zijn voorbeeld vast en zeker volgen, om dienstbaar te worden aan elkaar door elkaar onder tranen terecht te wijzen.

Dat is nogal wat.

Zijn wij ook zo? Of laten wij dit maar al te graag aan onze predikanten of wijkouderlingen over? Of zijn zij niet zo ver om iemand onder tranen terecht te wijzen? Of we die tranen nu ook zien moeten weet ik niet, in elk geval kunnen we ze vrijelijk in de binnenkamer laten stromen, in de stilte met de Heer. Ben jij ook zo bewogen met je medemens dat je in je binnenkamer, onder je stille tijd, tot tranens toe bewogen bent met je naaste? Pleit je voor hen bij de Here God in je gebed? Vraag je een nieuw leven voor hem of haar die je in je hart eigenlijk niet luchten of zien kunt? En... wijs je hen die het nodig hebben, onder tranen terecht?

Vergeet dan niet, dat terechtwijzen alleen kan gebeuren als je dat doet vanuit de bewogenheid van de Heer, vanuit Zijn liefde, niet vanuit boosheid, want terechtwijzen vanuit die gezindheid is menselijk, en bouwt niet op.

Maar vanuit de liefde van God help je de ander mee te groeien naar de geestelijke volwassenheid.

GEBED.

Vader, leer mij vanuit Uw liefde onder tranen van bewogenheid terecht te wijzen. En laat mij bij elke terechtwijzing eerst de hand in eigen boezem steken. Ja, Vader, leer mij dat, dan kunt U iets door mij tot stand brengen. Amen.

LEZEN:

Hand. 20 : 17-21, 2 : 41-47;   Rom. 15 : 14;   1 Kor. 4 : 14-16;   Col. 3 : 16.

En Hij zal alle TRANEN van hun ogen afwissen...

TRANEN EN TROOST.

Er gaat liefde uit van een moeder die haar kind dat gevallen is en zich bezeerd heeft, in de armen neemt en het troost. De tranen zijn dan meestal snel gedroogd en het duurt nooit lang of het kind gaat opnieuw op in zijn spel.
Ouderen hoor je dan vaak zeggen: 'o, een kind is z'n verdriet zo weer vergeten'.
Maar ze zien over het hoofd dat er bij dat kind iets is gebeurd. Er is iets helends tot stand gebracht. Wat bij het kind tranen van verdriet teweeg bracht, werd weggenomen door de troost en de liefde die het van de moeder ontving. Zo gaat het in het geestelijk leven ook. Hoeveel tranen worden niet geschreid als relaties worden verbroken. Hoeveel tranen komen er niet aan te pas als je gezakt bent voor een examen. Of wanneer je werkeloos wordt en nergens meer werk kunt vinden. Of omdat je ziek of invalide bent of eenzaam. Tranen, omdat je geen band meer meent te hebben met de Heer waarin je zo vast geloofde, tranen omdat je je zover van Hem vandaan voelt, alsof Hij er niet meer zou zijn. Maar dan... is de Heer er tóch.
Hij, die je liefdevol omarmt, die je opvangt en je woorden van troost toefluistert, woorden die je tranen doen drogen, die je bemoedigen en je weer blij maken, zodat je het leven weer aankunt. Hij staat dag en nacht klaar om je op te vangen. Nooit zul je tevergeefs bij Hem aankloppen.
Maar... zul je zeggen, deze tekst staat aan het eind van het boek Openbaring. Deze woorden zijn toch bedoeld voor het leven op de nieuwe aarde? Zal Jezus dan pas mijn tranen drogen? Nee, gelukkig niet dán pas. Hij doet het nú al, want Hij houdt van ons en is met ons leed bewogen. Het woord in onze tekst betekent: Op de nieuwe aarde zal Ik voorgoed je aardse tranen afwissen, daar zullen geen nieuwe tranen meer stromen, of het zou van blijdschap kunnen zijn, omdat je Jezus Christus ziet van aangezicht tot aangezicht.
Ga je nu al met je verdriet naar Hem toe? Laat je je nu al door Hem troosten? Laat je Hem nu al jouw tranen drogen?
Of heb je al lang ervaren dat Hij de beste Helper en Trooster is die je maar bedenken kunt? Fijn, want ervaring is de beste leermeester. Nog altijd. Door je verdriet heen kun je de ongekende blijdschap met de Heer ontdekken.

GEBED.

Heer, ik dank U voor deze woorden, voor deze troost. U bent de enige die zo kan troosten, zo kan helen. U weet van mijn verdriet, mijn hulpeloosheid in mijn situatie. Ik dank U dat ik mag ervaren dat U elke keer weer opnieuw mijn tranen droogt. Vader, ik bid in bijzonder voor die vrouw die zo'n verdriet heeft omdat haar man is verongelukt. Ik weet gewoon niet hoe ik haar kan troosten, maar U wel; hier is zij Vader, troost haar met Uw liefde, in de Naam van Jezus vraag ik het U. Amen.

LEZEN:

Jer. 4 : 1-6;   Hand. 16 : 30-34;   Mat. 7 : 7-12;   Ps. 10 : 14, 116 : 5-11.

...en de dood zal niet meer zijn, noch rouw, noch geklaag, noch moeite zal er meer zijn, want de eerste dingen zijn voorbijgegaan.

HEMEL ZONDER TRANEN.

Het is niet verwonderlijk dat in een tekst die over tranen gaat, ook de dood genoemd wordt. Want daar zullen de meeste tranen om geschreid worden. Het is een vijand die we tot op onze laatste ademtocht wensen te bestrijden, met alle middelen die ons ten dienste staan. Maar uiteindelijk ontkomt niemand eraan. Dan sta je machteloos en je voelt je radeloos. Het is een troostrijke gedachte dat we mogen weten dat onze gestorven geliefden bij de Heer zijn, dat zij Jezus Christus zien en in volmaakte vreugde verder leven, in Zijn nabijheid.

De scheiding is tijdelijk want wij allen zullen het tijdelijke met het eeuwige verwisselen en eenmaal verenigd worden met hen. Nu bedoelt onze tekst te zeggen dat de scheiding vanwege de dood op de nieuwe aarde niet meer zijn zal. De dood zal niet meer zijn en daarom ook geen tranen. We zullen altijd bij elkaar blijven, geen rouw of geklaag, noch moeite zal er meer zijn.

Van moeite gesproken, daar weet iedereen wel van mee te praten. Het is beslist geen rozegeur en maneschijn op déze aarde. De 'moeiten' kunnen je wel eens te veel worden. En dan wéét ik wel dat de Heer er is, dan wéét ik wel dat Hij me helpen wil, maar ik ga Zijn hulp niet altijd vragen, ik kan soms zo ver van Hem weg zijn, zo bezig zijn met mijn eigen ellende of verdriet, dat ik medelijden met mezelf krijg. (Overkomt jou dat ook wel eens?) Medelijden hebben met jezelf is het ergste wat je over je kunt laten komen, want diep in je hart geef je God de schuld van de moeilijkheden waarin je zit.

Maar dan mag ik je vertellen dat Zijn Geest het is die me in dergelijke omstandigheden wijst op Christus, die me tot andere gedachten brengt en me als het ware de spiegel voorhoudt en me mijn verkeerde houding tegenover God, mijn verkeerde gerichtheid laat zien. Het is zo verkwikkend dat Jezus Christus zoveel van jou en mij houdt en onze tranen droogt en tegen ons zegt: 'Straks, als de nieuwe aarde er is, zal er helemaal geen ziekte, dood en rouw meer zijn, want deze dingen gaan voorgoed voorbij. Dan volgt het nieuwe leven in al zijn volheid. En tot zolang droog Ik elke keer je aardse tranen', zegt Jezus. 'Elke dag opnieuw mag je daarvoor bij Mij komen'. Denk je er wel eens over na, hoe heerlijk het straks zal zijn? Maar ervaar je ook hoe heerlijk het is nú al met Hem te leven?

GEBED.

Vader, ik word er stil van als ik m'n gedachten naar de nieuwe aarde richt. Wat een rijke toekomst gaan we als kinderen van U tegemoet. Bevrijd van alle moeite en verdriet, naar een nieuwe aarde, waar ik Jezus mag ontmoeten, waar ik Hem zal zien. Soms verlang ik er zo naar nú al iets te zien van de heerlijkheid daar boven bij U. Ik denk dat ik er dan hier beter tegen kan. Maar het is Uw wijsheid dat het nog verborgen blijft, totdat... Amen.

LEZEN:
Openbaring hoofdstuk 21 en 22.

Zondag
36ste week.

Deze week gaan we dieper in
op datgene, wat ons leven af-
trekt van de Here God.

ZONDE.

Romeinen 5 : 12.
Daarom, gelijk door één mens de ZONDE de wereld is binnengekomen, en door de ZONDE de dood, zo is ook de dood tot alle mensen doorgegaan, omdat allen GEZONDIGD hebben.

Genesis 4 : 6 en 7.
En de Here zeide tot Kaïn: 'Waarom zijt gij toornig en waarom is uw gelaat betrokken? Moogt gij het niet opheffen, indien gij goed handelt? Doch indien gij niet goed handelt, ligt de ZONDE als een belager aan de deur, wiens begeerte naar u uitgaat, doch over wie gij moet heersen'.

1 Samuël 15 : 23a.
Voorwaar, weerspannigheid is ZONDE der toverij en ongezeggelijkheid is afgoderij en dienen van terafim.

Mattheüs 18 : 8.
Indien uw hand of uw voet u tot ZONDE verleidt, houw hem af en werp hem weg. Het is beter voor u verminkt of kreupel ten leven in te gaan, dan met twee handen of twee voeten in het eeuwige vuur geworpen te worden.

Romeinen 6 : 13a en 14.
…en stelt uw leden niet langer als wapenen der ongerechtigheid ten dienste van de ZONDE, maar stelt u ten dienste van God… Immers, de ZONDE zal over u geen heerschappij voeren, want gij zijt niet onder de wet, maar onder de genade.

Hebreeën 12 : 4.
Gij hebt nog niet ten bloede toe weerstand geboden in uw worsteling tegen de ZONDE…

GEBED.

Vader, dank U wel voor deze fijne zondag, voor het heerlijke weer, de natuur, en vooral het feit dat ik Uw nabijheid ervaren mocht, ook in de kerk vanmorgen. Deze rust deed mij weldadig aan en daarom werd ik zo blij. Wilt U die blijheid ook in de andere harten leggen? Ik bid U of U ons deze nieuwe week, die voor ons ligt, nabij wilt zijn, en ons die rust wilt laten behouden, ja ons wilt helpen in die vrede te blijven en ons helemaal open te blijven stellen voor U. Leer ons te strijden tegen de zonde op de juiste manier, in Jezus' Naam. Amen.

Daarom, gelijk door één mens de ZONDE de wereld is binnengekomen, en door de ZONDE de dood, zo is ook de dood tot alle mensen doorgegaan, omdat allen GEZONDIGD hebben.

ZONDE.
Deze week willen we dieper ingaan op het begrip 'zonde'. En we hebben het dan niet over de zogenaamde grote zonden, die de mensen begaan, zoals moorden en stelen, het dienen van afgoden en het gaan naar okkulte genezers, want daar spraken we al vaker over. Nee, het gaat om de zogenaamde 'kleine zonden' die we over het hoofd zien, die wij als christenen vaak niet als zonden aanmerken. We weten van de zondeval in het paradijs en de gevolgen daarvan. Weet je ook wat zonde éigenlijk betekent? Het is: het doel missen. Adam en Eva misten het doel van hun leven doordat ze ongehoorzaam waren tegenover de Here God. Zij luisterden naar satan, de slimme verleider, de tegenpartij. De Heer verlangt dat wij de zonde haten. God Zelf haatte de zonde zó, dat Hij Zijn Zoon gaf om de zonde te overwinnen. Jezus haat de zonde evenzeer, omdat zij de ondergang van de zondaar betekent. Zonde woedt in de mens als kanker voort; heeft zij eenmaal vaste voet in de mens, dan vreet zij diep door en tast alles aan in ons, ja, in de hele mensheid. Ontdekt iemand kanker, dan gaat hij onmiddellijk naar een dokter. Vaak volgt een direkte operatie om het kwaadaardige gezwel weg te nemen. Je vraagt je af, waarom de mensen niet onmiddellijk wat aan de zonde doen als ze weten dat zij zondig zijn, want zonde leidt je naar de eeuwige dood, dat is onafwendbaar. Zullen we nu een paar van die verleidende zonden noemen, waar we als gelóvigen, als opnieuw geboren kinderen Gods, nog niet zo zwaar aan tillen? - Als jij er wél zwaar aan tilt, is dit stukje natuurlijk niet voor jou. - Hoogmoed is er één van en zelf heb je niet eens altijd in de gaten, dát je hoogmoedig bént. Maar juist door die argeloosheid, krijgt de vijand steeds meer vat op je. Hoogmoed werkt als een verborgen vergif in de mens en zodoende komen er meer nare eigenschappen naar voren, zoals trots. Een hoogmoedig mens oordeelt en veroordeelt de ander zo gauw, het is een uitvloeisel van hoogmoed. Christen, als je deze eigenschap ontdekt, erken het als zonde, belijd het, strijd er tegen en vraag vergeving, en laat je opnieuw reinigen door het bloed van Jezus. Vraag daarna of Hij je helpen wil, deze hoogmoedige geest niet weer binnen te laten. Weersta deze hoogmoed en trots, het oordelen en veroordelen en doe dat in de Naam van Jezus. Het zal wérken!
Dit is de geheime kracht van de gelovige, die Naam is je behoud.

GEBED.
Dank U vader, dat U mij de ogen opende voor de zogenaamde kleine zonden, die in Uw ogen terdege grote zonden blijken te zijn. Het is dé ommekeer in mijn geestelijk leven geweest dat ik die zonden ontdekte. Ik dacht eerst dat ik het er nog wel goed afbracht, maar U dacht anders.Wilt U mijn, nog verborgen, zonden naar boven halen door Uw Geest? Amen.

LEZEN:
Gen. 3 : 6;   Luk. 15 : 2-7;   1 Petr. 5 : 5;   Spr. 8 : 13, 16 : 5, 17;   Ps. 31 : 24.

En de Here zeide tot Kaïn: 'Waarom zijt gij toornig en waarom is uw gelaat betrokken? Moogt gij het niet opheffen, indien gij goed handelt? Doch indien gij niet goed handelt, ligt de ZONDE als een belager aan de deur, wiens begeerte naar u uitgaat, doch over wie gij moet heersen'.

HEERS OVER DE ZONDE.

Dat is gemakkelijk gezegd: Heers over de zonde. Toch zit hier een geweldige bemoediging in. De Here God geeft immers geen opdracht, die je niet kunt volbrengen? Ik wil de aandacht niet vestigen op de moord die Kaïn begaat, maar op dat wat eraan vooraf gaat. De Here waarschuwt Kaïn: 'pas op Kaïn, je staat op gevaarlijk terrein. Satan staat als een belager aan de deur van je hart, omdat kwaadheid en jaloersheid je te pakken heeft, en dát brengt nare gevolgen met zich mee, tenzij je hun een halt toeroept'. De Heer waarschuwt en waarschuwt ons ook telkens weer opnieuw. Hij geeft ons door Zijn Geest bemoedigende woorden, jij bent van Mij, satan heeft geen enkel recht op je, door Mij kun je over hem heersen, in welke zondevorm de satan ook tot je komt. Zo ziet de Heer met bezorgdheid dat vele van Zijn kinderen niet begrijpen dat kwaadheid of jaloersheid hen naar de afgrond voeren, dat zij daardoor de deur van hun hart wijd openen voor de vijand. Jaloersheid werkt als vergif in je gedachtenleven, je ziet de ware proporties niet meer. Het kan je gezin, en de samenleving en ook de gemeente waarin je leeft, kapot maken. Afgunst en zelfzucht zijn er het gevolg van. Een jaloers mens is een wantrouwend mens. Hier bij Kaïn zien we dat jaloezie tot moord leidt. We zien welke gevolgen jaloezie teweeg kan brengen, gelukkig gaat het niet altijd als in dit geval, maar als je jaloerse mensen tegenkomt, zijn het altijd ontevreden mensen. Ze willen altijd meer hebben dan de ander, hun streven is: boven de ander uit te komen, in hun kunnen, in bezit, in allerlei zaken van het leven. Lukt het hun niet, dan is Leiden in last. Dán kunnen er nare, heel nare gevolgen ontstaan. En de Heer waarschuwt, pas op, satan staat als een belager aan je deur, OVER WIEN JIJ MOET HEERSEN. We moeten als christenen hier meer bij stil staan. Wij moeten en kunnen het rijk van satan overwinnen. Wij kunnen gezag uitoefenen op die geest van jaloersheid die bezit van ons wil nemen. We kúnnen het, omdat de Heilige Geest in ons woont. Hij waarschuwt ons al wanneer satan zijn pijltje van jaloersheid of kwaadheid op ons afschiet. Het komt er op aan, dat wij dán ingaan op Zijn liefdevolle waarschuwing. Hij wil ons bewaren voor ergere dingen. Hij weet de gevolgen. Hij ziet ze aankomen en kijkt met bezorgdheid toe en waarschuwt. Doe de deur dicht voor kritiek en oordelen, voor kwaadheid en jaloezie. Kijk naar Jezus en luister naar Hém.

GEBED.

Heer, als mensen hebben wij het over grote en kleine zonden, maar tegenover U is zonde, zonde. Leer ons in Uw Naam de jaloersheid te overwinnen. Vergeef dat wij er niet genoeg tegen strijden, omdat wij er niet genoeg ernst mee maken. Laat mij zien, waarin ik nog op iets of iemand jaloers ben, in Jezus' Naam, Amen.

LEZEN:
Gen. 4:1-26;   Ps. 8:7, 37:8;   Rom. 6:12;   Num. 5:14, 15;   Spr. 6:34, 14:30.

Voorwaar, weerspannigheid is ZONDE der toverij en ongezeggelijkheid is afgoderij en dienen van terafim.

WEERSPANNIGHEID EN ONGEZEGGELIJKHEID.

Dat toverij zonde is, weten we zo langzamerhand wel, maar dat weerspannigheid en ongezeggelijkheid vallen onder de zonde van toverij en afgoderij, is niet zo bekend. Weerspannig zijn is zich verzetten tegen de wettelijke macht. Maar in deze tekst wordt bedoeld, dat koning Saul weerspannig is tegenover de Here God. Hij verzette zich tegen de wil van Hem. En... hij... werd... ongezeggelijk. Hij wilde niet luisteren naar de stem van de Here. Ongezeggelijkheid is afgoderij en dienen van terafim. (Een terafim is een afgodsbeeld). Nu, als je dit leest en je zet daarnaast ons leven, dan wordt er nu nog onnoemelijk veel afgoderij en toverij gepleegd. Want hoevelen willen niet meer luisteren naar wat de Heer ons opdraagt? Hoevelen verzetten zich nu niet tegen de stem van de Heer? Hoevelen weerstaan de stille waarschuwingen, gegeven door de Heilige Geest, die in hen woont? Dat we dit zoveel onder de christenen tegenkomen, is niet te begrijpen. Het is eerlijk gezegd verschrikkelijk. Zou het tot ons doordringen dat, wanneer we deze zonden begaan, dat we dan op het terrein van afgoderij bezig zijn? En met toverij, waarvan satan de opperheerser is? Zou het tot ons doordringen, dat we verstrikt zijn geraakt in zijn net? Hij trekt dan bij ons aan de touwtjes. Zijn gedachten nemen bezit van ons. Je wordt opstandig, liefdeloos, verbitterd, je eigen wil veroorzaakt ongehoorzaamheid en je wordt zodoende ongezeggelijk. Je onderwerpt je niet aan de Heer, maar aan de vijand. Weer roept de Heer je een halt toe als Hij één van deze eigenschappen bij je ontdekt. Breek onmiddellijk met deze zonde, belijd ze aan de Heer, laat je reinigen door Zijn Bloed. Keer je af van het dienen van de terafim, van dat kleine afgodsbeeld. Keer de rug toe aan de weerspannigheid, de ongezeggelijkheid, maak rechtsomkeerd op die weg van afgoderij. Ervaar de liefde van Jezus, luister naar de stem van de Heilige Geest, die je erbij helpen wil en je inzicht geven wil op de weg die je gaan moet. Neem de wapenrusting op en biedt weerstand aan de duivel en hij zal van u vlieden, staat er in Gods Woord. Jezus haat weerspannigheid en ongezeggelijkheid in de mens, omdat het zonde der toverij is. Maar... de zondáár heeft Hij lief; Hij gaf voor jou en mij Zijn leven. Ja, ook voor jou.

GEBED.
Vader, hier schrik ik wel van. Ik heb nooit geweten dat ongezeggelijkheid en weerspannigheid onder de zonde van afgoderij vallen. En ik dacht nog wel dat ik nooit op dat terrein bezig was. Wat een onkunde, wat heb ik dan toch weinig Bijbelkennis. Vergeeft U mij en hen die dit ook niet wisten, reinig ons opnieuw door het bloed van Jezus en laten wij ons dieper laten voorlichten door Uw Woord en Geest. Weerspannigheid en ongezeggelijkheid, zijn zonde van toverij en afgoderij en ik heb het niet geweten. Dank U dat ik het nu weet en er wat aan kan doen, in de Naam van Jezus. Amen.

LEZEN:
Deut. 1 : 26;   Gen. 31 : 34;   1 Sam. 15 : 1-26;   Ezech. 20 : 8;   Spr. 17 : 11.

Indien uw hand of uw voet u tot ZONDE verleidt, houw hem af en werp hem weg. Het is beter voor u verminkt of kreupel ten leven in te gaan, dan met twee handen of twee voeten in het eeuwige vuur geworpen te worden.

UW HAND EN UW VOET.

Jezus Zelf spreekt deze woorden. Ze zijn hard om aan te horen. Ze treffen de mens midden in het hart. Je kunt er niet meer om heen, niet meer zeggen: wat bedoelt Hij eigenlijk? Jezus zegt hier onomwonden hoe erg het is te zondigen met je handen en voeten. Hij zegt: 'dat zonde je naar de dood, naar het eeuwige vuur brengt'. En wanneer je met je hand of voet zondigt, je deze dan beter af kunt hakken. Met anderen woorden: je kunt beter sterven zonder een hand of voet en het eeuwige leven binnengaan, dan dat je lichamelijk heelhuids in de hel terecht komt. Jezus wil dat de mensen begrijpen, hoe erg het is met alle zonden klein of groot, of je nu met je hart zondigt of met je hand of voet, met je oog of oor. We moeten met ons hele lichaam Hem toebehoren en Hem dienen. Hoeveel gelovigen gaan er niet naar plaatsen waar zij niet thuishoren? Samenkomsten, die niet van de Heer zijn. Hoeveel zonden worden niet bedreven met onze handen en voeten? Hoeveel alcohol of verdovende middelen passeren de handen van mensen? Hoeveel onreinheid wordt er met onze handen bedreven én met onze ogen, b.v. door verkeerde lektuur te lezen. Verkeerde lektuur vergiftigt ons denken en beheerst op den duur onze gedachtengang. Daarom is het zo van belang, dat wij de juiste lektuur lezen. Waarop richten wij onze ogen nog meer? Niet alleen op lektuur, maar zij kunnen evenzeer worden gebruikt om te begeren en begeerlijkheid is zonde. Daar begon het met Eva ook mee, ze zag dat de boom begeerlijk was om van te eten. We kunnen ook, door naar dingen te kijken, de deur openzetten voor de vijand en hem zodoende binnenlaten. Weet je, dat naaktstranden 'in' zijn op het ogenblik?

Houw je hand of je voet af, zegt Jezus, ruk je oog uit, zegt Hij ergens anders. Breek radicaal met deze zaken. Het is beter... Moet je deze uitspraken van Jezus nu letterlijk nemen? Of figuurlijk? Als je ze wel letterlijk zou nemen, dan liepen er meer mensen rond zonder handen en voeten of ogen, dan mensen met alle ledematen kompleet. Toch... het is de bedoeling dat je gaat inzien, wat Jezus ons wil zeggen, als Hij spreekt over zonde. Het is Zijn bedoeling, dat je de diepe ernst ervan inziet. Juist wanneer je deze woorden letterlijk neemt, zal het je bewaren voor deze zonde. Als je ontdekt, wat het inhoudt, je voet of je hánd af te laten houwen, zul je tegelijkertijd begrijpen hoé erg het is er mee te zondigen, hoe vreselijk Jezus het vindt, dat je je ledematen gebruikt ten dienste van Zijn vijand. Denk er toch eens diep over na, daardoor kan heel wat kwaad voorkomen worden. Zou dát Zijn bedoeling met deze uitspraken ook niet zijn?

GEBED.

Vader, laat dit helemaal tot mij doordringen en doe mij dit alles begrijpen en er naar leven. Amen.

LEZEN:

Mat. 18:1-11;   Gen. 3:6, 7, 21, 22, 9:18-29, 39:7;   Ps. 115:1-8;   Spr. 6:16-19.

...en stelt uw leden niet langer als wapenen der ongerechtigheid ten dienste van de ZONDE, maar stelt u ten dienste van God... Immers, de ZONDE zal over u geen heerschappij voeren, want gij zijt niet onder de wet, maar onder de genade.

WET EN GENADE.

Hier zegt Paulus dat we onze leden niet langer als wapenen van de ongerechtigheden moeten gebruiken, maar ons hele wezen moet God dienen. We zijn verlost van de wet, en leven nu onder de genade van Jezus Christus en dát is een groot verschil. De wet doodt, maar de genade maakt levend. Je zou het verschil tussen wet en genade zo kunnen weergeven: Onder de wet sterft het schaap voor de herder, onder de genade sterft de herder voor het schaap. Bij de wet hoort het woord: 'Gij zult', bij de genade: 'je mag'.

Als je het boek Deuteronomium leest dan ontdek je al lezend hoe vaak er staat: 'Gij zult', met daarachter, 'indien gij... dan volgt er zegen, indien gij niet... dan volgt er vloek'. Paulus jubelt het uit, dat wij nu niet langer beheerst behoeven te worden door de zonde. Mensen, wij zijn vrij van de wet. We leven onder de heerschappij van Christus. Dat is in de vrijheid staan, onder de goedertierenheid van God leven, niet meer onder de zonde. God bracht niet zo maar de genade. Hij had er een doel mee. Hij wilde de mens een nieuwe kans geven om zalig te worden. Hij wilde door Jezus, Zijn Zoon, ons vergeving schenken voor eeuwig. Het is Zijn grote genade dat wij nu elke dag opnieuw door Zijn Geest geholpen worden het goede te doen door Zijn kracht. Het is Zijn genade, dat wij het nu kunnen volbrengen.

Ja, leven uit Zijn genade bouwt op. Het is een leven vanuit een heel andere positie dan dat wij gewend waren. Wij zijn vrij van alle wetten uit het Oude Testament. Paulus waarschuwt ons niet voor niets dat we moeten oppassen dat wij ons niet weer nieuwe wetten laten opleggen. Nu wij vrij zijn geworden, leven wij zoals Jezus geleefd heeft. We zijn apart gezette mensen geworden, geheiligde mensen. We mogen vrijmoedig het heiligdom binnengaan, voor de troon van God staan, in tegenstelling tot de Israëlieten die in het heilige der heilige niet eens mochten komen. We zijn een tempel geworden van de Heilige Geest. Wat een vrijheid in de Heer, wat een heel ander leven dan toen wij nog niet in die vrijheid leefden, maar onder de wet. De wet is nu in onze harten geschreven, de wet van de liefde tot Jezus. Wanneer je leeft in Zijn nabijheid, vanuit Zijn liefde, kun je alleen maar leven volgens het principe van God, de Vader, God de Zoon en God de Geest. We zijn leden geworden van Zijn gemeente; dat is genade.

GEBED.

Heer, het is een nieuwe opdracht van U voor ons, dát wij ons lichaam, ons leven niet langer gebruiken moeten voor dingen die niets met Uw leven te maken hebben. Geef ons de kracht om helemaal te leven in de vrijheid van Uw genade. Amen.

LEZEN:

Deut. 12;   Joh. 1:12-17;   Joh. 8:1-11, 8:33-36;   Rom. 6 en 8:1-17;   Gal. 5:1.

Gij hebt nog niet ten bloede toe weerstand geboden in uw worsteling tegen de ZONDE...

WEERSTAND BIEDEN.

We weten allemaal wel dat we satan moeten en kunnen weerstaan. We weten dat, zodra we hem weerstaan, hij van ons móet wijken. Maar of we het al weten, helpt ons totaal niets als we het niet dóen. We moeten met de mogelijkheden die we van God gekregen hebben, aan het werk. Misschien zijn er gelovigen die niet eens goed weten hoé zij satan weerstaan moeten, hoe ze verzet kunnen bieden tegen zijn listige aanvallen. In de eerste plaats moet je leren onderkennen met welke pijlen hij aanvalt, of hij met één of andere onreine geest je aanvalt of in je werkzaam is, want dat kan ook. Dan gebied je hem, jou, in de Naam van Jezus, los te laten, je gebiedt hem te gaan naar de plaats waar Jezus hem zegt te gaan. Daarna vraag je Jezus of Hij dat leeg geworden plekje in je vullen wil met Zijn Geest, opdat je nu niet meer beheerst wordt door die onreine geest of welke geest het ook mocht zijn, maar door de Heilige Geest. Dan begint ook de strijd van weerstand bieden, want je moet niet denken dat satan zo maar bakzeil haalt. Je moet er tegen vechten, dat je niet weer verontreinigd wordt, want hij probeert je opnieuw te besmetten op dit gebied. Hij kan tijden lang volhouden om je om te praten. Hij kan je bijvoorbeeld weer besmetten met een geest van ongeduld. Hij heeft gehoord dat je ergens met de Heer over gesproken hebt en begint je dan in te fluisteren: 'o, maar dát duurt nog een tijd voordat de Heer je dit geeft, je kunt wel vast dit of dat doen'. En hoe reageer je? Heb je die geest van ongeduld onderkend? Wat kun je nu doen in die situatie? Je mag gerust zeggen: 'ga weg satan, ik grijp niet in. Ik wacht op de Heer. Ga weg met je praatjes. Ik luister niet meer naar jou'. En besteed verder geen aandacht meer aan hem. Ik geloof dat we vaak juist onze strijd moeten richten op het niet reageren op zijn praatjes, niet naar hem luisteren, dat werkt het meeste uit. Weerstand bieden kan ook in de vorm van gebed gebeuren. De Heer aanroepen is wel het allergrootste wapen dat we in ons bezit hebben om tegen de vijand te strijden. Zijn Bloed aanroepen is funest voor de satan, een gebedsstrijd kan tot bloedens toe strijden worden. Ik denk aan Jezus die in de hof streed, waarbij Zijn zweetdruppels bloed werden. Dát was tot bloedens toe strijden. Kortom: Tot bloedens toe worstelen om weerstand te bieden tegen de zonde houdt in: alles op alles zetten, de ene keer biddend, de andere keer de vijand met woorden van Jezus weerstaan. Belangrijk in dit worstelen tot bloedens toe, is het nauw luisteren naar de Heer, om te weten hóe je in elke situatie tegen de vijand moet optreden. Hij zal door Zijn Geest je daar inzicht in geven, ook jou.

GEBED.

Vader in de hemel, wilt U mij en vele anderen kracht geven de vijand te weerstaan en te vechten tegen hem op de juiste manier? Geef ons dat inzicht, leer ons heel goed te luisteren naar Uw stem en bewaar ons ervoor, dat we denken het zelf alleen te kunnen. Ik vraag het U in de Naam van Jezus. Amen.

LEZEN: Ef. 6:12, 13; Hebr. 12:1; Col. 3:12, 4:12; Hebr. 6:9-15; Jak. 5:7-11.

Hoe is het mogelijk...
Maar God is niet veranderd...

WONDEREN.

Exodus 14 : 21.
Toen strekte Mozes zijn hand uit over de zee en de Here deed de zee de gehele nacht door een sterke oostenwind wegvloeien, MAAKTE HAAR DROOG EN DE WATEREN WERDEN GESPLETEN.

Psalm 78 : 12 en 32.
Ten aanschouwen van hun vaderen deed Hij WONDEREN in het land Egypte, het veld van Zoan. Ondanks dit alles zondigden zij verder én vertrouwden niet op Zijn WONDEREN.

Jona 1 : 17.
En de Here beschikte een grote vis om Jona in te slokken; en JONA WAS IN HET INGEWAND VAN DE VIS drie dagen en drie nachten.

Markus 16 : 20.
Doch zij gingen heen en predikten, overal, terwijl de Here medewerkte en het woord bevestigde door de TEKENEN, die erop volgden.

Johannes 6 : 11 en 14.
Jezus dan nam de broden, dankte en verdeelde ze onder hen, die daar zaten, evenzo van de vissen, zoveel zij wensten.
Toen dan de mensen zagen, welk TEKEN Hij verricht had, zeiden zij: 'Deze is waarlijk de profeet, die in de wereld komen zou'.

Markus 1 : 23 en 24.
En terstond was er in hun synagoge een mens met een onreine geest en hij schreeuwde luid, zeggende: 'Wat hebt Gij met ons te maken, Jezus van Nazareth? Zijt Gij gekomen om ons te verdelgen? Ik weet wel, wie Gij zijt: de Heilige Gods'. En Jezus bestrafte hem, zeggende: 'Zwijg stil en ga uit van hem'. (EN HIJ GING UIT).

GEBED.
Heer, U alleen kunt tegen alle menselijk denken in, dingen tot stand brengen waarvan wij geen besef hebben. Leer ons allen de tekenen en wonderen die U nu ook nog doet, te verstaan. Want waar aardse machten falen, daar staat Uw Goddelijke Almacht als een wonderteken, ook voor ons. Daar danken wij U voor, Heer. Amen.

Toen strekte Mozes zijn hand uit over de zee en de Here deed de zee de gehele nacht door een sterke oostenwind wegvloeien, MAAKTE HAAR DROOG EN DE WATEREN WERDEN GESPLETEN.

EEN WONDER?

Zouden wij het woord 'wonder' niet té vaak in onze mond nemen zonder dat we precies weten wat we zeggen? Een wonder gebeurt niet zo maar, en als je een wonder meemaakt, dan heb je er geen woorden voor om precies te vertellen wat er eigenlijk gebeurde. Een wonder is iets buitengewoons, iets dat tegen de natuurwetten ingaat. Als Jozua de zon beveelt stil te staan, is dit een wonder. De zon staat stil en dat gaat in tegen zijn natuurlijke gang, die door God is ingesteld. Als Maria in verwachting raakt, zonder natuurlijke samenleving met Jozef, is dit een wonder van bovennatuurlijke aard. Om maar niet te spreken van Jezus Christus die uit de doden opstond en het hele verlossingswerk tot stand bracht. Van Gods kant zijn dit allemaal geen wonderen, het hoort bij Zijn rijk, Zijn werk, Zijn doen en laten. Als wij dan ook in aanraking komen met een wonder van boven, komen we als het ware God Zelf tegen, werkende vanuit Zijn rijk. Toen het volk Israël uit Egypte weggetrokken was en voor de Schelfzee stond en achter hen in de verte het leger van Farao hoorde aankomen, schreeuwden zij van angst en begonnen in het wilde weg Mozes verwijten te maken. Ze zagen geen uitweg. De verdrinkingsdood lag vóór hen, het zwaard achter hen. Maar Mozes kent de Here en zegt: Weest niet bang, houdt stand, dan zullen jullie de verlossing van de Here zien. Hij had al zoveel wonderen meegemaakt in z'n leven en de Israëlieten niet minder. Mozes kénde de Here, maar zijn volk waarschijnlijk niet. Dan gebeurt het wonder, het water wordt als een muur door de oostenwind omhooggetrokken en iedereen kan veilig de overkant bereiken. En juist als de Egyptenaren ook over dat droge pad willen trekken, storten de muren van water weer terug, als een zee over allen heen. Uitkomst, redding van boven, een teken van boven, een gebeurtenis tegen de natuurwetten in. Hoewel we weten dat de natuurwetten ook wonderen Gods zijn, gebeurde hier een bijzonder teken van God. Ik las dat er mensen zijn, die dit wonder volgens de natuurwetten verklaren. Volgens hen vloeide het water weg en droogde op bepaalde plekken op. Goed, maar hoe verklaren zij dan dat op het ene moment de droogte kwam en nét op het andere moment de wateren weer opkwamen, zodat de vijanden verdronken? Anderen zeggen dat er in die tijd maar een paar centimeter water stond. Goed, maar hoe kan een groot leger daarin verdrinken? Zie je nog wonderen om je heen, gebeuren er vandaag nog wonderen? Ja, ze gebeuren nog. De Heer werkt nog met wonderen en tekenen! Maar de grote vraag is, of wij er oog voor hebben of er blind voor zijn.

GEBED.

Heer, Uw werk in de mens is op zichzelf al een wonder. En ik geloof dat ik aan wonderen voorbij leef. Open mijn ogen hiervoor, in Jezus' naam. Amen.

LEZEN:

Joz. 10:1-15;   Luk. 1:30-35;   Luk. 24:1-19;   Ex. 14:21-31;   Ps. 9:2, 72:18.

Ten aanschouwen van hun vaderen deed Hij WONDEREN in het land Egypte, het veld van Zoan. Ondanks dit alles zondigden zij verder en vertrouwden niet op Zijn wonderen.

ONDERSCHEIDEN WE GODS WONDEREN?

Een wonder staat nooit op zichzelf. Het gaat er steeds om dat Gods macht openbaar wordt. En vooral ook dat de mensen zouden zien en ervaren dat God Zichzelf onderscheidt van andere goden. Hij openbaart Zich als de Ene, ware, levende God. Deze wonderen gebeurden onder de ogen van de heidenen, die andere goden dienden. Satan echter kan ook dingen doen, die voor ons wonderen lijken. We moeten dat niet onderschatten. Maar God staat er altijd boven. Denk maar aan Mozes en Aäron die voor Farao stonden: de staf in Aärons hand werd een slang. De geleerden deden hetzelfde. Toen verslond Aärons staf die van de geleerden. Het wonderteken van God overtrof dat van de tovenaars. Hieraan konden koning Farao en zijn volk al zien hoe groot God was, de God van Israël.

In Exodus lees je dat heel het volk Israël in de woestijn met Gods wonderen in aanraking kwam. Ze werden gevoed met 'elke-dag-manna', brood uit de hemel. Ze aten het veertig jaar lang en het brood hield op, de dag, nadat de eerste keer gegeten kon worden van de opbrengst van het land. Ze hadden geen water en er kwám water uit een rots tevoorschijn. Geen vlees, er kwám vlees in de vorm van kwakkels.

Het was in de veertig jaar een aaneenschakeling van wonderen, wonderbare uitreddingen en overwinningen. Je zou zeggen: wat zullen die mensen dicht bij God geleefd hebben, zij die rechtstreeks gevoed werden uit Zijn hand. Maar niets is minder waar. Het lijkt net of ze het allemaal heel gewoon vonden en niet meer als een zegen van God. Ze zágen de wonderen helemaal niet meer. Veronderstel dat de Heer vandaag een wonderteken in je leven doet, zou je het wel zien? Je zou het mischien eerder als toeval zien en niet als redding uit Gods Hand. Je probeert het wonder te ontrafelen. Als je ongeneeslijk ziek bent en je wordt in één moment door de Heer genezen of langzaam, wat zou je eerst zeggen? Die medicijnen... die behandeling... die...? Gebruikt de Heer de medicijnen, dan zeggen we, dat de dokter genezen heeft.

Wonderen, tekenen, ze gebéuren nog en er zijn gelovigen die ze wél zien. Dat is een feit waar we blij om mogen zijn. Ben jij de Heer op die manier al tegen gekomen?

GEBED.

Heer, áls U mij zonder medicijnen ineens zou genezen, hoe zou ik dan reageren? Ik dank U dat U ook medicijnen zegent, en dat U Uw wonderen en tekenen wilt oprichten, ook vandaag, onder ons. Amen.

LEZEN:

Joz. 5 : 12;   Ex. 7 : 1-13;   Ex. 16 en 17;   Mat. 28 : 18;   Luk. 4 : 36; Hebr. 2 : 14, 15.

En de Here beschikte een grote vis om Jona in te slokken; en JONA WAS IN HET INGEWAND VAN DE VIS drie dagen en drie nachten.

JONA EN JEZUS.

Wanneer God Zichzelf openbaart, is het niet alleen om Zijn macht te tonen, maar het komt daarnaast altijd Zijn kinderen ten goede. Dit lezen we vanaf het begin van de Bijbel, zowel in het Oude als Nieuwe Tesament. Wonderen werden nooit verricht om het wonder zelf. Jezus Zelf spreekt over tekenen en wonderen.

Wanneer Hij Zijn discipelen uitzendt, zegt Hij niet: 'de wonderen zullen jullie volgen', maar Hij zegt: 'als tekenen zullen deze dingen de gelovigen volgen, en dán volgen de wonderen'. Jezus wijst ook op het teken van Jona. Het is hier tweezijdig: Het was een wonder om drie dagen te leven in het ingewand van die vis én het was een wonder er na drie dagen weer ongedeerd uitgespuugd te worden op het land. Maar de betekenis van dit alles ging veel dieper. Dieper dan Jona in de verste verte kon vermoeden. Het was een teken, een heenwijzing naar de Here Jezus, die drie dagen in de aarde zou zijn om daarna weer een nieuw leven te beginnen. In die drie dagen is er heel wat gebeurd, heel wat tot stand gebracht. Als de Farizeeën en de Schriftgeleerden aan Jezus vragen: we willen zo graag een teken zien van U, dan gaat Jezus hier helemaal niet op in. Hij doet geen teken zomaar zonder dat het zin heeft. Hij doet geen wonder om het wonder zelf. Hij verwijst deze vragers om een wonder terúg naar Jona, dát was een wonder, dat was een teken. Daar hebben jullie genoeg aan, want een boosaardig geslacht verlangt een teken. Daar heb je nu precies de kern van waarom veel mensen graag een wonder van de Heer willen ervaren. Ze willen het om zichzelf meemaken, uit nieuwsgierigheid soms. Maar God openbaart Zijn rijk aan gelovigen die met Hem willen wandelen, Hem willen volgen en dienen, die met Hem gekruisigd willen worden om daarna met Hem op te staan. En dat is al een wonder op zichzelf in ons aardse bestaan!

Dan ontdek je dat tekenen en wonderen de gelovigen volgen, wonderen voor kinderen Gods, door kinderen Gods ten goede voor hen die de Heer nog niet kennen, het is voor beiden. Laten wij de wondertekenen van de Here God naar waarde schatten, naar waarde verwerken en uitdragen, ook vandaag.

GEBED.

Heer, wat ik toch heb, weet ik niet, maar ik voel helemaal niet dat U er bent, alles kijkt me aan en ik heb haast geen moed om de dag te beginnen. Als ik dit lees, dan lijkt een wonder van U zo heel ver weg en denk ik, 'och, die gebeuren toch niet in mijn leven'. Heer, ik weet dat ik een beetje loop te mopperen, op alles en eigenlijk ook op U. Vergeef mij dit alles en helpt U mij er weer bovenop, ik ben zó moe van alles, het enige dat me blij maakt is, dat U mij begrijpt en niet boos bent op mij, dat ik komen mag zoals ik ben en het is net of het wat beter gaat. Dank U Heer, voor Uw luisterend oor. Amen.

LEZEN:
Jona 1 en Jona 2 : 1-10;   Luk. 11 : 30;   Joh. 2 : 11, 2 : 23, 3 : 2, 4 : 54, 6 : 2, 20 : 30;   Hand. 2 : 22, 43, 8 : 13;   Rom. 15 : 18, 19.

Doch zij gingen heen en predikten, overal, terwijl de Here medewerkte en het woord bevestigde door de TEKENEN, die erop volgden.

HET EVANGELIE WORDT BEVESTIGD.

Als we over wonderen of tekenen lezen in de Bijbel, dan ontdekken we dat het nog een derde doel in zich bergt. Eerst, Gods macht openbaren. Dan, dat een wonder de gelovige ten goede komt. En nu gaan we zien dat een wonder of teken ook ten doel heeft dat het geloof van de christen bevestigd wordt. Het wonder van Boven volgt op de verkondiging van het Evangelie van Jezus Christus. De Heer laat Zijn discipelen, Zijn apostelen niet in de kou staan. Zij behoeven niet alleen bezig te zijn met vertellen, nee, er volgt meer. De tekenen die Jezus deed tijdens zijn rondwandeling op aarde volgen ook hén na. Het versterkt hen die aan het vertellen zijn, maar het dringt ook diep in de harten van hen die luisteren, de tekenen kunnen hen tot verwondering brengen, en een laatste aanzet zijn, om zich aan de Heer toe te vertrouwen. Ik weet niet of je wel eens boeken gelezen hebt over hen die op de zendingsvelden het evangelie uitdragen; nu, daarin lees je dat zij vaak die tekenen waar het hier over gaat, meemaken. Zij staan soms net zo verwonderd over wat er allemaal gebeurt, als degenen, die om hen heen staan te luisteren. Zieken worden genezen en je ziet berouw over de mensen komen, zij zien opeens hoe ze geleefd hebben, hoe fout en hoe leeg hun leven was. De Heilige Geest overtuigt hen van zonde, en ook dat gaat vaak gepaard met de tekenen die de gelovigen zullen volgen. En geloof maar dat én de evangelisten én zij die luisteren, blij zijn, dat God niet is veranderd, dat Hij doet wat Hij beloofd heeft.

Bij ons maken wij niet zo vaak meer tekenen mee. Weet je waar wij misschien wel bang voor zijn? Dat wonderen wel eens van de andere kant kunnen zijn, van onze vijand, want dat staat ook in de Bijbel. En dat is waar, dat moeten we niet vergeten. Daarom is het maar het veiligst er geen aandacht aan te schenken... en er ook niet om te vragen, want... En daar zit nu juist de fout, we kijken naar de mogelijkheid van de vijand, en richten ons niet naar de beloften van tekenen en wonderen die de Here God ons wil geven. We zijn te bang om er aandacht aan te schenken. Het vergt té veel energie van ons om er achter te komen wáár wonderen vandaan komen. We vergeten daarbij dat de Heer Zijn gave van onderscheiding van geesten heeft beloofd aan Zijn kinderen, zodat we kunnen weten uit welke bron ze komen. We moeten meer op de Bijbelse beloften ingaan, dán zullen we ervaren hoe geweldig Onze God is. We kunnen nagaan of de tekenen van de Heer zijn, want dan zal Jezus altijd in het middelpunt staan. Een teken van Boven zal ons bij het kostbare Bloed van Jezus brengen en dat is het, waar de vijand voor terugschrikt. Richt je blik alleen op Jezus en durf het te wagen met Zijn beloften.

GEBED.

Vader, help ons allen ons meer te richten naar U, dan naar de vijand. Amen.

LEZEN:

Deut. 13 : 1-5;   2 Kron. 20 : 20;   Mat. 24 : 11-26, 7 : 13-23;   Hand. 8 : 4-11.

Jezus dan nam de broden, dankte en verdeelde ze onder hen, die daar zaten, evenzo van de vissen, zoveel zij wensten... Toen dan de mensen zagen, welk TEKEN Hij verricht had, zeiden zij: 'Deze is waarlijk de profeet, die in de wereld komen zou'.

WOORD EN DAAD TEGELIJK!

Ja, de wonderen die de Here verrichtte, dienden ook tot lering, het was als het ware aanschouwelijk onderwijs. Jezus leerde de mensen niet alleen door Zijn woorden, nee, Zijn woorden gingen gepaard met daden. Als we het verhaal lezen van de wonderbaarlijke spijziging van de vijfduizend mensen, gebeurt dat niet zomaar. Er zit een diepere betekenis achter, het heeft een bedoeling. Als zij allen gevoed zijn, vertelt Hij de mensen dat Hijzelf het levende brood is. Hij probeert hen al duidelijk te maken, dat dit brood ook eerst gebroken moet worden voordat het uitgedeeld kan worden, dat er daarna manden vol overblijven, zaligheid te óver. Iedereen kan meer dan genoeg krijgen. De mensen leren door deze praktijkles. Het is een Goddelijk wonder, het hoort bij het Koninkrijk der hemelen. Weet je, er zijn mensen die, wat ze bestuderen moeten, beter in zich opnemen als zij het uitgebeeld zien. Ik denk aan het flanelbord dat bij kinderen gebruikt wordt, het verhaal wordt vergezeld van plaatjes, die er opgeplakt worden, zodat de vertelling beter tot hen doordringt. Het wordt hoe langer hoe meer ook bij volwassenen gebruikt. Zo gebeurde het bij Jezus ook, Zijn wonderen hielpen de mensen om te geloven, dát, wat Hij hun vertelde. Zij stonden vaak versteld van wat zij zagen en dat is ook geen wonder, ze kwamen regelrecht in aanraking met de Goddelijke macht van boven. Ze zagen dat het uit de goede bron kwam, ze wisten dat Jezus hen niet wat op de mouw speldde, ze proefden dat Zijn spreken en handelen met elkaar overeenstemden. Bij de apostelen in het boek Handelingen zie je hetzelfde, hun evangelieverkondiging ging ook gepaard met tekenen, met genezingen en wonderen. Als we bij het evangelie terecht komen, komen we altijd weer bij het Hebreeuwse woord 'dabar', waar ik het al eens eerder over gehad heb; het betekent 'woorddaad'. Jezus' woorden waren daden tegelijk. Zijn vragen om voedsel was tegelijk uitdelen, uitdelen aan duizenden mensen. Ja, misschien moesten we wel wat meer aanschouwelijk onderwijs ontvangen. Zou daar soms de oorzaak liggen van de achteruitgang van de kerkgang en het catechisatiebezoek? Laten we maar te rade gaan bij onszelf, laten we maar vragen aan de Heer wat de oorzaak daarvan is. Laten we maar meer oog krijgen, voor ons gepraat, zonder daden, zonder uitwerking.

GEBED.

De wonderbare spijziging was een teken van het nieuwe Koninkrijk dat al begonnen is, Heer, en wij mogen daarin leven. Maar wat is de oorzaak dat wij het te weinig merken? Geeft Gij ons daarop zicht, zodat wij samen als gemeenteleden dat veranderen kunnen. Maar wij kunnen niets vanuit onszelf, maar alleen door Uw Heilige Geest. En misschien is dit het antwoord al. Amen.

LEZEN:
Joh. 6:1-40;   Ps. 27:4, 119:18;   Spr. 24:32;   Joh. 1:14, 11:45;   Ps. 36:10.

Ik weet wel, wie Gij zijt: de Heilige Gods.

WIE GELOOFT?

Waar komt nu die kracht van Jezus vandaan? Waar ligt en wat is de bron? De Bijbel zegt: het is de kracht Gods, Jezus had die kracht om wonderen te doen niet uit Zichzelf, maar uit God, Zijn Vader. Daarom was Jezus één met Zijn Vader, daarom zien wij Hem zo vaak de bergen in gaan, nl. om te bidden, om te spreken met God. Ja, tekenen en wonderen horen bij God. Het is het geheim Gods dat het op aarde openbaar wordt. God Zelf is het die het bewerkt. De wonderen vertellen Gods eer, zegt David. En het is erg, dat we moeten ontdekken, dat wij, met alle eerbied gesproken, er geen kaas van hebben gegeten. Wij lijken wel op de mensen, die Jezus nog maar pás hadden ontmoet en die bij Hem in de kerk zaten.
Wie er wel gelooft in de kracht Gods? De duivel en de demonen! Zij geloven wel in Hem, zij zien en geloven dat Jezus de Zoon van God is. Zij roepen dan ook luid in de kerkdienst: 'Ik weet wel wie Gij zijt: de Heilige Gods'. Voordat deze onreine geest bevolen werd van deze mens uit te gaan, schreeuwde hij de mensen toe. Hij was bang voor Jezus, hij hoorde hoe Jezus de mensen als gezaghebbende leerde en niet als de schriftgeleerden. Dat het een gezag was, dat niet bij deze aarde hoorde, een gezag dat satan overtrof, een gezag, dat hem deed stuiptrekken van angst. Hij wist dat het met hem gedaan was. Daarom schreeuwde hij tegen de Zoon van God: 'Ik weet wel wie Gij zijt, de Heilige Gods'. En over het hoofd van Jezus heen, schreeuwde hij tegen de mensen uit de kerk van die dagen. Wéét je wel wie daar voor je staat? Heb je er wel enig idee van? Ik weet het wel. Zal ik het jullie eens vertellen? Het is de Heilige Gods.
Dan is het afgelopen met deze onreine geest, Jezus bestrafte hem, Jezus zeide eenvoudig: 'Zwijg stil, en ga van hem uit'! En hij ging van hem uit. Wat nog nooit gebeurd was, gebeurde daar, het was een voorproefje van de totale ondergang van satan. Hier werd één van zijn werkers, een teken van het nieuwe koninkrijk dat komen zou. Het was geen wonder voor God, de Vader. Ook niet voor Jezus, het was een wonder voor de mensen, omdat het plaatsvond op de aarde, en nog wel in hun nabijheid. Eigenlijk wel beschamend dat een onreine geest wél wist wie Jezus was. Maar we kunnen hieruit ook leren, dat we zijn rijk niet moeten onderschatten. En óók leren, dat wij door de Naam van Jezus te gebruiken, de boze geesten kunnen bestraffen en dat zij ons dan gehoorzaam moeten zijn. Het hoort bij die nieuwe leer met gezag die Jezus ons voorleefde. Woord(en)daad.

GEBED.

Vader, leer ons als gemeenteleden bóven satan met zijn medewerkers te staan. Leer ons dat wij mogen optreden in de Naam van Jezus, met gezag. Leer ons Jezus ten diepste kennen, zodat wij Hem kunnen volgen in woord en daad tegelijk, om Zijns Naams wil. Amen.

LEZEN:

Mat. 6:13;   Luk. 1:35, 4:1-14, 5:17, 6:17-19, 22:66-69;   Mark. 1:21-28.

Zondag
38ste week

Wat hebben wij een grote
familie, vind je ook niet?
Ken jij al je familieleden wel?
Hou je van hen allemaal?

DISCIPEL EN APOSTEL.

Markus 3 : 13-15.
En Hij ging de berg op en riep tot Zich, wie Hij zelf wilde, en zij kwamen tot Hem. En Hij stelde er TWAALF aan, opdat zij met Hem zouden zijn en opdat Hij hen zou uitzenden om te prediken, en om macht te hebben boze geesten uit te drijven. En Hij stelde de TWAALVEN aan.

Mattheüs 14 : 19.
En Hij beval de scharen, dat zij in het gras zouden gaan zitten, nam de vijf broden en de twee vissen, en Hij zag op naar de hemel, sprak de zegen uit, brak de broden en gaf ze aan Zijn DISCIPELEN en de DISCIPELEN gaven ze aan de scharen.

Mattheüs 23 : 1.
Toen sprak Jezus tot de scharen en tot Zijn DISCIPELEN, zeggende...

Lukas 14 : 26, Mattheüs 12 : 47a, 49 en 50.
'Indien iemand tot Mij komt, en niet haat zijn vader en moeder en vrouw en kinderen en broeders, en zusters, ja zelfs zijn eigen leven, die kan Mijn DISCIPEL niet zijn'. En iemand zeide tot Hem: 'zie, Uw moeder en Uw broeders staan buiten...' Hij strekte Zijn hand uit over Zijn DISCIPELEN en zeide: 'Ziedaar, Mijn moeder en Mijn broeders. Want al wie doet de wil Mijns Vaders, die in de hemelen is, die is Mijn broeder en zuster en moeder'.

Mattheüs 10 : 1.
En Hij riep Zijn twaalf DISCIPELEN tot Zich en gaf hun macht over onreine geesten om die uit te drijven en om alle ziekte en alle kwaal te genezen.

Handelingen 2 : 41 en 42a.
Zij dan, die zijn woord aanvaardden, lieten zich dopen en op die dag werden ongeveer drie duizend zielen (DISCIPELEN) toegevoegd. En zij bleven volharden bij het onderwijs der APOSTELEN en de gemeenschap, het breken van het brood en de gebeden.

GEBED.
Heer, ik kom tot de ontdekking dat ik er helemaal niet zo bij nadenk, dat ik eerst leerling van U ben om daarna gebruikt te worden in Uw Koninkrijk. Dat al de gebeurtenissen rondom U voor de discipelen lessen waren om van te leren, rijke levenslessen voor hun handel en wandel met U. Dat deze ook voor mij zijn opgeschreven. Ja, voor allen die U aangenomen hebben. Dank U, dát U ons wilt gebruiken. Amen.

En Hij ging de berg op en riep tot Zich, wie Hij zelf wilde, en zij kwamen tot Hem. En Hij stelde er TWAALF aan, opdat zij met Hem zouden zijn en opdat Hij hen zou uitzenden om te prediken, en om macht te hebben boze geesten uit te drijven. En Hij stelde de TWAALVEN aan.

JEZUS ROEPT OOK JOU.

Ja, Jezus roept twaalf discipelen om Hem te volgen, en hen te leren, om hen daarna uit te zenden om het evangelie te verkondigen in heel de wereld. Discipel zijn betekent: Leerling, jongere of student zijn. Deze naam werd gebruikt voor hen die zich aansloten bij een groot leraar. Johannes de Doper bijvoorbeeld had ook discipelen, volgelingen. Jezus riep de discipelen tot Zich om hen te leren en om hen daarna apostelen te maken, zodat zij op hun beurt weer nieuwe discipelen konden winnen voor Jezus. Apostel betekent: uitgezondene. Eerst leerling, dan apostel, eerst de theorie leren en dan de praktijk in. De discipelen krijgen drie en een half jaar onderricht van Jezus. Ze leren hoe ze moeten leven en werken, en gehoorzamen volgens de nieuwe leer van Jezus. Hij leert hen rijke levenslessen. Hij maakte hen als het ware klaar voor hun taak, een taak, vaak in een vijandige wereld. Ze kunnen Jezus eerst helemaal niet begrijpen, het is allemaal zo nieuw voor hen, zo volkomen anders dan wat zij leerden van de wetgeleerden. Het staat lijnrecht tegenover elkaar. Voor ons mensen is het ook zo moeilijk los te laten wat je vroeger geleerd is, en met de paplepel is ingegoten. Als je nu maar de nieuwe leer van Christus hebt geleerd, dan is het goed, maar o wee, als je wetten en instellingen van mensen hebt geleerd, want dát krijg je er haast niet weer uit. Vooral voor de wat oudere mensen is het heel moeilijk hun denken te laten veranderen door de Heilige Geest. Er is tijd voor nodig. Jezus wist dat, Hij riep niet voor niets twaalf mannen in de bloei van hun leven tot Zich om hen dagelijks te leren en aanschouwelijk onderwijs te geven. Zij moesten, net als jij en ik, leren om alleen Jezus in hen te laten spreken, van Hem vervuld te zijn. Wat zullen er bij hen heilige (kerk) huisjes in elkaar gestort zijn. En wat moeten er bij ons veel (kerk)huisjes in elkaar storten, voor we Zijn Huis kunnen bouwen. Dit is veel moeilijker dan je denkt, ik weet het uit ervaring. Maar als je het oude overgeeft in Zijn handen, ontvang je nieuw inzicht. Je ervaart een rechtstreekse leiding van de Heilige Geest. Je gaat denken, spreken en handelen vanuit die Geest. En dan ga je ontdekken dat er van het geleerde uit je vroegere leven nog veel bruikbaar is. Het is alleen door Zijn Geest vernieuwd, de omheiningen o.a. van vele kerkmuren zijn door Hem weggehaald. Zo kun je onbevangen een volgeling, een discipel van de Here Jezus zijn, om daarna je taak als apostel in de wereld te aanvaarden. Ben jij al een discipel of apostel?

GEBED.

Heer, leer mij een apostel van U te worden en te zijn. Amen.

LEZEN:

Jes. 50 : 4, 54 : 13;   Mat. 11 : 29, 24 : 32;   Mark. 1 : 21-28;   Joh. 7 : 14-24, 18 : 19-21;   Ef. 4 : 17, 20;   Hebr. 5 : 8.

En Hij beval de scharen, dat zij in het gras zouden gaan zitten, nam de vijf broden en de twee vissen, en Hij zag op naar de hemel, sprak de zegen uit, brak de broden en gaf ze aan zijn DISCIPELEN en de DISCIPELEN gaven ze aan de scharen.

UITDELEN.

Het is net alsof Jezus Zijn discipelen hier de les van het uitdelen van voedsel in geestelijk opzicht wil leren. Hij begint het hen in natuurlijke vorm voor te doen, met gewoon brood. Maar dat het er allemaal gewoon toegaat daar op die grasweiden, kun je bepaald niet zeggen. Wie kan nu vijfduizend mensen (en dat alleen nog maar de mannen) te eten geven van vijf broden en twee vissen; het lijkt voor ons onmogelijk. Maar bij Jezus is het niet onmogelijk. Hij wist wel wat Hij zei, toen Hij Zijn leerlingen de opdracht gaf: 'geeft gij hun te eten'.

Weet je waar we bij het lezen van deze geschiedenis vaak aan voorbij lopen? Dat Jezus naar Zijn Vader keek, opzag naar de hemel en verbonden met Zijn Vader, de zegen uitsprak over die vijf broden en twee vissen. Hij wilde Zijn leerlingen leren, wat het enig nodige was in alle omstandigheden van hun leven. Hij leerde hen, bij alles eerst het kontakt met God te zoeken, en van daaruit de zegen verwachten. Hij wilde hen ook leren, met het oog op het apostel worden, dat zij nooit moeten kijken op de moeilijke omstandigheden! Hij leerde hen dat bij God de Vader alle dingen mogelijk zijn. Er zit nog een rijke les in verborgen: Deze broden en twee vissen moeten eerst gebroken worden. Als we denken dat Jezus ergens anders zegt: Ik ben het brood des levens, komt hier Zijn lijden, Zijn 'Zich geven' aan de mensheid, naar voren. Hij moest eerst gebroken worden, voordat de mensheid kon delen in Zijn opstanding. We horen Jezus dit ook zeggen vlak voor Zijn dood als ze samen avondmaal vieren en de leerlingen op het punt staan om apostel te worden. Jezus nam het brood, sprak de ZEGEN uit, brak het en gaf het aan Zijn discipelen en zeide: 'Neemt, eet, dit is Mijn Lichaam'. Eerst moet er wat gebroken worden, voordat het uitgedeeld kan worden, eerst de zegen van God de Vader, voordat het gebrokene zijn werk kan doen in de mens. Zo kunnen we nooit uitdelen van onszelf aan de mensen, tenzij wij gebroken zijn in onze eigen kracht en zonder de zegen van God heeft het uitdelen van wat dan ook geen enkele uitwerking. Deze twaalf jongeren moesten dit allemaal nog leren en ervaren. Hoe staat het er met ons voor? Kunnen wij geestelijk uitdelen, door onze gebrokenheid heen, naar de ander? Hebben wij eerst leren opzien naar boven?

GEBED.

Wat gaat U diep Heer, met de les van uitdelen in ons leven. Leer mij uit te kunnen delen, leer mij op te zien naar U om Uw zegen te vragen. Dank U voor deze les, dat ook wij allen hiervan mogen leren, omdat wij ook discipelen van U zijn en U ons wilt gebruiken als apostelen, om nieuwe discipelen te winnen voor U. Amen.

LEZEN:
Mat. 14:13-21, 15:29-39;　　　1 Petr. 3:9b;　　　Hand. 3:1-10, 5:17-20;　　　Mat. 4:4.

Toen sprak Jezus tot de scharen en tot Zijn DISCIPELEN, zeggende...

ONTMASKERD.

In de Bijbel staat boven dit schriftgedeelte: Rede tegen de schriftgeleerden en de Farizeeën. Deze probeerden telkens Jezus te vangen op Zijn woorden. En wanneer Hij het genoeg vindt, leert Hij hen de les. Hij doet dit tegen de hele schare en Zijn discipelen en daaronder bevonden zich de herders, de leiders van het volk. Jezus leert weer in de eerste plaats Zijn leerlingen een nieuwe les. De les van het ontmaskeren. Zijn volgelingen moeten begrijpen, dat, wat hun van kindsbeen af is geleerd, onzuiver is en alleen dode theorie. Jezus ontmaskert hen. Hij windt er geen doekjes om, er komen harde waarheden aan het licht.

De discipelen en de schare, maar ook deze leiders zullen niet geweten hebben wat ze hoorden; deze laatsten werden voor de ogen van het volk ontmaskerd. Misschien was het volk blij met alles wat Jezus zei, dát de wetgeleerden onomwonden de waarheid werd aangezegd. Wie van hen, zó zij het al begrepen hadden wat er mis was bij de leiders, had zoiets ooit durven zeggen!

Zeven maal noemt Jezus hen huichelaars, dat is wat! Hij leert de schare dat ze wel de wet moet houden, maar dat ze absoluut niét de werken moet nadoen die hun leiders doen; zij zijn huichelaars. Ze leggen jullie zware lasten op de schouders en zelf doen ze er niet naar. Alles wat zij doen is om gezien te worden bij de mensen; huichelaars zijn jullie leraars. Zij sluiten de deuren van het Koninkrijk der hemelen voor jullie. Wat Jezus allemaal nog meer zegt over hen, lees je in de daarop volgende verzen. Maar hier krijgen de discipelen en het volk een kijkje achter de schermen van de theologen van die tijd.

Zou deze les ook gelden voor onze tijd, onze eeuw? Natuurlijk, want de Bijbel brengt een boodschap voor alle mensen van alle tijden. Maar hoevelen van ons, die wel naar de kerk gaan, leven er niet naar? En dat is huichelarij. Hoevaak belijden wij met de mond Christus, maar niet in onze handel en wandel? Hoevaak gebeurt het niet, juist in deze tijd, dat er leiders naar voren komen, die de mensen misleiden? Ga zo maar door. Laten we niemand beschuldigen, maar de hand eerst in eigen boezem steken. Samen moeten we leren los te laten dat wat van onszelf is en vast te houden dat wat de Bijbel ons leert. De discipelen moeten uit deze les leren, dat zij alleen de leer van Jezus mogen brengen. Zij moeten leren verder te zien dan de buitenkant. Zij moeten leren onderscheiden wat goed en kwaad is. Deze les geeft Jezus ook door aan ons en wij mogen bidden om de gave van onderscheiding. Wij hebben het voorrecht dat Zijn Geest in ons wil wonen. Het gaat erom heel nauw te luisteren naar Hem. Hoor jij bij degene, die ontmaskerd moet worden, of...?

GEBED.

Heer, doorgrond mij en breng aan het licht waar ik huichel in mijn leven. Amen.

LEZEN:

Ps. 26 : 1-5;   Mat. 6 : 2, 5, 16, 7 : 15, 15 : 1-19, 22 : 15-22, 23 : 1-39.

'Indien iemand tot Mij komt, en niet haat zijn vader en moeder en vrouw en kinderen en broeders, en zusters, ja zelfs zijn eigen leven, die kan Mijn DISCIPEL niet zijn'.
En iemand zeide tot Hem: 'Zie, Uw moeder en Uw broeders staan buiten...' Hij strekte zijn hand uit over zijn DISCIPELEN en zeide: 'Ziedaar, Mijn moeder en Mijn broeders. Want al wie doet de wil Mijns Vaders, die in de hemelen is, die is Mijn broeder en zuster en moeder'.

GEESTELIJKE FAMILIE.

'En niet haat zijn moeder'... Het is zo jammer dat het woordje 'haat' verkeerd vertaald is. Zo heb ik vroeger ook nooit kunnen begrijpen dat God zei: 'Jacob heb ik liefgehad en Ezau heb Ik gehaat'. Haatte God dan Ezau terwijl Hij Zelf hem de hand boven het hoofd hield? Later kwam ik erachter dat het woordje 'haat' vertaald moet worden met: 'minder liefgehad', of 'achter stellen' of 'niet de eerste plaats innemen in je leven' en dan wordt alles anders. Wie zijn moeder en vrouw en kinderen, broeders en zusters, ja, zelfs zijn eigen leven meer liefheeft dan Mij, die kan Mijn discipel niet zijn. Jezus wil de Eerste in je leven zijn. Hij neemt geen genoegen met een tweede plaats. Als Hij bij jou de eerste is, mag je al de anderen liefhebben. Eerst Hem toegewijd zijn. Hij geeft je eeuwigheidsleven, wat niemand anders je kan schenken. Weet je, Jezus geeft hier Zijn discipelen een nieuwe familieles. Wie is nu je echte vader of moeder? Wie je echte broer of zus? Het zijn diegenen die Mijn Vader liefhebben, die de wil van Mijn Vader doen. De natuurlijke familie wordt gescheiden van de geestelijke familie. Het allermooiste is wel, dat je natuurlijke familieleden tegelijk geestelijke broers en zusters van je kunnen zijn, dat je geestelijke ouders kunt hebben, die de wil van de Vader doen. Maar vaak is dit niet zo, er staan heel wat eenzame geestelijke kinderen in het leven, die opgroeien en leven tussen natuurlijke familieleden. Wat is het dan fijn dat je échte broeders en zusters tegenkomt. Wij vinden het soms maar moeilijk om hen broeder of zuster te noemen. Als de predikant broeders en zusters zegt, is het tot daar aan toe, maar wij onder elkaar? Toch zijn we in de geestelijke familie thuis, we hébben veel nieuwe familieleden gekregen, wij zijn in het gezin van God gekomen, als we Jezus kennen in ons leven en dat is een groot gezin. Eén daarvan is het Hoofd, Eén moet gehoorzaamd worden, daar moet naar geluisterd worden, dat is Jezus Christus. Hij is het Hoofd van de Gemeente. Ik weet niet of je er wel eens op let of je leven overeenstemt met het geestelijke gezinsleven waarvan je deel uitmaakt. Vraag maar gerust aan de Heer of Hij je helpen wil, de wil van Zijn vader te doen, zodat je omgeving aan je merken kan waar je thuis hoort, wie jouw werkelijke Vader is.

GEBED.

Vader, wat ben ik blij dat U mij liet zien, dat ik mijn moeder en vader en broers en zusters niet hoef te haten, dat U mij alleen leerde U éérst lief te hebben bóven hen. Amen.

LEZEN:

Luk. 14 : 25-35;   Mat. 12 : 46-50;   Mal. 1 : 2b;   Rom. 9 : 13;   Ps. 143 : 10.

En Hij riep Zijn twaalf DISCIPELEN tot Zich en gaf hun macht over onreine geesten om die uit te drijven en om alle ziekte en alle kwaal te genezen.

VAN DISCIPEL NAAR APOSTEL.

Ja, hier is het zover, dat Jezus' discipelen apostelen worden. Voor even maar; ze worden de praktijk ingezonden, ze mogen ervaring opdoen. Jezus gaf hun Zijn macht mee op de eerste, kleine zendingsreis. En wát voor macht, macht over de onreine geesten, geesten uit de demonenwereld, de wereld van satan. Macht om alle kwaal, alle ziekten te genezen. Het is zo allesomvattend wat Jezus Zijn leerlingen opdraagt en geloof maar dat zij er verbijsterd bijgestaan hebben toen de geesten uit satans rijk hun onmiddellijk gehoorzaamden, in Naam van Jezus, toen mensen, die jaren ziek waren, soms ongeneeslijk, terstond werden genezen door de macht van de Naam van Jezus. De omstanders konden meteen zien dat hier iets heel anders aan de hand was, dat hier een macht achter zat, die niet van henzelf was, een Goddelijke macht. Er zullen ongetwijfeld nieuwe discipelen bij zijn gekomen, volgelingen weer van deze uitgezondenen. Waarom zouden bij ons deze dingen niet meer zoveel gebeuren? Waarom gebruiken wij die macht in de Naam van Jezus niet zo intensief? Ja, wij bidden nog wel, maar om op te treden tegen de onreine geesten, tegen de demonenwereld, tegen satan zelf, dat laat nog heel wat te wensen over. Je hoort het wel in de kringen buiten de kerk. Daar gebruiken ze wel die macht in de Naam van Jezus. Het staat toch geschreven in Gods Woord? 'In Mijn Naam zullen zij boze geesten uitdrijven'. Zou het komen doordat wij de onreine geesten niet zien, niet onderscheiden? Of willen wij ze niet zien, durven wij niet tegen hen op te treden? Nu, vanuit jezelf zou ik er ook maar nooit aan beginnen, dan moet je tegenover hen toch bakzeil halen, maar... in de macht van de Naam van Jezus?

Wij zouden in de eerste plaats meer moeten bidden voor onze predikanten, zodat zij op dit terrein wakker worden en de moed hebben om hun gemeenteleden te bevrijden van verkeerde machten, in de Naam van Jezus. En niet alleen voor onze voorgangers, maar evengoed voor onszelf. We staan soms ver van het apostelschap af, zoals waarin Jezus de discipelen had opgeleid. 'Op zieken zullen zij de handen leggen, in Mijn Naam zullen zij boze geesten uitdrijven'. Mensen, wat zijn we aan het doen, wat zijn we aan het nalaten? Gelukkig zijn er kerken waar het wél funktioneert. In de Herv. kerk in Den Haag wordt elke week voor Pinksteren een genezingsdienst gehouden. Gelukkig zijn er predikanten én gemeenteleden die samen hun knieën buigen en in de Naam van Jezus, de machten bestraffen. Goddank, dát ze er zijn, maar wat staan ze eenzaam op hun posten. Weet jij ervan? Of... Bid dan of we samen apostel mogen zijn in de zin, zoals Jezus het wil.

GEBED.

Heer, vergeef ons. Leer onze kerk weer kerk te zijn volgens Uw plan. Leer ons weer christen te zijn zoals U dat bedoelt, om te kunnen werken in Uw Rijk. Amen.

LEZEN: Mark. 6 : 6-13;   Mat. 10 : 1-42;   1 Kor. 12;   Mark. 16 : 15-20.

Zij dan, die zijn woord aanvaardden, lieten zich dopen en op die dag werden ongeveer drieduizend zielen (DISCIPELEN) toegevoegd. En zij bleven volharden bij het onderwijs der APOSTELEN en de gemeenschap, het breken van het brood en de gebeden.

VOLHARDEN!

Wat een moment, wat een rijke gebeurtenis, hier werden nota bene drieduizend discipelen in één keer toegevoegd aan de gemeente. Hier lezen wij ook het geheim van gemeente-zijn, zoals Christus dat bedoelde, het geheim om een goede leerling te zijn, en om opgeleid te worden voor apostel. Volharden in het onderwijs, dat zoveel inhoudt. Elke leerling heeft onderwijs nodig, de discipelen hadden het voorrecht gehad door Jezus Zelf te worden onderwezen. Deze nieuwe discipelen hadden Jezus in zich, doordat Zijn Geest in hen werd uitgestort. Andere mensen werden weer opgeleid door hen, die vervuld waren met de Heilige Geest; zij konden de geheimen van christen-zijn doorgeven, omdat zijzelf ook vervuld waren van diezelfde Geest. Al met al leer je in deze les, dat niets bereikt wordt door niets doen, maar dat er wat van je gevraagd wordt. Het is beslist niet zo, dat je met je handen over elkaar kunt zitten en maar denken dat de Heilige Geest het wel doet. Ja, Hij werkt wel, maar MET JOU SAMEN! Wij moeten dagelijks onderwezen worden en daar wordt niet alleen je stille tijd mee bedoeld, dat is een persoonlijke zaak, maar we hebben allemaal gemeenschap nodig met mede-christenen.

Gemeenschap door het gebruiken van het avondmaal en niet te vergeten de gemeenschap van het gebed, want dat is ook een voorname zaak. Door met elkaar te bidden kan de Geest funktioneren, kan de Heilige Geest Zijn gaven laten werken en daar hebben wij elkaar voor nodig. Daardoor groeit de gemeente naar zijn volwassenheid. Dat is het geheim van het gemeente-zijn. Want het is toch ook niet de bedoeling dat een kind een kind blijft. Evenmin wil de Heer dat wij altijd leerling blijven. Hij wil ons graag inzetten om leiding te geven, om op te voeden in geestelijke zin.

Als we ons afvragen, waarom er zo weinig apostelen zijn, zo weinig echt levende discipelkringen zoals hierboven beschreven is, zou de sleutel wel eens kunnen zijn: dat er te weinig kleine huisgemeenten zijn; wij zouden zeggen: kleine Bijbelkringen naast de zondagse erediensten. Zijn ze er wel, dan komt die andere voorname eigenschap (voorwaarde) naar voren, dat is volharden, volharden, doorzetten tot het einde toe. Je er niet af laten brengen, volhouden, dat is de bedoeling van apostel zijn. Ook nu roept de Heer ons allen om terug te gaan, om te kijken, hoe de gemeente in het begin was. Geen Bijbelkring bij jullie, geen bidstond? Begin er voor te bidden, bid om één persoon en…?

GEBED.

Ja, Heer, ik dank U dat U ons opnieuw laat zien, hoe wij discipel kunnen zijn. Vergeef ons onze laksheid, schudt Gij ons wakker om de naam discipel én apostel waardig te zijn. Amen.

LEZEN: 1 Tim. 4:12-16; 2 Tim. 2:11, 12; Jac.1:12; 2 Kor. 12:12; Mark. 13:13.

Zondag
39ste week.

Van wandelen gaat zo'n rust uit, maar wandelen met de Heer gaat alle rust te boven.

WANDELEN.

Genesis 3 : 8a.
Toen zij het geluid van de Here God hoorden, die in de hof WANDELDE in de avondkoelte...

Genesis 5 : 24.
En Henoch WANDELDE met God en hij was niet meer, want God had hem opgenomen.

Leviticus 26 : 12.
Maar Ik zal in uw midden WANDELEN en u tot een God zijn en gij zult Mij tot een volk zijn.

Johannes 5 : 8.
Jezus zeide tot hem: 'Sta op, neem uw matras op en WANDEL'.

Colossenzen 2 : 6.
Nu gij Christus Jezus, de Here, aanvaard hebt, WANDELT in Hem.

Epheze 5 : 1 en 2.
Weest dan navolgers Gods, als geliefde kinderen, en WANDELT in de liefde, zoals ook Christus u heeft liefgehad en Zich voor ons heeft overgegeven als offergave en slachtoffer, Gode tot een welriekende reuk.

GEBED.
Heiland, ik kom U danken, dat ik in deze wereld waarin het zo donker is, in Uw licht mag wandelen, dat alleen geeft mij de overwinning op de duistere machten die mij elke dag weer omringen. U hebt al overwonnen en ik mag overwinnen door U, door met U te wandelen. Heiland, ik dank U, dat de dood maar een deur is, en dat ook ik eenmaal over mag gaan van dit leven naar een eeuwig leven bij U. Wilt U mij en de mijnen leren te leven vanuit die volkomen rust van U? Ook onze gemeente, opdat wij met elkaar die innerlijke rust bezitten, ervaren en uitdragen. Ik bid U voor hen die vervolgd worden om Uws naams wil, voor hen, die ziek zijn en eenzaam, voor de gezinnen, die moeilijkheden hebben, door werkloosheid, of doordat zij een gehandicapt kind moeten verzorgen. Geef de ouders kracht het vol te houden en doe hen de rust ervaren doordat zij in geloof rusten in U. O, Heer, er is zoveel nood, zoveel! Geef dat wij allen mogen wandelen aan Uw Hand, in vertrouwen. Amen.

Toen zij het geluid van de Here God hoorden, die in de hof WANDELDE in de avondkoelte...

GOD OP AARDE.

Is het wel eens tot je doorgedrongen dat de Here God met de mens Adam en de mens Eva gewoon omging, net zoals wij met elkaar? Dat Hij op déze aarde rond-wandelde? Dat er een persoonlijke omgang was tussen mens en God? Dit was ook Zijn bedoeling toen Hij de mens schiep. Als Hij Eva uit de rib van Adam gebouwd heeft, brengt de Here God persoonlijk de vrouw bij Adam. God sprak van aangezicht tot aangezicht met hen. Wat moet dat een onuitsprekelijke heerlij-ke verhouding geweest zijn. Je leest, dat de Here in de hof wandelde. En op een keer wandelt Hij er weer, roept de mens bij Zich, maar... nu is de verhouding niet meer zo goed tussen hen, want Adam en Eva verbergen zich als zij de Here horen aankomen. Waarom? Zij waren ongehoorzaam geweest, zij hadden gege-ten van de verboden vrucht. Daarvoor roept Hij hen ter verantwoording. We ken-nen deze geschiedenis, ook de gevolgen van hun ongehoorzaamheid. En vanaf die tijd verdween ook de zo intieme omgang tussen de mens en God. Vanaf die tijd wandelde Hij niet meer in de hof, niet meer op de aarde, want mens en aarde waren zondig geworden, niet meer zuiver en rein. God kón niet meer aanwezig zijn op de zondige aarde. God en zonde horen niet bij elkaar. 't Was erg dat de mens de direkte omgang met de Heer verspeelde. Toch moeten we de eerste twee hoofdstukken van Genesis nooit vergeten. Er zit zo'n bemoediging voor ons in. Wij weten dat Jezus al gedeeltelijk hersteld heeft, wat daar in het Paradijs stuk gemaakt is. Wij weten dat er eens een blijvend kontakt zal zijn, zoals het voor de zondeval is geweest. Wij hebben dat nu al door Zijn Geest, maar als Jezus op aarde terugkomt, dan zullen wij Hem zien van aangezicht tot aangezicht. Wij weten dat Hij zal komen en duizend jaren als Koning zal regeren vanuit Jeruzalem.

Op deze aarde, daar waar jij en ik op wonen, daar zal Hij opnieuw met ons pra-ten, met ons wandelen, zoals Hij bijna tweeduizend jaar geleden deed.

Wat staat dit ver van ons af hé? Het is voor veel mensen onbegrijpelijk en onge-lofelijk. Het vreemde is echter, dat zij wél geloven dat de Here in de Hof met Adam en Eva sprak, dat Hij wandelde met hen. Ze geloven óók dat Jezus op aar-de rondwandelde en met de mensen sprak. Maar... dat... Hij... hier?

GEBED.

Vader, wij houden er zo weinig rekening mee dat Jezus terug zal komen om de aarde te regeren. Dat wij persoonlijke omgang met Hem zullen hebben, dat wij Hem van alles mogen vragen. Toch is het waar, U zegt het vele malen in Uw Woord. Het staat té ver van ons af, omdat wij niet genoeg léven vanuit Uw Woord, omdat wij de woorden daarin gesproken, niet in ons leven laten doordrin-gen. Vergeef ons dit Heer, reinig ons hiervan door het Bloed van Jezus en help ons de Woorden uit de Bijbel voor waar aan te nemen en er uit te leven. Dan wandelen wij met U door het leven met een ongekende blijdschap, de volmaakte toekomst tegemoet. Om Jezus' wil. Amen.

LEZEN: Gen. 1 en 2;   Joh. 1 : 29-34;   Openb. 20.

En Henoch WANDELDE met God en hij was niet meer, want God had hem opgenomen.

WANDELEN MET GOD.

Wat genoten we vroeger van deze geschiedenis op school. Henoch wandelde met God en ineens was hij er niet meer, want God had Henoch meegenomen naar de hemel. Dat bleef je bij, is 't niet? Zo maar naar boven. We begrepen toen nog niet het belang van de voorafgaande regel: Henoch wandelde met God. Dát is een regel om goed te onthouden, waar wij heel wat van kunnen leren. Henoch wandelde met God. Hij leefde met God. Henochs handel en wandel was gewijd aan God. Er waren in die tijd haast geen gelovigen meer op aarde. Praktisch iedereen leefde in de zonde in plaats van de Here God te dienen. Toen Henoch opgenomen was, moest Noach een ark bouwen. Noach en zijn gezin waren de enige gelovigen op de ganse aarde. Zij werden dan ook gered, wij kennen deze geschiedenis. Maar een andere vraag voor ons is: hoe wandelen wij met God? Hoe is onze persoonlijke relatie met Jezus Christus? Want dat is het allervoornaamste in het leven hier op aarde. Als wij een levende gemeenschap met God de Vader willen hebben, dan moeten wij een relatie met Zijn Zoon hebben; door de Zoon komen wij bij de Vader terecht. Wij mogen met Jezus wandelen, wij mogen met Jezus léven, Zijn voorbeeld van leven en handelen volgen. Hoe je dat doet?

Als je vanavond naar... gaat, heb je dat in overleg met Jezus gedaan, Hem gevraagd of het Zijn wil is? Welke baan kies je? Doe je dat in overleg met Hem? En als men je vraagt om ouderling te worden, vraag je Hem dan om wijsheid en inzicht, wat je antwoorden moet? Hoe leef je en van waaruit leef je en beslis je? Als je al je werken, je doen en laten eens op een rijtje zet en aan een onderzoek onderwerpt, van waaruit je al deze dingen doet, wat is dan het eindresultaat? Werken vanuit jezelf of vanuit de Here God? Wat is vaak de diepste drijfveer? Ik denk dat de handhaving van mijn eigen ik dikwijls de ondertoon van mijn streven is. Henoch wandelde met God, dat is een heerlijke waarheid die we niet aan de lopende band tegenkomen in de Bijbel en hier en nu ook niet. Maar waren deze mensen, die wandelden met God, dan zonder zonde? Nee, niet zonder zonde, maar hun leven was gericht op God en zij leefden vanuit God. Want, vergelijk David, hij was een man naar Gods hart, zonder zonde? Bathseba...? Nee, we weten wel beter, maar hij had een levend geloof en een levende relatie met God. Hij wandelde met Hem, dat was de oorzaak, het geheim van een overwinningsleven. Henoch wandelde met God; jij ook?

GEBED.

Ja Heer, U verlangt dat ik met heel mijn wezen Uw wil doe, dat ik volkomen in de voetsporen van Jezus wandel. Dat Uw licht van mij uitstraalt naar de ander, zodat de ander aan mijn handel en wandel ziet dat U in mij woont. Leer ons allen als christenen te wandelen, waardig, zoals dit past bij een kind van U. Amen.

LEZEN:
Gen. 5 : 18-24;   Gen. 48 : 14-16;   Ps. 86 : 8-13;   Jes. 40 : 27-31.

Maar Ik zal in Uw midden WANDELEN en U tot een God zijn en gij zult Mij tot een volk zijn.

GOD WIL WONEN BIJ DE MENSEN!

Vanaf het Paradijselijk leven, vanaf het moment dat er een breuk kwam tussen God en de mens, werd de afval steeds groter. Steeds meer mensen gehoorzaamden de vijand en keerden de Here God de rug toe. Toen koos God een volk uit om Zijn grote daden bekend te maken. Een volk dat naar Hem zou luisteren, een volk dat Zijn Naam bekend zou maken aan de andere volken. Maar ach, wat een moeilijkheden bracht dit met zich mee. Wie wilde Zijn stem gehoorzamen? Dan besluit de Here te gaan wonen in een heiligdom op aarde. In het heilige der heiligen, van de tabernakel. 'Ik zal in uw midden wonen en wandelen en u tot een God zijn'. God wandelde in hun midden doordat Hij Mozes Zijn wegen bekend maakte. Hij wandelde in hun midden door priesters aan te stellen, aan wie Hij Zijn opdrachten bekend maakte. Hij riep o.a. de kleine Samuël om het volk te leiden. God wilde wonen bij de mensen. Maar de mensen wilden niet luisteren naar Zijn stem. Daarna sprak God door profeten tot hen. Vele, vele malen. De Heer vertelt hun de loop der geschiedenis, Hij legt hun uit hoe het verder met de aarde zal gaan. Weet je dat God altijd weer opnieuw wil wonen bij de mensen? Dat van Zijn kant altijd weer opnieuw pogingen in het werk worden gesteld om ons tot Zich te trekken? Dat Hij steeds weer nieuwe beloften geeft, steeds de mensen aanmoedigt zich tot Hem te bekeren? Hij houdt zoveel van jou en mij, dat Hij nu zelfs persoonlijk, door Zijn Geest, in jou en mij wil wonen. Dit is wel zo iets groots en onbegrijpelijks, dat je er met je verstand niet bij kunt. Maar... je mag het ervaren. Hij wil wonen in jou en mij om de Here Jezus groot te maken, zodat je het aan iedereen mag vertellen, hoe groot Zijn vergeving is. Dat er vergeving is voor een ieder, die oprecht berouw toont over zijn zonden en Jezus aanneemt als zijn of haar Verlosser. Het leven door Zijn Geest is veel omvangrijker dan toen God een enkeling aangordde met Zijn kracht. Er is veel veranderd, maar het is dezelfde liefdevolle Vader, Die van Zijn kinderen houdt. God wil graag persoonlijk in jou wonen met Zijn Geest, en dan gebeurt het wonderlijke, dat Zijn Geest getuigt met jouw geest, dat je een kind van God bent. Dat mag je geloven en ervaren en zeker weten. En dát houdt wat in...!

GEBED.

Heer, wat zijn wij bevoorrecht boven de Israëlieten, dat U in ons wonen wilt. Dat Uw Geest ons dagelijks wil leiden, ons dagelijks troost en bemoedigt als wij er niet meer tegenop kunnen, als wij verdriet hebben, onenigheid, niet gelijkgestemd zijn met U. Heer, vergeeft U ons onze verkeerde daden, onze houding, die vaak niet de Uwe is. Reinig ons opnieuw door het Bloed van Jezus Christus, Uw Zoon. Help ons een andere houding aan te nemen, ja, om ook de ander lief te hebben, van binnenuit, zoals U hen liefhebt. Heer, wat hebben wij daar als christenen toch een moeite mee, wat willen we toch steeds onszelf handhaven. Dank U dat Uw Geest ons deze dingen laat zien en helpt dit te veranderen. Amen.

LEZEN:
Lev. 26:11-13;   Ex. 25:8, 9;   1 Kon. 6:11, 12, 13;   Jes. 57:15;   Joh. 1:14.

Johannes 5 : 8

Jezus zeide tot hem: 'Sta op, neem uw matras op en WANDEL'.

VERGETEN MENSEN!

Als iemand blij zal zijn geweest om te kunnen wandelen, is het wel deze man geweest, die al achtendertig jaar ziek was. Achtendertig jaar niet kunnen lopen en maar uitkijken naar iemand die hem in het badwater zal helpen. Van tijd tot tijd kwam een engel des Heren dit water in beroering brengen en wie er dan als eerste in werd geholpen, genas. Mensen, wat een toestand, daar jaren te liggen wachten en elke keer te zien dat een ander je voor is, om elke dag te ervaren, dat je niemand hebt, die je zou kunnen helpen, geen familie of vrienden die zo bewogen voor je zijn. En dan... een ontmoeting met Jezus. Jezus wist dat hij al achtendertig jaar lang niet kon lopen. Jezus wist dat hij eenzaam en alleen was, dat hij niemand had die hem zou kunnen helpen om als eerste... Kijk, dat punt hé, niemand te hebben die om je geeft, die bewogen is met je en met je zieke lichaam, niemand die jouw eenzaamheid begrijpt en probeert er wat aan te doen. Of weet je niet dat zoveel zieken eenzaam zijn? Vaak niet begrepen worden en teleurgesteld zijn in familieleden en vrienden? In het begin ging je nog geregeld naar haar toe. Zelfs toen ze in het ziekenhuis lag, zocht je haar op, maar later... Weet je hoe je ook helpen kunt? Weet je wat het kostbaarste is wat je ook mag doen? Ga voor die zieke op de bres staan, ik bedoel, ga in gebed. Breng hem of haar dagelijks voor Gods Troon, vraag of de Heer hen wil helpen dat stukje lijden naast het ziek-zijn, weg te nemen: het onbegrepen en eenzaam zijn. Vraag of de Heer verder wil gaan met Zijn genezende Hand, vraag, vraag, breng hen voor Zijn troon. Dát is ware vriendschap, hulp die je altijd geven kunt. Vraag of zij een ontmoeting met de Heer mogen hebben, dat is het allerbelangrijkste. Jezus zei tegen deze man: 'wil je gezond worden'? En wat antwoordt hij?: 'Heer, ik heb niemand die mij in het badwater wil werpen'. Jezus ziet zijn nood, Hij kijkt door dat zieke lichaam heen naar de eenzaamheid die er achter schuilt. Jezus wordt zijn vriend. Jezus heeft het badwater niet nodig. Hij geneest de man zónder dat badwater en zegt: 'Sta op, neem uw matras op en wandel'. En de man stáát op, neemt zijn matras op en wandelt. Dat was voor hém het gevolg van een ontmoeting met Jezus.

GEBED.

Heer, U weet hoeveel eenzame zieken en invaliden er in onze gemeenten zijn. Vergeten mensen. Vele mensen zijn er, die zich verlaten voelen, omdat de anderen niet meeleven. Omdat zij te druk bezig zijn met andere dingen, denken dat zij hun tijd en hun luisterend oor voor belangrijker zaken moeten gebruiken. Dank U dat U niemand alleen laat, dat U niemand vergeet, integendeel. Maar Heer, U zou ons zo graag willen inschakelen om op de bres te staan voor hen, om te bidden voor hen, U wilt Uw kinderen op deze manier inzetten in Uw Koninkrijk. Vergeef ons wanneer wij hierin tekort komen. Leer ons als zieken naar U toe te gaan, leer ons als gezonden en zieken op de bres te staan voor elkaar. Amen.

LEZEN:
Joh. 5:11-18;   Gen. 2:18;   Hand. 2 : 41-47;   Ezech. 13 : 5;   Ezech. 22 : 30.

Nu gij Christus Jezus, de Here, aanvaard hebt, WANDELT in Hem.

RUSTIG EN AKTIEF TEGELIJK!

Paulus waarschuwt de christenen vaak. Ook bemoedigt hij hen en geeft allerlei raadgevingen. Hij is blij als er iemand Jezus Christus heeft aanvaard als Verlosser en Zaligmaker. Maar... er volgt een wandelen met de Heer op. Een wandelen met de Heer door het leven naar het eindpunt van ons aardse bestaan, om daarna met Hem te leven in eeuwigheid. Wandelt in Hem, zegt Paulus. Er gaat rust uit van iemand, die wandelt. Het is een heel verschil wanneer je zondags een wandeling door de bossen maakt, genietend van de rust om je heen, genietend van de zuivere boslucht die je inademt, óf, wanneer je 's maandags naar de Spar loopt om boodschappen te halen voor twaalf uur, al rennend de uitlaatgassen inademend.

Het wandelen waar Páulus op doelt, is het wandelen in de Heer, het is de nieuwe levenswijze van de christen. Dit wandelen houdt in: aktief zijn vanuit Hem, onze tijd niet verbeuzelen, maar eerder uitbuiten. Het is niet een rennen en vliegen vóór de Heer, maar een aktief wandelen in rustig vertrouwen vanuit de Heer. De Heer is niet zo blij wanneer Hij Zijn kinderen zo druk bezig ziet met eigen werken. Er zal dan ook geen rust van uit gaan, er wordt dan vaak meer stuk gemaakt dan opgebouwd. Dat ontdek je als huisvrouw dikwijls in de gewone werkjes van alledag: hoe drukker je bent, hoe minder er uit je handen komt en hoe meer er uit je handen valt en het vergt tijd om de brokken weer ongedaan te maken.

Rennen om vlug klaar te komen werkt het tegendeel uit. Zo is het in het geestelijk leven ook. Wandelen in Hem betekent: alles doen vanuit de stille omgang met Hem, vanuit een diepe gemeenschap met Jezus Christus. Wandelen in Hem, daar gaat rust van uit voor jezelf en voor de ander en die ander zal er wél bij varen, er door getroost en bemoedigd worden. Als je zelf in de rust leeft, gaat er vanzelf ook rust van je uit. Het grootste probleem onder kinderen Gods is wel: té weinig stille tijd nemen, té weinig luisteren naar Gods stem, té weinig gericht zijn op de Heer, het niet onderkennen wat de Heer bedoelt met 'wandelen in Hem'. Het is: een volkomen in de rust leven 'vanuit Hem' én tegelijkertijd aktief bezig zijn 'vanuit Hem'. Zullen we dat vandaag eens weer proberen?

GEBED.

Vader, ik heb er nooit bij stil gestaan, dat in 'rust' tegelijk een aktiviteit is verborgen. Dat U mij eerst in die stilte wilt brengen, om naar U te luisteren om dan van daaruit te gaan werken. Vergeef mij opnieuw dat ik te hard werk vóór U, inplaats vanùit U. Leer mij steeds meer de verborgen intieme omgang met U te ervaren. Wilt U dat ook ons als 'man en vrouw' samen in ons huwelijk leren, zodat er rust van ons samen uitgaat naar de ander en tegelijk een aktiviteit wordt ontwikkeld die de ander aansteekt.

Dit bid ik U ook voor heel de gemeente. Amen.

LEZEN:

Col. 2 : 4-10;   Hebr. 4 : 11;   Rom. 13 : 8-14;   Gal. 5 : 16;   2 Cor. 4 : 1-16.

278

Weest dan navolgers Gods, als geliefde kinderen, en WANDELT in de liefde, zoals ook Christus u heeft liefgehad en Zich voor ons heeft overgegeven als offergave en slachtoffer, Gode tot een welriekende reuk.

EEN GEUR VAN CHRISTUS.

Wandelt in de liefde. Dat houdt in: Christus navolgen, Hem uitdragen, de ander uitnemender achten dan jezelf, jezelf wegcijferen, geen eisen aan de ander stellen, hen vrijlaten. O, liefhebben houdt zoveel in. Liefde is het hoogste doel. Paulus zegt er veel over en heeft het er ook vaak over. Hij probeert te vertellen wat de liefde van Christus inhoudt en uitwerkt. Hij zegt: de liefde is lankmoedig, goedertieren, niet afgunstig, liefde praalt niet en is niet opgeblazen, kwetst ook niet en zoekt zichzelf niet. Liefde wordt niet verbitterd en rekent het kwade niet toe, liefde is blij met de waarheid én liefde vergaat nooit. Als je dit tot je door laat dringen en je kijkt naar jezelf, dan ben je nergens. Je zou er hopeloos van worden, want zo'n liefde is toch niet op te brengen? Nee, dit is ook niet op te brengen, tenzij... je de liefde van Jezus Zijn gang in je laat gaan, je je openstelt. God cijferde Zich weg voor ons, uit liefde. Jezus Christus cijferde Zich ook weg uit liefde voor ons. En de Heilige Geest doet al precies zo. Hij cijfert Zichzelf weg om Jezus in ons naar voren te schuiven, zodat Jezus de eerste plaats krijgt in ons leven. De Heilige Geest treedt terug om Jezus groot te maken. Dat is ware liefde. Zodra wij ons hart openstellen en Zijn liefde door ons heen laten stromen naar de ander, dan komen zij 'Jézus liefde' in ons tegen, dan gaat er een aangename geur van Christus van ons uit. Die geur van Christus stijgt naar boven, naar God onze Vader en het is Hem tot een welriekende reuk. Wanneer je kwaad bent op de ander, wanneer je de ander kwetst en kwaad van hem spreekt of over hem roddelt, verspreid je geen geur van Christus. Het is een zaadje dat de vijand strooit en dát zaadje komt snel op, dát zaadje schiet onmiddelijk wortel. Alleen de liefde van Jezus kan dit onkruidzaadje doden. Hij wil Zijn geurend liefdezaadje in jou zaaien en laten groeien, zodat het de heerlijke geur van Christus verspreidt. Je wandelt dan als Zijn geliefd kind op deze aarde; je leven is doordrenkt van de allesomvattende liefde, een liefde die nooit ophoudt. Zet de deur van je hart wijd open en ontvang die nieuwe liefde van Hem.

GEBED.

Heer, kan ik een geur van Christus om mij heen verspreiden? Ja, U zegt het in Uw Woord. Dan vraag ik U nu, wilt U mijn eigenliefde veranderen in zuivere liefde, wilt U mij helpen om werkelijk een heerlijke geur van Christus om mij heen te verspreiden? Ik weet wat U ermee bedoelt, de ander liefhebben, zoals U mij liefhebt. Ik geef mij opnieuw over aan U met heel mijn hart, ziel en verstand. Ga Uw gang in mij, Heer. Amen.

LEZEN:

1 Cor. 13 : 1-7;   Rom. 5 : 5;   Efeze 4 : 1-4;   Openb. 3 : 4;
2 Cor. 2 : 14-17;   Gen. 8 : 21a;   Ef. 5 : 2.

Zondag
40ste week.

Deze week denken we samen over het Woord 'OLIE' na. Olie die op verschillende manieren gebruikt kan worden.

OLIE.

Exodus 27 : 20.
Gij zult de Israëlieten bevelen, dat zij u brengen, zuivere OLIE, uit gestoten olijven, voor het licht, om voortdurend een lamp te kunnen laten branden.

1 Samuël 16 : 13.
Samuël nam de OLIEhoorn en ZALFDE hem temidden van zijn broeders. Van die dag af greep de Geest des Heren David aan.

2 Koningen 4 : 4 en 6.
...giet al de vaten vol (met OLIE)... en zij goot steeds door.

Jacobus 5 : 14.
Is er iemand bij u ziek? Laat hij dan de oudsten der gemeente tot zich roepen, opdat zij over hem een gebed uitspreken en hem met OLIE zalven in de naam des Heren.

Jacobus 5 : 15.
En het gelovige gebed zal de lijder gezond maken en de Here zal hem oprichten. En als hij zonden heeft gedaan, zal hem vergiffenis geschonken worden.

Jacobus 5 : 16.
Belijdt daarom elkander uw zonden en bidt voor elkander, opdat gij genezing ontvangt. Het gebed van een rechtvaardige vermag veel, doordat er kracht aan verleend wordt.

GEBED.
Vader in de hemel, ik kom bij U, omdat ik ontdek hoeveel opdrachten van U niet worden opgevolgd en in de gemeente niet worden verwezenlijkt. Hoe weinig weten wij, als gelovige, van de bedoeling van Olie in Uw Woord af. Vooral ook van het zalven met olie. Hoe komt het toch dat wij deze dingen niet weten en áls wij het lezen, wij er zo weinig aandacht aan schenken? Ook dat de weduwvrouw op zo'n wonderlijke manier door de profeet geholpen werd. Dat U Zelf de olie door liet stromen, dat U Zelf de olie liet stoppen. Hoe komt het toch Vader, dat wij niet meer stilstaan bij: dat U dezelfde bent als toen, dat U niet veranderd bent. We zouden meer vertrouwen moeten op Uw Woord. Ik belijd U deze zonde van vergeten voor heel Uw kerk, de zonde van het ongeloof in U, van te weinig Bijbellezen. Laat opnieuw weer Uw Heilige Geest waaien door al onze kerken, zodat én predikanten én gemeenteleden opnieuw in vuur en vlam worden gezet voor Uw zaak. Ik vraag U, dat wij allen weer een ontmoeting met U mogen krijgen, in Jezus' Naam. Amen.

Gij zult de Israëlieten bevelen, dat zij u brengen, zuivere OLIE, uit gestoten olij-ven, voor het licht, om voortdurend een lamp te kunnen laten branden.

OLIE VOOR LICHT.

De Here gaf Mozes de opdracht tot het bouwen van de Tabernakel. De symboli-sche betekenis daarvan is zeer groot. Want we vinden hierin het plan van God met de mens en de schepping en hoe in dat plan Jezus Christus centraal staat. De Here gaf ook opdracht om licht te maken. Er waren geen ramen in de Tabernakel, er kwam geen natuurlijk licht de heilige plaats binnen.

Olie is in de Bijbel het beeld van de Heilige Geest. De kandelaar, waarvoor de olie gebruikt werd, was in het Oude Testament het beeld van Jezus Christus. Daarom is de brandende kandelaar in de Tabernakel van veel betekenis voor de Israëliet, maar ook voor ons. De kandelaar was uit één stuk louter goud gemaakt, (louter goud is het beeld van de heerlijkheid Gods). Zij had zeven armen die elk een lamp droegen. Misschien heb je zelf wel zo'n kandelaar in je kamer staan. De kandelaar was een lichtdrager die brandende gehouden werd door olijfolie. De priester zorgde ervoor dat zij brandende bleef. Je kunt zo'n lamp vergelijken met een petroleumlamp, die we wel kennen. Het kousje in de lamp zuigt de petroleum op, en het bovenste deel, 'het pitje' van de kous, werd aangestoken, zo verlicht de lamp het vertrek.

De priester moest de lampen zó plaatsen, dat het licht op de voorkant viel, op de knoppen, bloesem en de amandelen waarmee de kandelaar versierd was. Het licht van de lampen viel dus op Jezus Christus. Verder moest de priester zorgen, dat het bovenste verbrande deel van het kousje afgeknipt werd. Het moést ver-wijderd worden, wilde de lamp blijven branden. Dat kousje beeldde de Israëliet uit. Zij moest het kanaal zijn, waardoor de olie heen kon stromen om zodoende het licht te verspreiden aan de volkeren rondom hen. Maar wat wil deze branden-de lamp, deze kandelaar, óns nu zeggen? Wij worden door de Heilige Geest gebruikt om Jezus Christus groot te maken, van Hem te vertellen. Wij zijn nú de kandelaar, wij moeten nu zelf lichtdragers zijn. Wij mogen, als gemeente van Jezus Christus, in deze wereld de kandelaar zijn voor de mensen om ons heen. Jezus kwám als het licht der wereld. Hij droeg tijdens Zijn rondwandeling op aarde die taak over aan ons. Wij moeten nu het licht in deze wereld zijn.

Wat een verantwoordelijke taak is ons gegeven hè? De vraag voor ons is nu: Laten wij ook het verbrande deel verwijderen? Dát wat er niet hoort te zijn in ons leven? Willen wij optimaal het licht laten schijnen in de wereld, op de mensen om ons heen? En... heb jij wel voldoende olie in je lamp? Want anders kun je niet brandende blijven.

GEBED.

Heer, leer mij de verantwoording te dragen om voldoende olie te hebben om mijn lamp brandende te houden; leer mij met zorg de lamp onderhouden. Amen.

LEZEN:

Ex. 25 : 31-40;   Ex. 27 : 20, 21;   Lev. 24 : 1-4;   Num. 8 : 1-4.

Samuël nam de OLIEhoorn en ZALFDE hem temidden van zijn broeders. Van dien dag af greep de Geest des Heren David aan.

OLIE BIJ INWIJDING.

In bovengenoemde tekst wordt David tot koning gezalfd. De Here had Samuël daartoe opdracht gegeven. Iemand die met olie gezalfd was, noemde men een gezalfde des Heren. Hij was een apart gezette, een ingewijde Gods. David zegt dit ook als hij de slip van koning Sauls mantel snijdt: 'Ik zal mijn hand niet slaan aan mijn heer, want... hij is een gezalfde des Heren'. Als iemand gezalfd werd, gebeurde er tegelijkertijd wat. Hoe kan het ook anders. Olie is het beeld van de Heilige Geest en dan is het niet vreemd dat na het zalven met olie, de Geest des Heren David aangrijpt. Ditzelfde gebeurde toen Saul tot koning werd gezalfd, hij raakte daarna in geestvervoering. Olie werd in het Oude Testament gebruikt om mensen te zalven, om hen in het ambt te bevestigen zouden wij zeggen. Zoals David tot koning gezalfd werd, zo werden Aäron en zijn zonen tot priester gezalfd.

Maar niet alleen mensen werden gezalfd met olie. De Here gaf zelfs één apart recept om zalfolie te bereiden. Hij noemde het: heilige zalfolie. Daarmee moesten zij de Tabernakel, de ark met al de attributen die daarin aanwezig waren, zalven. Deze zalf mocht echter niet voor mensen gebruikt worden. Deze zalf was heilig en alleen bestemd voor het huis Gods. Als een onbevoegde ze namaakte, dan zou hij uit zijn volksgenoten uitgeroeid worden. Ex. 30 : 33.

Jacob gebruikte ook zalfolie, maar voor heel iets anders: Jacob kreeg een droom van de Here. Toen hij wakker werd, bevond hij die plaats als heilig. Hij noemde het daar: Huis Gods. Hij pakte een steen, zette die rechtop en goot er olie overheen. Olie als inwijding van het Huis Gods Bethel. Als mensen of voorwerpen met zalfolie werden gezalfd; sprak men van gezalfden des Heren en heilige plaatsen. Er was een aanraking met Gods Geest geweest. We zien dat in het Oude Testament niet allen werden gezalfd, het waren enkelingen, door God aangesteld, die vervuld werden met de Heilige Geest. Enkelen die geroepen werden tot een bepaald ambt. Gebruiken wij nog olie bij een inwijding van een predikant? Neen, want in het Nieuwe Testament worden niet enkele personen geroepen tot priester, maar allen, die Jezus als Heer in hun leven binnenlaten. Zij worden allen vervuld met de Heilige Geest. En zoals in Israël koningen, priesters en profeten door God geroepen worden, zo worden wij nu allen geroepen tot koning, priester of profeet. Paulus zegt: 'Wij zijn een uitverkoren geslacht, een koninklijk priesterschap, een heilige natie, een volk (Gode) ten eigendom, om de grote daden te verkondigen van Hem die u uit de duisternis geroepen heeft tot Zijn wonderbaar licht'.

Ben je al gezalfd met Gods nieuwe zalfolie, de Heilige Geest?

GEBED.

Vader, dat U mij wilt zalven met Uw Geest tot priesteres, dank U daarvoor. Amen.

LEZEN: 1 Sam. 16:6-13;   1 Sam. 24:1-11;   1 Sam. 9:15, 16;   1 Sam. 10:1-7.

...giet al de vaten vol (met OLIE)... en zij goot steeds door.

OLIE ALS UITREDDING.

We ontmoeten hier de vrouw van een profeet, die gestorven is. Zij blijft eenzaam
achter met haar twee jongens. Het is niet alleen eenzaamheid en verdriet dat haar
plaagt, ze zit ook nog in de schuld. De schuldeisers komen om haar jongens mee
te nemen en als slaven te laten werken. Deze moeder is wanhopig, nu dít er ook
nog bij. Dan gaat zij naar de profeet Elisa. Haar man was bij de profeet in dienst
geweest. Hij moet haar helpen en ze vertelt hem alles. Wat ze verlangt is uitkomst, ze wil haar twee kinderen niet kwijt. Hoe Elisa haar helpen moet, weet ze
ook niet. Het wonderlijke antwoord van Elisa is een wedervraag: 'Wat heb je nog
in huis'? Je ziet de vrouw nadenken. Alles is op, wat verkocht kon worden, is
verkocht. Elisa, ik heb nog cen kruik met olie, dat is alles. maar dit is voor Elisa
voldoende. Haal zoveel vaten als je maar kunt. Dit deed ze, sloot de deur, nam
haar kruikje olie, en begon de vaten vol te gieten. Wat zouden wij doen in zo'n
geval? Ik geloof dat ik zou denken: wat zouden de buren zeggen, zou ik die
vreemde opdracht wel uitvoeren? Zou ik... ze denken dat ik niet goed bij mijn
verstand ben. Maar zij gelooft, hoe dan ook. Het was niet voor niets dat Elisa er
bij zei, dat zij de deur op slot moest doen, want iedereen bij haar in de straat zal
nieuwsgierig geweest zijn wat deze weduwe met al die vaten wilde doen. Dan
gaat zij, na de deuren op slot te hebben gedaan, met haar twee zonen aan het
werk. Ze pakt haar laatste kruikje olie en begint dit leeg te gieten in een vat.
(Eigenlijk belachelijk wat ze aan het doen is). Ze giet door tot het kruikje leeg
is... leeg? Nota bene, ze blijft gieten, de olie houdt niet op. Ze giet het ene vat na
het andere vol. De jongens slepen de volle vaten weg en zetten er lege voor in de
plaats en hun moeder maar gieten, onvoorstelbaar, wat een wonder, wat een wonder, nog nooit hebben ze zoiets beleefd. 'Moeder, we hebben geen vaten meer',
roepen haar zoons en als het laatste vat vol is, houdt tegelijkertijd de olie op te
stromen. Dan gaat ze naar Elisa en vertelt hem dit alles. Elisa's antwoord is eenvoudig. 'Ga heen, verkoop de olie en betaal uw schulden en leef met uw zonen
van het overige'. Dat antwoord hield een volgende opdracht in, verkoop en
betaal. Nu, dát zal ze blij gedaan hebben. En het moeten beslist veel vaten
geweest zijn om al haar schulden af te lossen... en nog over te houden om met
haar kinderen verder te leven.
De Here had olie gebruikt om haar er uit te helpen, niet nét voldoende, nee, méér
dan voldoende. Hij gaf haar overvloed. In deze geschiedenis zien we de rijke
genade verborgen van de gave van de Heilige Geest. Olie, beeld van de Heilige
Geest. Geen klein beetje kracht en wijsheid wordt ons van boven geschonken,
neen, de volheid van Gods Geest komt in ons. Meer dan voldoende voor elke
dag, we kunnen er mee verder. OLIE ALS UITREDDING.

GEBED.
Heer, hoe groot zijt Gij, hoe groot zijt Gij. Dank U, dank U. Amen.

LEZEN:
2 Kon. 4 : 1-7;   1 Kon. 19 : 16;   Joh. 10 : 10;   Mat. 14 : 13-20.

Is er iemand bij u ziek? Laat hij dan de oudsten der gemeente tot zich roepen, opdat zij over hem een gebed uitspreken en hem met OLIE zalven in de naam des Heren.

OLIE ALS GENEZING.

Wat doen we als gemeente van Jezus Christus met de tekst van Jacobus vijf? Als we heel eerlijk zijn, moeten we bekennen, dat we er niet veel mee doen. De meeste predikanten en ambtsdragers weten geen raad met deze opdracht. Och ja, het staat in de Bijbel en vroeger zalfden ze de zieken wel met olie, maar nu, nee, we geloven niet dat deze opdracht nog voor onze tijd geldt. Zo ongeveer redeneren zij. We mogen wel stellen dat deze opdracht uit Jacobus vijf onder de tafel is geraakt, en áls iemand de euvele moed heeft, hem er onder vandaan te halen en er over begint te praten, barst de kritiek in alle hevigheid los. Wij mogen blij en dankbaar zijn dat er ondanks dat protest toch predikanten, ouderlingen of gemeenteleden zijn, die wél weten om te gaan met deze opdracht van zalven met olie en die het ook in praktijk durven te brengen.

In de Rooms-Katholieke Kerk paste de pastoor de heilige opdracht om zieken te zalven vroeger alleen toe als de zieke stervende was. Tegenwoordig is dit veranderd en past men het ook toe bij zieken. Het is zo bemoedigend dat wij deze opdracht als gelovigen van de Heer gekregen hebben. De Bijbelse dimensie ligt er in opgesloten, als men maar inzicht heeft in deze heilige opdracht van het zalven met olie én het bidden in de Naam van Jezus.

Wat houdt dat eigenlijk in? Waar gaat het om? In de eerste plaats, dat de zieke zelf de binnenkamer ingaat om te bidden. Dat hij de Heer vraagt, welke weg tot genezing hij moet bewandelen. Misschien heeft hij al vele wegen bewandeld om genezing te vinden, vele specialisten geraadpleegd, veel medicijnen geslikt en diverse behandelingen ondergaan. Ik denk beslist wel, dat hij hierbij gebeden heeft, maar het heeft tot nu toe niet de gewenste resultaten opgeleverd. Zou de zieke door dit alles geworpen worden op het Woord van God? Op de mogelijkheid van handoplegging of het zalven met olie? Want de Heer kan op verschillende manieren genezen. 'Maar', zullen we zeggen, 'als de Heer dan een andere weg voor je heeft en je *niet* geneest?' Dan zal Hij je dat ook op een bijzondere manier doen weten (en je dan tevens een andere, bijzondere zegen van Hem doen ervaren). Maar Hij wil dat wij allereerst gehoorzaam zijn in het opvolgen van Zijn Woord en het inslaan van de Bijbelse weg. Dan gaat Hij ons veel openbaren. Het gaat bij dit alles natuurlijk niet zo maar om een griepje, dat begrijp je wel, het gaat hier om ernstige ziekten, waar de dood wel eens mee gemoeid kan zijn.

GEBED.

Vader in de hemel, ik kom belijden, als lid van de kerk, dat wij schromelijk tekort zijn geschoten met deze opdracht van U om de zieke te zalven met olie. Vergeef ons deze daad van het laten zoek raken van Uw bijzondere weg tot genezing. Laat dit weer opnieuw gaan leven onder ons. Amen.

LEZEN:
Jac. 5 : 13-20;   2 Cor. 1 : 20-22;   Jes. 1 : 2-9.

En het gelovige gebed zal de lijder gezond maken en de Here zal hem oprichten.
En als hij zonden heeft gedaan, zal hem vergiffenis geschonken worden.

OLIE ALS GENEZING.

Als dit zo is, wat kun je daardoor dan geschokt zijn, wat kun je in nood verkeren,
wat zul je met je gezinsleden bidden alsof je leven er van afhangt. (doe het dan
ook). De angst kan je naar de keel grijpen en het is of het water tot je lippen
stijgt. Je denkt, de Heer hoort me niet eens meer. En dan lees je deze woorden:
'Is er iemand bij U ziek? Laat hij dan de oudsten der gemeente tot zich roepen
om hem te zalven met olie, in de naam des Heren'.
Je hoeft niet alleen te blijven tobben en te vechten. Neen, de Heer vraagt hier dat
je iets gaat dóen. Roep de oudsten, hen die je willen zalven met olie, die deze
opdracht verstaan en deze opdracht durven uitvoeren, roep hen, doe het. Ja, de
oudsten.
Er staat niet, roep een dokter. Begrijp me goed, ik geloof dat de Heer ook de doktoren wil gebruiken en hen inzet in de strijd tegen ziekte. We mogen geen tegenstelling maken tussen genezing op gebed en genezing via doktoren. Maar in
Jacobus vijf volgen wij de opdracht om ons te laten zalven met olie. Olie als
Goddelijke kracht, olie tot genezing. Maar wie zijn de oudsten? Alleen predikanten? Nee, het zijn zij die (volledig) de Heer gehoorzamen, ook in het zalven met
olie. Het kán een predikant zijn die de kudde weidt, zoals de Heer hem daartoe
geroepen heeft, die vol geloof de opdrachten uitwerkt en die de gemeente in durft
te gaan om de zieke te zalven. Kortom, die vervuld is met de Heilige Geest, misschien is dat wel de kern van alles. Maar het kan evengoed een ambtsdrager of
een gemeentelid zijn, die ook aan Gods opdrachten beantwoordt.
Zouden wij niet veel meer moeten bidden voor onze herders en leraars, dat zij in
deze dingen de Heer gaan gehoorzamen, dat zij werkelijk herder worden op dit
punt? Bidden, dat er meer oudsten in de gemeente in deze zin volwassen worden? En áls jij of ik gezalfd worden met olie, betekent het dan dat die kracht in
de olie zit? Nee, we weten wel beter. Olie is een beeld van de Heilige Geest.
Wanneer iemand gezalfd wordt, is het al een teken dat de zieke door de Heilige
Geest volkomen in de handen van de Heer is. Hij staat onder Zijn heerschappij.
Tijdens gebed giet de predikant olie op het hoofd. Er wordt daarbij gebeden. In
de eerste plaats om het reinigende Bloed van Jezus tegenwoordig te stellen. Dit
geldt voor beiden: én de zieke én de predikant moeten volkomen rein voor de
Here God staan. Daarom moet er nog iets aan voorafgaan (zie de eerstvolgende
bladzij).

GEBED.

Heer, wilt U ons als gemeente vergeven dat wij eerder de dokter raadplegen dan
U? Geef ons inzicht in de opdrachten die U ons hebt gegeven in Uw Woord en
wijs ons de weg in elke situatie op dit terrein. Om Jezus' wil vraag ik het U.
Amen.

LEZEN:
Titus 1:5-8;   Hand. 4:5;   Hand. 5:21a;   Hand. 14:23;   Hand. 15:4, 6, 22.

Belijdt daarom elkander uw zonden en bidt voor elkander, opdat gij genezing ontvangt. Het gebed van een rechtvaardige vermag veel, doordat er kracht aan verleend wordt.

OLIE ALS GENEZING.

Weet je wát er vooraf nog moet gebeuren? Het is het belijden van zonden. Er moet schoon schip gemaakt worden in je leven, maar niet alleen schoon schip bij de zieke, maar evengoed bij de gezonde; bij de oudste mag ook geen onbeleden zonde aanwezig zijn. Samen moeten zij rein voor God staan, wil de Heilige Geest kunnen funktioneren. Elkaar je zonden belijden werkt reinigend, dan volgt het bidden voor elkaar, opdat gij genezing ontvangt. God verleent kracht aan het gebed van de rechtvaardige. Zonde vertroebelt de verhouding met de Heer, zonde verhindert het openbaar worden van Zijn kracht. Dus onbeleden zonden kúnnen genezing in de weg staan. Bij deze handeling met het zalven van olie, gaat het in de eerste plaats om onbeleden zonde aan het licht te brengen, daarna mag je samen je laten reinigen door het Bloed van Christus en dán bidden om genezing tijdens het zalven.

Elkaar je zonde belijden is ten diepste biechten en dat werkt zuiverend en daarná mag de oudste de zieke in de Naam van Jezus vergeving verkondigen. Ziekte is een gevolg van de zondeval. Ziekte is niet een straf op een bepaalde zonde die je bedreven hebt. Ik kán wel door mijn ziekte aan een bepaalde zonde ontdekt worden, ik kan wel in de tijd dat ik afgezonderd lig, over dingen gaan nadenken. De Heer kan de ziekte wel eens gebruiken, maar dan is het altijd ten goede en dan is het een zaak tussen jou en de Heer. Wij hebben nooit het recht te zeggen: 'o, je bent ziek omdat je gezondigd hebt'. Blijf er af, laad geen schuldgevoelens op de zieke, die er niet zijn. Beur hem liever op en bemoedig hem met Gods Woord dat niet veranderd is. Wijs hem gerust op Jacobus vijf, bid samen om opheldering, als je deze dingen nog niet begrijpt. Is er iemand ziek? Roep de oudsten van de gemeente en... Hoe denk jij hierover? Bén je wel eens zo ziek geweest, dat het water je tot aan de lippen steeg en dit je aan het denken zette? Zou je naar je predikant gaan en hem vragen om je te zalven met olie met alle gevolgen van dien? Nee, natuurlijk weet je niet altijd of je predikant werkelijk oudste is. Maar als je hem niet laat vragen bij je te komen, kom je er ook nooit achter. Ik ken een predikant die wel echt herder is op dit punt, maar zei: 'de gemeenteleden komen niet, er is een schroom om te komen en ook een niet weten van deze opdrachten, die geschreven staan in Gods Woord'. We staan er samen soms nog zo'n eind af en dat is jammer.

We mogen ook hierover samen in gebed gaan en vragen om wakker te worden op dit gebied en als gemeente de Bijbelse weg te volgen, zoals de Heer het heeft bedoeld.

GEBED.

Heer, hier raakt U een teer punt aan: elkaar je zonden belijden. Geef ons de moed om werkelijk schoon schip te maken op dit terrein, om Jezus' wil. Amen.

LEZEN: 1 Joh. 1 : 5-10;   Hand. 19 : 18;   Joh. 20 : 20-23.

Zondag
41ste week.

Wat hebben we toch machtige
kansen om Hém met blijdschap
te dienen en Hem te
verkondigen door daden.

DIENEN.

Exodus 9 : 1.
En de Here zeide tot Mozes: 'Ga tot Farao en spreek tot hem': Zó zegt de Here
de God der Hebreeën: 'laat Mijn volk gaan om Mij te DIENEN'.

Exodus 20 : 3 en 5a.
Gij zult geen andere goden voor Mijn aangezicht hebben. Gij zult u voor die niet
buigen, noch hen DIENEN.

Jozua 24 : 15b.
Kiest dan heden, wie gij DIENEN zult... maar ik en mijn huis, wij zullen de
Here DIENEN!

Mattheüs 20 : 28 en Joh. 13 : 14.
Gelijk de Zoon des mensen niet gekomen is om Zich te laten DIENEN, maar om
te DIENEN en Zijn leven te geven als losprijs voor velen.
'Indien nu Ik, Uw Here en meester, u de voeten gewassen heb, behoort ook gij
elkander de voeten te wassen'.

Johannes 12 : 26.
'Indien iemand Mij wil DIENEN, hij volge Mij en waar Ik ben daar zal ook mijn
dienaar zijn. Indien iemand Mij DIENEN wil, de Vader zal hem eren'.

Efeze 4 : 11, 12; 1 Petrus 4 : 10.
En Hij heeft zowel apostelen als profeten gegeven, zowel evangelisten als herders en leraars, om de heiligen toe te rusten tot DIENSTBETOON, tot opbouw
van het lichaam van Christus.
DIENT elkander, een ieder naar de genadegave, die hij ontvangen heeft, als goede rentmeesters over de velerlei genade Gods.

GEBED.
Here Jezus, wat hebt U ons vele lessen geleerd omtrent het dienen; U bent Zelf
op aarde ons ten voorbeeld geweest, U wás de Dienende. En ik kom U belijden
dat ik tekort schiet in het dienen.
Ik wil eerlijk gezegd liever zelf gediend worden. En met mij zovelen. Vergeef het
ons allen en help ons door Uw Heilige Geest om zo te leven, zoals U dat van ons
verlangt. Reinig ons door het bloed van Jezus, Vader, en laat Uw Geest werken in
ons aller hart. Dank U dat U dat wilt doen. Amen.

En de Here zeide tot Mozes: 'Ga tot Farao en spreek tot hem': Zó zegt de Here
de God der Hebreeën: 'laat Mijn volk gaan om Mij te DIENEN'.

GODS VOLK GEROEPEN.

De Here heeft indertijd Abraham geroepen om zich een volk te verwerven dat
Zijn grote daden over de gehele aarde zou verkondigen. Volgens de belofte van
God zou Abrahams geslacht uitgroeien tot een volk even talrijk als de sterren des
hemels en als het zand aan de oever van de zee. De Here begint Zijn grote daden
te laten zien aan Zijn eigen volk. Hij roept Mozes om het verdrukte Israël te
bevrijden, dat zo zwaar lijdt onder de Egyptische Farao. Hij heeft hun ellende
gezien en hun gebeden gehoord. De Heer wil hen uit deze slavernij bevrijden en
hen apart zetten om hen op te voeden tot Zijn trouwe dienaren. Hij wil door hen
spreken tot al de andere volkeren. Hij is even goed bewogen over de heidenen als
over Zijn eigen uitverkoren volk, want Hij koos hen niet, omdat zij zoveel béter
waren dan de anderen. Hij zette hen apart, opdat zij heilig zouden leren leven en
bruikbaar zouden worden voor Zijn dienst.

Zo wil de Heer ook ons toerusten, ons als gemeente apart zetten, ons als gemeente opvoeden om te verkondigen. Maar wat heeft de Heer een moeite met ons,
evenals eertijds met de Israëlieten. Hij heeft er moeite mee om ons uit de wereld
af te zonderen. Wat heeft hij een geduld om jou en mij op te voeden, om jou en
mij te leren alleen Hem te dienen en te gehoorzamen. Dat is immers het doel van
ons leven, Hem dienen met heel ons hart, onze ziel en ons verstand. Zodra wij
verlost zijn, begint het leven pas. De verlossing door het bloed van Christus geeft
ons de mogelijkheid om Hem geheel te dienen.

Als wij de geschiedenis van het volk Israël lezen, dan zien we hoé de Here God
zichtbaar werd door al de wonderen en tekenen die Hij onder hen deed voor en
na de uittocht uit Egypte en tijdens de tocht door de woestijn. En je denkt onwillekeurig: hóe is het toch mogelijk dat zij niet meer blijdschap toonden maar in
plaats daarvan mopperden en klaagden en Mozes verwijten maakten, hoe kan dat
toch? Gelukkig zijn wij veel blijer met de wonderlijke daden die de Here onder
ons doet, dankbaarder dat wij verloste kinderen van Hem zijn, geroepenen om
Jezus Christus te dienen en Hem te verkondigen. Wij zijn veel... Wij zijn... Is
dat wel zo? Gelijken wij niet als twee druppels water op de Israëlieten? Hoe dat
kan? Zullen we de mogelijke oorzaak daarvan opsporen, in de Bijbelstudie van
deze week?

GEBED.

Heer, hebt U me daarvoor apart gezet? Hebt U me daarvoor geroepen? Ben ik zo
kostbaar in Uw ogen? En ik leef helemaal niet toegewijd, niet nauwgezet; ik
wandel té veel naar mijn eigen wensen en denken. Vergeef mij, Heer, en begin
vandaag opnieuw met mij, schenk mij de kracht mij geheel over te geven aan U.
Dank U dát U het doen wilt Heer, Amen.

LEZEN:
Ps. 78 : 4, 105 : 1;   Ex. 6 : 6, 9 : 4, 6, 26, 10 : 23, 11 : 7, 12 : 1-28;
Hebr. 9 : 11-15 en 1 Petr. 1 : 12.

'Gij zult geen andere goden voor Mijn aangezicht hebben. Gij zult u voor die niet buigen, noch hen DIENEN'.

GEEN ANDERE GODEN.

Waarom verbiedt de Here God de Israëlieten direct het dienen van andere goden? Omdat dit leidt tot afdwaling van God. Het begin van de zonde is luisteren naar satan, hem de kans geven om je in te palmen. Satan, de vader der leugen, was het ook die Eva en Adam verleidde.

In die tijd dat Mozes het volk richtte, waren er heel wat goden in omloop. En heden ten dage zijn er misschien nog wel meer. Wie ooit onder bekoring is geraakt van andere goden en er Goddank ook weer van bevrijd is, weet hoe moeilijk er te ontkomen valt aan de listen van satan.

Het is met geen pen te beschrijven hoe arglistig zijn werkwijze is om je van de Heer af te trekken. Maar de Heerként de praktijken van Zijn vijand wel. Hij heeft ze wel door, dáárom waarschuwt Hij zijn volk, dáárom verbiedt Hij in Zijn Woord andere goden te dienen.

Pas op, je bent gewaarschuwd, voor dit demonisch terrein. Je gaat je ondergang tegemoet als je je met andere goden in laat. Je komt terecht in een andere wereld, de wereld van angst, demonie en onzekerheid. Het zijn vijandelijke geesten die je belagen, of sterker nog, die je willen beheersen. Onreine geesten die je dingen laten doen, die volkomen in strijd zijn met het leven van een christen. 'Blijf Mij dienen' zegt de Heer, 'daarom heb Ik jullie apart gezet'. We weten allemaal wel van het bestaan van wonderlijke genezers zoals magnetiseurs. De kranten melden dagelijks verhalen over toenemend druggebruik met al de ellende van dien. Advertenties in dag- en weekbladen roepen op tot handlezen en horoscooponderzoek. Er is een veelheid van dingen waar we nooit of te nimmer op in moeten gaan en plaatsen die we absoluut niet moeten betreden. Het is terrein waar satan je beïnvloedt voordat je er erg in hebt. Pas op voor valse godsdiensten, voor spiritisme, voor sexuele perversiteiten. Dáárom waarschuwt de Heer de Israëlieten voor andere goden, want dáárdoor kwamen ze onder verkeerde invloeden, dáárdoor werden ze afgetrokken van de Here God. Dát was de oorzaak van hun afval, de basis van hun verdorvenheid. De Heer waarschuwt door hen heen ook ons! 'Pas op, laat je niet met andere goden in, je komt ten val'.

En wij? Wij hebben daarnaast de Heilige Geest in ons die ons waarschuwt en leert hoe we de vijand kunnen bestrijden. Goddank hóeven wij er niet argeloos in te lopen.

GEBED.

Heer, open onze ogen voor elke afgod en alles wat ons van U afhoudt. Amen.

LEZEN:

Deut. 18 : 9-22;   Ez. 8; Jes. 8 : 19, 20;   Jes. 47 : 9-13;   Gal. 5 : 19-25; Hebr. 12 : 15;   Deut. 29 : 16-18.

Kiest dan heden, wie gij DIENEN zult.
Maar ik en mijn huis, wij zullen de Here DIENEN!

KIEZEN.

God stelde het volk opnieuw voor de keuze: Mij dienen of de afgoden. Er is geen middenweg. De Heer wil door Zijn kinderen uit eigen vrije wil gekozen worden en van ganser harte gediend worden. Hij wil hen niet delen met andere goden. De Israëlieten hebben de gevolgen ervaren van het dienen van andere goden. Nu krijgen ze een nieuwe kans. Er wordt van hen een persoonlijke keus gevraagd. Niet straks maar nú.
Jozua zegt tegen hen, 'kies nu heden wie gij dienen zult. Maar... wie jullie ook kiezen, ik en mijn huis wij zullen de Heer dienen'. Wat een leider, wat een herder die Jozua. Hij laat zich niet verleiden, niet meeslepen met de massa wanneer het volk de Here God verlaat. Hij kiest opnieuw voor de Heer en hij steekt dat niet onder stoelen of banken. Hij komt er openlijk voor uit.
Ook wij zullen in ons leven de keuze moeten maken. Misschien heb je dat al gedaan. Je koost voor de Heer. Fijn, want dat is de belangrijkste gebeurtenis in je leven geweest, dat staat vast. Maar dit brengt met zich mee dat je vanaf dat moment telkens weer kiezen moet. Iedere keer opnieuw zul je de goede keus die je eertijds gemaakt hebt, gestand moeten doen. En als je nog niet gekozen hebt, moet je niet denken, 'dat kan altijd nog, ik heb er de tijd nog wel voor'. Vergis je niet, hoe weet je of je morgen nog de tijd hebt om voor de Heer te kiezen? Anderen denken, 'als ik een ziekbed krijg is er nog tijd genoeg om te kiezen'. Maar stel dat je een ziekbed krijgt, ben je er dan wel zeker van dat je in staat zult zijn tot zo'n belangrijke beslissing over je leven? De Heer vraagt nú Jozua's in Zijn dienst. Gelovigen die Kanaän willen veroveren, het beloofde land.
Hoe fout we ook gegaan zijn in bepaalde situaties, hoe we ook afgedwaald zijn, er is altijd een nieuw begin, je mag telkens weer opnieuw kiezen, dat is het evangelie. Jezus staat elke dag te wachten op jou en mij om ons weer in te kunnen schakelen in Zijn dienst. 'Wie wil je dienen' vraagt Jezus, 'Mij of de wereld? Mij?' Dan moet er gestreden en gebeden worden, maar een toegewijd soldaat overwint in de kracht van zijn Heer, dat is zeker. Daarvoor hebben we Zijn Geest én een wapenrusting gekregen. Jezus heeft de vijand overwonnen door Zijn bloed en wij kunnen strijden in Zijn kracht. Daarom overwinnen wij. Omdat wij 'In Hem' de overwinning reeds bezitten. Ben jij een Jozua? Kies jij voor de Heer? Kom je voor Hem uit?

GEBED.

Heer, ik moet ná de grote beslissende keuze in m'n leven elke dag kiezen in gewone of ongewone omstandigheden. Ik moet het goede kiezen en er mij niet voor schamen. In alle omstandigheden vraagt U van mij Uw wil en Uw weg te kiezen. Help me erbij, Heer. Zonder Uw Geest doe ik de verkeerde keuze; help me naar U te luisteren. Amen.

LEZEN:
Deut. 6 : 3; Joz. 22 : 5; Richteren 10 : 10-16; 1 Sam. 7 : 3-13; Mat. 6 : 24.

Gelijk de Zoon des mensen niet gekomen is om Zich te laten DIENEN, maar om te DIENEN en zijn leven te geven als losprijs voor velen.
'Indien nu Ik, Uw Here en meester, u de voeten gewassen heb, behoort ook gij elkander de voeten te wassen, want Ik heb u een voorbeeld gegeven, opdat ook gij doet, gelijk Ik u gedaan heb'.

HET VOORBEELD BIJ UITNEMENDHEID.

God de Vader zond Zijn Zoon naar een verdorven wereld om die te herstellen, dat is ons allen wel bekend. Maar weten we ook dat Jezus kwam als de nederige, als de dienende, niet om Zich te laten dienen, maar om Zelf te dienen? De mensheid te dienen. Dit is het grootste dienstwerk geworden dat ooit op aarde verricht werd. Zijn leven was een voorbeeld van 'de minste kunnen zijn'. Hij deed ook het minste werk, je weet wel, voeten wassen. Dat was in wezen het werk van een slaaf. Als je dan leest dat Jezus met Zijn discipelen aan tafel ging en niemand een hand uitstak om de voeten van de aanwezigen te wassen omdat er geen slaaf aanwezig was en wanneer Jezus Zich dan niet te hoog acht voor het nederigste werk, spreekt dat boekdelen. Jezus nam slavenwerk ter hand, terwijl Hij in feite Zich als een Koning had kunnen laten bedienen. Wat zullen Zijn leerlingen daar vreemd hebben staan kijken, met hun gedrag geen raad wetend. Petrus, spontaan als altijd, roept uit: 'Heer, in der eeuwigheid zult Gij mij de voeten niet wassen!'. Toch moesten zij allen leren dienen in hun leven.
Ze begrepen dit voorbeeld nog niet goed, dat zag Jezus wel en daarom zei Hij: 'Wat Ik doe, weet gij niet, maar gij zult het na dezen verstaan'. Later hebben ze het begrepen, toen zij apostelen waren, uitgezonden in de wereld. Ze kregen door, dat dit een leven van dienen was, een leven van de minste willen zijn.
Ze leerden Jezus begrijpen... En wij? Wij mogen niet boven Jezus staan. Als Hij de dienende was, als Hij het slavenwerk deed, moeten wij Hem daar dan niet in navolgen? De vijand zal je steeds voorhouden: je hoeft niet zo nederig te leven, je hoeft niet direkt klaar te staan om te helpen, om te troosten, om... om... je huis spontaan open te zetten voor de ander, die hulp van jou verwacht. Er zijn wel anderen die het doen. Ja, ja, zo redeneert de tegenstander. Maar Jezus fluistert jou andere woorden in. Hij geeft jou en mij andere gedachten over dienstbetoon. Hij is blij als wij Zijn voorbeeld volgen en elkaar in nederigheid dienen op allerlei gebied. Welke gedachten beheersen jou? Welke voeten was jij? Welke daden komen naar voren in jouw leven?

GEBED.

Vader in de hemel, wat is het geweldig fijn dat Jezus een voorbeeld voor ons allen is geweest. Anders zouden we nooit leven zoals U dat wilt. Wilt U me helpen om werkelijk van binnenuit nederig te zijn, met liefde de ander de ruimte te geven, de ander te helpen op dát moment als hij of zij dat nodig heeft. Dank voor Uw kracht daarvoor, Amen.

LEZEN:

Mat. 20 : 20-28, 23 : 1-12;   Joh. 13 : 1-20;   Luk. 9 : 46-50, 19 : 11-27.

'Indien iemand Mij wil DIENEN, hij volge Mij en waar Ik ben daar zal ook Mijn dienaar zijn. Indien iemand Mij DIENEN wil, de Vader zal hem eren'.

MIJ VOLGEN.

Het volgen van Jezus brengt een radikale verandering teweeg in je leven. Hem dienen kost je heel wat, want het brengt verloochening van jezelf met zich mee. Jezus zegt: 'als je Mij wilt dienen, houdt dat in, dat je Mij ook helemaal moet volgen, want waar Ik ben, zal ook degene die Mij dient te zien zijn. Als Ik beschimpt en bespot word, zal ook dat jouw deel zijn en als Ik openlijk voor de Vader uit kom, zul jij ook openlijk voor Mij uit moeten komen. Dat is Mij dienen, dat is Mij volgen'. Jezus legde er telkens de nadruk op, dat Hij en Zijn Vader één waren, daartoe bad Hij veel. Niet alleen in afzondering, maar ook in het bijzijn van Zijn discipelen en in de nabijheid van velen.

En als wij Hem willen volgen, dan zal dat ook op dat punt moeten gebeuren. Bidden wij wel eens met iemand als er moeilijkheden zijn? Of durven wij niet goed? Of schamen wij ons een beetje voor onze diepste gevoelens ten aanzien van onze geloofshouding, als wij tonen, dat wij eigenlijk Jezus wel willen volgen ook op dat punt, maar...! Hoeveel mensen komen er nog op de bidstond? De meesten schrikken er voor terug om vóór te gaan. Veel christenen volgen Jezus daarin niet. O ja, er zijn duizenden en duizenden kerkgangers die zondag aan zondag de kerkdiensten bijwonen, maar als Jezus vraagt: waar zijn Mijn volgelingen die dienen? Waar zijn Mijn discipelen die apostel zijn geworden? Waar wordt de les die ik jullie leerde in praktijk gebracht? 'Wat zal dan geantwoord moeten worden? Hij vraagt: Wát hebben jullie ín en tijdens die kerkdiensten geleerd? WAAR WAREN JULLIE MEE BEZIG? En waarom laten Mijn kinderen het praktische werk liever aan predikanten en ouderlingen over?' Is dat christendom van ons dan vrijblijvend? We weten wel beter. Het is de bedoeling van Jezus dat we Hem allemaal dienen op alle terreinen van ons leven. Jezus zegt: 'De Vader zal u eren'. God de Vader is blij als wij Zijn Zoon volgen. Hij is blij als de gemeenteleden de handen uit de mouwen steken, de ogen sluiten om biddend te dienen op dezelfde wijze als Jezus Zijn Vader diende. Het zal zeker te merken zijn aan jou en mij. Dan deinzen we niet terug voor zelfs de meest verachte en verdachte plaatsen. Dan komen wij in huizen, waar mensen wonen die aan de rand van de maatschappij leven en waar Jezus' liefde gebracht moet worden. Of laten we de boodschap van liefde maar liever over aan de mensen van bijv. het Leger des Heils? Waarom eigenlijk?

Jezus volgen en dienen is gaan waar Hij voorging. Dus ook daar!

GEBED.

Vader, ik vraag U of U ons de oorzaak wilt laten zien van waarom anderen U meer volkomen dienen dan wij. Vader, wat is er mis bij ons? Open onze ogen. Vader... en... wilt U ons de genade schenken U te volgen en christenen te zijn met de daad? Amen.

LEZEN:
Joh. 12 : 20-26; Luk. 4 : 29, 30; Ps. 100 : 2; Mat. 10 : 37-40, 22 : 8, 9, 25 : 31-46.

En Hij heeft zowel apostelen als profeten gegeven, zowel evangelisten als herders en leraars, om de heiligen toe te rusten tot DIENSTBETOON, tot opbouw van het lichaam van Christus.
DIENT elkander, een ieder naar de genadegave, die hij ontvangen heeft, als goede rentmeesters over de velerlei genade Gods.

DIENEN DOOR GENADEGAVEN.

Het hoogtepunt van dienen wordt bereikt wanneer het dienen een geestelijke verkwikkende uitwerking heeft op degene die dient en degene die ontvangt. De Heer schenkt elk van Zijn kinderen de mogelijkheid om Hem te volgen. Ook met de genadegaven, die in Zijn Geest verborgen zijn. Gods Heilige Geest, die in ons is uitgestort, maakt dit dienen mogelijk. Het zijn onuitsprekelijke gaven, gaven van God. Het woord 'charisma' betekent 'genadegave'. Deze gaven worden niet alleen aan leiders, herders en predikanten geschonken zoals velen menen. Deze gaven worden aan elk toegewijd christen gegeven, naar de wijsheid Gods. Ze zijn geen bezit van de gelovige. Nee, in afhankelijkheid van God kunnen ze altijd gebruikt worden ten dienste van de ander, ten dienste van de gemeente. Het is een vreugde als je ervaart dat deze gaven functioneren, als er in de gemeente het Levende Woord van de Levende Heer doorklinkt, zodat de gemeenteleden worden opgebouwd, zodat allen groeien naar de volwassenheid in de Geest. Het is een heilig moment als de Heer een predikant begenadigt en gebruikt om door handoplegging of door het zalven met olie of door gebed een zieke te genezen. Het is een heerlijke overwinning op de tegenstander dat, door de Naam van Jezus te gebruiken, onreine geesten de mensen verlaten moeten. Er zijn veel onreine geesten die de mens van God aftrekken, die hem het dienen van Jezus onmogelijk maken. Als je doorkrijgt wat een macht wij bezitten om in Zijn Naam de vijand te verslaan, als je doorkrijgt hoe machtig de Heilige Geest met Zijn gaven door ons wil werken, word je daar stil van. En het is allemaal waar, want er staat geschreven: 'Als tekenen zullen de gelóvigen (niet alleen predikanten, er staat gelóvigen) deze dingen volgen: in Mijn Naam zullen zij boze geesten uitdrijven… op zieken zullen zij de handen leggen en zij zullen genezen worden'. Er staat ook geschreven: 'Er is verscheidenheid in genadegaven… Want de één wordt door de Geest gegeven met wijsheid te spreken, de ander met kennis te spreken, de één ontvangt gaven van genezingen, de ander krijgt de gave van geloof'. Samen zijn wij gemeente, samen dienen wij elkaar en de Heer, door Zijn gaven te laten functioneren die Hij in Zijn kinderen bewerkt. Deze gaven worden zichtbaar daar, waar een gemeente van Christus op de plaats staat, daar waar de één de ander uitnemender acht dan zichzelf. Mag Jezus jouw leven ook gebruiken om Zijn gaven door jou te laten functioneren? Wil jij je ook beschikbaar stellen om op deze manier te dienen?

GEBED.

Heer, hier ben ik, neem mij, breek mijn zondig ik af, vul mij met Uw Geest en zend mij uit in Uw kracht. Amen.

LEZEN: 1 Petr. 4:7-19; Rom. 12:1-8; 1 Cor. 7:7; 1 Cor. 12; 14:1; 1 Tim. 4:12-16.

Zondag
42ste week

Ben jij ook zo druk, dat je
haast niet meer kunt genieten
van de blijde dingen
in het leven?

VREUGDE EN BLIJDSCHAP

Nehemia 8 : 11.
Gaat heen, eet lekkernijen en drinkt zoete dranken en zendt aan ieder voor wien niets bereid is, een deel, want deze dag is voor onze Here heilig; weest dus niet verdrietig, want de VREUGDE in de Here, die is uw toevlucht.

Lukas 10 : 17.
En de tweeënzeventig zijn teruggekeerd met BLIJDSCHAP en zeiden: 'Here, ook de boze geesten onderwerpen zich aan ons in Uw naam'.

Lucas 19 : 6.
En hij kwam vlug naar beneden en ontving Hem met BLIJDSCHAP.

Esther 8 : 16 en 17a.
En de stad Susan juichte en was VERHEUGD: aan de Joden was licht en VREUGDE, BLIJDSCHAP en eer ten deel gevallen. Ook in alle gewesten en steden, overal waar het woord en de wet des konings aankwamen, was bij de Joden VREUGDE en BLIJDSCHAP...

Daniël 6 : 24.
Toen werd de koning ten zeerste VERHEUGD en hij gaf bevel, dat men Daniël uit de kuil zou optrekken. Daniël werd uit de kuil opgetrokken, en generlei letsel werd aan hem gevonden, omdat hij op zijn God had vertrouwd.

Handelingen 5 : 41, 42.
Zij dan gingen uit de Raad weg, VERBLIJD, dat zij verwaardigd waren terwille van de naam smadelijk behandeld te zijn; en zonder ophouden, iedere dag, leerden zij in de tempel en aan huis, en verkondigden het evangelie, dat de Christus Jezus is.

GEBED.
Ja Heer, ik heb zo weinig deel aan blijdschap. Ik heb het veel te druk met andere beslommeringen. Maar ik dank U dat U mij daarop wijst, en me wilt laten zien dat de dingen en opdrachten van U belangrijker zijn. Leer mij weer dankbaar te zijn voor de kleine dingen die U ons schenkt. Help mij opnieuw de morgen te beginnen met U, help mij dáár tijd voor te nemen. Het is immers het mooiste en beste uurtje van de dag. Ik dank U in Jezus' Naam. Amen.

Gaat heen, eet lekkernijen en drinkt zoete dranken en zendt aan ieder voor wien niets bereid is, een deel, want deze dag is voor onze Here heilig; weest dus niet verdrietig, want de VREUGDE in de Here, die is Uw toevlucht.

TOEVLUCHT.

Wat een vreugdevolle dag voor de Israëlieten die uit Babel zijn teruggekomen. Voor het eerst na lange jaren ballingschap wordt de wet weer voorgelezen. En zodra Ezra de wet gaat voorlezen, staat het volk op en begint spontaan de Here God te loven en te prijzen. Wanneer Ezra hun vervolgens de wet uitlegt, zodat zij het voorgelezene begrijpen, dringt het tot hen door hoe zwaar zij als volk Gods gezondigd hebben. Ze worden ten diepste bewogen en schreien van berouw, schreien van verdriet, omdat ze de Heer zo bedroefd hebben. En wat zegt Ezra? 'Ja, ja, huil er maar eens om, bedenk maar eens goed hoe zwaar jullie en je vaderen gezondigd hebben'? 'Eigenlijk zouden wij geen feest moeten vieren maar rouwdagen inlassen en klaagliederen aanheffen'?
Zegt Ezra dat? Neen, Ezra zegt héél iets anders: 'Deze dag is de Here Uw God heilig; bedrijf geen rouw en ween niet, wees niet verdrietig, want de vreugde in de Here, die is uw toevlucht'. Als de Here God Zelf blij is, zullen dan Zijn kinderen niet blij zijn en vreugde bedrijven? De Heer heeft een grote streep door de rekening gehaald, afgelopen, het is voorbij, Ik denk er niet meer aan. Er is vergeving. Er is Goddelijke genade. Tranen van berouw? Neen, nu tranen van blijdschap en ontroering. Ezra wijst hen op hun Heer. Hij is hun toevlucht. Weet je wat dat precies betekent? Heb je wel eens zo in de narigheid gezeten dat je een toevluchtsoord nodig had? Iemand bij wie je je hart kon uitstorten? Iemand die je echt helpen kon? Als je zo iemand vindt dan breekt er een lichtstraal door in je hart. Je kunt eindelijk huilen, maar nu niet meer van verdriet, maar van blijdschap omdat je geholpen wordt, omdat er niet meer gepraat wordt over het verleden maar over de toekomst. Omdat er weer perspectief geboden wordt. Mensen… wat een oase in de woestijn. Ezra noemt de Here een toevlucht. En weet je dat Hij het zo in 't bijzonder is? Want bij Hem kun je altijd terecht, op elk uur van de dag. Bij Hem kun je schuilen. Hij zegt tegen ons: 'kom maar, droog je tranen, of huil maar van blijdschap bij Mij uit, want deze dag is een dag vol vreugde omdat je naar Mij bent gekomen, omdat Ik Mijn Rode bloedstreep door je verleden gehaald heb, wil ik je alles vergeven. Ik heb je zonden geworpen in de diepte van de zee, je mag weer opnieuw beginnen'. Dan kun je je geluk niet op, je begint van blijdschap de Heer te loven, te prijzen en te aanbidden om Zijn liefde en goedheid.

GEBED.

Heiland, ik dank U voor Uw liefde en geduld met mij. Ik dank U dat U mijn toevlucht bent, mijn troost en mijn hulp. En deze tranen Heer, huil ik van blijdschap omdat ik U ontmoet heb. Dank U voor deze ontmoeting. Amen.

LEZEN:

Ps. 46, 90 : 1,   Ps. 91;   Jes. 25;   Col. 1 : 14;   Op. 19 : 7;   Lukas 1 : 14, 50.

En de tweeënzeventig zijn teruggekeerd met BLIJDSCHAP en zeiden: Here, ook de boze geesten onderwerpen zich aan ons in Uw naam.
DE NAAM 'JEZUS'.
Wat komen deze tweeënzeventig mensen blij terug van hun stage lopen. Want zo mag je het wel noemen. Ze worden twee aan twee uitgezonden in de wereld om praktijk op te doen, om ervaring te krijgen in het evangeliseren.
Jezus had hun gezegd: 'op zieken zullen jullie je handen leggen en zij zullen gezond worden'. Maar ze ontdekken ook dat de boze geesten naar hen luisteren, in de Naam van Jezus. Zij gehoorzamen onmiddellijk als de Naam van Jezus wordt gebruikt. Eén bevel in de Naam van Jezus om uit de mens te gaan is voldoende. Dat was voor die leerlingen zeker adembenemend. Zij ontdekten dat in de Naam van Jezus de geest van de vijand de mens los moet laten. Wat een blijde terugkeer, wat een blij verslag kunnen ze geven. De Naam van Jezus op die manier gebruiken is bij de christenheid in onbruik geraakt. Ondanks de vele voorbeelden uit de Bijbel. Ondanks het feit dat wij allen vurig geloven in de Naam van Jezus en de kracht die van Hem uitgaat, zijn wij huiverig voor risico's althans op dit terrein. En toch is ons de opdracht gegeven op te treden tegen de geesten, maar het uitoefenen ervan is bij ons ver te zoeken. Waarom is dat toch zo onder ons? Waarom luisteren wij wel naar andere opdrachten van de Heer en laten we deze opdracht liggen? Waarom gebruiken we de Naam van Jezus wel bij de doop, of nemen wij wel aan dat wij door die Naam van Jezus gered zijn en waarom treden wij niet op tegen de boze en onreine geesten? De Naam van Jezus brengt ons blijdschap en vreugde. We worden zo blij van binnen dat we gered zijn uit de klauwen van satan. We zijn blij dat we gedoopt zijn. De vier evangelisten vertellen ons vele malen dat Jezus én de discipelen de boze geesten bestraffen, dat Jezus gezag over hen uitoefende. Dat gezag zouden wij als Zijn kinderen moeten overnemen. Jezus zond mensen uit met de opdracht: op zieken zullen jullie de handen leggen en zij zullen genezen worden, in Mijn Naam zullen jullie de boze geesten bestraffen en uitdrijven. De Bijbel verhaalt het ons vele malen en nog laten we deze opdracht liggen. Slechts op heel kleine schaal wordt zij uitgevoerd en juist die mensen dreigen ten onder te gaan aan het vele werk, omdat er zoveel mensen zijn die graag genezing zoeken op deze Bijbelse manier. Maar hoe zit het met de gelovigen die aan de opdracht van de Heer voorbij gaan? Wij mógen in de Naam van Jezus bevrijden - genezen. Maar wat laten we een kansen liggen. Wij mogen in de Naam van Jezus op slangen en schorpioenen treden. Laten we de Heer dringend vragen om wijsheid en inzicht op dit terrein.

GEBED.
Vader, hoe moet ik dit alles toch zien? Waarom voeren wij Uw opdracht niet beter uit? Het staat toch in Uw Woord, waarom luisteren wij daar dan niet naar? Geef mij inzicht in deze moeilijke materie en vergeef ons als gemeente ons tekort aan moed, in het optreden in Uw Naam. Leer ons Uw wil te doen, opdat ook wij, mét U, op slangen en schorpioenen treden. Niet door ons Vader, maar door de machtige Naam van Jezus, Uw Zoon. Amen.

LEZEN: Luk. 10 : 1-20; Mark. 9 : 38, 39, 16 : 17, 18; Hand. 3 : 6, 16, 4 : 5-12.

En hij kwam vlug naar beneden en ontving Hem met BLIJDSCHAP.

HIJ ROEPT OOK JOU EN DAT GEEFT BLIJDSCHAP.

Bij vreugde en blijdschap hoort lachen, want we hebben niet voor niets lachspieren van de Heer gekregen en Hij wordt Zelf zo blij als Hij ziet dat wij ze gebruiken.
Weet je wie ze ook gebruikte? Zacheüs de tollenaar. Zacheüs was niet zo geliefd bij de mensen. Hij inde de belastinggelden voor de Romeinen en dat dát eerlijk gebeurde, geloofde niemand. De ervaring had al wel geleerd dat dergelijke lieden geld voor zichzelf achterhielden. Op zekere dag hoorde Zacheüs dat Jezus voorbij zou komen en omdat hij nogal klein van stuk was en zich tussen de toeschouwers niet veilig voelde, klom hij in een boom om op die manier ongezien en ongemerkt een glimp van Jezus op te kunnen vangen. Maar tot z'n grote schrik riep Jezus hem met de woorden: 'Zacheüs, kom vlug naar beneden want heden moet Ik in uw huis zijn'. Zacheüs kwam snel naar beneden en ontving Jezus met blijdschap in zijn huis.
De verbazing zal van zijn gezicht te lezen zijn geweest. Hij, Zacheüs, de tollenaar, mocht Jezus ontmoeten, wat een gebeurtenis, wat een blijde dag. De omstanders dachten er het hunne van. Hoe haalde die Rabbi uit Nazareth het eigenlijk in z'n hoofd om bij die zondige belastingambtenaar binnen te gaan. Maar als je hoort wat Zacheüs tegen Jezus zegt, word je wel wat milder in je oordeel. Hij staat daar midden in de kamer en voordat Jezus hem op zijn duistere praktijken kan wijzen, zegt Zacheüs vol blijdschap: 'Heer, zie de helft van mijn bezit geef ik de armen en indien ik iemand iets heb afgeperst vergoed ik hem viervoudig'. Wat zal het daar stil geweest zijn, wat zal de blijdschap van Zacheüs aanstekelijk gewerkt hebben. Hij wilde ernst maken met zijn blijdschap en niet alleen zijn zonden belijden, maar ook in daden tonen, dat het hem ernst was. En hoe reageert Jezus? Zegt Hij: 'Kalm maar aan hoor, Ik moet eerst nog zien of je het wel doet'? Neen, de Here Jezus is nét zo blij als Zacheüs zelf, Hij zegt: 'Heden is aan dit huis redding geschonken... want de Zoon des mensen is gekomen om het verlorene te zoeken en te redden'.
Zijn wij ook blij te horen dat Jezus in ons huis wil komen? Reageer jij ook onmiddellijk op Jezus' roepstem?

GEBED.

Ja, Heer, zou ik dan ook onmiddellijk mijn zonden bekend hebben? Misschien juist wel, want Zacheüs had een ontmoeting met U en dat verklaart zijn blijdschap en zijn spontane toezegging. Dank U dat wij allen mogen ervaren dat U ook in ons huis wilt komen en blijven, dat wij met U mogen leven. Dat brengt een onvergetelijke blijdschap met zich mee. Heer, dank U, dat U bij de minste onder ons wilt zijn, dat U de verachten zoekt en vindt. Amen.

LEZEN:

Luk. 19 : 1-10;   Mat. 9 : 9-13;   1 Kor. 1 : 9; 1 : 18-31;   1 Sam. 3 : 1-11;
Jes. 43 : 1;   Joh. 5 : 11; 16 : 20-24; 17 : 13.

En de stad Susan juichte en was VERHEUGD: aan de Joden was licht en VREUGDE, BLIJDSCHAP en eer ten deel gevallen. Ook in alle gewesten en steden... was bij de Joden VREUGDE EN BLIJDSCHAP...

BLIJDSCHAP.

Dat deze mensen blij en opgelucht waren kunnen wij ons heel goed indenken. Ternauwernood waren ze aan de ondergang ontsnapt. Dit was niet de eerste keer dat geprobeerd werd de Joden uit te roeien en ook niet de laatste keer. Wat een blijdschap, wat zullen ze feest gevierd hebben, wat zal er gelachen zijn en tegelijkertijd tranen van blijdschap vergoten zijn en wat zullen ze God gedankt hebben voor deze uitredding. Hoe lang zou die blijdschap geduurd hebben? Als we eens bij onszelf te rade gaan, als we eens terug denken aan dat moment dat we persoonlijk door het oog van de naald gingen en we zelf niet wisten wat we moesten doen van blijdschap omdat we bewaard gebleven waren. Als we dan eens nagaan hoe lang we in die blijdschap stonden, dan ben ik bang dat we zullen moeten toegeven dat we al gauw weer over zijn gegaan tot de orde van de dag. Eigenlijk zouden wij veel langer blij en dankbaar moeten blijven. We worden echter veel te snel weer beïnvloed door de zorgen van het leven. Als je zo om je heen kijkt, zijn er niet zo veel blijde mensen. Goed, de tijden zijn er ook niet naar om altijd blij te zijn, dat weet ik ook wel, maar we zouden toch wel wat vaker blij kunnen zijn en ons méér moeten verheugen over de kleine vreugden die we meemaken. De Heer ziet ons zo graag blij. Hij verheugt Zich in ons, wanneer wij kunnen lachen, óok blij kunnen zijn, ondanks moeilijke omstandigheden soms. Kinderen kunnen nog lachen, ze schijnen overal de grappige kanten van te zien. Ze zijn blij en spontaan, ze zetten ons als volwassenen wel aan het denken. Ja, in dat opzicht zouden we kind willen blijven. Ester en haar volk zijn gered van de ondergang. Heel het volk is aan het feestvieren geslagen. Overal hoor je de muziekinstrumenten schallen. Er wordt gedanst, gegeten en gedronken; er wordt gezongen, blij en vrolijk. Als ik terug denk aan het einde van de tweede Wereldoorlog, hoe we toen uitbundig feestvierden en hoe ik toen dacht: 'wat leven we nu in een heerlijke wereld'. Je wilde dat de tijd stil bleef staan en je was ook op een leeftijd dat je alle blijheid in je opnam. Dat er toen mensen waren die helemaal niet mee konden feestvieren, begreep ik niet. Wat wist je van het schrijnende leed dat velen ondervonden hadden? Toch... als ik nu aan die tijd denk en ik denk nog verder terug aan het volk van Ester, die vierden uitbundig feest, waarschijnlijk net als wij. Zullen we elkaar vandaag eens toeroepen: 'zie naar de mooie dingen, wees er blij mee, want dan maak je de Heer van je leven ook blij, heb je daar wel aan gedacht'?

GEBED.

Vader... wat ben ik blij omdat U altijd bij mij bent. U laat Uw nabijheid niet afhangen van mijn werken. Maar U verheugt er Zich over dat ik plezier heb in de dingen die ik doe en U bent ook verheugd, als we samen in ons gezin blij zijn. Dank U voor de kleine blijde dingen maar nog meer, dat ik ze zien mag in Uw licht. Amen.

LEZEN: Ester 8;   Ex. 15;   2 Sam. 22 en de brief aan de Philippenzen.

Toen werd de koning ten zeerste VERHEUGD en hij gaf bevel, dat men Daniël uit de kuil zou optrekken. Daniël werd uit de kuil opgetrokken, en generlei letsel werd aan hem gevonden, omdat hij op zijn God had vertrouwd.

EEN HEIDEN, BLIJ OM...

Wie was hier ten zeerste verheugd? De heidense koning Darius. Darius komt met de Here God in aanraking, door bemiddeling van Daniël. Daniël en de koning waren vrienden. Ze mochten elkaar. Ze hadden respect voor elkaar. De koning kon Daniël vertrouwen ondanks het feit dat hij een vreemdeling was, een balling uit Israël. De koning wilde Daniël aanstellen tot overste over de stadhouders. Dat viel niet in goede aarde bij die stadhouders en daarom beraamden ze een plan om Daniël uit de weg te ruimen. Het plan lukte aardig. Daniël werd volgens de wet in een leeuwenkuil geworpen. Zelfs de koning kreeg geen schijn van kans dit te verhinderen, maar het greep hem wel aan. De hele nacht lag hij te woelen en kon hij de slaap niet vatten. Wat zal er veel door zijn hoofd zijn gegaan en wat waren zijn verwachtingen hoog gespannen. Vooral in verband met de uitspraken en de godvruchtige wandel van zijn vriend. Dit blijkt wel uit het feit dat hij vroeg in de morgen haastig naar de leeuwenkuil ging en Daniël begon te roepen: 'Daniël, Daniël, gij dienaar van de levende God. Heeft uw God die gij zo volhardend dient, u van de leeuwen kunnen bevrijden?' Dus koning Darius hield er terdege rekening mee dat de levende God Daniël toch zou kunnen bevrijden. Het antwoord liet niet op zich wachten en luidde: 'Mijn God heeft Zijn engel gezonden en de muil der leeuwen toegesloten en ze hebben mij geen kwaad gedaan, omdat ik voor Hem onschuldig ben bevonden. Maar ook tegen u, o koning, heb ik geen misdaad begaan'. Toen wist de koning zich geen raad van blijdschap. Hij zal niet geweten hebben hoe gauw hij Daniël uit die kuil moest krijgen. Wat een blijdschap dat zijn vriend gered werd door zijn God.

Wat een God had Daniël, ongelofelijk. Maar wat een vertrouwen had Daniël, wat een volhardend geloof, zo iets kom je niet vaak tegen. Daniël was een levende getuige in zijn leven geweest, hij had zijn relatie met de Here God niet onder stoelen of banken gestoken, er was iets van dat geloof overgesprongen, zodat zelfs de koning begreep dat Daniëls God, de levende God was. Ja, de heidense koning was zeer blij met de God van Israël. We kunnen hieruit leren dat onze handel en wandel en ons spreken van grote invloed zijn op hen die niet geloven. We hebben er vaak geen idee van hoé men op ons let, hoe ze ons in de gaten houden. Elke handeling, elk gesprek over geloof mag de liefde van God uitstralen net als bij Daniël. Is Daniël voor jou een man die ver in het verleden geleefd heeft of is hij een werkelijkheid voor jou, zodat je van zijn levenswandel nu, vandaag nog wat kunt leren?

GEBED.

Vader, wij danken U samen dat wij op U mogen vertrouwen, dat wij ons helemaal kunnen overgeven aan U. Help ons dit in alle omstandigheden te doen. Help ons in ons leven een getuige van U te zijn in geheel ons spreken en handelen. Amen.

LEZEN: Daniël 6; 1 Sam. 23:14-18; 2 Kon. 18:1-8; Ps. 62:9; 84:13; Deut. 26:11.

Zij dan gingen uit de Raad weg, VERBLIJD, dat zij verwaardigd waren terwille van de naam smadelijk behandeld te zijn; en zonder ophouden, iedere dag, leerden zij in de tempel en aan huis, en verkondigden het evangelie, dat de Christus Jezus is.

BLIJ ZIJN IN VERDRUKKING.

Blij zijn dat je mag lijden om Jezus, dat is een niet alledaagse zaak. Hier moet een kracht en een liefde achter zitten die de mens van nature niet bezit. Dat zit er dan ook achter. Niemand minder dan de Heilige Geest geeft die liefde tot Jezus en die kracht om in alle omstandigheden vol te houden, ook in de verdrukking. De apostelen werden weer eens gevangen genomen zoals zo vaak, want ze predikten in de Naam van Jezus en dat mocht beslist niet. Toen kwam de wijze en geleerde Gamaliël aan het woord. Gamaliël was er niet zo zeker van dat zij oproer onder het volk wilden brengen. Pas op mensen, zei hij tegen de andere Farizeeërs, pas op dat we niet strijden tegen een man die die wel eens uit God kon blijken te zijn. Er ging iets wezenlijks van de apostelen uit, waar je stil van werd of woedend. Het roept altijd reakties op als je mensen zo volhardend de Heer ziet volgen, vooral als zij omwille van dat geloof worden opgepakt en vastgezet. Met schrik zagen de Farizeeën hoe groot hun overtuiging was in de zaak van hun Heer. Wat lezen we vaak dat de mensen die vervolgd worden omdat ze van Christus willen getuigen, niet terugkrabbelen voor tegenwerking, moeite en leed. Ze gaan gewoon door. Ze hebben zo'n liefde voor de Heer dat ze er alles voor over hebben, zelfs martelingen en gevangenschap. Ja, zij vinden het zelfs een eer. Hoe vaak lezen we niet in de Bijbel dat dat bij de christenen hoort? Hoeveel apostelen werden in hun dagen al niet vervolgd? En als je leest hoe moedig zij dat ondergingen, dat verwerkten en opvatten, dan kunnen wij daar nog veel van leren.

Wij lopen vaak niet zo warm voor de zaak van God. En om voor Hem te lijden? Wij leven dikwijls zo argeloos, alsof het vanzelfsprekend is dat wij in vrijheid leven. Alsof het vanzelfsprekend is dat we naar de kerk mogen gaan, en met elkaar kunnen praten over de Heer. Alsof het de gewoonste gang van zaken is dat we allemaal een Bijbel in huis mogen hebben. Ja, wij vinden dat het zo hoort. Totdat... ja, totdat er een kink in de kabel komt, dan zien we pas hoe vrij we geleefd hebben. Dit is met alles zo. Je vindt het heel gewoon dat je gezond bent, totdat... Zo gewoon dat je een gezonde baby ontvangt, totdat... Zo gewoon dat je werk hebt, totdat... Zo gewoon dat je bij elkaar bent, totdat... Wij zijn als mensen haast nooit blij met de omstandigheden waarin we leven. We genieten niet volop van onze gezondheid, onze vrijheid en ons werk dat wij hebben. Zullen we daar vandaag eens mee beginnen? Dankbaar zijn voor wát we hebben?

GEBED.

Heer, ik schaam mij voor U, dat ik tekort kom in dankbaarheid over alles wat ik ontvang: door mijn man, door het leven met U, voor Uw leiding, voor de vrijheid waarin wij allen hier nog leven. Ik bid voor hen die gevangen zijn om Uws Naams wil, Heer. Geef hun kracht om vol te houden tot het einde! Amen.

LEZEN: Mat. 16:21; 17:21; Phil. 1:27-30; 2 : 1-18; Col. 1 : 24; 1 Pet. 2 : 19-21.

Zondag
43ste week

Zullen we er eens over
nadenken, wat eigenlijk de
eigenschappen van een herder
zijn en die dan vergelijken
met de Goede HERDER?

HERDER.

Hebreeën 13 : 20.
Onze Here Jezus, de HERDER der schapen.

Genesis 49 : 22-24.
Een jonge vruchtboom is Jozef, een jonge vruchtboom aan een bron; zijn takken
stijgen boven de muur uit; de boogschutters hebben hem getergd, beschoten en
vijandig bejegend, maar... zijn boog bleef stevig en zijn sterke handen bleven
lenig, door de handen van de Machtige Jakobs, daar de Steenrots Israëls zijn
HERDER is.

Psalm 23 :1 en 2.
De Heer is mijn HERDER, mij ontbreekt niets; Hij doet mij nederliggen in grazige weiden; Hij voert mij aan rustige wateren.

Jesaja 40 : 11.
Hij zal als een HERDER Zijn kudden weiden, in Zijn arm de lammeren vergaderen, en ze in Zijn schoot dragen, de zogenden zal Hij zachtkens leiden.

Johannes 10 : 11, 14, 15.
'Ik ben de goede HERDER. De goede HERDER zet Zijn leven in voor zijn schapen... Ik ben de goede HERDER en Ik ken de Mijne en de Mijne kennen Mij,
gelijk Mij de Vader kent en Ik de Vader ken, en Ik zet Mijn leven in voor Mijn
schapen'.

Johannes 21 : 15, 16c, 17 c.
Toen zij dan de maaltijd gehouden hadden, zeide Jezus tot Simon Petrus: 'Simon,
zoon van Johannes, hebt gij Mij waarlijk lief, meer dan dezen?' Hij zeide tot
Hem: 'Ja Here, Gij weet, dat ik U liefheb'. Hij zeide tot hem: 'Weid Mijn lammeren'. Hij zeide ten tweeden male... 'Hoed Mijn schapen'. Hij zeide ten derde
male... 'Weid Mijn schapen'.

GEBED.
Dank U Vader, dat Uw Zoon dé Goede Herder is, dat Hij ál de eigenschappen
bezit die een herder nodig heeft. Als we om ons heen kijken, zijn er veel herders
in ons land of stad of dorp die geen goede herder zijn, integendeel, herders die
Uw wil niét doen, herders die zichzélf weiden, die maar wat wonderlijk met Uw
Woord omspringen, die het gehéle Woord van U niet uitdragen. Ik vraag U of U
hen terug wilt brengen tot de Goede Herder, zodat zij Hem ten diepste leren kennen en volgen. Als ik denk, Heer, aan de schapen die zij weiden? Open onze
ogen er voor waar wij zelf fout gaan. Dank U dat U dat wilt doen omdat U de
Goede Herder bent. Herstelt U in ons allemaal datgene waaraan wij niet beantwoorden, als schaap van Uw kudde of als herder, of beurtelings als schaap en
herder beide. Amen.

Onze Here Jezus, de HERDER der schapen.

HERDER ZIJN.

Wat zijn nu zo ongeveer de eigenschappen van een herder? Het moet in de eerste plaats wel een zachtmoedig man zijn met veel liefde en geduld voor zijn dieren. Tegelijk moet hij óp kunnen treden en onmiddellijk kunnen ingrijpen in benarde situaties. Hij mag zich niet van de wijs laten brengen. Ook moet hij wel verstand hebben van dieren om, wanneer één van hen een ongeluk krijgt, op de juiste wijze te kunnen helpen. Hoe vaak raakt een schaap niet in het struikgewas verward, of struikelt het langs een helling naar beneden? Met veel liefde en geduld en met zachte bemoedigende woorden zal hij het dier bevrijden. En over een goed uithoudingsvermogen gesproken, dag en nacht is immers een herder in de weer, zoals eenmaal in Efratha's velden.
In de dagen van Jozef en David waren herders weken lang van huis met hun kudden. Te allen tijde hielden zij de schapen in het oog. Daarom ziet een herder om naar de kleinste lammetjes of dié mee kunnen komen en zij bepalen dan de snelheid van de kudde. Een goede herder ziet wat zijn schapen niet zien. Vroeger moest een herder het ook opnemen voor zijn schapen tegen de wilde dieren, tegen een sterkere macht. Bij Jezus vindt je deze eigenschappen om een Goéde herder te zijn optimaal terug. Zo begrijpen we iets van Zijn karakter.
Jezus was de zachtmoedigste en nederigste man die ooit op aarde is geweest. Maar tegelijk kon Hij ook de Farizeeën en de schriftgeleerden, met eerbied gesproken, schaakmat zetten. Jezus veroordeelde niet, maar schiep nieuwe kansen, bijvoorbeeld toen men met een zondares bij Hem kwam. Hij hielp op wonderlijke wijze vijfduizend mensen aan eten. Wanneer iemand geestelijk of lichamelijk verwond was, verbond of heelde Hij op de juiste manier.
Ellende, ziekte en dood ging hij te lijf. Dag en nacht stond Hij voor de mensen klaar. En nog... staat Hij daar. Wanneer jij verwond bent, spreekt Hij je moed in en verbindt je op de wijze die bij joú past. En een geduld dat Hij met jou en met mij heeft, onvoorstelbaar. Daarom moet je weten, als er één Mens op aarde is die liefde voor ons heeft, dan is het wel Jezus en door Hém heen Zijn Vader. 'Want alzo lief heeft God de wereld (mensheid) gehad, dat Hij Zijn eniggeboren Zoon gegeven heeft opdat een ieder, die in Hem gelooft, niet verloren ga, maar eeuwig leven hebbe'. Dat is liefde, waar wij met ons verstand niet bij kunnen. Jezus nam het op tegen de vijand. Jezus verbrak satans macht. Hij overwon hem en bevrijdde ons uit zijn greep. Zo'n Herder hebben wij nu, én... Hij wil ook jouw Herder zijn; wat een geruststelling hè?

GEBED.
Here Jezus, dat ik een schaapje van Uw kudde mag zijn is wel zo overweldigend. U weet dat ik dat als klein kind bad. Ik besefte toen nog niet wat dat inhield. Maar mijn moeder wel, denk ik. Dank U, dat zij het mij leerde bidden en ik dank U nóg meer dat U dat kindergebedje verhoord hebt. Heer, wilt U me maar helpen zo afhankelijk van U te leven, dat ik U zonder morren volg. Ik vraag het U in de Naam van Jezus. Amen.

LEZEN: Joh. 6 : 1-15, 8 : 1-11, 10 : 1-21;   Luk. 4 : 1-13, 6 : 6-11.

Een jonge vruchtboom is Jozef, een jonge vruchtboom aan een bron; zijn takken stijgen boven de muur uit; de boogschutters hebben hem getergd, beschoten en vijandig bejegend, maar... zijn boog bleef stevig en zijn sterke handen bleven lenig, door de handen van de Machtige Jakobs, daar de Steenrots Israëls zijn HERDER is.

KAN GOD DIT TOELATEN?

Dat vraag je je wel af als je de geschiedenis van Jozef leest. Kon God het toelaten dat hij in een put geworpen werd? En dat hij verkocht werd naar Egypte? En ook nog dat hij onschuldig in de gevangenis geworpen werd? Ja, God liet het toe. God liet ook toe dat Jakob Jozef zegende met eigenaardige woorden. Maar in die zegen vinden we de hele levensloop en levenshouding van Jozef terug. Ook de wijsheid Gods die er toch zeker achter stak. Jozef werd een jonge man, een vruchtboom aan een bron. Als ergens een boom het goed doet, dan is het wel bij een bron. Daar kan zo'n boom zich op de juiste wijze ontwikkelen, omdat hij voldoende water krijgt. Voldoende voor elke dag. Hij groeit zelfs zo, dat zijn takken boven de muur uitstijgen. Jozefs geestelijke groei bereikte het hoogtepunt. Hij groeide boven de situaties uit. Hij werd getergd en gesard en dat nog wel door zijn eigen broers. Maar... zijn boog bleef stevig, nee, hij brak niet. Jozefs geestelijke leven was niet kapot te krijgen. Hij bleef rustig onder alle omstandigheden. Hoe kon Jozef dit in vredesnaam opbrengen, je begrijpt er niets van. Hij kon dit, doordat hij door de handen van de Machtige Jakobs gedragen werd; dat was zijn kracht. God was zijn Steenrots, God was Israëls steenrots. God was zijn HERDER, daar kwam het van. Daardoor kwam Jozef ongeschonden uit de strijd. Hij had een HERDER die hem leidde, die hem bemoedigde en uiteindelijk verhoogde.

Als jij in jouw leven Hem als HERDER hebt, als Leidsman, dan kan ik niet anders zeggen, dan dat je goed áf bent. Wat er dan ook gebeurt in je leven, je zult overwinnen.

Al zit je in de gevangenis. God laat het toe. Al ben je ziek. God laat het toe. Al ben je eenzaam. God laat het toe. Waarom? Om je geestelijk gesterkt, volgroeid door de strijd heen, naar zich toe te halen. Hij wil hiér jouw Herder zijn. Is Hij dat ook voor jou?

GEBED.

Heer, nu ik dit allemaal lees van Jozef, krijg ik groot respekt voor hem. Want vertrouwen in U als het goed gaat, is geen kunst. Maar als ik in de narigheid zit en de afloop niet weet, om dán te vertrouwen op U, dat is pas geloof. Vergeef mij Heer, dat ik daar soms zo'n moeite mee heb. Wilt U me helpen, léren te geloven als de omstandigheden er niet naar zijn, dan groei ik in U, Heer. Dank U wel daarvoor. Amen.

LEZEN:

Genesis 37, 47 en 48 : 1-4,   49 : 22-24.

De Heer is mijn HERDER, mij ontbreekt niets; Hij doet mij nederliggen in grazige weiden; Hij voert mij aan rustige wateren.

ONTBREEKT MIJ NIETS?

Dit zegt David, een man die in het leven veel heeft meegemaakt. Als Salomo deze woorden nou gezegd had, maar David...
Wat heeft hij een ellende ondergaan in zijn leven. De achtervolging van koning Saul loog er niet om, want hoe vaak heeft Saul hem niet willen doden? En al die oorlogen die David voerde. Hij wordt niet voor niets de grote oorlogsheld genoemd. Al de volkeren om hem heen waren met recht bang voor hem. In zijn jonge jaren vocht hij al met een reus... 'Goliath'. Wel kenmerkend voor David: Hij kon niet hebben dat de Fillistijnen zijn God tartten en hij was dan ook verbaasd dat de Israëlische soldaten dit zó maar toelieten. David ging de reus tegemoet in de Naam van God. En God stuurde het kleine steentje uit de slinger van David en de reus Goliath werd geveld.
David kende God. Hij ging dagelijks met Hem om. Hij leerde door alles heen te zien naar God. Hij leerde in zijn leven het oog naar boven te richten en niet naar de omstandigheden te kijken. Boven alle benarde situaties uit zag hij op naar Hem; en vertrouwde op Hem daarom kon hij zeggen 'de Heer is mijn Herder, mij ontbreekt niets'. Deze Herder deed zijn ogen open gaan voor de grazige weiden rondom hem. Hij zag met een geestelijk oog hoe de Herder hem voerde naar rustige wateren. Het was de innerlijke vrede met God die hem tot deze uitspraak bracht: 'Mij ontbreekt niets'.
Kun jij dat vandaag ook zeggen? Begrijp je hoe David het bedoelt? Kun jij boven de omstandigheden staan? Kun jij er bovenuit komen? Juist als alles zo hopeloos lijkt? Als jij kunt zeggen: 'de Héer is mijn Herder, mij ontbreekt niets', dan heeft Hij je er al bovenuit getild en ben je in geestelijk opzicht tussen groene weiden en bij een rustig kabbelend beekje aangeland. Zo zegt David dat.

GEBED.

Heer, het is met David net als met Jozef. Zij vertrouwen beiden op U ook al waren de omstandigheden waarin ze verkeerden nog zo moeilijk. Wat moet het met mij, worden Heer? Ik heb al moeite als de omstandigheden helemaal niet zo zwaar zijn. U moet me nog helpen met de kleine dingen. Dank U dat U mij toch wilt leren door alles heen op U te zien en U begint met de kleine dingen, daar ben ik blij om. Blij, dat U me bij de hand neemt en iedere keer opnieuw zegt: 'Ik ben bij je, kijk maar naar Mij. Ik ben je Herder'. Dank U voor deze bemoedigende woorden. Amen.

LEZEN:
Psalm 23;   1 Sam. 17.

Hij zal als een HERDER Zijn kudden weiden, in Zijn arm de lammeren vergaderen, en ze in Zijn schoot dragen, de zogenden zal Hij zachtkens leiden.

WARMTE VAN BOVEN.

Wat wordt in de Bijbel toch vaak het beeld van de herder gebruikt om te illustreren hoe de Here Jezus zal optreden. Jesaja gebruikt het hier ook weer als hij de mensen uit wil leggen hoe het eens in Israël zal worden onder Zijn heerschappij. Jesaja zegt: 'mensen, het zal allemaal anders worden dan het nu is'. Hij weet dat het volk nog door veel diepten heen moet, en dat het nog over de gehele wereld verstrooid zal worden. Het leek soms dat de profeten voor dovemans oren spraken, want vele malen was hier al over geprofeteerd, maar steeds was het volk weer ongehoorzaam en tergden zij Hem. Als je er aan denkt hoe ze allemáal uitriepen: 'wij zullen alles doen wat God gezegd heeft' en we kijken naar het resultaat... Toch horen we in de woorden van Jesaja de liefde van God doorklinken. Ondanks hun ongehoorzaamheid aan de lopende band, bemoedigt de Here God hen met deze woorden. Jesaja wijst hen op Jezus Christus die komen zou. En als Jezus te midden van hen leeft en woont en werkt, wat gebeurt er dan? Jezus wordt als een lam ter slachting geleid. Hij, de nederige, wordt gekruisigd. Ze willen Hem niet. Ze nemen Hem niet aan als de Messias. Ze verwerpen Hem. Toch, ondanks deze grote schuld, is die belofte nog steeds van kracht: eens zal Hij als een Herder zijn kudde weiden... Hij zal ze bijéén brengen en hen zachtkens leiden. Wat een belofte! Maar dringt het wel tot je door dat Hij ons nú al als een Herder leidt? Dat jij en ik in de genadetijd leven? Dat wij niet hoeven te wachten tot de Heer terug komt voor de tweede maal? Dat wij nu al deel hebben aan het nieuwe leven onder die Herder? Ja, hij stierf ook voor jou die dit leest. Hij wil jou in Zijn armen nemen en je zachtkens leiden. Dit is zo verkwikkend, zo hartverwarmend, dat je er werkelijk innerlijk door verwarmd en versterkt wordt, zodat je dit heel je leven niet meer wilt missen. Ervaar jij die warmte van Hem al? En geef je die warmte al aan anderen door?

GEBED.

Vader, U weet mijn gedachten, U hebt ook gezien, dat ik mijn gedachten er vanmorgen helemaal niet bij kon houden, het is erg, maar ik kan er niets aan doen. De dingen waar ik geen weg mee weet, stapelen zich op. Ik zie door de bomen het bos niet meer. Dank U, dat ik mezelf mag zijn bij U. Daarom breng ik al de problemen bij U en vraag U om raad. Hoe moet ik toch tegenover die late thuiskomst van mijn oudste dochter staan? Ze heeft gewoon een grote mond en zegt dat ze haar eigen boontjes wel kan doppen. En hoe moet ik onze allerkleinste aanpakken? Geef ons wijsheid om hen op te voeden naar Uw wil. Help mij, Heer en leid mij, 'mijn Herder' en wil mij verkwikken met Uw kracht. Amen.

LEZEN:

Joh. 10 : 14, 21 : 15-18;   Jes. 40 : 1-11.

'Ik ben de goede HERDER. De goede HERDER zet zijn leven in voor zijn schapen... Ik ben de goede HERDER en Ik ken de mijnen en de mijnen kennen Mij'.

IK BEN...

Hier zegt Jezus van zichzelf dát Hij de goede Herder is. Er is zo vaak in het Oude Testament naar Hem verwezen en eindelijk staat Hij daar tussen hen in. Hij vertelt en leert hen als gezaghebbend in de drie en half jaar dat Hij bij hen is. Maar Hij ontdekt al gauw dat ze Hem niet als Messias herkennen, of niet willen herkennen. Gelukkig is dat lang niet met iedereen het geval. Er zijn wel mensen die blij zijn dat eindelijk het wachten op de Messias voorbij is en dat nu hun Redder geboren is en Zijn werk volbrengt.

Weet je, er groeit een band tussen schaapherder en schapen. Als de herder 's morgens met zijn stok en vergezeld van zijn honden bij de schaapskooi komt, hebben de schapen hem al lang horen aankomen. Ze kennen precies zijn voetstappen. De herder weet ook al van te voren wie het eerst bij de deur staat. Zij voelen, nu gaan we weer met elkaar de bergen in om te grazen. 'Kijk', zegt Jezus: 'Ik ken de Mijnen. Ik weet wie Mij toebehoren. Ik kijk in hun hart. Ik kén Mijn kinderen. Maar de liefde komt niet van één kant. Nee, de kinderen kennen Mij ook'. Er is een band gegroeid door de jaren heen. Eerst is het wat vreemd, maar langzamerhand leer je de voetstappen van elkaar kennen. Zo is het in een huwelijk toch ook? Als je pas getrouwd bent moet je nog helemaal op elkaar inspelen. Je moet elkaar ten diepste leren kennen en dat vergt tijd, mensen, dat vergt tijd. Je moet elkaar aanvaarden. Een relatie moet opgebouwd worden van twee kanten.

Ken jij Jezus als De Herder? Nee, niet in die zin kennen, dat je zegt: 'ja, ik heb wel eens van Hem gehoord en ook wel eens over Hem gelezen'. Dat bedoel ik niet. Kén jij Hem persoonlijk als je Verlosser en Zaligmaker, als de Goede Herder? Ja? Dan mag je weten dat Hij jóu ook helemaal kent.

Maar ach, dat weet je dan ook wel, dat heb je allang ervaren, want jullie kennen elkáár. Voor je iets vraagt, kent Hij jouw verlangens al. Hij kent je verborgen gedachten en gevoelens. Ken jij de gedachten en verlangens van de Heer ook? Dat is belangrijk, dan zijn jullie beide goed op elkaar afgestemd. En dát is léven...!

GEBED.

Heer, ik ben zo blij dat we elkaar kennen. En dat U er steeds op uit bent om de verhouding tussen ons te verdiepen. U weet dat ik wel eens afzak, verslap met naar·U toe te gaan. U vergeet nóóit mij elke dag te begroeten. U vergeet mij geen uur. Dank U wel voor Uw geweldige liefde en trouw. Soms kan ik er niet overuit, dat ik U mag kennen. Dat míj dit te beurt valt... Heer... het is overweldigend. Mag... U ook leren kennen? Openbaart U zich aan haar? In de Naam van Jezus vraag ik U dat. Amen.

LEZEN:

Ps. 139 : 1; Ef. 4 : 20; 2 Tim. 2 : 19; 1 Joh. 4 : 7-21.

'Hebt gij Mij waarlijk lief? 'Ja Here, Gij weet, dat Ik U liefheb'
'Weid Mijn lammeren'. 'Hoed Mijn schapen'. 'Weid Mijn schapen'.

DE HERDERSOPDRACHT.

Dat Jezus Zelf dit herdersbeeld dóórtrekt, zien we in het verhaal van Petrus.
Petrus wordt in ere hersteld. Hij heeft Jezus driemaal verloochend. Nu vraagt
Jezus hem tot driemaal toe: 'Petrus, heb jij Mij lief' en als Petrus daar hartgrondig 'ja' op antwoord, krijgt hij telkens een opdracht. Het is alsof de Heer wil zeggen: 'Nou Petrus, zet dit jawoord dan maar in daden om. Laat zien dat het je
menens is'. Petrus' opdracht en deze nakomen is echter geen kleinigheid. Weid
Mijn lammeren, met andere woorden: Laat de pas-bekeerden in rust geestelijk
voedsel tot zich nemen. Laat ze ervan genieten dat zij een kind van Mij zijn
geworden en opnieuw geboren zijn. De tweede maal is de opdracht: Hoed Mijn
schapen. Hoeden betekent, beschermen, oppassen, bewaken. Jezus geeft Zijn
kinderen over in de handen van de discipelen. Want Hij gaat terug naar Zijn
Vader, maar niet voordat Hij de discipelen aanwijzingen gegeven heeft hoe ze
met deze nieuw geboren kinderen om moeten gaan. Hij zegt: Pas op ze, laat ze
niet los, bescherm ze, want dat hebben ze zo nodig, ze kunnen nog niet op eigen
benen staan. Hoed Mijn schapen, Petrus en weid Mijn schapen. En dóór Petrus
heen klinkt Zijn woord, Zijn opdracht ook door naar de andere discipelen én naar
ons, naar jou en mij. Deze opdracht geldt ook voor ons. Jezus heeft Zijn
Herderschap overgedragen aan Zijn kinderen die hiervoor worden opgeleid door
Hemzélf. Iederéén is zó maar geen goede Herder. Echte predikanten en evangelisten zijn schaars. Er lopen veel twijfelende herders rond in deze wereld. En
huurlingen. Wil jij je ook laten opleiden voor het herderschap? Zijn Geest wil je
leraar zijn. Het is de beste leraar die je maar bedenken kunt. Heb jij je al laten
inschrijven? Bedenk wel dat er veel meer schapen zijn dan herders. De oogst is
wel groot, zegt Jezus, maar arbeiders zijn er weinig. Meld je vandaag nog op
school van Jezus. Zijn Herdersschool. Er is nog plaats.

GEBED.

Vader in de hemel, U vraagt herders in Uw wijngaard, goede herders, die naar U
willen luisteren, die doorgeven wat U tegen hen zegt, die zich niet laten beïnvloeden door mensen, maar het van U verwachten. Vader, het is zo verdrietig dat
er zoveel zwakke herders zijn en bedriegelijke herders, zegt uw Woord. Erg...
ook voor de schapen die door hén geweid worden. Ik bid U om onderscheiding
van geesten, opdat wij allemaal Uw stem zullen horen en volgen en toetsen, op
welke school onze herders zitten. Maak ons samen wakker, én herders én
gemeenteleden. En laat ons het beeld van de 'Goede Herder' voor ogen houden.
Geef ons licht in deze zaak en doorzicht, zodat we er niet in lopen en stemmen
zouden volgen die de Uwe niet zijn, opdat satan geen voordeel over ons kan
behalen. We vragen het U in de Naam van Jezus. Amen.

LEZEN:

Joh. 21: 15-23;   Luk. 9 : 1-3;   2 Cor. 11 : 12-14;   Jer. 2 : 8;   Ez. 34 : 2.

Zondag 44ste week.

We kunnen er deze week niet omheen. We gaan er met elkaar over nadenken wat WAARHEID is. En... of we zélf in de WAARHEID staan.

Een zuivere weegschaal zult gij gebruiken.
Lev. 19:36a.

WAARHEID.

2 Samuël 7 : 28a.
Nu dan, Here, Here, Gij zijt God en Uw woorden zijn WAARHEID.

Johannes 14 : 6.
'Ik ben de Weg, de WAARHEID en het Leven'.

Johannes 16 : 13a.
...doch wanneer Hij komt, de GEEST DER WAARHEID, zal Hij u de weg wijzen tot de volle WAARHEID.

Efeze 4 : 25.
Legt daarom de leugen af en spreekt WAARHEID, ieder met zijn naaste, omdat wij leden zijn van elkander.

1 Corinthe 13 : 6
(De liefde) is blijde met de WAARHEID.

Efeze 6 : 14.
Stelt u dan op, uw lendenen omgord met de WAARHEID.

GEBED.
Vader in de hemel, wat hebben we Uw Heilige Geest nodig om de Waarheid te leren kennen, de Enige juiste Waarheid.
En om ook zelf waar te zijn in alle kleine en grote dingen van ons leven. Ik beken U dat ik het niet altijd zo nauw neem, dat een klein leugentje me vaak ontglipt. Heer, ik schaam mij ervoor. Ik zie mezelf in het licht van U, ik sta tegenover de Waarheid Zelf. O, Vader, vergeef mij, reinig mij door het Bloed van Jezus Christus, en laat Uw Geest mij helpen om de leugen geheel uit mijn leven te bannen. Ik stel mij volkomen open voor het werk van Uw Geest in mij. Leer me meer en meer naar boven te zien, naar De Waarheid in al Zijn rijkdom, in al Zijn volheid. Dan zal ik 'waar' kunnen zijn door Jezus en om Jezus' wil. Amen.

Nu dan, Here, Here, Gij zijt God en Uw woorden zijn WAARHEID.

DE ENIGE WAARHEID IN HET OUDE TESTAMENT.

Waarheid. Wat betekent dat eigenlijk? Wat houdt waarheid in? Het betekent afwezigheid van leugen en heeft te maken met puurheid en echtheid. Iemand die wáar is, is betrouwbaar, vast, onwankelbaar, écht.
Daarom zijn God en de satan de grootst denkbare tegenstellingen die er in de hemel en op aarde te vinden zijn. Er ligt met recht een hemelsbreed verschil tussen God, de Waarheid, en de duivel, de leugenaar. Alleen de God van de Bijbel is 'Waar', alleen op Hem kun je bouwen, Hem kun je vertrouwen, alleen op Hem kun je je volkomen verlaten.
Iemand waar je zonder meer op aan kunt, iemand die zijn beloften nakomt. Zo is de leider van het volk Israël. De Here God, in al Zijn Grootheid. De Schepper van hemel en aarde.
Dat had koning David in z'n leven vele malen ervaren. De verhalen over hem kennen wij vaak van buiten. Hij was de grote held uit onze kinderjaren, en wanneer op school van hem verteld werd, was het adembenemend stil, vooral toen hij reus Goliath versloeg. De profeet Nathan had David woorden van God doorgegeven. Hij had gezegd, dat zijn koningschap vast zou staan, dat zijn zoon Salomo de tempel zou bouwen. Twijfelde David aan de woorden van de profeet? Geen moment. David geloofde de Heer. David begint met de Heer te danken. Here, Here wie ben ik? Je moet dit dankgebed maar eens helemaal nalezen, en... tot je door laten dringen. David heeft in zijn leven heel wat dieptepunten beleefd en daardoor ervaren, dat Gods woorden rotsvast zijn, onwankelbaar, 'waar' in al zijn volheid. David heeft een fijn leven met de Heer achter de rug. Zij kennen elkaar, dáárom roept hij uit: 'Here, Here, Gij zijt God en Uw Woorden zijn Waarheid'.
Weet jij hier ook over mee te praten? Stel jij je vertrouwen ook zoals David alleen op God? Kén jij ook dat leven met de Heer, zodat je al wandelend hand in hand met Hem door het leven gaat? Dát is een machtig leven; dat is een ervaring, dat is een belevenis, die je nooit weer zal willen missen. Iemand te kennen, die je ten diepste vertrouwen kunt, Iemand die 'Waar' is.

GEBED.

Vader, U bent de Enige die 'WAAR' is. Uw woorden zijn waar, alles wat er opgeschreven is in de Bijbel is waar. Ik vraag U of ik door Uw Heilige Geest U helemaal mag leren kennen, Vader, laat ook heel de gemeente U leren kennen zoals U bént. We beseffen vaak lang niet genoeg wat 'waarheid' is, we spelen er mee. We nemen het niet zo nauw, maar U wel, omdat U Zelf de Waarheid bent. Vader, vergeef het ons door het bloed van Jezus en open onze ogen op dit punt, maak ons 'waar'. Amen.

LEZEN:

2 Sam. 7 : 11-29;   Ps. 19 : 8, 10;   1 Pet. 5 : 12;   Joh. 7 : 28 en 8 : 26.

'Ik ben de Weg, de WAARHEID en het Leven; niemand komt tot de Vader dan door Mij'.

DE ENIGE WAARHEID IN HET NIEUWE TESTAMENT.

Zoals de Here God Zich openbaarde als de enige ware God aan de Israëlieten, zo kennen de Nieuw Testamentische gelovigen Jezus Christus als de enige ware Zoon, de enige ware mens op aarde. Door Hem leren we God als Vader kennen. Niemand komt tot de Vader dan door Mij, zegt Jezus. Willen we voor de troon van God staan om al onze moeiten en zorgen en problemen daar voor Hem neer te leggen, dan kan dit maar op één manier, er is maar één weg die we moeten nemen en dat is de weg via Zijn Zoon. Jezus kwam van boven, vanuit God, ja, Hij is God. Hij kwam als mens om ons de Waarheid te openbaren, om ons de waarheid vóór te leven en zodoende ons te leren waarheid te zijn. Jezus zei altijd eerlijk de waarheid, ook tegenover de Farizeeën en de Schriftgeleerden en de rijke man die Jezus wel wilde volgen. Jezus zei hun onomwonden de waarheid omdat Hij de Waarheid Zelf was en is. Maar wat heeft Hij een moeite met de mens van vroeger en nu, om hun de waarheid te laten zien omtrent henzelf. Wat een moeite doet Hij om die ene waarheid: dat wij schuldig staan tegenover de Here God, tot ons door te laten dringen. En dat wij daarom straf verdienen. Maar gelukkig niet alleen dit. Hij wil ook de Waarheid tot ons laten doordringen dat Hijzelf die straf, die toorn van God tegenover ons op Zijn schouders genomen heeft en ons met God heeft verzoend. Dat is Waarheid, waar wij elke dag wat aan hebben, waar wij elke dag uit kunnen leven. 'Ik ben de Weg, de Waarheid en het Leven, niemand komt tot de Vader dan door Mij'.
Als jij en ik die waarheid aannemen, die weg volgen, dan ontvangen we het nieuwe leven. Hij is de ware bron die ons dit nieuwe leven, deze nieuwe gemeenschap met de Here God kan schenken. Ken jij ook die ene weg, die ene Waarheid? Sta je dagelijks al voor de troon van Zijn Vader? Vertel je Hem al je zorgen en problemen? Gelukkig, dan ken je die verborgen omgang met God. Dan ervaar je welk een kracht er van Hem uit gaat, welk een kracht zich dan door jouw zwakheid openbaart, in jezelf en anderen. Ken jij dit nieuwe leven nog niet? Geef je dan over aan Hem, neem Jezus aan in al Zijn volheid, dan ervaar jij ook deze nieuwe gemeenschap met God.

GEBED.

Vader, wat is dit ontstellend groot, dat Uw Zoon onze zonde op Zich genomen heeft, ook de mijne en dat Hij de Waarheid is in U, door U, en de Waarheid wil schenken aan ons allen. Dat ik de mogelijkheid heb 'waar' te zijn in mijn leven, in mijn gezin en werk en waar ik ook leef. Help mij door Uw Geest mij ook werkelijk waar te laten zijn, zodat de ander in mij Jezus Uw Zoon ziet. Vergeef mij mijn onwaarachtigheid telkens weer, ik bid U dit in de Naam van Jezus en ook omdat het Zijn wil is, Vader. Amen.

LEZEN:

Joh. 2 : 13-17, 3 : 5, 6, 4 : 17, 18, 7 : 26, 8 : 30-32; Luk. 11 : 37-54.

...doch wanneer Hij komt, DE GEEST DER WAARHEID, zal Hij u de weg wijzen tot de volle WAARHEID...

DE WAARHEID HIER EN NU.

We kunnen vanuit onszelf de Waarheid niet vinden. Iemand moet ons daarbij helpen. Maar Jezus wandelt niet meer op aarde zoals eertijds, ik kan niet naar Hem
toe gaan voor hulp en steun. Gelukkig heeft Jezus daar al lang aan gedacht. Hij
zorgde voor ons. Hij beloofde dat Hij na terugkeer tot de Vader, de Heilige Geest
zou uitstorten in onze harten. De Heilige Geest wijst óns de weg tot de volle
waarheid. De Heilige Geest is Zelf de Waarheid. Er is een drieéénheid: God is
Waarheid, Christus is de Waarheid en de Heilige Geest is de Waarheid. En het
heerlijkste voor ons is wel dat Zijn Geest in óns wil wonen. Zijn Geest helpt ons
de volle Waarheid te ontdekken, laat ons zien wat die Waarheid inhoudt, leert ons
Jezus persoonlijk kennen, Hem lof en eer te bewijzen, Hem groot te maken in
ons leven van alle dag. Hij leert hoe wij met de ander om moeten gaan, zoals
Jezus ons voorleefde, hoe wij moeten verdragen, maar ook kunnen verdragen,
hoe wij elkaar kunnen bemoedigen en opbouwen in het geloof. Hoe we samen
staande kunnen blijven in deze chaotische wereld. Dan leven wij vanuit de volle
waarheid, dan zijn wij betrouwbaar, dan staan we vast in het geloof, onwankelbaar. Dit allemaal is het werk van de Heilige Geest. Hij laat je eerst zien wie je
zelf bent, hoe je vanuit de leugen leeft, hoe verkeerd je gericht bent, hoe je denken vergiftigd is, om over je spreken en handelen nog maar niet eens te praten,
want je daden zijn immers tot eigen eer gedaan. Daarna laat Hij jou en mij Jezus
zien in al Zijn volheid. Hij wijst op het verlossingswerk, op Zijn verzoenend
bloed, op Zijn reinigend bloed. De Geest der Waarheid wijst ons de weg tot de
volle Waarheid.
Wat leven wij in een machtige tijd. De genadetijd. Christus in ons, dat is dé
Waarheid ook voor jou en mij, ook voor vandaag. Nu je midden in je verdriet er
niet meer tegenop kunt, misschien. Hij neemt je bij de hand en bemoedigt je met
Zijn begrip en liefde. Dat is ook de waarheid.

GEBED.

Ja Heer, wat bent U nu dicht bij mij. Door Uw Geest in mij. Ik hoef nooit meer
alleen te zijn en mij alleen te voelen. Als ik mij eenzaam voel, komt dat doordat
ik U niet aan het woord laat komen en doordat ik op mijzelf gericht ben en U de
ruimte niet geef. Wat dom van mij. Ik zou het zo goed met U kunnen hebben;
hier ben ik opnieuw Heer, ik geef me weer aan U over, ook mijn verdriet om...
ook mijn teleurstelling om... ook mijn kwaad zijn op... Ik leg het voor Uw voeten neer. Dank U dat U nu opnieuw met mij begint en dat U zo'n groot geduld
met mij hebt, zo'n wonderlijk groot geduld. Dank U Heer, Amen.

LEZEN:

1 Joh. 5 : 5-8;   1 Cor. 4 : 14-16;   Gal. 5 : 13-26;   1 Cor. 1 : 4-9.

Legt daarom de leugen af en spreekt WAARHEID, ieder met zijn naaste, omdat wij leden zijn van elkander.

LEDEN VAN CHRISTUS.

We horen als kinderen Gods bij elkaar. Een ieder, klein of groot is een lid van het gezin van Jezus Christus, jij ook, je hoort er bij. Maar je hebt allang ontdekt en ervaren, dat er onder deze gezinsleden niet altijd die harmonie heerst die er zou moeten heersen. Er is tweedracht, twist, kleine en grote ruzies, jaloersheid. De één bezondigt zich misschien wel eens aan een klein leugentje en een ander liegt of het gedrukt staat. Hoe is het mogelijk. Hoe kan dat? zou je zeggen.

Paulus legt in Efeze 4 de vinger bij de wortel van het kwaad, de leugen. Paulus weet dat de leugen het mooie nieuwe leven met de Heer vertroebelt, het nieuwe leven wordt stuk gemaakt zoals satan al vanaf het begin alles kapot probeerde te maken. De leugen hoort bij satan. Het is zijn aard, zijn wezen, hij wordt door Jezus met recht de vader der leugen genoemd. Daarom begint hij bij de gelovigen het zaadje van de leugen te strooien dat bijna altijd op komt, zodat er in de gezinnen en het grote gezin van de Heer onenigheid en verdriet komt. 'Legt de leugen af mensen, spreekt de waarheid, jullie kunnen en mogen niet op die manier met elkaar omgaan, het past niet bij christenen, jullie maken elkaar stuk als je dát zaadje op laat komen in je hart', waarschuwt Paulus. Een leugen, nog zo klein, kan grote gevolgen hebben. Ze zijn later niet meer te overzien of te stoppen.

Je vertel een geloofwaardig leugentje over een ander en die het aanhoort, vertelt het weer aan... Dat kleine leugentje werkt als vuur, het grijpt om zich heen en... vernietigt de ander. De leugen hoort bij satan. De waarheid bij Jezus Christus, twee ongelijknamige polen. Paulus legt de vinger bij de wortel van het kwaad en zegt: 'pas op je zelf, laat je niet beïnvloeden door de andere kant, maar laat de waarheid in je hart heersen, laat de waarheid uit jou vloeien naar de ander, want je bent een lid van de gemeente van Christus'. Jij ook, draag zorg dat die ene waarheid de as is waar alles om draait in je leven, dan beantwoord je aan het doel van christen-zijn, dan zegeviert de waarheid over de leugen in de Kracht van Jezus Christus.

Is jouw leven in de 'Waarheid'?

GEBED.

Heer, ik kan niet meer tegen die onwaarachtigheid en leugen. Hoe is het mogelijk dat we steeds deze dingen tegenkomen onder de gelovigen. Vergeef ons en ook mij, dat we niet zuiver zijn in ons denken, spreken en handelen en dat we er op onze beurt allemaal mank aan gaan. Laat Uw Geest ons opnieuw aanraken met Zijn vuur en ons louteren en alles in ons verbranden wat onzuiver is, opdat we er gereinigd en gelouterd uit tevoorschijn komen. Amen.

LEZEN:

1 Cor. 12 : 12, 13, 3 : 1-3;   Joh. 8 : 42-44;   Ps. 43 : 3;   Joh. 4 : 22-24;   Ef. 5 : 9.

(De liefde) is blijde met de WAARHEID.

LIEFDE EN WAARHEID.

Waarheid en liefde zijn onlosmakelijk aan elkaar verbonden. Jezus Christus is de waarheid. Hij is tegelijkertijd de volmaakte liefde. Als wij in Hem zijn, bezitten we beide kenmerken. Maar... we zijn niet altijd in 'Hem', we zijn vaak in onszelf bezig en vanuit onszelf. Het kan voorkomen dat we wel vanuit Zijn liefde met de ander omgaan, maar het met de eerlijkheid, de waarheid niet zo nauw nemen. Het kan ook andersom, dat we wel de waarheid spreken of een ander de waarheid zeggen, maar dat de liefde daarbij ontbreekt.

Dat is een vervelende zaak, je staat in de waarheid maar zonder de liefde, en dat komt hard aan. Als je iemands onechtheid aan wilt tonen dan is daar, naast veel tact, nog veel meer liefde voor nodig, anders raak je kant noch wal. Waarheid en liefde. De liefde is blij met de waarheid. Je merkt dit in het huwelijk ook, je vult elkaar aan, als de één fout is, probeert de ander daarop te wijzen. Je vormt elkaar, maar het moet in liefde gebeuren anders krijg je onmiddellijk meningsverschillen. Het is niet prettig van je man te moeten horen, dat je de verhouding van je dochter met haar verloofde verkeerd beoordeelt. Of dat je het bij het verkeerde eind had in die kwestie van schoolkeuze voor je zoon. Maar als de waarheid in liefde gezegd wordt, kun je het accepteren. Doch beide, man en vrouw, moeten eerlijk met elkaar omgaan. De man moet eveneens leren de ogen open te hebben voor de vaak zuivere inbreng van zijn vrouw.

Ik denk aan Jezus die de Farizeeën en de Schriftgeleerden de waarheid zei, opdat ze zichzelf zouden ontdekken en zouden veranderen in hun houding tegenover God en mensen, zodat zij weer herders zouden worden zoals God het bedoeld had.

Jezus is blij met jou en mij als je in de liefde staat. Want de liefde is blij als je eerlijk bent, als je je schuld erkent en belijdt en om vergeving vraagt. Dat is ware liefde. Dan vloeien liefde en waarheid in elkaar over. De liefde verdraagt alles, zelfs de waarheid, maar het is dan ook alleen die liefde van Jezus die alle verstand te boven gaat.

GEBED.

Vader, ik dank U dat het mogelijk is elkaar de waarheid te vertellen. Alleen vraagt U van ons dat wij in Uw liefde blijven, dan werkt het wat uit. En U weet dat wij lang niet altijd in Uw liefde zijn en toch de ander de waarheid willen zeggen. U weet wat wij stuk kunnen maken in onze gezinnen en in de gemeente. O, wat een situaties ontstaan er vaak. We maken brokken omdat bij ons waarheid en liefde niet samen gaan. Wilt U het ons vergeven en ons reinigen van onze zonde door het Bloed van Uw Zoon, om Jezus' wil. Amen.

LEZEN:

1 Cor. 13;   Col. 3 : 2-17;   1 Joh. 4 : 7-21.

Stelt u dan op, uw lendenen omgord met de WAARHEID.

WAARHEID, HET EERSTE WAPEN.

In Efeze 6 staan zeven wapens opgeschreven die ons als een wapenrusting uit de hemel gegeven zijn om hier op aarde stand te kunnen houden tegen onze vijand. Toch is het opmerkelijk dat jij en ik als eerste het wapen van de waarheid moeten leren hanteren. Want eerlijk zijn, 'waar' zijn, is nummer één in het leven. Zonder dat ontdek je immers niet hoe het er geestelijk met je voor staat en je ontdekt al evenmin de rijkdom van het kindschap Gods. Hoe kun je de Bijbel verstaan als je niet eens verlicht wordt met de Heilige Geest? Hoe kun je de ander vertellen van het grote geheim, van de diepe verbondenheid en gemeenschap met God die we door het gebed ervaren? Hoe kun je dit alles uitdragen als je niet eens ontdekt hebt, dat je Jezus als Verlosser nodig hebt? Als je niet eerlijk wordt in het Licht van God, kun je geestelijk geen stap vooruitkomen.

In de tijd van Paulus droegen Oosterlingen enkel lange rokken. Wilde je opschieten dan hingen die rokken je in de weg, je had er last van. Pas als men de riem om deed en de rokken er overheen trok, kwamen de voeten vrij, dan kon men onbelemmerd vooruit. Die riem stelde de mensen in staat om te lópen. Paulus noemt die riem (geestelijk gezien) de Waarheid. Hoe vaak stranden mensen in hun geestelijk leven? Als christenen komen we geestelijk nauwelijks vooruit. Als gelovigen komen we vaak helemaal niet van de grond... omdat we verzuimd hebben de riem van de Waarheid om te doen. Omdat we niet in de Waarheid staan van Jezus Christus. We geven soms goede raad, maar we merken dat het niets uitwerkt. Dat onze woorden geen kracht hebben. Hoe zit het op dat moment met onze Riem van de Waarheid? We wijzen de ander terecht, terwijl we oordelen en veroordelen zonder ons zelf op die punten onder de loupe te hebben genomen. We gaan mank, mensen. We gaan zélf mank. Elk voor zich zal er voor moeten zorgen, de riem van de Waarheid om te doen.

Zodat we kunnen lopen, zodat we vanuit die Waarheid kunnen leven om het evangelie uit te dragen. Dan zullen onze woorden kracht hebben en overkomen, omdat de Waarheid de basis is van waaruit we werken.

Heb jij de riem al omgedaan? Heb jij je al bekleed met Hem, de Waarheid?

GEBED.

Heer U weet dat ik alles met betrekking tot oordelen en veroordelen in mijn eigen leven op een rijtje heb gezet. Ook het 'zelf' waar zijn...! Nu heb ik geen woorden meer. Ik ga mank Heer, ik ga mank. Uw Geest heeft het mij laten zien, terwijl ik nog dacht dat ik zelf deze dingen ontdekte. Het was Uw Geest. Vergeef mij Heer. Reinig mij opnieuw door Uw bloed. Help mij door de kracht van Uw Geest de dingen van onwaarheid uit mijn leven weg te doen. Mijn mond niet weer open te doen op dit terrein. Ik vraag U of ik zelf 'waar' mag zijn in U. Om Jezus' wil. Amen.

LEZEN:
Efeze 6 : 10-19;   2 Cor. 13 : 5;   Rom. 2 : 1-4, 13 : 12, 13;   Luk. 6 : 36-38;
Joh. 1 : 1-18.

Zondag
45ste week.

Even uitrusten, even de stilte
zoeken om deze woorden van
de Heer tot mij door te laten
dringen.

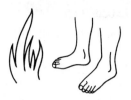

HEILIG.

Exodus 3 : 5.
Doe uw schoenen van uw voeten, want de plaats, waarop gij staat, is HEILIGE grond.

Leviticus 11 : 45c.
'Weest HEILIG, want Ik ben HEILIG'.

Romeinen 12 : 1.
Ik vermaan u dan, broeders, met beroep op de barmhartigheden Gods, dat gij uw lichamen stelt tot een levend, HEILIG en Gode welgevallig offer; dit is uw redelijke eredienst.

1 Petrus 2 : 9.
Gij echter zijt een uitverkoren geslacht, een koninklijk priesterschap, een HEILIGE natie, een volk (Gode) ten eigendom, om de grote daden te verkondigen van Hem, die u uit de duisternis geroepen heeft tot Zijn wonderbaar licht.

1 Corinthe 6 : 19.
Of weet gij niet, dat uw lichaam een TEMPEL is van de Heilige Geest, die in u woont, die gij van God ontvangen hebt, en dat gij niet van u zelf zijt?

Openbaring 22 : 11.
Wie onrecht doet, hij doe nog meer onrecht; wie vuil is, hij worde nog vuiler; wie rechtvaardig is, hij bewijze nog meer rechtvaardigheid; wie HEILIG is, hij worde nog meer GEHEILIGD.

GEBED.

Vader, wat hebt U mij met deze woorden veel te zeggen, veel over het heilig zijn in de ogen van U. U laat mij zien dat mijn lichaam een heilig huis moet zijn waar Uw Geest wil wonen. Dat ik van koninklijke bloede ben en priester mag zijn in deze wereld. U wilt dat ik er weet van heb hoe een priester zich gedragen moet en welke taak hij heeft. U weet ook dat ik telkens weer denk: hier ben ik niet geschikt voor. Dat kan ik nooit volbrengen. Maar dan ben ik gericht op mijzelf en dat is fout; ik moet mij richten op U, want Uw Geest wil mij juist helpen te leven als kind en als priesteres van U. Dank U daarvoor Vader, Amen.

Doe uw schoenen van uw voeten, want de plaats, waarop gij staat, is HEILIGE grond.

HEILIGE GROND.

We denken maar al te vaak dat 'heilig' alleen met betrekking tot de mens in de Bijbel staat. De mens moet heilig zijn. Maar in Exodus 3 : 5 lezen we dat de grond heilig is. God spreekt met Mozes op een heilige, gewijde plaats. Op een andere plaats in de Bijbel lezen we dat de Here God de opdracht geeft de Sabbath te heiligen. Ook lezen we in de Bijbel dat het reukwerk iets heiligs is. Dus buiten de mens om zijn ook bepaalde dingen en zaken heilig. Heiligen betekent: apart zetten voor een bepaald doel, het wordt aan God gewijd, het hoort niet meer bij de wereld, maar het is als het ware uit de wereld gehaald en apart gezet voor God. Het heilig zijn is het tegengestelde van zondig zijn. Heilig is toegewijd zijn aan God. Wanneer Mozes wordt geroepen om het volk Israël te verlossen is dit een heilig en groots moment. God spreekt met Mozes. Mozes komt met de Heilige God in aanraking en hij moet leren dat hij dan op heilige grond staat. Als wij de zondag vieren is dat een heilige dag, een apart gezette dag. De zondag verschilt van de andere dagen van de week. We mogen ophouden met ons werk, we mogen rusten van de arbeid, het is een dag van de Here. God rustte Zelf op de zevende dag van Zijn scheppend werk. Voor ons is de eerste dag van de week de zondag. Het is de 'Opstandingsdag', want Jezus stond op uit de dood op de eerste dag van de week. Het is een heilige dag, want Jezus overwon de dood. Hoe staan wij tegenover heilige apart gezette zaken? Is de plaats waar wij met Jezus spreken heilig? Is het een apart gezet plekje, een afgezonder plaatsje waar wij met Hem praten? Ja, natuurlijk, je mag overal bidden waar je ook bent, maar daarom is het wel heilige grond.
Het is altijd een heilig moment als we in gesprek zijn met de Heer. En de zondag? Deze heilige dag? Beantwoorden we aan de bedoeling die God eraan gegeven heeft? Is het voor jou en mij een apart gezette heilige dag? Genieten we op deze dag wel genoeg om de hele week er verder op te kunnen teren? Zijn we wel dankbaar genoeg dat we deze dag anders mogen gebruiken dan de andere zes dagen? Beseffen we wel dat we volkomen in de vrijheid staan hoe wij die dag aan God wijden? De één ziet die vrijheid in de Heer wel eens wat anders dan de ander, de één beleeft die dag ook anders dan de ander. Gun elkaar dit op eigen wijze te ervaren. Geef elkaar de ruimte in dit opzicht. En als je eerst samen als gemeente naar de stem van de Heer hebt geluisterd, Hem hebt gedankt, geloofd en geprezen, wees dan een voorbeeld voor anderen hoe je de zondag verder door brengt tot eer van Hem.

GEBED.

Vader, het is altijd een heilig moment wanneer een mens met U in gesprek komt. En naast de andere dagen wilt U speciaal in de zondagse kerkdiensten tot ons allen spreken. U wilt ons opvoeden in geestelijk opzicht. U houdt zo van ons. Wij gaan U ter harte. Dank U voor Uw grote liefde. Laten wij het waard zijn Vader. Amen.

LEZEN: Ex. 3:1-6, 20:8-11, 30:34, 38; Mark. 16 : 1-8; Gal. 5 : 13; Joh. 8 : 30-36

'Weest HEILIG, want Ik ben HEILIG'.

HEILIG ZIJN.

Dit is een moeilijk te begrijpen opdracht: heilig zijn omdat de Here heilig is. Hoe kunnen wij zo heilig zijn als God? Hij is volmaakt in Zijn doen en laten, in Zijn schepping, ja, in Heilige volmaaktheid leeft en werkt Hij. De mens heeft die heiligheid van God op aarde stuk gemaakt en God trad in Zijn Heiligheid terug van de onheilige aarde. Daarna waren er twee soorten mensen op aarde: mensen die na de zondeval toch de Here God wilden gehoorzamen en zij die satan gehoorzaamden. Toen deed God alles om ons te herscheppen, om ons te laten worden zoals Hij de mens in den beginne geschapen had. Hij voedde de mens op tot een heilige wandel. Hij zei: 'Ik zet jullie apart. Ik zonder jullie af van hen die Mij niet willen dienen. Ik zonder jullie af voor Mijn dienst. Dát bedoel IK met heilig zijn. Jullie zijn heilig omdat je Mij toebehoort'.
God trekt hier duidelijk een scheidslijn tussen heilige en onheilige mensen. Daarom zegt de Heer telkens tegen de Israëlieten: 'Weest heilig, volgt Mijn geboden op, volbrengt de opdracht die Ik jullie gegeven heb. Laat Mijn grote daden zien aan de andere volkeren. Ik heb jullie uitgekozen om de Verlosser voort te brengen en dát is een heilige taak'.
Het was niet zo dat alleen de Israëlieten God konden dienen, neen, Hij heeft alle mensen lief, Hij geeft alle mensen de kans Hem te dienen. Ieder die Hem wilde dienen kon ingelijfd worden bij die apart gezette mensen, de Israëlieten. 'Weest heilig, omdat Ik heilig ben. Denk er aan, als je met Mij in gesprek bent, dat je dan op Mij moet gaan lijken en eraan werkt dat je wandel overéén komt met Mijn wandel en dat je een ander leven gaat leiden dan de wereldse mensen, zij die Mij niet dienen. Let erop dat je denken, spreken en handelen niet met hen overeenkomt, maar getuigt van een levenswandel met Mij'. Dat bedoelt Hij met 'heilig' zijn. Wij zullen moeten strijden tegen de zonde en moeten proberen om aan het doel van het mens zijn van vóór de zondeval te beantwoorden. Kijk steeds naar de Heer Zelf, dan weerspiegelt 'Zijn Leven' zich in je en draag je Zijn Liefde naar buiten uit; dát is heilig zijn.
De Heer gaf deze opdracht aan Zijn volk Israël. De Heer geeft deze opdracht evengoed aan jou en mij. En zou Hij ons een opdracht geven die we niet zouden kunnen volbrengen? Nee toch zeker. We kennen Hem wel beter.

GEBED.

'Heer, ik ben blij dat ik nu begrijp wat U bedoelt als U zegt: 'weest heilig'. Ik dacht eerst altijd dat Ik dan zo moest zijn als U bent, zonder zonde en dat kon ik immers niet. Dank U, dat U ons wilt helpen om heilig te zijn zoals U dat bedoelt. Laat anderen aan mij zien dat ik van U ben en dat ik er andere leefregels op na houd. Ja, dat ik apart gezet ben. Heer, laat mij Uw licht afstralen in deze donkere wereld. Amen.

LEZEN:

Lev. 11 : 44a, 45c; 1 Sam. 2 : 1, 2; Deut. 7 : 6, 7; Jes. 6 : 1-8; 1 Petr. 2 : 1-10.

Ik vermaan u dan, broeders, met beroep op de barmhartigheden Gods, dat gij uw lichamen stelt tot een levend, HEILIG en Gode welgevallig offer; dit is uw redelijke eredienst.

HEILIGE OFFERANDE.

Christenen hebben steeds liefdevolle vermaningen nodig, opbouwende woorden om christen te zijn zoals de Heer het bedoelt. We zijn heilige mensen geworden, apart gezet in deze wereld, afgezonderde mensen. Als we heilig leven, wil dat zeggen dat we leven in overeenstemming met de wil van God. 'Nu dan', zegt Paulus, 'stel je lichaam tot een levend Gode welgevallig offer'. Toen we onszelf en onze eigen wil aan de Heer hebben overgegeven, een vrijwillige handeling, hebben we dat gedaan met lichaam en ziel; daar zit ook onze persoonlijkheid in verborgen, ons eigen ik. We willen Hem dienen van a tot z, van hoofd tot voeten. Ons lichaam offeren is ons geven aan de Heer het is: doen wat de Heer van ons vraagt.

Vraagt Hij daadwerkelijk lijden van ons, dan is dat een heilig offer. Vraagt Hij van ons dat wij vervolging ondergaan, dan is dat een heilig offer. Ook ziekte en zwakte vallen er onder. Hier komen we bij het diepste punt van de genezing. Als de Heer iedereen van ziekte en zwakte zou genezen, waar bleef dan het welgevallige offer in de vorm van lijden? En toch... mogen en móeten we zelfs bidden om genezing als we ziek zijn. We mogen alles doen wat de Bijbel op dit gebied ons geschonken heeft. Maar... wanneer de Heer ons lichaam, dat een heilig instrument in Zijn dienst is, wil gebruiken op die andere manier, dan nog moeten wij zeggen: het is de redelijke eredienst die ik Hem mag brengen. Ons lichaam in Zijn dienst stellen houdt onder andere in dat wij aktief, vanuit ons hart, brandende voor Hem bezig zijn in kerk, groep of kring en dat wij, waar ook geplaatst, ons inzetten als het van ons gevraagd wordt. Het vergt onze persoonlijke inzet, onze tijd, ons geld, en een open oog en belangstelling voor hen die een luisterend oor nodig hebben.

Heilig leven? Is een leven in overeenstemming met de Here God. Een heilige offerande? Een christen die ook zijn of haar lichaam ten dienste stelt van God, zodat onze wil gelijk wordt gemaakt aan Zijn wil.

Heilig leven? Is leven, dat ook ons denken door Christus laat vernieuwen, ónze handel en wandel, zodat dit 'heilig leven' gezien wordt in de wereld, aan ons, en niet-christenen tot jaloersheid verwekt vanwege de vrede en de blijdschap die aan ons te zien is. Zullen zij bemerken dat christenen niet terugdeinzen voor lijden, als de Heer hen dat vraagt? Want wij zijn geroepen om een heilig leven te leiden.

GEBED.

Dat het een eer is te mogen lijden voor U Heer, is iets wat wij niet zo goed weten of niet willen weten. Het komt ons niet zo van pas in het leven. Toch dank ik U dat U ons daarvoor waardig keurt, en... ons nooit alleén laat in het lijden. Amen.

LEZEN:

2 Tim. 2 : 21; Rom. 6 : 19-22; 1 Thess. 4 : 1-8; Hebr. 13 : 12; Hand. 7 : 51-60.

Gij echter zijt een uitverkoren geslacht, een koninklijk priesterschap, een HEILI-GE natie, een volk (Gode) ten eigendom, om de grote daden te verkondigen van Hem, die u uit de duisternis geroepen heeft tot Zijn wonderbaar licht.

WIJ ZIJN PRIESTER OF PRIESTERES!

Petrus is vol van de Heilige Geest. Daarom is hij vol van Jezus Christus. Daarom heeft hij hart voor de mensen. Hij vertelt hun wat ze zijn in Christus, wat voor hoge functie wij hebben gekregen. Hij wijst ons erop, dat we een uitverkoren geslacht zijn, een koninklijk priesterschap, een volk Gode ten eigendom. Dat is een machtige zaak. Priester zijn (en daar horen de vrouwen ook bij) in de wereld waarin je nu leeft, niet straks, maar nu en hier. Het houdt in dat we op de bres staan voor de ander, de ander begeleiden, en helpen op allerlei manieren en wijzen op Jezus de Verlosser en Heer. Maar ook... zélf het voorbeeld geven van priester zijn. Het is een koninklijke taak. Want we leven in het licht, niet meer in de duisternis waar we vroeger in leefden. Wij zijn priesters. Wij? Niet de predikanten of evangelisten alleen? Nee, dat is juist het verhevene in ons leven als christen, wij hebben evenals de predikanten de Heilige Geest in ons. Dat is het punt van overeenkomst. Wij dragen evenals zij de verantwoording om priester te zijn. Wij mogen als heiligen leven, zodat de ander Jezus Christus in ons ziet. Dat is niet alleen weggelegd voor onze voorgangers, beslist niet. We mogen allen wandelen op die grote levensweg naar het einddoel. We mogen samen al reizend de grote daden van God verkondigen. We zijn samen Gods volk, Gods eigendom. Werken wij niet veel te weinig mee met onze predikanten? Laten wij hen niet te veel alleen zwoegen in het gemeentelijk werk? Wij zouden zoveel van elkaar kunnen leren als ook de gemeenteleden hun taak als priesters verstonden. We zouden dan meer hand in hand, eenparig, Gods wil uitdragen, Hem dienen. Het is een erezaak om bij die heilige natie te horen, om een koninkrijk van priesters te zijn. Het blijft een verantwoordelijke zaak om 'Gods eigendom zijn' te weerspiegelen. Maar we hoeven gelukkig niets van onszelf te presteren. Wij mogen alles vanuit de Heilige Geest doen die in ons woont en door ons heen wil werken naar de ander. Van Hem uit mogen wij de grote daden Gods verkondigen, van Hem uit kunnen wij de taak als priester volbrengen. Waarop wachten wij dan nog?

GEBED.

Wat een machtig iets, Heer, dat ik een priesteres mag wezen in Uw Koninkrijk. Dat ik mag werken vanuit Uw Geest die in mij woont. Wat fijn, dat ik met alle anderen Uw evangelie mag uitdragen op zoveel verschillende manieren. Dat U alle gemeenteleden wilt inschakelen om samen met de predikanten één groot leger te vormen dat voor Uw zaak wil strijden. Wij danken U, Heer, dat U ons in Christus de overwinning hebt gegeven. Help ons alle aarzeling te overwinnen en ons te stellen in Uw dienst. Om Jezus' wil, Amen.

LEZEN:

Op. 1 : 4-6, 20 : 6;   Ef. 5 : 8;   Col. 1 : 3;   1 Thes. 5 : 4-11.

Of weet gij niet, dat uw lichaam een TEMPEL is van de Heilige Geest, die in u
woont, die gij van God ontvangen hebt, en dat gij niet van u zelf zijt?

HEERS OVER JE LICHAAM.

Dat ons lichaam een tempel Gods is en dat het in Zijn ogen heilig is, weten we
al, maar hier wordt er nog eens de nadruk op gelegd; hier wordt ons duidelijk
verteld dat de Heilige Geest, die we van God gekregen hebben, in ons woont. En
zouden we ons lichaam dan niet verzorgen, het heilig behandelen? Ook heilig
ermee omgaan in verband met de sexualiteit? Zou Paulus voor niets zeggen: 'ik
tuchtig mijn lichaam en houd het in bedwang?' Het is erg te konstateren dat in
dit opzicht de heilige Goddelijke wetten met voeten getreden worden. Hoe velen
hebben nog eerbied voor het lichaam? Hoe velen gooien het niet te grabbel aan
onreinheid en hoererij, dat in feite niets anders is dan afgoderij? Als je dit hoort
van niet-christenen zou je dat nog kunnen begrijpen. Zij hebben er geen weet van
dat hun lichaam een heilig instrument kan zijn van de Here God. Maar bij christenen, kinderen van God, die er wél weet van hebben, daar vinden we overspel
op vele terreinen. Bij elkaar wonen zonder getrouwd te zijn is 'in' tegenwoordig.
Abortus plegen, je weerloze kindje moedwillig laten doden wordt gewoon
gevonden, evenals sexuele omgang voor het huwelijk. 'Ouderwets', wordt er
gezegd als je niet met de massa meedenkt. Van christenen wordt een heel andere
houding gevraagd. Tuchtig je lichaam, in die zin, houdt het in bedwang, heers
over je lichaam, heb er controle over, eer het in alle opzichten. Zorg dat het de
nodige rust krijgt en het juiste voedsel, ja zorg ervoor dat het lichaam niet over
jou heerst, maar net andersom, dát zegt de Bijbel.
De Heilige Geest woont in je, je bent een tempel van God, en ontucht op welk
terrein ook past niet bij die inwoning, het gaat niet samen, het hoort niet bij
elkaar. We vergeten al te vaak dat we niet meer van onszelf zijn, maar van Jezus
Christus, dat we Zijn eigendom zijn geworden, en dat is een heilige zaak. Daar
past een heilige levenswandel bij, een wandel volgens Gods wetten en geboden,
een leven volgens Zijn inzichten en een eerbiedig met elkaar omgaan. Laten we
samen elkaar hierop wijzen als er op dit gebied iets mis is of iets mis dreigt te
gaan. Het is een heilige zaak ons lichaam een tempel te doen zijn, het heilig en
onbesmet te bewaren.

GEBED.

Heer, als we de opdracht van U krijgen om over ons lichaam te heersen, zullen
we het ook kunnen volbrengen. U geeft ons de kracht daarvoor, dank U Heer; Ik
kom U schuld belijden omdat ik mij medeschuldig voel aan het onheilige leven
dat we als gemeente soms leiden en omdat ik me vaak stil houd, er niet veel van
durf te zeggen, me er voor schaam om hen te wijzen op het heilige dat U hebt
ingesteld, en waarvan U wilt dat wij daar heilig mee omgaan. Vergeef, Heer, vergeef ook ons volk dat Uw wetten met voeten treedt, vergeef ons in de Naam van
Jezus. Amen.

LEZEN:
1 Cor. 9:27;   Gen. 4:7;   Jak. 4:1-10;   Spr. 6:32;   1 Pet. 1:13-19;   Ef. 5:22-23

Wie onrecht doet, hij doe nog meer onrecht; wie vuil is, hij worde nog vuiler; wie rechtvaardig is, hij bewijze nog meer rechtvaardigheid; wie HEILIG is, hij worde nog meer GEHEILIGD.

KIEZEN HEEFT GEVOLGEN.

De apostel Johannes is naar het eiland Patmos verbannen. Hij mag een blik in de toekomst werpen. De Heer toont hem wat er allemaal zal gebeuren voordat de nieuwe hemel en de nieuwe aarde komen. En we voelen allemaal wel dat we met rasse schreden naar de eindtijd toegaan. Eén van de tekenen daarvan is de 'afval' ten opzichte van het dienen van God. Er komt een duidelijke scheidingslijn tussen de mensen van de wereld en van God. Degene die onrecht begaat, zal steeds verder afzakken, en nog meer onrecht begaan. Degene die vuil is, zal steeds vuiler worden. We zien het al om ons heen. We horen het voor de radio en zien het op de t.v. Schaamteloze programma's zijn te zien of te horen. Er kan steeds meer bij door. De haren rijzen je letterlijk ten berge, zo vuil en vol hoererij het er in ons eigen land toe gaat. Inderdaad, de zonde stijgt ten top. Maar dan de keerzijde van de medaille. Degenen, die rechtvaardig zijn, worden nog rechtvaardiger. De kinderen van God zullen nog meer een leven leiden dat recht door zee gaat met hun opvattingen, die het uit durven roepen hoe verkeerd de mens bezig is en waar dat naar toe zal leiden. Wie heilig is, worde nog meer geheiligd. Hoe bedorvener de ene mens wordt, des te heiliger wordt de mens in Christus. Dat betekent niet dat het er makkelijker op wordt voor een christen. Want hij leeft midden in die vuilheid, midden tussen alle onrechtvaardigheid, midden tussen hen die afgoderij plegen op welk gebied dan ook. Het is een zaak van het allergrootste belang dat wij aan Jezus gelijk worden, zodat Hij meer dan ooit te voren gestalte in ons zal krijgen, en dat wij standhouden, zodat de mensen duidelijker aan ons kunnen zien en aan ons kunnen merken dat we Zijn eigendom zijn. Dat ze zien dat we afgezonderde mensen zijn, dat we een heilig en onbesmet leven moeten tonen, dat in duidelijke tegenstelling staat tot de goddeloze manier van leven van hen die onder heerschappij van de vijand staan. Het zal steeds duidelijker moeten worden wie wij dienen. Laat de heiligmaking aan je geworden, stel je steeds meer open voor Zijn Geest, luister nóg nauwer naar Hem, want je bent het eigendom van God, die je gekocht heeft met het Bloed van Zijn Zoon. En eenmaal zul je wonen op de nieuwe aarde waar Hij zal regeren, waar geen vuilheid meer zal zijn. Dat is ónze toekomst.

GEBED.

Heer, ik bid U voor mijzelf en hen die ik liefheb, maar ook voor de vele kerken, groepen en kringen, of wij samen stand mogen houden in deze eindtijd. Dat wij voor U uit durven komen tegenover iedereen. Dat we onder elkaar de veten en twisten weg doen, dat U ons heiligt op allerlei terreinen van ons leven. Dank U dat U ons erbij helpt. Amen.

LEZEN:

Galaten 5 : 19-26;   Openb. 21, 22.

Zondag
46ste week.

Neem deze rustdag de tijd om
Gods beloften in je op te nemen, opdat je deze week weer
kunt putten uit de krachtbron
van boven.

WEES NIET BANG.

Jesaja 41 : 10.
'VREES NIET, want Ik ben met u; zie niet angstig rond, want Ik ben uw God. Ik
sterk u, ook help Ik u, ook ondersteun Ik u met Mijn heilrijke rechterhand'.

Richteren 7 : 3.
Nu dan, roep ten aanhoren van het volk: wie BANG is en beeft, kere terug en
sluipe weg van het gebergte Gilead. Toen keerden er tweeëntwintigduizend van
het krijgsvolk terug en er bleven tienduizend over.

Mattheüs 14 : 27.
Terstond sprak Jezus hen aan en zeide: 'Houdt moed, Ik ben het, weest NIET
BEVREESD!'

Johannes 9 : 22.
Dit zeiden zijn ouders, omdat zij BANG waren voor de Joden, want de Joden
waren reeds overeengekomen, dat, indien iemand mocht belijden, dat Hij de
Christus was, hij uit de synagoge zou worden verbannen.

Lukas 12 : 22.
Weest NIET BEZORGD over uw leven.

Lukas 12 : 32.
Wees NIET BEVREESD, gij kleine kuddeke! Want het heeft uw Vader behaagd
u het Koninkrijk te geven.

GEBED.

Dank U, Heer Jezus, dat U weet dat ik soms wel bang ben, dat ik wel bezorgd
ben om de kinderen, ja, bezorgd ben om de vele dingen die hier de revue passeren. Om de dingen die in ons land gebeuren, de terreur, de abortus, de gijzeling-
acties, het druggebruik en o, zoveel narigheid meer. U weet er allemaal van Heer
en ik dank U dat U me steeds bemoedigt, dat U niet moe wordt om me op te beu-
ren. Ja, dat U elke dag met een schone lei wilt beginnen. Dank U, Heer Jezus
daarvoor. Amen.

'VREES NIET, want Ik ben met u; zie niet angstig rond, want Ik ben uw God. Ik sterk u, ook help Ik u, ook ondersteun Ik u met Mijn heilrijke rechterhand'.

WEES NIET BANG, WANT...

'Vrees niet, wees niet bang', zegt de Here God tegen de profeet Jesaja. En deze bemoedigende woorden worden ook tot ons gericht. Waarom zou de Heer dat toch zo vaak tegen de Israëlieten en tegen ons zeggen? Ik denk, omdat we allemaal bang zijn op onze beurt, bang, om op deze aarde te werken en te leven waar satan nog heerst. We zijn bang voor mensen-dieren-dingen-toestanden enz. We zijn kwetsbaar. Er kan ons mensen van alles overkomen in het leven. Denk maar eens aan ongelukken, ziekten, rampen, vervolging, verdrukking, gevangenschap. En dan spreken we nog niet over de bezorgdheid van ouders ten opzichte van hun kinderen die ze moeten opvoeden in deze moeilijke tijd. Je wilt hen beschermen voor allerlei invloeden van buitenaf, voor dat wat hun soms geleerd wordt op school, beschermen tegen bepaalde denkwijzen, die niet stroken met onze zienswijze. Je wilt hen beschermen tegen drugs en alkohol, beschermen tegen... vul het zelf maar verder aan. Het is daarom niet voor niets dat de Heer ons iedere keer weer toeroept: 'Wees niet bevreesd, wees nergens bang voor'. Hebben we daar dan wat aan?

Als dit er alleen stond, zou ik zeggen: Neen. Want als je bijvoorbeeld tegen iemand die 's nachts niet alleen durft te zijn zegt: 'je hoeft niet bang te zijn hoor, er overkomt je toch niets'. Wat verandert er dan? De angst en de eenzaamheid wordt er niet door weggenomen. De situatie wordt immers niet veranderd. Maar de Heer zegt er nog iets bij en daar gaat het om. 'Vrees niet, want... Ik ben met u; zie niet angstig rond, want Ik ben uw God. Ik sterk u, ook help Ik u, ook ondersteun Ik u met Mijn heilrijke rechterhand'. Dat is krachtige, inhoudrijke taal. De bemoedigende woorden, de toezeggingen houden niet op. Wees niet bang, Hij is bij je als je 's nachts alleen bent. Hij is bij je als je bang bent omdat de kinderen nog niet thuis zijn. Hij sterkt je als de angst je benauwt. Je bent niet alleen, Hij is bij je, waar je ook bent. Hij ondersteunt jou en mij in welke situatie we ook verzeild zijn geraakt. De Heer is met Zijn Geest bij je van 's morgens tot 's avonds en de hele nacht door. Altijd ondersteunt Hij je met Zijn heilrijke rechterhand. Die hand heeft grote macht. Nu kun je ál je problemen in Zijn hand leggen en ze er laten. Wat een bemoediging voor vandaag hè?

GEBED.

Vader, ik schaam me dat ik niet genoeg op deze woorden heb gelet, ze zijn juist zo heerlijk bemoedigend voor elke dag. Dank U wel, dat U ze nu tegen mij zegt; ik geef mijn angsten en bezorgdheden uit handen en leg ze in Uw handen en nu ben ik niet bang meer. Amen.

LEZEN:

Jes. 41 : 8-14;   Ps. 107 : 6, 13, 19, 28;   Hebr. 5 : 7, 13 : 6;   Jes. 50 : 4;
1 Tim. 5 : 10;   Ps. 18 : 36.

Nu dan, roep ten aanhoren van het volk: wie bang is en beeft, kere terug en sluipe weg van het gebergte Gilead. Toen keerden er tweeëntwintigduizend van het krijgsvolk terug en er bleven tienduizend over.

KOM ER VOOR UIT.

Dit is een verhaal waar we als kinderen op school van genoten. Moet je ook nagaan, van de tweeëndertigduizend soldaten bleven er uiteindelijk maar driehonderd over die met Gideon de strijd moesten aanbinden tegen de Midianieten. En... ze wonnen ook nog, wat een dappere soldaten. Jawel, dappere soldaten, maar ze hadden wel een sterke God achter zich staan. Ik weet nog dat ik als kind dacht: wat een lafaards, wat een bange soldaten. Nota bene, tweeëntwintigduizend soldaten nog wel. Soldaat en bang zijn hoorde volgens mij niet bij elkaar. Maar de Heer selecteerde hen omdat zij waarschijnlijk zouden pronken met de overwinning. Daarom bleven er uiteindelijk maar driehonderd soldaten over. Nu ontdek ik iets anders, dat ik vroeger niet zag. De Heer zegt nergens: 'o, wat een bange soldaten, wat een laf stel'. Neen, helemaal niet. Hij toont begrip en zegt: 'die bang is ga maar naar huis'.
Er gaat zo'n liefde van Hem uit naar hen die bang zijn. Hij heeft liefde voor jou en mij, al ben je angstig. Hij beschermt jou en mij. Wat ook indruk op me maakt is, dat die duizenden soldaten er eerlijk vooruit komen dát ze bang zijn. Ze houden zich niet groot. Ze geven ruiterlijk toe dát ze het zijn. Ze zullen met een zucht van verlichting weggeslopen zijn naar vrouw en kinderen. En welke reden er was bij die zevenennegentighonderd die later toch ook naar huis moesten van de Heer, weet ik niet, het kón wel eens zijn dat ook zij bang waren, maar er niet openlijk voor uit durfden komen.
Wat we mogen leren uit deze geschiedenis is dit: dat we ons nooit groter bij de Heer voor moeten doen dan we zijn. We mogen het eerlijk toegeven als we bang zijn. We ontvangen niet minder liefde van Hem dan zij die niet bang zijn. Maar Hij verlangt dat we er eerlijk vooruit komen, en dat wij elke keer met onze angst naar Hem toe zullen gaan, zodat Hij er wat aan kan doen. Als we angst verborgen houden heeft de duivel zijn zin. Maar gaan we er mee naar de Here God dan worden we bevrijd uit de greep van de angst. En dan kunnen we er allemaal weer tegen vandaag. Bang of niet bang, we gaan er nu mee naar onze Vader.

GEBED.

Ja, Heer, eerlijk gezegd ben ik soms bang voor de toekomst, voor oorlog en vervolging, omdat ik van U ben, omdat ik U toebehoor en Uw boodschap doorgeef aan de ander. Heer, ik leg deze angsten in Uw handen en vraag of U mij helpen wilt ze ook bij U te laten. Ik neem ze anders zo weer mee terug en dat is het domste wat ik doen kan en gebrek aan vertrouwen. Dank U wel voor Uw begrip, steeds weer opnieuw. Amen.

LEZEN:
Richteren 7;   Psalm 100 : 3.

Terstond sprak Jezus hen aan en zeide: 'Houdt moed, Ik ben het, weest NIET BEVREESD!'

HIJ IS HET!

Wat kan het op die meren in Israël soms plotseling stormen. De wind wil het schip zo meenemen en een eind verder weer neerwerpen. En je zult maar in die boot zitten. De discipelen zaten in die boot en ze waren doodsbenauwd, geloof dat maar. Maar waar is Jezus dan? Hij is toch haast altijd bij hen? Jezus is in gebed, in gesprek met Zijn Vader. Wanneer Jezus niet bij de discipelen is, dan zie je Hem vaak in de bergen, alleen, om te bidden. Zo ook nu. En daar ver van hen, weet de Heer dat zij in grote nood verkeren, én op datzelfde moment is Hij bij hen. Hij laat hen niet alleen. Hij wandelt over de golven naar hen toe. Maar o wee, nu worden ze nóg banger. Ze schreeuwen het uit, een spook, een spook. Als ze nog nooit in spoken geloofd hadden, dan verandert dat in dit ene moment. Het kán toch ook niet dat iemand over de golven loopt, en dan in zo'n storm. Maar in die doodsangst roept Jezus hen toe: 'Houdt moed, Ik ben het, weest niet bevreesd'. Ineens valt er een zware last van hen af. Jezus is daar. Gelukkig, Jezus is bij hen. Waar komt Hij zo opeens vandaan? Hij was toch in de eenzaamheid aan het bidden? Allerlei gedachten flitsen hen door het hoofd, en Petrus, die altijd onmiddellijk doet wat Hij denkt, roept: 'Als Gij het zijt, beveel mij dan tot U te komen over het water'. En Jezus antwoordde: 'Kom'. De gebeurtenissen volgen elkaar dan snel op. De andere discipelen zullen geroepen hebben: 'Petrus, Petrus, niet doen, ben je gek geworden, je kunt niet over het water lopen'. Maar Petrus is al over boord gesprongen voordat ze er erg in hebben. En dan... Petrus loopt over de golven naar Jezus toe. Ja, Hij was het, die ze voor een spook aan-gezien hadden. Petrus ging in op de woorden van Jezus, 'houdt moed, Ik ben het, vrees niet'. We mochten willen dat wij iets meer van die spontaniteit van Petrus hadden, dat wij ons spontaan in Zijn armen wierpen, dat wij sneller bereid waren in te gaan op Jezus' uitnodiging. Vooral als het een onmogelijke zaak betreft. Petrus zág Jezus. Hoe vaak zitten wij niet in angst en hoe vaak is Jezus er niet bij, zonder dat we Hem opmerken. Hoe vaak tobben we maar voort, zonder dat we in de gaten hebben dat Hij er is? En als Hij dan roept, reageren we met ons verstand en dat verstand staat ons soms behoorlijk in de weg als we met Jezus te maken krijgen. Goed, Petrus keek even later op de golven en hij zonk. Voor de hand liggend, zeggen wij. En het ís zo, als wij onze blik naar de golven richten in ons leven, zinken we als bakstenen. Maar weer is Jezus er direkt bij en grijpt Petrus bij de hand en zegt: 'wat denk je klein van Mij. Ik ben veel machtiger dan je denkt'. Blijven wij gericht op Hem, dan wandelen we op de golven. Hij zegt ook tegen jou en mij: 'Spring maar en blijf op Mij zien, Ik kan je laten wandelen over de golven'.

GEBED.

Ja, Heer, ik moet alleen mijn blik op U richten, alleen op U zien. Dat is mijn behoud. Dank U dat dit altijd opgaat in mijn leven, als ik het maar doe. Amen.

LEZEN: Mat. 14 : 22, 23;   Ps. 18 : 30;   Num. 21 : 4-9.

Dit zeiden zijn ouders, omdat zij bang waren voor de Joden, want de Joden waren reeds overeengekomen, dat, indien iemand mocht belijden, dat Hij de Christus was, hij uit de synagoge zou worden gebannen.

HOE ZOU JIJ REAGEREN?

De ouders waar het hier over gaat zijn bang voor de leiders van Israël, voor de Farizeeën. Ze moeten wel heel erg bang zijn geweest, om niet iets te laten blijken van de onuitsprekelijke vreugde die hen zojuist is te beurt gevallen. Hun kind dat blind was, is ziende geworden. Het is niet te geloven. Je zou het overal rond willen bazuinen, en wat gebeurt hier? Ze durven niets te zeggen tegen de Farizeeën. Herhaaldelijk wordt de blindgeborene ondervraagd: wie heeft je genezen, wat heeft Hij gedaan? Want de ondervragers geloven namelijk helemaal niet dat hij blind was en nu door die Jezus van Nazareth ziende is geworden. Tenslotte laten ze zijn ouders komen. Die zullen toch zeker de vragen kunnen beantwoorden. Maar daar komen ze ook geen stap verder mee. Deze ouders zijn bang om voor de waarheid uit te komen. Ze hebben de moed niet om te getuigen van Jezus Christus die hun zoon genas. Ze reageren als volgt: wij weten dat dit onze zoon is, en dat hij blind geboren is. Maar hoe hij nu zien kan, weten we niet, en wie zijn ogen geopend heeft, wij weten het niet. Vraag het hem zelf, hij heeft zijn leeftijd, hij zal voor zichzelf spreken.

Dat zijn nou die blijde ouders. Denkt u ook niet dat hun zoon raar heeft opgekeken omdat zijn ouders de waarheid niet wilden vertellen? Maar ze zijn zo bang omdat de Joden waren overeengekomen dat, indien iemand mocht belijden, dat Jezus de Christus was, hij uit de synagoge zou worden gebannen. Daar waren zij bang voor, het kost wat het kost, maar uit de gemeente gestoten worden was wel zo'n schandaal, zo vernederend, dat ze dat niet aandurfden. Het was me ook een chaotische tijd, waarin ze leefden. De één geloofde dat Jezus de Messias was, de ander geloofde dat Hij een valse profeet was. Er was verdeeldheid onder de Farizeeën en Schriftgeleerden. Is Hij, Jezus, de Zoon van God? Ik moet zo denken aan hen die vervolgd worden achter het ijzeren gordijn. Hen die Jezus openlijk belijden, met alle gevolgen van dien. Toch, veroordeel deze ouders niet te vlug. Hoe zou jij zelf reageren, als jij in de situatie zou staan dat jij uit de gemeente gezet zou worden? Of... vervolgd en gemarteld en gevangen gezet werd? Het is niet zo eenvoudig om in de schoenen van die ouders te staan. Hun blijdschap werd onderdrukt, weggeschoven. Ze werden bedreigd. Vraag maar aan de Heer of Hij je wil helpen vast in de schoenen te staan als dat nodig is.

GEBED.

Heer, laat me niet oordelen over deze ouders, het is zo gemakkelijk om dat te doen. Help mij wel, om te kunnen getuigen van U als dat nodig is, ook ten koste van mezelf. Amen.

LEZEN:

Joh. 9 : 1-41;   Hand. 8 : 1;   Rom. 8 : 35;   2 Tim. 3 : 12.

Weest NIET BEZORGD over uw leven...

ONGERUST.

In deze tekst staat niet het woordje bang, maar bezorgd. En bezorgd zijn is de basis voor allerlei angsten. Bezorgd zijn kan je innerlijk kapot maken. Het beheerst op dat moment je hele leven. Je bent bijv. bezorgd over de toekomst, over de werkgelegenheid, bezorgd om de situatie in de wereld, de oorlogsdreiging. Bezorgd over hoe lang we nog in vrijheid zullen leven, hoe lang wij nog openlijk mogen praten over Jezus Christus. Bezorgd over de kleine en de grote dingen die dagelijks gebeuren. Maar hoe vaak gaan deze bezorgdheden niet over in angst? Jezus kende de mensen zo goed; daarom waarschuwt Hij ons, weest niet bezorgd over uw leven, wat je eten of drinken zult, of over je lichaam, waarmee je het kleden zult.
Weet je wat we goed moeten onderscheiden bij deze waarschuwing van de Heer? Dat we wel mogen zórgen, maar niet bezórgd behoeven te zijn. Het is nogal een verschil: zorgen voor iets of bezorgd zijn over iets. Jezus zegt: 'Wees nergens ongerust over, want je mag je op Mij verlaten'. Veronderstel dat een moeder niet zorgt voor haar gezin, dat kan gewoon niet, maar ze mag volgens Jezus niet bezorgd zijn over haar gezin. Bovendien zegt Jezus nog iets heel belangrijks, het is wel de belangrijkste aanwijzing die Hij de mensen meegeeft. Het wordt het hoogtepunt van Zijn betoog. 'Wees niet bezorgd... maar zoek eerst Zijn Koninkrijk en Zijn gerechtigheid en dit alles zal u bovendien geschonken worden'.
In deze woorden zit de rijke les verborgen: 'wat is het allernodigste'. Het stimuleert je besluit om eerst stille tijd te houden voor je aan andere dingen begint, het nodigt je uit om eerst al je bezorgdheid aan Hem voor te leggen. Eerst vragen naar Zijn wil, dan volgt de rest. Het stille uurtje met de Heer is het belangrijkste van de dag. Je praat met Hem over de dagelijkse dingen. Je legt alles in Zijn handen. Je bent in je stille tijd aan het enig juiste adres. Ik moet even denken aan de twee zusters Martha en Maria. Daar gaat het nog iets verder. Martha is druk met het zorgen voor de maaltijd, Maria zit stil te luisteren aan de voeten van de Heer. Martha wordt er kriebelig van: 'Heer zegt U er niets van dat ik...' Ja, de Heer zegt er wel wat van, maar anders dan Martha verwacht had. 'Martha, Martha, je maakt je zo druk over het werk, maar er is iets belangrijkers op dit moment; één ding is nu nodig: luisteren, en Maria heeft het juiste deel gekozen'. Natuurlijk, er moest wel gekookt worden, maar op dit moment hàd Martha geestelijk voedsel nodig. Wat heb jij eerst nodig?

GEBED.

Heer, wat is het waar dat wij eerder bezorgd zijn dan zorgen. Wilt U ons laten zien hoe wij deze twee dingen uit elkaar moeten houden? Dank U, dat U ons helpt. Amen.

LEZEN:

Luk. 12 : 22-24, 10 : 38-42;   Phil. 4 : 4-9.

Wees NIET BEVREESD, gij klein kuddeke! Want het heeft uw Vader behaagd u het Koninkrijk te geven.

HIJ IS HET DIE SPREEKT.

De Here Jezus zegt aan het eind van Zijn betoog nog eens, 'Wees niet... bevreesd', niet, 'wees niet bezorgd', want nu is die bezorgdheid overgegaan in angst. Dus wel een bewijs dat bezorgdheid de basis van angst is. Jezus is met innerlijke ontferming bewogen als Hij naar het kleine aantal mensen kijkt dat Hem werkelijk wil dienen. Hij weet dat zij het nog moeilijker zullen krijgen. Hij weet dat er vervolging en gevangenschap in het vooruitzicht is. Hij weet zo veel meer dan zij. Daarom zegt Hij tegen hen: 'Wees maar niet bang, al ben je met nog zo weinig mensen die Mij dienen. Mijn Vader wil jullie het Koninkrijk geven. Het zal bij jullie beginnen. En dat wordt geen gemakkelijke taak. Maar wees niet bevreesd. Ik ben bij je, Ik help jullie altijd'.

Je zou deze kleine rede het begin kunnen noemen van Openbaring 3. waar de Heer Johannes (op Patmos) een blik gunt in de omstandigheden van de gemeente van de eindtijd. Het is de gemeente Philadelphia. De Heer zegt tegen hen en ook tegen jou en mij, want we leven in de eindtijd: 'Zie, Ik heb een geopende deur voor uw aangezicht gegeven, die niemand kan sluiten, want gij hebt kleine kracht. Maar gij hebt Mijn woord bewaard en Mijn Naam niet verloochend'. Er staat nog veel meer, lees het straks maar eens. Dat: 'Mijn Naam niet verloochend' zou best kunnen wijzen op de vervolgingen die komen en die er inmiddels op grote schaal al zijn in de communistische landen. Uitkomen voor je geloof wanneer dat verboden wordt, is wel de grootste beproeving voor de kinderen van God. Te worden gestrafd, gemarteld en opgesloten omdat je Zijn Evangelie uitdraagt, is een grote belasting voor de christenen en om dan Zijn Naam niet te verloochenen, dat kost wel wat, dan wordt er wel wat van je gevraagd.

'Wees niet bezorgd, wees niet bang', zegt Jezus ergens anders tegen de discipelen, 'wanneer zij u overleveren, maakt u dan niet bezorgd, hoe of wat gij spreken zult; want het zal u in die ure gegeven worden wat gij spreken moet; want gij zijt het niet die spreekt, doch het is de Geest uws Vaders, die in u spreekt'. Wat geweldig, deze belofte. Jezus richt hun blik al op de Heilige Geest die ook jou en mij dag en nacht bij staat en bij zal staan. Wees niet bang als ze je bespotten om je geloof, waar je ook bent, op school, in je werkkring of ergens op bezoek. Houd daarom in alle omstandigheden vast aan Zijn belofte: 'maak je niet bezorgd over de woorden die je moet zeggen. 'Ik ben er', 'Ik help je', 'Ik bestuur zelfs je tong'. Machtig hé?

GEBED.
Heer, dat U zo zorgt voor ons, dat U in ons woont om ons te helpen en te vertellen hoe wij in alle omstandigheden moeten reageren. Ik dank U daarvoor, Heer. Amen.

LEZEN:
Luk. 21 : 10-18;   Mat. 10 : 1-21;   Openb. 3 : 7-13.

Zondag
47ste week.

We raken niet gauw uitge-
praat over dit kleine lichaamsdeel; er komt een wereld van
macht tevoorschijn.
Heer, zet een wacht voor onze
lippen en behoed onze tong.

DE TONG.

Psalm 78 : 36, 35 : 28.
Maar zij bedrogen Hem met hun mond en belogen Hem met hun TONG..
En mijn TONG zal van Uw gerechtigheid gewagen, van Uw lof de ganse dag...

Jeremia 1 : 6 en 7.
Doch ik zeide: 'Ach, Here Here, ik kan niet spreken, want ik ben jong'. De Here
echter zeide tot mij: 'Zeg niet, ik ben jong, want tot een ieder, wien Ik u zend,
zult gij gaan en alles wat Ik u gebied zult gij spreken'.

Psalm 52 : 4b; Daniël 1 : 8b.
Uw TONG is als een scherp geslepen scheermes.
En Daniël verzocht de overste der hovelingen, dat hij zich niet zou behoeven te
verontreinigen.

Handelingen 2 : 3.
En er vertoonden zich aan hen TONGEN als van vuur, die zich verdeelden, en
het zette zich op ieder van hen, en zij werden allen vervuld met de Heilige Geest.

Jakobus 1 : 5.
Indien echter iemand van u in wijsheid tekort schiet, dan bidde hij God daarom,
die aan allen geeft, eenvoudigweg en zonder verwijt en zij zal hem gegeven worden.

Jakobus 3 : 5a.
Zo is de TONG een klein lid en voert een hoge toon.

GEBED.

Heer, deze teksten uit Uw Woord vragen om bezinning. Ik denk dat U me deze
week heel wat duidelijk wilt maken. Ik belijd U dat ik mijn tong lang niet altijd
in bedwang kan houden. Ik heb direct een antwoord klaar, in mijn gezin, tegenover mijn vrienden en met wie ik ook omga. Wilt U mij helpen? Leer mij het
juiste gebruik van mijn tong, het juiste antwoord dat U zou geven, zodat U blij
over mijn spreken kunt worden. Om Jezus' wil, Amen.

Maar zij bedrogen Hem met hun mond en belogen Hem met hun TONG.
En mijn TONG zal van Uw gerechtigheid gewagen, van Uw lof de ganse dag...

BEDRIEGEN EN LOVEN!

In de Bijbel komt de tong nog al eens ter sprake. Je staat er versteld van wat we
er allemaal mee kunnen uitrichten, zowel ten goede als ten kwade. Goede en
opbeurende woorden kun je ermee spreken, maar... evengoed leugens. Je kunt er
Jezus mee vervloeken en je kunt Hem met dezelfde tong loven en prijzen.
Hoe gebruiken jij en ik onze tong? Wat voor uitwerking heeft mijn spreken op
mijn naaste? Kwets ik de ander ermee, of geef ik liefde? Bouw ik op of richt ik
door middel van mijn tong mensen of menselijke verhoudingen ten gronde? En
zwijg ik wanneer ik moet praten, of praat ik wanneer ik moet zwijgen? De Bijbel
leert ons zoveel over de tong en laat ons de goede kant er van zien en de kwade,
zo is de Heer nu eenmaal, oprecht in alle dingen.
Asaf vertelt in Psalm 78 hoe het volk van God wandelde, hoe het altijd maar
weer afdwaalde van het geloof. Wat de mensen met hun tong teweeg brachten:
zij bedrogen de mensen, zij belogen de Here God, hun mond was een en al
bedrog. En wat dit uitwerkte, was ten hemel schreiend. Liegen en bedriegen
heeft verschrikkelijke gevolgen. Het onderling vertrouwen en de goede verstand-
houdingen worden er totaal door geruïneerd. Maar erger nog is dat de relatie met
de levende God er door stuk gaat. Want liegen en bedriegen hoort niet bij God,
het wordt eenvoudig niet door Hem geaccepteerd.
David laat ons in Psalm 35 de keerzijde zien. David bidt. Hij ziet hoe de vijanden
hem bespotten en hem willen bedriegen, maar David is gericht op zijn God.
David gebruikt zijn tong ten goede, hij vertelt van de rechte weg met God en van
Gods gerechtigheid. David begint de Heer te loven en te prijzen, hij eert en aanbidt de Heer van zijn leven ondanks de moeilijke omstandigheden waarin hij verkeert. Hoe gebruiken wij onze tong? Ja, wij? Gebruiken christenen de tong dan
óók verkeerd? Dit komt toch alleen maar voor bij niet-christenen? Helaas, wij
gebruiken de tong lang niet altijd ten goede en dat is zeker iets om over na te
denken. De tong kán een heilig instrument zijn ter ere Gods. Laten we bidden,
een ieder voor zich, dat we daar op afgestemd worden. Laten we leren zien hoe
belangrijk onze tong (als christen) in deze wereld kan zijn.

GEBED.

Dank U, Heer, dat wij onze tong ten goede mogen gebruiken. Maar om dat te
kunnen, willen wij ons zelf, onze tong, eerst onder controle van Uw Heilige
Geest stellen, ons met ons spreken en al in Uw handen geven. Anders brengen
wij er beslist niet veel van terecht. Help ons, Heer, U lof te brengen met onze
tong en U te verheerlijken met ons leven. Behoed mij voor het tegendeel Amen.

LEZEN:

Ps. 5 : 10; 10 : 7; 12 : 4;   Spr. 17 : 10, 18 : 21;   Ps. 51 : 16, 71 : 24; 119 : 172.

Doch ik zeide: 'Ach, Here Here, ik kan niet spreken want ik ben jong'. De Here echter zeide tot mij: 'Zeg niet, ik ben jong, want tot een ieder, wien Ik u zend, zult gij gaan en alles wat Ik u gebied zult gij spreken'.

ROEPING.

De Heer roept een jonge man tot Heilige dienst. Maar Jeremia is naar zijn eigen mening beslist niet de juiste persoon om Gods boodschap door te geven aan de mensen. 'Heer, ik kan niet goed praten, ik ben veel te jong'. Misschien heeft hij er wel bij gedacht, neem gerust maar een ander, één die beter praten kan dan ik. Eigenaardig, dat we deze houding ook aantreffen bij Mozes. Mozes praat als Brugman. Hij zegt tegen de Heer, 'Zoekt U maar een ander', 'want ik ben beslist niet van de tongriem gesneden'. Ook bij Jesaja gebeurt iets dergelijks. Jesaja heeft blijkbaar zoveel zelfkennis dat hij voorgeeft dat zijn onreine lippen niet passen bij het doorgeven van de boodschap van de Here God. Daarom durft hij niet. Maar de Here God legt dit alles naast zich neer; zowel bij Jeremia en Mozes als bij Jesaja geeft hij Zelf de gelegenheid om wél te kunnen spreken. De Heer draagt Zelf de verantwoording dat zij kúnnen spreken en Hij schept bovendien de mogelijkheid.

Wat hartverwarmend om te ontdekken dat de Heer niet iets onmogelijks van ons vraagt, dat Hij mét de opdracht, ook de mogelijkheid geeft die opdracht van Hem te volbrengen. Denken we daar wel eens aan? Staan we daar wel genoeg bij stil? Of hebben we óók allerlei tegenwerpingen: 'Heer ik kan dat niet. Heer wilt U iemand anders nemen. Heer, ik breng er echt niets van terecht. Heer, Heer, ik niet'. Wat verschuilen we ons vaak achter allerlei uitvluchten. En de Heer ziet er dwars doorheen. Juist wanneer wij weten, dat we uit onszelf niets kunnen, zijn we afhankelijk en bruikbaar in de dienst voor de Heer. Immers: Zijn kracht wordt in zwakheid volbracht! De Heer heeft menigeen daartoe geholpen. Hij heeft Mozes, Jesaja, Jeremia, alle drie gezonden en hun tong aangeraakt om te kunnen spreken. Hij wil ook óns bijstaan. Hij is blij als we vanuit onszelf toegeven dat we niets vermogen, maar Hij neemt er geen genoegen mee wanneer we Zijn hulp niet aanvaarden. 'Kom maar', zegt Hij, 'geef je maar over aan Mij, vertrouw op Mij, Ik zal je de woorden in de mond leggen die je moet spreken, dan zul je ervaren welke geweldige dingen Ik ga doen. Ik zal met jouw mond zijn, Ik zal je de woorden er in leggen. Ik ben je kracht en wijsheid, geloof me maar op Mijn Woord'. Dan wordt het onmogelijke mogelijk, dan breekt het nieuwe in jou baan.

GEBED.

Heer, U roept ons allen om in Uw wijngaard te werken. U wilt ons persoonlijk inzetten, thuis, op school, op ons werk. U wilt dat wij onze tong daar ten goede gaan gebruiken, U wilt haar Zelf aanraken door Uw Geest, dank U daarvoor. Amen.

LEZEN:

Ex. 3 en 4;   Jes. 6;   Jer. 1;   Ps. 84 : 13;   2 Cor. 1 : 9;   Phil. 3 : 3;   Hebr. 2 : 13.

Psalm 52 : 4b; Daniël 1 : 8b

Psalm 52 : 4b; Daniël 1 : 8b Woensdag 47ste week

Uw TONG is als een scherp geslepen scheermes.
En Daniël verzocht de overste der hovelingen, dat hij zich niet zou behoeven te verontreinigen.

GETUIGEN.

Het zal je gezegd worden: je tong is als een scherpgeslepen scheermes. Je moet je maar per ongeluk met een scheermesje snijden. Het is vlijmscherp en het richt onmiddellijk een bloedbad aan. Ook woorden kunnen snijden en de ander doen bloeden. Het kan een verschrikkelijke chaos in je denken teweegbrengen. Woorden dringen diep door, je hoort ze jaren later nog naklinken. Als het maar woorden van positieve strekking zijn is het niet erg. Dat is alleen maar fijn, je wordt er door gesterkt. Maar scherpe woorden ten kwade werken funest, ze verwonden je innerlijk en voordat dat weer geheeld is, voordat die negatieve woorden weer ongedaan zijn gemaakt, is er heel wat schade aangebracht. Bekijk je uitlatingen eens in dit licht en vraag je eens ernstig af of je woorden de ander pijn doen, of je de ander van binnen bezeert. Vraag je ook af wáárom je de ander pijn doet of wilt verwonden. Sta er eens bij stil en word voorzichtig met deze dingen. Als we naar het leven van Daniël kijken, kunnen we van hem heel wat leren. Daniël en zijn drie vrienden dienden de Here God in een ver vreemd land waar heel andere goden werden gediend. We kennen de geschiedenissen van Daniël in de leeuwenkuil en van de drie vrienden in de brandende oven welhaast van buiten. Wat genoten we vroeger op school en op de zondagsschool van die verhalen. Maar dat zij zo gered en zo gezegend werden in hun ballingschap kwam doordat zij vanaf het begin hun mond open deden. Zij wachtten niet totdat zij in narigheid verkeerden. Vanaf het begin getuigden zij, dat zij een ándere God dienden. Vanaf het begin vroegen zij of ze niet méé behoefden te doen met de heidense manier van eten en drinken. Toen de hovelingen van de koning doorhadden dat zij eerlijk hun meningen durfden te zeggen werd er ook naar hen geluisterd. Wij zijn vaak veel te bang om direkt voor onze mening uit te komen of om heel eenvoudig te vertellen dat wij de Here Jezus liefhebben en volgen. Wij zijn in dit opzicht vaak veel te bang de gevolgen van ons spreken onder ogen te zien en om ondanks de gevolgen toch voor de Heer uit te komen. De drie vrienden zeiden zelfs tegen de koning: 'en als de Heer ons niet zal verlossen dan knielen wij tóch niet voor uw beeld, dan aanbidden wij uw gouden beeld niet'. Je moet maar durven, en zij dúrfden, waagden het met God, vertrouwden en werden uit de brandende oven gered. Onze tong op die manier gebruiken is kostelijk in de ogen van de Heer, Hij let erop.

GEBED.

Heer, hier zegt U ons dat wij niet moeten aarzelen om voor U uit te komen. U laat ons door Daniël en zijn drie vrienden zien wat de gevolgen zijn als wij onmiddellijk onze mond open doen wanneer dat van ons gevraagd wordt. Geef ons kracht dát te doen, om Jezus' wil. Amen.

LEZEN:
Ps. 140 : 4, 57 : 5; Jer. 9 : 3; Dan. 1; Dan. 3 en Dan. 6.

En er vertoonden zich aan hen TONGEN als van vuur, die zich verdeelden, en het zette zich op ieder van hen, en zij werden allen vervuld met de Heilige Geest.

EEN VERNIEUWDE TONG.

Hier in dit Bijbelgedeelte komen we terecht bij het heerlijke feit dat ons spreken echt vernieuwd kan worden. De Heilige Geest maakt het mogelijk onze tong te gebruiken ter ere van Jezus Christus. Dat is ten diepste de bedoeling. Zij is het middel daartoe, het instrument. De bedoeling van de eerste mensen in het Paradijs was dat ze hun tong zouden gebruiken om God te loven en te prijzen. Dat zij luisterden naar de tong van de vijand is hun val geworden en daarmee de val voor de hele mensheid. Maar nu, nu wij christenen van vandaag Pinksteren vieren of gevierd hebben, is de loftrompet in al zijn glorie gestoken. De mens kan getuigen, de mens kan de Heer aanbidden, loven en prijzen, van Jezus vertellen, de ander bij Hem brengen, door de kracht van de Heilige Geest. En wat we nu kunnen zeggen met onze tong is onuitsprekelijk. De tong ten goede gebruiken is nu mogelijk voor elk kind van God, die Jezus als Heer heeft binnen gelaten. Het is niet voor niets dat er tongen als van vuur op de discipelen neerdaalden. Je tong gebruiken als je aangestoken bent door het vuur van de Heilige Geest, is zo allesomvattend. Dit vuur dringt diep in je hart door en mist zijn uitwerking niet. Het laat je de zonde zien, en werkt verterend. Het wil het zondige in je leven verbranden. Het werkt reinigend, het loutert de mens. Als Gods Geest het kwade in de mens verbrand heeft, komt er een gloed naar voren, het nieuwe leven breekt baan in al zijn facetten. Dit vuur heeft met de Here God Zelf te maken. De Heer wil elk van Zijn kinderen aansteken met Zijn Goddelijk vuur. En Hij wil het in een ieder 'die wil' ontsteken. Pinksteren beleven in al zijn volheid is adembenemend. Vraag om die volheid, die geestdrift, vraag om vervuld te mogen worden met dit vuur of je tong aangeraakt mag worden, want dat kan alleen God Zelf doen. Niemand kan je dit geven. De vonk moet van boven komen. Maar wat we wel kunnen in ons leven met dat Goddelijk vuur, is afstralen. Als we in vuur en vlam zijn voor de Heer zal dat enthousiasme een heerlijk licht verspreiden, zal aanstekelijk werken op onze omgeving. Het verwarmt naar alle kanten, en geeft een niet te stuiten blijdschap. Een ieder zal op zijn eigen manier getuigen! We heten niet allemaal Petrus! Ook in stilte kan er warmte van ons uitgaan. Een warmte en blijdschap die verkwikkend is. Ons leven verandert, ons leven krijgt een diepere gloed. De ander zal iets aan ons zien. Men zal merken dat wij werken vanuit een geestkracht die overtuigt. Kortom, een kind van God, vervuld met zijn Geest, blijft niet ongemerkt, want onzichtbaar vuur bestaat immers niet? Sta jij ook al in die gloed? Of hoor je bij Gods stille getuigen? Dat kan ook. Spatten de vonken naar alle kanten? Wat machtig dat jij ook een lichtdraagster of -drager bent in deze donkere wereld. Dat jouw tong is aangestoken met dit Goddelijk vuur van Boven.

GEBED.

Wat een gave van U Vader, dat U ons aanraakt met Uw Goddelijk vuur. Duizend maal dank, duizend maal dank. Amen.

LEZEN: Hand. 2:1-14, 3:11 tot 26, 8:4-8;   1 Cor. 15:1 en 2;   1 Pet. 1:1-9.

Jakobus 1 : 5 Vrijdag 47ste week

Indien echter iemand van u in wijsheid tekort schiet, dan bidde hij God daarom, die aan allen geeft, eenvoudigweg en zonder verwijt en zij zal hem gegeven worden.

DE TONG OM TE BIDDEN.

Wanneer we niet goed weten hoe we warmte moeten verspreiden of hoe we de ander kunnen helpen of hoe we de ander bij Jezus moeten brengen, kortom als we iets niet weten, dan kunnen we onze tong gebruiken om om wijsheid te bidden. We mogen in de Naam van Jezus alles vragen. Dat is de genade van het gebed. Je tong te gebruiken, stille tijd houden, gemeenschap met de Here God hebben, is de bron van de allesomvattende zegen van boven en werkt wel het meeste uit.

Hoeveel mensen denken steeds maar, 'ik kan toch niet met alle kleine dingen bij de Heer aankomen? Hij ziet me al, ik heb het met de opvoeding van de kinderen op zoveel terreinen moeilijk, ik weet nu net niet hoe ik handelen moet als de kinderen zo'n grote mond hebben, als zij kibbelen met elkaar, als zij... als zij...'. 'Indien iemand van u in wijsheid tekort schiet, dan bidde hij God daarom'. Het staat geschreven. Het staat er zwart op wit. En Jacobus vervolgt: 'God verwijt je niet als je het niet weet. God is niet kwaad als wij de juiste wijsheid niet bezitten en niet weten hoe te handelen in geval van ziekte of wat we ook in het leven tegenkomen. Waar Hij wel verdrietig om is? Als Zijn kinderen niet bij Hém komen. Als ze zelf maar wat rondtobben zodat daardoor alles helemaal verkeerd loopt. De Heer vindt het juist erg dat we Hem niet om raad vragen. Hij staat immers dag en nacht voor ons klaar. Hij wil jou en mij elke dag, al is het ook honderd maal, met raad en daad terzijde staan. We kloppen nooit tevergeefs bij Hem aan. We krijgen altijd de wijsheid die we nodig hebben. We mogen juist leren om te gaan met Hem op dit terrein. Maar we zijn als mensen vaak veel te koppig en te eigenwijs om om raad te vragen. We worstelen liever zelf met de problemen. We denken immers maar al te vaak, dat wij die zelf wel kunnen oplossen. We vinden het té vernederend om toe te geven dát wij het niet kunnen of dat we niet uit de problemen kunnen komen of dat het gezin ons boven het hoofd groeit of dat we het met de studie niet klaren. En de Heer maar wachten op ons. Hij roept ons toe: 'Kom maar; als je het niet weet, wil Ik je wijsheid geven. Vraag Mij toch, Ik wil je helpen, Ik heb geen verwijt. Ik ben er toch om licht te geven in jouw donkerheid?' Ga naar Hem toe en vraag hoe je... moet oplossen. Doe het. 'Ik geef wijsheid aan wie er om vraagt'.

GEBED.

Dat U geen van onze vragen te klein of te gering acht Heer, daar word ik nu zo blij van. U nodigt me juist uit om met alles, maar dan ook alle problemen bij U te komen. Wat bent U een liefdevolle Vader voor Uw kinderen, wat gaat U naast ons staan in de kleine en grote moeilijkheden, en... U... gaat... ons... helpen. Dank U Vader. Amen.

LEZEN:
1 Kon. 3:1-15; Ps. 51:8, 111:10; Spr. 2:6; Luk. 2:40, 52, 49; 1 Cor. 1:18.
334

Zo is de TONG een klein lid en voert een hoge toon.

DE MACHT VAN HET KLEINE.

Dat dit kleine lid wat in te brengen heeft weten we maar al te goed, we hebben dat al dikwijls ervaren. We kunnen dat kleine lid met moeite in toom houden en vóór we er soms erg in hebben, laten we ons gaan. De tong speelt in het leven een grote rol. Paulus waarschuwt ons heel vaak voor het gebruik ervan, evenals Jakobus. De laatste heeft er krasse uitspraken over gedaan: 'Zie hoe weinig vuur een bos in brand steekt. De tong is ook zo'n vuur, een wereld van ongerechtigheid. De tong neemt haar plaats in onder onze leden als iets dat het gehele lichaam bezoedelt'. Jakobus spreekt kennelijk uit ervaring. Hij heeft ontdekt dat zelfs onder de kinderen van God de tong veel kwaad teweeg kan brengen. Daarom is hij zo fel, het valt hem waarschijnlijk zo tegen. Als we toch vervuld zijn met de Heilige Geest, dan is ons spreken toch vernieuwd? En dan is ons denken toch veranderd? Ja dat kán, maar het is niet altijd gezegd dát wij ons spreken en denken làten veranderen. We hebben zelf de mogelijkheid om het goede of het kwade te doen. We hebben de mogelijkheid, om met de tong God de lof toe te brengen, om te juichen over de grote dingen Gods. Maar we hebben onze eigen vrije wil behouden om het oude leven opnieuw een kans te geven. We hebben de mogelijkheid om onze tong te gebruiken voor laster en leugenpraatjes, voor gemene dingen, voor zonde en ongerechtigheid. De tong voert maar al te veel een hoge toon.
De Bijbel waarschuwt ons. Pas op, houd de tong in bedwang, laat zij je niet doen zondigen. Bedwing die hoge toon die zij aan wil slaan. De Bijbel roept op tot het goede, het welgevallige, het eren van God de Vader en God de Zoon en de Heilige Geest. De Bijbel roept op de tong onder het beslag van de Heilige Geest te brengen, om ermee te getuigen en de mensen te bemoedigen, om hun de juiste weg te wijzen, de weg naar Jezus. Onderschat de tong niet. Zij bezit de geweldige macht om het evangelie van Christus te verkondigen, om de woorden van Jezus door te geven. Laten we samen blij zijn dat dit kleine lichaamsdeel zulke grote positieve werkzaamheden kan volbrengen. Laten wij dáár aan mee werken. Met heel ons hart. Met ons leven. Door gebed, door evangelisatie, door bemoedigingen te brengen daar waar dat nodig is. Zullen we nu samen onze tong gebruiken om Hem de lof toe te brengen?

GEBED.

Vader, aan het eind van deze week moet ik U zeggen dat ik nooit zó over mijn tong heb nagedacht. Ik heb dit kleine lid onderschat. Vergeef mij m'n zonden die ik ermee bedrijf. Vergeef mij, Vader, mijn laksheid in het spreken ten goede en mijn té veel spreken in negatieve zin. Leer mij m'n tong te gebruiken om er Uw liefde mee te verkondigen. Ik breng U de lof toe, ik aanbid U, Ik loof en prijs U, Vader. Amen.

LEZEN:

Jak. 3:1-12, 1:26;   1 Pet. 3:10;   Hand. 4:16-31;   Jak. 1:19;   Mark. 16:15.

Zondag
48ste week.

Wat kun je gelukkig zijn als
je de échte Liefde van Boven,
Gods Liefde, ervaart in het leven. Het overtreft alles.

LIEFDE EN LIEFHEBBEN.

Jeremia 31 : 3.
'Ja, Ik heb u LIEFGEHAD met eeuwige LIEFDE'.

1 Koningen 3 : 3.
En Salomo betoonde zijn LIEFDE tot de Here door te wandelen in de inzettingen van zijn vader David, alleen was hij gewoon op de hoogten offers te slachten en in rook te doen opgaan.

Zacharia 7 : 9; Galaten 5 : 13.
Zo zegt de Heer der heerscharen, spreekt eerlijk recht en bewijst elkander LIEF-DE en barmhartigheid.
Dient elkander door de LIEFDE.

Genesis 29 : 18; 2 : 28.
Het is niet goed dat de mens alleen zij; Ik zal een hulp maken die bij hem past.
En Jakob had Rachel LIEF.

1 Corinthe 13 : 6.
De LIEFDE is blijde met de waarheid.

Johannes 8 : 42.
Jezus zeide tot hen: 'Indien God uw Vader was, zoudt gij Hem LIEFHEBBEN, want Ik ben van God uitgegaan en gekomen; want Ik ben niet van Mijzelf geko-men, maar Hij heeft Mij gezonden'.

GEBED.
Vader, ik dank U dat U liefde bent, dat ik nu terecht kom bij het Hart van U. Ik bid U of U elke dag Uw liefde wilt uitstorten in mijn hart. Met mijn eigen liefde kom ik niet ver. Het is geen zuivere liefde, maar een liefde op mijzelf gericht. Ik moet mij richten naar U, want dan stroomt er echte liefde van mij uit naar de ander, een liefde die bergen kan verzetten, die 'waar is', die nooit ophoudt lief te hebben. Ik wil Uw liefde beantwoorden, maar dan moet ik vol zijn van U en van-uit U leven en werken, dan zal het kunnen, Vader. Dan zal het ook goed gaan in mijn huwelijk en mijn gezin. Dank U, dat dát mogelijk is. Amen.

'Ja, Ik heb u LIEFGEHAD met eeuwige LIEFDE'.

GODS LIEFDE TOT ONS.

Iedereen verlangt in het leven naar liefde. Je kunt nog zo bikkelhard schijnen, maar als het er op aan komt, hunkert ieder mens naar liefde en genegenheid, naar een liefdevol woord, een liefdevol gebaar, een liefdevolle arm om je heen. Maar de mens zelf faalt in het leven telkens weer in het geven van liefde, in het zichzelf wegcijferen voor de ander, want dát is liefde. En we weten dat er maar één is die echte liefde is en die deze echte liefde doorgeeft aan de mensheid. Ja, God heeft een mens lief vanaf de grondlegging der wereld en Zijn liefde duurt tot in alle eeuwigheid. Het was door Zijn liefde dat Hij Zijn Zoon voor ons gaf, het was ook liefde dat Jezus naar de aarde kwam om voor ons te sterven en daardoor onze zonden weg te dragen. Deze liefde is heel anders dan onze menselijke liefde. Daarom mislukt er ook bij ons mensen zoveel. Daarom gaan er zoveel huwelijken stuk, daarom is er zoveel misverstand en kwetsen we de ander zo gemakkelijk. Maar daar hoeven wij gelukkig geen genoegen meer mee te nemen. Wij putten nu uit een andere bron. Wij hebben deel aan de volmaakte liefde: de liefde van Jezus, de liefde van God de Vader. We zullen deze liefde de échte liefde van boven noemen, zodat we de menselijke liefde en de echte liefde onderscheiden. God spreekt door Jeremia heen tot zijn volk. Het leek net of God hen niet meer liefhad, maar dit was slechts schijn. Dat Hij Zelf hen in ballingschap bracht had te maken met hun ongehoorzaamheid. De Heer toornde en dat was gekwetste liefde. Hij moest hen straffen omdat Hij hen liefhad. Maar de Here God bereidde een plan voor om aan het straffen van zonde een eind te maken. Een plan dat diepgaande verandering zou brengen in de verhouding tussen God en de gevallen mens. Een plan van verzoening. God die Zijn Zoon liefhad met de ware liefde waar we geen woorden voor vinden om dat uit te leggen, God de Vader zond Hem uit barmhartigheid naar de aarde. Hij werkte aan de breuk tussen Hem en de mens, Hij herstelde die. Hij herstelde óok de menselijke liefde die alleen maar egoïstisch van nature is. Na het kruis en de opstanding van Jezus heeft de mens de kans gekregen lief te hebben met de echte liefde van Jezus. Dát is een keerpunt in de geschiedenis. Deze echte liefde is een geestelijke Liefde. Ze gaat ons verstand te boven. Het is God Zelf die met Zijn Geest doorbreekt in de mens, Hij is het die Zijn liefde uitstort in het hart van de gelovige. Daardoor breken ongekende nieuwe mogelijkheden aan. Er zit in deze liefde géén eigen liefde verborgen het is zuivere liefde. Wat zijn we gelukkige mensenkinderen wanneer we Die Heer in ons leven hebben binnen gelaten, want met Hem kwam Zijn liefde in ons hart, bovenmenselijke liefde.

GEBED.

Vader, ik dank U, dat ik Uw liefdevol kloppend hart mag kennen en ervaren. Ik weet gewoon niet hoe ik U zeggen moet hóe blij ik ben dat ik met Uw liefde in aanraking ben gekomen; ik aanbid U uit het diepst van mijn hart; ik loof en prijs Uw grote Naam. Amen.

LEZEN: Joh. 3:16, 5:39-44, 15:13; Rom. 5:18, 19; 1 Cor. 16 : 23, 24; Ef. 2 : 4, 5.

En Salomo betoonde zijn LIEFDE tot de Here door te wandelen in de inzettingen van zijn vader David, alleen was hij gewoon op de hoogten offers te slachten en in rook te doen opgaan.

ONZE LIEFDE TOT GOD.

Salomo beantwoordde de liefde van God door zijn leven te wijden in de dienst van Hem. Gods liefde wil beantwoord worden. Liefde kan niet van één kant komen; als het goed is, is liefde wederzijds. Dit zie je toch ook in een huwelijk. Als een huwelijk goed is, geven beiden zich aan elkaar, hebben beiden lief, cijferen beiden zich ten opzichte van elkaar weg. Het heerlijke van Gods liefde is dat Hij van Zijn kant altijd klaar staat met Zijn liefde, niet alleen voor de enkeling maar voor iedereen. Hij vraagt of wij er op in willen gaan. En Salomo ging er op in net zoals zijn vader David gedaan had.

Het is een rijk leven met de Here God, dat ondervond koning Salomo ook. Hij mocht zelfs vragen wat hij wilde hebben toen hij koning werd, God zou het hem geven. En wat vroeg Salomo? Wijsheid om het volk Israël goed te kunnen besturen. Hij zei: 'Here, ik ben nog jong en ik heb niet voldoende ervaring in het spreken van recht en daarom heb ik Uw wijsheid nodig'. En Salomo kreeg nog veel meer van de Here. Hun liefde was wederzijds. De Here vraagt of jij Zijn liefde wilt beantwoorden. Hij nodigt jou en mij persoonlijk uit om met Hem door het leven te gaan. Het vraagt van ons een heilige wandel, want samen met de Heer wandelen brengt consequenties met zich mee, het is niet vrijblijvend, evenmin als liefde in het huwelijk vrijblijvend is. De Heer vraagt onze liefde en heel onze inzet. Hij vraagt ons, of we ons hele leven bij Hem willen blijven. De ander zal ontdekken welke Heer er in jouw leven gediend wordt. Want je spreken, je handel en wandel zal verschillen van hen die Hem niet als Heer hebben binnengelaten, omdat je openlijk voor Hem uit komt, omdat je principes over abortus, euthanasie, drank, omgang tussen man en vrouw, samenleven voor het huwelijk, ánders zijn. Jij zult een andere gerichtheid hebben en anders denken dan zij die de Heer niet dienen en kennen. Jouw liefde tot Hem zal tot uiting komen in de manier van leven. De Heer is blij, dat wij de dag met Hem beginnen, dat wij vragen om wijsheid en kracht en moed of wat je ook nodig hebt. Hij geeft het ons. We kunnen ons zo volkomen op Hem verlaten omdat Hij uit liefde voor jou en mij handelt en omdat Hij weet wat het beste voor ons is en juist het állerbeste wil Hij ons schenken. Salomo offerde nog wel op de hoogten. Dat paste niet bij het leven met de Heer. Dat gevaar ligt ook voor ons op de loer. Offer jij nog ergens waar het niet hoort? Vraag of de Heer je wil laten zien waar je Hem ook op dat punt heilig kunt dienen; dit is jouw liefde tot Hem.

GEBED.

Heer, wat heb ik een fijn leven met U. Ik ben er zo blij mee en wil zo graag zo leven dat U ook blij met mij bent. Open m'n ogen voor zonden die mij bedreigen of waar ik U nog niet dien en help mij dit uit mijn leven weg te doen. Dank U, dat U mij eerst hebt liefgehad. Amen.

LEZEN: 1 Kon. 3;   1 Kron. 29;   1 Sam. 1;   Phil. 1 : 1-11;   Luk. 8 : 1-3, 9 : 2, 6.

Zo zegt de Heer der heerscharen, spreekt eerlijk recht en bewijst elkander LIEF-
DE en barmhartigheid.
Dient elkander door de LIEFDE.

LIEFDE TOT ELKAAR.

Als je de Heer liefhebt en Hem dient, komt vanzelf de liefde voor elkaar aan het
licht. Als Jezus eerlijkheid van ons vraagt, verwacht Hij ook dat wij eerlijk zijn
tegenover onze medemensen. We mogen tegenover elkaar barmhartig zijn en
liefde bewijzen. Als de liefde van Jezus in onze harten regeert, doen we de ander
geen pijn, oordelen en veroordelen we niet, we spreken geen kwaad van de ander
en roddelen niet, het hoort eenvoudig niet bij die echte liefde van boven. De
wereld zal aan christenen moeten kunnen zien dat zij bewogen zijn met allen die
hun steun nodig hebben. De zwakken en zieken onder hen zullen écht opgebeurd
en geholpen worden. Zij zullen zich met elkaar het lot aantrekken van de derde
wereld, van hen die sterven van de honger, elke dag maar weer. Van hen die vervolgd worden om Christus' wil, maar ook van de verwaarloosde jeugd in ons
eigen land. De liefde zal zichtbaar worden, de onderlinge liefde zal gaan groeien
en tot volle vrucht komen.
Hoe staat het er met de echte liefde bij jou thuis voor? Ben je verdraagzaam?
Moeder, kun je je zoon in die liefde opvangen ondanks zijn wereldgezindheid?
Vader, verdiep je je echt in de problemen van je zoon? En probeer je hem te
begrijpen en hem met liefde te begeleiden? In sommige gezinnen vraag je je af
waar de liefde van Jezus is gebleven. Die vraag geldt ook voor sommige
gemeenten. Wat ontmoeten we een wantrouwen en wat leven de gemeenteleden
langs elkaar heen. Geestelijke gemeenschap en liefde is er soms ver te zoeken.
Enkel de menselijke liefde die eigenliefde als basis heeft. En vanuit die basis
gaat het allemaal mis. Pas als wij in vlam gezet worden door de echte liefde van
boven zal er een ommekeer komen in de gezinnen en ook in het gemeenteleven.
Het zal doordringen in de wereld om ons heen. Het is een liefde die niet vergaat,
een liefde die altijd springlevend blijft, tenzij wij de vlam zelf uitdoven. Elkaar
dienen. Wat houdt dat veel in. Het houdt een volkomen wegcijferen van jezelf in.
Dat deed Jezus toch ook? En als wij Hem volgen dan is het toch vanzelfsprekend
dat wij ons ook wegcijferen voor onze naaste? Maar dat vanzelfsprekend mogen
we gerust voorzichtig zeggen, daar moeten we nog volop aan werken. De beste
leerschool is: Lees in de Bijbel; kijk hoe Jezus het deed en volg Hem na.

GEBED.

Heer, U zelf hebt de mogelijkheid geschapen dat wij elkaar kunnen liefhebben
met Uw liefde, omdat U door Uw Geest in ons wilt wonen. Vergeef mij wanneer
ik niet in Uw liefde sta. Vergeef mij dat mijn eigen liefde vaak de boventoon
voert. Wilt U mij helpen die weg te doen en Uw liefde te laten zegevieren; om
Jezus' wil vraag ik het U. Amen.

LEZEN:

Gal. 5:13-6:10; Rom. 13 : 8-15 : 13; 1 en 2 Johannes; Ef. 6 : 1-4; 1 Cor. 13.

'Het is niet goed dat de mens alleen zij, Ik zal een hulp maken die bij hem past'. En Jakob had Rachel LIEF.

LIEFDE TUSSEN MAN EN VROUW.

God Zelf gaf de vrouw aan de man. Hij stelde het huwelijk in. Hij wilde Zijn liefde meegeven aan het eerste mensenpaar zodat zij samen Zijn echte liefde zouden beleven. De Heer gaf dit echtpaar tegelijk ook een ander stukje liefde mee dat zij samen mochten beleven. Het was de eros, het liefdesverlangen naar elkaar, de lichamelijke liefde. Wat wordt deze liefde, deze eros, vaak verkeerd begrepen. Ze wordt vaak aangezien voor dé liefde tussen man en vrouw. Erotiek wordt dan het middelpunt en dat mag niet zo zijn. Dat komt ná de echte liefde tussen man en vrouw. De Góddelijke liefde staat bovenaan. Wanneer de Góddelijke liefde functioneert, dan wordt de lichamelijke liefde een heilig spel dat we in ons huwelijk mogen beleven.

De Here God zag dat het niet goed was dat de man alleen was daarom gaf Hij hem een vrouw, tot hulp en steun. Eerst werd de man geschapen, daarna de vrouw. Het huwelijksleven is in de ogen van de Heer heilig. Hij vindt het verschrikkelijk dat er mee gespeeld wordt, dat het als het ware ontkracht wordt. De satan wist wel hoe hij de mens verleiden kon, hoe hij het huwelijk stuk moest maken. Daarom poogt satan altijd verwijdering te brengen tussen man en vrouw. Hij probeert altijd het huwelijk stuk te maken, want als hij dat kapot heeft, heeft hij het heilige werk van God, de kern van de samenleving, omvergeworpen. Hij dwarsboomt immers altijd de werken van de Here God. Het huwelijksleven is de kleinste intiemste gemeenschap die op aarde bestaat.

Daarom moeten wij dit kostbare rein bewaren. Zuiver zijn in de lichamelijke verhouding ten opzichte van elkaar. Maar, evenzeer de Goddelijke liefde laten functioneren.

Een probleem in het bijzonder van deze tijd is, dat de vrouw probeert bóven de man te staan. We hoeven maar naar de emancipatie-bewegingen te kijken. Zij spreekt duidelijke taal. Als de echte liefde in het huwelijk aanwezig is, zal de vrouw een hulp zijn die bij de man past. Dan zal zij hem dienen. Maar dan zal ook de man de vrouw liefhebben en dienen. Zij zullen elk voor zich net als Jezus deed, zichzelf wegcijferen. Dan zal het huwelijk beantwoorden aan het doel door God ingesteld. Hebben jullie elkaar lief met de echte liefde of alleen maar met liefde in erotische zin? Laat Zijn liefde overheersen.

GEBED.

Dank U Heer, dat U de vrouw aan de man gaf als hulp en steun in het leven. En vergeef ons als vrouwen dat wij altijd weer proberen boven onze mannen te staan, vooral met onze mond. Wilt U ons gelijk maken aan Jezus, die de Dienende was. Amen.

LEZEN:

Hebr. 13 : 4; Ef. 5 : 22-33; 1 Petr. 3 : 1-7; Spr. 15 : 17; Hooglied 8 : 6; Op. 2 : 4.

De LIEFDE is blijde met de waarheid.

LIEFDE EN WAARHEID.

Liefde kan alleen groeien en bloeien als zij wáár is, in absolute zin. Liefde en waarheid horen onlosmakelijk bij elkaar. In de praktijk van het leven gebeurt het dikwijls dat we, hoewel we in de waarheid staan en gelijk hebben, onze zienswijze niet wordt gewaardeerd en we geen gelijk krijgen. We kunnen soms zo in de waarheid staan, tegenover onze man of vrouw, dat het zelfs op een botsing uitloopt. Het komt niet over, op fouten wijzen maakt de ander kribbig. Waarom wil de ander niet naar ons luisteren? We hebben immers gelijk terwijl zij het bij het verkeerde eind hebben? Maar zou het ook kunnen dat we wel de waarheid gezegd hebben maar nagelaten hebben dat in liefde te doen? Waarheid zonder liefde? Dat heeft niet het minste effect. Maar Jezus dan? Die zei de Farizeeën en de Schriftgeleerden dan toch ook maar de waarheid en als je hoort welke woorden Hij daarbij gebruikt. Gij huichelaars! Toe maar, dat moet jij eens tegen iémand zeggen. Jezus sprak deze woorden met de bedoeling dat zij zich zouden bekeren en tot inzicht zouden komen dat God waarheid en liefde verlangt en geen schijnbare vroomheid. Het was Zijn bedoeling hen, als herders en leraars, wakker te schudden en hen te ontmaskeren. Hen erop te attenderen dat zonden niet bedekt móchten blijven. Of ze er wat van leerden? Laten we liever naar onszelf kijken. Alle woorden en vermaningen die tot ons gericht zijn, kunnen we immers naast ons neer leggen? Maar we kunnen dan later, als we in de hemel bij de Heer komen, niet zeggen: 'Heer, wij wisten niet dat we op de woorden van Jezus moesten ingaan. Wij wisten niet dat U liefde bent en ons vanuit die liefde de waarheid wilde zeggen omtrent ons leven. Wij wisten niet...' nee, daar kunnen we niet mee aankomen. Maar nu ben ik nog geen stap verder met waarheid én liefde tegelijk... zijn! De liefde zal ons dringen in de waarheid te staan. Als wij van de Heer iemand ergens op moeten wijzen dan zal dat van onze kant eerst gepaard moeten gaan met gebed, om zeker te zijn dat we ons door Zijn liefde zullen laten leiden. En als die ander óók in de waarheid staat én in de liefde tot God, dan is er de juiste overeenstemming waaruit een goede wisselwerking zal voortvloeien. Dan functioneren waarheid en liefde. Je woorden vinden ingang, de ander zal luisteren én er wat mee doen. Ja, zij of hij zal blij zijn dat een fout aan het licht gebracht wordt zodat er geen verdere schade wordt aangebracht. Jezus moest hard optreden tegen de Farizeeën, omdat zij noch in de liefde stonden noch in de waarheid. Het was de Liefde van Jezus die Hem drong zó te spreken. Hij sprak tegen de schare heel anders. Daarover was Hij met ontferming bewogen. Die ontferming was schijnbaar tegenstrijdig, maar het was dezelfde liefde die Hem drong.

GEBED.

Vader, leer ons allen dat waarheid in Uw liefde moet staan, om Jezus' wil. Amen.

LEZEN:

1 Sam. 14 : 41; 1 Kon. 3 : 16-28; Joh. 8 : 30-59, 5 : 37-47, 8 : 21-29; Mat. 23.

Jezus zeide tot hen: 'Indien God uw Vader was, zoudt gij Hem LIEFHEBBEN, want Ik ben van God uitgegaan en gekomen, want Ik ben niet van Mijzelf gekomen, maar Hij heeft Mij gezonden'.

ONBEGREPEN LIEFDE.

Er is niets zo fataal voor een huwelijk, dan onbeantwoorde liefde. Van een huwelijk waarbij de liefde van één kant komt, blijft niet veel over. Van Jezus lezen we maar al te vaak dat Zijn liefde ook lang niet altijd beantwoord werd. Wat zal dát een verdriet geweest zijn voor Jezus, verdriet voor Zijn Vader en verdriet voor Hemzelf, dat de mens niet antwoordt. God wilde niets liever dan het goede bewerken voor heel de mensheid. En Zijn eigen volk dat van Zijn komst op de hoogte was gesteld door de profeten, begreep Hem niet. Overal stuitte Hij op onbegrip en wantrouwen. Zelfs Zijn discipelen begrepen niet de helft van wat Jezus hen wilde leren en duidelijk wilde maken over de weg die Hij had te gaan in deze wereld. Vier maal maakte Hij hen attent op Zijn sterven, maar het drong niet tot hen door. Misschien banden ze het lijden van Jezus onmiddellijk uit hun gedachten en schoven die angstaanjagende toekomst die Hem wachtte onbewust aan de kant omdat ze er niet áán wilden. Dat doen wij ook vaak met verdrietige gebeurtenissen. Je wilt ze vaak niet onder de ogen zien en schuift ze van je af. De ouders van Jezus begrepen ook niet waarom hun twaalfjarige Zoon in de tempel achterbleef. Toen Hij hun antwoordde: 'wist gij niet dat Ik bezig moest zijn met de dingen Mijns Vaders?', vervolgt de Bijbel: en zij begrepen het woord niet dat Hij tot hen sprak. Toen Jezus alle moeite deed de Joden uit te leggen wie Zijn Vader was, begrepen zij er niets van. Wat een hard gelag. Uitgerekend Zijn broeders die het konden weten, begrepen Hem niet, geloofden niet in Hem. Onbegrepen liefde, hoe kunnen twee dan samen gaan? Jezus en ik? Man en vrouw? Het gáát ook niet samen; liefde moet beántwoord worden, dan pas bloeit de liefde op, dan pas functioneert alles goed.

Wat is er veel verdriet op de wereld tussen mensen onderling, op allerlei terreinen, als liefde niet begrepen wordt, als liefde van één kant komt. Wat een leed wordt er geleden achter de schermen, als liefde vanuit ons zelf is, want menselijke liefde alleen kan nooit het doel verwezenlijken dat God er aan, en aan een huwelijk, stelt. Alleen de echte liefde van boven kan dat. Vindt weerklank bij de ander. Zo heeft Jezus veel op aarde geleden toen Hij ontdekte hoeveel onbegrip er was en dat Zijn liefde niet beantwoord werd. Maar Hij hield niet op aan een ieder die het maar horen wilde duidelijk te maken wie Hij was en wat Hij wilde en waarvoor Hij kwam. Hij kwam voor jou en mij, voor niemand uitgezonderd. Begrijp jij Zijn liefde? Beantwoord jij Zijn liefde?

GEBED.

Vader, ik wil zo graag Uw liefde beantwoorden. Help mij door Uw Geest er volkomen op in te gaan zodat ik elke dag opnieuw door mijn relatie met U opgebouwd wordt. Heb dank Vader voor het grote bewijs van Uw liefde: Uw Zoon. Amen.

LEZEN:
Joh. 8:21-59; Job. 42:3; Luk. 2:50; Joh. 10:1-6, 12:12-16, 13:12; Luk. 24:25, 26.

<table>
<tr><td>Zondag
49ste week.</td><td>We zijn al weer bijna aan het
einde van dit jaar,
maar de liefde van God
kent geen einde.</td></tr>
</table>

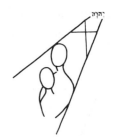

VADER.

Deuteronomium 32 : 6b.
Is Hij niet uw VADER die u geschapen heeft?

Psalm 89 : 27.
Gij zijt mijn VADER en de rots van mijn heil.

Psalm 27 : 10.
Al hebben mijn VADER en mijn moeder mij verlaten, toch neemt de Here mij aan.

Mattheüs 6 : 14 en 15.
Want indien gij de mensen hun overtreding vergeeft, zal uw hemelse VADER ook u vergeven; maar indien gij de mensen niet vergeeft, zal ook uw VADER uw overtredingen niet vergeven.

Johannes 5 : 43.
'Ik ben gekomen in de naam van Mijn VADER'.

Mattheüs 10 : 20.
Het is de GEEST DES VADERS die in u spreekt.

GEBED.
Vader in de hemel, ik dank U in de eerste plaats dat ik U ken en mag kennen door Uw Zoon Jezus Christus en dat wij allen kinderen van U zijn, kinderen van één VADER. Onze aardse vaders kunnen Uw Vaderbeeld nooit helemaal vertolken. En ik denk nu aan al die kinderen die een verwrongen vaderbeeld met zich mee dragen: van een vader die drinkt, van een vader die niet overweg kan met de moeder, van een vader die nooit thuis is en daardoor zijn kinderen verwaarloost. Daarom bid ik U VADER, voor die kinderen. Geef hun ogen dat zij Uw Vaderbeeld leren zien en kennen. Leer hun hoe ze uit die doolhof van verdriet moeten komen. Open ook de ogen van vaders. Ik vraag u ook of U ons allen helpen wilt, U naar waarde te schatten. Leer ons alles in Uw handen te leggen, opdat wij niet gaan dragen wat U ons niet te dragen geeft. Een vader laat zijn kind niet alleen de zware koffers van het leven dragen. U vooral niet. Wij danken U dat U ook een VADER, ja, dé VADER voor de kinderen bent, die geen aardse vader meer hebben. Dank U voor Uw VADER zijn. Amen.

Is Hij niet uw VADER die u geschapen heeft?

VADER.

God is onze Vader. Hij heeft ons geschapen. Ik kan het niet uitleggen, niet verklaren. Eén ding is zeker. Hij openbaart Zich door Zijn Woord en door het Woord openbaart Zich Zijn Zoon. We lezen daarin dat wij gemeenschap kunnen hebben met Hem door Zijn Geest. Het is zo allesomvattend dat Hij een Vader voor Zijn kinderen is. Het is veilig leven onder Zijn hoede, heerlijk te weten dat Hij van ons houdt. God, onze Vader, heeft alle goede eigenschappen en hoedanigheden in Zich, te veel om op te noemen. Toch proberen we iets meer daarvan te zeggen, want het is goed Hem beter te leren kennen en wie Hij als Vader voor ons wil zijn. Hij, de Vader, heeft de mens geschapen. Hij heeft mij in de moederschoot geweven en laten groeien en geboren laten worden. Hij is de rots van mijn heil, Hij is de eeuwige Vader in de hemel en Hij is volmaakt. Hij doorgrondt mij en kent mij en weet wat ik dagelijks nodig heb. Hij vergeeft mij mijn zonden om Christus' wil en voedt mij op. Zijn Geest spreekt in mij omdat Hij in mij wil wonen. Hij is barmhartig en genadig. Hij geneest en wekt doden op en geeft mij de mogelijkheid om in Zijn nieuwe Koninkrijk te wonen. Hij heeft hét leven in Zichzelf, waardoor wij leven tot in eeuwigheid. Onze hemelse Vader geeft ons het ware brood, Jezus Christus, Zijn Zoon. Hij geeft mij wat ik bid in de Naam van Zijn Zoon; Hij is een rechtvaardige Vader die mij genade en vrede geeft en mij troost in verdriet, steunt en helpt waar dat nodig is. Ja, ik heb een voorspraak bij de Vader en mag Hem kennen en ik mag zelfs mee regeren op Zijn troon in het nieuwe rijk dat begonnen is en dat over de gehele wereld regeren zal, waar iedereen Hem aanbidden zal. Neen, je kunt het niet volledig omschrijven en geestelijk verwerken welk een Vader wij in de hemel hebben. Daar steekt een aardse vader soms pover, ja als een schaduw bij af. Want wat worden we vaak teleurgesteld in het vaderbeeld om ons heen. God onze Vader is volmaakt en dat kan van geen enkel mens gezegd worden. Toch mag een aardse vader, hoe onvolkomen ook, op onze hemelse Vader gaan lijken. Door Hem te dienen en Zijn wil te volbrengen. Een kind ziet, zonder dat te beseffen, de eigenschappen van Váder in zijn vader, het gelooft dat hij alles kan, alles wil en vertrouwt hem volkomen, dénkt er eenvoudig niet aan dat het wel eens anders zou kunnen zijn of worden. Totdat... ook zij tot de ontdekking komen dat er maar één Vader is die deze eigenschappen in Zich heeft en dat ze samen met hun aardse vader op hun Hemelse Vader moeten vertrouwen.

GEBED.

Vader, dat dit nog niet eens alles is wat wij nu van U weten, dat U nog veel meer eigenschappen in U bergt, ik heb van blijdschap geen woorden genoeg. Dat U zó'n Vader voor al Uw kinderen wilt zijn, dat U zelfs bewogen bent voor álle mensen, dat U Zichzelf voor ons gaf door Uw Zoon te geven. Dank, dank, dank Vader. Amen.

LEZEN:
Deut. 32:6;   Ps. 89:27;   Jes. 9:5; Mal. 2:10;   Mat. 5:16, 5:48, 6: 8, 14, 32.

Gij zijt mijn VADER, en de rots van mijn heil.

ROTS.

David vergelijkt God zijn Vader met een rots. Op het eerste gezicht wel wat vreemd. Maar als je weet dat David jaren in de bergen gewoond heeft en in zijn jonge jaren het vee in het rotsachtige gebergte gehoed heeft, is het toch niet zo vreemd. David weet hoe hard een rots is en dat rotsblokken bijna niet stuk te krijgen zijn. Hij heeft ervaren hoe hoog en steil rotsen kunnen zijn, hoe gevaarlijk ook als je niet loopt langs de juiste paden. Maar hij weet eveneens hoe veilig rotsen kunnen zijn. Hoe je je ertussen kunt verbergen voor de vijand, zodat je onvindbaar wordt. Daarom zegt David, 'Gij zijt mijn Vader; mijn heil staat vast als een rots'. Steeds maar weer vergelijkt hij God de Vader met een rots. 'Mijn God, de rots bij wien ik schuil'. 'Wie is een rots buiten God om'. 'O, Here, mijn Rots en mijn Verlosser'. 'Mijn sterke rots, mijn schuilplaats is in God'. Zoals David aan God de Vader denkt in verband met een rots, zo weten wij nu wie in het O.T. werkelijk met die Rots bedoeld wordt. De Rots was en is Jezus Christus. Paulus laat ons zien dat Jezus Christus al meeging met de Israëlieten door de woestijn, lees Ex. 33 maar eens. Zó duidelijk komt daar naar voren dat God zelf, Mozes in de holte van de rots brengt om daar te schuilen, als Gods heerlijkheid aan hem voorbij gaat. Want wie kan God zien en leven? Jezus ging mee als de Onzichtbare Gast door heel het Oude Testament. Toen Mozes dan ook op de rots sloeg in plaats van tegen de rots te spreken om het volk van water te voorzien, bestrafte God Mozes en Aaron, ze mochten het beloofde land niet binnen. Onredelijk? Nee, want zij waren ongehoorzaam, ze sloegen in plaats van te spreken, en slaan ook wij allen als het ware Jezus niet, als wij ongehoorzaam zijn? In ons leven komt het ook voor dat de Heer ons een bepaalde opdracht geeft waarván wij de achtergrond en de bedoeling nog niet zien, maar dat is niet zo belangrijk. Het komt er op aan dat wij Hem gehóórzamen. Dat is het punt. Dat vraagt de Heer van ons. Een kind begrijpt toch ook niet altijd waarom hij het ene mag en het andere moet nalaten? Het kan de ware reden nog niet begrijpen, maar moet desondanks leren gehoorzamen. Het is de eerste les die een vader het kind leert, het is ook de eerste les bij een kind van God de Vader. Dacht je dat David begreep waarom het zo lang moest duren alvorens hij werkelijk tot koning werd uitgeroepen, na zijn zalving? Desondanks vertrouwde hij op zijn hemelse Vader. Zullen wij hem daarin volgen?

GEBED.

Vader, wat is het Oude testament toch rijk; dank U dat ook daar Uw Zoon al aanwezig was, eerst leerde ik dat Hij als de Engel des Heren Zich openbaarde, nu als een Rots. Dank U voor Die Rots van mijn heil, dat ik dat met David mee mag zeggen. Ik bid U, dat óók... U mag leren kennen in heel Uw Vader zijn. Dat wij allen het voornaamste als kind van U, gehóorzaamheid, leren, al weten wij dan nog niet waarom en waartoe. Om Jezus' wil. Amen.

LEZEN: Ps. 18:3, 32, 19 : 15, 62:8;   1 Cor. 10:1-5;   Exodus 33;   Num. 20:1-13; 1 Sam. 16;   2 Sam. 2:1-7, 8:15;   Ps. 26:1, 28:7;   Ps. 55:24.

Al hebben mijn VADER en mijn moeder mij verlaten, toch neemt de Here mij aan.

EEN HEMELSE VADER.

David vertelt in Psalm 27 hóe veilig hij in Gods hoede is. Hij bejubelt Hem op allerlei manieren. Zelfs als boosdoeners, tegenstanders en vijanden op hem afkomen dan vreest hij niet, vertrouwt hij OP ZIJN VADER. Dan volgt de zin: 'al hebben mijn vader en mijn moeder mij verlaten, toch neemt de Here mij aan'. Heeft David het hier over zichzelf of spreekt hij hier voor een ander? Ik weet het niet, maar altijd als ik deze psalm lees moet ik denken aan kinderen die geen vader meer hebben, kinderen die verlaten werden doordat hun vader en moeder gingen scheiden. Kinderen die door het leven gaan met een verwrongen vaderbeeld voor ogen. Kinderen die, als zij aan hun vader denken, geen liefde meer voelen, maar teleurstelling en onlust, ja haat. Kinderen die innerlijk ontwricht zijn, soms voor heel hun leven. Hoeveel duizenden, duizenden kinderen groeien op zonder ouders? Levend in de sloppen van de grote steden, over heel de wereld verspreid. Wij kunnen ons er geen voorstelling van maken. Wij, die beschermd zijn opgevoed, wij die vaak eigenlijk de ogen sluiten voor die erbarmelijke toestanden. Pas als je ermee wordt geconfronteerd, als je het ondervindt, dan... ja dan wordt alles anders. Toch kunnen op zekere momenten de bemoedigende woorden van David ook werkelijkheid worden voor hen die zich verlaten voelen door hun vader of moeder die of gestorven of weggegaan zijn. David wijst naar de hemelse Vader. Er is een Vader in de hemel die hen wil helpen, hen bij de hand wil nemen en hen alle rijkdommen wil laten zien die de hemelse Vader in Zich bergt. Dit is een geweldige bemoediging. Maar eer het zover is, éér ze hun eigen denkbeeld over hun aardse vader kwijtraken, want er zijn in een kinderhart vaak veel wonden. Zouden gescheiden ouders begrijpen wat ze ontketend hebben bij hun kinderen? Als ze dat hadden gevoeld, zouden ze misschien méér hebben gedaan om hun huwelijksband te behouden. Ze hebben niet samen hun hoofd gebogen voor God de Vader, daarom gaat er dan iets mis. Er ligt een taak voor al de gemeenteleden, en dat is: biddend op de bres staan voor hen die zich verlaten voelen door hun aardse vader. Breng ze voor de troon van God; Hij zal hen niet verlaten maar helpen, troosten en leiden, elke dag.

GEBED.

Vader, U weet dat het niet alleen kinderen zijn die door hun vader in de steek gelaten worden, maar evengoed voelen volwassenen zich alleen. Jong gehuwden kunnen een vader nog zo nodig hebben evengoed als kleine kinderen. Ik vraag U of U... wilt laten zien wie U bent, wat U doet en hoe U troost. Ik breng allen bij U die zich verlaten voelen door hun vader, die geschokt zijn, zich aan de kant gezet weten. En wilt U de ogen van ons als gelovigen openen om biddend op de bres te staan voor hen? Amen.

LEZEN:

Ps. 17:1-10;   1 Cor. 7:10;   Mal. 2:16;   Ex. 20:14;   Hebr. 13:5;   Mark. 10:19.

Want indien gij de mensen hun overtreding vergeeft, zal uw hemelse VADER ook u vergeven; maar indien gij de mensen niet vergeeft, zal ook uw VADER uw overtredingen niet vergeven.

VADER, VERGEEFT.

Deze woorden werden gesproken nadat Jezus Zijn discipelen het volmaakte gebed leerde, waarbij Hij bad: 'vergeef ons onze schulden, gelijk ook wij vergeven onze schuldenaren'. En op die bede kwam Hij terug. Hij benadrukte nogmaals dat wij anderen éérst moeten vergeven, anders vergeeft de Vader in de hemel ons niet. Ik heb dit lange tijd niet kunnen begrijpen. Je mag komen bij Jezus zoals je bent. Je mag Hem binnen laten in je leven als Heer en Hij zet een streep door je verleden. Hij vergeeft al mijn zonden. En hier zegt Hij: 'vergeef eerst de ander dan zal je Vader je ook vergeven'. Gelukkig zie ik er nu doorheen. Voordat ik Jezus binnen liet, had ik geen idee wat een leven met Jezus inhield, vooral niet, dat er aan dat nieuwe leven met Hem eisen gesteld zouden worden. Toen ik Hem had binnen gelaten, werden al mijn zonden uit het verleden vergeven. Daarna moest ik het nieuwe leven leren leven. Dat hield in dat ik van de Heer van dat nieuwe leven; nieuwe leefregels overnam. Jezus wist wat de Wil van Zijn Vader was omtrent vergeven. Ook de ánder vergeven hoort bij de nieuwe mens. De ander vergeven hoort bij de Vader en de Zoon. Wij moeten op Jezus gaan lijken en die vergaf, zonder meer. Jezus leefde volgens de eis en de wetten van Zijn Vader boven. Hij was een voorbeeld voor ons op alle terreinen van het leven, ook in het vergeven. En wij mogen in Zijn voetstappen gaan. De vergeving van zonden van de mensheid kostte Jezus het leven. Hij die zonder zonde was. Hoe zullen wij dan die zondigen, vergeving willen ontvangen van onze Vader als wij zélf niet eens de ander willen vergeven? Ik heb begrepen dat mijn Vader al mijn zonden geworpen heeft in de diepte der zee toen ik Zijn Zoon aannam als Verlosser en Heer. Daarna leerde ik Jezus kennen in Zijn doen en laten en vanaf dat moment moest ik leren vergeven. Verzoening en vergeving is zo'n belangrijk punt bij de Vader, Hij gaf immers Zijn Zoon daarvoor. Hij vergaf door Zijn Zoon onze zonde en mag Hij daarom niet van ons eisen dat wij ook de ander vergeven?

GEBED.

Vader, ik schaam mij diep dat ik er veel te weinig bij stil sta dat U wilt dat ik allereerst de ander vergeef. Dat is niet zo'n vanzelfsprekende zaak. Ik vind het wel vanzelfsprekend dat U mij vergeeft, niet één keer maar honderden keren. Hiervoor vraag ik U nu vergeving. Maar ik vraag U ook, of U mij wilt helpen om er van nu af aan ernst mee te maken. Ook vraag ik het U voor mijn familieleden en alle gemeenteleden. Er is zoveel te vergeven, onderling; U weet hoe liefdeloos en hard wij onder elkaar kunnen zijn doordat wij geen ernst maken met die bede van Uw Zoon. Ik vraag het U voor ons allen in de Naam van Jezus, Amen.

LEZEN:
Mat. 6 : 5-15, 18 : 21-35;   Mark. 11 : 25, 26;   Luk. 17 : 1-6;   Mat. 26 : 28; Luk. 24 : 46, 47;   Hebr. 9 : 22.

'Ik ben gekomen in de naam MIJNS VADERS'.

IN DE NAAM VAN MIJN VADER.

Wat willen we graag God de Vader leren kennen. Wat willen we graag een tipje van de sluier optillen om te zien wie Hij is en wat Hij doet. We vergeten daarbij dat Hij Zich openbaart in Zijn Zoon. Dat Hij daardoor geen klein tipje van de sluier oplicht, maar Zichzelf helemaal laat zien en kennen. Zijn wezen en Zijn manier van werken werd zichtbaar tijdens Jezus leven en rondwandeling op aarde. Jezus zei: 'Ik ben gekomen in de Naam van Mijn Vader'. Jezus vertegenwoordigde Zijn Vader op aarde. Dus kinderen van God de Vader, wil je Zijn handelen zien, Zijn wezen en karakter leren kennen: zie naar Jezus, Hij heeft de aard van Zijn Vader, Hij handelt zoals Zijn Vader. Je mag dus wéten dat God onze Vader ons allen lief heeft, zo oneindig lief, dat Hij graag wil dat we op Jezus gaan lijken.

Wij hebben in de Naam van Jezus toegang tot de troon van God de Vader gekregen. Dan komt het geweldige: Jezus draagt Zijn volmacht die in die Naam verankerd ligt, over aan ons en nu mogen wij leven vanuit Zijn volmacht en optreden in de Naam van Hem.

Wat doen wij er eigenlijk mee? Kan de ander merken dat wij kinderen van die Vader zijn? Ziet de ander dat wij leven vanuit die volmacht van Jezus? Treed ik op in Zijn Naam? En ken ik de Vader werkelijk? Is er, doordat ik het leven van Jezus leef, werkelijk een sluier weggenomen? Ja, geen tipje van de sluier maar de hele bedekking!

Als ik voor de troon van God sta, heb ik geestelijke gemeenschap met Hem. In m'n stille morgenuur of wanneer ook, vertel ik Hem alles en luistert Hij naar mij, ik luister ook naar Hem, naar Zijn opdrachten. We merken bij onszelf wel dat luisteren moeilijk is, maar Jezus kon luisteren, luisteren naar de mensen en luisteren naar Zijn Vader en dat laatste was het eerste nodige. 'Ik ben gekomen in de naam Mijns Vaders, zegt Hij. In die Naam zit alles verborgen, ook voor jou en mij, wat een rijk leven hebben we hè?

GEBED.

Vader, ik dank U dat ik U mag kennen en dat U mij ook kent met al m'n zorgen en problemen. Ik dank U dat U mij niet in de steek laat, maar mij steeds bemoedigt als ik in de zorgen zit. En dat U niet verwijt Vader, dank U daarvoor. Wat zit er veel verborgen in Uw Naam, eigenschappen die ik door Uw Zoon mag leren kennen. Ik dank U met velen hiervoor, ook dat U ons nooit gering acht, maar ons aanziet in Uw Zoon; ik dank U dat, wanneer ik voor U sta, ik achter Jezus weg mag schuilen, wat een heerlijkheid. Amen.

LEZEN:

Joh. 5 : 19-47, 10 : 22-30;   Joh. 14, 16 : 5-15;   Mat. 14 : 23, 6 : 6.

Het is de Geest des VADERS die in u spreekt.

DE GEEST VAN DE VADER.

We komen hier wel bij het hoogtepunt van de liefde van de Vader terecht. Hij woont met Zijn Geest in ons. Wat kan ons nog overkomen? We mogen met heel onze geest ons overgeven en toevertrouwen aan Hem. Hij wil door ons heen spreken, Hij wil met Zijn Geest door jou en mij heen de ander helpen. Hij wil ons persoonlijk inzetten en we mogen al Zijn krachten gebruiken. We mogen zijn inzichten delen. Hij heeft ons zo lief dat Hij, als wij wanhopen, Hij ons opricht, ons de ogen opent, ons helpt de blik op Hem te richten. Hij helpt ons door Zijn Geest te vechten tegen de vijand: satan, te strijden tegen de mens die wordt beheerst door satan en nog in de zonde leeft.

Als de Geest van de Vader in ons werkt, gebeuren er wonderlijke dingen. Dingen die vaak met ons verstand niet te vatten zijn. Dan worden onze woorden daden tegelijk, dan werken onze woorden wat uit, omdat het Gods Geest is die onze tong in beslag heeft genomen. Alleen door Zijn Geest begrijpen we de bovenna-tuurlijke uitingen, want Zijn geest is één geworden met onze geest en dat is een belevenis. We kennen onze hemelse Vader door Zijn Zoon. Hij ging na Zijn opstanding uit de dood, terug naar Zijn Vader om... daarna Zijn geest in ons uit te storten.

Zo gebeurde het. God Zelf woont in ons. Moeten we nu nog bang zijn dat we ergens in tekort schieten? Bang dat we niet aan Zijn wil beantwoorden kunnen? Bang zijn dat we geen stand kunnen houden tegen de vijand op welke manier die zich ook manifesteert! Mensen, mensen, vertrouw op Zijn beloften. Ervaar de kracht van Gods Geest. Luister naar de stille wenken, de liefdevolle aanwijzin-gen op de plaats waar je bent. Hij houdt jou en mij in Zijn hand. Hij houdt de wereld in Zijn hand, zelfs houdt Hij de kleine baby in Zijn Hand. Toch komen we nog zoveel moedeloze gelovigen tegen, zoveel twijfelende mensen ook. Mensen die ondanks het wéten van al deze verborgen schatten gebukt en gedrukt door het leven gaan. Jezus roept hen allemaal toe: 'kom maar, luister naar Mij, dan leer je Mijn Vader kennen'. Hij wil graag met Zijn Geest in jouw hart komen wonen, waardoor alles anders wordt. Veel kinderen van God belemmeren Hem in Zijn werkzaamheden in deze wereld, omdat zij Hem Zijn gang niet in hun leven laten gaan. Toe, laat Hem Zijn Geest in jou uitstorten.

GEBED.

Uw Geest in mij, het is te wonderbaar, Vader. U kent de diepste roerselen van mijn hart, de verdrietigste omstandigheden, de dingen die ik niet áan kan, ook het overgeven van m'n eigen denken en kunnen. Dank U Vader, dat ik het niet uit mezelf kan, maar dat U het in mij wilt doen, Amen.

LEZEN:

Mat. 10 : 1-21;   Rich. 3 : 10, 6 : 34, 11 : 29, 13 : 25;   Luk. 11 : 9-13;
Hand. 2 : 4, 43, 17 : 4;   Rom. 8 : 1-16;   1 Cor. 3 : 10-13;   1 Thes. 1 : 5;
2 Tim. 1 : 14.

Zondag
50ste week.

Vader, ik AANBID U,
ik leg mijn leven voor U.

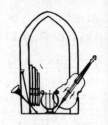

HALLELUJA EN AANBIDDEN.

Psalm 150.
HALLELUJA. Looft God in Zijn heiligdom, looft Hem in Zijn machtig uitspansel, looft Hem om Zijn machtige daden, looft Hem naar Zijn geweldige grootheid. Looft Hem met bazuingeschal, looft Hem met harp en citer, looft Hem met tamboerijn en reidans, Looft Hem met snarenspel en fluit, Looft Hem met klinkende cimbalen, looft Hem met schallende cimbalen. Alles wat adem heeft, love de Here. HALLELUJA.

Openbaring 19 : 1-4.
Hierna hoorde ik als een luide stem ener grote schare in de hemel zeggen: HALLELUJA! Het heil en de heerlijkheid en de macht zijn van onze God, want waarachtig en rechtvaardig zijn Zijn oordelen, want Hij heeft de grote hoer geoordeeld... die de aarde met haar hoererij verdierf en Hij heeft het bloed Zijner knechten van haar hand geëist. En zij zeiden ten tweede male: HALLELUJA! En haar rook stijgt op tot in alle eeuwigheid. En de vierentwintig oudsten en de vier dieren wierpen zich neder en AANBADEN God, die op de troon gezeten is.

Mattheüs 4 : 9; Openbaring 19 : 10.
Dit alles zal ik U geven (zegt de duivel tegen Jezus Christus), indien Gij u nederwerpt en mij aanbidt.
En ik (Johannes) wierp mij neder voor zijn voeten om hem te aanbidden (de engel), maar hij zeide tot mij. 'Doe dit niet! Ik ben een mededienstknecht van u en uw broederen, die het getuigenis van Jezus hebben; AANBID God! Want het getuigenis van Jezus is de geest der profetie'.

Mattheüs 28 : 9 en 17.
En zie, Jezus kwam haar tegemoet en zeide: 'Weest gegroet'. Zij naderden Hem en grepen Zijn voeten en AANBADEN Hem.
En toen zij Hem zagen AANBADEN zij, maar sommigen twijfelden.

GEBED.
Nu ik dit lees, Heer, weet ik dat ik tekort schiet tegenover U. Ik geloof dat ik te vol ben van mijzelf, dat ik veel te veel bezig ben met alles te vragen en te weinig plaats geef in mijn leven, in mijn stille tijd om U te loven en te prijzen, ja te aanbidden. Ik geloof dat ik niet eens weet hoe dat eigenlijk moet. In de eerste plaats vraag ik U, of U mij wilt vergeven dat het té weinig mijn aandacht had. Daarnaast vraag ik U of U mij wilt laten zien hóe ik dat doen moet. Dank U wel dat U het mij zult leren. Amen.

HALLELUJA. Looft God in Zijn heiligdom, looft Hem in Zijn machtig uitspansel, looft Hem om Zijn machtige daden, looft Hem naar Zijn geweldige grootheid. Looft Hem met bazuingeschal, looft Hem met harp en citer, looft Hem met tamboerijn en reidans.

KLIMT DE (GEESTELIJKE) LADDER OP.

Een hoogtepunt in de christelijke beleving is ongetwijfeld het loven en prijzen van de Here God. Halleluja betekent loven. Maar hoe gaat dat dan eigenlijk en welke vorm geef je eraan? Soms denk ik dat we als christenen niet goed raad weten met het loven en prijzen. Hoe moet je dat tot uiting brengen? Bidden kun je vergelijken met het beklimmen van een ladder. De eerste sport van de ladder is het gewone bidden, gewoon iets vragen aan God. De tweede sport van de ladder is het danken. Danken doen we in het algemeen minder dan vragen, want vragen aan de Heer kunnen we het best. Maar loven en prijzen? Hoe hoger we op de ladder moeten, hoe moeilijker het blijkt te gaan. Loven is: Gods grootheid en Zijn hoedanigheden prijzen. De hoogste trede is de aanbidding, dat gaan we nog zien. In het Oude Testament werden de kinderen van God vaak opgeroepen om de Heer uit dankbaarheid te loven. Ze loofden Hem voor heel Zijn schepping, voor gebedsverhoring, voor uitredding, ja voor al Zijn machtige daden, die Hij steeds weer voor hen deed. En het opmerkelijke is, dat niet alleen de mensen God moesten loven, maar ook de hele schepping werd opgeroepen om, begeleid door muziekinstrumenten, mee te zingen en te spelen in dit machtige halleluja-koor. Ook op heel belangrijke momenten werd God lof toegezongen. Bij de geboorte van Jezus kwam er spontaan een lofzang uit Maria's mond. En de vader van Johannes de Doper die negen maanden stom was geweest vanwege zijn twijfel aan het woord van de engel, brak bij de geboorte van zijn zoon los in een heerlijke lofprijzing; wat zal dat een blijde jubel zijn geweest, onvoorstelbaar! Toen het kindje Jezus in de armen van de oude Simeon werd gelegd, begon hij de God van zijn leven te loven, want eindelijk was zijn langverwachte wens in vervulling gegaan. En denk eens aan de discipelen. Jezus was nauwelijk opgevaren naar de hemel of ze gingen naar de tempel om God te loven. Telkens weer lees je in de Bijbel, dat bij hoogtepunten in het leven, God werd geloofd, ook na de uitstorting van de Heilige Geest. Misschien vergeten we te vaak, dat als we zingen in onze kerken en samenkomsten, we ook bezig zijn God de lof en eer te brengen. We zingen vaak lofliederen en de geestelijke liederen zijn een voortzetting van het loven van God. Weet je dat loven werkt als een geneesmiddel? Dat het weldadig aandoet, als je in de zorgen zit en al zingend en juichend meegenomen wordt door de gemeente naar hogere sferen? Is dat niet machtig?

GEBED.
Vader, ik word hier stil van, wat kom ik hierin tegenover U tekort. Ik kan U alleen maar vragen, vergeef mij en help mij om deze tree van de ladder op te klimmen en U te leren loven en te prijzen voor alles wat U gedaan hebt voor mij en voor iedereen. Amen.

LEZEN:
Ef. 1:18, 5:20;   Ps. 50:3, 66;   Luk. 2:13-20, 24:53;   Hand. 2:47;   Op. 5:12.

Looft Hem met snarenspel en fluit, looft Hem met klinkende cimbalen, looft Hem met schallende cimbalen. Alles wat adem heeft, love de Here.

BOVEN ALLES UIT.

David, de dichter van Psalm 150 vertelt ons hoe wij de Heer kunnen loven en prijzen. Hierbij maakt David ook gebruik van muziekinstrumenten. Hij noemt ze bij name, alsof hij bang is dat wij niet goed zouden begrijpen wat hij bedoelt te zeggen. De menselijke stem alleen is niet bij machte voldoende uitdrukking te geven aan de overweldigende gevoelens van de mens voor zijn Schepper. Fluit, cimbaal en de gouden stem van de bazuin moeten zich mede verenigen tot een machtig koor. Gods lof moet ver in de omtrek te horen zijn. Onwillekeurig moet ik denken aan de kerstzangdiensten. Zingen met elkaar. Loven en prijzen vanuit een dankbaar hart. Luisteren naar het harmonisch spel van een machtig muziekkorps. Honderden mensen die hun adem gebruiken ter ere van God, ter ere van het Kind dat geboren is. Ik denk ook aan bijzondere diensten waarin naast het orgel ook andere muziekinstrumenten gebruikt worden om de dienst tot een feest te maken, een eredienst. 'Doe dat maar', zegt David. Hoe wil je anders uiting geven aan je liefde voor de Heer? Laat het maar naar buiten stromen. De ander mag aan je zien en horen dat je de Heer aan het loven en prijzen bent. Jubel het uit. Jubelen... O, wat hebben we dát nodig in ons leven. Het versterkt je zo als je midden in de problemen zit. Als je je geen raad meer weet. Zo'n dienst tilt je boven de problemen uit. Het helpt je door de moeilijkheden heen, want door de Heer te loven neem je afstand van de moeilijkheden en je kijkt er nadien heel anders tegenaan. Misschien zeg je daarna pas, 'dank U Heer, ik loof en prijs Uw Naam'. Ongemerkt zijn we zo een beetje de balans aan het opmaken over de erediensten. Fijn hè, dat de Heer ons laat zien dát het nog wel gebeurt. Hij laat ons zien dat wij vaak aan de dingen voorbijgaan, dat er veel meer leven is in onze kerken dan wij denken. Maar dat negatieve denken heeft een oorzaak: we lopen te veel met oogkleppen op. We vergeten ook meestal de oorzaak bij onszelf te zoeken. We vergeten, dat het evengoed van onze inbreng afhangt hoe het in de kerken, groepen en kringen reilt en zeilt. Vóór we dit doorhebben, voor we in ons leven, in ons gebedsleven God loven en prijzen, moeten we soms door een diepe leerschool gaan. Toch... leren we in Zijn leerschool de ladder op te klimmen. Zijn Geest neemt ons bij de hand en leert ons samen God lof te brengen.

GEBED.

Heer, weer lees ik dat U wilt, dat wij U loven en prijzen, dat wij het ook samen met al Uw kinderen in Uw erediensten mogen doen. Dat het vaak afhangt van mijn instelling tegenover U, of ik werkelijk U al zingend de lof toe breng. Heer open ons als gemeenteleden de ogen voor die kostelijke mogelijkheid die wi bezitten. Helpt U ons in de praktijk met alles wat ons ten dienste staat, U de lo op de juiste wijze toe te brengen. Ik vraag het U in de Naam van Jezus. Amen.

LEZEN:

Ps. 150, 62 : 2, 65 : 2;   1 Kron. 23 : 30;   Luk. 2 : 20;   Jes. 50 : 4;   Job. 36 : 22

Hierna hoorde ik als een luide stem ener grote schare in de hemel zeggen: 'HAL-LELUJA! Het heil en de heerlijkheid en de macht zijn van onze God, want waarachtig en rechtvaardig zijn Zijn oordelen, want Hij heeft de grote hoer geoordeeld...'

ONTHULLING.

De apostel Johannes werd naar het eiland Patmos verbannen. Het was wellicht de bedoeling van de machthebbers om hem de mond te snoeren. Maar het pakte heel anders uit. De Heer gebruikte deze gevangenschap op zo'n wonderbare wijze, waar je helemaal niet aan zou denken. Hij gebruikt zijn gevangenschap zelfs tot het einde der tijden. Met andere woorden 'alle mensen trekken profijt van Johannes' verbanning. Met Paulus is het al precies zo. De vele brieven die hij geschreven heeft tijdens zijn gevangenschap, zijn waarschuwingen, waar we ook allen van kunnen leren. Elke dag mogen we putten uit deze brieven. Johannes wordt speciaal gebruikt om ons de geheimenissen van God te openbaren. Je hoort zo vaak zeggen: 'O, het boek Openbaring staat vol geheimenissen. Daar begrijp je niets van'. Toch, als je nadenkt, kàn dat gewoon niet waar zijn. Het boek heet immers: Openbaring. Het boek onthúlt juist de geheimenissen die in de andere boeken staan opgeschreven. Het is Johannes' bedoeling er een 'publiek geheim' van te maken!

Johannes mocht een blik in de hemel werpen. De Heer toonde hem wat er nog allemaal zal gebeuren voordat de nieuwe aarde zal komen. Ook dan zal God de eer worden toegebracht die Hem toekomt. In onze tekst zegt Johannes dat hij als een luide stem van een grote schare hoort zeggen: Halleluja! Wat zal dat een machtig geluid zijn geweest. In de hemel zijn ze zo geweldig blij. Het is er één groot feest waar de Halleluja's niet ophouden. Waarom? God heeft zojuist de grote hoer geoordeeld. De grote stad Babylon is gevallen. Het was de zondige stad, een schuilplaats voor alle onreine geesten. Het was het centrum van overspel, ontrouw en ontucht. God heeft Zijn rechtvaardig oordeel voltrokken. Dáárom zijn ze in de hemel zo blij. Daarom die halleluja's. Dit is voor ons toekomstmuziek. God rekent zelf af met al Zijn vijanden. Hij zet een streep door al de werken van de satan. Het is zo machtig heerlijk, dat wij eenmaal zullen leven temidden van de vrede van Jezus Christus zonder ook maar eenmaal meer aangevallen te worden door satan en zijn medewerkers. Wat zal dát een leven zijn. Daar mogen wij nu al wel met ons hele hart: 'halleluja, lof zij de Heer', op zeggen.

GEBED.

Heer, U wilt niet dat wij onwetend zijn omtrent de toekomst. Alles wat wij weten moeten, hebt U geopenbaard aan de apostel Johannes. Wat mogen wij ons optrekken aan de wetenschap dat U de nieuwe aarde voor ons wilt scheppen en dat U de satan voor altijd overwonnen hebt en dat satan nooit en te nimmer op die nieuwe aarde kan en mag komen. Wat een bemoediging voor ons Heer, wat een toekomstmuziek. Halleluja, Amen.

LEZEN: Openb. 18 en 19 : 1-5;   1 Joh. 4 : 13-21.

...die de aarde met haar hoererij verdierf en Hij heeft het bloed zijner knechten van haar hand geëist. En zij zeiden ten tweede male: HALLELUJA! En haar rook stijgt op tot in alle eeuwigheid. En de vierentwintig oudsten en de vier dieren wierpen zich neder en AANBADEN God, die op de troon gezeten is, en zij zeiden: Amen, HALLELUJA.

EINDELIJK.

Hoe vaak hoor je niet zeggen: 'Dat God dit allemaal toelaat, dát begrijp ik niet'. Misschien hoor je het je zelf wel zeggen. Er is ook zoveel onreinheid in de wereld. En laten we maar gerust dicht bij huis blijven. Want het gaan naar magnetiseurs, naar okkulte genezers, is hoererij. Wie er gebruik van maakt dient de afgoden en afgoderij is hoererij. Het is je vertrouwen stellen op iets of iemand anders dan op God alleen. Je weet dat abortus moord is. Dat drugs je langzaam maar zeker naar de afgrond trekken. Dat alkohol jou en je gezin finaal kapot kan maken. Het staat gelijk aan hoererij. In dat woordje ligt een wereld van afschuwelijke daden verborgen. Misschien begrijp je nu beter dat ze in de hemel hartgrondig 'halleluja' roepen. Eindelijk is het kwaad gewroken, met wortel en tak uitgeroeid. Als je denkt aan mensen die bepaalde zonden op zich laden, aan hen die ongeboren kinderen doden, hen die zes miljoen Joden vergast hebben, hen die vervolgde christenen martelen en doden. En als je denkt aan hen die de mensen niet lichamelijk doden, maar geestelijk kapot maken. Is het dan niet begrijpelijk dat mensen roepen tot God: hoe lang nog Here, hog lang nog? Waarom doet U er niets aan? Waarom wreekt U dit niet?
Toch... eenmaal zal de Heer hen oordelen, hen die misdaden bedreven. Zijn dit kinderen van Hem? Nee, geen kinderen van Hem, maar van satan. Zij worden door satan beheerst. Weet je waarom o.a. de straf nu nog niet voltrokken wordt? Omdat God hun nog de tijd geeft zich om te keren van deze weg. Daarom heet deze tijd: genadetijd. God gaf Zijn Zoon voor alle mensen, ook voor hen die deze dingen bedrijven. Hij wacht vol liefde en geduld dat zij Hem zullen aannemen. Het kán nu nog. Maar eenmaal als de genadetijd voorbij is, zal de Heer hen oordelen, dan zal de straf voltrokken worden. Daarom juichen zij daar boven en roepen: halleluja. Daarom aanbidden zij de Here God. Zij juichen als ze zien dat het eindpunt bereikt is. Zij juichen omdat nu alleen liefde en gerechtigheid op de vernieuwde aarde zullen heersen. Op deze nieuwe aarde zal Zijn gerechtigheid zegevieren. Denk je dat eens even in, onvoorstelbaar, zo'n leven op aarde met de Heer als Koning.

GEBED.

Heilige God, éénmaal zult U alle boze werken vertreden en de mensen, die ze bedreven en de aarde, waarop ze bedreven werden. Oh, Heer en hen, die in hun leven Uw Zoon niet hebben aangenomen als hun Heer? Help óns de tijd uit te kopen om mensen te winnen voor U, Amen.

LEZEN:

Openb. 19, 20, 21 en 22.

Dit alles zal ik U geven (zegt de duivel tegen Jezus Christus), indien Gij u nederwerpt en mij aanbidt.
En ik wierp mij (Johannes) neder voor zijn voeten om hem te aanbidden (de engel), maar hij zeide tot mij: 'Doe dit niet! Ik ben een mededienstknecht van u 'AANBID God!'

AANBIDDEN.

Hier komen we bij het hoogtepunt van de overwinning van Jezus Christus op satan. Hier wordt de eerste rechtstreekse aanval uitgevoerd om de macht van Jezus te veroveren. Toen Jezus ongeveer 30 jaar oud was, begon Hij in het openbaar op te treden. En het eerste wat wij lezen is, dat Hij gedoopt wordt door Johannes de Doper. Daarna daalde de Heilige Geest op Hem neer. En dan is de duivel er onmiddellijk bij. Dit moet hij niet hebben. Het is hem, ondanks zijn verwoede poging, al niet gelukt om Jezus vroegtijdig te doden (denk aan de kindermoord van Bethlehem), maar nu zal hij het anders aanpakken. Sluw en berekenend zegt hij tegen de Here Jezus: 'Ik zal U alles geven, indien Gij U nederwerpt en mij aanbidt'. Dit bewijst dat aanbidding de hoogste waarde, zowel voor God als voor satan betekent. Het is een strijd die zijn climax vindt in 'wie zal knielen voor de ander? Wie zal de ander laten knielen en zo overwinnen?... Goddank, Jezus overwint. Jezus werpt Zich niet voor hem neer, knielt niet, aanbidt satan niet, een glorieuze overwinning op Zijn vijand.
Wij mogen ook maar alleen Hèm aanbidden en ons voor Hèm neerwerpen. De volgende geschiedenis geeft ons daar kijk op: Johannes op Patmos wierp zich in alle eerbied voor de engel neer, maar de engel schrikt daarvan en zegt: 'doe dat niet, want ik ben een mededienstknecht van u, aanbid God'. We mogen nooit mensen aanbidden. Die eer komt alleen de Here God toe. Daarom is het ook de allerhoogste lof en eer die je Hem brengt als je je voor Hem neerwerpt in diepe verwondering en Hem aanbidt. Daarom wilde satan dát juist gedaan krijgen van Jezus. Eén keer knielen en hem aanbidden en de Heer was onder zijn heerschappij gevallen. Als wij één keer satan aanbidden, hebben wij hem de allerhoogste eer gegeven en we zijn van hem. Maar wanneer je de Here God de allerhoogste eer geeft, Hem aanbidt, val je onder Zijn liefde, Zijn macht. Hèm lóven en prijzen kun je nog een keer met je mond doen. Maar aanbidding gaat dieper, aanbidding vergt geheel je wezen. Voor Hem buigen en je voor Hem neerwerpen, kan alleen vanuit een diep gelovig hart gebeuren. Je geeft toe dat Hij alleen de allerhoogste God is. Je ervaart dit als het heiligste moment in je kontakt met God. Hoe staat het met jouw aanbidding? Is er plaats in je hart voor dat heilige moment? Begin er eens mee, klim als het ware op de hoogste tree van de trap...

GEBED.

Vader in de hemel, ik buig mij niet alleen diep, ik kniel niet alleen, ik werp mij nu voor U neer en aanbid Uw Naam. Ik aanbid U en al Uw grootheid, heiligheid en liefde. U alleen komt die eer toe. Amen.

LEZEN:

Mat. 3:13-17, 4:1-11;   1 Sam. 1:3; Ps. 66 : 4;   Dan. 3:5-7;   Dan. 3:12, 14, 18.

En zie, Jezus kwam haar tegemoet en zeide: 'Weest gegroet'. Zij naderden Hem en grepen Zijn voeten en AANBADEN Hem.
En toen zij Hem zagen AANBADEN zij, maar sommigen twijfelden.

NIEMAND ANDERS DAN JEZUS!

Als er ergens mensen blij geweest zijn om te kunnen loven en prijzen, zijn het deze vrouwen wel geweest. Het zal je overkomen dat iemand van wie je zielsveel houdt, uit de doden opstaat. Je hart zou opspringen van vreugde. Wat mij opvalt is dit: Deze vrouwen beginnen niet met loven en prijzen en danken. Nee, zij springen als het ware meteen op de bovenste tree van de (geestelijke) trap, ze gaan Hem aanbidden, ze vallen neer op de grond. Ze grepen Zijn voeten. Want Jezus liep haar tegemoet, staat er, en dan moet je je wel neerwerpen als je Zijn voeten wilt grijpen. Er is maar één houding die bij zo'n situatie past: een aanbiddende houding. We lezen er even later nog meer van.
Toen de elf discipelen Jezus zagen, gingen zij Hem ook aanbidden, maar niet allemaal, sommigen twijfelden. Hun verstand stond hun blijkbaar in de weg. Hedendaagse mensen zijn op dat punt weinig veranderd. Wat hebben velen er moeite mee om dit gebeuren te begrijpen, ja te geloven. Hun verstand staat hun werkelijk in de weg, want je kunt dit grote gebeuren niet beredeneren. Om tot aanbidding te komen, moet je niet gaan redeneren, moet je geen twijfelende houding aannemen, want dan ben je nog niet aan aanbidding toe.
De discipelen en de vrouwen die wel aanbaden, hebben zich niet laten leiden door twijfelaars; zij sloegen op hen geen acht. Zij wierpen zich op de grond en in die houding heb je het zicht op de mensen verloren. Je bent in aanbidding helemaal gericht op Hem. Je ziet niemand anders dan Jezus, niemand anders dan Hem.
Weet je dat je door aanbidding de diepste eenheid en blijdschap ervaart? Je vervuld wordt met ongekende vrede? Je kunt haast niet omschrijven wat aanbidding inhoudt en wat het uitwerkt. Of weet je het al wel, heb je het al ervaren? Dan heb je de diepe Rijkdom ontdekt. Zouden we elkaar niet meer moeten aansporen om Hem te aanbidden? Begin in de binnenkamer, niemand ziet je, alleen de Heer van je leven, maar Hem komt ook alleen de aanbidding toe. Aanbid Hem, het is het hoogtepunt in je gebedsleven.

GEBED.

Ja, Vader, U zij de lof en de eer, de dank en de aanbidding. Dank U, dat U mij laat zien wat de diepste verootmoediging is en wat de hoogste eer is die ik U kan geven. Ik mag U zien in al Uw heiligheid, in al Uw liefde. U doorgrondt mijn hart en ziet dat ik U liefheb, in mijn onvolkomenheid, U omarmt mij in al Uw volkomenheid en ziet mij aan in Jezus Christus, Uw Zoon. Amen.

LEZEN:

Spr. 15:33;   Jes. 42 : 8, 12;   Luk. 2 : 14;   Joh. 7 : 18; Joh. 4 : 23, 24;
Openb. 15 : 4.

Zondag
51ste week.

Wat is dit jaar weer omge-
vlogen, en nu mogen we
samen even nadenken over
deze feestdagen hè?

KERSTFEEST.

De geboorte van Jezus Christus.

Lucas 1 : 30 en 31.
En de engel zeide tot haar: 'Wees niet bevreesd', Maria, want gij hebt genade gevonden bij God, en zie, gij zult zwanger worden een zoon baren en gij zult Hem de naam Jezus geven'.

Lukas 2 : 8.
En er waren herders in diezelfde landstreek, die zich ophielden in het veld en des nachts de wacht hielden over hun kudde.

Mattheüs 2 : 1a.
Zie, wijzen uit het oosten kwamen te Jeruzalem en vroegen: 'Waar is de Koning der Joden, die geboren is?'

Mattheüs 2 : 3.
Toen koning Herodes hiervan hoorde, onstelde hij en geheel Jeruzalem met hem.

Mattheüs 27 : 22.
Pilatus zeide tot hen: 'Wat moet ik dan doen met Jezus die Christus genoemd wordt?' Zij zeiden allen: 'Hij moet gekruisigd worden'.

Johannes 6 : 38.
'Want Ik ben van de hemel nedergedaald, niet om Mijn wil te doen, maar de wil van Hem, die Mij gezonden heeft'.

GEBED.
Vader in de hemel, ik kan U niet genoeg danken voor Uw grote liefde, die U hebt voor de mensen. U kwam Zelf naar beneden in Uw Zoon. Here Jezus, dank U voor diezelfde liefde die U had en heeft voor ons door naar deze aarde te willen komen om ons te redden uit de demonische greep van satan, uit een wereld van zonde en dood. Vergeef mij met vele anderen, dat wij dit niet naar waarde schatten. Vergeef ons ook dat we meer met onszelf bezig zijn dan met de dingen van U. Reinig ons opnieuw door Uw bloed en leer ons deze week bezig te zijn met de vraag, wat Kerstfeest voor ons persoonlijk betekent. Wat ik er mee doe, hoe ik het beleef en hoe ik het uitdraag. Leer mij, Heer. Wilt U het zo maken dat de ander aan me kan zien dat ik U lief heb en dat U in mij woont? Om Jezus' wil vraag ik het U. Amen.

En de engel zeide tot haar: 'Wees niet bevreesd, Maria, want gij hebt genade gevonden bij God, en zie, gij zult zwanger worden en een zoon baren en gij zult Hem de naam Jezus geven'.

WAT BETEKENDE JEZUS' GEBOORTE VOOR MARIA EN JOZEF?

Wanneer we het leven van deze ouders overzien dan betekent Jezus' geboorte voor hen allebei een aaneenschakeling van blijdschap, zowel als verdriet. Maria, heel blij, dat zij de Messias ter wereld mocht brengen, maar onmiddellijk daarna verdrietig, want Jozef wilde niet met haar trouwen. Tegen het einde van haar zwangerschap volgde een verre vermoeiende reis naar Bethlehem. Denk je dat eens in, in zo'n toestand op reis, het zal je maar overkomen. Dan... geen plaats en tenslotte een stal als onderdak. En dan? Geweldige blijdschap daar in die stal. Het grootste gebeuren op aarde vindt plaats. De geboorte van Gods zoon. Er volgt aanbidding van de herders. Aanbidding van de wijzen uit het Oosten. Ja, het hele gebeuren is een hoogtepunt in hun huwelijksleven. Daarna volgt weer een zware periode: vluchten naar Egypte. Dan mogen ze eindelijk naar Israël terug. Maar weer niet naar hun eigen plaats. Door een droom wordt Jozef gezegd naar Galilea te gaan. Bijdschap, droefheid, het wisselt elkaar af. Ze moeten het maar verwerken, toch is het nog niet alles. We kennen het verloop van de geschiedenis. Je moet daar als moeder maar staan en zien hoe je kind op die manier ter dood gebracht wordt. En dan na veel verdriet ineens te merken dat er iets onmógelijks met je Zoon gebeurd is. Hij leeft! 'Hij is opgestaan uit de dood'! Om dan na veertig dagen uitbundige blijdschap te moeten ervaren dat Hij is opgevaren naar God de Vader. Tien dagen daarna gebeurt er iets geweldigs. Met het verstand niet te vatten. De beloofde Trooster daalt neer. De Heilige Geest, de Geest van Jezus komt in haar wonen. Jezus' geboorte bracht voor Maria en Jozef een aaneenschakeling van veranderingen met zich mee. Blijdschap en verdriet, vreugde en grote zorg wisselden elkaar af. Maar de vreugde won het van de zorg en van de angst. Is dit leven ook niet vaak ons leven? De ene keer zijn wij blij, het volgende moment zijn we zo bedroefd; de ene keer overzie je de situatie, de andere keer weer niet. Wat overwint in jouw leven? Verdriet of blijdschap? Blijdschap omdat Jezus geboren is? Blijdschap omdat Hij alles betekent in je leven? Kun je blij zijn bóven je verdriet uit, om Hém?

GEBED.

Here Jezus, wat zal het voor Maria en Jozef ook moeilijk geweest zijn om midden in het verdriet op U te blijven vertrouwen en zich aan U vast te houden. Ik vind het moeilijk om op U te blijven zien als ik Uw leiding niet begrijp. Ik vraag U of U mij met zovele anderen wilt helpen om onder minder prettige omstandigheden juist op U te blijven zien en te vertrouwen, omdat U weet wat U doet. Help ons om elkaar te blijven bemoedigen en op U te wijzen, zodat we vrolijk en blij Kerstfeest kunnen vieren. Amen.

LEZEN: Lukas 24 : 7-12, 13-35;   1 Cor. 15 : 57;   2 Cor. 4 : 16 en 17.

En er waren herders in diezelfde landstreek, die zich ophielden in het veld en des nachts de wacht hielden over hun kudde.

WAT BETEKENDE JEZUS' GEBOORTE VOOR DE HERDERS?

Ja, wat gebeurde daar die nacht? Denk je eens even in, herders die in de nacht op hun schapen pasten. Het was donker en ineens een fel licht. Er verschijnt een engel die omstraald werd door de heerlijkheid van God. Je zou werkelijk aan de grond genageld blijven staan van schrik. Deze herders waren ook bang, maar de engel sprak: 'weest niet bevreesd, want zie, ik verkondig u grote blijdschap... u is heden de Heiland geboren...' Sprakeloos hebben de herders deze boodschap aangehoord. Dat de Here God nu toch het éérst deze vreugdevolle berichten door geeft aan de geringsten onder het Joodse volk, hè? Aan verachtelijke herders. Dat juist zij mogen vernemen dat Jezus is geboren. Maar als je even verder denkt over het leven van Jezus, dan ontdek je dat Hij zich veel bezig hield met de geringsten onder het volk. Denk aan Levi de tollenaar, de overspelige vrouw, de Samaritaanse vrouw. En die latere opdracht van Hem: 'Maar wanneer gij een gastmaal aanricht, nodig dan de bedelaars, misvormden, lammen en blinden'. Wat zullen de herders blij geweest zijn, vooral toen zij nog een grote hemelse legermacht van engelen zagen die zeiden: 'Ere aan God, Ere aan God... en vrede op aarde'. Ja wat betekende Jezus' geboorte voor de Herders? Eerst schrik. Daarna geweldige blijdschap. Het betekende ook actie: ze gingen direct het kind Jezus zoeken. Het betekende ook dat zij de kudden schapen achterlieten en op weg gingen. En toen zij het Kindje gevonden hadden en gezien, toen gebeurde er van binnen iets bij deze herders. Ze begonnen nota bene te evangeliseren. Deze doodgewone mensen konden hun mond niet meer houden toen ze Jezus gezien hadden. En dit gebeurt ook in ons leven. Een ontmoeting met de Here Jezus breekt ook onze mond open. Wij kunnen niet meer stil zijn over dit gebeuren. Het blijde nieuws breekt baan. We geven het door aan iedereen. En de ander zal verbaasd staan over de blijdschap, óver deze boodschap, ze zullen zeggen; dat dit gewoon niet waar kán zijn. Maar we laten ons niet van ons stuk brengen, we gaan door het blijde nieuws te vertellen, het evangelie te verkondigen. Wat betekende deze geboorte voor de herders? Een ontmoeting met Jezus, een totale verandering van geweldige betekenis. Dat betekent het ook voor jou en mij. Een ontmoeting met Jezus verandert ons denken, spreken en handelen. Je ervaart een blijdschap die je verstand te boven gaat! Héb je Jezus al ontmoet? Nee? Kniel dan bij de Kribbe neer en aanbid Hem met heel je wezen en neem de Heiland aan.

GEBED.

Here Jezus, ik dank U dat ik U ontmoet heb in mijn leven. Ik dank U dat ook mijn leven totaal veranderd is en dat ik U mag loven en prijzen daarvoor en aanbidden. Maar... U weet dat ik maar een zwak mensenkind ben en dat ik vergeet dat ik een dagelijkse ontmoeting met U nodig heb. Vergeef mij dit, Heer en reinig mij opnieuw door het Bloed van Uw Zoon. Dank U dat U het nu doet om Jezus' wil. Amen.

LEZEN: Luk. 2 : 8-20, 5 : 8-11, 7 : 36-50, 10 : 38-42.

'Zie, wijzen uit het oosten kwamen te Jeruzalem en vroegen:
Waar is de Koning der Joden, die geboren is?'

WAT BETEKENDE JEZUS' GEBOORTE VOOR DE WIJZEN UIT HET OOSTEN?

Wat het beroep aangaat was er een groot verschil tussen de herders en de wijzen uit het Oosten. De wijzen hadden, in tegenstelling tot de herders, een gedegen opleiding achter de rug. Zij behoorden tot de geleerden, de kopstukken van de maatschappij mag je wel zeggen. Toen zij een bepaalde ster zagen, die een keerpunt in de geschiedenis aankondigde, gingen zij op zoek. Uit het verschijnen van die ster meenden zij te mogen opmaken dat er een Koning geboren was. En om te toetsen of zij het bij het rechte eind hadden, gingen ze op weg. Natuurlijk meldden zij zich bij het paleis van een koning. Waar anders zou een koningskind geboren worden? Sommigen denken dat de wijzen tenslotte ook bij de stal waar Jezus geboren was, terecht kwamen, maar dat is niet zo. Jozef en Maria woonden allang in een huis. Dat staat trouwens in de Bijbel. 'En zij gingen het huis binnen en zagen het Kind en Maria…' En wat betekende nu dat kleine kindje voor hen? Wat deden deze drie mannen? Zij bewezen Hem hulde. Ook zij waren zo vervuld met blijdschap over Zijn geboorte dat ze allerlei geschenken neerlegden voor dit kind. Dat betekende in feite hoge achting. Wanneer men in het Oosten iemand geschenken gaf, dan was dat hét teken van hulde, eerbied, hoogachting, genegenheid. Zo verging het ook de drie wijzen. Zij gaven goud, wierook en mirre ten bewijze. We weten weinig van deze mannen af. In elk geval hadden ook zij net als de herders een ontmoeting met Jezus en dat veranderde hun leven. Je leest daarna ook dat God Zich met hen bemoeide en dat Hij hen leidde. Want God wist wat Koning Herodes van plan was. Daarom gaf de Here God hun een droom, om hen te waarschuwen en om hen te beschermen tegen die wrede Koning. De wijzen luisterden naar de waarschuwing van die droom, want ze gingen niet terug om koning Herodes te vertellen waar Jezus Christus te vinden was. Zij hoorden naar Gods stem. Doen wij dat ook? Het doet er niet toe hóe de Heer je zegt wat je doen moet, welke weg je moet gaan, dat is bij iedereen anders, maar… luisteren wij ook? Doen we wat God ons opdraagt?

GEBED.

Heer, wie we ook zijn, wat voor opleiding we ook hebben gehad, U vindt ons allemaal waardig om Uw kinderen genoemd te worden, waardig om met Uw Bloed gekocht te zijn. En U vraagt ons, dat wij luisteren naar dát wat U ons te zeggen hebt. U waarschuwt ons voor het kwade. U hebt ons zo lief, dat U ons elke dag leidt. U wilt mij zeggen wat ik doen moet vandaag. Wat het belangrijkste is, naar wie ik moet luisteren (omdat zij het niet meer aan kan) en wat ik tegen haar kan zeggen en of ik met haar bidden moet, ja dan nee en wie ik moet helpen. Heer, welke geschenken kan ik U aanbieden? U antwoordt: 'Jezélf'. Dank U Heer dat U dat aanneemt, dat U mij aannéemt. Ik loof en prijs U. Ik ben zo blij met U, Heer. Amen.

LEZEN: Mattheüs 2 : 1, 2, 7-12;   Genesis 12 : 1-4;   1 Koningen 10 : 1-13.

Toen koning Herodes hiervan hoorde, ontstelde hij
en geheel Jeruzalem met hem.

WAT BETEKENDE JEZUS' GEBOORTE VOOR KONING HERODES?

Kort samengevat betekende 'Jezus' voor Herodes: bedreiging. Opeens stonden macht en positie op het spel. Want als er werkelijk een koning geboren was, betekende dat: 'Troonsafstand'. En dan bracht die ster werkelijk een keerpunt in zijn leven met zich mee. Jaloersheid die in het leven van een mens verschrikkelijke gevolgen kan hebben, bracht ook de mensen tijdens Herodes' regering tot wanhoop en verdriet. Jaloersheid neemt alle liefde weg. Zij vertroebelt onderlinge gemeenschap. Jaloersheid kan zelfs leiden tot waanzinnige daden. En dat zien we dan ook bij Herodes gebeuren. Op zijn bevel moesten alle jongetjes onder de twee jaar die in Bethlehem woonden worden vermoord. Je verstand staat stil bij zo'n bevel. Denk je het onvoorstelbare leed dat hij de ouders en de familieleden van deze kinderen aandeed, eens in. Wat een wanhoop bij de ouders. Het is met geen pen te beschrijven. Geloof maar gerust dat de haat in de harten van deze mensen ten top steeg. Koning Herodes dacht dat hij het nu gewonnen had. Hem zou niets meer kunnen overkomen. Zijn heerschappij stond voorlopig vast. Ja, dat dacht hij. Maar hier zien we opnieuw dat God machtiger is dan satan. Hij, 'de Almachtige', heeft, met eerbied gesproken, de touwtjes in handen. Toch brengt de tegenstand van de duivel tegenover God verdriet op aarde, intens verdriet. Daar kunnen we niet aan voorbij gaan. Zo ontdek je in deze geschiedenis wat Jezus' geboorte teweeg brengt bij Gods tegenstander, zo zie je wat het ontketenen kan in deze wereld en bij de mens die niet God, maar Zijn tegenstander dient. Wat een ontstellend verschil tussen de beleving van de geboorte van Jezus bij de herders en de wijzen en bij koning Herodes.
Wat betekent Kerstfeest voor jou en mij? Hoe ontvang jij het kindje in de kribbe? Ik moet denken aan het lied: 'Hoe zal ik U ontvangen'. Dit zingen we telkens in deze dagen. En God vraagt Zich af: 'Hoe zullen ze Mijn Zoon ontvangen?' Zoals Maria en Jozef? Zoals de herders en de wijzen? Of zoals koning Herodes? Hoe ontvang jij Gods Zoon?

GEBED.

Here Jezus, ik dank U, dat U bij mij binnen gekomen bent, dat ik U mocht ontvangen en ik heb maar één vraag, één bede aan U wilt U hen helpen die U nog niet ontvangen hebben? Heer, verbreek die harde schors om hun hart, breek door met Uw liefde in hun leven. Heer, help mij ook om… van U te vertellen, om hen vóór te leven zoals U ons voorgeleefd hebt. Help mij om een klein steentje bij te dragen, dat de ongelovigen U zullen ontvangen, zodat ook zij de geweldige blijdschap mogen ervaren van een ontmoeting met U. Wilt U mij ook vergeven dat ik daar tekort in geschoten ben, dat ik té weinig van Uw liefde uitstraal in mijn omgeving. Ik vraag het U in de Naam van Jezus. Amen.

LEZEN:
Mattheüs 2 : 3-8 en 16-18;   Lukas 20 : 9-19, 22 : 47-53, 9 : 46-50.

Pilatus zeide tot hen: 'Wat moet ik dan doen met Jezus
die Christus genaamd wordt?'
Zij zeiden allen: 'Hij moet gekruisigd worden'.

WAT BETEKENDE JEZUS' GEBOORTE VOOR DE JODEN?

Een ding moeten we goed gaan zien. Diegenen die zeiden: 'Hij moet gekruisigd
worden', waren zij, die geen werkelijke ontmoeting met Hem gehad hadden tijdens Zijn rondwandeling in Israël. Die periode betekende voor de Joden, de
Farizeeërs en de Schriftgeleerden een tijd vol verwarring. Was Hij, die Jezus, de
Messias? Ja of neen? Veel mensen uit het gewone volk zeiden en geloofden dat
Jezus van Nazareth de beloofde Messias was. Zij volgden Hem en zagen wat
deze Man deed met zieken en verlamden, blinden en kreupelen. Ze zagen met
eigen ogen dat Hij duizenden mensen te eten gaf van vijf broden en twee visjes.
De discipelen maakten zelfs mee dat Hij de storm op het meer tot zwijgen bracht.
Maar de leiders? Zij geloofden het niet. Alleen Nikodemus, die was er niet zo
zeker van en hij ging in de stilte een keer naar de Here Jezus toe. Ja, Jezus'
geboorte bracht voor Israël deining en opschudding mee. Het bracht opnieuw
tweedracht, scheiding en verschil van mening in de gezinnen. De één geloofde
wel in Hem en de ander weer niet. Het was voor veel mensen ook een machtige
tijd. Een tijd om nooit meer te vergeten. Je zult je hele leven blind zijn geweest
en dan Jezus ontmoeten, of verlamd op bed hebben gelegen en dan door Jezus
genezen worden. Je zult maar aan lager wal zijn geraakt en als zondares geleefd
hebben en dan een ontmoeting met Jezus hebben. En zo zijn er honderden van
deze mensen die Jezus werkelijk ontmoet hebben en waarvoor deze ontmoeting
een keerpunt geworden is in hun leven, zodat zij veranderd werden en Hem gingen volgen en dienen. Hoe staan de zaken er bij jou voor op dit ogenblik? Hoor
jij al bij diegenen die Hem volgen en dienen en zijn wonderen ervaren? Bij hen
die vol verdriet Hem de derde dag wilden balsemen en Zijn lichaam verzorgen?
Aan welke kant sta jij vandaag? Waar hoor jij bij?

GEBED.

Heer, ik kom bij U met die verdeeldheid onder de mensen. Het is eigenlijk zo
verschrikkelijk. De ene mens gelooft in U en de andere niet. Heer, maar wat
moet U een verdriet hebben over de verdeeldheid onder de christenen die Uw
kinderen zijn. 't Is haast niet te geloven hoe dát kan. De één denkt heel anders
over U dan de ander en dat is het ergste niet, maar dat wat er uit voortkomt. Dat
we aan U zélf voorbij gaan. We maken ons druk over dingen die we geen aandacht moeten geven. Kostbare tijd van U, die wij verspillen. Wrange vruchten als
hoogmoed, tweedracht, twist, oordeel, die het resultaat daarvan zijn. Vader, vergeef... vergeef het ons door het Bloed van Jezus. Reinig ons opnieuw en vervul
ons met Uw Geest; help ons om Uw licht te willen ontvangen en om te leven
volgens Uw wil. Amen.

LEZEN:

Mattheüs 7 : 28, 29, 8 : 23-27, 9 : 1-8, 27 : 27-32, 57-61.

'Want Ik ben van de hemel nedergedaald, niet om Mijn wil
te doen, maar de wil van Hem, die Mij gezonden heeft'.

WAT BETEKENDE JEZUS' GEBOORTE VOOR DE HERE JEZUS ZELF?
Weet je dat we daar weinig bij stil staan? Wat het voor de Here Jezus zélf betekende? We vieren dit feest zoals we geen ander kerkelijk feest vieren.
Feestelijker en massaler dan de overige kerkelijke hoogtijdagen. We zijn gevoelig voor het Kindje, geboren in nederigheid en ontvangen in armoede. Maar we
denken er helemaal niet aan wat het voor Hem zelf betekende. Dat Jezus, Gods
Zoon, de hemel verliet. Zijn woning, de machtigste, de mooiste, de heerlijkste
plaats die je je maar kunt indenken. Die plaats verliet Jezus voor ons. Hij verne-
derde Zich op een manier waar jij en ik nog niet over gedacht zouden hebben.
Jezus kwam naar ons toe om de wet te vervullen. Stel je voor dat Hij niet op aarde gekomen was, dan was de Bijbel een voorspelling gebleven. Hij kwam op aarde om te lijden, om door iedereen verlaten te worden, zelfs door zijn vrienden in
de steek gelaten te worden. Ja, ons leven, ons heil betekende voor Jezus een
kruis, waaraan hij riep: 'mijn God, mijn God, waarom hebt Gij Mij verlaten? Een
Koning met een doornenkroon, die Zijn leven gaf voor Zijn vrienden, mensen als
jij en ik. Hij bracht tijdens Zijn rondwandeling op aarde blijdschap en genezing.
Hij bracht door Zijn dood verlossing. Ja, ons Kerstfeest betekende voor Jezus de
dood. Maar daar bleef het niet bij. God had een ontmoeting met Hem in het
dodenrijk, Hij schonk Zijn Zoon nieuw leven. Jezus openbaarde Zich na Zijn
opstanding uit de doden aan velen die Hem lief waren. Daarna keerde Hij naar
Zijn Vader terug.
Dus Zijn geboorte betekende ook voor Jezus hemelvaart, om van daaruit Zijn
Geest te schenken in de mensen op aarde, die hun harten openden. Tongen als
van vuur zetten zich op de hoofden van de gelovigen. Daarom betekent
Kerstfeest eérst: Jezus bij de mens. Maar het liep uit op Jezus in de mens. Een
andere reden van Jezus' komst op aarde is: wanneer Zijn werk volbracht is in de
hemel, wanneer Hij een woning bereid heeft voor ons, komt Hij terug om ons op
te halen zodat wij altijd bij Hem zullen zijn. Kijk, dat terugkomen, dat laatste hè?
Ons halen om... dan nóg eens terug te komen mét ons om de aarde te regeren als
koningen; dat is toekomstmuziek, dát verwachten wij, dáárom vieren wij advent.
Wij mogen vol verwachting leven naar Zijn wederkomst toe. Zijn geboorte in de
stal van Bethlehem is het begin ervan. Verwacht jij Jezus Christus ook op aarde
terug? Vier jij op deze manier advent?

GEBED.
Vader, ik denk er te weinig bij na, wat voor U en voor Uw Zoon het feest dat wij
vieren, heeft betekend en nog betekenen zal. Ik kan alleen maar stil worden van
zoveel liefde voor mij, zoveel liefde voor heel de mensheid. Het is te groots om
het te kunnen vatten. Vooral omdat U zo bezig bent mij te helpen met de kleine
dingen in m'n leven op te lossen. Dat U mij helpt en troost als ik verdriet heb
om... Wanneer ik Uw licht niet meer zie en dat U mij dan weer opnieuw verlicht.
Ja Heer, dat is nou juist de waarde van het Kerstfeest voor ons allemaal, dat U
mens bent geworden, gelééfd hebt onder ons. Daarom kunt U ons ook zo goed
begrijpen. Duizend, duizend maal dank hiervoor. Amen.

LEZEN: Mat. 26:39, 40, 27:30, 31, 46, 50; Hand. 1:9, 2 : 1-4; 2 Tim. 2:11, 12.

Zondag laatste week van het jaar.	De LAATSTE WEEK van het jaar kan een mengeling van gedachten opwekken. De ene keer ben je verdrietig; het andere moment ben je blij. Soms beide tegelijk.	*άλφα και ώμεγκ* *begin en einde*

EINDE.

Deuteronomium 8 : 2a; Jesaja 40 : 28a.
Gedenk dan heel de weg, waarop de Here, uw God... u geleid heeft.
Een eeuwig God is de Here, Schepper van de EINDEN der aarde.

Lukas 23 : 43; Jesaja 43 : 1.
En Hij zeide tot hem: 'Voorwaar, Ik zeg u, heden zult gij met Mij in het paradijs zijn'.
'Vrees niet, Ik heb u verlost, Ik heb u bij uw naam geroepen, gij zijt Mijn'.

Openbaring 22 : 13.
Ik ben de Alpha en de Omega, de eerste en de laatste, het begin en het EINDE.

Mattheüs 10 : 22b.
Maar die volharden zal tot het EINDE, die zal behouden worden.

Mattheüs 24 : 14.
En dit evangelie van het Koninkrijk zal in de gehele wereld gepredikt worden tot een getuigenis voor alle volken en dan zal het EINDE gekomen zijn.

Lukas 1 : 33.
Zijn Koningschap zal geen EINDE nemen.

GEBED.

Vader, wat word ik nu blij van binnen, omdat U alles in handen hebt. U was er in het begin van mijn leven en U zult met mij zijn tot in alle eeuwigheid. U was er dit afgelopen jaar bij, toen ik de toekomst zo somber inzag, toen ik zo ziek was, dat ik bijna niet meer kon. U zag dat ik het in mijn relatie tot U ook niet meer begreep. En toen was U er ineens en U maakte juist van mijn dieptepunt een hoogtepunt. U gebruikte deze omstandigheden om mij te laten groeien in U. Vader, ik dank U dat ik vol vertrouwen het nieuwe jaar in mag gaan omdat U bij mij zult zijn in welke situaties ik ook verzeild zal raken. Want als ik nu terugkijk, hóe U me geholpen hebt met kracht en wijsheid toen anderen met hun verdriet en moeite kwamen, dan ben ik er volkomen zeker van dat er niets, maar dan ook niets in mijn leven bij toeval gebeurt. U hebt er de leiding in gehad toen... op mijn stoep stond om hulp en U wist, dat dát mij bij U zou brengen, omdat ik er geen raad mee wist. Dat bracht ons samen op de knieën. Dank U wel Vader, dat U mijn Herder en Leraar bent in de school van het leven en dat ik nu met een gerust hart verder kan gaan. Ik weet, dat bij elke nieuwe les die ik leren moet, U er bent en naast mij staat en mij begeleidt.
Wat kan ik nog meer verlangen? Niets Heer, niets. Amen.

Gedenk dan heel de weg, waarop de Here, uw God... u geleid heeft.
Een eeuwig God is de Here, Schepper van de EINDEN der aarde.

OMZIEN.

Wat vliegt de tijd. We gaan alweer de laatste week van het jaar in. Het lijkt wel of het steeds vlugger gaat. Zo'n laatste week van het jaar gaat vaak met terugzien gepaard. Om eerlijk te zijn ben ik er op dit moment niet eens voor in de stemming. Ik ben moe en ik zit geestelijk gezien beslist niet op een bergtop. Vanzelf ga je dan terugdenken aan nare en vervelende voorvallen. Ik denk dat het bijna iedereen zo vergaat. Toch kom ik door dit negatieve denken weer terecht bij de Heer. Want dwars door verdrietige en akelige gebeurtenissen heen zie ik hoe de Heer mij er door heeft geholpen. Op het moment dat ik haast niet meer verder kon was ik helemaal gericht op de omstandigheden waarin ik verkeerde. Ik was daar zo door in beslag genomen dat ik meer lette op de moeilijkheden dan op de Heer. Dat was helemaal verkeerd van me. Eigenlijk weten we dat allemaal wel: We moeten ons oog gericht houden op Hem. Maar, mensenlief, wat is dat mooi gezegd. De werkelijkheid is bij mij wel eens heel anders. Ik word dan totaal overspoeld door zorgen van mezelf en anderen, door narigheid en door er over te praten, ja er té veel over te praten. Kun je me begrijpen? Heb jij dat ook wel eens? Maar nu ik die periode overzie, zie ik ook hóe de Heer me er toch doorheen geholpen heeft, hoe Hij me vol liefde heeft laten zien, waar ik scheef ging in m'n geloofsleven. Hij heeft me daarna zelfs laten zien waarom Hij die bepaalde situatie toeliet in m'n leven.

Dat is niet altijd zo, hoor. Daarom word ik nu toch weer blij, omdat ik zie dat Hij me nooit heeft losgelaten. Ik had soms het gevoel van wel maar dat lag aan mezelf; ik ervoer Zijn hulp niet eens als hulp van Hém. Zo was de Heer er ook bij toen jij dacht helemaal alleen te zitten in de nare situatie. Hij was er tóch bij en hielp je zonder dat je het besefte. Hij is bij ons allemaal altijd weer opnieuw. Als we hier op letten, worden we vanzelf blij. Blij met Hem. Gelukkig met Hem, omdat Hij de Enige is op wie we aan kunnen. Blij met Hem omdat Hij ons nooit verlaat. Dat is geen theorie, maar praktijk. Werkelijkheid. Door dit te weten kunnen we met een gerust en blij hart het nieuwe jaar tegemoet gaan. Hij, de Heer van ons leven, gaat met ons mee.

GEBED.

Heiland, ik dank U, dat U me begrijpt in alle omstandigheden. Dat U nooit verwijt, maar elke dag met mij met een schone lei begint. Dat U mij vol liefde aanwijst hoe ik het wél moet doen en dat ik direct met alle moeilijkheden bij U kan komen. Ik dank U dat U me zelfs laat zien waar ik in de fout ga. Heiland, de laatste tijd ben ik down, dat weet U en ik vraag U vergeving daarvoor, dat ik toch niet zo gericht ben op U als ik zou moeten zijn. Toch probeer ik het elke dag ook weer opnieuw! Helpt U mij daarbij? Het is voor mij wel een heerlijkheid dat ik mezelf mag zijn tegenover U en dat U elke keer naast mij gaat staan en mij volkomen begrijpt. Amen.

LEZEN: Gen. 37 : 23-36, 39 : 1-20, 41 : 14-40, 42 : 6-30, 45 : 1-5, 50 : 20.

En Hij zeide tot hem: 'Voorwaar, Ik zeg u, heden zult gij met Mij in het paradijs zijn'.
'Vrees niet, Ik heb u verlost, Ik heb u bij uw naam geroepen, gij zijt Mijn'.

HET EINDE.

Het einde van het jaar kan ons doen denken aan het woordje einde. Soms in betrekking tot het einde van ons leven. En misschien gaan onze gedachten terug naar onze liefsten van wie we afscheid moesten nemen. De dood is de tegenpool van het leven. Vroeg of laat krijgen we er mee te maken, zonder uitzondering. Maar wat is het een heerlijk weten, dat zij, die gestorven zijn, naar het paradijs zijn gegaan, waar Jezus is, omdat zij met volharding de Heer hebben gevolgd. Ongetwijfeld zijn er, die dit lezen die niet zeker durven zeggen dat zij behouden Zijn Koninkrijk binnen zúllen gaan; zij twijfelen. Anderen zeggen: 'maar zoiets kún je toch niet zeggen; of: dat mág je zelfs niet zeggen'. Terwijl de Bijbel ik weet niet hoe vaak zegt: 'Want wij weten... dat, indien de aardse tent waarin wij wonen wordt afgebroken, wij een gebouw van God hebben, in de hemelen, niet met handen gemaakt, een eeuwig huis'. En wanneer wij Jezus hebben aangenomen, Hém gevolgd hebben, met hart en ziel, met vallen en opstaan, dan wéten wij dat we bóven verwacht worden, dan is de dood een deur waardoor wij gaan om verder met Jezus te leven en dan zien wij Hem van aangezicht tot aangezicht. Jezus is gekomen op aarde om de zondemacht te overwinnen. Daarin zat ook verborgen de macht van de dood. Wij mogen blij worden dat wij verder zullen leven boven bij Hem, blij worden dat de zonde geen macht meer over ons heeft. We zijn nu geestelijk verbonden met onze Heer en Heiland en dat blijft tot in alle eeuwigheid. En straks als de nieuwe hemel en de nieuwe aarde gekomen zullen zijn, zal er geen lichamelijke dood en geen rouw meer zijn. Dan zal Jezus alles in allen zijn. We kunnen het ons niet voorstellen. Maar het komt beslist, want Gods Woord is waar, God houdt Zijn Woord. Als je zo aan het einde denkt, kom je vanzelf terecht bij het leven. Hoe leven we nu? Wat maken we er nu van? Benut ik m'n tijd, buit ik mijn tijd uit voor de zaken van de Heer? Het is goed eens te overdenken óf we ons leven wel helemaal inzetten, of wij wel toegewijde christenen zijn die Hem liefhebben boven alles. En áls je de Heer leert kennen op het laatste moment van je leven en je geeft je over aan Hem, dan zegt Hij ook tegen jou, 'heden zult gij met Mij in het paradijs zijn'. Het is zo'n veilige zekerheid dat Hij tegen jou en mij zegt, 'vrees niet, Ik heb je bij je naam geroepen, je bent van Mij'. Wil je ook van Mij zijn? Kom maar, dan neem Ik je bij de hand en breng je veilig in Mijn Vaderland. Zo durf je het nieuwe jaar tegemoet te gaan.

GEBED.

Heer, ik dank U dat de dood geen eindpunt van het leven is, maar een nieuw begin in Uw nabijheid. Vader, ik dank U dat ik weten mag dat zij, die wij lief hadden en niet meer bij ons zijn, bij U zijn. Ik dank U dat U mij getroost hebt en mij liet zien dat mijn leven op aarde belangrijk is in Uw oog. Ik vraag of U datzelfde aan al Uw kinderen wilt laten zien en... dat ons léven en de manier van leven kostbaar is in Uw ogen. Om Jezus' wil. Amen.

LEZEN: Hand. 2:23, 24; Rom. 6:1-14, 8:31-39; 1 Cor. 15:12-28; 2 Tim. 1:3-14.

Ik ben de Alpha en de Omega, de eerste en de laatste, het begin en het EINDE.

WIE BLIJFT OP JOUW LIJSTJE STAAN?

Weet je nog dat we aan het begin van dit dagboek lazen over de betekenis van 'Ik ben'? Jezus Christus zei: 'Ik ben de weg, de waarheid en het leven. Ik ben de goede Herder. Ik ben de Koning, de Opstanding, de ware wijnstok, de deur 'en nog veel meer 'Ik ben's'. Nu aan het eind van het jaar lezen we dat Hij ook zegt: 'Ik ben de eerste en de laatste, het begin en het einde'. Als dit tot je doordringt, besef je pas goed hoe rijk je bent in Hem. Je beseft dat Hij het te zeggen heeft in de wereld. Je beseft dat jouw leven altijd veilig is in Zijn handen. Je beseft dat Jezus Christus Héér is, ook over de dood. Het is een uitgestreden zaak. Het lege graf op de paasmorgen getuigt daarvan. Het is zo'n geruststellende verzekering te weten dat je Zijn eigendom bent, dat de Heer van het begin tot het eind van je leven er is en niet alleen tot aan het eind van ons aardse bestaan, neen, tot in alle eeuwigheden.

Jezus zegt: 'Ik ben de eerste en de laatste, Ik ben op aarde bij je maar ook in de hemel' en wanneer Hij iets zegt, dan is dat waar. We kunnen ervan op aan. Op onze medemensen kunnen we lang niet altijd aan. Ze vallen ons telkens weer tegen, ook al zijn ze kinderen van God. Het is soms niet te begrijpen. Een dominee zei in zijn preek en dat stemde mij erg tot nadenken: 'Maak eens een lijstje met namen van al je goede vrienden en familieleden waarvan je denkt, dié kan ik volkomen vertrouwen, daar kan ik op aan, in deze mensen word ik niet teleurgesteld. Wanneer je toch wordt teleurgesteld in een van hen, schrap dan die naam door op je lijstje. Kijk na verloop van jaren eens wie er nog op dat lijstje staan. Het behoeft je niet te verbazen als je niemand overhoudt, tenzij je Jezus bovenaan de lijst hebt gezet. Hij zal de enige zijn die er op blijft staan. Hij is de enige die nooit teleurstelt. Alles wat Hij gezegd heeft in Zijn Woord zal uitkomen, daarom is de Heer van de Bijbel je enige houvast in het leven. Vanaf het begin tot het eind is Hij bij je en blijft je helpen. Kijk naar Hem. Blijf zien op Hem. Elke dag opnieuw'. Want elke dag begint Hij met jou en mij weer met een schone lei. Alles wat op die lei stond geschreven, alle kleine en grote fouten, alle dingen die niet door de beugel konden in Zijn oog, worden door Zijn bloed weggevaagd. Vertrouw op Hem, Hij is de eerste en de laatste in je leven tot in alle eeuwigheid.

GEBED.

Vader in de hemel, wat is het een geruststelling dat U alles in Uw handen hebt en houdt, dat U blijft, van het begin tot aan het eind; de God van hemel en aarde. U hebt de vijand overwonnen, niet alleen voor nu en hier, maar tot in alle eeuwigheden. Leer mij meer op U te vertrouwen ook als ik sommige dingen in mijn leven niet begrijp. Dank U dat U mij wilt helpen, elke dag weer opnieuw. Ook in het nieuwe jaar dat voor me ligt. Amen.

LEZEN:

Ps. 53 : 2, 3, 9 : 11, 37 : 1-6, 62 : 9;   Dan. 6 : 1-29 (let op: 24);   Hebr. 13 : 5b, 6.

Maar die volharden zal tot het EINDE, die zal behouden worden.

VOLHARDEN TOT HET EINDE.

Als er één ding nodig is in ons leven is het wel volharding. Volharding hebben we nodig bij letterlijk alles wat we doen. Als we ergens mee beginnen, zullen we het ook af moeten maken, als we tenminste een goed eindresultaat willen bereiken. We hebben niet alleen volharding nodig bij de gewone zakelijke dingen: in ons dagelijks werk, op school, kantoor of in de werkplaats; we hebben het juist zo nodig bij de geestelijke relatie met de Here God. Bij de opdrachten die Hij ons geeft, ja, er is volharding nodig willen we behouden worden. Als we ons overgegeven hebben aan de Heer, zit daar in opgesloten dat wij het eeuwige leven binnen zullen gaan. Maar de tijd die daar tussen ligt moet wel benut worden. We kunnen daarbij niet freewheelen en maar doorleven zoals we leefden voórdat we Jezus aannamen. De Heer vraagt toewijding, inzet. Het leven dient geleefd te worden volgens Zijn regels. Het is geen vrijblijvende zaak dat je christen bent. Als je in het begin van dit jaar met enthousiasme begonnen bent aan een studie, dan kun je pas resultaat verwachten als je hebt volgehouden het hele jaar door. Als je in januari begonnen bent aan een Bijbelkring, dan heeft het slechts zin als je blijft komen. Volharding en toewijding zijn nauw aan elkaar verwant. Zowel in het dagelijks leven als in ons geestelijk leven zijn het onmisbare elementen. Als ik de Bijbel zo lees, kun je jammer genoeg ook volharden in het afdwalen van de Here God. De Bijbel geeft daar veel voorbeelden van. Veelal in betrekking tot het volk Israël. Zij volhardden in de zonden, zij volhardden in afgoderij, in het dienen van vreemde goden. Dát soort volharden brengt de dood met zich mee; zij moeten zich 'bekeren' van die weg, dan volgt het 'Leven'. Jezus roept ons op om te volharden in het geloof in Hem, te volharden als wij vervolgd worden om Zijns Naams wil. Hij roept ons op dag en nacht met volharding te bidden en te smeken en met volharding waakzaam zijn. En Paulus roept ons toe dat we alle last af moeten leggen die ons in de weg staat en met volharding de loopbaan lopen die voor ons ligt. We moeten alleen ons oog richten op Jezus, de Leidsman en Voleinder des geloofs. Er zijn heel wat van die lasten die ons verhinderen te volharden. Er gaan vele stemmen op die ons denken en doen willen richten op de wereld in plaats van op de Heer. Maar Jezus ziet dit alles ook. Hij zegt tegen de Efeziërs: 'Ik wéét uw werken en inspanning en uw volharding... en je bent niet moe geworden om de ander te verdragen'. We hebben een Heer die ons wil helpen, die óók volhardend ons helpt, wat machtig hè?

GEBED.

Ja, Vader, ik dank U dat U van Uw kant alles gedaan hebt, zodat wij kinderen van U kunnen worden. We hoeven er alleen maar op in te gaan. U helpt ons zelfs volharden en U wilt alles doen, opdat wij de eindstreep bereiken. Maar wij moeten meewerken door te letten op Uw waarschuwingen en daar ook op in te gaan. Geef ons de moed volhardend door te blijven lopen op Uw weg, ook dit nieuwe jaar. Amen.

LEZEN:
Hos. 11:7;   Luk. 8:15;   Rom. 6:23, 15:1-7;   Ef. 6:18;   Job 2:3;   Jak. 5:7-11.

En dit evangelie van het Koninkrijk zal in de gehele wereld gepredikt worden tot een getuigenis voor alle volken en dan zal het EINDE gekomen zijn.

GETUIGENIS ALS DOEL.

Hoeveel mensen leven er niet in deze wereld zonder doel, doelloos gaan ze naar bed en staan even doelloos weer op. Ik weet wel dat het gelukkig niet met alle mensen zo is. Maar vraag de christen eens, 'waarvoor leef je?' Wat krijg je dan ten antwoord? 'Doel?... m'n gezin, m'n man, m'n werk, de zaak, de winkel'. Allemaal goed en wel, maar als we dit vers lezen, heeft de Here Jezus wel wat anders op het oog dan waar wij in de eerste plaats aan denken. Er komt een einde aan deze goddeloze wereld. Maar Jezus liet er Zijn volgelingen achter om... Zijn evangelie te verkondigen. Het einde komt niet vóórdat het evangelie aan alle mensen, tot in alle uithoeken van de aarde, is verteld. En dit is nu de opdracht voor ons. Hij wil ons gebruiken om dat doel te bereiken. Waarvoor leef je? Om Gods wil te doen. Om de ander te vertellen van Jezus Christus die voor mij gestorven is en ook voor jou. Om je leven in dienst te stellen van Hem. En moet je dan je gezin en je werk en je zaak maar verwaarlozen? Je weet beslist wel beter. De Heer heeft je je man en kinderen gegeven om te verzorgen en ze samen als ouders op te voeden naar Zijn wil. En wanneer je daar mee bezig bent, komt Gods doel met jou vanzelf aan de orde. En je hoeft niet beslist getrouwd te zijn. De Heer schakelt iedereen graag in. Wat te denken van hen die alleen naar het zendingsveld gaan? Wat kunnen zij hun leven volkomen wijden aan de Heer en de vaders en moeders zijn van hun geestelijke kinderen in het huisgezin van God. Het doel is EEN NIEUWE AARDE WAAROP GERECHTIGHEID WONEN ZAL. En om dat doel te bereiken zet Hij ieder die wil, in. Wát je ook doet, waar je ook werkt, onder welke omstandigheden je ook verkeert, de Heer kan je gebruiken op de plek waar je bent. Dáár moet je Hem uitdragen en vóórleven, opdat zij die om je heen leven, ontdekken dat je naar een bepaald doel toe leeft. En wanneer dát doel bereikt is, komt God ons een nieuwe hemel en een nieuwe aarde geven. Jezus heeft het ons gezegd. Wat een bemoediging voor jou en mij. Eens zal de smart verdwijnen, zal er geen verdriet en geen ziekte meer zijn, geen strijd meer om van drugs en medicijnen af te blijven en geen oorlog. Eens, als op de hele wereld het evangelie is verkondigd, komt het einde, en dat betekent een nieuw begin. Wil jij ook meewerken aan dit doel?

GEBED.

Heer, help mij om aan Uw doel mee te werken; schakel mij maar in, want ik wil graag spoedig een nieuwe hemel en een nieuwe aarde waar U alles in allen bent. Amen.

LEZEN:

Mat. 4 : 23, 9 : 35-38;   Markus 16 : 15;   Lukas 8 : 1, 9 : 2, 60;
Hand. 5 : 42, 8 : 25, 14 : 7, 21, 16 : 10.

Lukas 1 : 33   Zaterdag 52ste

Zijn Koningschap zal geen EINDE nemen.

LAATSTE DAG MAAKT PLAATS VOOR EEN NIEUWE EERSTE.
Wat kan er op een dag als vandaag veel in je omgaan. Je neemt je voor de dag
gewoon te laten passeren, geen gevoeligheden op te halen, want als je daarmee
begint... En toch lukt het je niet. Heel veel herinneringen komen vanzelf naar
boven. Je houdt ze niet tegen. Verdrietige dingen: je worstelen met ziekte. Je strijden tegen de onhebbelijkheden in je. Moeilijke situatie bij het werk van je man en
van hen die je lief zijn. De een heeft geen werk meer, de ander geen uitzicht om
bij dezelfde werkgever te blijven. Een derde wordt overbelast, ga zo maar door.
En dan komen ook de mooie dingen naar boven. De goede dingen van het leven.
Gezondheid, slagen voor een examen, dat wat je mocht doen dit jaar, dingen...,
werken..., die de Heer je met Zijn kracht heeft laten uitwerken. Je gaat de zegen
zien van Zijn werk in jóu! En dat is iets geweldigs, iets waarbij je stil wordt, ieder
op haar of zijn beurt. Het is goed op deze oudejaarsdag even de stilte op te zoeken
en daar met de Heer over te praten, Hem te vragen een moment met je terug te kijken, zodat Hij je opnieuw kan vertellen wat Hij je in die of die situatie heeft willen leren, en... óf je die les uit liefde, van Hem hébt geleerd en in praktijk
gebracht. Als je op die manier met de Heer van je leven in gesprek bent en het
afgelopen jaar overziet, zal Hij je bemoedigen. Bemoedigen voor de taak die je
wacht in het nieuwe jaar, je zult met blijdschap het nieuwe jaar tegemoet gaan.
Maar... hoeveel mensen, christenen, kunnen met de beste wil van de wereld het
niet eens opbrengen om terug te denken aan wat er allemaal gepasseerd is. Als ik
denk aan de vele vele ouders die dit jaar gescheiden zijn, sommigen die dit helemaal niet gewild hebben. Als ik denk aan de kinderen die daardoor volkomen uit
hun evenwicht zijn geraakt, als ik denk aan die jongeren, die volkomen aan de
drugs verslaafd zijn. Terugblikken? Als ik denk aan... ach, vul maar in, je kunt in
geen geval in al die gebrokenheid de Heer ontdekken. Tóch is het oudejaarsdag
geworden. Tóch is de Heer er. Ook in jouw situatie. Ook als je Hem niet ziet. Je
hoeft niet bij de pakken neer te gaan zitten. Roep Hem aan. Hij heeft nog nooit
iemand laten staan, nog nooit iemand afgewezen. In Jesaja 43 : 1 staat: 'Ik heb u
bij uw naam geroepen; gij zijt Mijn'. Lees je dat goed? Hij heeft jou geroepen, al
voordat je Hem riep. Is dit geen bemoediging om verder te gaan? Richt je leven
op Hem, je blik naar boven in welke nare toestand je ook verzeild geraakt bent.
God ziet je en wil niets liever dan jou daaruit halen. In het begin van het jaar zeiden we: 'met mijn God spring ik over een muur', en die moed en kracht wil Hij
jou nu ook schenken, opnieuw zegt Hij: 'toe, spring maar, ik vang je wel op; durf
het aan met Mij, 'Ik help je', 'vertrouw maar volkomen op Mij'.

GEBED.
Heer, ik kom er aan en spring in Uw armen om met U verder te gaan; alleen dán
durf ik dit nieuwe jaar in te gaan. Amen.

LEZEN: Psalm 91 : 15, 145 : 18, 19, 18 : 30.

Ik wens jou de verborgen omgang mét de Heer toe in het komende jaar.

Inhoud

Eerder verschenen van dezelfde schrijfster:

ISBN NRS. NL 90-5798-020-7
ENG 90800767 67
DUITS 90800767 83
FRANS 90800767 91
57 pag. paperback

Ja, kom binnen Heer.

In dit boekje gaat de schrijfster heel praktisch in op wat er nu eigenlijk gebeurt als je Jezus binnenlaat in je hart en je leven. Alle facetten van de geestelijke groei maakt ze aanschouwelijk door het te spiegelen aan allerlei huiselijke situaties. Na uitgave bleek dit boekje niet alleen geschikt voor Bijbelkring-studie, maar zeker ook voor evangelisatiewerk.

Deze uitgave is ook in het Frans, Duits en Engels verschenen. Aan een Zuidafrikaanse vertaling wordt nog gewerkt.

En nu... pak aan.

ISBN NR. 90-5798-021-5
125 pag. paperback

Juist in deze tijd is het zó belangrijk, dat je weet hoe je als christen stand kunt houden. Daarvoor heeft God ons de geestelijke wapenrusting gegeven (Ef. 6 : 10-18). Maar hoe trek je die wapenrusting aan, wat betekent het? Wie daar meer over wil weten, moet dit boekje eens lezen. Het is een bemoediging, maar ook een waarschuwing, dat we alle onderdelen van de wapenrusting die God ons geeft, hard nodig hebben. Of je de Here Jezus nu pás hebt leren kennen, of Hem al langer volgt, dit boekje zal je veel duidelijk maken. De titel komt in dit boekje helemaal tot zijn recht, het daagt inderdaad uit tot aanpakken.

Drie woordjes maar.

ISBN NR. 90-5798-022-3
156 pag paperback

Een gedeelte uit het voorwoord:
'...dan zijn we bij ons doel gekomen, namelijk meer zicht geven op het werk van de Heilige Geest in ons leven. Om zover te komen, nam de Heilige Geest Zelf me mee op ontdekkingstocht door de Bijbel. Wat de Heilige Geest me liet zien, geef ik graag aan u door...'.

In de zomer van 1994
verscheen een biografie
over
Annie Berends-Karkdijk,
door haar zus
Trudy van Asselt-Karkdijk:

'Anna Maria, een vrouw zoals jij en ik'.

'Wie was Annie?' 'Wat is er over haar zelf bekend?'
'Wie is de vrouw achter dit boek, dat u in handen hebt?'
Trudy heeft in romanvorm geprobeerd door deze levens-
beschrijving op vele vragen antwoord te geven.
Zo beschrijft zij hoe Annie ondanks haar strijd tegen ziekte,
verdriet en rouw haar weg met God blijmoedig kon gaan.
En hoe zij tot de laatste dag van haar leven kon zeggen:
'Ik vermag alle dingen in Hem die mij kracht geeft'.

ISBN nr. 90-5798-025-8   350 pag. paperback

Stichting Kleine Uitgeverij DUIZENDVOUD, Nijverdal

stelt zich ten doel de boekjes van Annie Berents te verspreiden en haar werk zo goed mogelijk voort te zetten.

Alle uitgaven van deze stichting zijn verkrijgbaar in de (evangelische) boekhandel.